완역 한서 ❹ 지志 2

완역 ④
한서 漢書
志
지
2

漢書

반고 지음 • 이한우 옮김

21세기북스

【 옮긴이의 말 】

선 중국 한(漢)나라의 역사서인 반고(班固)의 『한서(漢書)』를 우리말로 옮겨 세상에 내놓는다.

편년체(編年體)와는 구별되는 기전체(紀傳體)로 사마천(司馬遷)의 『사기(史記)』는 이미 여러 사람들에 의해 국내에 번역이 돼 있는데 아직 어떤 번역본도 대표 번역의 지위를 얻지 못하고 있다. 아마도 번역상의 문제 때문일 것이다.

고대에서부터 한나라 무제(武帝)까지를 범위로 하는 『사기』와 달리 『한서』는 오직 한나라만을 대상 범위로 하고 있어 흔히 단대사(斷代史)의 효시로 불리기도 한다. 서(書)란 곧 사(史)다. 『서경(書經)』도 그렇지만 적어도 『한서(漢書)』와 『당서(唐書)』의 이름에서 보듯이 중국의 오래된 역사서 서술 방식인 기전체라는 것은 본기와 열전(列傳)으로 돼 있다는 뜻인데, 그밖에도 표(表)와 지(志)가 포함돼 있다. 서(書)란 곧 사(史)였다.

『당서』 편찬에 참여했던 당(唐)나라 역사학자 유지기(劉知幾)는 중국 역사학의 전통을 체계적으로 정리한 『사통(史通)』에서 옛날부터 그가 살았던 당나라 때까지의 역사서를 여섯 유파로 분류했다.

첫째가 상서가(尙書家)다. 『상서(尙書)』란 바로 육경(六經)의 하나인 『서경(書經)』을 가리킨다.

둘째는 춘추가(春秋家)다. 공자가 지은 『춘추(春秋)』를 가리킨다. 편년체 역사의 원조다.

셋째는 좌전가(左傳家)다. 좌구명(左丘明)이 『춘추』를 기반으로 해서 역사적 사실을 보충한 것이다.

넷째는 국어가(國語家)다. 『국어(國語)』는 좌구명이 『좌씨전(左氏傳)』을 쓰기 위해 각국의 역사를 모아 찬술(撰述)한 것으로, 주어(周語) 3권, 노어(魯語) 2권, 제어(齊語) 1권, 진어(晋語) 9권, 정어(鄭語) 1권, 초어(楚語) 2권, 오어(吳語) 1권, 월어(越語) 2권으로 돼 있다. 주로 노(魯)나라에 대해 기술한 『좌씨전』을 '내전(內傳)'이라 하는 데 비해 이를 '외전(外傳)'이라고 한다. 사마천이 좌구명을 무식꾼으로 몰았다 하여 '맹사(盲史)'라고도 한다. 또 당나라 유종원(柳宗元)이 『비국어(非國語)』를 지어 이 책을 비난하자 송(宋)나라의 강단례(江端禮)가 『비비국어(非非國語)』를 지어 이를 반박하는 등, 그후로도 학자들의 논쟁이 끊이지 않았다.

다섯째는 사기가(史記家)다. 사마천의 『사기』를 가리킨다. 이 책은 기전체(紀傳體)의 효시로 불린다. 그러나 지나치게 문장의 꾸밈에 치중하고 사실의 비중을 낮췄다는 비판이 줄곧 제기됐다.

여섯째는 한서가(漢書家)다. 반고의 단대사 『한서』를 말한다.

그런데 유지기는 책의 결론에서 "상서가 등 4가의 체례는 이미 오래전에 폐기되었다. 본받아 따를 만한 것으로는 단지 『좌전』과 『한서』 2가만 있을 뿐이다"라고 단정 지었다. 즉, 편년체는 『좌씨전』, 기전체는 『한서』만이 표준이 될 만하다는 것이다. 그후에 사마광(司馬光)은 『좌씨전』의 전통에 서서 『자치통감(資治通鑑)』을 편찬했고, 나머지 중국의 대표적 역사서들은 한결같이 『한서』를 모범으로 삼아 단대기전(斷代紀傳)의 전통을 따랐다. 참고로 사마천의 『사기』는 통고기전(通古紀傳)이라고 한다.

그후에도 중국 역사학계에서는 편년체와 기전체 중에 어느 것이 좋은 역사 서술이냐를 놓고서 지속적인 논쟁이 이어졌고, 동시에 사마천과 반고 중 누가 더 뛰어난 역사가인지를 두고서도 지속적인 논쟁이 이어졌다. 편년체와 기전체의 우열 논쟁은 조선 세종 때 고려의 역사를 정리하는 문제를 두고도 치열하게 진행됐다. 결국 세종은 어느 한쪽의 손을 들어주지 않은 채 기전체 『고려사(高麗史)』와 편년체 『고려사절요(高麗史節要)』를 다 편찬하도록 했다. 그만큼 쉽지 않은 문제인 것이다.

그러면 중국에서 『한서』와 『사기』의 우열 논쟁은 어떻게 진행돼왔는가? 이에 대해서는 옮긴이의 생각보다는 『반고평전(班固評傳)』(진기태·조영춘 지음, 정명기 옮김, 다른생각)에 있는 내용을 간략히 정리하는 것으로 대신하고자 한다. 그에 앞서 『논어(論語)』 「옹야(雍也)」 편에 나온 공자의 말을 읽어둘 필요가 있다.

"바탕이 꾸밈을 이기면 거칠고 꾸밈이 바탕을 이기면 번지레하니, 바탕과 꾸밈이 잘 어우러진 뒤에야 군자답다[質勝文則野 文勝質則史 文質彬彬 君子]."

『후한서(後漢書)』를 지은 범엽(范曄)은 이미 사마천과 반고를 비교해 이렇게 말한 바 있다.

"사마천의 글은 직설적이어서 역사적 사실들이 숨김없이 드러나며, 반고의 글은 풍부한 내용을 담고 있어서 역사적 사실들을 상세하게 서술하고 있다."

송나라 작가 양만리(楊萬里)는 또 더욱 운치 있는 말을 남겼다.
"이백(李白)의 시는 신선과 검객들의 말이며, 두보(杜甫)의 시는 전아(典雅)한 선비와 문사(文士)의 말이라고 할 수 있다. 이들을 문장에 비유하자면 이백은 곧 『사기』이며, 두보는 곧 『한서』다."

『반고평전』은 『한서』가 후한 초에 발간된 이래 지식인들의 필독서가 된 과정을 이렇게 요약한다.
"『한서』는 동한 시기에 조정 당국과 학자들 사이에서 매우 높은 지위를 차지했다. 이후 반고를 추종하고 『한서』에 주석을 다는 사람들이 끊임없이 증가하여 『한서』의 지위가 계속 높아지자 전문적으로 『한서』를 가르치고 배우는 데까지 이르렀으며, 마침내 오경(五經)에 버금하게 됐다."

남북조(南北朝)시대를 거쳐 당나라에 이르면 『한서』에 주석을 단 저작들이 20여 종에 이른다. 당나라 안사고(顏師古)는 '한서서례(漢書敍例)'라는 글에서 3국, 양진(兩晉), 남북조시대까지 『한서』를 주석한 사람들로 복건(服虔), 응소(應劭), 진작(晉灼), 신찬(臣瓚) 등 23명의 학자들을 열거하고 있다. 이는 곧 이때에 이미 『한서』가 『사기』에 비해 훨씬 더 중시되고 있었음을 보여준다. 물론 여기에는 『한서』의 경우 고문자(古文字)를 많이 사용한 데 반해 『사기』는 고문자를 별로 사용하지 않고, 그나마 인용된 고문자조차 당시에 사용하던 문자로 번역했기 때문에 많은 주석이 필요치 않은 이유도 작용했다.

그리고 안사고가 주석을 단 이후에 『한서』는 비로소 더 이상 배우기 어려운 책이 아닌 것으로 인식됐고 주석도 거의 사라졌다.

당나라 때 『사기』를 연구해 『사기색은(史記索隱)』을 지은 사마정(司馬貞)은 "『사기』는 반고의 『한서』에 비해 예스럽고 질박한 느낌이 적기 때문에 한나라와 진(晉)나라의 명현(名賢)들은 『사기』를 중시하지 않았다"고 말했다. 이런 흐름은 명(明)나라 때까지 이어져 학자 호응린(胡應麟)은 "두 저작에 대한 논의가 분분해 정설은 없었지만, 반고를 높게 평가하는 사람이 대략 열에 일곱은 됐다"고 말했다.

물론 사마천의 손을 들어주는 학자도 있었다. 진(晉)나라의 장보(張輔)는 이렇게 말했다. "세상 사람들은 대부분 반고가 뛰어나다고 말한다. 하지만 나는 이것이 잘못이라고 본다. 사마천의 저술은 말을 아껴 역사적 사실들을 거론해 3,000년 동안에 있었던 일을 서술하면서 단지 50만 자로 표현해냈다. 그러나 반고는 200년 동안에 있었던 일을 80만 자로 서술했으니, 말의 번거로움과 간략함이 같지 않다."

　이런 흐름 속에서 반고의 편을 드는 갑반을마(甲班乙馬)라는 말도 생겨났고, 열고우천(劣固優遷)이라는 말도 생겨났다.

　그러나 우리의 입장에서는 굳이 이런 우열 논쟁에 깊이 관여할 이유는 없다. 장단점을 보고서 취할 것은 취하고 버릴 것은 버리면 그만이다. 송나라 때의 학자 범조우(范祖禹)는 사마광의 『자치통감』 편찬에도 조수로 참여한 인물이었는데, 그의 말이 우리의 척도라 할 만하다.

　"사마천과 반고는 뛰어난 역사가의 인재로서 박학다식하고 사건 서술에 능하여 근거 없이 찬미하거나 나쁜 점을 감추지 않았다. 그러므로 그들의 저서는 1,000년 이상을 전해오면서 사라지지 않았다."

『한서』 번역은 그저 개인의 취향 때문에 고른 작업이 아니다. 그것은 지금 우리가 처해 있는 상황과 깊은 관련이 있다.

　첫째, 중국의 눈부신 성장이다. 그것은 곧 우리에게 위험과 기회를 동시에 가져다준다는 점에서 말 그대로 위기(危機)이다. 기회로 만드는 길은 분명하다. 중국을 정확히 알고서 그에 맞게 대처해가는 것이다. 중국을 정확히 아는 작업은 크게 두 가지 방향에서 이뤄질 수밖에 없다. 지금 당장 일어나고 있는 중국의 정치, 경제, 문화, 사회의 변동을 깊고 넓게 파악하는 것이다. 이것은 어느 한 사람의 노력으로 될 일이 아니며, 우리 사회의 전반적인 정보 및 지식의 종합 대응력을 높이는 데 달려 있다. 또 하나는 중국의 역사를 깊이 들어가서 정확하게 아는 일이다. 옮긴이의 이 작업은 바로 그 방향으로 나아가기 위한 첫걸음이라 여긴다.

　둘째, 우리의 역사적 안목과 현실을 보는 시야를 깊고 넓게 하는 데 『한서』가 크게 기여한다고 보았기 때문이다. 그것이 중국의 역사라는 점과는 별개로, 오래전에 이와 같은 치밀하고 수준 높은 역사를 저술할 능력을 갖췄던 반고의 식견은 지금도 여전히 우리에게 절실히 필요한 안목이다. 역사에서 중요한 것은 무엇을 취하고 무엇을 버리느냐에 달려 있는데, 그런 점에서 반고는 여전히 우리의 스승이 될 수 있다.

셋째, 우리에게 필요한 고전의 목록에 반드시 『한서』를 포함시키고 싶은 욕심이 있었다. 서양의 역사 고전은 읽으면서 우리가 속한 동양의 고전을 소홀히 여겨서는 안 된다. 사실 그렇게 된 이유 중의 하나는 이 분야에 대한 제대로 된 번역서가 없기 때문이기도 하다. 그래서 우리 다음 세대들은 중국에 대한 단편적인 지식보다는 이 같은 정사(正史), 특히 저들의 제국 건설의 역사를 깊이 파고듦으로써 중국 혹은 중국인을 그 깊은 속내에서 읽어내주기를 바라는 바람으로 이 작업에 혼신의 힘을 다했다.

넷째, 다소 부차적인 이유가 되겠지만, 일본에는 『한서』가 완역돼 있는데 우리는 열전의 일부만이 편집된 채 번역된 것이 전부라는 지적 현실에 대한 부끄러움이 이 작업을 서두르게 한 원동력의 하나가 됐다는 점을 말하고 싶다.

이 책이 나오게 되기까지 많은 분들의 도움과 성원이 있었다. 21세기북스 김영곤 대표의 결단이 없었다면 이 책은 세상에 나오지 못했을 것이다. 이 자리를 빌려 깊이 감사드린다. 그리고 함께 공부하는 즐거움을 누리고 있는 우리 논어등반학교 대원들에게 진심으로 고맙다는 말을 전하고 싶다.

22년 동안 재직한 조선일보의 방상훈 사장님을 비롯해 선후배님들에게도 깊은 고마움을 전한다. 또 2016년 조선일보를 그만두고 강의와 저술에 뛰어든 이래로 물심양면의 지원을 아끼지 않으시는 LS그룹 구자열 회장님께 진심으로 감사드린다.

아마도 이 책의 출간을 가장 기뻐해주셨을 분은 돌아가신 아버님과 장인어른, 그리고 고 김충렬 선생님이신데 아쉽다. 하늘나라에서나마 축하해주시리라 믿는다. 학문적 기초를 닦게 해주신 이기상 교수님께도 감사드린다. 그리고 내 글쓰기의 든든한 원동력인 가족에게 고마움을 전한다.

2020년 4월 상도동 보심서실(普心書室)에서
탄주(灘舟) 이한우(李翰雨) 삼가 쓰다

【 차례 】

옮긴이의 말 · · · · · · · · · · · · · · · · 4

권27 오행지(五行志) (상) · · · · · · · · · · 17

권27 오행지(五行志) (중지상) · · · · · · · · · 71

권27 오행지(五行志) (중지하) · · · · · · · · · 147

권27 오행지(五行志) (하지상) · · · · · · · · · 199

권27 오행지(五行志) (하지하) · · · · · · · · · 253

권28	지리지(地理志) (상) · · · · · · · · · 313
권28	지리지(地理志) (하) · · · · · · · · · 431
권29	구혁지(溝洫志) · · · · · · · · · 529
권30	예문지(藝文志) · · · · · · · · · 565

| 일러두기 |

1. 『한서(漢書)』에는 안사고(顏師古)를 비롯한 많은 학자들의 원주가 붙어 있다. 아주 사소하거나 지금의 맥락에서 중요성이 떨어지는 것 외에는 가능한 한 원주를 다 옮겼다(원주는 해당 본문에 회색 글자로〔○ 〕처리해 넣었다). 그리고 인물과 역사적 배경이 중요하기 때문에 문맥에서 필요한 범위 내에서 충실하게 역주(譯註)를 달았다.

2. 간혹 역사적 흐름에 대한 설명이 필요한 경우 간략한 내용을 주로 달았다. 그러나 독자들의 해석과 평가에 영향을 미치지 않도록 최소한의 범위에서만 언급했다. 단어 수준의 풀이가 필요한 경우에는 별도의 역주로 처리하지 않고 괄호 안에 짧게 언급했다.

3. 『논어(論語)』를 비롯해 동양의 고전들을 인용한 경우가 많은데, 기존의 번역에서는 출전을 거의 밝히지 않았다. 그러나 『한서(漢書)』의 경우 특히 열전(列傳)에서 인물들을 평가할 때 『논어』를 비롯한 유가의 경전들을 빈번하게 인용하기 때문에 그 속에 중국 고전들이 얼마나 자연스럽게 녹아 있는지를 살피는 것이 중요하다. 그래서 확인 가능한 고전 인용의 경우 주를 통해 그 전거를 밝혔다.

4. 분량이 워낙 방대하기 때문에 설사 앞서 주를 통해 언급한 바 있더라도 다시 찾아보는 번거로움을 덜기 위해 중복이 되더라도 다시 주를 단 경우가 있음을 밝혀둔다.

5. 한자는 대부분 우리말로 풀어쓰고 대괄호([ ]) 안에 독음과 함께 한자를 표기했다. 그래서 '천명(天命)'이라고 표기한 경우도 있지만 대부분 '하늘의 명[天命]'이라는 방식으로 표기했다. 또한 한자 단어의 경우 독음을 붙여쓰기로 표기하여 한문 문장을 이해하는 데 도움이 되도록 했다.

권 27

오행지
五行志
〖상〗

『주역(周易)』에 이르기를 "하늘은 상(象-상징 혹은 모습)을 드리워 길함과 흉함을 보여주니 뺴어난 이[聖人]는 그것을 형상화한다. 하(河-황하)에서 그림이 나오고 낙(雒-낙수)에서 글이 나오니 뺴어난 이는 그것을 본받았다[則=效]〔○ 사고(師古)가 말했다. "「계사전(繫辭傳)」 상(上)에 나오는 말이다."〕"라고 했다. 유흠(劉歆)이 생각할 때, 복희씨(虙羲氏)는 하늘(의 명)을 이어받아 왕이 됐고 하도(河圖)를 받아 그것을 본떠 그림을 그렸는데, 팔괘(八卦)가 그것이다. 우왕(禹王)은 홍수를 다스려 낙서(雒書)를 받아 그것을 모범으로 삼아 글을 진술했는데, 홍범(洪範)이 그것이다. 뺴어난 이는 그 도리를 행하고 그 참된 것을 보배로 여긴다. 쭉 내려와서 은(殷)에 이르러 기자(箕子)가 (주왕(紂王)의) 보사(父師)〔○ 사고(師古)가 말했다. "기자는 주의 숙부이자 태사(太師)였기 때문에 보사(父師)라고 한 것이다."〕로 있으면서 홍범을 법도로 삼았다. 주나라가 이미 은나라를 이기고 나자 기자를 돌아오게 하려고 무왕(武王)은 몸소 자신을 비우고서[虛己] 물었다. 그래서 경(經)(-『서경(書經)』)에서 이렇게 말했다.

"재위 13년[祀=年]에 왕(王-무왕)이 기자를 찾아가 말했다.

'아! 기자여, 저 하늘이 속으로 아래 백성을 안정시켜[騭=安] 그 거처하는 바를 도와 화합시키신다고 하는데 나는 그 법도와 인륜[彝倫]이 널리 펴지게 된 까닭을 알지 못하노라.'

이에 기자가 말했다.

'제가 듣건대 옛날에 곤(鯀)이 홍수를 (흙으로) 막아[陻=塞] 오행(의 질서)을 어지럽히자[汩=亂] 상제(上帝-하늘)가 마침내 진노했습니다. 그래서 홍범구주(洪範九疇)를 내려주지 않아 법도와 인륜이 무너지게 된 것입니다. 곤이 유배를 가서 죽고 (그의 아들인) 우(禹)가 뒤이어 일어나니, 하늘이 마침내 우에게 홍범구주를 내려주셔서 법도와 인륜이 펴지게 됐습니다.'"[1]

이것이 무왕이 기자에게 낙서(雒書)를 묻고, 기자가 우가 낙서를 (하늘에서) 얻게 된 까닭에 대해 답한 것이다.

"처음 1주(疇)는 오행(五行)〔○ 사고(師古)가 말했다. "하늘에 고분고분해 기운을 행한다는 말이다."〕이요, 다음 2주는 삼감에 있어[羞=敬] 오사(五事)를 쓰는 것이요, 다음 3주는 농사를 함에 있어[農] 팔정(八政)을 쓰는 것이요〔○ 장안(張晏)이 말했다. "농사는 먹는 것의 근본이요, 먹는 것은 팔정의 으뜸이다. 그래서 농사를 이름으로 삼았다."〕, 다음 4주는 합심함에 있

---

1 『서경(書經)』「주서(周書)」'홍범(洪範)' 편에 나오는 구절이다.

어[協=和合] 오기(五紀)를 쓰는 것이요, 다음 5주는 세움에 있어[建] 황극(皇極)을 쓰는 것이요〔○ 응소(應劭)가 말했다. "황극은 대중(大中)이다."〕, 다음 6주는 다스림에 있어[乂=治] 삼덕(三德)을 쓰는 것이요, 다음 7주는 밝힘에 있어[明] 계의(稽疑)를 쓰는 것이요, 다음 8주는 생각함에 있어[念=思] 서징(庶徵)을 쓰는 것이요, 다음 9주는 권면함에 있어[嚮=勸] 오복(五福)을 쓰고 위엄을 보임에 있어[威=懲戒] 육극(六極)을 쓰는 것이다."

이상은 모두 65자인데 다 낙서(雒書)의 본문으로, 이른바 하늘이 마침내 우왕에게 대법(大法) 9장을 내려주어 늘 일정한 순서에 따라 일을 해나가도록 해준 것이다. 생각건대 하도와 낙서를 서로 날줄과 씨줄[經緯]로 삼고 팔괘(八卦)와 구장(九章)을 서로 겉과 속[表裏]으로 삼고 있다. 옛날에 은나라의 도리가 끊어지자 (주나라) 문왕(文王)은 주의 역[周易]을 풀어내어 넓혔고[演=廣], 주나라의 도리가 무너지자 공자는 『춘추(春秋)』를 저술했다[述]. (공자는 이를 통해) 하늘과 땅[乾坤]의 음양(陰陽)을 본받고 홍범(洪範)의 구징(咎徵)[2]을 본떠 하늘과 인간의 도리를 훤하게 드러낸 것이다.

한(漢)나라가 일어났으나 배움을 없애버린[滅學] 진(秦)나라의 뒤를 이었고, 경제와 무제 시대에[景武之世] 동중서(董仲舒)가 공양춘추(公羊春

---

2 8주의 서징(庶徵)에는 좋은 조짐인 휴징(休徵)과 나쁜 조짐인 구징(咎徵)이 있다. 이는 모두 임금의 다움[德]에 따른 것이라고 본다. 그중에 구징이란 광망함[狂]에 오랫동안 비가 따르는 것과, 어그러짐[僭]에 오랫동안 햇빛이 따르는 것과, 편안히 놀기만 함[豫]에 오랫동안 더위가 따르는 것과, 조급함[急]에 오랫동안 추위가 따르는 것과, 어리석음[蒙]에 오랫동안 바람이 따르는 것을 가리킨다.

3 동중서는 『춘추공양전(春秋公羊傳)』을 익혀 유학을 체계적으로 정치에 적용한 첫 번째 사상가인데, 그가 쓴 『춘추번로(春秋繁露)』 총 17권 82편 중에는 오행지의(五行之義)를 비롯해 양존

秋)를 갈고닦아[治] 비로소 음양(陰陽)을 통해 미루어 헤아림으로써[3] 유자(儒者)의 으뜸[宗]이 됐다. 선제와 원제[宣元] 이후에는 유향(劉向)이 곡량춘추(穀梁春秋)를 갈고닦아 그 화복(禍福)을 헤아리고[數] 홍범(洪範)을 전해주었는데, 중서(仲舒)와는 차이가 있었다[錯=不同]. 향(向)의 아들 흠(歆)에 이르러 『좌씨전(左氏傳)』(-『춘추좌씨전』)을 갈고닦았는데, 그의 춘추의 뜻도 이미 (옛것과) 괴리되는 바가 있었고 『오행전(五行傳)』[4]과도 자못 차이가 있었다. 이 때문에 중서의 뜻을 취하고[摯=取], 향과 흠과는 구

　음비(陽尊陰卑), 음양위(陰陽位), 음양종시(陰陽終始), 음양의(陰陽義), 음양출입(陰陽出入), 천지음양(天地陰陽) 등의 편이 포함돼 있다. 이는 그가 유학에 음양오행을 끌어들인 결과라 할 것이다.

4　전하지 않는 책이다.

5　노(魯)나라 사람으로 동중서의 제자 영공(嬴公)에게 춘추를 배웠다.

6　하후시창(夏侯始昌)의 족자(族子)다. 하후시창에게 『상서(尙書)』와 『홍범오행전(洪範五行傳)』을 배웠고 또 예관(倪寬)의 제자인 간경(簡卿)과 구양씨(歐陽氏)에게도 배웠다. 소제(昭帝) 때 박사(博士)를 거쳐 광록대부(光祿大夫)를 지냈다. 음양재이(陰陽災異)로 시정(時政)의 득실을 추론했다. 선제(宣帝)가 즉위하자 장신소부(長信少府)로 옮겼다. 선제가 무제(武帝)를 높이는 것을 비난했는데, 무제는 전쟁에서는 비록 공이 있지만 많은 사졸들이 죽거나 부상당했고 천하의 재화를 소모시켰으니 묘악(廟樂)을 세우는 것은 옳지 않다고 주장했다. 승상장사(丞相長史) 황패(黃霸)가 그 말을 따랐다. 마침내 황패와 함께 투옥됐다. 옥중에서 황패가 그에게 배웠다. 나중에 사면을 받은 뒤 간대부급사중(諫大夫給事中)이 됐다가 장신소부로 복직하고 태자태부(太子太傅)로 옮겼다. 금문상서 대하후학(今文尙書大夏侯學)의 개창자로 '대하후(大夏侯)'로 일컬어졌다. 『노논어(魯論語)』와 『춘추곡량전(春秋穀梁傳)』에 뛰어났다. 선제에게 『춘추곡량전』의 부흥을 진언했는데 황제의 명으로 『상서설(尙書說)』과 『논어설(論語說)』을 편찬했다. 제자로 하후건(夏侯建), 황패, 소망지(蕭望之), 공패(孔霸) 등이 있다. 저서에 『한서(漢書)』「예문지(藝文志)」에 보이는 『상서대소 하후장구(尙書大小夏侯章句)』와 『상서대소 하후해고(尙書大小夏侯解故)』, 『논어 노하후설(論語魯夏侯說)』이 있었지만 지금은 전하지 않는다. 그밖의 저서에 『옥함산방집일서(玉

별하며 휴맹(眭孟),[5] 하후승(夏侯勝, 기원전 152~61년),[6] 경방(京房, 기원전 77~37년),[7] 곡영(谷永, ?~기원전 8년),[8] 이심(李尋, ?~?)[9]의 무리들이 진술하

函山房輯佚書)』에 수록된 『상서 대하후장구(尙書大夏侯章句)』와 『황청경해속편(皇淸經解續編)』에 수록된 『상서구양 하후유설고(尙書歐陽夏侯遺說考)』가 있다.

7 본성(本姓)은 이씨(李氏)이고, 맹희(孟喜)의 문인 초연수(焦延壽)에게 『주역』을 배웠으며, 금문경씨역학(今文京氏易學)의 개창자다. 원제(元帝) 초원(初元) 4년(기원전 45년) 효렴(孝廉)으로 천거돼 낭(郎)이 됐다. 여러 차례 글을 올려 재이(災異)에 대해 말했는데 자주 적중했다. 중서령(中書令) 석현(石顯) 등이 권력을 좌우한다고 탄핵했다가 석현과 오록충종(五鹿充宗)의 미움을 받아 위군태수(魏郡太守)로 쫓겨났다. 한 달 뒤 『주역』을 연구하던 오록충종과 학설이 다르다는 이유로 석현의 참소를 입어 기시(棄市)의 형을 당했다. 나중에 제자 은가(殷嘉)와 요평(姚平), 승홍(乘弘)이 모두 경학박사가 됐는데 이로부터 경씨역학이 있게 됐다. 저서에 『경씨역전(京氏易傳)』과 『주역장구(周易章句)』, 『주역착괘(周易錯卦)』, 『주역요점(周易妖占)』, 『주역점사(周易占事)』, 『주역수림(周易守林)』, 『주역비후(周易飛候)』, 『주역비후육일칠분(周易飛候六日七分)』, 『주역사시후(周易四時候)』, 『주역혼돈(周易混沌)』, 『주역위화(周易委化)』, 『주역역자재이(周易逆刺災異)』, 『역전적산법잡점조례(易傳積算法雜占條例)』 등이 있다.

8 곡길(谷吉)의 아들이다. 젊어서 장안(長安)의 소사(小史)가 돼 경서를 두루 공부했는데 특히 천관(天官)과 『경씨역(慶氏易)』에 정통했다. 원제(元帝) 건소(建昭) 연간에 태상승(太常丞)에 올랐다. 여러 차례 상서해 재이(災異)의 발생을 조정의 득실과 관련지어 추론했다. 성제(成帝) 때 광록대부급사중(光祿大夫給事中)으로 옮겼다. 황태후와 측근들은 곡영이 재이의 논리로 성제를 설득하자 그를 썩 달갑지 않게 여겼다. 이 때문에 북지태수(北地太守)로 나갔다가 다시 불려 대사농(大司農)이 됐다. 그 해 말에 병으로 사직했다.

9 정관중(鄭寬中), 태공(秦恭), 장무고(張無故), 가창(假倉)과 함께 장산부(張山拊)에게 대하후(大夏侯)의 『상서(尙書)』를 배웠는데 특히 홍범(洪範)의 재이(災異) 설을 좋아했다. 천문학과 음양술 등도 신봉했다. 적방진(翟方進)이 불러 관리로 썼다. 애제(哀帝) 때 대조황문(待詔黃門)으로 있으면서 외척들을 억제해야 한다고 극언했다. 기도위(騎都尉)에 올라 하천의 제방을 관리했다. 건평(建平) 2년(기원전 5년) 하하량(夏賀良)이 한나라의 기운이 이미 쇠했으니 개원역호(改元易號)해야 한다고 주장했는데 그의 지지를 얻어 애제의 신임을 받았다. 대신들이 허락해서는 안 된다고 들고일어나자 황제는 하하량을 주살하고 그는 사형에서 한 단계 감해 돈황(敦煌)으로 유배를 보냈다.

고 행한 바를 덧붙이고 실어서 왕망(王莽)의 시대에 이르기까지 모두 20세(世)에 걸쳐 그것을 『춘추(春秋)』와 비교하며 본편에 드러냈다.

경(經)[10]에서 말했다.

"처음 1주(疇)를 오행(五行)이라 했다. 첫째는 물[水]이고, 둘째는 불[火]이고, 셋째는 나무[木]이고, 넷째는 쇠[金]이고, 다섯째는 흙[土]이다. 물(의 본성)은 적시며 내려가고[潤下], 불은 타오르며 올라가고[炎上], 나무는 휘게 할 수도 있으며 곧게 할 수도 있고[曲直], 쇠는 녹여서 바꿀 수 있고[從革], 흙에서는 농사를 지을 수 있다[稼穡]〔○ 사고(師古)가 말했다. "심는 것을 가(稼)라고 하고 거두는 것을 색(穡)이라 한다."〕."[11]

전(傳)에서 말했다.

"사냥을 할 때 그 적기를 얻지 못하고[不宿], 음식을 먹을 때 조상께 바치는 예를 행하지 않고[不享], 들고 날 때 절도가 없고, 백성들의 농사철을 빼앗고, 또 간사한 계책을 부리게 되면 나무는 휘지도 않고 곧아지지도 않는다."[12]

---

10 『서경(書經)』을 가리킨다.

11 물·불·나무·쇠는 본성으로 이야기한 것이고, 흙은 그것이 베푸는 덕으로 이야기한 것이다.

12 전(傳)은 경(經)의 뜻을 풀어낸 것이다. 이 글은 후한의 학자 순열(荀悅, 148~208년)이 쓴 『한기(漢紀)』에 나온다. 순열은 이런 식으로 다섯 가지 경우의 폐단을 상세하게 풀어서 설명하고 있는데 여기서는 그중 나무의 사례만 인용했다.

설(說)[13]에 따르면 나무는 동쪽이다. 『주역(周易)』에서는 땅 위에 있는 나무를 관(觀)이라고 한다〔○ 사고(師古)가 말했다. "곤(坤)괘(☷)가 아래에, 손(巽)괘(☴)가 위에 있는 것을 관(觀)괘(䷓)라고 한다. 손(巽)은 나무이기 때문에 그래서 땅 위에 나무가 있다고 한 것이다."〕. 그래서 임금의 일[王事]에 있어서 위의(威儀)와 용모(容貌)는 진실로 봐줄 만하다[可觀][14]는 것이다. 그래서 길을 걸어갈 때는 패옥(佩玉-허리에 차는 옥)이 울리는 절도[度]가 있었고, 수레에 오를 때는 화란(和鸞-방울)이 딸랑거리는 절도[節]가 있었으며, 사냥을 할 때는 삼구(三驅)의 예제[制]〔○ 사고(師古)가 말했다. "하나는 건두(乾豆-제물)를 위한 것이고, 둘은 빈객(賓客)을 위한 것이며, 셋은 주군의 주방을 채우기 위한 것이다."〕[15]가 있었고, 음식을 먹을 때는 조상께 바치는 예(禮)가 있었으며, 들고 날 때는 명분[名]이 있었고, 백성들을 부릴 때는 때에 맞춰 했으며[時], 힘쓰는 바는 농사와 뽕나무 심기를 권하는 데 있었고, 계책을 세우는 바는 백성을 편안케 하는 데 있어, 이와 같이 하면 나무는 그 본성을 얻었다. 만약에 곧 사냥을 하기 위해 치달리느라 궁궐로 돌아오지 않고, 술과 음식에 빠져 법도를 돌아보지 않으며, 마음대로 요역을 일으켜 백성들의 때를 빼앗고, 간사한 계책을 부려 백성들의 재물을 해친다면, 나무는 그 본성을 잃게 된다. 대개 공장(工匠-

---

13 전(傳)의 다음 단계 해설로 제자백가들의 다양한 풀이를 가리킨다.
14 여기서는 높이 받들 만하다는 의미로 좋은 뜻이다.
15 일설에는 선왕이 사냥을 할 때는 세 방면은 포위를 하고 한 쪽은 터주는 것을 가리키기도 한다.

장인)이 바퀴와 화살을 만드는데 제대로 되지 않아〔○ 여순(如淳)이 말했다. "바퀴를 휘려 해도 휘어지지 않고, 화살을 바로잡으려 해도 곧게 되지 않는 것을 뜻한다."〕나무에 변괴가 있게 되면, 이는 나무가 휘거나 곧은 본성을 잃은 것이다.

『춘추(春秋)』성공(成公) 16년(기원전 575년) "정월에 비가 내렸고 나무에 얼음이 얼었다[冰]." 유흠(劉歆)이 볼 때 이는 상양(上陽)이 베풀어져 아래로 통하지[下通] 않았고, 하음(下陰)이 베풀어져 위에 도달하지[上達] 않았기 때문에 비가 내렸고, 그래서 나무에 얼음이 얼었으며, 나쁜 기운[零氣=惡氣]이 추워져 나무가 휘어지지도 않고 곧아지지도 않았던 것이다. 유향이 볼 때 얼음이란 음(陰)이 왕성해 물이 막히는 것[滯]이고, 나무란 소양(少陽)이니 높은 신하나 경대부의 상(象)이다. 이런 사람이 장차 해를 입게 되면 음의 기운이 나무를 위협해[脅] 나무가 먼저 추워지기 때문에 비가 내리고 얼음이 어는 것이다. 이 당시에 숙손교여(叔孫喬如)〔○ 사고(師古)가 말했다. "숙손선백(叔孫宣伯)이다. 노(魯)나라 선공(宣公)의 부인 목강(穆姜)과 사통하며 반란을 모의하다가 실패하자 망명했다."〕는 나라 밖으로 달아났고[出奔], 공자(公子) 언(偃)〔○ 사고(師古)가 말했다. "선공(宣公)의 서자로 성공(成公)의 동생이다. 교여의 반란 모의에 참여했다가 주살됐다. 이 일은 성공 16년 겨울에 보인다."〕은 주살됐다. 일설에는 이때 진(晉)은 계손행보(季孫行父)를 붙잡고 또 성공(成公)을 붙잡았는데, 이는 붙잡아서 욕을 보인 이변이다〔○ 사고(師古)가 말했다. "행보는 계문자(季文子)다. 16년 가을에 성공은 사수(沙隨)에서 진후(晉侯)와 회합을 했는데 진나라는 교여(喬如)의 참소를 받아들여 성공을 붙잡았다. 같은 해 9월에 또 교여의 참소를 믿어 행보를 붙잡았다."). 혹은 말하기를 지금의 장로(長老)는 나무에 얼음이 어는 것에서 이름을 따와 목개(木介)라고 했는데 개(介)는 갑옷[甲]이며 갑옷은 갑병을 상징한다고 했다. 같은 해에 진(晉)나라는 언릉(鄢陵)에서 (초나라와) 전투를 벌였는데 초(楚)나라 왕이 눈을 다쳐 패배했다〔○ 사고(師古)가 말했다. "여기(呂錡)가 공왕(恭王)을 쏘아 눈을 맞췄다. 언릉은 정(鄭)나라 땅이다."). 그리고 이때 오랫동안 비가 내렸다.

전(傳)[16]에서 말했다.

"법도를 내팽개치고 공신(功臣)을 내쫓고 태자를 죽이고 첩을 처로 삼으면 불은 타오르며 올라가지[炎上] 않는다."

설(說)에 따르면 불은 남쪽이고 광채를 들어 올려 밝히는 것이다. 그래서 임금 된 자의 경우에는 남면(南面)해 밝음[明]을 향한 채로 다스리는 것이다. 『서경(書經)』에 이르기를 "사람을 볼 줄 알면 명철해[哲=智] 능히 사람을 관직에 쓸 수 있다〔○ 사고(師古)가 말했다. "「우서(虞書)」 '고요모(皐陶謨)'에 나오는 말이다. 그 재주를 알아볼 줄 알면 능히 그 사람을 관직에 쓸 수 있으니 그 때문에 지(智)라고 하는 것이다."〕"라고 했다. 그래서 요임금과 순임금은 여러 뛰어난 이들[群賢]을 들어서 그들을 조정에 임명했고, 4명의 간사한 자들[四佞=四凶]을 멀리 들판으로 내쫓았다. 공자는 "침윤하는 참소와 살갗을 파고드는 하소연이 행해지지 않는다면 밝다

---

16 이것도 순열(荀悅, 148~208년)이 쓴 『한기(漢紀)』를 가리킨다.

[明]고 할 만하다〔○ 사고(師古)가 말했다. "『논어(論語)』에 실려 있는 공자의 말이다. 침윤(浸潤)이란 점점 젖어든다는 말이다. 살갗을 파고든다[膚受]는 말은 처음에는 겉 피부로 들어와 골수에까지 이르게 된다는 뜻이다."〕라고 했다. 뛰어난지 간사한지[賢佞]를 분별하고, 사람을 관직에 임명할 때 차례가 있고, 예로부터 내려오는 모범을 잘 따르고, 공훈이 있는 사람을 삼가 중히 여기고, 적서(適庶=嫡庶)를 분명하게 구별해 이와 같이 하면, 불은 그 본성을 얻었다. 만약에 곧 도리를 믿는 것이 도탑지[篤=厚] 못하고, 혹은 허위를 빚어내고 참소하는 자가 영예를 누리고 간사한 자가 바른 자를 이긴다면, 불은 그 본성을 잃게 된다. 위로부터 아래로 내려오고, 또한 제 마음대로 불꽃이 일어나며, 종묘에 화재가 나고 관청 건물에 불이 나며, 제아무리 많은 군대를 동원해도 구제할 수 없다면, 이는 불이 타올라 위로 올라가지[炎上] 않는 것이다.

『춘추(春秋)』 환공(桓公) 14년(기원전 698년) "8월 임신일(壬申日)에 어름(御廩)[17]에 화재가 있었다." 동중서가 볼 때 우선 이는 (그에 앞서 주변) 4개의 나라가 공동으로 노(魯)나라를 정벌해 용문(龍門)〔○ 위소(韋昭)가 말했다. "노나라 성곽의 문이다."〕에서 크게 깨뜨린 일과 관련이 있다. 백성들 중에 다친 사람들은 아직 치료도 하지 못했고 원수도 아직 갚지 못했는데, 임금과 신하 모두 나태해 안으로는 정사에 게을렀고, 밖으로는 사방의 이웃들을 모독해 능히 종묘를 보존해 그 천년을 마칠 수가 없는 지경이었기 때문에 하늘이 어름에 재앙을 내려 경계시킨 것이라는 것이다. (그런

---

17 공물(供物)을 보관하는 중앙 조정의 창고다.

데) 유향이 볼 때는 어름이란 부인(夫人)과 팔첩(八妾)〔○ 사고(師古)가 말했다. "임금 한 명은 아홉 여인을 취하게 했으니, 본부인[正嫡]이 1명이고 나머지는 첩이니 그래서 팔첩이라고 한 것이다."〕이 쌀을 찧어[舂] 저장해 종묘에 바치는 것인데, 이때 부인이 음란한 행위를 해〔○ 사고(師古)가 말했다. "제후(齊侯)와 통정했다."〕 역심을 품으니〔○ 사고(師古)가 말했다. "환공(桓公)을 시해하고자 한 것을 말한다."〕, 하늘이 이를 경계해 '부인은 종묘 제사를 받들어서는 안 된다'는 것을 말했다는 것이다. 환공(桓公)은 이를 깨닫지 못한 채[不寤=不覺] 부인과 함께 제(齊)와 회동을 했고〔○ 사고(師古)가 말했다. "18년 봄에 공은 낙(濼) 땅에서 제후(齊侯)와 회동하기 위해 공과 부인 강씨(姜氏)는 드디어 제나라에 갔다."〕, 부인이 제후(齊侯)에게 환공을 참소하니〔○ 사고(師古)가 말했다. "세자는 환공의 아들이 아니라 제후의 아들이라고 말했다."〕 제후는 환공을 살해했다. 유흠이 볼 때 어름이란 공이 몸소 적전(籍田)을 갈아 기장을 제기에 가득 담아[粢盛] 제사에 올리기 위한 곳인데, 법도를 내팽개치고 예를 잃었으니 그것에 대한 응징[應=應懲]이었다.

(『춘추(春秋)』) 엄공(嚴公)〔○ 사고(師古)가 말했다. "엄공은 장공(莊公)을 가리킨다. (후한의) 명제(明帝)의 이름-장(莊)-을 피해 엄(嚴)이라고 바꿔 부른 것이다. 『한서(漢書)』에 실려 있는 시성(諡姓)에서 엄(嚴)이라고 돼 있는 것은 다 이와 같은 부류다."〕 20년(기원전 674년) "여름에 제(齊)나라에 큰 화재가 있었다." 유향이 볼 때 제나라 환공(桓公)은 여색을 좋아해 여자의 말[女口]을 들어 첩을 처로 바꾸고 적자와 서자를 여러 차례 바꿨기[更=改] 때문에〔○ 사고(師古)가 말했다. "환공의 부인(夫人)은 왕희(王

姬), 서영(徐嬴), 채희(蔡姬) 3명인데 모두 아들이 없었다. 그래서 환공은 은밀하게 총애하는 여인들을 좋아했는데 그렇게 아껴준 여인이 6명이다. 장위(長衛) 희(姬)는 공자 무휴(無虧)를 낳았는데 곧 무맹(武孟)이다. 소위(少衛) 희(姬)는 혜공(惠公)을 낳았고, 정희(鄭姬)는 효공(孝公)을 낳았고, 갈영(葛嬴)은 소공(昭公)을 낳았고, 밀희(密姬)는 희공(懿公)을 낳았고, 송화자(宋華子)는 공자 옹(雍)을 낳다."] 큰 화재가 일어났다는 것이다. 환공은 이를 깨닫지 못한 채 죽었고, 적서 사이에 분쟁이 일어나 9개월 동안 장사를 지낼 수 없었다[○ 사고(師古)가 말했다. "노나라 희공(僖公) 17년 제나라 환공이 졸하자 역아(易牙)가 제나라에 들어와 내부의 총애를 받는 자들을 끼고서 여러 관리들을 살해하고 무휴를 세웠다. 효공(孝公)은 송나라로 달아났다. 18년에 제나라가 효공을 세웠으나 네 공자의 무리를 이기지 못하자 드디어 송나라 사람들과 함께 싸워 언(甗) 땅에서 제나라 군대를 꺾고 효공을 세우고서 돌아왔다. 8월에 환공을 장사 지냈는데 이때는 이미 9개월이 지나서야 마침내 장사를 지낸 것이다."]. 『춘추공양전(春秋公羊傳)』에 이르기를 큰 화재는 역병[疫]이라고 했다. 동중서가 볼 때 노(魯)나라의 부인이 제나라에서 음란한 짓을 했고, 제나라 환공의 자매 중에서 시집가지 않은 사람이 7명이었다. 나라의 임금은 백성들의 부모이고, 부부는 생성화육[生化]의 근본이다. 근본이 상하게 되면 곁가지는 일찍 죽게 되니 그 때문에 하늘이 재앙을 내린 것이다[○ 이기(李奇)가 말했다. "(하늘이) 역병을 퍼뜨려 백성들을 죽였다는 말이다."].

　(『춘추(春秋)』) 희공(釐公)[○ 사고(師古)가 말했다. "釐는 발음이 (리가 아니라) 희(僖)다. 이하에서도 마찬가지다."] 20년(기원전 640년) "5월 을사

일에 서궁(西宮)에 화재가 있었다. 『춘추곡량전(春秋穀梁傳)』에 따르면 민공(愍公)[18]의 궁이 서궁인데 시호(諡號)로 말하면 그것을 멀리하는 것처럼 여겨지기 때문에 서궁이라고 불렀다고 했다. 유향이 볼 때 희공은 아버지의 첩이었던 어머니를 부인(夫人)으로 세워 종묘에 (추가로) 넣었기 때문에〔○ 사고(師古)가 말했다. "그녀는 희공의 어머니로 성풍(成風)이라고 한다. 본래 본부인이 아닌데-장공(莊公)의 첩이다-희공이 이미 임금이 되자 그 어머니에게 드디어 부인과 같은 예를 행한 것이다. 문공 4년의 경(經)에 '부인 풍씨(風氏)가 훙했다'라고 했고, 5년에는 '왕(王-천자)의 사신 영숙(榮叔)이 와서 함(含)과 봉(賵-선물)을 주었다'라고 했으니 바로 이것이다."〕하늘이 민궁(愍宮)에 재앙을 내렸고, (이를 통해 하늘은) 마치 말하기를 그 비천함〔○ 사고(師古)가 말했다. "민공은 희공에게 동생이기 때문에 비천하다[卑]고 한 것이다."〕을 제거하고 부인으로 모신 것이 장차 종묘의 바른 예를 해친 것이라고 했다는 것이다. 동중서가 볼 때 희공은 초나라에 장가를 갔는데 제나라 여인을 잉첩으로 삼았기 때문에 공의 사자가 제나라의 협박을 받아 제나라 여인을 부인으로 삼아서 재앙이 생겼다〔○ 사고(師古)가 말했다. "희공이 애초에는 초나라 왕의 딸을 본부인으로 삼고 제나라 후의 딸을 잉첩으로 삼았다. 이때 제나라가 먼저 그 딸을 보내 노나라 사자를 위협해 부인으로 삼게 했다. 이 일은 『춘추공양전(春秋公羊傳)』과 『춘추곡량전(春秋穀梁傳)』에 보인다."〕. 서궁이란 소침(小寢)[19]으로 부인

---

18 민공(緡公)을 가리킨다.

19 정전(正殿)을 뜻하는 노침(路寢)과 대비해 동서에 있던 편전(便殿)을 가리킨다.

이 거처하는 곳이다. 그래서 하늘은 말하기를 첩이 어찌 이 궁을 쓸 수 있는가라고 했다는 것이다. 즉, 이 서궁을 주벌하려는 뜻이 있었다는 말이다. 그래서 하늘이 그곳에 재앙을 내렸으니 그것을 무겁게 여겨 서궁이라고 불렀다는 것이다. 『춘추좌씨전(春秋左氏傳)』은 서궁을 공궁(公宮)이라고 부르고 있다. 서(西)라고 말했다면 동(東)이 있다는 것을 알고 있었다는 말이다. 동궁이란 태자가 거처하는 곳이다. 궁(宮)이라고 말한 것은 나라를 들어 모두에게 재앙이 있었다는 뜻이다.

(『춘추(春秋)』) 선공(宣公) 16년(기원전 593년) "여름에 성주(成周-낙양)의 선사(宣榭)[20]에 불이 났다[火]." 사(榭)란 악기(樂器)를 보관해두는 곳이고 선(宣)은 그 앞에 붙인 이름이다. 동중서와 유향이 볼 때 (선공) 15년에 왕찰자(王札子)가 소백(召伯)과 모백(毛伯)을 죽였는데[○ 사고(師古)가 말했다. "왕자 첩(捷)이다. 소백과 모백은 주나라의 두 대부다."], 천자는 그를 주살할 수가 없었다. (선사에 불이 났다는 것은) 하늘이 경계해 마치 말하기를 "정령(政令)을 제대로 행할 수가 없는데 무엇으로 예악(禮樂)을 행하려고 악기를 보관해두었는가?"라고 했다는 것이다. 『춘추좌씨전(春秋左氏傳)』의 경(經)[21]에 이르기를 "성주의 선사에 불이 났는데 사람이 불을 지른 것이다. 사람이 불을 지른 것을 화(火)라고 하고, 하늘이 불을 지른 것을 재(災-화재)라고 한다"라고 했다. 사(榭)란 무술을 강습하는[講武] 건물이다.

---

20 사(榭)는 강무를 하는 정자인데 사방에 벽이 없는 것을 말한다.
21 경이라고 했지만 실은 전문(傳文)이다.

(『춘추(春秋)』) 성공(成公) 3년(기원전 588년) "2월 갑자일에 신궁(新宮)에 화재가 났다."『춘추곡량전(春秋穀梁傳)』에 따르면 신궁은 선궁(宣宮)[22]인데 (선(宣)이라는) 시호를 말하지 않은 것은 공손히 하기 위함이다. 유향이 볼 때 이 당시에 노(魯)나라 삼환(三桓)[23]의 자손이 처음으로 국정을 쥐니 선공(宣公)이 그들을 주살하려 했지만 실행할 수 없을까 봐 두려워해 대부 공손귀보(公孫歸父)를 시켜 진(晉)나라에 가서 일을 모의하게 했다. 그가 미처 돌아오지도 않았는데 선공이 죽었다[死]. 삼가(三家-삼환)는 성공에게 귀보를 참소했다. 성공은 아버지의 상중에 상복을 제대로 차려입지도 않은 채[父喪未葬] 참소를 듣고서 아버지의 신하들을 내쫓아 제나라로 달아나게 만들었다〔○ 사고(師古)가 말했다. "공손귀보는 동문양중(東門襄仲)의 아들이다. 귀보가 삼환을 제거해 공실을 튼튼히 하고자 해 선공과 모의를 해 진나라로 가서 진나라 사람들로 하여금 삼환을 없애게 하려고 했다. 그런데 선공이 훙하고 성공이 즉위하자 계문자와 장선숙(臧宣叔)은 이에 동문씨(東門氏)를 축출했다. 귀보가 돌아와 개(介)에게 복명하고서 드디어 제(齊)나라로 도망쳤다."〕. 그래서 하늘이 선궁에 재앙을 내려 아버지의 명을 제대로 쓰지 못하는 형국[象]을 밝혀 드러낸 것이다. 일설에는 삼가가 서로 친해 예가 없었기 때문에 오히려 선공이 자적(子赤)〔○ 사고(師

---

22 선공(宣公)의 사당이다.
23 춘추시대 노(魯)나라의 대부였던 중손씨(仲孫氏), 숙손씨(叔孫氏), 계손씨(季孫氏)를 가리킨다. 모두가 노나라 환공(桓公)의 아들이었으므로 삼환이라 칭했다. 중손씨는 나중에 맹손씨(孟孫氏)로 불렸다. 기원전 562년 삼환씨는 노나라의 공실(公室)을 무너뜨리고 정권을 인수해 분권정치를 실시했다. 그중 계손씨의 세력이 가장 강했다.

古)가 말했다. "자적은 문공의 태자로, 곧 자오(子惡)다. 선공은 문공의 서자였는데 양중(襄仲)이 적을 죽이고 선공을 세웠다."]을 죽이고 스스로 즉위한 것과 마찬가지로 예가 없고 친하기만 했기 때문에 하늘이 선묘에 재앙을 내려 삼가를 없애고자 하는 뜻을 드러내 보이려 했다고 한다. 동중서가 볼 때 성공이 상중이면서도 슬퍼서 애도하는 마음이 없이 여러 차례 군사를 일으켜 정벌을 위한 전쟁을 하니,[24] 그 때문에 하늘이 그 아버지의 사당에 재앙을 내려 자식 된 도리를 잃어 종묘를 받들어서는 안 된다는 것을 보여주려 한 것이다. 또 일설에는 선공이 임금을 죽이고서 자리에 섰기 때문에 여러 선조들의 대열에 서서는 안 된다는 것을 보여주려 했다고도 한다.

(『춘추(春秋)』) 양공(襄公) 9년(기원전 564년) "봄에 송(宋)나라에 화재가 났다." 유향이 볼 때 이에 앞서 송공(宋公)이 참소를 듣고서 그의 대부 화약(華弱)[25]을 내쫓으니 화약은 노(魯)나라로 달아났다. 『춘추좌씨전(春秋左氏傳)』에 이르기를 송나라에 화재가 났고, 이때 낙희(樂喜)가 사성(司城)〔○ 사고(師古)가 말했다. "원래는 사공(司空)인데 무공(武公)의 이름을 피해 그 관직명을 고쳐 사성(司城)이라고 했다."]이었는데, 우선 불이 아직 미치지 않은 곳에는 작은 집을 철거하고, 큰 집은 진흙으로 겉을 바르고, 흙을 담아 나를 도구를 진열하며, 두레박줄과 두레박 그리고 물동이를 준비하며, 일의 경중을 헤아려 인력을 배정해 웅덩이를 파고 물을 담고 흙을

---

24 원년, 2년, 3년에 연이어 군사를 일으켰다.

25 화우(華耦)의 손자다.

쌓아놓으며, 방어할 곳을 손질하며 불이 진행하는 방향을 표시해 노역을 담당할 사람들을 갖추었다. 사당을 지키는 병사들을 모아 불이 난 곳으로 보내게 했다. 또 여러 관리들에게 명을 내려 맡은 바 일을 각자 조심해서 수행하도록 했다. 진나라 임금[晉侯]진후이 그것을 듣고서 사약(士弱)〔○ 사고(師古)가 말했다. "진나라 대부 사장백(士莊伯)이다."〕에게 물었다.

"송나라에 화재가 일어났는데 이를 통해 하늘의 도리가 있다는 것을 알 수 있다는 것은 어째서인가?"

사약이 대답했다.

"옛날의 화정(火正)은 혹은 심성(心星) 분야에 식읍을 받기도 하고 주성(咮星) 분야에 식읍을 받기도 해 (그곳에 머물면서 별들을 관측하며) 불을 출납하는 정령을 맡았습니다. 이 때문에 주성은 순화(鶉火)라고 하고 심성은 대화(大火)라고 하는 것입니다. 도당씨(陶唐氏-요임금)의 화정 알백(閼伯)은 상구(商丘)에 머물면서 대화의 제사를 주관했고 불이 들고 나는 시절을 기록했습니다. 상토(相土)[26]는 그것을 이어받았기 때문에 그래서 상나라 사람들은 대화를 중하게 여겼습니다. 상나라 사람들은 재앙과 실패의 조짐은 반드시 불에서 시작한다는 것을 살폈기 때문에 이로 인해 하늘의 도리가 있다는 것을 알고 있는 것입니다."

공(公)[27]이 말했다.

---

26 하나라 사람으로 설(契)의 후손이다. 상나라의 선조이자 송나라의 조상이다. 상나라가 망하자 주나라는 그 후손인 송나라로 하여금 제사를 이어가게 했다.

27 진나라 임금, 즉 도공(悼公)이다.

"반드시 그렇다고 할 수 있겠는가?"

사약이 대답했다.

"도리가 있느냐 없느냐에 달려 있습니다. 나라가 어지러워지면 (하늘이 내려주는) 조짐도 없으니[亡象] 알 길이 없습니다."
망상

설(說)에 따르면 옛날의 화정(火正)이란 화관(火官)을 말하는데 화성에 제사 지내는 일을 주관하고 불의 정사[火政]를 행한다고 했다. 늦은 봄
화정
[季春] 저녁 무렵 심성(心星)이 동쪽에 나오고 탁성(啄星-주성)·칠성(七星)
계춘
·조수성(鳥首星)이 바야흐로 남쪽에 있게 되면 불을 쓰고, 늦은 가을에 화성이 들어가면 불은 쓰는 것을 그치고 하늘의 때에 고분고분해 백성들의 질고(疾苦)를 구제한다. 제곡(帝嚳)의 경우에는 축융(祝融)이 있었고 요임금 때는 알백(閼伯)이 있어 백성들은 그들의 다움에 의지했고, (그들이) 죽고 나서는 불의 조상[火祖]이 되자 화성에 배향해 제사를 지냈다. 그래
화조
서 말하기를 "어떤 때는 심성에서 녹을 먹고 어떤 때는 주성에서 녹을 먹는다"라고 하는 것이다. 상토는 상(商)나라의 조상 설(契)의 증손으로 알백의 뒤를 대신해 화성을 주관했다. 송나라는 그 후예의 나라이다. 대대로 그 점(占)을 담당했기[司] 때문에 화재가 갖는 의미를 미리 알았던 것이다.
사
뛰어난 임금은 이변을 보면 능히 도리를 닦아 흉함을 제거할 수 있는 데 반해, 어지러운 임금에게는 (하늘이 내려주는) 조짐이 없어 하늘이 꾸짖음을 일러주지 않으므로 그런 임금은 (앞으로) 무슨 일이 일어나게 되는지를 알지 못한다.

(『춘추(春秋)』) 양공(襄公) 30년(기원전 543년) "5월 갑오일에 송나라에

화재가 있었다." 동중서가 볼 때 백희(伯姬)가 송나라에 시집가서[如=嫁] 5년째 되던 해에 (남편인) 송나라 공공(恭公)이 졸하자〔○ 사고(師古)가 말했다. "백희는 노나라 선공(宣公)의 딸 공희(恭姬)다. 성공 9년에 송나라에 시집갔고 15년이 돼서 송공이 죽었다. 지금 송나라에 시집가서 5년이라고 했는데 이는 옮겨 쓰는 과정에서의 오류다."〕 백희는 세상을 떠나 절개를 지키며 30여 년을 보냈고 또 국가의 우환과 재앙을 근심 걱정하며 음의 기운을 쌓아 양의 기운을 낳으니 그 때문에 불이 화재를 일으킨 것이다. 유향이 볼 때 이에 앞서 송공이 참소하는 말을 들어 태자 좌(痤)를 죽였기 때문에〔○ 사고(師古)가 말했다. "좌는 송나라 평공(平公)의 태자다. 시인(寺人-환관)) 혜장이려(惠牆伊戾)가 태자를 참소해 초나라와 밀통을 했다고 하자 평공이 그를 죽였다. 이 일은 양공(襄公) 26년에 나온다."〕 그에 대한 응답으로 불이 타올라 위로 올라가지[炎上] 않는 죄가 있게 된 것이다.

『춘추좌씨전(春秋左氏傳)』 소공(昭公) 6년 "6월 병술일에 정나라에 화재가 있었다." 이 해 봄 3월에 정나라 사람들이 형서(刑書-형법 조문)를 주조했다. 사문백(士文伯)〔○ 사고(師古)가 말했다. "진(晉)나라 대부 백하(伯瑕)다."〕이 말하기를 "화성이 나타나면 정나라에 아마도[其] 불이 날 것이다. 화성이 나오기도 전에 불을 사용해 형기(刑器)를 주조해 죄를 논하는 [爭辟] 법을 (그 형기 안에) 저장했으니 화성이 불을 상징하는 것이라면 화재가 나지 않고 어쩌겠는가?"라고 했다.

설(說)에 따르면 화성이 주(周)의 5월에 나오니 정나라는 3월에 불을 사용해 쇠솥[鼎]²⁸을 주조해 형벌 조문을 새겨 넣고 백성들과 약속해 이를 형기쟁벽(刑器爭辟)의 법이라고 했다. 그래서 화성이 나오자 오행 중의 화(火)가 밝기를 다퉈 화재가 난 것이니 그것은 조짐이 그러한 것이고 또한 법률을 내팽개친다[棄法律]는 점(占)의 결과이다. 경(經)에 기록하지 않은 것은 이때 그 일을 노나라에는 고하지 않았기 때문이다.²⁹

(소공(昭公)) 9년(기원전 533년) "여름 4월에 진(陳)나라에 불이 났다[火]."³⁰ 동중서가 볼 때 진(陳)의 하징서(夏徵舒)가 임금을 죽였기 때문에 초(楚)나라 엄왕(嚴王)은 진나라를 위해 적을 토벌하고자 한다고 칭탁하자[託=稱], 진나라는 성문을 열고서 그것을 기다렸는데 초나라 군대가 도착하자 진나라를 멸망시켰다〔○ 사고(師古)가 말했다. "하징서는 진나라 경(卿) 하남(夏南)으로 곧 소서씨(少西氏)였다. 징서의 어머니가 영공(靈公)과 통정했는데 영공은 하씨에게 술을 먹였기 때문에 징서가 공을 쏘아 죽였다."〕. 이에 진나라 신하들은 독을 품고 원한이 깊어 음기가 극에 이르러 양기를 낳았기 때문에 화재가 나게 됐다는 것이다. 유향이 볼 때는 이에 앞서 진나라 임금[陳侯]의 동생 초(招)가 진나라의 태자 언사(偃師)를 죽였는데〔○ 사고(師古)가 말했다. "초는 진나라 애공(哀公)의 동생이다. 언사는 곧 애공의 아들이다. 애공에게 폐질(廢疾)이 있어 초가 태자를 죽이고

---

28 형벌을 새겨 넣은 쇠솥을 말한다.

29 이 화재 사건이 『춘추(春秋)』에는 기록되지 않고 『춘추좌씨전(春秋左氏傳)』에만 기록된 이유는 노나라에 고하지 않아 공자도 몰랐다는 뜻이다.

30 사고(師古)는 『춘추공양전(春秋公羊傳)』에 나오는 말이라고 했다. 그런데 『춘추좌씨전(春秋左氏傳)』에도 같은 말이 나온다. 다만, 여기서는 화(火)가 아니라 재(災)라고 했다.

공자 유(留)를 세웠다. 이 일은 (『춘추좌씨전(春秋左氏傳)』) 소공(昭公) 8년에 실려 있다."], 이는 별개로 하고서 화재의 원인과 어떤 궁관(宮館)에 불이 났는지를 상세하게 지적하지 않은 것은 생략했기 때문이라고 했다. 8년 10월 임오일에 초나라 군대가 진나라를 멸망시켰지만,『춘추(春秋)』는 오랑캐[蠻夷-초나라]가 중국을 멸망한 것을 인정하지 않았기[不與] 때문에 역시 "진(陳)나라에 불이 났다"라고만 적은 것이다[○ 사고(師古)가 말했다. "9년에 불이 났을 때 진나라는 이미 초나라의 현(縣)이 됐는데도 오히려 진나라라고 덧붙여 쓴 것은 초나라는 만이(蠻夷)이기 때문에 초가 중하(中夏)의 나라를 멸망한 것을 인정하지 않은 것이다."].『춘추좌씨전(春秋左氏傳)』의 경문(經文)에 "진나라에 화재가 났다[陳災]"라고 쓰고서 그 전문(傳文)에 이렇게 말했다.

"정(鄭)나라 (대부) 비조(裨竈)가 말하기를 '5년 뒤에 진나라가 다시 봉해지고 봉해진 지 52년 만에 멸망할 것입니다'라고 했다. 자산(子産)이 그 까닭을 묻자 '진나라는 수(水)(의 덕)에 속하고 화(火)는 수의 짝[妃=配偶][31]이라 초나라가 다스리는 바[所相=所治]입니다.[32] 지금 화성이 나오자 진나라에 불이 났으니 이는 초나라를 몰아내고 진나라를 (다시) 세우는 조짐입니다. 짝은 다섯으로 이루어지기 때문에 5년이라고 한 것이고, 세성(歲星)이 다섯 차례 순화(鶉火)에 미친 뒤에 진나라가 마침내 망하고 초나

---

31 불은 물을 두려워하기 때문에 물의 짝이라고 한 것이다.
32 초나라 선조인 축융(祝融)이 고신씨(高辛氏)의 화정(火正-불을 맡은 관리)이 돼 불에 관한 일을 주관했었다.

라가 그것을 소유하게 될 것이니 이는 하늘의 도리입니다'라고 대답했다."

설(說)에 따르면 전욱(顓頊)은 수(水)로 왕이 됐고 진(陳)나라는 그 족속이다〔○ 사고(師古)가 말했다. "진나라는 순(舜)임금의 후예다. 순은 본래 전욱에서 나왔다."〕. 지금 이 해에 세성(-목성)은 성기(星紀)[33]에 있고 5년 후에는 대량(大梁)에 있다. 대량은 묘수(昴宿)다. 금(金)을 수(水)의 종주[宗]로 삼으니 수는 그 종주를 얻어 번창하기 때문에 그래서 말하기를 "5년 뒤에 진나라가 다시 봉해진다"라고 했던 것이다. 초나라의 선조는 화정(火正)이었기 때문에 그래서 말하기를 "초나라가 다스리는 바[所相]입니다"라고 했던 것이다. 하늘은 일(一)로써 물을 낳고, 땅은 이(二)로써 불을 낳고, 하늘은 삼(三)으로써 나무를 낳고, 땅은 사(四)로써 쇠를 낳고, 하늘은 오(五)로써 흙을 낳는다. 다섯 자리[五位=五行]는 모두 다섯으로써 화합하고 음양은 그 자리를 바꾸기 때문에 그래서 말하기를 "짝은 다섯으로 이루어진다"라고 했던 것이다. 그렇다면 물의 대수(大數)는 6, 불은 7, 나무는 8, 쇠는 9, 흙은 10이다. 그래서 물은 천일(天一)로써 화이(火二)의 빈(牝-암컷)이 되고, 나무는 천삼(天三)으로써 토십(土十)의 빈이 되며, 흙은 천오(天五)로써 수육(水六)의 빈이 되고, 불은 천칠(天七)로써 금사(金四)의 빈이 되며, 쇠는 천구(天九)로써 목팔(木八)의 빈이 된다. 양수로 홀수인 것을 빈(牝)이라고 하고 음수로 짝수인 것을 비(妃)라고 한다. 그래서 말하기를 "물은 불의 빈(牝)이고 불은 불의 비(妃-짝)이다"라고 하는 것이다. 『주역(周易)』에서 감(坎)괘(☵)는 수(水)이고 중남(中男-차남 이하)이며,

---

33 유(酉) 방향의 별자리다.

이(離)괘(☲)는 화(火)이고 중녀(中女)이기 때문에 대개 그 뜻을 취한 것이다. 대량으로부터 4년이 지나면 순화(鶉火)에 이르고, 네 번 하늘을 돌면[四周] 48년이니, 모두 다섯 번 순화에 이르면 52년이 돼 진나라는 멸망한다는 것이다. 불이 성하고 물이 쇠하게 되니 그래서 말하기를 "하늘의 도리입니다"라고 했던 것이다. 애공(哀公) 17년 7월 을묘일에 초나라는 진나라를 멸망시켰다.[34]

소공(昭公) 18년(기원전 524년) "5월에 송(宋)·위(衛)·진(陳)·정(鄭)나라에 화재가 있었다[災]."[35] 동중서가 볼 때 이는 왕실에 장차 어지러움이 있을 조짐인데 천하에서는 아무도 구원을 해주지 않을 것이기 때문에 네 나라에 화재를 일으켜 사방을 망하게 할 것임을 말해준 것이다. 또 송(宋)·위(衛)·진(陳)·정(鄭)나라의 임금들은 모두 음란한 즐거움에 푹 빠져 나라의 정사는 돌보지 않은 채[不恤] 주나라 왕실과 함께 가고 있었다. 양의 기운이 절도를 잃으면 화재가 일어나는 것이니, 그래서 같은 날에 화재가 일어난 것이다. 유향이 볼 때 송(宋)과 진(陳)나라는 천자의 후예이고〔○ 사고(師古)가 말했다. "송나라 미자(微子) 계(啓)는 원래 은나라 왕실에서 나왔고, 진나라 호공(胡公) 만(滿)은 유후(有虞-순임금)의 후예이니 모두 천자의 후손이다."〕, 위(衛)와 정(鄭)나라는 주나라 왕실과 동성(同姓)이다〔○ 사고(師古)가 말했다. "위나라 강숙(康叔)은 문왕의 아들이고, 정나

---

34 노나라 소공 8년(기원전 534년)에 초나라 영왕(靈王)이 진나라를 멸망시켰다. 5년 후(소공 13년-기원전 529년)에 진나라는 다시 봉해졌고 애공 17년(기원전 478년)에 초나라 혜왕(惠王)이 진나라를 멸망시켰다.

35 『춘추좌씨전(春秋左氏傳)』에는 화(火)했다.

라 환공(桓公)은 주나라 선왕(宣王)의 동생이다."). 이 당시 주나라 경왕(景王)은 나이가 많아 유자(劉子)와 선자(單子)는 왕자 맹(猛)을 섬겼고〔○ 사고(師古)가 말했다. "유자는 유헌공(劉獻公) 지(摯)다. 선자는 목공(穆公) 기(旗)다. 모두 주나라 대부다. 맹은 경왕의 태자다. 單의 발음은 선(善)이다."〕, 윤씨(尹氏)와 소백(召伯)과 모백(毛伯)은 왕자 조(鼂)를 섬겼다〔○ 사고(師古)가 말했다. "윤씨는 문공(文公) 어(圉)다. 소백은 장공(莊公) 환(奐)이다. 모백은 모득(毛得)이다. 모두 주나라 대부다. 왕자 조는 경왕의 서자다. 鼂는 조(朝)의 옛 글자다."〕. 조(鼂)는 초나라 왕의 조카[出]〔○ 사고(師古)가 말했다. "자매의 아들을 출(出)이라 한다."〕다. 송(宋)·위(衛)·진(陳)·정(鄭)나라는 또한 모두 초나라에 기대고 있어[附=依] 주나라 왕실을 높이는 마음이 없었다. 2년 후에 경왕이 붕어하자 왕실은 어지러워졌고, 그래서 하늘은 네 나라에 재이를 내린 것이다. (이에) 하늘은 경계해 말하기를 주나라를 구원하지 않고 도리어 초나라를 따르고, 천자의 세자를 폐하고 정통성이 없는 자[不正]를 세움으로써 왕실을 해치려 한다는 점에서 그 허물은 똑같다는 점을 보여주려 했다는 것이다.

 (『춘추(春秋)』) 정공(定公) 2년(기원전 508년) "5월에 치문(雉門)과 양관(兩觀)〔○ 사고(師古)가 말했다. "치문은 공궁(公宮)의 남문이고 양관은 대궐이다."〕에 화재가 있었다[災]." 동중서와 유향이 볼 때 이는 모두 사치하고 참람함[奢僭]이 도를 넘었기 때문이다. 이에 앞서 계씨(季氏)[36]가 소공(昭公)을 축출해 소공은 나라 밖에서 죽었다[死]〔○ 사고(師古)가 말했다.

---

36 계환자(季桓子)를 가리킨다.

"건후(乾侯)에서 훙(薨)한 것을 가리킨다."]. 정공이 즉위했으나 계씨를 주살할 수가 없었고, 또 사설(邪說)을 썼고, 여악(女樂)을 썼으며, 공자를 물리쳤다[○ 사고(師古)가 말했다. "제(齊)나라가 여악을 보내오자 계환자는 정공으로 하여금 그것을 받도록 권유했고 임금과 신하가 함께 그것을 구경하느라 조례를 3일 동안 폐기하자 공자는 마침내 노나라를 떠났다."]. (이에) 하늘은 경계해 말하기를 (공자와 같은) "고매하고 훌륭한 인물[高顯]을 내치고 사치하고 참람하도다"라고 한 것이다. 일설에는 궁문과 궁궐은 (정치의) 호령이 비롯돼 나오는 곳인데 지금 크게 빼어난 이[大聖]를 내팽개치고 마구 허물을 지었으니 호령이 나올 수 없게 됐기 때문에 화재가 있었다고도 했다. 경방(京房)의 『역전(易傳)』에 이르기를 "임금이 도리를 생각지 않으면 요망스러운 불이 궁궐을 불태운다"라고 했다.

(『춘추(春秋)』) 애공(哀公) 3년(기원전 492년) "5월 신묘일에 환궁(桓宮)과 이궁(釐宮)[37]에 화재가 있었다." 동중서와 유향이 볼 때 이 두 궁은 마땅히 세워서는 안 되는 것이니 예를 어긴 것이다. 애공은 또 계씨(季氏) 때문에 공자를 쓰지 않았다. 공자가 진(陳)나라에 있으면서 노나라에 화재가 있었다는 말을 듣고서 "아마도[其] 환공과 희공의 사당일 것이로다!"라고 했다. 공자가 생각건대 계씨는 환공으로부터 나왔고 희공은 계씨를 세습 경대부[世卿]로 삼은 장본인이었기 때문이다.

(『춘추(春秋)』) 애공(哀公) 4년(기원전 491년) "6월 신축일에 박사(亳社) [○ 사고(師古)가 말했다. "은나라 사당이다."]에 화재가 있었다." 동중서

---

37 각각 환공(桓公)과 희공(僖公)의 사당이다.

와 유향이 볼 때 망국의 사당은 (망한 나라를) 경계로 삼기 위한 것이다〔○ 사고(師古)가 말했다. "그 사당을 그대로 존속시킨 것은 임금으로 하여금 항상 삼가고 조심해 나라의 위태로움과 멸망을 두려워하게 하기 위함이다."〕. (이에) 하늘은 경계해 말하기를 나라가 장차 위태로움과 멸망에 처할 때 군사를 쓰지 말라고 한 것이다. 『춘추(春秋)』에 화재가 기록된 것은 정공과 애공 사이에 있고 빼어난 이를 쓰지 않은 채 교만한 신하가 제 마음대로 해 장차 나라가 망하게 되는 것은 눈이 밝지 못함이 너무 심한 것이다. 일설에는 하늘이 공자를 낳은 것은 정공과 애공을 위함이 아니고 예를 잃어 일에 밝지 못했기 때문에 화재가 이에 응해 자연스럽게 일어난 조짐이라는 것이다.

고후(高后) 원년 5월 병신일에 조(趙)나라의 총대(叢臺)에 화재가 있었다. 유향이 볼 때 이는 당시에 여씨(呂氏)의 딸이 조왕의 후가 돼 질투를 했기 때문에 장차 참언을 해 (지아비인) 조왕을 해치려 한 것이다. 왕이 이를 깨닫지 못하자 마침내 유폐해 살해한 것이다.

혜제(惠帝) 4년 10월 을해일에 미앙궁(未央宮)의 능실(淩室)〔○ 사고(師古)가 말했다. "얼음을 보관하는 곳이다."〕에 화재가 있었다. 병자일에는 직실(織室)에 화재가 있었다. 유향이 볼 때 원년에 여태후가 조왕(趙王) 여의(如意)를 죽이고 그의 어머니 척(戚)부인을 처참하게 도륙했다. 같은 해 10월 임인일에 태후가 제(帝)의 여동생 노원(魯元)공주의 딸을 세워 황후로 삼았다. 그 을해일에 능실에 화재가 있었다. 다음 날에 직실에 화재가 있었다. 능실은 음식을 공양하는 곳이고 직실은 종묘에 필요한 의복을 대는 곳이기 때문에 『춘추(春秋)』에서 말한 어름(御廩)과 같은 뜻이다. (이에) 하늘은 경계해 마치 말하기를[若曰 약왈] 황후에게는 종묘를 받드는 다움이 없어 장차 제사를 끊으려고 한 것이다. 그후에 황후에게 아들이 없고 후궁인 미인(美人)에게 아들이 있어 태후는 황후로 하여금 그 남자아이의 이름을 짓게 하고서 그 어머니를 죽였다. 혜제가 붕하니 사자(嗣子)가 제위에 올라 (친어머니로 인해) 원한을 품자 태후는 그를 폐위시키고 다시 여씨(呂氏)의 아들 홍(弘)을 세워 소제(少帝)로 삼았다. 대신들의 힘을 입어 함께 여러 여씨들을 주살하고 문제를 세워 혜후(惠后)는 유폐돼 폐위됐다.

문제(文帝) 7년 6월 계유일에 미앙궁 동궐의 부사(罘思)에 화재가 있었다. 유향이 볼 때 동궐은 제후가 조현하는 문이고 부사는 그 밖에 있으니 제후를 상징하는 것이다. 한나라가 일어나 크게 제후와 왕을 봉해 수십개의 성이 서로 연이어졌다. 문제가 즉위하자 가의(賈誼) 등은 그것이 옛 제도에 위배된다고 여겨 반드시 장차 반역을 일으킬 것이라고 보았다. 이에 앞서 제북(濟北)과 회남(淮南)의 두 왕은 모두 반란을 모의했고 그후에 오초7국도 병란을 일으키자 그들을 주벌했다.

경제(景帝) 중(中) 5년 8월 기유일에 미앙궁의 동궐에 화재가 있었다. 이에 앞서 율(栗)태자가 폐위당해 임강왕(臨江王)이 됐고 죄가 있어 불려와 중위(中尉)에 이르자 자살했다. 승상 조후(條侯) 주아부(周亞夫)는 상(上)의 뜻에 부합하지 못해 병을 이유로 면직돼 2년 후에 옥에 내려졌다가 죽었다.

무제(武帝) 건원(建元) 6년 6월 정유일에 요동의 고묘(高廟-고조의 사당)에 화재가 있었다. 4월 임자일에 고원(高園)의 편전에 불이 났다. 동중서는 무제의 물음에 답했다.

"『춘추(春秋)』의 도리는 과거[往=已然]를 들어 미래[來=未然]를 밝히는 것입니다. 이리하여 천하에 (수많은) 일과 사물[物]이 있지만 『춘추』가 언급한 것들을 보면서 같음과 다름을 살펴보며 아주 미세한 데까지 정밀하게 보아 그 뜻을 알아내고 틀과 유형을 파악해 그 이치를 꿰뚫는다면 하늘과 땅의 변화나 나라의 큰일을 훤히 다 볼 수 있어 의심나는 바가 없어지게 됩니다.

『춘추(春秋)』의 노(魯)나라 정공(定公)과 애공(哀公)의 시대를 가만히 살펴보니 계씨(季氏)의 잘못됨이 이미 한창이었지만 또한 공자의 빼어남[聖]이 바야흐로 번성하고 있었습니다. 무릇 번성한 빼어남[盛聖]이 있었기에 한창인 잘못[孰惡]을 바꿀 수 있었고 계씨가 (힘이) 무겁고 노나라 군주가 가벼웠음에도 공자의 가르침이 힘을 발휘할 수 있었던 것입니다. 그랬기 때문에 (노나라) 정공 2년(기원전 508년) 5월에 양관(兩觀-대궐 궁문 앞 양쪽에 세운 망루로 법령을 걸어두는 곳이다)에 저절로 불이 일어나는 재이[災]38가 있었던 것입니다. 양관은 예의 기준에 넘치는[僭禮] 것입니다. 하늘이 거기에 재앙을 내렸다는 것은 예에 넘치는 신하(-계씨)를 없앨 수 있음을 경계시킨 것입니다. 먼저 죄를 벌하겠다는 뜻을 보이고 그 이후에 없애버리겠다는 것을 알린 것이니 이는 하늘의 뜻입니다. 그런데도 정공은 성찰할 줄 몰랐습니다. 애공 3년(기원전 492년) 5월에 이르러 환궁(桓宮-환

---

38 재(災)는 원래 낙뢰 등 자연현상으로 인해 생겨난 불[天災]을 가리키는데, 이는 하늘이 경계의 의미로 내려준 재앙이라는 의미가 들어 있다.

공의 사당)과 이궁(釐宮-희공의 사당으로 희궁(僖宮)이라고도 한다)에 저절로 불이 일어나는 재이가 있었습니다. 이 두 사건은 같은 일이자 한 가지이며 이는 귀한 것을 태웠으니 의롭지 못한 자를 없앨 수 있음을 경계시킨 것입니다. 그런데도 애공이 그 뜻을 알아차리지 못하자 4년(기원전 491년) 6월에는 박사(亳社)[39]에 저절로 불이 일어나는 재이가 있었던 것입니다. 양관과 환묘, 이묘, 박사 이 네 가지는 모두 마땅히 세워서는 안 되는 것들이었기 때문에 하늘이 부당하게 세운 것들에 불을 내어 노나라에 보여줌으로써 난신(亂臣)을 없애고 성인(聖人-공자)을 쓰도록 하고자 했던 것입니다. 계씨가 도리를 망친 지 오래됐지만 그 이전에는 이처럼 하늘이 재이를 보여주지 않았던 것은 노나라에 아직 뛰어나거나 빼어난 신하가 없었고, 또 계손(季孫)을 없애고자 해도 그럴 힘이 없었으니 바로 소공(昭公)이 그러했습니다. 그리고 정공과 애공 때 마침내 이런 재이가 일어난 것은 그때가 됐기 때문입니다. 때가 아니면 재이를 보여주지 않는 것, 이는 하늘의 도리입니다.

(그런데) 지금 고묘를 부당하게 요동에 설치하고 고원(高園)의 편전을 능 주변에 세웠으니 이는 예법에 진실로 마땅하지 않게 세운 것입니다. 그래서 노나라 때와 똑같은 재이가 일어난 것입니다. 마땅치 않게 세운 것이 오래됐지만 폐하의 시대에 이르러 마침내 하늘이 재이를 보여준 것은 거의 그때가 됐기 때문일 것입니다. 옛날에 진(秦)나라는 망한 주(周)나라의 폐단을 이어받으면서 그것을 바꾸지 못했고 한(漢)나라도 망한 진나라의

---

[39] 은(殷)나라의 사당으로 제후들이 이 사당을 세운 것은 망국(亡國)을 경계로 삼기 위함이었다.

폐단을 이어받으면서 역시 그것을 바꾸지 못했습니다. 무릇 (한나라는) 두 나라의 폐단을 계승하는 바람에 그 저질 문화[下流]를 이었고 더불어 추잡한 풍조[猥]를 겸해서 받아들였기 때문에 그것을 다스리는 일은 참으로 어렵게 돼 있습니다. 또 많은 형제와 친척과 골육들이 연결돼 있어 교만함이 기승을 부리고 사치함이 만연돼 있으며 또 마음대로 (중앙 조정을) 비방하는[恣睢] 자들이 많아 이른바 어려움이 겹친 때[重難之時]입니다. 폐하께서는 이처럼 큰 폐단과 직면하신 데다가 또 어려움이 겹친 때를 맞으셨으니 심히 걱정스럽습니다. 그렇기 때문에 하늘은 재이를 내려 폐하께 마치 이렇게 말하는 것 같습니다.

'지금의 세상을 맞아 폐단이 크고 어려움이 거듭되지만 태평성대를 향한 지극한 공정함을 지킨다면 얼마든지 난국에서 벗어날 수 있을 것이다. (먼저) 친척과 귀한 족속들이 제후가 돼 바른 길을 멀리하는 바가 가장 심한 자는 잘 찾아내어 가차 없이 주살해 내가 요동의 고묘를 불태우듯이 하라. 또 가까운 신하들이 나라 안에 있으면서 한눈팔거나 귀한 신분이면서 바르지 못한 자는 잘 찾아내어 가차 없이 주살해 내가 고원의 편전을 불태우듯이 하라.'

그뿐입니까! 도성 밖에 있으면서 바르지 못한 자는 그 귀함이 고묘와 같더라도 오히려 재이가 내려 불을 태우는데 하물며 제후쯤이겠습니까! 안에 있으면서 바르지 못한 자는 그 귀함이 고원의 편전과 같더라도 오히려 재이가 내려 불을 태우는데 하물며 대신쯤이겠습니까! 이것이 하늘의 뜻입니다. 죄가 밖에 있으면 하늘은 밖에 재이를 내리고 죄가 안에 있으면 하늘은 안에 재이를 내리며, 불을 내는 것이 심하면 죄가 무겁다는 것이고 불을 내는 것이 심하지 않으면 죄가 가볍다는 것이니 (폐하께서는) 하늘의 뜻이 보여주는 도리를 따르셔야 할 것입니다."

이에 앞서 회남왕(淮南王) 안(安)이 입조해 애초에 제(帝)의 외삼촌 태위(太尉) 무안후(武安侯) 전분(田蚡)과 역모의 말이 있었다. 그후에 교서(膠西)의 우왕(于王), 조(趙)나라의 경숙왕(敬肅王), 상산(常山)의 헌왕(獻王)은 모두 여러 차례 법을 어겼고, 그중 어떤 이는 온 집안이 멸족당하기[夷滅=族滅]에 이르렀으며 2,000석 관리를 독살하기도 하면서[藥殺] 드디어 회남왕과 형산왕(衡山王)은 반란을 모의했다. 교동왕(膠東王)과 강도왕(江都王)은 모두 그 모의를 알고서 몰래 무기와 쇠뇌[弩]를 갖춰두고 거기에 호응하려 했다. 원삭(元朔) 6년에 이르러 마침내 발각돼 복주됐다. 이때 전분은 이미 죽었기 때문에 주살당하지는 않았다. 상(上)은 중서(仲舒)가 전에 했던 말을 생각하고서 중서의 제자 여보서(呂步舒)로 하여금 부월(斧鉞)을 가지고 가서 회남의 옥(獄)을 다스리도록 하니 그는 춘추(春秋)의 마땅함에 따라 현지에서 자신의 뜻대로 결단하고[顓斷=專斷] 별도의 명을 기다리지 않았다[不請]. 돌아와서 일을 아뢰니 상은 그의 처치를 모두 옳다고 여겼다.

태초(太初) 원년 11월 을유일에 미앙궁 백량대(柏梁臺)에 화재가 있었다. 이에 앞서 큰 바람이 불어 그 지붕이 날아갔고 하후시창(夏侯始昌)은 화재가 나는 날을 예언했다[先言]. 그후에 강충(江充)이 위(衛)태자를 무고(巫蠱)하는 일이 있었다.

정화(征和) 2년 봄에 탁군(涿郡)의 철관(鐵官)이 주철할 때 쇳가루가 모두 위로 날아가버렸는데 이는 불이 이변을 일으켜 그렇게 만든 것이다. 그

3월에 탁군 태수 유굴리(劉屈氂, ?~기원전 90년)⁴⁰가 승상이 됐다. 그다음 날[後月=翌月]에 무고(巫蠱)의 사건이 일어나 제(帝)의 딸 제읍(諸邑)공주, 양석(陽石)공주〔○ 사고(師古)가 말했다. "제(諸)는 낭야(琅邪)의 현(縣)이다. 공주가 봉록을 먹는 곳을 읍(邑)이라 하기 때문에 제읍이라 했다. 양석은 북해(北海)의 현이다."〕, 승상 공손하(公孫賀)와 그의 아들 태복 경성(敬聲), 평양후(平陽侯) 조종(曹宗) 등이 모두 옥에 내려져 죽었다. 7월에 사자 강충(江充)이 태자의 궁에서 고(蠱)⁴¹를 파내자, 태자는 어머니인 황후와 상의하니 자신의 결백을 밝히기가 불가능하다는 점에 두려움을 느끼고 마침내 강충을 죽이고 거병해 승상 유굴리와 전투를 벌였는데, 사망자가 수만 명이었고 태자는 패해서 달아났다가 호현(湖縣)〔○ 사고(師古)가 말했다. "지금의 문향(閺鄕)과 호성(湖城) 두 현 사이의 경계 지역이다."〕에 이르러 자살했다. 이듬해에 굴리도 저주사건[祝詛]에 연루돼 허리가 잘리는 요참형을 당했고 부인은 효수(梟首)됐다.

　성제(成帝) 하평(河平) 2년 정월에 패군(沛郡)의 철관(鐵官)이 주철할 때 철이 녹아내리지 않고 우레 소리처럼 쾅쾅거리다가 북소리 같은 것도 들리자 공인 13명이 놀라 달아났다. 소리가 그치고 주변을 돌아보니 땅이 여러 척이나 함몰됐고 노(鑪)가 쪼개져 10개가 됐는데, 그중 하나의 노 안에 쇳가루가 유성처럼 흩어져 있다가 모두 위로 날아가버렸으니, 정화 2년에

40　중산정왕(中山靖王) 유승(劉勝)의 아들로 일찍이 탁군(涿郡)태수가 됐다가 정화(征和) 2년(한무제(漢武帝) 51년) 그의 처가 한무제를 저주한 무고죄(巫蠱罪)에 연루돼 일족과 함께 요참형에 처해졌다.

41　저주를 위해 땅에 파묻은 나무 인형이다.

일어났던 현상과 똑같았다. 그 여름에 제(帝)의 외삼촌[舅] 5명이 열후(列侯)에 봉해져 오후(五侯)로 불리게 됐다[○ 사고(師古)가 말했다. "담(譚)·상(商)·립(立)·근(根)·봉시(逢時) 다섯 사람이다."]. 원제(元帝)의 외삼촌 왕봉은 대사마 대장군이 돼 정권을 장악했다[秉政]. 2년 후에 승상 왕상이 봉과 틈이 생겼는데 봉이 그를 참소해 관직을 빼앗자 자살했다. 이듬해 경조윤(京兆尹) 왕장(王章)은 왕상이 충직했음을 호소하면서 왕봉이 권력을 제 마음대로 한다[顓權=擅權]고 말하자, 봉은 장에게 대역죄를 범했다고 무고해 옥에 내려 죽게 만들었고 처자식은 합포(合浦)로 유배 보냈다[徙=流]. 그후에 허(許)황후가 무고(巫蠱)에 연루돼 폐위되고 조비연(趙飛燕)이 황후가 됐고, 그의 여동생이 소의(昭儀-후궁)가 돼 황자(皇子)를 해치자 성제는 드디어 후사가 끊어졌다. 황후와 소의는 모두 복주됐다[伏辜=伏誅]. 일설에는 철이 날아다닌 것은 금(金)의 속성대로 종혁(從革)[42]하지 않았기 때문이라고 한다.

소제(昭帝) 원봉(元鳳) 원년에 연성(燕城) 남문에 화재가 있었다. 유향이 볼 때 이 당시 연왕(燕王)[43]은 간사한 신하에게 명해 한(漢)[44]과 왕래하게 하면서 참소를 행하고 역란(逆亂)을 모의했다. 남문이란 한(漢)과 통하는 길이었다. 하늘은 경계해 말하기를 간사한 신하가 왕래를 하면서 한에 간교한 참소를 행하니 그 길을 끊어버리려 한 것이다. 연왕은 그 뜻을 깨닫

---

42 쇠의 속성은 자유롭게 변형하는 데 있다는 뜻이다.

43 소제의 형이다.

44 한나라 중앙 조정 내 일부 세력을 가리킨다.

지 못하고 결국은 복주됐다.

　원봉 4년 5월 정축일에 효문묘(孝文廟) 정전(正殿)에 화재가 있었다. 유향이 볼 때 효문제는 태종(太宗)의 묘호를 받은 임금으로 성주(成周)의 선사(宣榭)에서 있었던 화재와 그 의미가 같다. 이에 앞서 황후의 아버지 거기장군 상관안(上官安)과 안(安)의 아버지 좌장군 걸(桀)이 반역을 모의해 대장군 곽광(霍光)이 그들을 주살했다. 황후는 광(光)의 외손녀이고 나이가 어려 그 일을 알지 못했기 때문에 그 지위에는 그대로 있었다. 광은 후에게 아들이 있기를 희망해 상의 시의(侍醫)로 하여금 후궁의 접근을 일체 막은 다음에 오직 황후만이 침전에 나아갈 수 있게 했다. 황후는 나이 6세에 세워져 13세 때 소제(昭帝)가 붕어했기 때문에 결국 계사(繼嗣-후사)는 끊어졌다. 광이 조정을 장악한 것은 마치 주공(周公)이 섭정을 했던 것과 같았다. 이 해 정월에 상이 원복(元服)을 더하니〔○ 사고(師古)가 말했다. "관례(冠禮)를 지낸 것이다."〕『시경(詩經)』과 『상서(尙書)』에 능통했고 명철한 자질을 갖고 있었다. 광은 주공과 같은 다움[德]은 없이 정권을 쥔 지 9년이 돼 주공보다 더 길었으나, 상이 이미 관례를 치른 후에도 정권을 돌려주지 않았으니 장차 나라에 해악이 되고 있었다. 그래서 정월에 원복을 더하자 5월에 화재의 재이를 보여준 것이다. 옛날의 사당은 모두 장안성 안에 있었고 효문묘의 경우 처음으로 성 밖에 있었으니, 하늘은 경계해 말하기를 귀한 분을 내치는 것을 바르지 않다고 한 것이다. 선제(宣帝)가 이미 세워졌는데도 광은 오히려 (계속) 섭정을 하면서 교만이 넘치고 정도에 지나쳐[驕溢過制], 결국 그의 처 현(顯)이 허(許)황후를 살해했고 광은 그것을 듣고서도 주벌하지 못하다가 뒤에 가서 결국 주멸되고 말았다.

선제(宣帝) 감로(甘露) 원년 4월 병신일에 중산(中山)의 태상황묘에 화재가 있었다. 갑진일에 효문묘에 화재가 있었다. 원제(元帝) 초원(初元) 3년 4월 을미일에 효무원(孝武園)의 백학관(白鶴館)에 화재가 있었다. 유향이 볼 때 이에 앞서 전장군(前將軍) 소망지(蕭望之)와 광록대부(光祿大夫) 주감(周堪)이 정치를 보좌했는데, 아첨으로 총애받는 신하[侫臣] 석현(石顯)과 허장(許章) 등이 참소해 망지(望之)는 자살했고 감(堪)은 폐출(廢黜)당했다. 이듬해 백학관에 화재가 있었다. 원(園) 안에 둘레 5리의 길을 말을 타고 달려가는 관(館)이었기에 마땅히 산릉의 소목(昭穆)[45]의 땅에 있어서는 안 되는 것이었다. 하늘은 경계해 말하기를 귀한 자를 내치고 안일하게 놀며 바르지 못한 신하를 가까이 해 장차 충성스럽고 훌륭한 신하[忠良]를 해치려 한다고 한 것이다. 뒤에 장(章)은 상림원(上林苑)에서 말을 달리고 (밤에) 봉화를 피워 말 위에서 사냥을 한 죄에 연루돼 관직을 빼앗겼다.

영광(永光) 4년 6월 갑술일에 효선(孝宣)의 두릉원(杜陵園)의 동궐(東闕) 남쪽에 화재가 났다. 유향이 볼 때 이에 앞서 상이 다시 주감을 불러 광록훈(光祿勳)으로 삼았고 또 감의 제자 장맹(張猛)을 대중대부(大中大夫)로 삼자, 석현 등은 다시 그들을 참소하고 비방해[譖毀=讒毀] 모두 지방으로 좌천시켰다. 이 해에 상은 또다시 감을 불러 영상서(領尚書)로, 맹(猛)을 급사중(給事中)[46]으로 삼자, 석현 등은 끝까지 그들을 해치려 했다. 원릉은

---

45 종묘의 제도로 그 순위를 나타내는 것이다. 태조나 고조의 사당을 중심으로 해서 2세, 4세, 6세 순으로 왼쪽에 배열되는 것을 소(昭)라고 하고, 3세, 5세, 7세 순으로 오른쪽에 배열되는 것을 목(穆)이라고 한다.

46 영상서는 영의정에 해당하고, 급사중은 대사간에 해당한다.

조정보다 작았고 궁궐은 사마문(司馬門) 안에 있어 근신[內臣] 석현을 상징했다. 효선은 혈육인 데다가 귀하고 궁궐은 법령이 나오는 곳이다. 하늘은 경계해 말하기를 법령을 내팽개치고 내친을 가까이하고 귀하게 여기는 자는 반드시 나라에 해가 된다고 한 것이다. 뒤에 감은 나아와 제를 알현하는 일이 드물었고 현(顯)을 통해서만 일을 말할 수 있었기 때문에 결국 일은 현의 입에서 결정됐다. 감은 병이 들어 말을 할 수가 없게 됐다. 현은 장맹을 무고해 공거(公車)에서 자살하게 만들었다. 성제가 즉위하자 현은 마침내 복주됐다.[47]

성제(成帝) 건시(建始) 원년 정월 을축일에 황고묘(皇考廟)[48]에 화재가 있었다. 애초에 선제(宣帝)가 소제(昭帝)의 후사가 돼 친부(親父)의 사당을 세웠는데, 이는 예(禮)에서 바르지 못한 것이었다. 이때 대장군 왕봉(王鳳)이 권력을 마음대로 해 조정을 휘두르는 것[顓權擅朝]이 전분(田蚡)보다 더 심해 장차 국가를 해칠 지경에 이르렀기 때문에 하늘이 원년 정월에 맞춰 조짐을 보인 것이다. 그후에 점점[寖=漸] 더 성대해져 다섯 장군으로 이어진 권력은 마침내 정치의 도리를 망쳐놓았다〔○ 맹강(孟康)이 말했다. "왕씨 다섯 대사마(大司馬)를 가리킨다." 사고(師古)가 말했다. "봉(鳳)·음(音)·상(商)·근(根)·망(莽)을 가리킨다."〕.

홍가(鴻嘉) 3년 8월 을묘일에 효경묘(孝景廟)의 북궐(北闕)에 화재가 있었

---

47 앞에서도 마찬가지지만 여기까지가 두릉원 동궐의 화재에 대한 유향의 해석이다.

48 황제의 아버지의 사당을 가리키는데, 여기서는 선제(宣帝)의 아버지 사황손(史皇孫)의 사당이다.

다. 11월 갑인일에 허(許)황후가 폐위됐다.

영시(永始) 원년 정월 계축일에 대관(大官)의 능실(凌室)⁴⁹에 화재가 있었다. 무오일에 여후원(戾后園)의 남궐(南闕)에 화재가 있었다. 이때 조비연(趙飛燕)이 큰 총애를 받아[大幸] 허후(許后)는 이미 폐위됐고 상이 장차 비연을 황후로 세우려 하니 하늘이 능실에 조짐을 보여준 것인데, 이는 혜제(惠帝) 4년의 응징과 같은 것이다. 여후(戾后)⁵⁰는 위(衛)태자의 첩으로 무고의 화(禍)를 만났으며 선제가 즉위하게 되자 존호(尊號)를 추가로 높였는데, 이는 예(禮)에서 바르지 못한 것이었다. 또 여후는 미천한 출신에서 일어났으니 조씨(趙氏)와 같은 응징을 받은 것이다. 하늘은 경계해 말하기를 미천하고 다움이 없는 사람은 종묘에 모실 수 없으니 장차 제사를 끊어버리려 해 흉악한 재앙이 이르게 한 것이라는 것이다. 그 6월 병인일에 드디어 조씨가 황후에 세워지자 자매는 교만하고 시기심이 많아[妒=妬](후궁의) 황자를 해쳤다가 결국 둘 다 주살됐다[受誅].

영시(永始) 4년 4월 계미일에 장락궁(長樂宮) 임화전(臨華殿)과 미앙궁(未央宮) 동사마문(東司馬門)에 화재가 있었다. 6월 갑오일에 효문 패릉원(覇陵園) 동궐(東闕) 남쪽에 화재가 있었다. 장락궁은 성제의 어머니 왕(王)태후가 거처하는 곳이다. 미앙궁은 제(帝)가 거처하는 곳이다. 패릉은 태종의 빼어난 다움이 있는 원(園)이다. 이때 태후의 세 동생이 서로 이어가며 정권을 쥐니〔○ 사고(師古)가 말했다. "양평후(陽平侯) 봉(鳳), 안양후(安陽

---

49 대관은 천자의 음식을 담당하는 관리이고, 능실은 얼음창고다.
50 사양제(史良娣)를 가리킨다.

侯) 음(音), 성도후(成都侯) 상(商)이 서로 이어가며 대사마가 된 것을 말한다."], 그 일족이 대거 요직을 차지했고 조정을 가득 채웠다. 그래서 양 궁(兩宮)의 친족들[○ 사고(師古)가 말했다. "태후 집안 왕씨(王氏)와 황후 집안 조씨(趙氏)의 친척들을 말한다."]이 장차 국가를 해롭게 할 것이니 그래서 하늘의 조짐이 거듭해서[仍=重] 나타난 것이다. 이듬해 성도후 상(商)이 훙하자 동생인 곡양후(曲陽侯) 근(根)이 그를 대신해 대사마가 돼 정권을 쥐었다. 그로부터 4년 후에 근은 자리에서 물러날 것을 청하면서[乞骸骨] 형의 아들인 신도후(新都侯) 망(莽)을 천거해 자신을 대신하게 해 마침내 나라는 엎어졌다[覆國].

애제(哀帝) 건평(建平) 3년 정월 계묘일에 계궁(桂宮)의 홍녕전(鴻寧殿)에 화재가 있었는데 제(帝)의 조모인 부(傅)태후가 거처하는 곳이었다. 이때 부태후는 성제의 어머니와 칭호를 같이하고 존위를 나란히 하려고 했으나, 대신 공광(孔光)과 사단(師丹)이 정사를 쥐고 있으면서 불가하다고 하니 태후는 그들의 관직을 빼앗고 마침내 존호를 얻게 됐다. 그로부터 3년 후에 제는 붕(崩)했고 부씨는 주멸됐다.

평제(平帝) 원시(元始) 5년 7월 기해일에 고황제의 원묘(原廟)[○ 사고(師古)가 말했다. "원묘는 중묘(重廟-거듭해서 지은 사당)라는 뜻이다."]의 전문(殿門)에 화재가 나 다 타버렸다. 고황제의 사당은 장안성 안에 있었는데 뒤에 숙손통(叔孫通)이 상하 이중 도로[復道=複道]를 둘 것을 주장했기 때문에 위북(渭北)에 다시 세웠는데 이는 (예법상) 바른 것이 아니었다. 이때 평제는 어려서 성제의 어머니 왕(王)태후가 정사를 보았는데[臨朝], 왕망에게 일을 위임하니 장차 한나라 왕실을 찬탈하고 끊어버려 고조의 종묘가 훼손됐기 때문에[墮=毁] 그래서 하늘의 조짐이 나타난 것이다. 그 겨울에 평제(平帝)가 붕(崩)했다. 이듬해 망이 거섭(居攝-섭정)했고 그것을 기반으로 나라를 빼앗으니[篡國] 드디어 (한나라는) 멸망했다[夷滅].

전(傳)에서 말했다.

"궁실을 새로 짓고 방을 갖춘 사대(射臺)를 꾸미고 음란한 짓을 하고 친척들을 범하며 부형을 욕되게 하면 농사[稼穡]가 되지 않는다."

설(說)에 따르면 흙은 중앙이어서 만물을 낳아준다. 그래서 임금 된 자의 경우에는 궁중(宮中)의 일이 된다. 궁실, 부부, 친속들도 또한 서로 낳아주는[相生] 것이다. 옛날에 천자와 제후들에게는 궁묘(宮廟)가 크고 작음과 높고 낮음의 제약이 있었고, 그들의 후(后), 부인(夫人), 잉첩(媵妾)들에게는 많고 적음과 나아가고 물러남의 절도가 있었으며, 그들의 구족(九族)들에게는 가깝고 멂과 위아래의 차례가 있었다. 공자는 말하기를 "예란 사치스럽게 하기보다는 차라리 검박해야 한다"[51]라고 했다. 그래서 (하나라) 우왕(禹王)은 궁실을 낮게 지었고,[52] (주나라) 문왕(文王)은 본부인에게 모범이 되셨으니〔○ 사고(師古)가 말했다. "(『시경(詩經)』)「대아(大雅)」'사제(思齊)'편에 나오는 구절이다. '본부인에게 모범이 되시어 형제에 이르러

---

51 『논어(論語)』「팔일(八佾)」편에 나오는 구절이다.
52 『논어(論語)』「태백(泰伯)」편에서 공자는 이렇게 말했다. "우왕에 대해 나는 흠잡을 데가 없도다. 궁실을 낮게 지었고 하천을 파는 일에 온 힘을 다하셨다."

그것으로 집안과 나라를 다스리셨도다[刑于寡妻 至于兄弟 以御于家邦].'
형(刑)은 본받다[法]는 뜻이고 과처(寡妻)는 본부인[正嫡]이다. 어(御)는 다스리다[治]라는 뜻이다. 이 시는 문왕이 예법으로 그 부인을 대하고, 그것이 주변의 형제와 종족들에게 미치고, 나아가 온 나라에 정교를 넓힘으로써 그것을 다스린 것을 칭송한 것이다."), 이것이 바로 빼어난 이가 교화를 밝히신 까닭이다. 이렇게 하면 흙은 그 본성을 얻게 된다. 만약에 그렇지 않고 사치와 음란과 교만에 빠지면 그런 본성을 잃는다. 홍수와 가뭄의 재해가 없더라도 초목과 백곡이 잘 자라지 못해 농사[稼穡]가 되지 않는다고 한 것이다.

엄공(嚴公-莊公)) 28년 "겨울에 보리와 벼가 크게 부족했다." 동중서가 볼 때 부인(夫人) 애강(哀姜)[○ 사고(師古)가 말했다. "장공의 부인으로 제(齊)나라 여인이다."]이 음란해 음의 기운이 역류해 그래서 큰 홍수가 났기 때문이다. 유향이 볼 때 홍수나 가뭄은 마땅히 기록해야 하는데 그것을 기록하지 않고 그냥 "보리와 벼가 크게 부족했다"라고 한 것은 흙의 기운이 제대로 길러지지 않아 농사가 제대로 되지 않았기 때문이다. 이때 부인은 두 시동생[二叔][○ 사고(師古)가 말했다. "장공의 두 동생인 중경보(仲慶父)와 숙아(叔牙)를 가리킨다."]과 음란한 짓을 하며 내외의 구별이 없었고, 또한 흉작과 기근으로 인해 1년 동안에 세 번이나 대(臺)를 지었기 때문에[○ 사고(師古)가 말했다. "31년 봄에 낭(郞)에 대를 지었고 여름에 설(薛)에 대를 지었고 가을에 진(秦)에 대를 지었다. 낭과 설과 진은 모두 노(魯)나라 땅이다."], 그래서 이에 대한 응징으로 농사가 제대로 되지 않았고 사대(射臺)를 꾸미고 음란한 짓을 한 것에 대해 벌을 내린 것이라는 말이다. 그런데도 장공은 고치려 하지 않고 4년 후에 죽었고, 재앙이 2대에 걸쳐 이어진 것〔○ 사고(師古)가 말했다. "장공의 아들인 반(般)과 민공(閔公)은 모두 (경보(慶父)에 의해) 살해됐다."〕은 사치와 음란이 빚어낸 우환이다.

전(傳)에서 말했다.

"공격해 전쟁하는 것을 좋아하고 백성들을 가벼이 여기며 성곽을 꾸미고 변경을 침범하면 금(金)은 종혁(從革)하지 않는다."

설(說)에 따르면 쇠는 서쪽이고 만물은 이미 성숙해 살기(殺氣)가 비로소 생겨난다. 그래서 입추가 되면 사나운 매들이 공격하고 추분에는 서리가 조금씩 내린다. 그래서 임금 된 자의 경우에는 군대가 출동하고 군사들이 행군하며 군기와 지팡이와 도끼를 쥐고서 군중(軍衆)들에게 맹서하고 위력에 맞서게 되는 것은 반역을 정벌해 폭란(暴亂)을 그치게 하기 위함이다. 『시경(詩經)』에 이르기를 "(탕왕이 깃발을 신고서) 삼가 도끼를 쥐시니 불이 활활 타오르는 듯했도다[有虔秉鉞 如火烈烈]〔○ 사고(師古)가 말했다. "「상송(商頌)」 '장발(長發)' 편의 구절이다. 이는 은나라를 세운 탕왕이 군사를 일으켜 출정하며 그 도끼를 굳게 쥐고서 죄 있는 자들을 주벌해 위력을 맹렬하게 떨치는 것이 마치 불이 치솟는 듯했다고 칭송하는 것이다."〕"라고 했고, 또 이르기를 "방패와 창을 거두어 활과 화살을 활집에 넣고서[載戢干戈 載櫜弓矢]〔○ 사고(師古)가 말했다. "「주송(周頌)」 '시매(時邁)' 편의 구절이다. 이는 천하가 태평해 병사를 다시 쓸 필요가 없기 때문에 무기들을 거둬 창고에 가져다둔다는 말이다.")"라고 했다. 움직임과 고요함[動靜]⁵³이 마땅하게 이루어진다면 "기쁨[說=悅]으로 어려움을 범하니 백성들은 자신들의 죽음을 잊는다"⁵⁴라고 했다. 이렇게 되면 금(金)은 그 본성을 얻게 된다. 반면에 탐욕을 부려 일을 함부로 하고, 위세를 통해 남을 이기는 데만 힘을 쓰며, 백성들의 생명을 중하게 여기지 않으면 금은 그 본성을 잃게 된다. 대개 공인(工人)이 금이나 쇠를 야주(冶鑄)할 때 금이나 쇠가 얼거나 굳어 견고하게 되면 제대로 만들어내지 못하는 것이 많게 되고 이상한 결과가 나오게 되니, 이는 쇠가 종혁(從革)하지 않았기 때문이다.

『춘추좌씨전(春秋左氏傳)』에 이르기를 소공(昭公) 8년 "봄에 진(晉)나라에서는 돌이 말을 했다"라고 했다. 진나라 평공(平公)이 사광(師曠)〔○ 사고(師古)가 말했다. "진나라에서 음악을 담당한 대부다."〕에게 (그 연유를) 묻자 이렇게 답했다.

"돌은 (원래) 말을 할 수가 없는 것이니 귀신이 혹시 붙은[馮] 듯합니다. 역사(役事)를 일으킨 것이 때에 맞지 않아[不時] 원망과 비방[怨讟]이 백성들 사이에 진동하게 되면 말을 할 수 없는 물건이 말을 한다고 했습니다. 지금 궁실을 높이고 사치스럽게 해 백성들의 힘이 상하고[彫=傷] 고갈돼

---

53 '움직일 때나 가만히 있을 때나'라고 볼 수도 있지만 실은 몸과 마음의 움직임 모두를 가리키는 것으로 봐야 한다.

54 『주역(周易)』 태(兌-기쁨)괘(䷹)의 단사(彖辭)다. 기쁨으로 사람을 부리니 설사 어려움에 처해도 사람들은 죽음을 돌아보지 않고 그 일에 즐거이 임한다는 뜻이다.

원망과 비방이 함께 일어나고 있어 백성들은 자신의 생명[性=命]을 보존
할 수가 없으니 돌이 말하는 것은 마땅한 일이 아니겠습니까?"

이때 진나라 임금[晉侯]은 마침 사기(虒祁)[○ 사고(師古)가 말했다. "사
기는 지명으로 (진나라 국도인) 강(絳)의 서쪽 분수(汾水) 가에 있었다."]궁
을 짓고 있었다. 숙향(叔向)[○ 사고(師古)가 말했다. "진나라 대부 양설힐
(羊舌肹)이다."]이 말했다.

"(사광의 말은 군자답다.) 군자의 말은 진실해 징험이 있다."

유흠이 볼 때 쇠와 돌은 같은 부류이니 이는 쇠가 종혁(從革)하지 않아
그 본성을 잃은 것이다. 유향이 볼 때 돌은 흰색이 주된 것이니 흰색의 재
앙[白祥]에 속한다.

성제(成帝) 홍가(鴻嘉) 3년 5월 을해일에 천수군(天水郡) 기현(冀縣) 남
산(南山)에서 큰 돌이 우는 소리를 냈는데 그 소리는 천둥처럼 우르르 쾅
쾅[隆隆] 했고 얼마 후에[有頃] 그쳤는데, 평양(平襄)[○ 위소(韋昭)가 말했
다. "천수군의 현이다."]까지 240리에서도 들릴 정도였고 들판의 닭[野鷄
=雉]55들이 모두 (놀라) 소리쳤다. 돌은 길이가 1장 3척이었고 폭과 두께
[廣厚]는 길이와 거의 비슷했으며 한쪽 면은 깎아지른 듯했고 땅에서 거
리[去地]56가 200여 장이나 됐는데, 현지 사람들은 돌 북[石鼓]이라고 이름

---

55 실은 꿩을 가리킨다. 고후(高后)의 이름 치(雉)를 피휘(避諱)한 것이다.
56 이것이 정확히 무엇을 뜻하는지를 알 수가 없다. 아마도 평지에서 산으로 그 정도 거리가 떨어
져 있었다는 뜻인 듯한데 분명치 않다.

붙였다. 돌 북이 울면 병란(兵亂)이 있다고 했다. 이 해에 광한군(廣漢郡)의 겸자(鉗子) 무리들이 모의해 뇌(牢)를 공격해[○ 사고(師古)가 말했다. "겸자란 목에 칼을 쓴 죄수들이고 뇌는 중죄수를 가둬두던 감옥이다."] 사형수 정궁(鄭躬) 등을 도망치게 하고, 병기고를 털어 관리와 백성들을 약탈했으며, 수놓은 옷을 입고 스스로 산군(山君)이라 부르면서 무리들을 점점[濅=寢=漸] 넓혀갔다. 이듬해 겨울에 이들은 마침내 복주됐고 자수한 자들이 3,000여 명이었다. 그로부터 4년 후에 위씨현(尉氏縣)의 번병(樊並) 등이 반란을 모의해 진류(陳留)태수 엄보(嚴普)를 죽이고서 스스로 장군이라 칭했으며, 산양군(山陽郡)의 도망자 소령(蘇令) 등 수백여 명은 무기고의 병기들을 탈취해 군국 40여 개를 휩쓸었는데, 모두 해를 넘겨서 마침내 복주됐다. 이때 창릉(昌陵)을 조성하는 일을 일으켜 사역에 동원된 자가 수만 명에 이르렀고, 군국의 관리와 백성 5,000여 호를 이주시켜 능읍(陵邑)을 받들게 했다. 조성 작업을 한 지[作治] 5년이 지나서도 완성되지 못하자 마침내 창릉 조성을 포기하고 이주시킨 자들을 모두 고향으로 돌아가게 했다. 돌이 소리내 운 것은 진나라에서 돌이 말을 한 것과 같은 응징이며, 사광이 말한 대로 "백성들의 힘을 상하게 하고 고갈시킨 것"과 전(傳)에서 말한 대로 "백성을 가벼이 여긴 것" 때문이다. 사기(虒祁)의 이궁(離宮)은 강도(絳都)에서 거리가 40리인데 창릉도 교외 들판에 있었으니 모두 성곽의 경우와 점이 딱 들어맞는다. 성곽은 금(金)에 속하고 궁실은 토(土)에 속하니 밖과 안이 다른 것이라고 했다.

전(傳)에서 말했다.

"종묘를 대충 모시고[簡] 기도를 하지 않고 제사를 폐기하며 천시(天時)를 거스르게 되면 물은 아래로 스며들지 않는다[不潤下]."

설(說)에 따르면 물은 북쪽이고 최종적으로 만물을 거두어 보관하는 것이다. 그래서 사람의 도리[人道]의 경우에서는 명(命)이 끝나서 형태를 감추고 정신이 육체를 벗어나 풀려나니, 빼어난 이는 종묘를 세워 거기에 혼기(魂氣)를 잘 모시고 봄·가을마다 제사를 지냄으로써 효도를 끝마치는 것이다. 임금다운 임금은 즉위하게 되면 반드시 하늘과 땅에 교(郊)제사를 지내고, 천신(天神)과 지기(地祇)에 기도를 올리며, 산천의 신들에게는 그 순서에 맞게 망(望)제사를 지내고, 수많은 귀신들을 불러서 품어주고 삼가며[宗=尊] 일을 한다[敬事]. 그 재계를 신중히 하고 엄중함과 삼감을 다하며 귀신이 제사를 흠향하도록 해 복과 도움을 (귀신으로부터) 크게 얻는다. 이것이 바로 빼어난 임금이 음기(陰氣)를 고분고분히 해 사람과 귀신을 화합시키는 방법이다. 호령을 내어 천하에 시행하는 것 역시 하늘의 때[天時]를 받들어서 한다. 12월에 모두 그 기운들을 얻게 되면 음과 양은 조화를 이루고 끝남과 새로운 시작[終始]이 이루어진다. 이렇게 한다면 물[水]은 그 본성을 얻게 된다. 반면에 귀신을 삼가며 모시지 않고 정령이 때를 거스르게 되면 물은 그 본성을 잃는다. 안개와 물이 마구 뿜어져 나오고, 여러 강물들이 역류해 넘쳐 향읍을 파괴하고 인민들을 빠져 죽게 하며, 심지어 때에 맞지도 않는 비[淫雨]가 농사를 해치게 될 때 이를 일러 물이 아래로 스며들지 않는다고 한다. 경방(京房)의 『역전(易傳)』에 이르기를 "일을 제 마음대로 한 자가 주벌을 가해 이치를 끊어버렸을 때 그 재앙은 물인데, 그 물이란 비가 쏟아져 사람을 죽게 하고 서리가 내리고 큰 바람이 불어 하늘이 누렇게 되는 것이다. 기근이 들었는데도 겸손해지지 않는 것[不損=不遜]을 일러 교만하다[泰]고 하는데 그 재앙은 물이며 물은 사람을 죽인다. 천자[辟]가 다툼이 있는 자를 억눌러 쓰지 않는 것을 사리분별을 잃었다[狂]고 하는데, 그 재앙은 물이며 그 물이 흘러 사람을 죽이고 이미 물이 있게 되면 땅에는 벌레가 생겨난다. 죄를 백성 탓으로 돌리고 악행을 그치지 않는 것[不解=不止]을 잘못을 계속하다[追非=遂非]라고 하는데 그 물은 차갑고 사람을 죽인다. 주벌을 계속하면서 그치지 않는 것을 불합리하다[不理=不條理]고 하는데 그 물은 오곡을 거둬들이지 못하게 한다. 크게 패하고서도 그치지 않는 것을 음기를 품다[函陰]⁵⁷라고 한다. 해(解)란 그치는 것이니, 임금 된 자가 크게 패했을 때는 수괴[首惡]를 주살하고 그 무리들은 사면해야 하는데, 그렇게 하지 않으면 모두[皆] 음기를 품게 돼[函] 그 물이 수도[國邑]에 흘러들어가고 서리가 내려 콩풀[叔草]을 죽인다"라고 했다.

환공(桓公) 원년 "가을에 큰 홍수[大水]가 났다." 동중서와 유향이 볼 때 환공이 형인 은공(隱公)을 시해해[弒] 백성과 신하들[民臣]은 은공에 대해 가슴 아파했고[痛] 환공을 천하게 여겼다[賤]. 뒤에 송독(宋督)이 그 임금을 죽이니〔○ 사고(師古)가 말했다. "송(宋)나라 화보독(華父督)이 태재(太宰)가 돼 상공(殤公)을 죽였다. 이 일은 (『춘추좌씨전(春秋左氏傳)』) 환공 2년에 실려 있다."〕, (환공은) 제후들〔○ 사고(師古)가 말했다. "제(齊)·진

---

57 원문에는 개음(皆陰)으로 돼 있는데 뒤에 이어지는 내용을 볼 때 개(皆)는 함(函)의 잘못이다.

(陳)·정(鄭)나라 제후들이다."]과 회합해 장차 그를 토벌하려 했는데, 환공이 송나라로부터 뇌물[賂]〔○ 사고(師古)가 말했다. "고(郜)나라의 큰 쇠솥[大鼎]을 가리킨다."〕을 받고 돌아와놓고서 다시 송나라를 배반했다. 제후들은 이로 말미암아 노나라를 정복했고 거듭해서 교전을 벌이는 바람에 원수가 돼 나뒹구는 시체 위로 피가 흘렀고, 백성들은 더욱 원한을 품어 그 때문에 13년 여름에 다시 큰 홍수가 일어났다는 것이다. 일설에는 부인(夫人)이 교만하고 음란해 장차 임금을 시해하려 했고, 음의 기운이 성대했지만 환공은 이를 깨닫지 못하고 결국 시해당했다고 한다〔○ 사고(師古)가 말했다. "이에 대한 풀이는 이미 앞에 나왔다."〕. 유흠이 볼 때 환공이 허전(許田)[58]을 (정나라의 땅과) 바꾸고 주공(周公)에게 제사를 지내지 않고 내팽개친 벌이다.

엄공(嚴公-희공) 7년 "가을에 큰 홍수가 나 보리와 모가 자라지 못했다." 동중서와 유향이 볼 때 엄공의 어머니 문강(文姜)이 오빠인 제(齊)나라 양공(襄公)과 음란한 짓을 했고 함께 환공을 죽이자, 엄공은 아버지의 복수를 하기 위해 다시 제나라 여인[59]과 혼인했는데, 아직 나라에 들어오지도 않았는데 먼저 그녀와 음란한 짓을 했고, 또 1년 사이에 두 번이나 나가서 길에서 만나자 법도에 맞지 않았으니 신하들이 이를 천하게 여긴 데 따른 응징이었다.

11년 "가을에 송나라에 큰 홍수가 났다." 동중서가 볼 때 이 당시 노나

---

58 노나라의 읍이다. 여기에 주공(周公)의 별묘(別廟)가 있었다.

59 애강(哀姜)이다.

라와 송나라는 해마다[比年=頻年] (노나라의) 승구(乘丘)와 자(鄑) 땅에
  비년 빈년
서 전쟁을 해 백성들이 근심하고 원망하자 음의 기운이 성대해져 그 때
문에 두 나라 모두에 홍수가 일어난 것이다. 유향이 볼 때 이 당시 송나라
민공(湣公)이 교만해 재해를 보고서도 고치려 하지 않았고, 이듬해에는 그
신하 송만(宋萬)과 박희(博戲)를 할 때 부인이 곁에 있다가 편을 들면서 송
만을 욕하니 만(萬)이 민공을 죽인 데 따른 응징이었다.

　24년 "큰 홍수가 있었다." 동중서가 볼 때 부인 애강(哀姜)이 음란해 부
인으로서의 도리를 하지 못해[不婦] 음기가 왕성해진 때문이었다. 유향이
             불부
볼 때 애강이 처음 나라에 들어왔을 때 공이 대부의 처 및 동성인 종부
(宗婦)로 하여금 접견하게 했는데, 두 사람 모두로부터 폐백을 올리게 했고
또 두 숙부와 음란한 짓을 했음에도 공이 제대로 금지시키지 못하자 신하
들은 이를 천하게 생각했고, 그 때문에 이 해와 그다음 해에 거듭해서[仍]
                                                   잉
큰 홍수가 났다는 것이다. 유흠이 볼 때 이에 앞서 엄공이 종묘를 요란하
게 꾸미느라 서까래[桷=榱]에 조각을 하고 기둥[楹]을 붉게 칠해 부인에
            각 최   영
게 과시했고 종묘를 소홀히 여긴[簡=慢=忽] 죄라는 것이다.
                  간 만 홀

　선공(宣公) 10년 "가을에 큰 홍수가 나 기근이 들었다." 동중서가 볼 때
이 당시 자주 주(邾)나라를 정벌해 그 읍들을 취하고 또 보복을 당하니
병사들의 적개심이 맺히게 되고 백성들은 근심과 원망을 품어서 이렇게
됐다는 것이다. 유향이 볼 때 선공(宣公)이 자적(子赤)을 죽이고 세워졌는
데 자적은 제(齊)나라 출신이었기 때문에 두려움을 품어 제수(濟水)의 서
쪽 밭을 제나라에 뇌물로 주었다. 주나라 임금[邾子] 확차(貜且)도 제나라
                                     주자
출신이었기 때문에 선공은 자주 주나라와 교전을 벌였다. 신하들이 제나

라의 위력을 두려워하고 주나라의 재앙에 응징한 것은 공의 행실이 모두 천했고 바르지 않았기 때문이다.

성공(成公) 5년 "가을에 큰 홍수가 났다." 동중서와 유향이 볼 때 이 당시 성공은 어리고 힘이 없어 정사는 대부에게 있었고, 그 이전의 1년 사이에 두 번이나 군대를 출동시켰고[用師], 이듬해에 다시 운(鄆)에 성을 쌓아 사가(私家)를 튼튼히 했으며〔○ 사고(師古)가 말했다. "4년에 운에 성을 쌓았다. 운은 계씨(季氏)의 읍이다."〕, 중손멸(仲孫蔑)과 숙손교여(叔孫僑如)가 자기들 마음대로 송나라 및 진(晉)나라와 회합했으니, 음이 양을 이겼다는 것이다.

양공(襄公) 24년 "가을에 큰 홍수가 났다." 동중서가 볼 때 이보다 1년 전에 제(齊)나라가 진(晉)나라를 정벌하자 양공은 대부에게 명해 군대를 이끌고 가서 진나라를 구원하도록 했고 그후에 또 제나라를 침략했는데, 나라는 작고 병력이 약했기 때문에 여러 차례 강대한 적국을 상대해야 하느라 백성들이 근심하고 원망을 품었으니 음의 기운이 왕성했다는 것이다. 유향이 볼 때 이에 앞서 양공은 이웃 나라들을 얕잡아 보았고, 이 때문에 주(邾)나라는 노나라의 남쪽을 정벌했고, 제(齊)나라는 북쪽을 정벌했으며, 거(莒)나라는 동쪽을 정벌하니 백성들 사이에 소동이 있었는데, 뒤에 또다시 강대한 제나라를 침범했다. 홍수가 났고 기근이 들었으며 곡식이 제대로 여물지 않아 그 재앙은 더욱 심했다.

고후(高后) 3년 여름 한중군(漢中郡)과 남군(南郡)에 큰 홍수가 나 넘쳐나는 물이 흘러들어 4,000여 호가 유실됐다. 4년 가을에 하남군(河南郡)에 큰 홍수가 나 이수(伊水)와 낙수(雒水)가 넘쳐 1,400여 호가 유실됐고 여수(汝水)가 넘쳐 800여 호가 유실됐다. 8년 여름 한중군과 남군에 다시 큰 홍수가 나 6,000여 호가 유실됐다. 남양군(南陽郡)의 면수(沔水)〔○ 사고(師古)가 말했다. "한수(漢水)의 상류다."〕가 넘쳐 1만여 호가 유실됐다. 이때 여주(女主)가 홀로 다스렸고 여러 여씨(呂氏)들이 교대로 왕이 됐다.

문제(文帝) 후(後) 3년 가을에 큰 비가 내렸는데 밤낮 없이 35일 동안 이어졌다. 남전(藍田)에 계곡물이 크게 흘러 900여 호가 유실됐다. 연(燕)에서는 백성들의 가족 8,000여 개가 파괴됐고 300여 명이 죽었다. 이에 앞서 조(趙)나라 신원평(新垣平)은 망기술(望氣術)로 총애를 얻어 상(上)을 위해 위양(渭陽)의 오제(五帝) 사당을 세우고 주나라 쇠솥[周鼎]을 출토케 해 여름 4월에 교제사에서 천제에게 제사를 지냈다〔○ 사고(師古)가 말했다. "이 일들은 나란히 「교사지(郊祀志)」에 나온다."〕. 1년여가 지나 주살될 것을 두려워해 역모를 꾸미다가 발각돼 허리가 잘리는 요참형(腰斬刑)을 당했고 삼족이 멸했다[夷三族]. 이때 이미 두 번이나 공주를 선우의 배우자로 보냈고 뇌물도 매우 두텁게 보냈으나, 흉노는 더욱 교만해져 북쪽 변경을 침범해 살육과 약탈을 자주 행해 그 피해자가 많게는 1만여 명에 이르러 한나라는 해마다 출병하고 토벌하며 변방에 수자리를 서야 했다.

원제(元帝) 영광(永光) 5년 여름과 가을에 큰 홍수가 났다. 영천(潁川), 여남(汝南), 회양(淮陽), 여강(廬江)에 비가 내려 촌락의 민호들이 파괴됐고 또 물이 흘러 사람들을 죽게 만들었다. 이보다 1년 전에는 유사가 군국(郡國)에 있는 사당들을 없앨 것을 주청했고, 이 해에는 또 친진(親盡)한 사당들을 없애기로 정했으며, 태상황과 효혜제의 침묘(寢廟-신주를 모신 사당)

를 없애고 다시 회복하지 않으니, 예제에 통달한 유학자[通儒]들은 이것이 옛 제도를 어기는 것이라고 보았다. 형신(刑臣)〔○ 사고(師古)가 말했다. "석현은 (궁형을 받은) 환관이기 때문에 형신이라고 했다."〕 석현(石顯)이 정사를 제 마음대로 했다[用事].

성제(成帝) 건시(建始) 3년 여름 큰 홍수가 났고, 삼보(三輔)에는 장맛비가 30여 일 동안 내렸으며, 군국에는 19일 동안 비가 내려 산과 계곡의 물이 넘쳐 모두 4,000여 명이 죽고 관청과 민호 8만 3,000여 곳이 파괴됐다. 원년(元年)에 유사의 주청에 따라 감천의 태치(泰畤), 하동의 후토(后土)의 사당을 장안의 남북 교외로 옮겼다. 2년에는 또 옹(雍)의 오치(五畤)와 군국의 옛 사당들을 없앴는데 모두 6곳이었다.

권 27

오행지
五行志

【 중지상 】

경(經)¹에서 말했다.

"다섯 가지 일[五事]을 삼가면서 써야 한다. 첫째는 용모[貌]이고, 둘째는 말[言]이고, 셋째는 보는 것[視]이고, 넷째는 듣는 것[聽]이고, 다섯째는 생각함[思=思慮]이다. 용모란 곧 공손함[恭]이고, 말이란 곧 따르는 것[從]이고, 보는 것이란 곧 눈 밝음[明]이고, 듣기란 곧 귀 밝음[聰]이고, 생각함이란 곧 일에 밝음[睿]이다. 공손함은 엄숙함[肅]을 만들어내고, 따르는 것은 다스림[乂=治]을 만들어내고, 눈 밝음은 사리분별[哲=智慧]을 만들어내고, 귀 밝음은 계책[謀]을 만들어내고〔○ 응소(應劭)가 말했다. "윗사람이 귀 밝으면 아랫사람은 좋은 계책을 내기 때문에 귀 밝음은 계책을 만들어낸다고 한 것이다."〕, 일에 밝음은 빼어남[聖]을 만들어낸다〔○ 장안

---

1 『서경(書經)』「홍범구주(洪範九疇)」를 가리킨다.

(張晏)이 말했다. "일에 밝으면 통달해 빼어남에 이르게 된다."). 좋은 조짐[休徵]〔○ 맹강(孟康)이 말했다. "좋은 행실의 징험이다."〕은 엄숙함에 때맞게 비가 내리고〔○ 응소(應劭)가 말했다. "윗자리에 있으면서 삼가면 비가 그에 응해 내린다."〕, 다스려짐에 때맞게 날이 개이며〔○ 응소(應劭)가 말했다. "임금이 정치를 잘하면 양(陽)이 그에 응해 나타나는 것이다."〕, 사리분별이 있음에 때맞게 날이 따듯해지고, 계책을 만들어냄에 때맞게 날이 추워지며, 빼어남에 때맞게 바람이 분다〔○ 사고(師古)가 말했다. "모두에서 때맞게[時]를 이야기한 것은 다 행실이 그 도리를 얻게 되면 춥고 덥고 바람 불고 비 오는 것이 때에 응해 고분고분하다는 말이다."〕. 나쁜 조짐[咎徵]〔○ 사고(師古)가 말했다. "나쁜 행실의 징험이다."〕은 (엄숙하지 못하고) 제 마음대로 함[狂]에 계속 비가 내리고 (다스려지지 못하고), 참람함[僭]에 계속 볕이 나며, (사리분별을 하지 못하고) 게으름[舒=怠]에 계속 덥고, 서두름[急]에 계속 추우며, 어리석음[霿=蒙]에 계속 바람이 분다〔○ 사고(師古)가 말했다. "모두에서 계속[恒=常]을 이야기한 것은 행하는 바가 도리를 잃게 되면, 춥고 덥고 바람 불고 비 오는 것이 때에 맞지 않아[不時] 늘 지속적으로 재해가 있게 된다는 말이다."〕."

전(傳)에서 말했다.

"용모가 공손하지 못한 것을 일러 엄숙하지 못하다[不肅]고 하고, 그 허물은 제 마음대로 함[狂]이며, 그 죄는 계속 비가 내리는 것이고, 그 끝은

---

2 기괴한 복장을 한 것을 말한다.

악(惡)이다. 때로는[時則] 복요(服妖)² 가 있고, 때로는 구얼(龜孼)³ 이 있으며, 때로는 계화(雞禍-닭의 재앙)가 있고, 때로는 하체가 위에 붙어 있는 고질병[痾]이 있고〔○ 위소(韋昭)가 말했다. "소의 다리가 등 위에 붙어서 태어나는 것과 같은 경우로 아래에서 위를 범하려는 재앙을 말한다."〕, 때로는 청생(靑眚)과 청상(靑祥)⁴ 이 있다. 오직 금(金)만이 목(木)을 해친다[沴=害]."

설(說)에 따르면 대체로 초목의 종류에 대해서는 그것을 일러 요(妖)라고 한다. 요(妖)란 어리거나 태아 상태와 같아서 아직 미미한 것[尚微]을 말한다. 벌레[蟲豸]〔○ 사고(師古)가 말했다. "벌레 중에서 발이 있는 것은 충(蟲), (지렁이처럼) 발이 없는 것은 치(豸)라고 한다."〕의 종류에 대해서는 그것을 일러 얼(孼)이라고 한다. 얼(孼)은 곧 아얼(牙孼)이다. 그리고 여섯 가지 가축⁵ 에 대해서는 그것을 일러 화(禍)라고 하는데, 그것은 현저하게 드러나게 된 것을 말한다. 사람에 대해서는 그것을 일러 아(痾-고질병)라고 한다. 아(痾)는 병의 모습으로 점점 더 심해지는 것을 말한다. 더욱 심해지면 이상한 것[異物]이 생겨나게 되는데 그것을 일러 생(眚)이라고 하고, 밖에서 오는 것을 일러 상(祥)이라고 한다. 상(祥)은 상서로운 것[禎]이다. 기

3　임금의 용모가 공손하지 않고 엄숙하지 못해 일어나는 재이의 일종으로 거북이나 벌레가 물에 생겨난다.

4　생(眚)은 안에서 일어나는 재앙이고, 상(祥)은 겉으로 드러나는 재앙이다.

5　말·소·양·돼지·개·닭이다.

운이 서로를 상하게 하는 것을 여(沴)라고 한다. 여(沴)란 마치 어떤 위치에 자리하고 있는 것과 같아서 뜻을 서로 합치지 못한다[不和]. 하나의 일마다 '때로는[時則]'이라고 해 그것을 끊어놓은 것은 반드시 동시에 함께 이르는 것이 아니라, 혹은 있고 혹은 없으며, 혹은 앞에 있고 혹은 뒤에 있기도 하다는 뜻이다.

무제(武帝) 때 하후시창(夏侯始昌)은 오경(五經)에 통달해 『오행전(五行傳)』을 잘 미루어 헤아려[推] 조카[族子]인 하후승(夏侯勝)에게 전수해주어 아래로 허상(許商)에게까지 전해졌고 모두 그것을 갖고서 뛰어난 제자들에게 가르쳤다. 그 전(傳)은 유향의 그것과 같으며 오직 유흠만이 그 전을 독보적으로 이어받았다. 용모가 공손하지 못한 것을 일러 엄숙하지 못하다[不肅]고 한다. 엄숙은 정중함[敬]이다. 내면을 일러 공(恭)이라 하고, 외면을 일러 경(敬)이라 한다.[6] 임금이 자신의 몸가짐을 처신함에 있어 체모(體貌)가 공손하지 못하고 게으르고 남을 업신여기며 잘난 체하고 거들먹거리면[怠慢驕蹇] 만사를 정중하게 할 수 없어 잘못은 제 마음대로 대충대충 하는 데[狂易=狂簡] 있기 때문에 그래서 그 허물은 광(狂)[7]이다. 위가 교만하고 아래가 사나우면[上嫚下暴] 음의 기운이 이기기 때문에 그래서 그 벌은 계속 비가 오는 것[常雨]이다. 물이 백곡을 상하게 해 입고 먹을 것이 모자라게 되면 간사한 짓들이 다투어 일어나니 그래서 그 끝은

---

6   오늘날에는 공손한 겉모습이 공(恭)이고 삼가는 마음이 경(敬)이다. 그래서 여기서는 경(敬)은 삼감보다는 겉으로 드러나는 정중함으로 옮겼다. 여기서의 공(恭)은 따라서 오히려 공손한 마음가짐으로 봐야 한다.

7   사리분별[哲]이 없다는 뜻이다.

악(惡)이다. 일설에는 백성들이 형벌을 많이 당하게 되면 혹 형태와 모양이 된다고 했는데 이 또한 옳다. 풍속이 제 마음대로 오만해지며 쉽게 변절하고 척도가 바뀌게 되면 사납고 가볍고 기괴한 복장들이 유행하게 되니 그래서 복요(服妖)가 있게 된다고 했다. 물의 부류[水類]가 요동을 치면 그래서 구얼(龜孼)이 있게 된다. 『주역(周易)』에서 손(巽)괘(☴)를 닭[雞]이라고 한 것[8]은 닭이 벼슬과 발톱[冠距]이 있어 문무(文武)의 모습을 갖고 있기 때문이다. 위의(威儀)가 없으면 용모의 기운이 허물어지기 때문에 그래서 계화(雞禍)라고 한 것이다. 일설에 수세(水歲)에는 닭들이 많이 죽어 괴이하게 된다고 했는데 이 또한 옳다. 위에서 위의를 잃게 되면 아래에서 강한 신하가 위의 임금을 해치는 일이 있으니 그래서 하체가 위에 붙어 있는 고질병이 있다고 했다. 나무는 청색이기 때문에 청생(靑眚)과 청상(靑祥)이 있는 것이다. 대개 용모를 상한 자는 나무의 기운[木氣]에 병이 드는 것인데, 나무의 기운에 병이 들었다는 것은 쇠[金]가 그것을 해쳐 서로 충돌하는 기운이 통한 때문이다. 『주역(周易)』에서 진(震)괘(☳)는 동방에 있고 봄이며 나무이고, 태(兌)괘(☱)는 서방에 있고 가을이며 쇠이고, 이(離)괘(☲)는 남방에 있고 여름이며 불이고, 감(坎)괘(☵)는 북방에 있고 겨울이며 물이다. 봄과 가을이란 낮과 밤이 나뉜 것이고 춥고 더운 것이 평형이 이뤄 이 때문에 쇠와 나무의 기운이 바뀌어 서로 변하니, 그 때문에 용모가 상하면 가을의 음기[秋陰]로 인해 계속 비가 내리고, 말이 상하면 봄의 양기[春陽]로 인해 계속 가물게 되는 것이다. 겨울과 여름에 있어서는

---

8 「설괘전(說卦傳)」에 나오는 말이다.

낮과 밤(의 길이)이 상반돼 춥고 더운 것이 서로 단절돼 물과 불의 기운이 서로 나란히 갈 수가 없어, 그 때문에 보는 것[視]이 상해 계속 덥고, 듣는 것[聽]이 상해 계속 추운 것은 그 기운이 그래서다. 이 순서를 거스르게 되면 그 끝은 악이라고 하고, 이 순서를 고분고분 따르게 되면 그 복은 좋은 다움[好德]을 갖추게 되는 것이라고 하는 것이다. 유흠은 용모를 다룬 전(傳)에서 말하기를 인충(鱗蟲)의 얼(孼), 양화(羊禍), 비아(鼻痾)가 있다고 했다. 설(說)에 따르면 천문(天文)에서는 동방진(東方辰)을 용성(龍星)이라고 하니 그래서 인충(鱗蟲)이 되는 것이고, 『주역(周易)』에서 태(兌)괘(☱)는 양(羊)이고 나무는 쇠에게 해를 입으니 그래서 양화에 이른다고 한 것이며, 계속 내리는 비와 응징이 똑같다고 한다. (하지만) 이 설은 옳지 않다. 봄과 가을이란 기운의 음양이 서로 대립하기 때문에 나무가 병들고 쇠가 왕성해지면 그래서 능히 서로 병존할 수 있기 때문에 오직 이 한 가지 일만 그러할 뿐이다. 화(禍)는 요(妖)·아(痾)·상(祥)·생(眚)과 동류이기 때문에 어느 것 하나가 나머지 것들과 다를 수는 없다.

사기(史記)[9]에 따르면 (노나라) 성공(成公) 16년에 공이 주(周)에서 제후들과 회합을 했는데, 그때 선양공(單襄公)〔○ 사고(師古)가 말했다. "선양공은 주나라 경사(卿士) 선자(單子) 조(朝)다. 單은 (단이 아니라) 선(善)으로

---

9 이에 대해 사고(師古)는 이렇게 말했다. "이 지(志)에서 사기(史記)라고 한 것은 모두 사마천이 편찬한 책을 가리킨다." 즉, 『사기(史記)』라는 고유명사를 뜻한다는 것이다. 그런데 이어지는 내용을 보면 『사기(史記)』가 아니라 『국어(國語)』에 나오는 것들이다. 다시 말해 사기(史記)는 그저 역사 기록을 뜻하는 것으로 봐야 한다.

읽는다."]은 진(晉)나라 여공(厲公)〔○ 사고(師古)가 말했다. "경공(景公)의 아들이고 이름은 주포(州蒲)다."]의 시선이 먼 곳에 가 있고 발걸음이 높은 것을 보고서 성공에게 고했다.

"진나라에는 장차 난이 일어날 것입니다."

노나라 임금[魯侯-성공]이 물었다.

"감히 묻건대 (그 난은) 하늘의 도리입니까? 아니면 사람으로 인해 일어나는 것입니까?"

(선양공이) 대답했다.

"내가 악사[瞽]나 태사[史]가 아닌데 어찌 하늘의 도리를 알겠습니까? 내가 진나라 임금의 용모를 보았더니 거의 분명하게 재앙을 빚게 될 것입니다. 무릇 군자의 눈은 안정돼 있어야 하고, 발은 거기에 맞춰 도리에 어긋남이 없어야 합니다. 이것을 갖고서 그 용모를 깊이 살펴 그 마음을 알아내는 것입니다. 시선은 마땅함에 두어야 하고, 발은 눈에 보조를 맞춰야 합니다. (그런데) 지금 진나라 임금의 시선이 먼 곳에 가 있고 발걸음이 높은 것은 눈이 안정돼 있지 않다는 것이고 발은 눈에 보조를 맞추지 못하고 있는 것이니 그 마음에 분명 이상이 있는 것입니다. 눈과 몸가짐이 서로 조화를 이루지 못하는데 어찌 능히 오래 이어갈 수 있겠습니까? 무릇 제후들과 회합을 한다는 것은 백성들에게 큰일입니다. 이에 그들의 존망을 살필 수가 있는 것입니다. 그래서 나라에 장차 허물이 없으려면 그 임금이 회합에 임했을 때 걸음과 언어 사용, 보는 바와 듣는 바가 반드시 모두 허물[謫]이 없어야 그 사람이 다움이 있는 자라는 것을 알 수 있는 것입니다. 시선이 먼 곳에 가 있다는 것은 마땅함을 잃었다는 것이요, 발걸음이 높다는 것은 그 다음을 내팽개쳤다는 것이며, 언어 사용이 일관성을 잃었다[爽=差]는 것은 믿음을 지킬 수 없다는 것이요, 음란한 것을 듣는다는 것은 그 명예에서 멀어지고 있다는 것입니다. 무릇 눈이 마땅함에 있고 발이 다움을 밟아나가며 말이 믿음을 지켜내고 귀는 명예로운 것을 듣고 있어야 하는 것이니, 그 때문에 이런 것들에 대해 조심하지 않을 수 없는 것입니다. 한쪽으로 치우치거나 마땅함을 잃게 되면[偏喪] 허물이 생기게 되는 것이니 이미 상실했다면 나라도 그에 따라 재앙을 만나게 되는 것입니다. 진나라 임금은 이 두 가지가 다 엉망이라[爽] 제가 이 때문에 그런 말씀을 드린 것입니다."

2년 후에 진나라 사람들은 여공을 죽였다. 대개 이런 유형의 일은 다 용모가 공손하지 못한 데 따른 허물이라 할 수 있다.

『춘추좌씨전(春秋左氏傳)』 환공(桓公) 13년 초(楚)나라 굴하(屈瑕)가 나(羅)나라를 정벌하려 할 때 투백비(鬪伯比)가 그를 전송하고〔○ 사고(師古)가 말했다. "굴하는 곧 막효(莫囂)다. 막효는 관직명이다. 투백비는 초나라 대부다."〕[10] 돌아와서 자신의 마부[馭=御]에게 말했다.

"막효는 반드시 패할 것이다. 발을 드는 것[舉止=舉趾]이 높으니 마음이 굳지 못한 것이다."

서둘러[遽=速] 초나라 임금[楚子]을 뵙고서 아뢰었다. 초나라 임금은

---

10 막효를 막오(莫敖)라고도 한다.

뇌인(賴人)[11]을 시켜 그를 뒤쫓게 했으나 따라잡지 못했다. 막효는 길을 떠나 결국은 대오를 제대로 정돈하지 못했고 또 대비책도 제대로 세우지 않았다. 나나라에 이르러 나나라 사람들이 공격하자[軍] 대패했다. 막효는 목매어 죽었다[縊死].
_{액사}

희공(釐公, 僖公) 11년 주(周)나라가 내사(內史) 과(過)를 보내 진(晉)나라 혜공(惠公)에게 작명(爵命)을 내려주었는데〔○ 사고(師古)가 말했다. "내사 과는 주나라 대부다. 진나라 혜공은 이오(夷吾)다. 제후가 즉위하면 천자는 명규(命圭)를 내려주어 서신(瑞信)으로 삼았다."〕, 옥을 받을 때 불경스러웠다[惰=怠慢]. 과가 돌아가서 천왕에게 말했다.
_{타   태만}

"진나라 임금[晉侯]은 아마도 후손이 없게 될 것입니다. 왕께서 명규를
_{진후}
내리시는데 그것을 받으면서 불경스러웠으니, 이는 먼저 스스로의 체통을 내던진 것[自棄]이므로 그런 사람에게 어찌 후사가 있겠습니다. 예(禮)는
_{자기}
나라의 근간이요, 경(敬)은 예를 싣는 수레입니다〔○ 사고(師古)가 말했다. "무례하면 나라가 설 수 없기 때문에 그것을 일러 근간[幹]이라 했고, 불
_간
경스러우면 예가 행해지지 않기 때문에 그것을 비유해 수레[輿]라고 한 것
_여
이다."〕. 불경스러우면 예가 행해지지 않고 예가 행해지지 않으면 위아래가 혼란하니, 어찌 오랜 세월을 이어갈 수 있겠습니까?"

21년에 진나라 혜공이 졸하자 아들 회공(懷公)이 섰는데, 진나라 사람들이 그를 죽이고 다시 문공(文公)을 세웠다.

성공(成公) 13년 진나라 임금[晉侯]이 극기(郤錡)를 보내 노(魯)나라에
_{진후}

---

11 뇌(賴)나라 사람인데 초나라에 와서 벼슬하고 있었다.

구원병을 청했는데[乞師], 일을 받드는 태도[將事]가 불경스러웠다〔○ 사고(師古)가 말했다. "극기는 진(晉)나라 대부 구백(駒伯)이다. 구원병을 청한 것은 진(秦)나라를 정벌하기 위함이었다. 장사(將事)란 임금의 명을 받들어 거행하는 것이다."〕. (이를 지켜본) 맹헌자(孟獻子)가 말했다.

"극씨(郤氏)는 아마도 패망할 것이다. 예(禮)는 몸의 근간이고 경(敬)은 몸의 기반인데, 극자(郤子)는 기반이 없다〔○ 사고(師古)가 말했다. "맹헌자는 중손멸(仲孫蔑)이다. 무례하면 몸이 설 수 없고, 불경스러우면 몸이 편안치 못하다."〕. 또 선군(先君)의 사경(嗣卿)[12]으로서 임금의 명을 받고 와서 군사를 요청한 것[求師=乞師]은 장차 사직을 보위하기 위함일 텐데 불경을 범해 임금의 명을 저버렸으니 패망하지 않을 수 있겠는가!"

17년에 극씨는 패망했다.

성공 13년 제후들이 (주나라) 천왕을 조현하고서 드디어 유강공(劉康公)을 따라 진(秦)나라를 정벌했다. 성숙공(成肅公)이 사(社)에서 제사 고기[脤=祭肉]를 받는데 불경스러웠다〔○ 사고(師古)가 말했다. "유강공과 성숙공은 다 주나라 대부다."〕. 유자(劉子-유강공)가 말했다.

"내가 듣건대 사람은 하늘과 땅의 적중한 기운[中=中和之氣]을 받아 태어나니 이것이 이른바 명(命)이다. 이 때문에 동작과 위의(威儀)의 법도가 있어 그것으로 명을 안정시킨다. 유능한 이는 그것을 길러 복을 부르고 무능한 이는 그것을 내팽개쳐 화를 부른다. 그래서 군자는 예에 부지런한 반면 소인은 힘을 쓰는 데 열심이다. 예에 부지런함에는 경(敬)을 지극히

---

12 아버지의 경(卿) 지위를 물려받았다는 뜻이다.

하는 것만 한 것이 없고, 힘을 쓰는 데 열심인 것에는 돈독히 하는 것만 것이 없다. 경은 신명을 길러냄에 있고, 돈독함은 본업을 지킴[守業]에 있다. 나라의 큰 일은 제사와 전쟁인데, 제사에는 제육을 집행하는 예[執脤]가 있고 전쟁에는 제육을 받는 예[受脤]가 있는 것이 신령과 교감하는 큰 예절[大節]이다. (그런데) 지금 성자(成子)가 태만해[惰=不敬] 그 명을 저버렸으니 아마도 이번 싸움에서 돌아오지 못할 것이다."

5월에 성숙공은 (하(瑕)에서) 졸(卒)했다.

성공 14년 위(衛)나라 정공(定公)이 고성숙(苦成叔)을 접대할 때[享=宴] 영혜자(甯惠子)가 그것을 도왔다[相=助]〔○ 사고(師古)가 말했다. "정공의 이름은 장(臧)이다. 고성숙은 진(晉)나라 대부 극주(郤犨)다. 진나라 사신이 돼 위나라에 가자 정공이 잔치를 베풀어 그를 접대했다. 혜자는 위나라 대부 영식(甯殖)이다. 상(相)이란 그 예를 도왔다[佐]는 말이다."〕. 고성숙이 오만하게 굴자 영자(甯子)가 말했다.

"고성의 집안은 아마도 망할 것이다. 옛날에 잔치의 예를 거행할 때 위의(威儀)를 살핌으로써 그 사람의 화복(禍福)을 본다고 했다. 그래서 『시경(詩經)』에 이르기를 '(외뿔소의 뿔로 만든) 뿔잔은 꾸부정하지 않지만 맛난 술 부드럽네. 저 사람 교제하는 태도 오만하지 않으니 온갖 복이 모여 들리라'[13]라고 했건만, 지금 저 사람은 오만하니 화에 이르는 길을 골랐다."

---

13 「소아(小雅)」 '상호(桑扈)' 편에 나오는 구절이다. 군자는 예를 좋아해 술을 마실 때에도 모두 유순한 다움을 생각하기 때문에 비록 뿔잔을 벌여놓았지만 벌여만 놓고 사용하지는 않는다는 것을 말한 것이다. 외뿔소의 뿔로 술잔을 만드는 것은 불경한 사람에게 벌주를 주기 위한 것이다.

그로부터 3년 후에 고성의 집안은 망했다〔○ 사고(師古)가 말했다. "성공 17년에 진나라가 극씨를 공격해 그 집안을 멸망시켰다."〕.

양공(襄公) 7년 위(衛)나라 손문자(孫文子)가 노(魯)나라를 빙문(聘問-예를 갖춰 방문함)했을 때 양공이 계단을 오르면 그도 같이 올랐다〔○ 사고(師古)가 말했다. "문자는 위나라 대부 손림보(孫林父)다. 예에서 계단을 오를 때 신하는 임금보다 한 계단 뒤에 올라야 한다."〕. 이때 숙손목자(叔孫穆子)[14]가 재상으로 있었는데 빠른 걸음으로 나아가 말했다.

"제후들이 회합을 할 때 우리 임금께서 일찍이 위나라 임금의 뒤에 오른 적이 없는데, 지금 그대는 우리 임금의 뒤에서 올라가지 않으니 우리 임금께서는 무슨 잘못을 해서인지 (그대에게 이런 경멸을 당하는지를) 모르신다. 그대는 조금 천천히[安] 올라가라."

손자(孫子)는 아무런 해명도 하지 않았고 또 고칠[悛=改] 생각도 없었다. 목자(穆子)가 말했다.

"손자는 반드시 패망할 것이다. 신하이면서도 돼 임금인 듯이 하고[爲臣而君] 허물을 짓고도 고치려 하지 않으니[過而不悛], 이것이 패망의 뿌리다."

14년에 손자는 자신의 임금(위나라 헌공(獻公))을 내쫓고 반란을 일으켰다.

양공 28년 채(蔡)나라 경후(景侯)〔○ 사고(師古)가 말했다. "이름은 고(固)이고 문후(文侯)의 아들이다."〕가 진(晉)나라에서 돌아가는 길에 정(鄭)나라에 들어갔다. 정나라 임금[鄭伯]이 그를 대접했는데 (경후의 태도가) 불

---

14 숙손표(叔孫豹)를 가리킨다.

경스러웠다. (정나라 대부) 자산(子産)이 말했다.

"채나라 임금은 (화를) 면하지 못할 것이다. 일전에 그가 이곳을 지나갔는데, 우리 임금이 자전(子殿)을 보내 동문 밖에서 그를 위로했는데 오만했다. 나는 오히려 그가 앞으로 고칠 것이라고 생각했는데, 지금 돌아오는 길에 접대를 받으면서도 오만하니, 이는 곧 그의 본마음이다. 소국의 임금으로서 대국을 섬기면서 나태함과 오만함을 자기 마음으로 삼으니 장차 제 명에 죽을 수 있겠는가? 장차 그가 화를 면치 못한다고 할 때 그 화는 분명 그 아들에게서 비롯될 것이다. 함부로 하면서 애비 노릇은 못했으니, 이런 자의 경우에는 반드시 아들에게 화가 있다고 했다."

30년에 (경후는) 세자 반(般)에게 살해됐다.

양공 31년 양공이 훙(薨)했다. 계무자(季武子)가 장차 공자 주(裯-소공)〔○ 사고(師古)가 말했다. "주는 양공의 아들이다."〕를 세우려 하자 목숙(穆叔)이 말했다.

"이 사람은 상중인데도 슬퍼하지 않았고[不哀] 슬퍼해야 할 사람이 기뻐하는 기색이 있었으니, 이런 사람을 일러 부도(不度)[15]라고 합니다. 부도한 사람은 환난을 일으키지 않는 경우가 드무니, 만약 끝내 이 사람이 세워진다면 반드시 계씨의 우환이 될 것입니다."

무자는 듣지 않고 끝내 그를 세웠다. 양공의 장례가 끝날 때까지 세 번이나 상복을 갈아입었는데, 옷자락이 그때마다 전에 입던 상복의 옷자락

---

15 무도(無道)하다는 뜻이다.

과 같았다.¹⁶ 이 사람이 소공(昭公)이다. 세워진 지 25년에 중상모략하는 말을 들어 계씨를 공격했다. 병사들은 패해 그는 나라 밖으로 도망쳤고 거기서 죽었다[○ 사고(師古)가 말했다. "건후(乾侯)에서 훙했다."].

양공 31년 위(衛)나라 북궁문자(北宮文子)가 초(楚)나라 영윤(令尹-재상) 위(圍)의 위의(威儀-위엄과 몸가짐)를 보고서[○ 사고(師古)가 말했다. "북궁문자는 위나라 대부로 이름은 타(佗)다. 영윤 위는 곧 공자 위이며 초나라 공왕(恭王)의 아들인데, 이때 영윤이었는데 문자가 위나라 임금을 따라서 초나라에 갔다가 이를 본 것이다."] 위나라 임금에게 말했다.

"영윤의 위의가 임금의 그것과 비슷하니 장차 다른 뜻을 품을 것입니다. (하지만) 비록 그 뜻을 이룬다 하더라도 그 끝을 제대로 마칠 수는 없을 것입니다."

위나라 임금이 물었다.

"그대는 무엇으로써[何以] 그걸 알 수 있소?"

대답했다.

"『시경(詩經)』에 이르기를 '위의를 삼가 조심해야 백성들의 모범이 될 수 있다'¹⁷라고 했는데 지금 영윤에게는 (영윤으로서의) 위의가 없으니 백성들이 모범[則=法]으로 삼을 수가 없습니다. 백성들이 모범으로 삼을 수 없는 자가 백성들의 위에 있으니 어떻게 세상을 잘 마칠 수 있겠습니까?"

---

16 하도 장난을 치고 놀아 상복의 옷자락이 다 해져, 세 번이나 새 상복으로 갈아입었는데도 그때마다 며칠 되지 않아 전에 입던 상복처럼 옷자락이 다 해졌다는 뜻이다. 어린애처럼 장난이 심했다는 말이다.

17 「대아(大雅)」 '억(抑)' 편의 구절이다.

〔○ 사고(師古)가 말했다. "결국 임금을 죽이고 나라를 빼앗았다가 건계(乾谿)에서 패했다."〕

소공(昭公) 11년 여름에 주(周)나라 선자(單子)가 척(戚)에서 (한선자(韓宣子)와) 회동했을 때〔○ 사고(師古)가 말했다. "선자는 주나라 대부 선성공(單成公)이다. 척은 위(衛)나라 땅이다."〕시선을 아래에 두고 말을 느릿느릿하게 했다[視下言徐]. 진(晉)나라 숙향(叔向)〔○ 사고(師古)가 말했다. "진나라 대부 양설힐(羊舌肸)이다."〕이 말했다.

"선자는 아마도 얼마 안 가서 죽을 것이다. 조정에는 정해진 지위가 드러나 있고, 회동에는 표식[表]〔○ 사고(師古)가 말했다. "들판에서 회합을 할 때는 표식을 두어 각자의 위치를 표시한다."〕이 있으며, 옷에는 옷고름[襘]이 있고, 띠에는 고리가 있다. 조회와 회동에서 말을 할 때는 반드시 표식이 있는 곳까지 들려야 하니 이는 일의 조리를 밝히기 위함이고, 시선은 옷고름과 고리를 벗어나지 않아야 하니 이는 용모를 제대로 하기[道=修飾] 위함이다. 말로써 명을 발표하고 용모로써 태도를 드러내니 이에 실수가 있으면 일이 잘못된다. (그런데) 지금 선자(單子)는 왕조의 우두머리 관직에 있으면서 회합에 와서 일을 명하는데, 시선은 상대의 (허리띠) 고리 위로 오르지 않고 말소리는 한 걸음만 지나도 들리지 않으며 모양은 예의에 맞지 못하고 말은 분명하지 않다. 용모가 예의에 맞지 못하면 공손하지 못하고 말이 분명하지 않으면 사람들이 고분고분하지 않으니 이는 (저 선자에게) 몸을 지킬 만한 기운이 없기 때문이다."

(같은 해) 12월에 선성공은 졸(卒)했다.

소공 21년 3월 채(蔡)나라 평공(平公)을 장사 지낼 때 채나라 태자 주

(朱)가 있어야 할 자리를 잃고서 낮은 지위의 자리에 있었다. (장례를 지켜 보았던) 노(魯)나라 대부가 귀국해 소자(昭子)〔○ 사고(師古)가 말했다. "숙손야(叔孫婼)를 가리킨다."〕에게 아뢨다. 소자가 탄식하며 말했다.

"채나라는 아마도 망하리라. 설사 망하지 않는다 해도 이 임금은 그 끝을 제대로 마칠 수 없을 것이다. 『시경(詩經)』에 이르기를 '그 맡은 바 일을 게을리하지 않으니 백성들이 편안히 쉴 수 있도다〔○ 사고(師古)가 말했다. "「대아(大雅)」 '가락(假樂)' 편에 나오는 구절이다."〕'라고 했다. (그런데) 지금 채나라 임금은 즉위해 낮은 자리로 가서 섰으니 장차 그 몸도 낮아질 것이다."

10월에 채나라 임금 주(朱)는 나라 밖으로 도망쳐 초(楚)나라로 달아났다.

(정공(定公) 원년 봄) 진(晉)나라 위서(魏舒)가 제후의 대부들과 적천(翟泉)에서 회동한 것은 장차 성주(成周)의 성을 쌓으려 함이었다〔○ 응소(應劭)가 말했다. "적천은 강의 이름인데 지금의 낙양이다." 사고(師古)가 말했다. "위서는 진나라 경 위헌자(魏獻子)다. 이 일은 정공 원년에 나오는데 오행지에서 이 연도를 기록하지 않은 것은 아마도 빼먹은 것 같다."〕. 위자(魏子)가 천자의 대부들을 대신해 정치를 했는데[涖=臨] 위나라 (대부) 표혜(彪傒)가 말했다.

"장차 천자의 거처를 세우려 하면서 자신의 지위를 뛰어넘어[易] 명을 내렸으니 이는 옳지 않다[非誼]. 큰일에서 올바름을 어겼으니[奸=犯] 반드시 큰 화가 있을 것이다. 진나라가 제후를 잃지 않는다면 위자가 화를 면치 못할 것이다."

이번 행차에 위헌자는 한간자(韓簡子)〔○ 사고(師古)가 말했다. "간자도 진나라 경이며 한불신(韓不信)이다."〕에게 축성의 일을 맡기고서 자신은 대륙(大陸)으로 가 사냥을 하면서 불을 놓아 짐승들을 죽였다.

정공(定公) 15년 주(邾)나라 은공(隱公)이 노(魯)나라에 조현했는데 옥(玉)을 든 손이 높이 올라가 그 얼굴이 위로 향했다〔○ 사고(師古)가 말했다. "은공은 주나라 임금[邾子] 익(益)이다. 옥은 조현하는 자의 폐물이다."〕. 정공은 그것을 받는 자세가 낮아 그 얼굴이 아래로 향했다. 자공(子贛)〔○ 사고(師古)가 말했다. "공자의 제자 단목사(端木賜)다. 공(贛)은 공(貢)이다."〕이 그것을 지켜보며 말했다.

"예법의 관점에서 그것을 보건대 두 임금은 모두 (일찍) 사망할 것이다. 무릇 예란 사생(死生)과 존망(存亡)의 본체다. 좌우에서 일을 주선하는 것과 나아가고 물러남, 구부리고 올려다봄[俯仰]을 갖고서 이에서 생존을 취하느냐 사망을 취하느냐를 알 수 있고, 조회, 제사, 상사(喪事), 융사(戎事)를 갖고서 이에서 생존하느냐 사망하느냐를 볼 수가 있다. (그런데) 지금 정월에 서로 조회하면서 둘 다 법도에 맞지 않았으니[不度] 마음은 이미 법도를 잃은 것이다[亡]. 조회[嘉事]가 몸의 예절에 맞지 않았으니[不體] 어찌 능히 오래 살 것인가? 높이 쳐든 것은 교만이요 낮게 구부린 것은 태만[替]이다. 교만은 화란에 가깝고 태만은 질병에 가깝다. (우리) 임금이 주인이니 아마도 먼저 사망할 것이다."〔○ 사고(師古)가 말했다. "이 해 5월에 정공이 훙했다. 애공(哀公) 7년 가을에 주나라를 정벌해 주자(邾子) 익(益)을 붙잡아 데리고 왔다."〕

수많은 징험들 중에서 항우(恒雨)를, 유흠은 『춘추(春秋)』에 나오는 대우(大雨-큰 비)로 보았고 유향은 홍수[大水]로 보았다.

　은공(隱公) 9년 "3월 계유일에 큰 비가 내렸고 천둥[震]과 번개가 쳤다. (8일 후인) 경진일에는 큰 눈이 내렸다[大雨雪]." 큰 비란 우수(雨水)이고 진(震)은 뇌(雷)다. 유흠이 볼 때 3월 계유일은 역수(曆數)에서는 춘분 후의 첫째 날로 비로소 천둥과 번개의 때이니 비가 내리는 것은 맞지만 큰 비가 내려서는 안 된다. 큰 비는 상우(常雨)의 벌이다. 처음으로 천둥과 번개가 있었던 8일 사이에 큰 눈이 내렸다는 것은 상한(常寒)의 벌이다. 유향이 볼 때 주(周)의 3월은 지금의 정월이고 비가 내리거나 눈이 비와 섞여 내리는 것도 맞지만 천둥과 번개는 아직 발생해서는 안 된다. 그런데 이미 발생했다면 눈이 내려서는 안 된다. 모두 계절을 잃었으니 이를 일러 이변[異]이라 한다. 『주역(周易)』에서 천둥[雷]은 2월을 끼고서 나오는데 그 괘를 예(豫)[18]라고 한다. 이는 만물이 천둥을 따라서 땅에서 나오니 모두 놀고 즐기는 것[逸豫]을 말한다. 또 천둥은 8월을 끼고서 들어가는데 그 괘를 귀매(歸妹)[19]라고 한다. 이는 천둥이 다시 돌아가는 것을 말한다. 땅으로 들어가면 풀의 뿌리를 품어 길러주고[毓=育] 겨울잠 자는 벌레들을 보호해주며 왕성한 음기의 해로움으로부터 피할 수 있게 해준다. 땅에서 나오면 꽃과 열매를 잘 길러주고 숨어 지내던 것들[隱伏]을 끄집어내 왕성한 양기의 다움을 펼쳐낸다. 들어가서는 능히 해로움을 없애줄 수 있고 나와서는 능히 이로움을 불러일으킬 수 있으니 이는 임금의 상(象)이다. 이

18　천둥을 뜻하는 진(震)괘(☳)가 위에 있고, 땅을 뜻하는 곤(坤)괘(☷)가 아래에 있다.

19　천둥을 뜻하는 진(震)괘(☳)가 위에 있고, 못을 뜻하는 태(兌)괘(☱)가 아래에 있다.

런 때에 은공은 (이복)동생 환공(桓公)이 어렸기 때문에 그를 대신해 임금의 자리에 세워졌다[攝位]. 공자 휘(翬)는 은공이 자리에 올라 이미 오래된 것을 보았기에 환공을 죽여 그 자리를 튼튼히 하라고 권유했다. 그러나 은공이 끝내 이를 듣지 않아 휘는 두려워해 그 말을 바꿔〔○ 사고(師古)가 말했다. "도리어 환공에게 은공이 그를 죽이려 한다고 말했다."〕마침내 환공과 함께 힘을 합쳐 은공을 죽였다. 하늘은 일이 장차 이렇게 되리라는 것을 알았기 때문에 정월에 큰 비를 내리고 천둥과 번개를 치게 했던 것이다. 이는 양이 음을 막을 수 없어 위난(危難)으로부터 벗어나지 못해 만물에 해를 끼친 것이다. 하늘이 경계해 말하기를 임금이 돼 때를 잃으면 해를 끼치는 동생과 영신(佞臣-간신)이 장차 난을 일으킨다는 것을 보여준 것이다. 8일 후에 큰 눈이 내리고 음의 기운이 그 사이를 파고들어 양의 기운을 이기니, 이는 자리를 빼앗고 죽이는 재앙이 장차 이루어질 것임을 보여준 것이다. 은공이 이를 깨닫지 못하자 2년 후에 죽게 됐다.

소제(昭帝) 원시(元始) 원년 7월 큰 비가 내려 7월부터 10월까지 계속됐다. 성제(成帝) 건시(建始) 3년 가을에 큰 비가 30여 일 동안 계속 내렸고 4년 9월에 큰 비가 10여 일 동안 내렸다.

『춘추좌씨전(春秋左氏傳)』 민공(愍公)[20] 2년 진(晉)나라 헌공(獻公)이 태자 신생(申生)으로 하여금 (동산(東山)의 고락씨(皐落氏)를 정벌하기 위해) 군사를 이끌고 가게 하면서 공은 그에게 편의(偏衣)를 입고 금결(金玦)을 차게 했다〔○ 사고(師古)가 말했다. "편의는 좌우의 색이 다른 옷이다. 금결

---

20 민공(閔公)이다.

은 금으로 만든 패(佩)다.")." 호돌(狐突)²¹이 탄식해 말했다.

"때는 일의 조짐이고 옷은 몸의 귀천(貴賤)을 드러내는 것이며 패는 충심(衷心)의 깃발이다. 그래서 그 일을 삼간다면 명령은 초기-춘하(春夏)-에 내고, 옷은 한가지 색으로 된 순정한 것을 입으며, 그 충정을 쓰려면 패는 법도에 맞아야 한다. (그런데) 지금 일을 명하면서 때의 끝-12월-에 내는 것은 그 일을 막히게 하는 것이고, 옷을 잡색으로 하는 것은 그 몸을 멀리 하는 것이며,²² 금결을 차도록 하는 것은 그 충심을 내버리는 것이다.²³ 의복은 몸을 멀리하고 때는 일을 막히게 하고 잡색은 냉정(冷情)을, 겨울은 숙살(肅殺)을, 금(金)은 (방위가 서쪽이어서) 한냉(寒冷)을, 패는 (반은 떨어져 있는 반(半)고리여서) 결별을 뜻하니 어찌 믿을 수가 있겠는가?"

양여자양(梁餘子養)²⁴이 말했다.

"군대를 거느린 자는 종묘에서 명을 받고 사직에서 제육을 받을 때 법도에 맞는 복장[常服]이 있다. 그런데 법도에 맞지 않는 잡색 옷으로 받았으니 그 명을 알 만하다. 죽어서 불효를 하는 것보다는 도망치는 것이 낫다."

한이(罕夷)²⁵가 말했다.

"잡색의 기괴한 옷은 법도에 맞지 않고 금결은 돌아오지 말라는 뜻이

---

21 진나라 대부 백항(伯行)이다.
22 태자를 멀리했다는 것이다.
23 태자의 충심을 내버렸다는 뜻이다.
24 진나라 대부다.
25 진나라 대부다.

니, 임금이 마음을 품고 있는 것이다[有心][○ 사고(師古)가 말했다. "유심(有心)이란 임금이 태자를 해칠 마음을 품고 있다는 뜻이다."].

4년 후에 신생은 참소를 당해 자살했다. 이런 일이 일어난 것은 옷이 요상했던 것과 비슷하다.

『춘추좌씨전(春秋左氏傳)』에 이르기를 정(鄭)나라 자장(子臧)[26]이 물총새[鷸=翠鳥]의 벼슬을 모으기를 좋아하자 문공(文公)이 그것을 미워해 도적을 시켜 그를 죽이려고 했다. 유향이 볼 때 이는 옷이 요상했던 것과 비슷한 일이다. 일설에 단지 자장의 몸뿐만 아니라 문공에게도 경계를 하려 한 것이라고 한다. 애초에 문공은 공자로 있을 때의 진나라 문공(文公)을 예로써 대하지 않았고, 또 천자의 명을 어기고서 활(滑)나라를 정벌했으며, 높여야 할 사람을 높이지 않았다. 그후에 진나라 문공이 정나라를 정벌해 거의 나라가 망할 뻔했다.

소제(昭帝) 때 창읍왕(昌邑王) 하(賀-유하)는 중대부를 보내 장안으로 가게 해 여러 차례 측주관(仄注冠)[27]을 구해서 그것을 대신에게 내려주고 또한 노비에게도 주었다. 유향이 볼 때 이는 옷이 요상했던 것과 비슷한 일이다. 이때 왕 하(賀)는 성품이 제 마음대로인 데다가[狂悖] 천자가 몸이 편치 못하다[不豫]는 말을 듣고서도 사냥을 즐기고 말을 치달리기를 예전과 같이 했고, 마부 및 요리사와 함께 즐기고 놀았으며, 교만하고 남을 깔

---

26 정나라 문공의 아들이다.

27 모양이 우뚝 솟고 앞이 수직으로 내려온 관이다. 높이는 9촌이다.

보며 불경스러웠다. 관(冠)이란 의복을 높이는 것이고 노(奴)란 천한 사람이기 때문에 하(賀)가 아무런 연유도 없이 이상한 관을 만들기를 좋아한 것은 존엄함을 어지럽히는 상(象)이다. 이런 모자를 노비에게 쓰게 한 것은 마땅히 지존(至尊)에서 지천(至賤)으로 떨어지는 것이다. 그후에 제(帝)가 붕(崩)하고 후사가 없었기 때문에 한나라 대신들은 하(賀)를 불러와 뒤를 잇게 했다. 제위에 나아가자 광란(狂亂)하고 무도(無道)해 간자(諫者) 하후승(夏侯勝) 등을 잡아넣거나 죽였다. 이에 대신이 황태후에게 사뢰어[白]하를 폐해 서인(庶人)으로 삼았다. 하가 왕으로 있을 때 또 크고 흰 개가 방산관(方山冠)²⁸을 쓰고 꼬리가 없이 지나가는 것을 보았다. 이는 복요(服妖)이며 역시 큰 재앙이다. 하가 이 일을 공수(龔遂, ?~?)²⁹에게 물으니 수가 대답했다.

"이는 하늘의 경계로 삐딱하게 있는 자는 모두 개가 관을 쓰고 있는 것과 같다는 말입니다〔○ 사고(師古)가 말했다. "왕의 좌우에서 모시고 있으면서 예와 의로움을 알지 못하는 자는 마치 개에게 요란한 관을 씌워놓은 것과 같다는 말이다."〕. 이런 자들을 내치면 존속되고 이런 자들을 내치지 못하면 망한다는 것입니다."

---

28 오채(五彩)로 장식한 것이며 주로 음악이나 춤을 담당하는 자들이 썼다.
29 경서에 밝았다. 성제(成帝) 때 기로대유(耆老大儒)가 돼 수백 명을 가르쳤다. 당시 주박(朱博)이 낭야태수가 됐는데 하속(下屬)으로 알현해 기서지(起舒遲)에 올랐다. 주박이 그가 이례(吏禮)에 익숙하지 않을 것이라 여겨 주부(主簿)에게 가르치게 했는데 익숙하게 되자 그만두게 했다. 재직할 때 행동거지가 강의(剛毅)해 대절(大節)이 있었고 충성이 극진했으며 백성을 잘 다스려 관리의 모범으로 일컬어졌다.

하가 이미 폐위되고 나서 수년 후에 선제(宣帝)는 그를 봉해 열후(列侯)로 삼았지만 다시 죄가 있어 죽고 나서도 후사를 둘 수 없었는데, 이 또한 개의 재앙으로 꼬리가 없는 것의 효험이다. 경방(京房)의 『역전(易傳)』에 이르기를 "행하는 것이 고분고분하지 못하면[不順] 그 허물은 인노(人奴)가 관(冠)을 쓰고, 천하가 어지러우면 임금[辟=君]에게 적자가 없으며[無適] 첩의 자식이 자리에 오른다[拜=卽位]〔○ 여순(如淳)이 말했다. "적자가 없기 때문이다."〕"라고 했다. 또 이르기를 "임금이 바르지 못하면[不正] 신하가 자리를 빼앗으려 하고[篡=奪], 그 요상스러움은 개가 관을 쓰고 조정의 문을 나서는 것으로 드러난다"라고 했다.

성제(成帝) 홍가(鴻嘉) 영시(永始) 연간 사이에 제(帝)가 미행(微行)[30]을 즐겨해 밖으로 놀러 나가면서 기문랑(期門郎) 중에서 재주와 힘이 좋은 사람을 골라 따르게 했고, 여기에 사노(私奴)의 객들까지 해서 많을 때는 10여 명이었고 적을 때는 대여섯 명이었는데, 모두 흰옷에 평범한 두건 차림[袒]이었고 도검(刀劍)을 찼다. 어떤 때는 작은 수레를 타고 말 모는 자는 수레 안 깔개[茵=蓐]〔○ 사고(師古)가 말했다. "수레가 작아 말 모는 자가 제대로 움직일 수 없기 때문에 천자의 깔개에 앉은 것이다."〕에 앉았고, 어떤 때는 모두 말을 타고서 시내와 교외의 들판을 드나들었으며 멀게는 인근 현(縣)까지 가기도 했다. 대신(大臣)인 거기장군 왕음(王音, ?~기원전 15

---

30 평범한 옷[微服]을 입고 나가서 미행이라고 했다.

년)[31]과 유향(劉向) 등은 자주 절간(切諫)했다. 곡영(谷永, ?~기원전 8년)[32]이 말했다.

"『주역(周易)』에 이르기를 '신하를 얻어 집이 없다[得臣無家]〔○ 사고(師古)가 말했다. "손(損)괘(䷨)의 가장 위에 붙은 효에 대한 풀이다."〕'라고 했으니, 이는 임금다운 임금[王者]은 천하를 신하로 삼기 때문에 사사로운 집이 없다[私家]는 말입니다. (그런데) 지금 폐하께서는 만승(萬乘)[33]의 지극한 고귀함[至貴]을 버리고서 집안사람들이나 하는 천한 일들을 즐기시고, 높고 아름다운 존귀한 칭호[尊號]를 싫어하시어 필부들의 비속한 말들을 좋아하시면서, 가볍고 의롭지 못한 소인배들을 높이고 불러모아서 사사로운 문객으로 삼아 사전(私田)을 민간들 사이에 두고 사노(私奴)와 거마(車馬)를 북궁(北宮)에 쌓아두고 계십니다. 여러 차례에 걸쳐 남면(南面)[34]하시는 존엄을 저버리고 깊은 궁궐의 견고함을 벗어나 몸을 빼서

---

31 원제(元帝) 왕왕후(王王后) 정군(政君)의 종제(從弟)다. 대장군 왕봉(王鳳)에게 아부해 어사대부(御史大夫)에 올랐다. 성제(成帝) 양삭(陽朔) 3년(기원전 22년) 왕봉이 죽으면서 그의 추천으로 대사마(大司馬)와 거기장군(車騎將軍)에 오르고 상서(尙書)의 일을 대행했다. 홍가(鴻嘉) 원년(기원전 20년) 안양후(安陽侯)에 봉해졌다.

32 젊어서 장안(長安)의 소사(小史)가 돼 경서를 두루 공부했는데 특히 천관(天官)과 『경씨역(慶氏易)』에 정통했다. 원제(元帝) 건소(建昭) 연간에 태상승(太常丞)에 올랐다. 여러 차례 상서해 재이(災異)의 발생을 조정의 득실과 관련지어 추론했다. 성제(成帝) 때 광록대부급사중(光祿大夫給事中)으로 옮겼다. 재이의 논리로 성제를 설득하자 황태후와 측근들이 그를 썩 달갑지 않게 여겼다. 이 때문에 북지태수(北地太守)로 나갔다가 다시 불려 대사농(大司農)이 됐다. 그 해 말에 병으로 사직했다.

33 천자를 뜻한다. 제후는 천승(千乘)이다.

34 임금은 남면하고 신하는 북면한다.

[挺身_정신_], 홀로 소인배들과 함께 새벽부터 밤늦도록 서로 몰려다니며 까마귀가 섞여 모이듯〔○ 사고(師古)가 말했다. "모였다가 흩어졌다가 하는 것이 까마귀 떼와 같았다는 것이다."〕 관리나 백성들의 집에 들어가 마시고 취해 옷을 법도에 어긋나게 어지러이 입고서 더불어 앉아 서로 뒤섞여[溷肴_혼효_=混淆_혼효_] 아무런 구별도 없이 노는 데만 힘쓰시느라 밤낮으로 길거리를 배회하고 있습니다.[35] 그래서 문호(門戶)를 지키는 사람들과 숙위를 받드는 신하들은 무기를 들고서 텅 빈 궁궐이나 지켰고, 공경과 백료(百僚)는 폐하께서 계신 곳을 모른 지가 여러 해가 됐습니다. 옛날에 괵나라 임금 [虢公_괵공_]이 무도하자 신이 내려와 말하기를 '너에게 토전(土田)을 내려주노라'라고 했는데〔○ 사고(師古)가 말했다. "『춘추좌씨전(春秋左氏傳)』 장공(莊公) 32년 (가을 7월에) 신이 (괵나라) 신(莘)읍에 내려왔다.[36] 괵공(虢公)이 축응(祝應)·송구(宋區)·사은(史嚚)을 보내 신에게 제사를 지내게 하니, 신이 토전을 주겠다고 했다. 이에 사은이 말했다. '괵나라는 아마도 망할 것이다.'"〕, 이는 장차 서민들이 논밭을 받게 된다는 뜻입니다. 제후가 토전을 얻는 꿈을 꾸면 그것은 나라의 상서로움을 잃게 되는 것인데〔○ 사고(師古)가 말했다. "희공(僖公) 5년에 진(晉)나라가 괵나라를 멸망시키자 괵공은 도성을 버리고 추하게 도망쳤다."〕, 하물며 임금 자리에 있으면서 사전(私田)과 사사로운 재물을 축적한다면 서민들의 일이야 어떻겠습니까!"

---

35 성제는 자주 궁궐 밖으로 나가 부평후인 장방(張放)의 하인이라고 자칭하면서 다른 이름을 갖고 다녔다. 그 바람에 따르는 사람들이 황제의 이름을 마구 부르기도 하고 같이 놀기도 했다.

36 신읍의 어떤 사람에게 신이 들렸다는 뜻이다.

『춘추좌씨전(春秋左氏傳)』에 이르기를 주(周)나라 경왕(景王) 때 대부 빈기(賓起)[37]는 수탉[雄鷄]이 스스로 자신의 꼬리를 자르는 것을 보았다고 했다. 유향은 이를 계화(鷄禍)와 비슷하다고 보았다. 이때 왕에게 사랑하는 아들 자조(子鼂, 子朝)가 있었는데, 왕은 빈기와 함께 자조를 임금으로 세우려는 음모를 꾸몄다. 북산(北山)에서 사냥을 하며 장차 군사들의 힘을 빌려 적자(適子)의 무리들을 죽이려 했는데[○ 사고(師古)가 말했다. "적(適)은 적(嫡)이다. 적자(嫡子)란 왕자 맹(猛)이고 훗날의 도왕(悼王)이다. 맹의 무리란 유헌공(劉獻公)과 선목공(單穆公)을 가리킨다."], 결국 그렇게 하지 못한 채 붕(崩)했다. 세 명의 아들[○ 사고(師古)가 말했다. "세 아들이란 자조, 자맹, 그리고 자맹의 동생인 경왕(敬王) 개(丐)를 가리킨다."]이 나라를 놓고 다퉈 왕실은 큰 혼란에 빠졌다. 그후에 빈기는 주살됐고[○ 사고(師古)가 말했다. "유헌공이 빈기를 쳐서 죽였다. 이 일은 소공(昭公) 22년에 실려 있다."] 자조는 초(楚)나라로 도망쳤으나 살해됐다. 경방의 『역전(易傳)』에 이르기를 "시작은 있는데 끝이 없을 때 그 요사스러움은 수탉이 스스로 자신의 꼬리를 물어뜯어[齧] 끊어버리는 것이다"라고 했다.

선제(宣帝) 황룡(黃龍) 원년에 미앙궁의 노령(輅輷)[○ 맹강(孟康)이 말했다. "마구간 이름이다." 사고(師古)가 말했다. "백관표 태복(太僕) 속관

---

[37] 이름은 맹(孟)이다. 주경왕(周景王)의 서자(庶子) 자조(子朝)의 스승을 지냈다. 경왕이 그와 함께 자조를 후사(後嗣)로 세우려고 했다. 유헌공(劉獻公)의 서자 백분(伯蚡)이 빈기의 사람됨을 미워하고 또 자조도 미워했다. 경왕이 죽자 나라 사람들이 경왕의 맏아들 자맹(子猛)을 세우자 유분(劉蚡)이 빈기를 살해했다.

중에 노령승(輅軨丞)이 있다. 노(輅)는 노(路)와 같다.")안에서 암탉[雌雞]
이 수컷으로 바뀌면서 깃털이 바뀌었고, 울지를 못했으며, 무리를 이끌지
못했고, 발톱이 없었다. 원제(元帝) 초원(初元) 연간에 승상부(丞相府) 사
(史)[38]의 집에서는 암탉이 (부화한 암컷) 병아리를 품고 있었는데[伏子],
점점 수컷으로 바뀌었고 벼슬과 발톱이 생겨나더니 소리 내 울고 무리를
이끌었다. 영광(永光) 연간에는 뿔이 난 수탉을 바치는 자가 있었다. 경방
(京房)의 『역전(易傳)』에 이르기를 "닭이 때를 알고, 때를 아는 자는 마땅
히 죽는다"라고 했다. 방(房)은 자신이 때를 안다고 여겼기에[以爲] 그에
해당할까 봐 두려워했다. 유향이 볼 때 방은 닭점[雞占]을 놓친 것이다. 닭
이란 작은 가축으로 때를 맡아 주관해 사람들을 일어나게 하는 것이니,
이는 소신(小臣)이 일을 장악해[執事] 정사를 행하는 상(象)이라는 것이다.
소인이 장차 임금의 위엄을 잡아 쥐어 바른 일[正事]을 해치는 것이니 석
현(石顯)이 바로 그런 경우다. 경녕(竟寧) 원년에 석현이 죄에 걸려 복주된
것[伏辜]은 그 효험이다. 일설에는 "석현이 어찌 충분히 여기에 해당되겠
는가"라고 한다. 옛날에 (주나라를 세운) 무왕(武王)이 은나라를 정벌하고
목야(牧野)[39]에 이르러 군사들에게 맹세하며 말했다.

"옛사람들의 말에 '암탉[牝鷄=雌雞]은 새벽에 울어서는 안 되는 것이
니 암탉이 새벽에 울면 집안이 망한다[索=盡]'라고 했다. 지금 은나라 왕

---

38 관직 이름으로 승상사(丞相史)를 가리킨다.
39 여기서 목(牧)은 지명이다.

주(紂)가 오직 여인의 말을 따라서 쓰고 있다."[40]

이로 말미암아 논하건대 황룡·초원·영광에 일어난 닭의 변이는 곧 국가의 점이며 비후(妃后)의 상(象)이다. 효원제(孝元帝)의 왕황후(王皇后)는 감로(甘露) 2년에 아들을 낳았는데 세워져 태자가 됐다. 비는 왕금(王禁, ?~기원전 43년)[41]의 딸이다. 황룡 원년에 선제가 붕하자 태자가 들어섰는데 그가 원제다. 왕(王)비가 장차 황후가 되기 때문에 그래서 이 해에 미앙궁 안에서 암닭이 수컷으로 바뀐 이변은 그 점이 정궁(正宮)에 있다는 것을 밝혀 보여준 것이다. 울지 않고 이끌지 않으며 발톱이 없었던 것은 귀함[貴]이 비로소 싹트기는 했지만 (지위의) 높음[尊]은 아직 이뤄지지 못했음을 나타낸다. 원제 초원 원년에 이르러 장차 왕(王)황후로 세워지게 되는데 그 전에는 첩여(婕伃)[42]라고 했다. 3월 계묘일에 제서(制書)를 내려 말했다.

'이에[其=玆] 첩여의 아버지 승상소사(丞相少史) 왕금(王禁)을 봉해 양평후(陽平侯)로 삼고 지위를 특진시키도록 하라.'

병오일에 왕(王)첩여를 세워 황후로 삼았다. 이듬해 정월 황후의 아들이 태자가 됐다. 그래서 이에 응해 승상부 사(史)의 집에서 암닭이 수컷이 됐고 그 점은 곧 승상소사의 딸에 해당하는 것이다. 병아리를 품고 있다

---

40 『서경(書經)』「주서(周書)」'목서(牧誓)' 편에 나오는 말이다.

41 젊어서 법률을 공부해 정위사(廷尉史)가 됐다. 큰 뜻을 품었고 명절(名節)을 닦지 않았으며 주색(酒色)을 좋아해 희첩(姬妾)을 많이 거느려 4녀 8남을 두었다. 둘째 딸 정군(政君)은 원제(元帝)의 황후였다. 원제가 즉위하자 양평후(陽平侯)에 봉해졌다.

42 후궁의 명칭 중 하나다.

[伏子]라는 것은 이미 자식을 가졌음을 밝힌 것이다. 벼슬[冠]과 발톱[距]이 생겨나더니 소리 내 울고[鳴] 무리를 이끌었다[將]는 것은 (지위의) 높음[尊]이 이미 완성된 것이다. 영광 2년 양평경후(陽平頃侯) 금(禁)이 훙(薨)하고 아들 봉(鳳)이 후를 이어받아 시중위위(侍中衛尉)가 됐다. 원제가 붕하자 태자가 들어섰는데 그가 성제다. 황후를 높여 황태후로 삼았고 태후의 동생 봉(鳳)을 대사마 대장군으로 삼으니 상서(尚書)의 일을 총괄했고, 상(上)은 그에게 정치를 넘기고서 일체 관여하는 바[所與=所豫]가 없었다〔○ 사고(師古)가 말했다. "이는 정사가 모두 봉에게서 나왔고 천자는 전혀 관여하지 않았다[不豫]는 말이다."〕. 왕씨의 권세는 봉에서 시작됐고 그래서 봉이 처음으로 작위를 받을 때 수탉이 뿔이 있었던 것이다. 이는 위엄을 일으켜 임금을 제 마음대로 하고 위를 해쳐 나라를 위태롭게 한 것이 이 사람에게서 시작된 것임을 명확하게 보여준다. 그후에 여러 동생들이 대대로 권력을 장악해 망(莽)에 이르게 되자 드디어 천하를 빼앗았다. (성제의) 즉위 5년에 왕(王)태후가 드디어 붕했는데 이것이 그 효험이다. 경방의 『역전(易傳)』에 이르기를 "뛰어난 이는 명이(明夷)의 세상에 있고 때를 알아서[知時] 상(傷)한다〔○ 사고(師古)가 말했다. "『주역(周易)』의 명이(明夷)괘(䷣)에 이르기를 '밝음[明]이 땅 속[地中]으로 들어간 것'이라고 했다. 이(夷)는 상한다[傷]는 것이다. 이(離)괘(☲)가 아래에 있고 곤(坤)괘(☷)가 위에 있으니, 이는 해가 땅 속에 있으면 그 밝음을 상하게 된다는 것을 말한다. 때를 안다는 것은 하늘의 때를 안다는 것이다. 뛰어나면서도 상함을 당했으니 그래서 명이(明夷-밝은데도 상하다)라는 뜻을 취한 것이다."〕. 대중을 현혹시켜[或=惑] 자리에 있고〔○ 사고(師古)가 말했다. "허위

로 가득 차 아무런 내실이 없는 사람이 대중을 교묘하게 현혹해 (높은) 직위에 있다는 말이다.") 그 요상스러움은 닭에 뿔이 나는 것이다. 닭에 뿔이 생기면 그때는 주인이 혼자가 된다"라고 했고, 또 "부인이 정치를 독단하니[顓政=擅政] 나라가 맑지 못하고, 암탉이 울면 주인은 영예롭지 못하다"라고 했다. 그래서 방(房)은 자신의 점이 역시 딱 들어맞았다[中]고 여겼던 것이다.
　　전정　천정　　　　　　　　　　　　　　　　　　　　　　　　　　중

　(『춘추(春秋)』) 성공(成公) 7년 "정월에 생쥐[鼷鼠=甘鼠]가 교(郊)제사
　　　　　　　　　　　　　　　　　　　　혜서　감서
에 쓸 소뿔[牛角]을 갉아 먹으니, 다시 점을 쳐서 소를 골랐는데 또 그 소
　　　　　우각
의 뿔을 갉아 먹었다(이에 그 소를 풀어주었다.)." 유향이 볼 때 이는 청상(青祥)에 가까운 것이며 또한 소의 재앙[牛禍]이며 삼가지 않고[不敬] 어리
　　　　　　　　　　　　　　　　　　　　　우화　　　　　　　불경
석은 데[傋霿] 따른 결과다. 옛날에 주공(周公)이 예악을 제정해 주나라의
　　　구몽
도리를 완성했기 때문에, 그래서 성왕(成王)은 (주공을 제후로 봉해준) 노(魯)나라에 명해 하늘과 땅에 교(郊)제사를 지내게 함으로써[43] 주공을 높였다. (노나라) 성공 때에 이르러 삼가(三家)[44]가 정치를 제 마음대로 해 노

43　원래 하늘과 땅에 지내는 교제사는 천자만이 지낼 수 있다.

44　노(魯)나라의 권신(權臣) 맹손씨(孟孫氏)·숙손씨(叔孫氏)·계손씨(季孫氏)를 말한다. 공자가 태어나기 전 기원전 8세기 말경 노나라의 15대 군주는 희윤(姬允)이었다. 무력을 떨친 군주라고 해서 환공(桓公)으로도 불린다. 그의 왕위는 장남 희동(姬同)에게 전수됐다. 그런데 환공에게는 서자 세 명이 더 있었다. 그 세 아들이 각자 성을 바꿔 맹손(孟孫), 숙손(叔孫), 계손(季孫)이다. 아들의 서열을 나타내는 백(伯)·중(仲)·숙(叔)·계(季)에서 따온 것이다. 이로써 희(姬)라는 성은 버렸다. 아마도 서자이기 때문에 성을 바꿔야 했던 것 같다. 그리고 군주의 자리에 오른 희윤을 제외한 세 아들은 삼환(三桓)으로 불렸다. 환공의 아들임을 나타내기 위함이었다. 이들

나라는 장차 이로부터[從此] 쇠퇴하게 됐다. 하늘은 주공의 다움[德]을 가슴 아프게 여기고 장차 패망의 재앙이 있게 될 것을 애통해해, 그래서 교제사 때 경계의 조짐을 보였다는 것이다. 쥐는 아주 작은 동물[小蟲]로 몰래 훔치는 성질이 있으며, 그중에서도 생쥐[鼷]는 더 작은 것이다. (반면에) 소는 큰 가축[大畜]으로 하늘에 제사를 지낼 때 쓰이는 귀한 동물이다. 뿔은 병(兵)의 상(象)으로 위에 있으며 임금의 위엄이다. 아주 작은 생쥐가 지존인 소뿔을 갉아 먹었으니 계씨(季氏)는 곧 배신(陪臣)이면서 도둑놈이고 장차 나라의 명을 쥐고서 임금의 위엄을 해치고 주공의 제사를 해치게 되는 것을 상징한다. 다시 점을 쳐서 소를 골랐는데 생쥐가 또 그 소의 뿔을 갉아 먹었다는 것은 하늘이 거듭해서 그것을 말한 것이다. 성공은 나태하고 교만하고 어둡고 어지러워[怠慢昏亂] 드디어 임금과 신하가 교대로[更=互] 진(晉)나라에 붙잡혔다〔○ 사고(師古)가 말했다. "(성공) 10년 가을에 공이 진나라에 가니 진나라 사람들은 공이 초(楚)나라에 두 마음을 품었다고[爲貳] 해 공을 억류했고 11년 3월에야 마침내 돌아올 수 있었다. 16년 가을에 공이 사수(沙隨)에서 진나라 임금[晉侯]과 회합했는데 진나라는 숙손교여(叔孫僑如)의 참소를 받아들여 공을 억류했다. 이 해 9월에 또 교여의 참소를 믿어 계손행보(季孫行父-계문자)를 붙잡아 초구(苕丘)에 억류했고 12월에야 마침내 돌아올 수 있었다. 그래서 임금과 신하가 교대로 붙잡혔다고 말한 것이다."〕. 양공(襄公)에 이르러 진나라는 제후들과 추량(溴梁)에서 회합했는데〔○ 사고(師古)가 말했다. "진나라 평공(平公)은 추량

이 곧 세 집안, 즉 삼가(三家)다.

에서 제후들과 회합했다. 추량이란 추수(洙水)의 다리다."), 그 결과 천하의 대부들이 모두 자신들의 주군의 정권[君政]을 빼앗았다. 그후에 삼가는 소공(昭公)을 내쫓아 소공은 결국 나라 밖에서 죽었고[死] 주공의 제사는 거의 끊어졌다. 동중서가 볼 때 생쥐가 교제사에 쓸 소뿔을 갉아 먹었다는 것은 모두 희생(犧牲)을 기르는 일을 삼가지 않은[不謹] 때문이다. 경방의 『역전(易傳)』에 이르기를 "하늘에 지내는 제사를 삼가지 않으면[不愼] 그 요상스러움은 생쥐가 교제사에 쓸 소뿔을 갉아 먹는 것이다"라고 했다.

정공(定公) 15년 "정월 생쥐가 교제사에 쓸 소를 파먹어 소가 죽었다." 유향은 정공이 계씨가 소공(昭公)을 축출했다는 것을 알고 있었고, 죄악이 그와 같았기 때문에 공자를 친히 써서[親用] 제나라 임금[齊侯]과 협곡(夾谷)에서 회합하니 제나라 사람들이 와서 항복하고 운(鄆)·환(讙)·구음(龜陰)의 밭을 돌려주었고〔○ 사고(師古)가 말했다. "협곡은 제나라 땅이며 일명 축기(祝其)다. 정공 10년에 공이 협곡에서 제나라 임금과 회합을 했는데 제나라 임금이 내인(萊人)을 시켜 무기로 공을 겁박했다. 공자는 공을 모시고 물러나면서 병사들에게 명해 내인을 공격하라고 명하니 제나라 임금은 마침내 그만두었다. 또 맹약문으로 공을 협박하자 공자는 따르려 하지 않으면서 자무환(玆無還)을 시켜 사양하게 했다. 또 공에게 연회를 베풀어 속이려고 하자 공자는 다시 거리를 두고서 받지 않았다. 이에 제나라 사람들은 마침내 굴복했다. 이에 앞서 계씨의 신하인 양화(陽貨)가 운과 환과 구음의 밭을 갖고서 제나라로 도망갔는데, 이 회합에 이르러 마침내 우리(-노나라)에게 되돌아왔다."), **빼어난 다움[聖德]이 그와 같았기 때문에 도리어 계환자(季桓子)**〔○ 사고(師古)가 말했다. "환자는 계평자(季平子)의 아들 계손사(季孫斯)다."]를 써서 여악(女樂)에 빠져 공자를 물러나게 한 것은 무도함이 심한 것이다. 『시경(詩經)』에 이르기를 "사람이 면서 위엄[儀]이 없는데 죽지 않고 뭘 하는고"[45]라고 했다. 이 해 5월에 정공이 훙(薨)했으니 소가 죽은 것에 대한 응험이다. 경방의 『역전(易傳)』에 이르기를 "자식이 자식답지 못하면 쥐가 그 교제사에 쓸 소를 파먹는다"라고 했다.

애공(哀公) 원년 "정월 생쥐가 교제사에 쓸 소를 파먹었다." 유향이 볼 때 하늘의 뜻은 성인(聖人-공자)을 써서 삼가를 축출하는 것에 간절했기에[汲汲] 다시 징계를 보여준 것이다. 애공은 나이가 어려 소공의 일을 직접 보지 못했고 그래서 패망에 서로 다름이 있었던 것이다. 그런데도 애공은 깨닫지 못하고서 몸은 월(越)나라로 달아났으니 이것이 그 효험이다〔○ 사고(師古)가 말했다. "애공 27년에 공은 월나라를 끌어들여 삼환을 제거하고자 해 공손(公孫) 유산씨(有山氏)에게 갔다가 마침내 월나라로 갔다. 나라 사람들은 애공의 아들 도공(悼公)을 세웠다."〕.

소제(昭帝) 원봉(元鳳) 원년 9월 연(燕)나라에 누런 쥐[黃鼠]가 자신의 꼬리를 물고서 왕궁의 단문(端門)〔○ 사고(師古)가 말했다. "궁의 정문이다."〕 안에서 춤을 추니 왕이 가서 지켜보았는데 쥐는 그대로 춤을 췄다. 왕이 관리를 시켜 술과 포를 갖고 가서 제사를 지내게 했는데도 쥐는 춤

---

45 「용풍(鄘風)」 '상서(相鼠)' 편에 나오는 구절이다.

을 그치지 않고 하루 낮밤이 지나서 죽었다. 이는 황상(黃祥)[46]과 비슷한 것으로 이때 연나라 날왕(剌王) 단(旦)이 반란을 모의해 장차 죽게 될 상(象)이다. 그 달에 일이 발각돼 복주됐다. 경방의 『역전(易傳)』에 이르기를 "주벌[誅]이 실상[情=實情]에 맞지 않게 행해지면 그 요상스러움은 쥐가 문에서 춤을 추는 것이다"라고 했다.

성제(成帝) 건시(建始) 4년 9월 장안성 남쪽에 쥐가 누런 쑥[黃蒿]과 잣나무 잎[栢葉]을 입에 머금고서[銜] 백성들의 묘지에 있는 잣나무와 느릅나무에 올라가 집[巢]을 지었고 동백(桐柏)〔○ 사고(師古)가 말했다. "본정(本亭)의 이름으로 위사후(衛思后)가 이 땅에 묻혔다."〕에는 더욱 많았다. 집 안에 새끼들은 없었고 모두 마른 쥐똥 수십 개가 있었다. 이때 의신(議臣)[47]은 수재가 날까 봐 두려워했다. 쥐는 도둑질을 하는 작은 동물로 밤에 나오고 낮에는 숨는다. 지금 낮에 구멍을 나와서 나무에 올랐으니 이는 천한 사람이 장차 아주 귀한 지위에 가게 된다는 것을 상징한다. 동백은 위사후(衛思后)의 능이 있는 곳이다. 그후에 조황후(趙皇后)가 미천한 데서 지존의 자리에 올라 위후와 같은 부류가 됐다. 조후는 끝내 아들이 없어 해악을 저질렀다. 이듬해 솔개[鳶=鴟]가 자기 집을 불태우고[焚][48] 새끼를 죽이는 이변이 있었다. 천체의 현상[天象]-해·달·별-에 거듭해서 이변이 보이자 더욱 두려워할 만한 상황이었다. 일설에는 모두 다 왕망이 지

---

46 황색의 이변이다.

47 정치에 참여해 의견을 내는 신하를 가리킨다.

48 분(焚)에는 '넘어뜨리다'라는 뜻도 있다.

위를 찬탈하는 상(象)이라고 한다. 경방의 『역전(易傳)』에 이르기를 "신하가 녹(祿)을 사사로이 해 임금을 없게 만들었으니[罔辟=無君] 그 요상스러움
은 쥐가 집을 짓는 것이다"라고 했다.

　문공(文公) 13년 "태실(太室)[49]의 지붕이 무너졌다." 이는 금(金)이 목(木)을 해친 것[沴=害]에 가까우며 목(木)이 움직인 것이다. 이에 앞서 겨울에 희공(釐公, 僖公)이 훙하고 16개월 후에 마침내 사당[主=廟主]을 지었다〔○ 사고(師古)가 말했다. "희공은 33년 12월에 훙했고 문공 2년 2월에야 사당을 지었는데, 그 사이에 한 번 윤달이 있기 때문에 16개월이다."〕. 그리고 6개월 후에 또 태묘(太廟-주공의 사당)에서 체(禘)제사(-하늘에 지내는 큰 제사)를 지냈고, 희공의 신주를 (민공(閔公)의 위에) 올려서 놓으니 [致=升] 『춘추(春秋)』는 그것을 기롱했다.[50] 『춘추(春秋)』에서는 "태묘에 대사(大事)가 있어 희공의 신주를 올려서 놓았다[躋]"라고 했고, 『춘추좌씨전(春秋左氏傳)』은 이를 풀이해 "태묘는 주공의 사당이고 제향하는 데는 예의가 있는 것이고 사(祀)는 나라의 대사(大事)이다"라고 했다. 문공이 나라의 대사를 태묘에서 어지럽히니 그것을 미워해 그 때문에 대사라고 말한 것이다. 제(躋)란 올린다[登]는 것이다. 희공의 서열을 민공(閔公)[51]의 위

49　주공을 모신 태묘 안에 있는 중앙 건물이다.

50　희공은 민공의 서형(庶兄)으로 민공의 뒤를 이어 임금이 됐으니 예법으로 민공의 아래에 있는 것이 당연한데 이를 올려놓았으니 비난한 것이다. 이때는 아직 때가 아닌데 태묘에서 체제사를 지냈다고 기록한 것 자체가 비난의 뜻을 담고 있는 것이다.

51　민공(愍公)으로도 쓴다.

에 올린 것은 역사(逆祀)다. 희공이 비록 민공의 서형이기는 하지만 일찍이 민공의 신하였기 때문에 민공의 위에 있을 수가 없다. 또 3년도 안 돼 체제사를 지냈으니 그 앞뒤의 현부(賢父)와 시조(始祖)의 대례(大禮)를 어지럽혀 안으로는 체모[貌]가 공손하지 못해 광망스럽고 밖으로는 말이 고분고분하지 않아 참람하다. 그래서 이 해에는 12월 이후부터 비가 내리지 않아 가을 7월까지 이어졌다. 이듬해에도 이와 같은 일이 세 번이나 있었고 태실의 지붕이 무너졌다. 사당의 전당(前堂)을 일러 태묘라 하고 중앙을 일러 태실이라고 한다. 지붕은 그 위에 무겁게 있으면서 귀하고 높은 것이기 때문에 노나라가 이때부터[自是=從此] 쇠퇴해 장차 주공의 제사가 엉망이 되리라는 것을 상징한다. 『춘추곡량전(春秋穀梁傳)』과 『춘추공양전(春秋公羊傳)』 두 경(經)[52]에 이르기를 세실(世室)은 노나라 임금[魯公] 백금(伯禽-주공의 아들)의 사당이라고 했다. 주공에게는 태묘라 부르고 노나라 임금에게는 세실이라 부른 것이다. 대사(大事)란 협제(祫祭)〔○ 사고(師古)가 말했다. "협(祫)은 합(合)이다. 사당을 헐고 사당의 신주는 아직 훼철하지 않았을 때 일단 그 신주를 태조(太祖)에게 합쳐서 제사를 지내는 것[合祭]을 말한다."〕인데 희공을 (민공(閔公)의 위에) 올려놓은 것은 아비의 신주[禰]를 앞세우고 할아버지의 신주를 뒤에 놓은 것이다.

경제(景帝) 3년 12월 오(吳)[53]의 2개의 성문이 저절로 기울었고 큰 배가 저절로 전복됐다. 유향이 볼 때 이는 금(金)이 목(木)을 해친 것에 가까우

---

52 전(傳)인데 여기서는 경이라고 부르고 있다.

53 오나라 도성 소주(蘇州)를 가리킨다.

며 목(木)이 움직인 것이다. 이에 앞서[先是] 오왕(吳王) 비(濞)는 한(漢)나라[54]에서 태자가 죽었는데도 병을 핑계로[稱疾=稱病] 조현하지 않았고, 몰래 초왕(楚王) 무(戊)와 역란(逆亂)을 일으키기로 모의했다. 성(城)은 국(國)과 같은 것이니 그중 하나가 초문(楚門)이고 또 하나가 어문(魚門)이었다. 오나라 땅에서는 배를 집으로 삼았고 물고기를 주식으로 삼았다. 하늘의 경계가 이와 같았다는 것은 곧 초나라와 음모를 꾸미게 되면 나라가 기울고 집안이 뒤집어진다[傾國覆家]는 것이다. 오왕은 이를 깨닫지 못하고 정월에 초나라와 함께 병사를 일으켰다가 몸은 죽고 나라는 망했다. 경방의 『역전(易傳)』에 이르기를 "위아래가 모두 미혹됐으니[誖=惑] 그 요상스러움은 성문이 무너지는 것이다"라고 했다.

선제(宣帝) 때 대사마 곽우(霍禹)가 살던 저택의 문이 저절로 무너졌다. 이 당시 우(禹)는 안으로는 고분고분하지 않았고[不順] 밖으로는 불경스러우니[不敬] 경계를 보인 것인데도 고치지를 않아[不改] 결국 멸망의 주벌을 받았다.

애제(哀帝) 때 대사마 동현(董賢)이 살던 저택의 문이 저절로 무너졌다. 이 당시 현(賢)은 사사로운 총애를 받아 높은 자리[大位]에 있으면서 상(上)으로부터 받은 상이나 물품이 한도가 없었고 교만하고 불경스러워 신하의 도리를 크게 잃으니 경계를 보인 것인데도 고치지를 않았다. 뒤에 현의 부부는 자살했고 가족은 합포군(合浦郡)으로 유배를 갔다.

---

54 중앙 조정을 한나라라고 부르고 있다. 오나라는 한나라의 군국(郡國)제에 따른 국(國)의 하나다.

전(傳)에서 말했다.

"말이 고분고분하지 않은 것[不從=不順]을 일러 불예(不艾-다스려지지 않음)라고 하고 그에 따른 허물은 위를 넘보는 것[僭=犯上]이며, 그에 따른 벌은 계속해서 뜨거운 것[恒陽=常陽]이고 그 끝은 근심[憂]이다. 때로는 시요(詩妖)가 있고, 때로는 개충(介蟲)의 얼(孼)이 있고, 때로는 개의 재앙[犬禍]이 있고, 때로는 구설(口舌)의 고질병[痾]이 있고, 때로는 백생(白眚)과 백상(白祥)이 있다. 오직 목(木)만이 금(金)을 해친다[沴=害]."

"말이 고분고분하지 않다[不從]"라고 했는데 따르다[從]라는 것은 고분고분하다[順]는 것이고, "그것을 일러 불예(不艾)라고 한다"고 했는데 예(艾) 혹은 예(乂)는 다스린다[治]는 뜻이다. 공자가 말하기를 "군자가 집에 머물 때 말을 내는 것이 좋지 못하면 천리 밖에도 그것을 어기는데 하물며 가까운 곳에서랴!"[55]라고 했고, 『시경(詩經)』에 이르기를 "매미처럼 시끄럽고 끓는 물, 끓는 국과 같도다"[56]라고 했으니 위의 호령이 민심에 고분고분하지 않아 내용이 공허하고 도리를 벗어나게 되면 나라 안을 제대로 다스릴 수 없게 돼 지나치거나 착오가 있게 되니 그 허물은 어긋남[僭=差]이다. 형벌이 헛되이 가해지고 많은 음기(陰氣)가 제대로 붙지 않으면[不附] 양기(陽氣)가 기승을 부려 그래서 그 벌은 상양(常陽)이다. 가뭄이 백곡을 해치면 도적의 난이 있게 되고 위아래가 모두 근심하게 되니 그 끝은 근심인 것이다. 임금이 아래로 아무런 혜택도 내리지 않아[炕陽] 포

---

55 『주역(周易)』 「계사전(繫辭傳)」 상(上)에 나오는 말이다.

56 「대아(大雅)」 '탕(蕩)' 편에 나오는 구절이다. 이는 모두 어지럽다는 뜻이다.

학해지고 신하는 형벌을 두려워해 입을 다물어버리면[柑] 원망하고 비방하는 기운이 노래에 스며들어 그래서 시요(詩妖)가 있게 된다. 개충(介蟲)의 얼(孼)이란 작은 벌레가 갑비(甲飛-딱딱한 날개)를 갖고서 날아다니는 종류를 말하며, 양기에서 생겨나는데 『춘추(春秋)』에서는 종(螽-메뚜기)이라 했고 지금은 황(蝗)이라 하는데 모두 같은 류다. 『주역(周易)』에서 태(兌)괘(☱)는 입[口]이고 개는 입으로 짖어서 지키니 (다른 것들을) 믿을 수가 없다. 말의 기운이 훼손돼 그 때문에 개의 재앙이 있게 된다. 일설에는 가뭄이 심한 해에 개가 미쳐 죽거나 괴상한 일을 많이 겪게 되는 것 또한 그것이다. 사람의 경우에는 목구멍에 기침이나 천식[欬]이 있는 사람이 많고 그래서 구설(口舌)의 고질병[痾]이 있게 된다. 쇠의 색깔은 흰색이기 때문에 백생(白眚)과 백상(白祥)이 있다. 무릇 말이 해치는 것은 쇠의 기운을 병들게 하고 쇠의 기운이 병들면 목(木)이 그것을 해친다. 그 끝이 근심이라는 것은 그 말에 고분고분해 그 복을 강녕(康寧)이라 하는데 유흠이 전(傳)에서 말하기를 "당시에 모충(毛蟲)의 얼(孼)이 있었다"라고 했다. 일설에 따르면 천문에서는 서쪽 하늘의 삼수(參宿)를 호성(虎星)이라 하고 그래서 모충(毛蟲)[57]이라고 한 것이다.

사관의 기록[史記][58]에 따르면 주(周)나라 선양공(單襄公)은 진(晉)나라

---

57 털이 있는 벌레 혹은 넓혀서 털이 있는 동물이라는 뜻이다.
58 이하에서 그냥 사기(史記)라고 한 것은 대체로 『국어(國語)』 주나라 이야기[周語]에 나오는 내용이다.

의 극기(郤錡)·극주(郤犨)·극지(郤至), 제(齊)나라의 국좌(國佐)〔○ 사고(師古)가 말했다. "선양공은 풀이가 이미 앞에 있었다. 극기는 구백(駒伯)이고, 극주는 고성숙(苦成叔)이며, 극지는 소자(昭子), 즉 온계(溫季)다. 국좌는 제나라 대부 국무자(國武子)다."〕와 이야기를 하고서 노(魯)나라 성공(成公)에게 아뢰어 말했다.

"진나라에 장차 어지러움이 있게 된다면 극씨 3인이 그 장본인일 것입니다. 저 극씨들은 진나라에서 총애를 받고 있고 3명의 경과 5명의 대부가 있으니 (스스로) 경계해 두려워해야 합니다. 지위가 높으면 실은 빨리 엎어질 수 있고 훌륭한 맛은 실은 오래가는 독이 될 수 있습니다. (그런데) 지금 극백의 말은 위를 범하고[犯=侵] 둘째 극주의 말은 허황하며[迂=迂闊] 막내 극지의 말은 자랑을 일삼고 있으니[伐=矜尙], 위를 범하면 다른 사람을 깔보게 되고 우활하면 다른 사람을 속이게 되며 자랑을 일삼으면 다른 사람(의 좋은 점)을 가려서 덮게 됩니다. 이렇게 총애를 받고 있으면서 거기에 세 가지 원망을 더하게 된다면 그 누가 능히 그것을 참아내겠습니까! 제나라 국자(國子)도 장차 그 재앙에 관여될 것입니다. 음란하고 어지러운 나라에서 높은 벼슬자리에 있으면서 온갖 말을 다하기를 좋아해 다른 사람의 허물을 거론한다면 이는 원망의 근본입니다. 오직 훌륭한 사람[善人=能人]만이 능히 그런 온갖 말들을 받아줄 수가 있는데 제나라에 그런 사람이 있겠습니까!"

(성공) 17년에 진나라에서는 극씨 3인을 죽였다. 18년에 제나라에서는 (영공(靈公)이) 국좌를 죽였다. 대개 이런 부류들은 모두 말이 고분고분하지 않았을 때[不從]의 허물을 이르는 것이다.

진(晉)나라 목후(穆侯)는 조(條)의 전역(戰役) 때 태자를 낳았기에 이름을 구(仇)라고 지었고〔○ 사고(師古)가 말했다. "목후는 희후(僖侯)의 손자다. 조는 진나라 땅이다. 대개 적이 와서 자기 나라를 침범했기에 맞서 싸울 때 낳았기 때문에 원수에 대한 분노[仇忿]의 뜻을 담아서 아들의 이름을 지은 것이다."〕, 그 동생은 천무(千畝)의 전쟁 때 태어났기에 이름을 성사(成師)라고 지었다〔○ 사고(師古)가 말했다. "태자의 동생, 즉 환숙(桓叔)이다. 무(畝)는 무(畝)의 옛 글자다. 천무도 지명이고 이름의 뜻은 능히 그 군사 대중을 이룬다는 것이다."〕. 사복(師服)〔○ 사고(師古)가 말했다. "진나라 대부다."〕이 말했다.

"기이하도다! 임금이 아들의 이름을 어찌 그렇게 짓는가? 무릇 이름을 통해 의로움을 제어하고, 의로움을 통해 예를 행하는 것이고, 예를 통해 정치를 구현하고[體], 정치를 통해 백성을 바로잡는 것이다. 이렇게 해서 정치가 이뤄지고 백성들이 듣고 따르게 되는 것이다. 만일 이것이 바뀌게 되면 난이 일어난다. 아름다운 짝을 비(妃)라고 하고 원한 맺힌 짝을 구(仇)라고 하는 것은 예로부터 내려오는 명칭의 뜻이다. (그런데) 지금 임금은 태자를 이름해 구(仇)라 하고 동생을 성사(成師)라 했으니, 처음부터 난이 일어날 조짐이고 형은 아마도[其] 그 자리에서 내쫓길[替=廢] 것이다."

구가 뒤를 이어 섰으니 이 사람이 문후(文侯)다. 문후가 졸하자 아들 소후(昭侯)가 들어서서 성사를 곡옥(曲沃)에 봉해주고 환숙(桓叔)이라는 칭호를 내렸다〔○ 사고(師古)가 말했다. "소후는 나라가 어지럽고 본인도 위태로움을 느껴 스스로 안전할 수 없었기 때문에 성사를 곡옥백(曲沃伯)으로 봉해준 것이다. 환(桓)은 시호다. 소호의 숙부이기 때문에 숙(叔)이라 불렀다."]. 뒤에 진나라 사람들은 소호를 죽이고 환숙을 맞아들였지만 일이 이뤄지지 못했다. 다시 소후의 아들 효후(孝侯)를 세웠지만 환숙의 아들 엄백(嚴伯)이 그를 죽였다. 진나라 사람들은 그의 동생 악후(鄂侯)를 세웠다. 악후는 애후(哀侯)를 낳았고 엄백의 아들 무공(武公)이 다시 애후와 그의 동생을 죽이고 멸해 대신해 진나라를 소유했다〔○ 사고(師古)가 말했다. "무가 비로소 진나라를 병탄하고 칭호를 공(公)이라고 했다. 이 일은 (『춘추좌씨전(春秋左氏傳)』) 환공(桓公) 3년에 나온다."〕.

선공(宣公) 6년 정(鄭)나라 공자 만만(曼滿)은 왕자 백료(伯廖)〔○ 사고(師古)가 말했다. "만만과 백료 모두 정나라 대부다."〕와 이야기를 하다가 경(卿)이 되고 싶다고 했다. 백료가 이를 다른 사람에게 고해 말했다.

"다움은 없이 탐욕만 부리는 것은 『주역(周易)』의 풍(豊)괘(䷶)가 이(離)괘(䷝)로 바뀌는 것이니 3년도 안 돼 반드시 멸망할 것이다〔○ 사고(師古)가 말했다. "맨 위의 떨어진 효만 붙은 효로 바뀌면 이괘가 되는데 그 효 풀이는 다움은 없이 집만 크게 키운 꼴이니 3년도 안 돼 반드시 망하게 된다는 것이다."〕."

중간에 1년을 건너뛰어 정나라 사람들이 그를 죽였다.

양공(襄公) 29년 제(齊)나라 고자용(高子容)과 송(宋)나라 사도(司徒)가 진(晉)나라 지백(知伯)을 만났고 여제(汝齊)가 그 예를 도왔다[相禮]〔○ 사고(師古)가 말했다. "고자용은 제나라 대부 고지(高止)다. 송나라 사도는 화정(華定)이다. 지백은 진나라 대부 순영(荀盈)이다. 여제는 진나라 대부 사마후(司馬侯)다."〕. 빈객이 나가고 나서 여제가 지백에게 말했다.

"저 두 사람은 모두 장차 (재앙을) 면하지 못할 것입니다. 자용은 자기만 옳다고 생각하고[專=自是] 사도는 거만하니[侈] 둘 다 집안을 망하게 할 사람입니다. 자기만 옳다고 생각하면 재앙이 미치는 것이 빠르고 거만하면 장차 그 힘을 다 써버리게 되니, 자기만 옳다고 여기는 사람이 실제로 힘까지 다 써버리게 돼 장차 화가 미치게 될 것입니다."

9월에 고자(高子)는 (북쪽의) 연(燕)나라로 달아났다.

양공 31년 정월 노나라 목숙(穆叔)이 진(晉)나라에서 회합을 갖고 돌아와 맹효백(孟孝伯)에게 고해 말했다.

"조맹(趙孟)은 얼마 안 가서 죽을 것입니다〔○ 사고(師古)가 말했다. "목숙은 곧 숙손목자(叔孫穆子)다. 맹효백은 노나라 대부 중손갈(仲孫羯)이다. 조맹은 진나라 경(卿) 조문자(趙文子)이고 이름은 무(武)다."〕. 그 말이 구차스러워[偸=苟且]⁵⁹ 백성의 주인에게는 어울리지 않았고[不似], 또 그의 나이가 아직 50세를 채우지 못했는데도 남을 가르치듯 떠들어대는 것[諄諄]이 마치 80, 90세 노인 같았으니 오래 살기는 힘들 것입니다. 만일 조맹이 죽는다면 (진나라의) 위정자는 아마도 한자(韓子)〔○ 사고(師古)가 말했다. "한선자(韓宣子)이고 이름은 기(起)다."〕가 될 것 같은데 그대는 어찌 계손(季孫)에게 '한자는 우호를 맺을 만한 사람이니 군자다'라고 말하지 않습니까?〔○ 사고(師古)가 말했다. "계손은 계무자(季武子)이고 이름은 숙(宿)이다. 한기는 군자의 다움을 갖고 있으니 바야흐로 진나라의 정권을 쥐게 되면 평소 두텁게 지냄으로써 우호관계를 심을 수 있을 것이라는 뜻이다."〕" 효백이 말했다.

---

59 눈앞의 안일함만 생각하고 먼 미래의 일을 염두에 두지 않았다는 말이다.

"사람이 살면 얼마나 산다고 누군들 구차함이 없겠는가? 아침에 저녁의 일을 알 수가 없거늘 장차 우호를 맺는다 한들 무슨 소용이 있겠는가?"

목숙이 사람들에게 말했다.

"맹손은 머지않아 죽을 것이다. 내가 조맹의 구차스러움을 죄다 말했건만 그는 조맹보다 더 구차스럽도다."

9월에 맹효백이 졸했다.

소공(昭公) 원년 주(周)나라는 유정공(劉定公)을 보내 조맹을 위로하게 하니 가서〔○ 사고(師古)가 말했다. "주는 주나라 경왕(景王)이다. 유정공은 주나라 경(卿)으로 유(劉)에 식읍을 갖고 있었고 이름은 하(夏)다. 이때 맹은 괵(虢)나라에서 제후들과 회합을 했기 때문에 나아가서 그를 위로케 한 것이다."〕 이렇게 말했다.

"그대는 면관(冕冠)을 쓰고 제후들을 다스리고 있는데 어찌 진실로 우왕의 공덕[禹功]을 계승해 크게 백성을 보호하지 않습니까?"

조맹이 대답했다.

"이 늙은이는 죄를 짓게 될까만을 두려워할 뿐이니 어찌 먼 앞날을 걱정할 수 있겠습니까? 우리는 구차스럽게 밥만 축내며 세월만 보내고 있어 아침에 저녁의 일도 생각할 수 없는데[朝不謀夕] 어찌 먼 앞날을 생각하겠습니까?"

유자(劉子)가 돌아와 주왕에게 말했다.

"속담에 이르기를 '늙으면 지혜로워지지만 혼미함도 따른다'라고 했는데 이는 아마도 조맹을 가리키는 것 같습니다. 조맹은 진나라 정경(正卿)으로 제후들의 일을 주관하면서도 노예나 마찬가지로 아침에 저녁의 일을 생각하지 않으니 귀신과 백성을 내버린 것이라 하겠습니다. 귀신이 노하고 백성이 배반하게 될 터인데 어찌 오래갈 수 있겠습니다. 조맹은 다시 명년을 맞지[復年] 못할 것입니다."

이 해에 진(秦)나라 경공(景公)의 동생 후자(后子)〔○ 사고(師古)가 말했다. "공자 침(鍼)이다."〕가 진(晉)나라로 도망치니 조맹이 물었다.

"진(秦)나라 임금은 어떤 사람입니까?"

대답했다.

"무도합니다."

조맹이 말했다.

"나라가 망하겠습니까?"

대답했다.

"어찌 망하기까지야 하겠습니까? 한 대(代)의 임금이 무도하다고 해 나라가 망하지는[艾=刈=絶] 않습니다. 하늘과 땅 사이에 세워진 나라에는 그 존립을 도우려는 신하들이 있게 마련이어서 여러 대의 임금이 계속 음란하지 않는 한 나라가 망할 수는 없습니다."

조맹이 말했다.

"그 임금이 일찍 죽겠습니까[夭死=夭折]?"

대답했다.

"그럴 수는 있습니다."

조맹이 말했다.

"언제쯤이나 그럴까요?"

대답했다.

"제[鍼]가 듣건대 나라의 임금이 무도한데도 풍년이 드는 것은 하늘이 그를 돕기 때문이라고 하니 적어도 5년 안에는 죽지 않을 것입니다."

조맹이 그늘[蔭]을 바라보며 말했다.

"아침 그늘이 저녁까지 갈 수가 없거늘 누가 5년을 기다릴 수 있겠습니까?"

후자가 나와서 사람들에게 고해 말했다.

"조맹은 얼마 안 가서 죽을 것이다. 백성의 주인이 돼 (나라는 생각지 않고) 허송세월하며[玩歲] 안일함만을 탐하니[愒=貪] 그가 얼마나 오래 살겠는가?"

겨울에 조맹이 졸했다. 소공 5년에 진나라 경공이 졸했다.

소공 원년 초(楚)나라 공자 위(圍)가 회맹을 하고서〔○ 사고(師古)가 말했다. "위는 초나라 공왕(恭王)의 아들이다. 이때 초나라 영윤으로 있으면서 괵(虢)나라에서 제(齊)·송(宋)·위(衛)·진(陳)·채(蔡)·정(鄭)나라와 회동했다."〕임금의 복식을 진열하고 창을 든 두 사람을 앞에 벌려 자신을 호위하게 했다[設服離衛]. (이를 본) 노(魯)나라 숙손목자(叔孫穆子)가 말했다.

"초나라 공자가 아름답기가 임금과 같군요〔○ 사고(師古)가 말했다. "숙손목자는 숙손표(叔孫豹)다. 그의 말은 그 복장의 화려함이 마치 임금과도 같다는 말이다."〕."

백주리(伯州犁)가 말했다.

"이 복장은 우리 임금께 말씀드리고서 빌려온 것입니다〔○ 사고(師古)가 말했다. "백주리는 초나라 태재(太宰)다. 초나라 왕의 명을 받아서 옷을 빌려 입고 이 예를 행할 뿐이라고 말한 것인데, 이는 대개 자신의 영윤을 위해 그의 허물을 꾸며댄[文] 것이다.")." 정(鄭)나라 행인(行人-외교관) 자우(子羽)가 "빌린 것을 돌려주지 않을 것입니다〔○ 사고(師古)가 말했다. "자우는 공손 휘(揮)의 자(字)다. 이렇게 말한 것은 장차 결국 임금이 되리라는 것이다."〕"라고 하자 백주리는 "그대는 우선 그대 나라의 자석(子晳)이 동맹을 어기고 방자하게 행동하는 것부터 걱정해야 할 것이오"라고 했다〔○ 사고(師古)가 말했다. "자석은 정나라 대부 공손 흑(黑)이다."〕. 자우가 말했다.

"빌린 것을 돌려주지 않는다면 그대는 어찌 근심이 없을 수 있겠소〔○ 사고(師古)가 말했다. "영윤이 장차 임금이 되려고 도모하면 초나라에는 어려움이 있게 될 것이니 그대 또한 근심이 있을 것이라는 말이다."〕."

제(齊)나라 국자(國子)가 말했다.

"나는 두 분[二子]을 대신해 근심합니다[閔=憂]〔○ 응소(應劭)가 말했다. "두 분이란 백주리와 행인 자우다." 사고(師古)가 말했다. "국자는 제나라 대부 국약(國弱)이다. 두 분이란 왕자 위와 백주리다. 위는 이 해에 왕위를 찬탈했으나 결국 끝을 제대로 마칠 수 없었고, 주리 또한 위에게 피살됐기 때문에 근심스럽다고 말한 것이다. 응씨의 설은 틀렸다."〕."

진(陳)나라 공자 초(招)가 말했다.

"근심하지 않고서 어찌 일을 이룰 수 있겠소? 두 분은 즐거워하고 있습니다〔○ 사고(師古)가 말했다. "초는 애공(哀公)의 동생이다. 근심을 갖고서 일을 행하면 일이 이루어져 즐겁다는 말이다."〕."

위(衛)나라 제자(齊子)가 말했다.

"만약에 혹시 (사전에) 그것을 알고 있다면 설사 근심하더라도 무슨 해가 되겠습니까〔○ 사고(師古)가 말했다. "제자는 위나라 대부 제악(齊惡)이다. 미리 알아서 대비한다면 아무리 근심이 커도 아무런 손해될 바가 없다는 말이다."〕?"

회합을 마치고 물러나 자우가 사람들에게 말했다.

"제나라·위나라·진나라 대부들은 아마도[其] (환난을) 면치 못할 것 같습니다. 국자(國子)는 남을 대신해 근심을 했고, 자초(子招)는 근심을 즐긴다고 했으며, 제자(齊子)는 비록 근심이 있어도 해가 되지 않는다고 했습니다. 무릇 자신에게 미치지 않을 일을 근심하는 것과 더불어 근심해야 할 일을 즐거워하는 것과 우환이 닥쳐도 해가 되지 않는다고 여기는 것은 모두 근심을 불러들이는 길입니다. 태서(太誓)에 이르기를 '백성들이 원하는 바가 있으면 하늘은 반드시 그것을 따른다'[60]라고 했습니다. 저 세 대부에게는 우환의 조짐이 있으니 우환이 이르지 않을 리가 있겠습니까? 말로써 일의 유형을 안다[言以知物]〔○ 사고(師古)가 말했다. "일은 유형이다. 그 말하는 바를 잘 살펴보면 그 사람이 당하게 될 화복(禍福)의 종류나 유형을 알 수 있다는 말이다."〕고 했는데 아마도 이를 두고 했던 말 같습니다."

소공 15년 진(晉)나라 적담(籍談)이 주나라에 가서 목후(穆后)의 장사를 지낼 때〔○ 사고(師古)가 말했다. "적담은 진나라 대부다. 목후는 주나라 경왕(景王)의 후로 시호가 목(穆)이다."〕 이미 장례를 마치고 연회가 열렸는

---

60 『서경(書經)』「주서(周書)」에 실려 있다.

데 왕이 말했다.

"다른 제후들은 모두 왕실에 보배로운 그릇을 바치는데 진나라만 오직 바치지 않는 것은 어째서인가?"

적담이 대답했다.

"제후들이 봉해질 때 모두 왕실로부터 명기(明器)를 받아 그 사직을 진무합니다. 그래서 왕실에 보배로운 그릇을 바칠 수 있지만 우리 진나라는 깊은 산속에 자리해 융적(戎翟-오랑캐의 일족)과 이웃하고 있어 융적을 복종시키기[拜=服從]에도 겨를이 없는데 어찌 보배로운 그릇을 바칠 겨를이 있겠습니까?"

왕이 말했다.

"숙씨(叔氏)〔○ 사고(師古)가 말했다. "적담의 자(字)다."〕는 아마도 잊었나 보구나. 숙부 당숙(唐叔)⁶¹은 성왕의 동모제였는데 어찌 도리어 나눠준 게 없단 말인가? 옛날에 그대[而=汝]의 고조(高祖)가 진나라의 전적(典籍)을 맡아 국가의 큰 정사를 주재했기 때문에 그래서 적씨(籍氏)가 된 것이다. 너[女=爾]는 전적을 맡았던 자의 후손으로서 어찌하여 이런 일을 잊었단 말인가?"

적담은 대답할 수가 없었다. 빈객⁶²이 나가자 왕이 말했다.

"적보(籍父)는 아마도 후사가 끊어질 것이다. 전고(典故)를 거론하면서[數=擧論] 자신의 조상(의 행적)을 잊었도다."

---

61 주나라 왕실에서 처음 떨어져나간 진(晉)나라의 시조다.
62 당시 진나라 사신을 이끈 순력(荀躒)을 가리킨다. 적담은 순력의 부사로 따라갔다.

적담이 귀국해 숙향(叔嚮)에게 이 일을 이야기하니 숙향이 말했다.

"왕은 아마도 제 명을 다 마치지 못할 것이다[不終]. 내가 듣건대 즐기는 바가 있으면 반드시 그로 인해 죽게 된다고 했다. (그런데) 지금 왕은 근심함을 즐기시니 만약에 근심으로 인해 죽는다면[卒] 제 명을 마쳤다고 할 수 없다. 왕은 1년 안에 3년상을 두 번이나 당했으면서도〔○ 사고(師古)가 말했다. "태자를 위해 3년상을 하고 처가 죽으면 3년상을 하고서 새로 부인을 맞아들이는 것이 선비의 뜻이다. 여기서 3년상을 두 번 당했다는 것은 후와 태자의 상을 당했다는 말이다."〕 이런 때에 조문 온 빈객과 주연을 열고 또 이기(彝器)를 요구했으니 근심을 즐기는 것이 심하다. 3년상은 비록 귀한 천자라 할지라도 정해진 상기를 채워 복상하는 것[遂服]이 예다. 왕이 비록 수복(遂服)하지 않는다 해도 연회를 즐긴 것은 너무 일렀다. 예란 왕의 큰 원칙[大經]인데 한 번 거둥해 두 가지 예를 잃었으니 큰 원칙을 무시한 것이다. 말로써 전적을 이루고[考=成] 전적으로써 큰 원칙을 기록하는[志=記] 법인데[言以考典 典以志經], 원칙을 잊고서 말을 많이 해 전고를 거론했으니 장차 어디에다 그것을 쓰겠는가?"

애공(哀公) 16년 공구(孔丘)가 졸하자 공은 뇌(誄-애도문)를 지어 말했다.

'저 하늘은 (나를) 위로치 않는구나. 나라의 한 원로를 남겨두어 나 한 사람조차 지켜주지 않도다[昊天不弔 不憖遺一老 俾屏予一人].'

자공(子貢)이 말했다.

"우리 임금께서는 아마도 노(魯)나라에서 돌아가시지 못하리라. 스승님께서 말씀하시기를 '예를 잃으면 어두워지고[昏=惑] 이름을 잃으면 허물을 짓는다[愆=過]'라고 하셨으니, 뜻을 잃는 것을 어둡다고 하고 거처할 바를 잃는 것을 허물을 짓는다고 하는 것이다. 살아 계실 때는 제대로 쓰지 못하다가 돌아가시고서야 뇌를 바치는 것은 예가 아니요, '나 한 사람[予一人]'이라 칭한 것은 이름이 아니다〔○ 사고(師古)가 말했다. "천자만이 스스로를 이렇게 칭할 수 있다."〕. 임금께서는 이 두 가지-예와 이름-를 다 잃으셨다."

(애공) 27년에 공은 주(邾)나라로 달아났고[遜=逃], 결국 월(越)나라에서 죽었다[死]〔○ 사고(師古)가 말했다. "이미 풀이는 앞에서 나왔다."〕.

서징(庶徵)의 항양(恒陽)을 유향은 『춘추(春秋)』에서 말한 큰 가뭄으로 보았다. 그 여름에 가뭄이 심해 기우제[雩祀]를 지내면 이를 대우(大雩-큰 기우제)라고 한다. 두 종류의 곡식이 상하지 않았으면 이를 불우(不雨-비가 오지 않음)라고 한다.[63] 경방의 『역전(易傳)』에 이르기를 "다움을 가진 이를 얻으려 하면서도 정작 이를 쓰지 않는 것을 일러 장(張)이라고 하고 그에 따른 재앙은 황(荒)이다. 황(荒)이란 가뭄[旱]이고, 그 가뭄은 먹구름[陰雲]이 끼었는데도 비가 오지 않는 것이고 그 색은 바뀌어 붉게 되고 그러고 나서 없어진다. 군대를 출동하는데 때를 놓치는 것을 일러 광(廣)[64]

---

63 흉년의 강도와 관련해서 1종의 곡식을 먹을 수 없으면 겸(嗛) 혹은 겸(歉)이라 하고, 2종의 곡식을 먹을 수 없으면 기(饑)라 하고, 3종의 곡식을 먹을 수 없으면 근(饉)이라 하고, 4종의 곡식을 먹을 수 없으면 강(康) 혹은 황(荒)이라 하고, 5종의 곡식을 다 먹을 수 없으면 대침(大侵)이라 한다. 『춘추곡량전(春秋穀梁傳)』 양공(襄公) 24년 및 『한시외전(韓詩外傳)』에 나오는 말이다.

64 텅 비었다[曠]는 뜻이다.

이라고 하는데 그 가뭄은 불생(不生)[65]이다. 위아래가 모두 가려져 있는 것을 일러 격(隔)이라고 하는데 그 가뭄은 하늘이 3월에 붉게 되고 때에 따라 우박이 떨어져 날아가는 새를 죽인다. 위로 무리를 지나쳐[緣=歷] 비첩(妃妾)을 구하는 것을 일러 참(僭)이라 하는데 그 가뭄은 3월인데도 크게 뜨겁고 구름이 없다. 고대부(高臺府)[66]에 있는 것을 범(犯)이라 하는데 음이 양을 침범하는 것이고 그 가뭄은 만물의 뿌리가 말라 죽어 여러 차례 화재가 있게 된다. 여러 관직이 그 절도를 뛰어넘는 것을 참(僭)이라 하는데 그 가뭄은 촉촉했던 식물들이 바짝 말라 불에 화상을 입게 된다"라고 했다.

희공(釐公) 21년 "여름에 크게 가물었다." 동중서와 유향이 볼 때 제(齊)나라 환공(桓公)은 이미 죽었고 제후들이 초(楚)나라를 따랐는데 희공이 초나라의 마음을 더욱 얻었다. (초나라가 송공(宋公-송나라 임금)을 붙잡아) 초나라 사자가 와서 승전을 아뢰자[獻捷] 송공을 풀어주었다. 겉으로는 강력한 초나라에 의지하면서 항양(炕陽)[67]으로 대중을 잃고 또 남문(南門)을 지어[68] 백성들을 힘들게 하고 노역을 일으켰다. 여러 차례 기우제를 지냈지만 가뭄이 계속돼 비는 내리지 않았고 대략 그 설이 똑같다.

---

65 생겨나지 않는다는 말이다.

66 정확히 무슨 뜻인지를 알 수가 없고, 말 그대로 높은 대 위에 있는 건물 정도로 풀이한다.

67 태양의 열이 뜨거워 말라 죽게 하는 것이다. 은택이 아래로 베풀어지지 않는다는 의미를 갖고 있다.

68 희공 20년에 이를 높이 개축했다.

선공(宣公) 7년 "가을에 크게 가물었다." 이 해 여름에 선공은 제나라 임금[齊侯]과 함께 내국(萊國)〔○ 사고(師古)가 말했다. "동래군(東萊郡) 황현(黃縣)이다."〕을 정벌했다.

양공(襄公) 5년 "가을에 큰 기우제를 지냈다[大雩]." 이에 앞서 송나라 어석(魚石)이 초나라로 도망치니[犇=奔]〔○ 사고(師古)가 말했다. "이 일은 성공(成公) 15년에 보인다. 어석은 송나라 좌사(左師)다. 공자 목이(目夷)의 증손이다."〕, 초나라가 송나라를 정벌해 팽성(彭城)을 빼앗아 그곳에 어석을 봉해주었다〔○ 사고(師古)가 말했다. "이 일은 성공(成公) 18년에 보인다."〕. 정(鄭)나라가 중국(中國)[69]에 반란을 일으켜 초나라에 붙었기 때문에〔○ 사고(師古)가 말했다. "언릉(鄢陵)의 전투 이후로 정나라는 드디어 불복했기 때문에 제후들은 여러 차례 정나라를 쳐서 정벌했다."〕 양공은 제후들과 함께 팽성을 포위했고〔○ 사고(師古)가 말했다. "양공 원년에 중손멸(仲孫蔑)을 보내 진(晉)나라 난염(欒黶), 송(宋)나라 화원(華元), 위(衛)나라 영식(甯殖), 조(曹)나라 사람, 거(莒)나라 사람, 주(邾)나라 사람, 등(滕)나라 사람, 설(薛)나라 사람과 회동해 팽성을 포위한 것을 말한다."〕 정나라 땅의 호뢰(虎牢)〔○ 사고(師古)가 말했다. "이때는 이미 진(晉)나라에 속했는데 아마도 추정해서 말한 듯하다."〕에 성을 쌓아 초나라를 방어했다. 이 해에 정나라 임금[鄭伯]은 공자 발(發)〔○ 사고(師古)가 말했다. "정나라 목공(穆公)의 아들이자 자산(子産)의 아버지이며 자(字)는 자국(子國)이다."〕을 시켜 노나라에 내빙케 했고 대부(-중손멸)에게 명해 선도(善道)에서 오(吳)

---

69 동맹을 맺은 중원의 나라들을 가리킨다. 초나라는 여기에 속하지 않았다.

나라와 회합하도록 했다. 밖으로 노나라는 두 나라와 연결을 맺었고 안으로 정나라의 빙문을 받았으니 항양(炕陽)으로 대중을 움직이는[動衆]동중 응험이 있었던 것이다.

8년 "9월에 큰 기우제를 지냈다." 이때 (중군(中軍)을 새로 두어) 삼군(三軍)을 만들어 계씨(季氏)(의 세력)가 왕성했다.

28년 "8월에 큰 기우제를 지냈다." 이에 앞서 해마다[比年=每年]비년 매년 진(晉)나라는 순오(荀吳)를, 제(齊)나라는 경봉(慶封)을 시켜 노나라에 내빙하게 했다[○ 사고(師古)가 말했다. "순오는 진나라 대부로 순언(荀偃)의 아들이며 26년에 진나라 후의 사신이 돼 내빙했다. 경봉은 제나라 대부로 제나라 후의 사신이 돼 내빙했다."]. 이 해 여름에는 주나라 임금[邾子]주자이 내조(來朝)했다. 양공에게 항양(炕陽)으로 스스로를 높이는[自大]자대 응험이 있었던 것이다.

소공(昭公) 3년 "8월에 큰 기우제를 지냈다." 유흠이 볼 때 소공은 즉위한 지 19년이 됐는데도 오히려 어린아이 같은 마음이 있어 상중인데도 슬퍼하지 않으니[不哀]불애 항양(炕陽)으로 대중을 잃었다[失衆]실중.

6년 "9월에 큰 기우제를 지냈다." 이에 앞서 거(莒)나라 (대부) 모이(牟夷)가 두 읍의 백성들을 이끌고 노나라에 도망쳐왔다[來犇]내분. 거나라가 분노해 노나라를 치자 (노나라 대부) 숙궁(叔弓)이 군사를 이끌고 맞서[距=防]거 방 패배시켰고, 소공(昭公)은 마침내 진(晉)나라에 들어갈 수 있었다[○ 사고(師古)가 말했다. "숙궁은 노나라 대부다. 이때 소공은 진나라에 조현하고자 했는데 거나라가 와서 토벌하는 바람에 가지를 못하고 있었다. 숙궁이 마침내 거나라 군사를 깨뜨리자 공은 드디어 벗어날 수 있었다."]. 겉으로는 대국과 화목을 지켰고 안으로는 두 읍을 얻었으며 이웃나라에 승리를 거뒀으니, 항양(炕陽)으로 대중을 움직이는[動衆] 응험이 있었던 것이다.

16년 "9월에 큰 기우제를 지냈다." 이에 앞서 소공의 어머니인 부인(夫人) 귀씨(歸氏)가 훙했는데 소공은 슬퍼하지 않고[不戚=不哀] 심지어 비포(比蒲)에서 큰 규모의 사냥[大蒐]을 했다〔○ 사고(師古)가 말했다. "이 일은 소공 11년에 실려 있다. 귀씨는 호국(胡國)의 딸이다. 귀는 성이니 곧 제귀(齊歸)다. 제(齊)는 시호다. 수(蒐)란 사람들을 모아서 크게 사냥을 하는 것을 말한다. 비포는 노나라 지명이다."〕. 이에 진(晉)나라 숙향(叔嚮)이 말했다.

"노나라에 대상(大喪)이 있었는데 사냥을 그만두지 않았다. 나라에서 상을 진심으로 애도하지 않는다는 것[不恤=不哀]은 임금을 조심하는 바가 없다는 것이다. 임금에게 슬퍼하는 모습이 없다고 하는 것은 혈친을 돌아보지 않는다는 것이다. 거의 나라를 잃을 것이다."

(소공) 3년과 점이 같았다.

24년 "8월에 큰 기우제를 지냈다." 유흠이 볼 때 『춘추좌씨전(春秋左氏傳)』에 따르면 (소공) 23년에 주(邾)나라의 군대가 익(翼) 땅에 성을 쌓고 돌아가는 길에 노나라 땅-무성(武城)-을 지날 때 노나라가 주나라 군대를 급격해 대부 세 명〔○ 사고(師古)가 말했다. "서서(徐鉏)·구약(丘弱)·모지(茅地)다."〕을 사로잡았다. 주나라 사람들이 진(晉)나라에 일러바치자[愬] 진나라 사람들은 우리 행인(行人-노나라 외교관) 숙손야(叔孫婼)를 붙잡아두고서 올해 봄에 마침내 돌려보냈다.

25년 "7월 상신(上辛)에 큰 기우제를 지냈고 계신(季辛)[70]에 또 기우제를 지낸 것"은 가뭄이 심했기 때문이다. 유흠이 볼 때 이는 당시에 후씨(后氏)와 계씨(季氏) 사이에 틈이 있었는데〔○ 사고(師古)가 말했다. "후씨(后氏)는 후소백(郈昭伯)이고 계씨는 계평자(季平子)다. 계씨와 후씨는 늘 닭싸움을 했는데 계씨가 자기 닭에 갑옷을 입히자[芥=介] 후씨는 쇠발톱[金距]를 달았다. 평자가 화가 나 후씨의 저택을 빼앗아 자기의 궁실을 넓히고서 다시 후씨를 꾸짖으니 그 때문에 후소백이 그를 원망했다."〕, 또 계씨의 집안에 음란한 여인이 있다고 참소해〔○ 사고(師古)가 말했다. "평자의 서숙부(庶叔父) 공조(公鳥)의 아내 계사(季姒)가 옹(雍)사람 단(檀)과 사통하니 계씨의 친족인 계공해(季公亥) 공사전(公思展)에게 참소를 했다. 그래서 평자가 사전을 죽였고 그 때문에 친족들은 모두 평자에게 원망을 품었다."〕 계평자와 그 친척들 간에 서로 미워하게 하니 모두 함께 평자를 비난했다. 자가구(子家駒)가 (평자에게) 간언했다.

"참언한 자가 그렇게 한 것은 요행을 바라고 말한 것이지만 그것은 잘못된 것입니다."

소공은 드디어 계씨를 쳤고, 계씨는 패배해 제(齊)나라로 달아났다[出犇].

정공(定公) 10년 "9월에 큰 기우제를 지냈다." 이에 앞서 정공이 직접 군대를 이끌고 정나라를 치고서 돌아와 중성(中城)에 성을 쌓았다. 두 대부가 군대를 이끌고 운(鄆)을 포위했다.〔○ 사고(師古)가 말했다. "두 가지 일

---

70 상신은 한 달 중에서 신(辛)이 처음 있는 날이고, 계신은 신이 마지막에 있는 날이다.

은 나란히 6년에 실려 있다. 중성은 노나라의 읍이다. 두 대부는 계손사(季孫斯)와 중손하기(仲孫何忌)다."]

　엄공(嚴公) 31년 "겨울에 비가 오지 않았다[不雨]." 이 해에 1년 만에 세 차례 대(臺)를 쌓았고[○ 사고(師古)가 말했다. "봄에 낭(郞)에 대를 쌓았고 여름에 설(薛)에 쌓았으며 가을에 진(秦)에 쌓았다. 낭, 설, 진 모두 노나라 땅이다."] 그 사치스러움은 백성들을 조금도 불쌍히 여기지 않았다[不恤].

　희공(釐公) 2년 "겨울 10월에 비가 오지 않았다[不雨]." 3년 "봄 정월에 비가 오지 않았고 여름 4월에 비가 오지 않았다." "6월에 비가 왔다. 이보다 앞서 엄공(嚴公) 부인(夫人)은 공자 경보(慶父)와 음란한 짓을 하고서 두 군(君)을 죽였다[○ 사고(師古)가 말했다. "경보는 환공(桓公)의 아들로 장공(莊公)의 동생이다. 두 군이란 자반(子般)과 민공(閔公)을 가리킨다."]. 나라 사람들이 그를 쳐서 부인은 주(邾)나라로 달아났고[遜] 경보는 거(莒) 나라로 도망쳤다[犇]. 희공이 즉위해 남쪽으로 주나라를 무찔렀고[○ 사고(師古)가 말했다. "원년에 공이 언(偃)에서 주나라 군사를 무찔렀다."] 동쪽으로 거나라를 무찔러 그곳의 대부를 사로잡았다[○ 사고(師古)가 말했다. "원년에 공자 우(友)가 군대를 이끌고 가서 역(酈)에서 거나라 군사를 무찌르고 거나(莒挐)를 사로잡았다."]. 항양(伉陽)의 응험이었다.

　문공(文公) 2년 "12월부터 비가 오지 않아 가을 7월까지 이어졌다." 문공이 자리에 나아가자[卽位=登極], 천자는 숙복(叔服)[○ 사고(師古)가 말했다. "주나라 내사(內史)로 숙씨이며 복은 자(字)다."]을 보내 (희공의) 장례식에 참석하게 하고 또 모백(毛伯)[○ 사고(師古)가 말했다. "주나라 경사(卿士)다. 모(毛)는 봉국이고 백은 작위다."]으로 하여금 명규(命圭)를 내려

주게 했다. 또 진나라 후[晉侯]와 척(戚)에서 회동했다〔○ 사고(師古)가 말
했다. "대부 공손오(公孫敖)가 그를 만났다. 척은 위(衛)나라 읍이다."〕. 공
자 수(遂)가 제(齊)나라에 가서 혼인을 위한 폐물을 바쳤다[納幣]〔○ 사고
(師古)가 말했다. "이는 문공이 제나라와 혼인하게 된 것을 말하는 것이
다."〕. 또 (공손오가) 제후들과 동맹을 맺었다. 위로 천자의 뜻을 얻었고 밖
으로 제후들의 뜻을 얻어 왕성하게[沛然] 스스로를 높였다[自大]. 종묘에
있는 희공의 신주[主]를 위로 올렸다[躋]. 대부〔○ 사고(師古)가 말했다. "계
손행보(季孫行父)를 가리킨다."〕가 비로소 정사를 제 마음대로 했다[顓事=
專事].

10년 "정월부터 비가 오지 않아 가을 7월까지 이어졌다." 이에 앞서 공
자 수(遂)가 4개국과 회동하고 정(鄭)나라를 구원했다〔○ 사고(師古)가 말
했다. "9년에 초나라 사람들이 정나라를 정벌하자 공자 수가 진(晉)·송(宋)
·위(衛)·허(許)나라 사람들과 회동하고서 정나라를 구원한 일을 가리킨
다."〕. 초나라가 (9년에 대부) 월초(越椒)를 보내 노나라에 빙문했다. 진(秦)
나라 사람들이 와서 (희공과 (희공의 어머니) 성풍(成風)의) 수의[襚]를 돌
려주었다. 항양(炕陽)의 응험이 있었던 것이다.

13년 "정월부터 비가 오지 않아 가을 7월까지 이어졌다." 이에 앞서 조
나라 임금[曹伯], 기나라 임금[杞伯], 등나라 임금[滕子]이 내조했고, 성나
라 임금[郕伯]이 도망쳐왔으며, 진나라 임금[秦伯]이 사자를 보내 내빙했
고, 계손행보(季孫行父)는 제(諸)와 운(鄆)에 성을 쌓았다. 2년 사이에 다섯
나라가 노나라에 달려왔고 국내의 읍 두 곳에 성을 쌓았다. 이는 항양(炕
陽)이 대중을 잃은 것이다. 일설에 비가 오지 않았는데도 오곡이 모두 잘

된 것은 이변이라고 했다. 문공(文公) 때 대부가 비로소 자기 마음대로[顓_전] 회맹을 했고, 공손오는 진나라 임금[晉侯_{진후}]과 회합했으며, 또 수농(垂隴)에서 제후들과 회맹했다. 그래서 비가 내리지 않았는데도 생육이 잘 이뤄진 것은 음(陰)이 그 기운을 내지 않고 사사로이 몸소 행한 것이니, 그것을 통해 베푸는 것[施_시]이 위에서 나오지 않고 신하가 복을 빚어내 사사로이 스스로 성취한 것임을 상징한 것이다. 일설에는 비가 내리지 않고 상음(常陰)의 벌에 가까운 것은 임금이 약하기 때문[君弱_{군약}]이라고 했다.

혜제(惠帝) 5년 여름 큰 가뭄이 들어 강(江)과 하(河)의 물이 적었고 계곡의 물도 끊어졌다. 이에 앞서 민간의 남녀 4만 6,000명을 징발해 장안(長安)에 성을 쌓았는데 이 해에 성이 마침내 완성됐다.

문제(文帝) 3년 가을에 천하가 가물었다. 이 해 여름 흉노의 우현왕(右賢王)이 상군(上郡)을 침략하자, 승상 관영(灌嬰)에게 조(詔)해 거기(車騎)의 병사 8만 5,000명을 징발해 고노(高奴)[71]로 나아가게 해 우현왕을 치니 저들은 요새 밖으로 달아났다. 그 해 가을 제북왕(濟北王) 흥거(興居-유흥거)가 반란을 일으키자 대장군에게 토벌토록 해 모두 주살했다.

후(後) 6년 봄에 천하가 크게 가물었다. 이에 앞서 거기와 재관(材官-정예병)을 징발해 광창현(廣昌縣)에 주둔하게 했는데 이 해 2월에 다시 재관을 징발해 농서군(隴西郡)에 주둔하게 했다. 뒤에 흉노가 대거 상군과 운중군(雲中郡)에 침입해 봉화가 장안에 이르자 세 장군이 변경에 주둔했

---

71 상군의 현이다.

고〔○ 사고(師古)가 말했다. "중대부 영면(令免)을 거기장군으로 삼아 비호(飛狐)에 머물게 했고, 전 초나라 재상 소의(蘇意)를 장군으로 삼아 구주(句注)에 머물게 했으며, 장군 장무(張武)를 북지(北地)에 머물게 했다."〕, 또 다른 세 장군은 경사에 주둔했다〔○ 사고(師古)가 말했다. "하내태수 주아부(周亞夫)가 장군이 돼 세류(細柳)에 머물게 했고, 종정 유례(劉禮)가 장군이 돼 패상(霸上)에 머물렀으며, 축자후(祝玆侯) 서려(徐厲)가 장군이 돼 극문(棘門)에 머물렀다."〕.

경제(景帝) 중(中) 3년 가을에 크게 가물었다.

무제(武帝) 원광(元光) 6년 여름에 크게 가물었다. 이 해에 네 장군이 흉노를 정벌했다〔○ 사고(師古)가 말했다. "거기장군 위청(衛靑)은 상곡(上谷)으로 나아갔고, 기장군 공손오는 대(代)로 나아갔으며, 경거장군 공손하(公孫賀)는 운중(雲中)으로 나아갔고, 효기(驍騎)장군 이광(李廣)은 안문(鴈門)으로 나아갔다."〕.

원삭(元朔) 5년 봄에 크게 가물었다. 이 해에 여섯 장군이 이끄는 대규모 병력 10여만이 흉노를 정벌했다〔○ 사고(師古)가 말했다. "위청이 여섯 장군을 이끈 일을 말한다. 여섯 장군이란, 위위 소건(蘇建)이 유격장군, 좌내사 이저(李沮)가 강노장군, 태복 공손하가 기(騎)장군, 대의 재상 이채(李蔡)가 경거장군이 돼 함께 삭방(朔方)으로 나아갔고, 대행 이식(李息)과 안두후(岸頭侯) 장차공(張次公)이 장군이 돼 우북평(右北平)으로 나아갔다."〕.

원수(元狩) 3년 여름에 크게 가물었다. 이 해에 천하의 옛 관리들을 징발해 상림원(上林苑)의 가시덤불을 베어냈고 곤명지(昆明池)를 팠다.

천한(天漢) 원년 여름에 크게 가물었고 그 3년 여름에 크게 가물었다. 이에 앞서 이사(貳師)장군이 대완(大宛)을 정벌하고 돌아왔다. 천한 원년에 유배 가 있던 죄인[適=謫]을 징발했다. 2년 여름에 세 장군이 흉노를 정벌했다. 이릉(李陵)이 전사해 돌아오지 못했다.

정화(征和) 원년 여름에 크게 가물었다. 이 해에 삼보(三輔)의 기사(騎士)를 징발해 장안의 성문을 닫고서 대대적으로 수색해 비로소 무고(巫蠱)를 다스렸다. 이듬해 위황후(衛皇后)와 태자가 패망했다.

소제(昭帝) 원시(元始) 6년 크게 가물었다. 이에 앞서 대홍려(大鴻臚) 전광명(田廣明)이 익주(益州)를 정벌했고 군대를 뙤약볕 아래 내놓기[暴師]를 여러 해 동안 했다.

선제(宣帝) 본시(本始) 3년 여름에 크게 가물어 동서로 수천 리에 이어졌다. 이에 앞서 다섯 장군이 이끄는 대규모 병력 20만이 흉노를 정벌했다.

신작(神爵) 원년 가을에 크게 가물었다. 이 해에 후(後)장군 조충국(趙充國)이 서강(西羌)을 정벌했다.

성제(成帝) 영시(永始) 3년과 4년 여름에 크게 가물었다.

『춘추좌씨전(春秋左氏傳)』에 따르면 진(晉)나라 헌공(獻公) 때 이런 동요가 유행했다.

'병자일 새벽에 용미성(龍尾星)이 태양 가까이에 있어 보이지 않을 때에
군복을 씩씩하게 차려입고서 괵(虢)나라 깃발을 빼앗았네
순화성(鶉火星)이 새의 깃처럼 펼쳐지고[賁賁]
천책성(天策星)이 빛을 잃고

순화성이 남쪽 하늘에 뜰 때 군대가 승전해 괵공(虢公)은 도망치리라'

이때 괵은 작은 나라로 하양(夏陽)의 험난한 지형에 의해 격리돼[介=隔] 우국(虞國)의 도움을 받으면서 진(晉)나라와 충돌해 항양(炕陽)의 기절(氣節)이 있으니 신하로서의 마음을 잃어버렸던 것이다. 진나라 헌공이 괵을 정벌할 때 복언(卜偃)에게 "우리가 과연 성공할[濟] 수 있을까?"라고 하니, 언이 답하기를 "이길 수 있습니다. 10월 초하루 병자일 새벽에 해는 미수(尾宿)에 있고 달은 천책(天策)[72]에 있으며 순화성이 남쪽 하늘에 있으니 반드시 이때라야 합니다"라고 했다. 겨울 12월 병자일 초하루에 진나라 군대가 괵을 멸망시키니 괵공 추(醜)는 주(周)나라로 달아났다. 주나라 12월은 하(夏)의 10월이다. 천상(天象) 운운한 것[73]은 하력(夏曆)을 써서 말한 것이다.

옛 기록에 따르면 진(晉)나라 혜공(惠公) 때 이런 동요가 있었다.

'공(恭)태자를 다시 장례 지냈구나

그후 14년

진나라도 번창하지 못하네

번창함은 마침내 그 형에게 있도다'

---

[72] 28수의 규수(奎宿)에 속하며 현재의 카시오페이아자리의 일부다.

[73] 방금 미수, 천책, 순화성 등을 언급한 것을 가리킨다.

이때 혜공은 진(秦)나라의 도움을 받아 즉위할 수 있었고, 즉위하고서는 진나라를 배신했으며 안으로 두 대부〔○ 사고(師古)가 말했다. "이극(里克)과 비정(丕鄭)이다."〕를 죽이니 나라 사람들이 좋아하지 않았다. 그형 공(恭)태자 신생(申生)을 다시 장례 지내면서도 삼가지 못하자[不敬] 그 때문에 시요(詩妖)를 지은 것이다. 훗날 진나라와 전쟁을 해 진나라에 붙잡혀 14년 만에 죽었다. 진나라는 그(의 후사)를 끊어버리고 그의 형 중이(重耳)를 세웠으니 이 사람이 문공(文公)으로 마침내 제후들의 패자가 됐다[伯=覇].

『춘추좌씨전(春秋左氏傳)』에 따르면 문공(文公)과 성공(成公)의 시대에 이런 동요가 있었다.[74]

'구관조[鸜=鴝=九官鳥]가 오면 공은 나라를 달아나 치욕을 당하리라
구관조가 날아다니면 공은 나라 밖 들판에 계시니
(신하가) 가서 말을 드리리라
구관조가 뛰어다니면 공은 건후(乾侯)[75]에 계시면서 의복을 요구하리라
구관조가 와서 둥지를 지으면 공이 멀리 나가 계시다가
주보(裯父)는 고생만 하다가 죽고[喪勞]
송보(宋父)는 그로 인해 교만해지리라[以驕][76]

---

74 실제 동요는 소공(昭公) 25년에 실려 있다.
75 위군(魏郡) 척구현(斥丘縣)이다.
76 주보는 소공이다. 외국에서 죽었기 때문에 고생만 하다가 죽었다고 했다. 송보는 정공(定公)이

구관조여 구관조여 갈 때는 노래하고 올 때는 곡하리라'[77]

소공 때에 이르러 구관조가 와서 둥지를 짓는 일이 있었다. 공이 계씨(季氏)를 쳤으나 패배해 제(齊)나라로 도망쳐 들판에 머물면서 건후에 유막을 지었다. 8년에 나라 밖에서 죽어 노나라로 돌아와 장사를 지냈다. 소공은 이름이 주(裯)였다. 공자 송(宋)이 세워졌으니 이 사람이 정공(定公)이다.

원제(元帝) 때 이런 동요가 있었다.

'우물물이 넘쳐 부엌 연기를 없앴고
옥당(玉堂)에 물을 대 금문(金門)으로 흐르네'[78]

성제(成帝) 건시(建始) 2년 3월 무자일에 이르러 북궁(北宮) 안에 있는 우물물이 점점 올라오더니 넘쳐 나와 남쪽으로 흘러간 것은 춘추시대에 이미 구관조의 동요가 있었고 그후에 와서 둥지를 짓게 되는 응험을 상징하는 것이다. 우물물은 음(陰)이고 부엌 연기는 양(陽)이며 옥당과 금문은 지존이 거처하는 곳이니 음이 왕성해 양을 없애버린 상이다. 그래서 몰래 궁실의 응험이 있었던 것이다. 왕망(王莽)은 원제(元帝) 초원(初元) 4년에 태

다. 뒤를 이어 임금이 됐기 때문에 그로 인해 교만해지리라고 했다.
77 소공이 살아서 나갔기 때문에 노래했고 죽어서 돌아왔기 때문에 곡했다.
78 옥당과 금문은 모두 귀하고 아름다운 것으로 천자의 거처와 문을 가리킨다.

어나 성제 때 후(侯)에 봉해졌고 삼공(三公)이 돼 정사를 보필하다가 그것을 빌미로 제위를 빼앗았다[篡位].
찬위

성제 때 이런 동요가 있었다.

'제비들의[燕燕] 꼬리 반질반질하고[涎涎]
연연   정정
장공자(張公子) 때맞춰 서로 만나네
나무문은 창랑(倉琅)의 뿌리
제비가 날아와 황손을 쪼니
황손은 죽고 제비는 화살을 쪼네'

그후에 제(帝)는 미행해 궐 밖으로 놀러나가 늘 부평후(富平侯) 장방(張放)과 함께 동행하며 부평후의 가인(家人)이라 사칭하고서 하양(河陽)공주를 방문해 함께 음악을 연주하며 놀다가 춤추는 조비연(趙飛燕)을 보고서 그녀를 총애했기 때문에 그래서 '제비들[燕燕]의 꼬리 반질반질하고[涎涎]'라고 했는데 이는 아름다운 미모를 표현한 것이다. 장공자는 부평
정정
후를 가리킨다. '나무문은 창랑의 뿌리'는 궁문의 쇠고리를 뜻한다〔○ 사고(師古)가 말했다. "동의 색깔은 청색이기 때문에 창랑(倉琅)이라 했다. 고리의 모양을 두고서 뿌리라고 했다."〕. 이는 장차 존귀해진다는 뜻이다. 뒤에 결국 세워져 황후가 됐다. 동생 소의(昭儀)는 후궁의 황자(皇子)를 해쳐 결국 모두 복주됐다. 이른바 '제비가 날아와 황손을 쪼으니 황손은 죽고 제비는 화살을 쪼으네'라는 것이다.

성제 때의 가요에 또 이런 것이 있다.

'샛길[邪徑]은 좋은 밭을 이기고
사경
참소하는 입은 좋은 사람을 어지럽혔네
계수나무 꽃은 피었는데 열매 맺지 못하고
노란 참새 꼭대기에 둥지 트네'

계수나무는 빨간색이니 한나라 황실을 상징한다. 꽃은 피었는데 열매 맺지 못한다는 것은 뒤를 이을 후사가 없다는 것이다. 왕망은 스스로 황상(黃象)이라 일컬었으니 노란 참새가 꼭대기에 둥지 틀었다는 것이다.

엄공(嚴公) 17년 "겨울에 큰 사슴[麋]들이 많았다." 유흠이 볼 때 모충(毛蟲)의 얼(孼)은 재이(災異)다. 유향이 볼 때 큰 사슴의 색은 청색이니 청상(靑祥)에 가깝다. 미(麋)라고 한 것은 (소리상으로) 미(迷-미혹)와 통한다. 대개 암컷 짐승[牝獸]의 음란함을 말한 것이다. 이때 엄공은 장차 제(齊)나라의 음녀(淫女)를 맞아들이려 하니, 그 상(象)을 미리 보여주어 하늘이 경계하기를 제나라 여인을 받아들일 경우 음란해 나라가 혼미해질 것임을 말한 것이라고 했다. 엄공은 이를 깨닫지 못하고 드디어 그녀를 아내로 취했다. 부인이 들어와서는 두 숙부와 음란한 짓을 하다가 결국 모두 주살됐고 사직은 거의 망할 뻔했다〔○ 사고(師古)가 말했다. "두 숙부란 경보(慶父)와 숙아(叔牙)를 가리킨다. 경보는 목매달아 죽었고 숙아는 독살됐다. 제나라 사람들은 (음란한 여인) 애강(哀姜)을 죽였다."〕. 동중서의 생각도 대략 비슷하다. 경방의 『역전(易傳)』에 이르기를 "바른 것을 버리고 음란한 것을 취해 크게 밝지 못하게 되면[不明] 나라에 큰 사슴이 많다"라고 했고, 또 말하기를 "'진동해 마침내 빠졌다[震遂泥]'〔○ 사고(師古)가 말했다. "『주역(周易)』 진(震)괘(䷲)의 밑에서 네 번째 붙은 효[九四]에 대한 풀이다."〕라고 했으니 그 허물은 나라에 큰 사슴이 많은 것이다"라고 했다.

소제(昭帝) 때 창읍왕(昌邑王) 하(賀)가 사람들의 소리를 듣고서 "곰이다"라고 말하고 주시하니 큰 곰이 보였다. 그러나 그의 좌우에 있는 사람들에게는 보이지 않았기 때문에 낭중령 공수(龔遂)에게 물으니 수가 말했다.

"곰은 산속에 있는 짐승이라 궁실에 와서 들어오게 될 경우 오직 왕만이 그것을 볼 수 있으니, 이는 하늘이 대왕으로 하여금 궁실이 장차 텅 빌 수 있음을 두려워하라고 경계시킨 것입니다. 위태로움과 멸망의 상징이라 하겠습니다."

하는 마음을 고쳐 깨닫지 못했고 뒤에 결국 나라를 잃었다.

『춘추좌씨전(春秋左氏傳)』에 따르면 양공(襄公) 17년 11월 갑오일에 송(宋)나라 사람들이 미친개[狾狗=狂犬]를 내쫓으니 미친개가 화신(華臣)의 집으로 들어갔다. 나라 사람들이 그 뒤를 쫓아 들어가자 화신은 두려워해 마침내 진(陳)나라로 달아났다. 이에 앞서 화신의 형 열(閱)은 송나라 경(卿)〔○ 사고(師古)가 말했다. "우사(右師)였다."〕이었는데, 열이 죽자 신은 도적을 시켜 열의 집안의 집사[家宰]를 죽이게 하고서 드디어 그 아내를 유폐했다. 송나라 평공(平公)은 이를 듣고서 "화신은 자기 집안에만 이렇게 난폭하게 한 것이 아니라 송나라의 정사를 크게 어지럽혔다"라며 그를 내쫓으려 했다. 이에 좌사(左師) 향술(向戌)이 말했다.

"대신이 고분고분하지 못한 것[不順]⁷⁹은 나라의 부끄러움이니 그 일을 덮는 것[蓋=覆掩]만 못합니다."

공은 이에 내쫓으려는 시도를 그쳤다. 화신은 사납고 의로움을 잃어 안으로 스스로 마음이 불안했기 때문에 미친개가 쫓아오자 도망쳐 달아났던 것이다.

고후(高后) 8년 3월 패상(覇上)에서 (부정한 것을 없애기를 비는) 푸닥거리를 하고[祓=禳] 돌아오는 길에 지도(枳道)⁸⁰를 지날 때 뭔가 파란색의 개[倉狗]와 비슷한 사물이 나타났는데 고후의 겨드랑이를 껴안는 것 같았으나 획 지나가버려 제대로 보지 못했다. 점을 쳐보니 조왕(趙王) 여의(如意)의 환생[祟]이었다. (고후가) 드디어 겨드랑이에 병이 들어 붕(崩)했다. 이에 앞서 고후는 여의를 짐독(鴆毒)으로 살해했고 그의 어머니 척(戚)부인의 손발을 자르고 그 눈을 멀게 해 인간돼지[人彘]라고 불렀다.

문제(文帝) 후(後) 5년 6월 제(齊)나라 옹성문(雍城門) 밖에 뿔이 난 개가 있었다. 이에 앞서 제(帝)의 형인 제나라 도혜왕(悼惠枉)이 죽은 후에 제는 제나라를 나눠 그의 서자 7명을 세워 모두 왕으로 삼았다〔○ 사고(師

---

79 형제가 서로 불화한 것을 말한다.
80 지명이다. 지도(軹道)라고도 한다.

古)가 말했다. "제효왕(齊孝王) 장려(將閭), 제북왕(濟北王) 지(志), 치천왕(菑川王) 현(賢), 교동왕(膠東王) 웅거(雄渠), 교서왕(膠西王) 앙(卬), 제남왕(濟南王) 벽광(辟光), 병성양공왕(幷城陽恭王) 희(喜) 일곱 왕이다."]. 그 형제들이 나란히 강해지자 항양(炕陽)의 마음이 있었기 때문에 견화(犬禍)가 나타난 것이다. 개는 지키는 것[守禦]이고 뿔은 병기를 상징하며 앞에 있어 위를 향하는 것이다. 개가 마땅히 뿔이 나지 않는 것은 마치 제후들이 마땅히 거병해 경사를 향할 수 없는 것과 같다. 하늘이 사람을 경계시키는 것은 늘 일찍 행하기 때문에 제후들은 깨닫지 못했던 것이다. 6년 후에 오(吳)와 초(楚)가 반란을 일으켰을 때 제남, 교서, 교동 3국은 이에 응해 병사를 일으켜 제(齊)에 이르렀다. 제왕(齊王)은 오히려 성을 지키니 3국은 그것을 포위했다. 때마침 한(漢)나라가 오와 초를 깨뜨리고 이어 네 왕을 주살했다. 그래서 천구성(天狗星)이 양(梁)으로 내려오니 오와 초가 양(梁)을 공격해 개가 제나라에서 뿔이 났고 3국이 제를 포위한 것이다. 한나라가 결국 양에서 오와 초를 깨뜨리고 제에서 네 왕을 주살했다. 경방의『역전(易傳)』에 이르기를 "집정(執政)을 잃어 아래에서 그것을 장차 해치게 되면 그 요상스러움은 개에 뿔이 나는 것이다. 군자가 구차스럽게 그것을 면했다고 해도 소인이 거기에 빠지면 그 요상스러움은 개에 뿔이 나는 것이다"라고 했다.

　경제(景帝) 3년 2월 한단(邯鄲)에서는 개가 돼지와 교미를 했다. 패란(悖亂)의 기운은 개돼지의 재앙과 가깝다. 이때 조왕(趙王) 수(遂)가 패란해 오·초와 함께 반역을 모의해 흉노에 사자를 보내 원병을 청했고 끝내 복주됐다. 개는 병혁(兵革)이 (외부에 도움을 얻으려다가) 무리를 잃는 점괘이고 돼지는 북방 흉노를 상징한다. 말을 거슬리게 하고 듣는 귀를 잃게 되면 서로 다른 종류끼리 만나게 돼 해악을 불러일으킨다. 경방의 『역전(易傳)』에 이르기를 "부부가 서로 엄격하지 못하면 그 요사스러움은 개가 돼지와 교미하는 것이다. 이를 일러 반덕(反德)이라고 하는데 나라에서는 병혁(兵革)이 있는 것이다"라고 했다.

성제(成帝) 하평(河平) 원년에 장안 남자 석량(石良)과 유음(劉音)이 같은 집에 살고 있었는데 마치 사람 모양을 한 것이 그 방 안에 있어 그것을 치니 개가 돼 달아났다. 그후에 여러 사람들이 갑옷을 입고 칼과 쇠뇌를 들고서 석량의 집에 이르니, 이들과 량 등이 (사람 모양을 한 것과) 격투를 벌여 죽거나 부상을 입었는데 그것은 모두 개였다. 이런 일은 2월부터 6월까지 이어지다가 마침내 그쳤다.

홍가(鴻嘉) 연간에 개가 돼지와 교미했다.

『춘추좌씨전(春秋左氏傳)』에 따르면 소공(昭公) 24년 10월 계유일에 왕자(王子) 조(朝)가 성주(成周)의 보규(寶圭-보옥)를 황하에 던져 넣었는데 신의 도움을 얻기를 바란 것이었다. 갑술일에 나루의 뱃사공[津人]이 황하가에서 그것을 얻었다. (주나라 대부) 음불녕(陰不佞)이 그것을 빼앗아 장차 팔려고 하니 옥이 돌로 변했다. 이때 왕자 조는 천자의 자리를 빼앗았지만 만백성은 승복하지 않아[不鄕=不服] 호령을 따르지 않았으니, 그 때문에 옥이 돌로 변한 것이고 이는 백상(白祥)과 비슷하다. 계유일에 들어가고 갑술일에 나왔으니 신이 그것을 흠향하지 않았다는 징험이다. 옥이 돌이 된 것은 귀한 것이 천하게 된 것이다. 2년 후에 자조(子朝)는 초(楚)나라로 도망쳤다가 죽었다.

　옛 역사 기록에 따르면 진(秦)의 시황제 36년에 정(鄭)나라 객인이 관동(關東)에서 와서 화음(華陰)에 이르러 소거(素車)[81]와 백마가 화산(華山) 위에서 내려오는 것을 멀리서 보고 그것이 사람이 아니라는 것을 알고 길에 머물러 그것을 기다렸다. 드디어 마차가 도착하자 벽옥을 그 객인에게 주면서 말했다.

　"나를 위해 이것을 호지군(鎬池君)에게 남겨주시오〔○ 장안(張晏)이 말했다. "무왕(武王)은 호(鎬)에 살았다. 호지군은 곧 무왕이다. 무왕이 상나라를 정벌했기 때문에 신(神)이 말하기를 시황제가 마치 (상나라 마지막 임금) 주(紂)처럼 황음에 빠져 있으니 지금 역시 정벌해도 된다고 한 것이다."〕."

　이어 말하기를 "올해 조룡(祖龍)〔○ 소림(蘇林)이 말했다. "조(祖)는 시(始)이고 용(龍)은 임금을 상징하니 황제(皇帝)다."〕이 죽는다"라고 하고서 홀연히 사라졌다. 정나라 객인이 받은 벽옥은 곧 시황 28년에 장강(長江)을 지나다가 물에 빠뜨린 바로 그 벽옥이었다. 주나라 자조의 경우와 같은 응험이다. 이 해에 운석이 동군(東郡)에 떨어지니 백성들 중에 어떤 이가 그 돌에 새기기를 '시황이 죽어 땅이 나눠지리라'라고 했다. 이것들은 모두 백상(白祥)이며 항양(炕陽)과 포학(暴虐)으로 호령을 따르지 않으면 고양(孤陽)이 홀로 다스려 여러 음들이 와서 붙지 않은 결과다. 일설에 돌은 음(陰)의 유형으로 음-아래 백성-이 높은 절의를 지니면 신하는 장차 임금을 위험에 빠뜨리게 되니 조고(趙高)와 이사(李斯)를 상징하는 것이다. 시

81　흰색 나무로 만든 수레이며 장례 등 흉사에 쓰인다.

황은 두려워해 자성(自省)하지 않고 도리어 각석(刻石) 주변에 사는 백성들을 죄다 족멸하고[夷滅] 그 돌을 불태웠다. 이 해에 시황이 죽었고[死] 3년 후에 진나라는 멸망했다.

효소(孝昭-소제) 원봉(元鳳) 3년 정월 태산과 내무산(萊蕪山) 남쪽에 수천 명의 사람 소리가 흉흉하게 들려왔다. 백성들이 그것을 보니 큰 돌이 스스로 섰는데 높이가 1장 5척이고 크기는 48명이 둘러쌀 정도였으며 땅에 박힌 부분이 8척으로 3개의 돌이 다리를 이루고 있었다. 돌이 선 곳에는 흰 새 수천 마리가 그 주위에 모여들었다. 수맹(眭孟)이 볼 때 돌은 음의 유형으로 아래 백성을 상징하니 태산은 오악(五嶽)의 대종(岱宗)이고 왕자(王者)[82]가 성을 바꿔[易姓] 교대하게 된다는 것을 하늘에 고하는 곳이므로 마땅히 서인(庶人)으로서 천자가 되는 자가 있다는 것이다. 맹(孟)은 죄를 지어 복주됐다. 경방의 『역전(易傳)』에 이르기를 "복(復)은 벗[崩=朋]이 와야 허물이 없다〔○ 사고(師古)가 말했다. "복(復)괘(䷗)의 풀이다."〕'이니, 위로부터 내려오는 자가 벗이 돼 그 응험은 태산의 돌 위에서 둘러 떨어지는 것이고 빼어난 이가 천명을 받아 임금을 사로잡는 것이다"라고 했고, 또 이르기를 "돌이 사람처럼 섰다는 것은 일반 선비가 천하의 영웅이 된다는 것이다. 산에서 서면 동성이고, 평시에서 서면 이성이고, 물에서 서면 빼어난 이고, 못에서 서면 소인이다"라고 했다.

천한(天漢) 원년 3월에 하늘은 흰 털[白毛]을 비처럼 내렸다. 3년 8월에

---

82 여기서는 임금다운 임금이 아니라 그냥 임금 된 자이기 때문에 소리만 옮겼다.

하늘은 강하고 흰 털[白氂]을 비처럼 내렸다. 경방의 『역전(易傳)』에 이르기를 "앞에서는 즐겁고 뒤에서는 걱정스러우면 그 요상스러움은 하늘이 털을 비처럼 내리는 것이다"라고 했고, 또 이르기를 "간사한 자가 나아오고 뛰어난 이가 도망가면 하늘이 털을 비처럼 내린다"라고 했다.

옛 역사 기록에 따르면 주나라 위열왕(威烈王) 23년 구정(九鼎)이 진동했다. 쇠가 진동한 것은 나무가 그것을 진동시킨 것이다. 이때 주나라 왕실은 쇠미해 형벌은 무겁고 가혹하며 호령은 지켜지지 않았으니 그로 인해 금(金)의 기운이 어지럽혀진 것이다. 쇠솥[鼎]이란 종묘의 보기(寶器)다. 종묘가 장차 폐기돼 보정(寶鼎)이 옮겨지려 하니 그 때문에 진동한 것이다. 이 해에 진(晉)나라의 삼경(三卿)인 한(韓)·위(魏)·조(趙)가 진나라 임금의 자리를 찬탈해 그 땅을 나눴고 위열왕은 명을 내려 그들을 제후로 삼았다. 천자가 동성(同姓)[83]을 불쌍히 여기지 않고 그 적신(賊臣)들에게 작위를 내려주니 천하가 따르지 않았다. 3대가 지나 주나라는 덕조(德祚-천자의 상징)를 진(秦)나라에 바쳤다〔○ 진작(晉灼)이 말했다. "난왕(赧王)이 진나라로 도망쳐 그 읍을 바쳤으니 그것을 일러 이렇게 덕조를 바쳤다고 했다."〕. 그후에 진나라가 드디어 주나라를 멸하고 구정을 차지했다. 구정이 울린 것은 목(木)이 금(金)을 해친 것이니 대중을 잃은 것이 심했다.

성제(成帝) 원연(元延) 원년 정월 장안의 장성문(章城門)의 문모(門牡)[84]가 저절로 망가졌고 함곡관의 소문(小門)의 문호도 또한 저절로 망가졌다.

---

83 진나라는 주나라와 동성이다.

84 모(牡)란 아래쪽에 문을 닫는 장치로 쇠로 만들었다.

경방의 『역전(易傳)』에 이르기를 "굶주렸는데도 닳지 않는 것을 일러 태(泰)라고 하는데 그 재이는 홍수이고 그 허물은 모(牡)가 망가지는 것이다"라고 했다. 요사(妖辭)[85]에 이르기를 "관(關)이 움직이고 모(牡)가 날며 임금이 도리를 잃어 신하가 잘못을 저지르면 그 허물은 난신(亂臣)이 찬탈을 도모하는 것이다"라고 했다. 그래서 곡영(谷永)은 이렇게 답했다.

"장성문은 노침(路寢-정전)과 통하는 길이고 함곡관은 산동을 가로막는 험지이며 성문의 관(關)은 나라를 지키는 견고함인데, 장차 이 견고함을 제거하려 하니 그래서 모(牡)가 날아간 것입니다."

---

85 정확히 무엇을 가리키는지 불분명하다.

권 27

오행지
五行志

【 중지하 】

전(傳)에서 말했다.

"보는 것이 밝지 못한 것[不明]을 일러 불철(不哲)이라고 하는데, 그 허
　　　　　　　　　　　　　불명
물은 더딘 것[舒=徐]이고 그 벌은 계속 더운 것[恒奧=恒燠]이며 그 끝은
　　　　　　서　서　　　　　　　　　　　　항오　항욱
병이 나는 것이다. 때로는 초목에 재이가 있고, 때로는 벌레[蠃蟲]에 재이
　　　　　　　　　　　　　　　　　　　　　　　　　　　영충
가 있으며, 때로는 양화(羊禍)가 있고, 때로는 눈에 고질병[目痾]이 있고, 때
　　　　　　　　　　　　　　　　　　　　　　　　　　　목아
로는 적생(赤眚)과 적상(赤祥)이 있다. 오직 수(水)만이 화(火)를 해친다[沴
　　　　　　　　　　　　　　　　　　　　　　　　　　　　　　　　여
=害]."
　해

"보는 것이 밝지 못한 것[不明]을 일러 불철(不哲)이라고 한다"고 할 때
　　　　　　　　　　　불명
철(哲)은 지혜롭다, 사리 분별력이 있다[知]는 것이다. 『시경(詩經)』에 이르
　　　　　　　　　　　　　　　　　　지
기를 "네 다움을 밝히지 않으니 배신(陪臣)이 없고 경(卿)이 없도다. 네 다
움이 밝지 못하니 뒤에서 돕는 이 없고 곁에서 돕는 이 없도다[○ 사고(師
古)가 말했다. "대아(大雅) '탕(蕩)' 편의 구절이다. 선악을 분별하지 못해

전후 좌우에 그 자리에 걸맞지 않는 자들뿐인데도 그것을 알지 못한다는 말이다.")라고 했다. 이는 윗사람이 밝지 못해 어둡고 가려져 미혹되면 선과 악을 알지 못하고, 가까이에서 아첨하는 무리[近習]를 제 몸처럼 여기며 같은 부류만을 키워주고, 공로가 없는 자에게 상을 주며 죄가 있는 자를 죽이지 않고, 백관이 엉망으로 어지러워져 그 잘못이 정사에 서서히 퍼져가니[舒] 그 허물은 더딘 것[舒]이라고 한 것이다. 무더운 여름날은 해가 길고 더운 기운이 만물을 길러주어 정사는 이완되기 때문에 그 죄는 계속 더운 것[常奧]이라고 한 것이다. 더우면 겨울이 따뜻하고 봄과 여름이 조화를 이루지 못해 백성들을 상하게 하고 병들게 하기 때문에 그 끝은 병들게 하는 것이라고 한 것이다. 주벌이 행해지지 못하면 서리는 풀을 죽이지 못하고 신하로 말미암아[繇臣下]〔○ 사고(師古)가 말했다. "주벌이 신하의 손에 들어가 신하로 말미암는다는 뜻이다."〕 사형이 적기에 이루어지지 못하니 그래서 초요(草妖)가 있다. 대체로 요(妖)라는 것은 용모는 의복으로, 말은 시(詩)로, 듣는 것은 소리로 한다. 볼 때는 색으로 하는데 오색(五色)이 사물의 크기로 나뉘는 명분이니 생상(眚祥)에 각각 있는 것이라 그래서 빼어난 이는 그것을 초요(草妖)라 하고 잡아 쥔 권세를 놓친 것이 분명하게 드러난 것이다. 따뜻하고 뜨거운 열은 벌레를 생겨나게 하기 때문에 그래서 영충(臝蟲)의 얼(孼)이 있고, 이는 명(螟-배추벌레)이나 등(螣-풀무치)〔○ 사고(師古)가 말했다. "명은 모의 심지를 갉아 먹고 등은 모의 잎사귀를 갉아 먹는 벌레다."〕의 종류로, 마땅히 죽어야 하는데 죽지 않고 또 아직 살아서는 안 되는데 살고 혹은 예전보다 더 많아져 재앙을 가져오는 것을 말한다. 유흠이 볼 때 이는 사모하는 마음[思心]이 용납되지 않는 것에 속한다. 『주역(周易)』에서는 굳세지만 부드러움을 포함하는 것[剛而包柔]이 이(離)괘(☲)인데 이괘는 불[火]이면서 눈[目]이다. 양은 뿔이 위로 났고 발굽[蹄]이 아래에 있으니 굳세면서도 부드러움을 포함하는 것이고, 양은 눈이 크지만 정밀하거나 밝지[精明] 않아 눈의 기운이 훼손됐기 때문에 양화(羊禍)가 있다는 것이다. 일설에 무더운 해[歲]에는 양이 역병으로 많이 죽고 또 괴이한 짓을 하게 되는 것도 또한 양화다. 사람에 있어서는 눈에 병이 나게 하는 일들이 많기 때문에 그래서 눈에 고질병[目痾]이 있다. 불의 색은 빨갛기 때문에 적생(赤眚)과 적상(赤祥)이 있다. 무릇 보는 것에 상처를 입은 자는 화기(火氣)에 병이 든 것이고 화기가 상하게 되면 물이 그것을 해친 것이다. 그 끝이 병이 나는 것이란 (화기를 거스르면 질병을 부르지만 만일) 그것에 고분고분하면 (재앙이 바뀌어 복이 되니) 그 복은 오래 사는 것[壽]이다. 유흠의 『시전(視傳)』에 이르기를 우충(羽蟲)의 얼(孼)이 있는 것을 계화(雞禍)라고 했다. 일설에는 천문에 있어서 남방의 부리[喙]가 조성(鳥星)이 되기 때문에 우충(羽蟲)이고, 화(禍) 또한 우(羽)를 따르기 때문에 계(雞)이고, 『주역(周易)』에서 계(雞)는 손(巽)괘(☴)에 있다고 했지만 이 설은 옳지 않다. 서징으로서의 항오(恒奧)는 유향이 볼 때 『춘추(春秋)』의 망빙(亡冰-얼음이 없음)이고, 소오(小奧)는 기록하지 않아 얼음이 없어진 연후에야 그것을 쓴 것이니 (오(奧) 중에서) 큰 것을 들어서 말한 것이다. 경방의 『역전(易傳)』에 이르기를 "복록이 수행되지 않는 것을 일러 기(欺-속임)라 하고 그 허물은 오(奧)이며 내리는 눈이 사방에서 이르니 따뜻하다. 신하가 복록에 편안해 안일함을 즐기는 것을 일러 난(亂)이라 하고 따뜻해 벌레가 생겨난다. 죄가 있다는 것을 알고서도 주벌하지 않는 것을 일러 서(舒)라고 하고, 그 따뜻함[奧]은 여름에는 더운 기운이 사람을 죽이고 겨울에는 만물이 꽃과 열매를 맺게 해준다. 지나침이 심한데도 주벌하지 않는 것을 일러 망징(亡徵)이라 하고, 그 허물은 추운 때를 맞아서도 따뜻함이 엿새 동안 이어지는 것이다"라고 했다.

환공(桓公) 15년 "봄에 얼음이 없었다." 유향이 볼 때 주(周)(나라 역법)의 봄은 지금-한나라-의 겨울이다. 이에 앞서 이웃 나라들과 병사를 연합해 세 번 싸워 두 번 패배했으니 안으로는 백성들을 잃고 밖으로는 제후들을 잃어 감히 주벌을 행할 수가 없게 되자, 정나라 임금[鄭伯] 돌(突)이 형의 (임금) 자리를 빼앗아 그 자리에 섰고 환공은 그와 서로 친해〔○ 사고(師古)가 말했다. "돌은 정나라 장공(莊公)의 아들로 곧 여공(厲公)이다. 형은 태자 홀(忽)이니 곧 소공(昭公)이다. 장공이 졸하자 돌은 송나라 장공(莊公)의 총애에 힘입어 자리에 오를 수 있었고, 드디어 소공을 위(衛)나라로 도망치게 만들었으니 그 때문에 형의 자리를 빼앗았다고 말한 것이다."〕 오랫동안 동류(同類)를 길러주어 선과 악을 제대로 밝히지 못한 벌이었다〔○ 사고(師古)가 말했다. "환공도 자리를 빼앗았으니 돌과 뜻이 같았기 때문에 오랫동안 동류를 길러주었다고 한 것이다."〕. 동중서는 부인(夫人)이 바르지 못하고 음이 절조를 잃은 것을 상징한다고 보았다.

성공(成公) 2년 "2월에 얼음이 없었다." 동중서가 볼 때 바야흐로[方] 선공(宣公)의 상(喪)이 있었는데도 임금과 신하들에게 슬퍼하는 마음이 없자 항양(炕陽)으로 구갑(丘甲)(의 제도)〔○ 사고(師古)가 말했다. "구는 16정(井)이고 군마 1필, 소 3두를 낸다. 4구가 1전(甸)이 된다. 전은 64정이니 이에 군마 4필, 전차 1승, 소 12두, 갑사 3명, 병졸 72명을 낼 뿐이다."〕을 만들었기 때문이라는 것이다.[1] 유향이 볼 때 당시 공이 유약해 정사가 느슨해진[徐緩]서완 때문이다.

　양공(襄公) 28년 "봄에 얼음이 없었다." 유향이 볼 때 이에 앞서 공이 삼군(三軍)을 만들어 무력을 써서 침략하려는 뜻이 있었다. 이에 이웃 나라들이 불화하자 세 변경[鄙]비을 정벌해 (노나라가) 10여 년 동안 병화(兵禍)를 입는 바람에 그로 인해 기근이 심하고 백성들이 원망하며 신하들의 마음이 떠나가고 공은 두려워서 정사를 느슨하게 했기 때문에 감히 주벌을 행하지 못했고, 초(楚)나라에는 오랑캐의 행적이 있는데도 공은 초나라를 따르려는 마음이 있었으니〔○ 사고(師古)가 말했다. "28년에 공이 초나라에 조현한 것을 가리킨다."〕 선과 악을 명확하게 구분하지 못한 데 대한 응징이었다는 것이다. 동중서의 생각도 대략 비슷하다. 일설에 홍수와 가뭄의 재해나 추위와 더위의 이변은 천하가 모두 똑같고 그렇기 때문에 "얼음이 없었다"고 한 것은 천하의 이변이다. 환공이 형을 죽이고 임금을 시해했으며〔○ 사고(師古)가 말했다. "은공(隱公)은 공의 자리를 대신하고 있었고 환공의 형이었기 때문에 그래서 형을 죽이고 임금을 시해했다고 말한 것이다."〕, 밖으로 송(宋)나라의 난을 빚어내고 정나라와 읍을 바꿔 주나라 왕실[周室]주실을 배반했다〔○ 사고(師古)가 말했다. "정나라와 읍을 바꿨다는 것은 (정나라의) 태산(太山)의 밭을 노나라의 허(許)의 밭과 바꾼 것인데, 허의 밭은 노나라가 천자로부터 받은 읍으로 천자를 조현하기 위해 머무르는 장소이기 때문에 그것과 바꿨다는 것은 곧 주나라 왕실을 배반한 것이

1　상제를 어겼다는 말이다. 구갑에 대한 풀이는 「형법지(刑法志)」에 이미 나왔다.

되는 것이다."). 성공 때 초나라는 중국(中國)을 마구 휘저었고[橫行] 왕찰자(王札子)는 소백(召伯)과 모백(毛伯)을 죽였으며〔○ 사고(師古)가 말했다. "왕찰자란 곧 왕자 첩(捷)이다. 소백과 모백은 모두 주나라 대부다. 지금의 『춘추(春秋)』 경문에 왕찰자가 소백과 모백을 죽인 일은 선공(宣公) 15년에 있는데 여기서는 성공 때라고 했으니 그 설이 맞지 않다."〕, 진(晉)나라는 천자의 군대를 무융(貿戎)〔○ 사고(師古)가 말했다. "융족의 별종이다."〕의 땅에서 꺾었지만 천자는 이 둘 모두에 대해 토벌할 수가 없었다. 양공 때 천하의 제후의 대부들은 모두 국권을 장악했으나〔○ 사고(師古)가 말했다. "양공 16년에 추량(湨梁)에서 회동했을 때 제후의 대부들이 회맹한 것은 다 이런 부류에 속한다."〕 임금들은 그것을 제어할 수 없었다. 이런 풍조가 날로 점점 심해지자 선과 악은 불분명해졌고 주벌은 행해지지 않았다. 주나라가 실패한 것은 더뎠고[舒] 진(秦)나라가 실패한 것은 급박했으니[急], 그래서 주나라는 추운 해[寒歲]에 쇠망했고 진나라는 더운 해[奧年]에 멸망했다.

무제(武帝) 원수(元狩) 6년 겨울 얼음이 얼지 않았다. 이에 앞서 해를 이어 대장군 위청(衛青)과 곽거병(霍去病)을 보내 기련산(祁連山)을 공격하게 해 대사막을 끊어 선우를 끝까지 뒤쫓아 적의 머리 10여만 급을 베고 돌아오니 큰 상을 내렸다. 이에 온 나라 안[海內]의 백성들의 노고를 가슴 아프게 여겨 이 해에 박사 저대(褚大) 등 6명을 시켜 부절을 받들고 가서 천하를 순행하며, 홀아비와 과부[鰥寡]의 안부를 묻고 선물을 내려주며 곤궁한 백성들에게는 생활 자금을 빌려주고 세상을 벗어나[遺逸] 절조를 홀로 실천하고 있는 군자를 찾아내 행재소로 데려오게 했다. 군국(郡國)에서도 마땅한 자가 있으면 승상과 어사에게 올려 천자에게 보고토록 했다. 천하가 모두 기뻐했다[咸喜].
함희

소제(昭帝) 시원(始元) 2년 겨울 얼음이 얼지 않았다. 이때 상의 나이 9세로 대장군 곽광(霍光)이 정권을 쥐고 있었고[秉政], 비로소 관대하고 따
병정
듯한 정사를 시행해 아래 백성들을 기쁘게 해주려고 했다.

희공(僖公) 33년 "12월에 서리가 내렸는데 풀을 죽이지 못했다." 유흠이 볼 때 이것은 초요(草妖)다. 유향이 볼 때 당시의 10월은 주나라의 12월이다. 『주역(周易)』에서 오(五)는 하늘의 자리[天位]이자 임금의 자리이며, 9월
천위
에 음기가 지극할 때 오(五)는 하늘의 자리와 통하니 그 괘는 박(剝)(䷖)² 이어서 만물을 벗겨내고 떨어뜨려 비로소 크게 죽이게 된다. 이는 음이 양의 명(命)을 따르고 신하는 임금의 명령을 받은 다음에야 죽인다는 것을 밝히고 있다. 지금 10월에 서리가 내렸는데 풀을 죽일 수가 없다는 것은 곧 임금이 주벌을 행하지 못한다는 것이니 정사가 더딘 것[舒緩]의 응험이
서완
다. 당시에 공자 수(遂)가 권세를 제 마음대로 해 삼환(三桓)이 비로소 관작을 세습하니 하늘이 경계해 말하기를 이때부터 장차 난이 빚어질 것이라고 한 것이다. 그런데도 문공(文公)은 깨닫지 못하니 그후에 수가 자적(子赤)을 죽이고 삼가(三家)는 마침내 소공(昭公)을 축출했다. 동중서의 생

---

2 다섯 음에 한 양이 있고 음이 처음 아래로부터 생겨서 점점 자라 성대함에 이르러 여러 음이 양을 사라지게 한다.

각도 대략 비슷하다. 경방의 『역전(易傳)』에 이르기를 "신하가 (민첩하지 못하고) 느슨한 것[緩]을 일러 불순(不順)이라고 하는데 그에 따른 변고는 서리가 내리는데도 풀을 죽이지 못하는 것이다"라고 했다.

『서경(書經)』 서(序)에 "이척(伊陟)이 태무(太戊)의 재상이 되자 (도읍인) 박(亳)에 뽕나무와 구(穀)〔○ 사고(師古)가 말했다. "穀는 발음이 (곡이 아니라) 구(穀)다."〕나무가 함께 합쳐져 자랐다"고 했다. 그 전(傳)에 이르기를 "함께 조정에 자라나 7일 만에 커서 양손으로 한 아름 크기가 됐다. 이척이 경계시켜 태무가 다움을 닦자[修德] 나무는 말라버렸다"라고 했다. 유향이 볼 때 은나라의 도리는 이미 쇠퇴해 고종(高宗)이 그 당시의 폐단을 이어받아 일어나 양음(涼陰)의 슬픔[哀]〔○ 사고(師古)가 말했다. "양(涼)은 신(信)이고 음(陰)은 묵(默)이다. 상을 치르면서[居哀=居喪] 신묵(信默)했다는 것은 3년 동안 한마디도 하지 않았다는 것이다. 일설에는 양음은 상을 치른 여막이라고 한다. 그래서 3년 동안 여막에 있으면서 한마디도 하지 않았다는 것을 뜻한다. 지금의 『상서(尙書)』나 각종 기록들을 보면 태무(太戊)가 졸하자 아들 중정(仲丁)이 세워졌는데 졸했고, 그 동생 하단갑(何亶甲)이 세워졌는데 졸했으며, 그 아들 조을(祖乙)이 세워졌는데 졸했고, 그 아들 반경(盤庚)이 세워졌는데 졸하자, 소을(小乙)의 아들 무정(武丁)이 세워졌는데 이 사람이 고종이다. 뽕나무와 구나무는 태무 때 자라났고 양음은 곧 고종의 일이다. 그래서 유향은 뽕나무와 구나무를 곧 고종 때 자라난 것으로 말하고 있는데, 이 설은 (복생의) 『상서대전(尙書大傳)』과 일치하지 않고 그 뜻도 분명치 않다. 혹자는 복생(伏生)이 착각한 것이라고 했다."〕을 다했기 때문에 천하가 이에 보응한 것인데, 이미 화려한 영광을 얻고서 정사를 태만하게 해 나라가 장차 위험하고 망하려는 지경에 이르렀기 때문에 뽕나무와 구나무의 이변이 일어난 것이다. 상(桑)은 상(喪-죽다)과 같고 구(穀)는 생(生-살다)과 같으니, 죽이고 살리는 권한[秉=權]이 아래-신하-에 있어 초요(草妖)와 비슷하다. 일설에는 야생의 나무가 조정에서 싹을 틔워 급격하게 자란 것은 소인이 장차 갑자기 대신의 자리에 있어 국가를 위험하고 망하게 하려 하니 조정이 장차 폐허가 되리라는 징험을 상징한다.

『서경(書經)』 서(序)에 또 이르기를 "(상나라) 고종(高宗)이 성탕(-상나라를 세운 탕왕)에게 융제사[肜祭=又祭][3]를 올리던 날, 꿩[雉]이 날아와 큰 솥[鼎] 고리[耳] 위에 앉더니 우는 일이 있었다"라고 했다. (이에 고종이 이를 두려워하자) 조기(祖己)[4]가 노래를 지어 "먼저 (큰 도리를 지녔던) 왕을 대신해[假王] 일을 바로잡겠습니다"라고 했다.[5] 유향이 볼 때 꿩이 울었다는 것은 수컷이고 붉은색을 위주로 한다. 『주역(周易)』에서 이(離)괘는 꿩이고 꿩은 남쪽이며[6] 적상(赤祥)에 가깝다. 유흠이 볼 때 우충(羽蟲)의 얼(孽)이다. 『주역(周易)』에 정(鼎)괘(䷱)가 있는데 쇠솥[鼎]은 종묘의 기물로 기물을 주관해 종묘를 받드는 장자(長子)다. 야조(野鳥)가 밖에서 날아와 종묘의 기물의 주관자가 됐으니 이는 후사가 장차 바뀔 것이라는 뜻이다.

---

3 제사 다음 날 또 지내는 제사를 말한다.

4 은나라의 뛰어난 신하다.

5 그러고 나자 재이가 사라졌다.

6 『설괘전(說卦傳)』에 "이(離)는 밝음[明]이며 모두 다 서로 볼 수가 있어 남방의 괘다"라고 했다.

일설에는 쇠솥은 발이 세 개이니 삼공(三公)을 상징하고 고리[耳]를 들어서 옮긴다. 그런데 야조가 쇠솥의 귀에 앉았다는 것은 소인이 장차 공(公)의 자리에 있게 되니 종묘의 제사는 폐절된다는 것이다. 들판의 나무가 조정에서 자라고 들판의 새가 종묘에 들어온 것은 패망을 상징하는 이변이다. 무정은 이에 두려움을 품고서 충성스럽고 뛰어난 신하에게 계책을 물어 다움을 닦고 일을 바로잡아 안으로는 부열(傅說)을 들어 써서 국정을 맡겼고 밖으로는 귀방(鬼方)을 정벌해 중국[諸夏]을 안정시켰다〔○ 사고(師古)가 말했다. "귀방은 아주 멀리 떨어진 땅인데 일설에는 나라의 이름이라고도 한다. 하(夏)는 크다[大]는 뜻이다. 중국이 융적(戎狄)보다 컸기 때문에 제하(諸夏)라고 불렀다."〕. 그래서 능히 나무와 새의 요상스러움[妖]을 없애고 100년의 목숨을 누릴 수 있었으니, 이것이 이른바 "여섯 가지 나쁜 기운[六沴]이 나타나도 이처럼 공손하게 자신을 다스리면[御=治] 다섯 가지 복이 마침내 내려와 천하 백성들에게 펼쳐지게 된다"라는 것이다. 일설에는 금(金)이 목(木)을 해치는 것을 일러 목(木)이 굽어지지도 곧아지지도[曲直] 않는다고 했다.

희공(僖公) 33년 "12월에 자두나무[李]와 매화나무[梅]에 열매가 열렸다." 유향이 볼 때 주나라의 12월은 지금(한나라)의 10월이고 자두와 매화나무는 마땅히 잎이 벗겨지고 떨어질 것인데 지금 도리어 꽃이 피고 열매가 열렸으니 초요(草妖)에 가깝다. 먼저 꽃이 핀 다음에 열매가 맺히는 것인데 꽃이 피었다는 것을 기록하지 않은 것은 그 절절함을 표현하기 위함이다. 음이 양의 일을 이루어주는 것은 신하가 임금을 제 마음대로 해 위엄과 복록을 행사하는 것을 상징한다. 일설에는 겨울에는 마땅히 죽어야 하는데 도리어 살아난 것은 교만한 신하는 마땅히 주살해야 하는데 그 벌이 행해지지 못했음을 상징한다. 그래서 겨울에 꽃이 피었다는 것은 신하의 간사한 음모에 실마리가 있는데도 이뤄지지 않다가 열매를 맺기에 이르러 성취된 것을 상징한다. 이때에 희공이 죽자 공자 수(遂)가 권력을 제 마음대로 했는데도 문공이 이를 깨닫지 못하자 뒤에 자적(子赤)의 변이 있게 됐다는 것이다. 일설에는 임금이 매사를 더디게 함[舒緩]이 너무도 심해 뜨거운 기운[奧氣]이 아주 안 좋게 되자[不臧=不善] 꽃과 열매가 다시 살아났다고 본다. 동중서가 볼 때 자두와 매화나무의 열매는 신하가 강한 것이다. 기(記)[7]에 이르기를 "마땅히 꽃이 피어서는 안 되는데 꽃이 피는 것은 대부를 바꾸는 것이고, 마땅히 열매가 열려서는 안 되는데 열매가 열리는 것은 재상[相室=相國]을 바꾸는 것이다"라고 했다. 겨울은 물이 왕이고 나무가 재상이기 때문에 대신을 상징한다는 것이다. 유흠이 볼 때 서징(庶徵)에서는 모두 벌레를 얼(孽)로 간주하고 유향의 「사심전(思心傳)」에서는 영충(臝蟲)의 얼이다. 자두와 매화나무의 열매는 초요(草妖)에 속한다.

혜제(惠帝) 5년 10월 복숭아나무[桃]와 자두나무[李]에 꽃이 피고 대추나무[棗]에 열매가 열렸다. 소제(昭帝) 때 상림원 안의 큰 버드나무를 잘라 땅에 놓았는데 하루 아침에 일어나더니 가지와 잎이 났고 벌레가 생겨나 잎을 갉아 먹어 글자를 써서 읽어보니 '공손 병이가 이미 세워졌다[公孫

---

7 유향의 『오행전(五行傳)』의 기(記)를 가리킨다.

病已立]'라고 돼 있었다. 또 창읍왕(昌邑王)의 나라의 사직단[社]에 바짝
      병이 립   사
마른 나무가 있었는데 다시 가지와 잎이 생겨났다. 수맹(眭孟)[8]이 나무는
음(陰)의 부류로 보아 아래 백성의 상(象)이기 때문에 마땅히 옛날에 스러
진 집안인 공손씨(公孫氏)에 백성들 사이에서 천명을 받아 천자가 되는 자
가 있게 된다고 했다. 소제는 춘추가 어려 곽광(霍光)이 정권을 쥐고 있었
기 때문에 맹(孟)의 말을 요언이라 해 그를 주살했다. 뒤에 소제가 붕하고
자식이 없어 창읍왕 하(賀)를 불러 자리를 잇게 했으나 광란(狂亂)해 도리
를 잃어 광(光)은 그를 폐하고 다시 소제의 형 위태자(衛太子)의 손자를 세
웠으니 그가 선제(宣帝)다. 제의 본래 이름이 병이(病已)였다.

경방의 『역전(易傳)』에 이르기를 "마른 버드나무가 싹[稊=萌〔○ 사고
                                                    제 맹
(師古)가 말했다. "대과(大過)괘(䷛)의 아래에서 두 번째 붙은 효[九二]의
                                                       구이
풀이에서 '제(稊)는 버드나무 싹이 처음 나오는 것을 가리킨다'라고 했
다."〕을 틔우고 마른 나무가 다시 살아나면 임금에게 자식이 없다"라고
했다.

원제(元帝) 초원(初元) 4년 황후의 증조부 제남군(濟南郡) 동평릉현(東平
陵縣)의 왕백(王伯)의 묘문(墓門) 가래나무 기둥에 가지와 잎이 나서 옥상
위로 올라왔다〔○ 맹강(孟康)이 말했다. "왕백은 왕망의 조부다." 사고(師
古)가 말했다. "왕망의 고조부다. 그래서 아래에서 고조고(高祖考)라고 한
것이다."〕. 유향이 볼 때 왕씨(王氏)가 귀하고 성대해져 장차 한나라 왕실
을 대신할 상(象)이다. 뒤에 왕망이 자리를 찬탈하고서 스스로 그것을 말

---

8   한나라 유학자로 『춘추공양전(春秋公羊傳)』의 대가였다.

하기를 "초원 4년은 내[莽]가 태어난 해이고, 한나라 9세(世)가 화덕(火德)의 액운을 맞아 이런 조짐이 고조고(高祖考)의 문에서 일어났으니 문이란 열어서 통하게 하는 것[開通]이고 가래나무는 자식과 같으니, 이는 곧 왕씨에게 마땅히 뛰어난 자식[賢子]이 있어 조통(祖通)을 열어서 통하게 하고 주석(柱石)과도 같은 대신의 자리에서 일어나 천명을 받고서 왕이 될 것이라는 상서로운 조짐[符]이었다"라고 했다.

건소(建昭) 5년 연주자사(兗州刺史) 호상(浩賞)이 백성들에게 몰래 사당[社]을 세우는 것을 금지했다〔○ 신찬(臣瓚)이 말했다. "옛 제도에 따르면 25가구에 하나의 사당을 세우도록 돼 있었는데 백성들 사이에 혹 10가구나 5가구가 함께 전사(田社)를 세우니 이를 사사(私社)라고 했다."〕. 산양군(山陽郡) 탁현(橐縣) 모향(茅鄉)의 사당에 큰 홰나무[槐樹]가 있었는데 관리가 그것을 쳐서 잘라내게 했는데 그날 밤에 나무가 다시 원래 있던 자리에 섰다. 성제(成帝) 영시(永始) 원년 2월 하남의 어떤 역참 숙소[街郵]의 가죽나무[樗樹]에 가지가 자랐는데 그 모습이 사람의 머리와 같아 눈썹, 눈, 수염이 다 갖춰져 있었고 머리털만 없을 뿐이었다.

애제(哀帝) 건평(建平) 3년 10월 여남군(汝南郡) 서평현(西平縣) 수양향(遂陽鄉)에서 기둥이 땅에 놓여져 있었는데 거기서 가지가 자라나 그 모습이 사람과 같았다. 몸은 청황색이고 얼굴은 흰색이며 머리에는 코밑 수염[髭]과 머리카락이 있었는데, 점점 자라 총 길이가 6촌 1분이었다. 경방의 『역전(易傳)』에 이르기를 "왕의 다움이 쇠해 아랫사람이 장차 일어나게 되면 나무가 자라 사람의 형상이 되는 일이 있다"라고 했다.

애제 건평 3년 영릉(零陵)에서 땅에 나무가 쓰러져[僵=偃] 있었는데 둘

레의 크기가 6척이고 길이가 10장 7척이었다. 백성들이 그 밑동을 잘랐는데 길이가 9척여(餘)였고 다 말라버렸다. (그런데) 3월에 그 나무가 갑자기[卒=猝] 스스로 원래 자리에 섰다. 경방의 『역전(易傳)』에 이르기를 "바른 도리를 버리고 음란한 짓을 하면 그 요사스러움은 나무가 베어지는 일이 절로 계속되고, 후비(后妃)가 총애를 독점하면 나무가 쓰러졌다가 다시 일어서고 말라버린 나무를 베어도 다시 살아난다. 천자[天辟]는 그것을 싫어한다"라고 했다.

원제(元帝) 영광(永光) 2년 8월 하늘에서 풀이 비 오듯 했고 낙엽들이 서로 엉겨 붙어[摎=繚] 그 크기가 탄환(彈丸)과 같았다. 평제(平帝) 원시(元始) 3년 정월 하늘에서 풀이 비 오듯 했고 모양이 영광 때와 같았다. 경방의 『역전(易傳)』에 이르기를 "임금이 녹(祿)을 인색하게 해 신망이 떨어져 뛰어난 신하가 떠나가면 그 요상스러움은 하늘에서 풀이 비 오듯 하는 것이다"라고 했다.

소공(昭公) 25년 "여름 구관조[鸜鵒]가 와서 둥지를 지었다." 유흠이 볼 때 이는 우충(羽蟲)의 얼(孼)로 그 색은 검은색이니 또한 흑상(黑祥)이며, 보는 것이 눈 밝지 못하고[不明] 듣는 것이 귀 밝지 못한 것[不聰]의 벌이다. 유향이 볼 때 이는 비(蜚-볏잎을 갉아 먹는 벌레)가 있거나 역(蜮)[9]이

---

9 역(魊)과 같은 뜻으로 물여우[短狐]라 해서 모래를 입에 넣고 있다가 사람을 향해 그 모래를 내뿜어 재해를 입히는 괴물로 보기도 하고, 비(蜚)와 마찬가지로 볏잎을 갉아 먹는 벌레로 보기도 한다. 『춘추(春秋)』 은공(隱公) 원년에 유비(有蜚)라는 말이 나오고 장공(莊公) 18년에 유역(有蜮)이라는 말이 나온다.

있다고 하고 '왔다[來]'라고 말하지 않은 것[10]은 기운이 생겨났다는 것이니, 이른바 생(眚-재앙의 조짐)이다. 구관조가 왔다고 말한 것은 기운이 이르렀다는 것이니, 이른바 상(祥)이다. 구관조는 이적(夷狄)의 동굴에 숨어 사는 새로, 와서 중국에 이르러 동굴에 가지 않고 둥지를 틀었다는 것은 음이 양의 자리에 있는 것이니〔○ 사고(師古)가 말했다. "지금의 구관조는 중국 어디에나 있다. 옛날 노(魯)나라에는 없었기 때문에 이렇게 말한 것이다."〕, 계씨(季氏)가 장차 소공을 내쫓아 소공이 궁실을 떠나 야외에 머물게 되는 것을 상징한다. 구관조의 날개가 흰 것은 가뭄의 상(祥)이고 동굴에 살며 물을 좋아하고 검은색인 것은 급한 것[急]을 위주로 하는 것에 따른 응험이다. 하늘은 경계해 말하기를 (계씨는) 이미 중망[衆=衆望]을 잃어 급하거나 사나울[急暴] 수가 없었다. 급하거나 사나운 것[急暴]이란 음의 기운이 장차 부절을 갖고서 양의 기운을 내쫓는 것일 뿐이므로 궁실을 떠나 야외에 머물게 되는 것이다. 소공은 이를 깨닫지 못하고 군사를 들어 계씨를 포위했다가 계씨에게 패해 제(齊)나라로 내쫓겨[出犇=出奔] 끝내 들판에서 죽었다[死]. 동중서의 생각도 대략 비슷하다.

경제(景帝) 3년 11월 목덜미가 하얀 새와 검은 새가 초(楚)나라 여현(呂縣)에서 집단적으로 싸워 하얀 새가 이기지 못하자 사수(泗水) 속으로 떨어져 죽은 것이 수천이었다. 유향이 볼 때 이는 백상(白祥) 및 흑상(黑祥)과 비슷한 것이다. 이때 초왕 무(戊)〔○ 사고(師古)가 말했다. "초(楚) 원왕

---

10 『춘추(春秋)』에서 그렇게 말했다는 것이다.

(元王)의 손자다.")가 사납고 어지럽고 무도해 신공(申公, ?~?)[11]을 형벌로 모욕하고 오왕(吳王)과 함께 반란을 일으켰다. 왕 무는 이를 깨닫지 못하고 마침내 병사를 일으켜 오에 호응해 한(漢)나라와 크게 싸워 병사들이 패해 도망쳐 단도(丹徒)에 이르렀다가 월(越)나라 사람들에게 목을 베였으니, (하얀 새들이) 물 속으로 떨어져 죽은 것의 효험이다. 경방의 『역전(易傳)』에 이르기를 "혈친을 제 몸과 같이 여겨야 하는 도리[親親]를 거스르면 그 요사스러움은 하얀 새와 검은 새가 나라 안에서 싸우는 것이다"라고 했다.

소제(昭帝) 원봉(元鳳) 원년 한 마리 새와 까치[鵲]가 연왕(燕王)의 궁궐 안 연못가에서 싸우다가 새가 연못에 빠져 죽었으니 이는 흑상(黑祥)에 가까운 것이다. 이때 연왕 단(旦)은 난을 일으킬 것을 모의하고 있었는데 끝내 (이 일을 보고서) 고쳐 깨닫지 못하고 죄에 엎어져[伏辜] 죽었다. 초(楚)와 연(燕)은 둘 다 한나라 왕실의 골육인 번신(藩臣)인데 교만하고 원망을 품어 반역을 모의했으니, 모두 새와 까치가 싸우다가 죽은 상(祥)이고 함께 행동하며 점과도 일치했으니, 이는 하늘과 사람이 서로 관련돼 있다는 것이 명백하게 드러난 것이다. 연에서는 한 마리 새가 까치와 궁궐 안에서 싸워 검은 것이 죽고 초에서는 1만을 헤아리는 새가 들판에서 싸우다가 하얀 것이 죽었으니, 이는 연의 음모는 발각되기도 전에 홀로 왕이 궁에서 자살했기 때문에 새 한 마리의 수색(水色)이 죽었던 것이고 초는 항양(炕

---

11 초(楚)나라 대부다. 원왕(元王)이 목생(穆生), 백생(白生)과 함께 대부로 삼아 예우했지만 훗날 백생과 함께 죄에 연루돼 붉은 죄수복을 입고 저자거리에서 절구질을 해야 했다.

陽)으로 병사를 일으켜 군대가 들판에서 대패했기 때문에 그래서 수많은 무리의 새의 금색(金色)이 죽었던 것이니, 이는 하늘과도 같은 도리의 정밀하고도 미묘한[精微] 효험이다. 경방의 『역전(易傳)』에 이르기를 "오로지 정벌하고 겁살(劫殺)하기만 하면 그 요사스러움은 새와 까치가 싸우는 것이다"라고 했다.

소제 때 사다새[鵜鶘] 혹은 독추(鵚鶖)라고 하는 새가 창읍왕의 궁전 아래에 모여드니 왕이 사람을 시켜 그것을 쏘아 죽였다. 유향이 볼 때 물새는 청색이므로 청상(靑祥)이다. 이때 왕이 말을 내달리며 사냥을 하는데 빠져 그칠 줄을 몰랐고 대신을 모욕 주고 지존(至尊-천자)에 대해 불경스러웠으니 복요(服妖)의 상(象)이었다. 그래서 청상이 보인 것이다. 들판의 새가 들어온 곳, 즉 궁실은 장차 폐허가 된다. 왕은 이를 깨닫지 못하고 결국은 패망했다. 경방의 『역전(易傳)』에 이르기를 "임금[辟=君]이 다움이 있는 자를 물리치면 그 허물은 제 마음대로 하는 것[狂]이고 그 요상스러움은 물새[水鳥]가 나라 안에 모여드는 것이다"라고 했다.

성제(成帝) 하평(河平) 원년 2월 경자일에 태산(泰山)의 산상곡(山桑谷)에서 솔개[鳶=鴟]가 자신의 둥지를 불태우는 일이 있었다. 손통(孫通) 등 남자들이 산속에서 솔개와 까치 등의 새 떼가 소리를 내어 우는 것을 듣고 가서 보니, 둥지가 불에 타 죄다 땅바닥에 떨어져 있었고 솔개 새끼[鷇=雛] 세 마리가 불에 타 죽어 있었다. 그 나무의 크기는 둘레가 네 아름이었고 둥지는 지상으로부터 5장 5척이었다. 태수 평(平)은 이 같은 내용을 위에 보고했다. 솔개의 색은 검은색이니 흑상(黑祥)과 비슷하고 탐학(貪虐)의 부류에 속한다. 『주역(周易)』에 이르기를 "새가 둥지를 불태우니 나그네가 먼저는 웃다가 뒤에는 울부짖는다[號咷]〔○ 사고(師古)가 말했다. "여(旅)괘(䷷)의 가장 위에 붙은 효[上九]에 대한 풀이다."〕"라고 했다. 태산은 대종(岱宗)으로 오악(五嶽)의 수장이니 임금 된 자[王者]가 성(姓)을 바꿔[12] 다른 사람이 대신해 천자가 된다는 것을 하늘에 고하는 것을 나타낸 것이다. 하늘은 경계해 말하기를 "탐욕스럽고 잔학스러운 인간을 가까이하지 말라. 그 나쁜 음모를 들었다가는 장차 둥지를 불태워 자기 자식을 해쳐 대가 끊어져[絶世] 왕조가 바뀌는[易姓] 재앙이 생겨날 수 있다"라고 한 것이다. 그후에 조비연(趙飛燕)이 총애를 얻어 황후에 세워졌고 여동생은 소의(昭儀)가 됐는데, 자매가 총애를 독점해 후궁 허미인(許美人)과 조위능(曹偉能)〔○ 사고(師古)가 말했다. "후궁의 성명이다. 일설에는 위능을 궁의 이름으로 보기도 하는데 「외척전(外戚傳)」에 나온다."〕이 황자를 낳았다는 소식을 듣고서는 소의가 크게 화가 나 상(上)으로 하여금 그 황자를 빼앗아 오게 해 죽였으며 그 어미도 함께 죽였다. 성제가 붕하자 소의는 자살했고 그 음모는 마침내 발각돼 조후(趙后)도 죄에 걸려 주살됐다. 이는 둥지를 태우고 새끼를 죽였으며 또 뒤에 울부짖게 되는 것의 응험이다. 일설에는 왕망이 탐욕과 잔학함으로 사직의 중대함을 떠맡아 결국 왕조의 성이 바뀌는 재앙을 이루어내게 됐다고 말한다. 경방의 『역전(易傳)』에 이르기를 "임금이 포학스러우면 새가 자기 집을 불태운다"라고 했다.

홍가(鴻嘉) 2년 3월 박사관(博士官)에서 대사례(大射禮)[13]를 행할 때 꿩

---

12 왕조가 바뀐다는 말이다.
13 국가에 행사가 있을 때 임금과 신하가 한자리에 모여 활을 쏘아 그 예의 도수[禮數]를 살피는

이 날아와 뜰에 모여들었는데 계단을 타고 당(堂)에 올라 울었다[鴝=鳴].
                                                       구 명
그후에 꿩이 다시 태상(太常), 종정(宗正), 승상(丞相), 어사대부(御史大夫),
대사마 거기장군의 부(府-관청)에 모여들었고, 다시 미앙궁 승명전(承明
殿) 옥상에 모여들었다. 이 당시 대사마 거기장군 왕음(王音)과 대조 총
(寵) 등이 말씀을 올렸다.

"하늘과 땅의 기운은 비슷한 것들끼리 서로 호응해 임금에게 꾸짖는 경
고를 하는데 지극히 미미하면서도 현저하게 드러납니다. 꿩이란 귀로 잘
살펴 누구보다 먼저 우레 소리를 듣습니다. 그래서 월령(月令)[14]은 꿩을 써
서 절기를 구획합니다〔○ 사고(師古)가 말했다. "계동(季冬-늦겨울)에는 '꿩
이 울고 닭이 젖을 먹인다'라고 했다."〕. 경(經)[15]에는 고종 때 꿩이 (쇠솥
의 손잡이에 올라) 우는 이변을 싣고 있는데 이를 통해 재앙이 바뀌어 복
이 되는[轉禍爲福] 응험을 명확하게 보여줍니다. 지금 꿩이 박사관에서 예
         전화위복
를 행하는 날에 대중들이 몰려들어 집회를 하고 있는 뜰에 모여들어 계단
을 타고 당(堂)에 오르니 수많은 대중들이 그것을 올려다보고서[睢睢] 놀
                                                    구구
라는 일이 연일 계속되고 있습니다. 꿩은 곧장 삼공의 부(府)와 태상, 종정
등 종묘와 혈친을 담당하는 관청을 거친 다음에 궁에 들어갔습니다. 그것
은 그 건물들에서 일하고 머무는 사람들에게 경고하고 일깨워준 것이니
그 심절함은 너무나도 곡진해 설사 사람의 도리를 (사람들끼리) 서로 경계

의례다.

14 『예기(禮記)』「월령」편을 가리킨다.

15 『서경(書經)』을 가리킨다.

시킨다 한들 어찌 이보다 더할 수 있겠습니까?"

그후에 제(帝)는 중상시(中常侍) 조굉(趮閎)을 시켜 음(音)에게 조(詔)하여 말하게 했다.

"듣건대 꿩을 잡아 보니 깃털이 자못 꺾여 있었다고 하니 아마도 그 전에 그것을 잡았던 사람이 있는 것 같은데 이렇게 한 사람이 없는가〔○ 사고(師古)가 말했다. "어떤 사람이 그것을 잡았다가 놓아주어 변이(變異)인 것처럼 보이려 했는지를 의심하는 말이다."〕?"

음이 다시 대답해 말했다.

"폐하께서 어찌 나라를 망하게 할 말씀을 하실 수 있습니까? 누가 이런 망령된 계책을 주도해 만들어서 빼어나신 다움을 이처럼 어지럽혔는지를 모르겠습니다만, 좌우에는 아첨하는 자들이 너무 많으니 신 음이 다시 아뢰는 것을 기다리시지 않더라도 충분할 것입니다. 공경 이하는 자리를 보전하고 지키느라 바른 말[正言]을 하는 사람이 아무도 없습니다. 만일 폐하께서 느끼고 깨달으시어 큰 화가 장차 몸에 닥칠 것을 두려워하시며 신하들을 책망하시고 빼어난 법[聖法]으로 묶으신다면 신 음은 마땅히 누구보다 먼저 주살을 받게 될 것인데 어찌 스스로 벗어나려 하겠습니까? 지금 자리에 나아오신 지[卽位] 15년인데도 후사가 세워지지 않고 날마다 수레를 타고 밖으로 나가시니 실수와 허물에 관한 소문이 흘러 다녀서 해내(海內-나라 안)에 전해지고 경사에서는 더욱 심합니다. 밖으로 미행의 해악이 있고 안으로 질병의 근심이 있으니, 황천이 자주 재이를 보여 사람들이 바꾸고 고치기를 바랬지만 끝내 이미 고치지를 못했습니다. 하늘도 오히려 폐하를 감동시켜 움직이지를 못하는데 신자(臣子)가 무엇을 바라겠습니까? 오직 극언을 하고 죽음을 기다리니 목숨은 아침저녁 사이에 있을 뿐입니다. 만약에 그렇지 않은 것이 있다고 한다면 노모(-성제의 어머니)는 어떻게 거처할 곳을 얻을 수 있으며 더욱이 어디에 황태후가 계실 수 있습니까? 고조의 천하는 마땅히 누구에게 맡기실 것입니까? 마땅히 뛰어나고 지혜로운 이들과 함께 모의하시어 자기를 이기고 예로 돌아감으로써[克己復禮] 하늘의 뜻을 구하신다면 계사(繼嗣)는 세워질 수 있고 재이는 오히려 사라질 것입니다."

성제 수화(綏和) 2년 3월 천수군(天水郡)의 평양(平襄)에서 제비[燕]가 참새[爵]를 낳고 음식을 먹여 길러 큰 새가 되자 함께 날아가버리는 일이 있었다. 경방의 『역전(易傳)』에 이르기를 "나라를 해치는 신하[賊臣]가 나라에 있게 되면 그 허물은 제비가 참새를 낳는 것이고 제후들이 소멸한다"라고 했다. 일설에는 자신의 동류를 낳지 않으면 그 자식은 대를 잇지[嗣世] 못한다고 했다.

옛 역사 기록에 따르면 노(魯)나라 정공(定公) 때 계환자(季桓子, ?~기원전 492년)[16]가 우물을 파다가 흙장군[土缶]을 얻었는데 그 안에서 양처럼

---

16 계손사(季孫斯)다. 춘추시대 노(魯)나라 사람으로 계손여의(季孫如意)의 아들이다. 노정공(魯定公) 5년 아버지를 이어 대부(大夫)가 됐다. 가신(家臣) 양호(陽虎)가 난을 일으키자 그를 가두고 동맹을 맺었다. 8년 양호가 삼환(三桓)을 없애려고 노정공을 위협해 맹씨(孟氏)와 계씨(季氏)를 정벌했는데 전투에서 지자 달아났다. 12년 제나라 사람들의 여악(女樂)을 받아들여 정공과 함께 구경하고 조례(朝禮)를 폐했다. 공자(孔子)가 당시 대사구(大司寇)를 맡고 있었는데 이로 인해 노나라를 떠나 위(衛)나라로 갔다. 환(桓)은 시호다.

생긴 벌레를 얻었으니 이는 양화(羊禍)와 비슷하다. 양이란 지상의 동물이며 흙 속에 그윽하게 숨어 있으니, 이는 정공이 공자를 쓰지 못하고 계씨의 말을 따르느라 어둡고 우매해 밝지 못한 것의 응험을 상징한다. 일설에는 양이 야외로 나가서 흙장군 안에 갇힌 것은 노나라 임금이 그 있어야 할 곳을 잃고 계씨에게 구애되고 계씨도 또한 장차 자신의 가신(家臣)에게 구애될 것을 상징한다고 한다. 이 해에 계씨의 가신 양호(陽虎)가 계환자를 가두었다. 3년 후에 양호가 정공을 겁박해 맹씨(孟氏)를 쳤으나 군사가 패배해 보옥(寶玉)과 큰 활〔○ 사고(師古)가 말했다. "둘 다 주나라에서 받은 것이다."〕을 훔쳐 나라 밖으로 달아났다.

『춘추좌씨전(春秋左氏傳)』에 따르면 노나라 양공(襄公) 때 송나라에 여자아이가 태어났는데 온몸이 붉은 데다가 털이 있어 그것을 제방 아래에 버린 자가 있었으니, 송나라 평공(平公)〔○ 사고(師古)가 말했다. "공공(共公)의 아들이고 이름은 성(成)이다."〕의 어머니 공희(共姬)의 마부가 보고서 그 아이를 거두어 그로 인해 이름을 기(棄)라고 지었다. 아이가 자라 미모였기 때문에 평공에게 바치니 아들을 낳아 좌(佐)라고 이름 지었다. 뒤에 송나라 신하 이려(伊戾)가 태자 좌(痤)를 중상모략해[讒] 죽였다〔○ 사고(師古)가 말했다. "이 일은 양공(襄公) 26년에 나온다."〕. 이에 앞서 대부 화원(華元)이 진(晉)나라로 도망쳤고〔○ 사고(師古)가 말했다. "성공(成公) 15년의 일이다."〕, 화약(華弱)은 노나라로 도망쳤으며〔○ 사고(師古)가 말했다. "양공(襄公) 6년의 일이다."〕, 화신(華臣)은 진(陳)나라로 도망쳤고〔○ 사고(師古)가 말했다. "양공(襄公) 17년의 일이다."〕, 화합비(華合比)는 위(衛)나라로 도망쳤다〔○ 사고(師古)가 말했다. "소공(昭公) 6년의 일이다. 그런데 지금 『춘추(春秋)』에 따르면 합비가 도망친 것은 태자 좌를 죽인 이후에 실려 있는데, 지(志)에서는 갑자기 '이에 앞서'라고 했으니 그 이유는 정확히 모르겠다."). 유향이 볼 때 당시에 화재가 있었던 것은 적생(赤眚)이 명확하게 드러난 응험이다. 경방의 『역전(易傳)』에 이르기를 "높고 낮음[尊卑]을 분별하지 못할 때 그 요상스러움은 여자가 붉은 털을 낳는 것이다"라고 했다.

혜제(惠帝) 2년 하늘에서 의양(宜陽)의 1경(頃)쯤 되는 곳에 피비를 내렸는데 유향은 그것을 적생(赤眚)으로 보았다. 이때 또 겨울에 천둥이 치고 복숭아와 자두나무에 꽃이 활짝 폈으니 이는 상오(常奧)의 벌이다. 이 당시에 정사가 더뎌[舒緩] 여씨(呂氏) 일족이 정권을 제 마음대로 하니[用事] 참소하는 입이 활개를 쳤으며, 황자 세 명[17]을 죽였고 제위를 이을 자격이 안 되는 자를 후사로 삼거나〔○ 사고(師古)가 말했다. "후궁 미인의 아들을 후사로 삼은 것을 말한다."〕 마땅히 세워서는 안 되는 왕을 세웠으며〔○ 맹강(孟康)이 말했다. "여씨의 삼왕(三王)을 말한다."〕, 왕릉(王陵), 조요(趙堯), 주창(周昌)을 물러나게 만들었다〔○ 사고(師古)가 말했다. "혜제 6년에 왕릉이 우승상이 됐다. 혜제가 붕하자 여후는 릉을 내쫓아 태부로 삼았는데 실은 재상의 권력을 빼앗기 위함이었다. 고조가 조요를 어사대부로 삼았는데 고후 원년에 조왕 여의의 계책을 정하는 문제 때문에 요에게 원한을

---

17 은왕(隱王) 여의(如意), 유왕(幽王) 우(友), 공왕(恭王) 회(恢)를 가리킨다. 모두 고제의 아들들이다.

품고 있다가 마침내 요에게 죄를 물었다. 주창은 조(趙)나라의 재상이었는데 조왕이 짐독으로 살해되자 창은 병을 핑계로 조현하지 않다가 3년 후에 훙했다."]. 여태후가 붕하자 대신들은 함께 여씨 일족을 주멸해 엎어진 시신들에서 피가 (강처럼) 흘렀다. 경방의 『역전(易傳)』에 이르기를 "죄를 다른 사람 탓으로 돌리고[歸獄] 풀어주지 않는 것을 추비(追非)라고 하는데 그 허물은 하늘이 피비를 내리는 것이다. 그리고 이를 불친(不親)이라고 해 백성들이 원망을 품으면 3년 동안 나오지 않게 돼 그 종족이 없어진다"라고 했고, 또 말하기를 "간사한 자[佞人]가 녹(祿)을 내려주는 자리에 있어 공신(功臣)이 주륙을 당하면 하늘이 피비를 내린다"라고 했다.

애제(哀帝) 건평(建平) 4년 4월 산양군(山陽郡) 호릉(湖陵)에 피비가 내렸는데, 그 넓이는 3척, 길이는 5척으로 큰 것은 동전만 했고 작은 것은 마(麻)의 열매만 했다. 그로부터 2년 후에 제가 붕하고 왕망이 조정을 제 마음대로 해 귀척(貴戚) 정(丁)과 부(傅) 두씨를 주살했고 대신 동현(董賢) 등을 모두 먼 지방으로 유배 보냈으니 여씨 일족과 같은 상(象)이다. 주살해 죽인 자가 적으면 피비도 조금 내린다.

전(傳)에서 말했다.

"듣는 것이 귀 밝지 못한 것[不聰]을 일러 불모(不謀)라고 하는데, 그 허물은 다급함[急]이고 그 벌은 항한(恒寒-늘 추운 것)이며 그 끝은 가난이다. 때로는 고요(鼓妖)가 있고, 때로는 어얼(魚孼)이 있으며, 때로는 시화(豕禍)가 있고, 때로는 이아(耳痾-귀의 고질병)가 있고, 때로는 흑생(黑眚)과 흑상(黑祥)이 있다. 오직 화(火)만이 수(水)를 해친다."

"듣는 것이 귀 밝지 못한 것[不聰]을 일러 불모(不謀)라고 한다"라는 것은 위에서 한쪽으로 치우쳐서 들어[偏聽] 귀 밝지 못하고 아래에서는 실정[情]이 차단돼 막히게 되면 이득과 손해를 도모해 사려 깊게 행동할 수가 없게 되니 그 허물은 지나치게 급한 데[嚴急]서 생겨나게 되기 때문에 그래서 그 허물은 다급함이라고 한 것이다. 한겨울[盛冬]은 해가 짧고 추위가 사물을 죽이며 정사(政事)는 촉박하기 때문에 그래서 그 벌은 늘 추운 것[常寒]이라 한 것이다. 추우면 백곡이 잘 자랄 수가 없어 위아래가 모두 빈궁해지기 때문에 그래서 그 끝은 가난이라 한 것이다. 임금이 엄하고 사나워 아래를 막고[閉下] 신하는 벌벌 떨며 귀를 닫으면 제 마음대로 듣는[妄聞] 기운이 음성에 나타나기 때문에 그래서 고요(鼓妖)가 있다고 한 것이다. 차가운 기운이 약동하게 되기 때문에 그래서 어얼(魚孼)이 있다고 한 것이다. 비는 거북이를 얼(孼)로 삼으니〔○ 복건(服虔)이 말했다. "비가 많이 오면 거북이가 많이 나온다."〕 거북이는 얼마든지 육지에서 살 수 있으므로 극음(極陰)은 아닌 것이다. 반면에 물고기[魚]는 물을 떠나면 죽으니 극음의 얼(孼)이다. 『주역(周易)』의 감(坎-구덩이)괘(䷜)는 돼지[豕]인데 돼지는 귀가 큰데도 귀 밝게 살피지[聰察] 못하고 듣는 기운[聽氣]이 많이 떨어지기 때문에 그래서 시화(豕禍)가 있다고 한 것이다. 일설에는 추운 해에는 돼지가 많이 죽어 요괴(妖怪)가 생겨나는데 그 또한 이것이다. 사람에 있어서는 귀에 병든 사람이 많기 때문에 그래서 이아(耳痾-귀의 고질병)가 있다고 한 것이다. 물색은 검기 때문에 그래서 흑생(黑眚)과 흑상(黑祥)이 있다고 한 것이다. 무릇 듣는 쪽을 다친 사람은 수기(水氣)에 병이 든 것이고 수기가 병들었을 때는 화(火)가 그것을 해친다. 그 끝이 가난하다는 것은 그것을 고분고분 따르면 그 복을 일러 부(富)라고 한다. 유흠의 『청전(聽傳)』에 이르기를 개충(介蟲=갑충(甲蟲))의 얼이 있으면 서징(庶徵)의 항한(恒寒-계속 추운 것)이라고 했다. 유향이 볼 때 『춘추(春秋)』에는 그에 해당하는 응험이 나오지 않고 주나라 말세가 (정사가) 더디고[舒緩](서완) (왕의 권력이) 미약해 정사가 신하에게 있어 늘 뜨거웠을[奧煥](오난) 뿐이니 그래서 진(秦)나라를 빌려[藉=假](자가) 응험으로 삼은 것이다.[18]

진시황이 자리에 나아갔을 때는 아직[尙](상) 어려서 정사를 태후가 맡고 있었는데, 태후는 여불위(呂不韋) 및 노애(嫪毐)와 음란한 짓을 했고 독(毒)을 봉해 장신후(長信侯)로 삼아 태원군(太原郡)을 독의 봉국으로 주었다. 궁실과 동산[苑囿](원유)은 참람했고 정사를 제 마음대로 결단했다. 그래서 하늘이 겨울에 벼락을 내려 양의 기운이 막히지 않아 위해(危害)를 건너갈 수 있음을 보여준 것은 따뜻함이 점점 다가오고 있다는 변이이다. 시황이 관례를 치르게 되자 독은 주살될 것을 두려워해 난을 일으켰고, 시황은 그를 주살하고 수백 명의 목을 벴으며 대신 20명을 모두 거열형(車裂刑)[19]에 처했으며 그 종족들을 모두 없애버렸고[夷滅](이멸) 4,000여 집안을 방릉(房陵)으로 이주시켰다.

이 해 4월 추위가 심해 백성들 중에 얼어죽은 자들이 있었다. 수년 동안 급박함[緩急](완급)이 이와 같았고 추위가 문득 찾아왔으니 이것이 바로 그

---

18 진나라가 크게 일어난 것 자체가 주나라 정사에 대한 징벌이라는 말이다.
19 죄인의 두 발을 2대의 수레에 각각 묶어 반대 방향으로 달리게 해 지체(肢體)를 찢어 죽이는 형벌이다.

효험이다. 유흠이 볼 때 큰 눈이 내리고 또 마땅히 눈이 내려서는 안 되는데 눈이 내리고 또 큰 우박이 떨어지거나 또 서리가 내려 어린 풀들을 죽게 만든 것 등은 모두 다 상한(常寒)의 벌이다. 유향이 볼 때 계속해서 비가 내리는 것[常雨]은 용모가 공손하지 못해서[不恭] 일어나는 일에 속한다. 경방의 『역전(易傳)』에 이르기를 "다움이 있는데[有德] 위험을 만나게 되는 것을 일러 역명(逆命)이라 하고 그 이변은 추위[寒]다. 주벌이 지나치게 심하면 마땅히 더워야 하는데도 춥고 6일이 지나면 또 우박이 떨어진다. 바른 사람을 해치는데도[害正] 주벌하지 않는 것을 일러 양적(養賊-도적을 길러줌)이라 하는데 그 추위는 72일이며 날짐승[飛禽]을 죽인다. 도리를 가진 사람이 비로소 떠나가는 것을 일러 상(傷)이라고 하는데 그 추위는 서리가 내리지 않아도 식물들을 죽게 만들고 지하수[涌水=湧水]가 솟아나온다. 싸움에 나가 적을 헤아리지 못하는 것[不量]을 일러 욕명(辱命-명을 욕되게 함)이라 하는데 그 추위는 비가 내려도 식물을 자라지 못하게 하며, 좋은 일을 듣고서도 참여하지 않으면 그 허물은 귀가 어두운 것[聾=不聰]이다"라고 했다.

환공(桓公) 8년 "10월에 눈이 내렸다[雨雪]."[20] 주나라의 10월은 지금(-한나라)의 8월이니 눈이 내릴 수 없다. 유향이 볼 때 당시 부인(夫人)은 제(齊)나라에 가서 음란한 짓을 하고 있었고 환공은 투모(妬媚)[○ 사고(師古)가 말했다. "모(媚)란 지아비가 지어미를 질투하는 것을 말한다."]하는

---

20 여기서 우(雨)는 비가 아니라 그냥 '내린다'는 뜻이다.

마음이 있었으니 부인이 장차 (환공을) 죽이려고 해 그 상(象)이 나타난 것이다. 환공은 그래도 깨닫지 못했고 그후에 부인과 함께 제나라에 갔다가 살해됐다[殺死]. 모든 (하늘에서) 내리는 것[雨]은 음(陰)이며 눈 또한 내리는 음이니 나라를 나온 것이 그때가 아님은 박근(迫近)의 상(象)이다. 동중서가 볼 때 이는 부인이 제 마음대로 방자해[專恣] 음의 기운이 왕성한 것을 상징하는 것이다.

희공(釐公) 10년 "겨울에 큰 눈이 내렸다." 유향이 볼 때 이에 앞서 희공은 첩을 세워 부인으로 삼았으니 음이 양의 자리에 있는 것으로 음의 기운이 왕성한 것이다. 『공양경(公羊經)』[21]에 이르기를 "큰 우박이 떨어졌다"라고 했다. 동중서가 볼 때 공이 제(齊)나라 환공(桓公)에게 위협을 받아 첩을 부인으로 삼고 감히 여러 첩들을 나아오지 못하게 했기 때문에 그래서 오직 한 가지 상(象)만 보이려고 우박을 내린 것이니 모두 다 점차적인 협박[漸脅]이 있어〔○ 맹강(孟康)이 말했다. "음의 기운이 점점 협박한 것이다."〕 오직 이 한 가지 정사(政事)만을 행했을 뿐이라는 것이다.

소공(昭公) 4년 "정월에 큰 눈이 내렸다." 유향이 볼 때 소공은 오(吳)나라에서 여인을 아내로 맞이했는데[取=娶] 동성(同姓)이었기 때문에 그를 오맹자(吳孟子)라 불렀다〔○ 사고(師古)가 말했다. "노(魯)와 오(吳)는 둘 다 희(姬)씨다. 주나라 예법에 동성은 혼인할 수 없게 돼 있기 때문에 그래서 휘(諱)를 오희(吳姬)라 칭하지 못하고 맹자(孟子)라고 한 것이다."〕. 임금은

---

21 공양자(公羊子)가 지은 『춘추(春秋)』 해설서 『춘추공양전(春秋公羊傳)』을 가리키는데 여기서는 전(傳)을 높여 경(經)이라 부르고 있어 눈길을 끈다.

위에서 이를 행했고 신하는 아래에서 비난하지 않았다. 또 이미 삼가(三家)가 강성해 모두 공의 행위를 천하게 여겨 무시하는 마음이 생겨났기 때문이다. 동중서가 볼 때 이는 계손숙(季孫叔)[○ 사고(師古)가 말했다. "계무자(季武子)를 가리킨다."]이 정사를 맡아 음의 기운이 왕성한 때문이었다.[22]

문제(文帝) 4년 6월 큰 눈이 내렸다.

3년 후에 회남왕(淮南王) 장(長)이 반란을 모의하다가 발각돼 (촉(蜀)으로) 옮겨지던 중 길에서 죽었다. 경방의 『역전(易傳)』에 이르기를 "여름에 눈이 내리면 신하가 난을 일으키는 것을 경계해야 한다"라고 했다.

경제(景帝) 중(中) 6년 3월 눈이 내렸다. 그 해 6월에 흉노가 상군(上郡)에 침입해 대완(大宛)의 말을 탈취해갔고 전사한 관리와 병졸이 2,000여

---

22 『논어(論語)』「술이(述而)」 편에는 이와 관련된 내용이 실려 있다. 진나라의 사패라는 관직을 맡고 있던 사람이 공자에게 물었다. "소공은 예를 알았습니까." 이에 공자는 답했다. "예를 아셨다." 공자가 물러가자 사패는 무마기 앞으로 가서 이렇게 물었다. "내가 듣기에 군자는 편당을 하지 않는다고 했는데 군자가 어찌 편당을 하는가? 소공은 오나라 제후의 딸을 부인으로 삼았는데, (노나라와 오나라의 제후는) 동성이 되기에 그 부인을 오맹자라고 불렀으니 이런 임금에 대해 예를 알았다고 말한다면 누가 예를 알지 못하겠는가." 제자 무마기가 사패가 했던 이 말을 공자에게 전하자 공자는 이렇게 말한다. "나는 행운아다. 만일 나에게 잘못이 있으면 다른 사람들이 반드시 그것을 알아차리는구나." 이에 대해서는 오역(吳棫)은 이렇게 풀이했다. "노나라는 공자의 고국이고 소공은 노나라의 선대 임금이다. 사패가 또 그 일(동성혼인)을 드러내어 말하지 않고 갑자기 예를 알았는가 하고 질문했으니 이에 대답함은 마땅히 이와 같아야 하는 것이다. 사패가 편당한다고 말함에 미쳐서는 공자께서 그대로 받아들여 자신의 허물로 인정하셨으니 공자의 성대한 다움이 불가함이 없는 것이다. 그러나 받아들여 허물로 삼으심에 또한 허물을 짓게 된 까닭을 바로 말씀하지 않아서 애당초 오맹자(吳孟子)의 일을 알지 못한 것처럼 하셨으니 만세(萬世)의 모범이 될 만하다.

명에 이르렀다. 이듬해 조후(條侯) 주아부(周亞夫)가 옥에 내려져 죽었다.

무제(武帝) 원수(元狩) 원년 12월 큰 눈이 내려 백성들이 많이 얼어 죽었다. 이 해에 회남왕과 형산왕(衡山王)이 반란을 모의하다가 발각돼 모두 자살했다. 사자가 군국(郡國)에 가서 그 당여들을 다스렸는데 죄에 걸려 죽은 자가 수만 명이었다.

원정(元鼎) 2년 3월 눈이 내렸는데 평지에서 깊이가 5척이었다. 이 해에 어사대부 장탕(張湯)이 죄가 있어 자살했고, 승상 엄청적(嚴靑翟)이 3인의 장사(長史)〔○ 사고(師古)가 말했다. "주매신(朱買臣)은 승상 장사였고 왕조(王朝)와 변통(邊通) 두 사람은 수(守)승상 장사였다."〕와 함께 탕(湯)을 함정에 빠뜨리려 했던 모의에 연루돼 청적은 자살했고 3인의 장사는 모두 기시(棄市)됐다.

원정 3년 3월에 물이 얼었고 4월에 눈이 내려 관동(關東)의 10개 곳 군에서는 사람들이 서로 잡아먹었다. 이 해에 백성들 중에서 민전(緡錢-꿰미 동전)을 내지 못한 것을 스스로 고발한 자에게는 그 반액을 내려주었다〔○ 사고(師古)가 말했다. "정사가 그만큼 급박하고 각박했다[急刻]는 말이다."〕.

원제(元帝) 건소(建昭) 2년 11월 제(齊)와 초(楚) 땅에 큰 눈이 내렸는데 깊이가 5척이었다. 이 해에 위군(魏郡)태수 경방이 석현(石顯)에게 고발당해 장인인 회양왕(淮陽王)의 외삼촌 장박(張博), 박(博)의 동생 광(光)과 더불어 회양왕에게 의롭지 못한 일을 부추긴 죄에 연루돼, 박은 허리가 잘리는 요참형을 당했고 광과 방(房-경방)은 기시됐으며 어사대부 정홍(鄭弘)도 죄에 걸려 관작을 빼앗기고 서인이 됐다. 성제가 즉위해 현(顯)은 복주됐고 회양왕이 글을 올려 박의 억울함을 말했으며 석현의 참소에 의해 당했던 실상이 점점 드러나자 박의 가족 중에 유배 갔던 사람들은 되돌아 올 수 있었다.

건소 4년 3월 눈이 내려 연(燕)에서 사람들이 많이 죽었다. 곡영(谷永)이 (제의 질문에) 답해 말했다.

"황후께서는 상잠(桑蠶-뽕나무와 누에)을 잘 길러 제사에 쓰일 옷을 준비하고 공손하게 천지와 종묘를 섬겨야 하는데, 바로 이날 거센 바람이 서북쪽에서 불어오고 큰 추위에 눈까지 내려 그 공로를 허물어뜨려 하늘의 뜻이 마땅치 않음[不鄕=不享]을 드러내 보이셨습니다. 마땅히 재계하고 침묘(寢廟)를 피함으로써 심히 자책하셔야 합니다. 또 황후께 청해 자신의 궁으로 나아가게 하시고 문호를 막아 마음대로 제(帝)가 계신 곳에 이르게 해서는 안 될 것입니다. 또 여러 궁첩들에게 영을 내리시어 사람마다 나아오게 해 때에 맞게 널리 베푸소서. (이렇게 한다면) 황천이 기뻐해 거의 뛰어나고 밝은[賢明] 후사를 얻으실 수 있을 것입니다. 신의 말씀을 곧바로 실행하시지 않을 경우 재이는 더욱 심해지고 하늘의 변고는 현실화돼 그때 가서는 신이 비록 이 한 몸을 해쳐가며 다시 계책을 설득한다 하더라도 그 일에 미칠 수는 없을 것입니다."

그후에 허(許)황후는 축저(祝詛-저주)의 일에 연루돼 폐위됐다.

양삭(陽朔) 4년 4월 눈이 내렸고 제비와 참새가 죽었다. 12년 후에 허황후는 자살했다.

정공(定公) 원년 "10월 우박이 떨어져 콩[菽=大豆]이 죽었다." 유향이 볼 때 주나라 10월은 지금의 8월이어서 소(消)괘를 관(觀)괘(䷓)로 삼은 것이니,²³ 음의 기운이 아직 임금의 지위에 이르지 못해 죽이는 것이고 주벌이 임금에게서 나오지 못하고 신하에게 있는 상(象)이다. 이때 계씨(季氏)가 소공(昭公)을 내쫓으니 공은 들판에서 죽었고 정공(定公)이 세워졌기 때문에 그래서 하늘은 재이를 통해 그것을 공에게 보여주었던 것이다.

희공(釐公) 2년 "10월 우박이 떨어졌는데 풀을 죽이지 못했다"는 것은 뒤를 이은 임금[嗣君]이 미약해 정권[秉事]을 잃을 상(象)이다. 그후에 결국 정권은 신하의 손에 있게 됐고 그래서 재이가 생겨났던 것이다. 이변[異]은 그래서 풀을 말했고 재이[災]는 그래서 콩을 말했으니 (풀보다는) 곡식을 죽이는 것을 중하게 여겼던 것이다. 일설에는 콩은 죽이기 어려운 풀이기 때문에 콩을 죽였다고 말한 것은 풀 모두를 죽였다는 것을 아는 것이고, 풀을 죽이지 못했다는 것은 콩도 죽지 않았다는 것을 아는 것이라고 했다. 동중서가 볼 때 콩은 풀 중에서도 강한 것이니 하늘이 경계해 말하기를 강한 신하[彊臣]에게 주벌을 가하겠다고 했다는 것이다. 또 콩을 언급한 것은 아주 미미한 것[微]으로써 계씨의 벌을 보여준 것이라고 했다.

무제(武帝) 원광(元光) 4년 4월 우박이 떨어져 초목을 죽였다. 이보다 2년 전 다섯 장군〔○ 사고(師古)가 말했다. "어사대부 한안국(韓安國)이 호

---

23 소(消) 혹은 멸(滅)의 괘는 음기의 죽이는 태음(太陰)에 속하고, 식(息) 혹은 생(生)의 괘는 양기의 살리는 태양(太陽)에 속한다. 복(復)·임(臨)·태(泰)·대장(大壯)·쾌(夬)·건(乾)·구(姤)·돈(遯)·부(否)·관(觀)·박(剝)·곤(坤) 이상 12괘를 12개월의 음양 소식, 즉 순환하는 틀로 삼는다. 소식이 화합하지 않는 것은 바람과 비와 추위와 더위가 괘에 대응하지 않아서이다. 관(觀)괘는 그 여덟 번째 혹은 8월이니 8월의 소괘를 관(觀)으로 삼는다.

군(護軍)장군, 위위 이광(李廣)이 효기(驍騎)장군, 태복 공손하(公孫賀)가 경거(輕車)장군, 대행 왕회(王恢)가 장둔(將屯)장군, 태중대부 이식(李息)이 재관(材官)장군이었다." 30만 대군을 보내 마읍(馬邑)의 성 아래에 매복하고서 선우(單于)를 치려고 했는데 선우가 이를 알아차리고 달아났다. 이때부터 비로소 사방의 오랑캐에 대한 정벌이 시작돼 군사가 나라 밖으로 출동한 것이 30여 년이며 천하의 호구 수는 반으로 줄어들었다. 경방의 『역전(易傳)』에 이르기를 "군사를 일으켜 헛되이 주벌하는 것을 일러 망법(亡法)이라 하고, 그 재앙은 서리이며 여름에는 오곡을 죽이고 겨울에는 보리를 죽인다. 주벌이 실상[情]과 동떨어져서 나오는 것을 일러 불인(不仁)이라 하고, 그 경우의 서리는 여름에는 그에 앞서 큰 벼락과 바람이 있고 겨울에는 우선 비가 내리다가 마침내 서리가 내리며 망각(芒角-까끄라기 뿔)이 있다. 뛰어난 이와 빼어난 이가 해악을 만났을 때 그 서리는 나무에 붙어 땅에 떨어지지 않는다. 아첨꾼[佞人]이 형벌에 의존하는 것을 일러 사적(私賊)이라 하는데 그 경우의 서리는 풀의 뿌리와 흙 사이에 있다. 가르치지 않고서 주벌하는 것[不敎而誅]을 일러 학(虐)이라고 하는데[24] 그 경우의 서리는 도리어 풀 밑에 있다"라고 했다.

원제(元帝) 영광(永光) 원년 3월 서리가 내려 뽕나무를 죽였고 9월 2일 서리가 내려 곡식들을 죽이니 천하가 크게 굶주렸다. 이때 중서령(中書令)

---

24 『논어(論語)』「요왈(堯曰)」편에서 제자 자장(子張)이 악(惡)에 관해 묻자 공자는 네 가지 악을 열거하면서 그중 하나로 이렇게 말한다. "(미리) 가르치지 않고서 (죄를 지었다고) 죽이는 것을 학(虐-잔학)이라 한다[不敎而殺]." 정확히 같은 뜻이다.

석현(石顯)이 정권을 쥐고서[用事] 권력을 제 마음대로 하니[專權=擅權=擅斷] 『춘추(春秋)』에서 정공(定公) 때 서리가 내렸을 때와 똑같은 응험이 있었다. 성제가 즉위하자 현(顯)은 (임금만이 할 수 있는) 위복(威福)을 마구 빚어낸 죄에 연루돼 주살됐다.

희공(釐公) 29년 "가을에 큰 우박이 떨어졌다." 유향이 볼 때 양기가 왕성할 때는 우수(雨水)가 있고 온난(溫煖)해 탕열(湯熱)이 있으며 음기가 협박해 서로 들어오지 못할 때는 전환해 우박이 되는 반면, 음기가 왕성할 때는 우설(雨雪)이 있고 응체(凝滯)돼 빙한(氷寒)이 있으며 양기가 엷어져 서로 들어오지 못할 때는 흩어져 안개가 된다. 그래서 끓어오르는 것을 그릇에 담아 밀폐하고 그것을 차가운 샘에 담가두면 얼음이 되고 눈이 녹으면 또한 얼음도 녹아 흩어지니 이것이 그 징험이다. 그래서 우박이란 음이 양을 협박하는 것이고, 『춘추(春秋)』가 우박을 기록하지 않은 것은 마치 (일식은 기록하면서도) 월식을 기록하지 않은 것과 같은 뜻에서다. 희공은 말년에 공자 수(遂)를 믿고 써서 수는 전권을 행사하며 스스로 방자해져 장차 임금을 죽이기에 이르렀기 때문에 그래서 음이 양을 협박하는 상(象)이 나타난 것이다. 희공은 깨닫지 못했고 수는 끝까지 권력을 제 마음대로 하다가 2년 후에 자적(子赤-문공의 태자)을 죽이고 선공(宣公)을 세웠다. 『춘추좌씨전(春秋左氏傳)』에 이르기를 "빼어난 이가 윗자리에 있으면 우박이 없고 설사 우박이 떨어진다 해도 재이가 아니다"라고 했다. 설(說)에 따르면 모든 일들 중에 재이가 아닌 것은 쓰지 않고 '크다, 혹은 크게[大]'라고 쓴 것은 재이임을 말하는 것이다. 무릇 우박은 겨울의 지나친 양기[愆陽=過陽]이거나 여름의 숨은 음[伏陰]이다〔○ 사고(師古)가 말했다. "지나친 양기란 겨울에 따뜻한 것이고, 숨은 음이란 여름에 추운 것이다."].

소공(昭公) 3년 "큰 우박이 떨어졌다." 이때 계씨(季氏)가 전권을 행사하고 있었기 때문에 임금을 협박한 상(象)이 나타난 것이다. 소공은 이를 깨닫지 못했고 뒤에 계씨는 결국 소공을 쫓아냈다.

원봉(元封) 3년 12월 번개가 치고 우박이 떨어졌는데 그 크기가 말 머리만 했다. 선제(宣帝) 지절(地節) 4년 5월 산양군(山陽郡)과 제음군(濟陰郡)에 달걀만 한 우박이 떨어졌는데, 크기가 2척 5촌이었고 20명이 죽었으며 날짐승들은 모두 죽었다. 그 해 10월에 대사마 곽우(霍禹)의 종족이 반란을 모의했다가 주살됐고 곽(霍)황후는 폐위됐다.

성제(成帝) 하평(河平) 2년 4월 초국(楚國)에 우박이 떨어졌는데 크기가 도끼만 했고 날짐승들은 모두 죽었다.

『춘추좌씨전(春秋左氏傳)』에 이르기를 희공(釐公) 32년 12월 기묘일에 진(晉)나라 문공(文公)이 졸했고, 경진일에 장차 곡옥(曲沃)에 관을 묻기 위해[殯] (진나라 수도인) 강(絳)을 나가는데 영구에서 소 울음 같은 소리가 났다. 유향이 볼 때 이는 고요(鼓妖)와 비슷한 것이다. 상(喪)은 흉사이고 소 울음 같은 소리가 났다는 것은 분노의 상[怒象]이다. 장차 크게 화를 내게 될 모의가 있는 것이며 이로써 병란[兵革]의 화(禍)를 빚어내려는 것이다. 이때 진(秦)나라 목공(穆公)이 군대를 보내 정나라를 쳤는데 길을 빌리지[假道] 못하고서 돌아오니, 진(晉)나라 대부 선진(先軫)이 양공(襄公)

에게 말하기를 진(秦)의 군사는 우리 나라를 통과하지 못하고 길도 빌리지 못할 것이므로 그들을 칠 것을 청한다고 했다. 드디어 효액(崤阨)에 매복하고 있다가[要] 진나라 군사를 패배시켰고 말 한 필, 수레 한 대도 돌아가지 못한 것은 매복 기습 작전이 그만큼 신속했기 때문이다. 진(晉)나라가 옛 은혜[舊=舊恩]〔○ 사고(師古)가 말했다. "옛일 혹은 옛 은혜란 진(晉)나라 양공(襄公)의 아버지 문공(文公)은 원래 진(秦)나라가 받아주었기 때문에 뒤에 나라를 얻을 수 있었으니 이것이 옛 은혜다."〕를 생각지 못하고 (선진의) 잔학한 계책을 들어 (진나라처럼) 강한 나라에 원한을 맺게 만들고 네 번에 걸쳐 진(秦)의 공격을 당하며 재앙이 여러 세대에 걸쳐 이어지게 만든 것은 흉악(凶惡)의 효험이다〔○ 사고(師古)가 말했다. "네 번에 걸친 진의 공격이란 노나라 문공 2년, 3년, 10년, 12년에 있었다. 여러 세대에 걸쳤다는 것은 양공(襄公)으로부터 여공(厲公)에 이르기까지 모두 다섯 임금이 진나라로부터 큰 어려움을 당했다는 것이다."〕.

애제(哀帝) 건평(建平) 2년 4월 을해일 초하루에 어사대부 주박(朱博)을 승상으로 삼고 소부(少府) 조현(趙玄)을 어사대부로 삼은 다음 제(帝)는 대궐에 나아와 두 사람을 불러 전(殿) 위로 연이어 올라오게[延登] 한 다음에 책명(策命-임명장)을 주었는데, 이때 종이 울리는 것과 같은 큰 소리가 나서 전중(殿中)의 낭리(郎吏)와 폐자(陛者)〔○ 사고(師古)가 말했다. "섬돌 옆에서 무기를 들고 도열해 있는 사람들을 가리킨다."〕도 모두 그 소리를 들었다. 상(上)이 그에 관해 황문시랑 양웅(楊雄)과 이심(李尋)에게 묻자 심(尋)이 대답했다.

"이른바 (『서경(書經)』의) '홍범(洪範)'에 나오는 고요(鼓妖)입니다. 사법(師法)[25]에서는 임금이 귀 밝지 못해[不聰] 무리에게 현혹돼 헛된 명성만 가진 사람을 승진시키게 되면 소리는 있으나 형체는 없는 것이 귀에 들리는데 그것이 어디서 생겨나는지는 알지 못한다고 했습니다. 그 전(傳-「홍범」)에 이르기를 연, 월, 일이 적중하면 정경(正卿)이 그것을 받게 된다고 했습니다. 지금이 4월이고 하루 가운데 진(辰)시와 사(巳)시에 이변이 있었으니 이것이 바로 적중한 것입니다. 정경이란 정권을 맡고 있는 대신입니다. 마땅히 승상과 어사에서 물러나게 함으로써 하늘의 변고에 호응해야 합니다. 하지만 설사 물러나지 않는다 하더라도 1년도 되지 않아 그 사람들은 스스로 그 허물을 덮어쓰게 될 것입니다."

양웅도 고요이며 제대로 듣지 못하고 있다는 것을 상징하는 것으로 보았다. 주박은 사람됨이 강하고 단단하며 권모술수가 많아 마땅히 장군으로 삼아야지 재상으로 삼아서는 안 되니 흉악하고 급박한 질병의 노함이 있을까 두렵다고 했다. 8월에 박(博)과 현(玄)은 간사한 모의를 행했다는 죄에 연루돼 박은 자살했고 현은 사형만 면하는 벌을 받았다. 경방의 『역전(易傳)』에 이르기를 "근본을 닦게 하지 않으면 아래가 불안하고 쇠[金]는 이유 없이 스스로 움직일 경우에 마치 소리가 나는 것과 같은 일이 있다"라고 했다.

사기(史記)에 따르면 진(秦) 2세 원년 하늘에 구름 한 점 없는데 벼락이

---

25 스승의 가르침인지 책 이름인지 불분명하다.

쳤다. 유향이 볼 때 벼락이 구름에 의탁해 소리를 내는 것은 마치 임금이 신하에 의탁하는 것과 같으니 음양(陰陽)이 화합하는 것이다. 2세는 천하를 긍휼히 여기지 않아 만백성이 원망하고 반란하려는 마음을 품고 있었다. 이 해에 진승(陳勝)이 일어났고 천하가 반란했으며 조고(趙高)가 난을 빚었고 진나라는 이로써 드디어 멸망했다. 일설에는 『주역(周易)』에서 진(震)괘(䷲)가 벼락이고 용모가 공손하지 못한 것이라고 했다.

사기(史記)에 따르면 진시황 8년 황하에서 (범람으로 인해) 물고기가 대거 상류로 올라왔다. 유향이 볼 때 이는 어얼(魚孼)에 가깝다. 이 해에 시황의 동생 장안군(長安君)이 군사를 이끌고 조(趙)나라를 치고서 돌아오다가 둔류(屯留)에서 죽자 장교[軍吏]들은 모두 목 베고 그 백성들은 임조(臨洮)로 이주시켰다〔○ 사고(師古)가 말했다. "본래 장안군으로 하여금 조나라를 치게 했는데 둔류에 이르러 모반해 난을 일으켰기 때문에 장안군에게는 죽음을 내렸고 그 부하 장교들의 목을 벴으며 그 백성[黔首]들은 이주시킨 것이다. 둔류는 상당현(上黨縣)이고 임조는 곧 지금의 조주(洮州)다."〕. 이듬해 노애(嫪毐)의 주살이 있었다. 물고기는 음의 부류[陰類]로 백성의 상(象)이며 흐름을 거슬러 위로 올라가는 것은 백성들이 장차 임금의 명령을 따르지 않고 역행하는 것이다. 이를 천문(天文)에서 보자면 어성(魚星)은 하늘의 하천[河]의 가운데에 있고 거기(車騎)가 들판에 가득하다. 2세에 이르러 포학스러움이 더욱 심해지자 마침내 급박함으로 인해[用=以] 망했다. 경방의 『역전(易傳)』에 이르기를 "무리가 거슬러 뜻을 같이하면 그 요사스러움은 하천의 물고기가 거슬러 위로 올라가는 것이다"라고 했다.

　무제(武帝) 원정(元鼎) 5년 가을 개구리[蛙]와 두꺼비[蝦蟆]가 떼로 싸웠다. 이 해에 네 장군의 대군 10만이 남월(南越)을 정벌해〔○ 사고(師古)가 말했다. "복파(伏派)장군 노박덕(路博德)은 계양(桂陽)을 출발해 황수(皇水)로 내려갔고, 누선(樓船)장군 양복(楊僕)은 예장(豫章)을 출발해 정수(湞水)로 내려갔고, 귀의월후(歸義越侯) 엄(嚴)은 과선(戈船)장군이 돼 영릉(零陵)에서 출발해 이수(離水)로 내려갔고, 전갑(田甲)은 하뢰(下瀨)장군이 돼 창오(蒼梧)로 내려갔다."〕9개 군(郡)을 열었다〔○ 사고(師古)가 말했다. "남해(南海), 창오(蒼梧), 울림(鬱林), 합포(合浦), 교지(交趾), 구진(九眞), 일남(日南), 주애(珠崖), 담이(儋耳)를 가리킨다."〕.

　성제(成帝) 홍가(鴻嘉) 4년 가을 물고기가 신도(信都)에 비처럼 떨어졌는데 길이가 5촌 이하의 것들이었다. 성제 영시(永始) 원년 봄 북해군(北海郡)에 큰 물고기[大魚]가 나왔는데 길이는 6장이고 높이는 1장이며 네 마리였다. 애제(哀帝) 건평(建平) 3년 동래군(東萊郡) 평도현(平度縣)에 큰 물고기가 나왔는데 길이는 8장이고 높이는 1장 1척이었으며 일곱 마리였는데 모두 죽었다. 경방의 『역전(易傳)』에 이르기를 "바다에서 여러 차례 거대한 물고기[巨魚]가 보이면 간사한 자들이 나아오고[進] 뛰어난 이들은 멀어진다[疎=䟽]"라고 했다.

　환공(桓公) 5년 "가을에 큰 메뚜기[螽=阜螽]가 생겨났다." 유흠이 볼 때 백성들을 탐학스럽게 착취하면 큰 메뚜기가 생겨나니 이는 개충(介蟲)의 얼(孼)이고 물고기 점과 똑같다. 유향이 볼 때 개충의 얼은 말이 고분고분하지 못한 것[不從=不順]에 속한다. 이 해에 환공은 두 나라의 빙물(聘物-예물)을 얻었는데 쇠솥을 차지하고 읍을 바꿨고〔○ 사고(師古)가 말했다. "두 나라는 송(宋)과 정(鄭)나라다. 송나라는 고(郜)나라의 쇠솥을 공에게 예물로 바쳤고, 정나라는 태산(泰山)의 밭을 주고서 (노나라) 허(許)읍의 밭을 차지했다."〕 역사(役事)를 일으켜 성을 쌓았다. 각종 메뚜기에 대해서는 대체로 동중서의 설을 따른다고 했다.

엄공(嚴公) 29년 "벼메뚜기[蜚]가 생겨났다." 유흠이 볼 때 이는 부번(負蠜-벼메뚜기 혹은 황충)인데 습성상 곡식을 먹지 못하고 곡식을 먹으면 그 자체가 재이가 되니 개충의 얼이다. 유향이 볼 때 벼메뚜기의 색은 청색이니 청생(靑眚)에 가깝고 중국에서 생겨난 것은 아니다〔○ 사고(師古)가 말했다. "비(蜚)란 중국에 있는 것이지 남월의 벌레가 아니니 유향이 말하는 바가 무엇인지 알 수가 없다."〕. 남월(南越)은 늘 무더운 곳[盛暑]이고 남녀가 냇가나 못에서 함께 목욕을 해 음란한 풍조가 생겨나니 그 벌레에서 나는 냄새는 고약하다. 이때 엄공이 제(齊)나라의 음란한 여인-애강(哀姜)-을 부인(夫人)으로 맞았는데 시집오고 나서도 두 숙부와 음란한 짓을 하니 그래서 벼메뚜기가 생겨났던 것이다. 하늘은 경계해 말하기를 지금이라도 그것을 주벌해 끊어낸다면 장차 고약한 냄새가 생겨나지 않고 그 소문은 사방에 들리게 될 것이라고 한 것이다. (그런데도) 엄(嚴-엄공)이 깨닫지 못하자 그후에 부인은 두 숙부와 함께 난을 일으켜 두 사자(嗣子)〔○ 사고(師古)가 말했다. "자반(子般)과 민공(閔公)을 가리킨다."〕를 죽이고 마침내 모두 복주됐다. 동중서의 뜻도 대략 이와 같다.

희공(釐公) 15년 "8월에 큰 메뚜기[螽=阜螽]가 생겨났다." 유향이 볼 때 이에 앞서 희공은 함(鹹)에서 제후들과 회동하고 그후에 연릉(緣陵)에 성을 쌓았다〔○ 사고(師古)가 말했다. "희공(僖公) 13년에 공은 제후(齊侯), 송공(宋公), 진후(陳侯), 위후(衛侯), 정백(鄭伯), 허남(許男), 조백(曹伯)과 함에서 회동했다. 함은 위(衛)나라 땅이다. 14년이 돼 여러 제후들과 함께 연릉에 성을 쌓았다. 연릉은 기(杞)나라 읍이다."〕. 이 해에 또 병거를 갖고서 빈구(牝丘)에서 회동했고 공손오(公孫敖)로 하여금 군대를 이끌고 가서 제후들의 대부와 함께 서(徐)나라를 구원하게 했다〔○ 사고(師古)가 말했다. "제후들의 대부란 함께 회동했던 제후들의 대부를 말한다. 이때 초나라가 서나라를 정벌했기 때문에 구원한 것이다."〕. 군대는 3년째 외국에 머물렀다.

문공(文公) 3년 "가을에 송(宋)나라에 큰 메뚜기가 비처럼 내렸다." 유향이 볼 때 이에 앞서 송나라-소공(昭公)-는 그 대부를 죄도 없이 죽였고 포학스럽게 과중한 부렴을 거두었으니 그에 대한 응험이었다. 『춘추곡량전(春秋穀梁傳)』에 이르기를 "위아래가 모두 합치면〔○ 사고(師古)가 말했다. "큰 메뚜기가 많다는 말이다."〕 이를 일러 심하다[甚]고 한다"고 했다. 동중서가 볼 때 송나라에서는 3세에 걸쳐 안에서 취하고[內取]〔○ 사고(師古)가 말했다. "3세란 양공(襄公), 성공(成公), 소공(昭公)을 가리킨다. 안에서 취했다는 것은 부인을 나라 안의 대부에게서 시집오게 했다는 뜻이다. 이 일은 『춘추공양전(春秋公羊傳)』에 보인다."〕 대부는 전횡을 일삼으며 (형벌을 통해 사람을) 죽이고 살리는 것이 사리에 적중하지 못해[不中] 그 때문에 큰 메뚜기가 죽기에 앞서 이르렀다는 것이다. 유흠이 볼 때 큰 메뚜기는 곡물의 재이[穀災]이니 결국 적음(賊陰)[26]을 만나 굴러떨어져 죽게 되는 것이다.

8년 "10월에 큰 메뚜기가 생겨났다." 이때 문공은 주(邾)나라를 정벌해 수구(須朐)를 차지하고 오(郚)에 성을 쌓았다[○ 사고(師古)가 말했다. "수구는 주나라의 읍이고 오는 노나라의 읍이다. 이 일은 나란히 문공 7년에 보인다."].

선공(宣公) 6년 "8월에 배추벌레[螟]가 생겨났다." 유향이 볼 때 이에 앞서 선공은 거(莒)나라를 쳐서 향(向)을 차지했다. 그후에 두 번이나 제(齊)나라에 가서 내(萊)나라를 치려고 모의했다.

13년 "가을에 큰 메뚜기가 생겨났다." 공손귀보(公孫歸父)가 제나라에서 회동해 거나라를 정벌했다[○ 사고(師古)가 말했다. "이 일은 11년에 실려 있다. 귀보는 동문양중(東門襄仲)의 아들이고 자는 자가(子家)다."].

15년 "가을에 큰 메뚜기가 생겨났다." 선공 때 풍년[熟歲]이 있었고 여러 차례 군사 출동[軍旅]이 있었다.

양공(襄公) 7년 "8월에 큰 메뚜기가 생겨났다." 유향이 볼 때 이에 앞서 양공은 군대를 일으켜[興師=起兵] 진(陳)나라를 구원했고, 등자(滕子)·담자(郯子)·소주자(小邾子)[27]가 모두 내조했다[○ 사고(師古)가 말했다. "등자는 6년에, 담자와 소주자는 7년에 내조했다."]. 여름에 비(費)에 성을 쌓았다[○ 사고(師古)가 말했다. "이 또한 7년 여름의 일이다. 비는 노나라 읍이다."].

---

26 아주 나쁜 음기다.

27 모두 자작(子爵)의 나라다.

애공(哀公) 12년 "12월에 큰 메뚜기가 생겨났다." 이때 애공은 전부(田賦)를 썼다〔○ 사고(師古)가 말했다. "무거운 세금을 매겼다는 말이다. 풀이는 형법지(刑法志)에 있다."〕. 유향이 볼 때 봄에 전부를 쓰는 바람에 겨울에 큰 메뚜기가 생겨난 것이다.

13년 "9월에 배추벌레[螟]가 생겨났고 12월에 큰 메뚜기가 생겨났다." 연이어 세 차례 배추벌레가 생겨난 것은 백성들을 가혹하게 착취한[虐取] 데 따른 효험이다. 유흠이 볼 때 주나라 12월은 (한나라의) 여름 10월이고 화성이 이미 숨어들어가 겨울잠 자는 벌레[蟄蟲]도 모두 사라졌으며, (이처럼) 하늘이 변이를 보인 것은 일과 사물의 본성에 마땅한 것이며 큰 메뚜기를 잡을 수 없었으니 이 해는 다시 윤달[閏]을 놓친 것이다.[28] 주나라 9월은 여름 7월이니 그 때문에 전(傳)에 이르기를 "화성이 지금 오히려 서쪽으로 흘러가고 있는 것은 사력(司曆-역법을 맡은 관리)의 잘못이다"라고 했다.

선공(宣公) 15년 "겨울에 메뚜기 유충[蝝=蝮蜪]이 생겨났다." 유흠이 볼 때 메뚜기 유충이란 진드기나 좀처럼 생겨 날개가 있는 것인데 곡식을 갉아 먹어 재이를 일으키니 흑생(黑眚)이다. 동중서와 유향이 볼 때 메뚜기 유충은 마디충이 막 생겨난 것이며 일설에는 메뚜기 새끼라고도 한다. 이때 백성들은 위에서 부과하는 힘든 부역[力役] 때문에 근심하느라 공전(公田)에 대해서는 게으름을 피웠다[解=懈]. 선공은 이때 처음으로 무(畝)에

---

28 역법 추산을 잘못했다는 말이다.

세금을 매겼다.[29] (백성들의) 전무에 세금을 매기는 것은 백성들의 사전에 대해서도 10분의 1을 매기는 것으로 선왕의 제도를 어지럽혀 이익을 탐하는 것이니, 그 때문에 이에 응해 유충이 생겨난 것이고 이는 영충(嬴蟲)의 얼(孼)에 속한다.

경제(景帝) 중(中) 3년 가을에 황충[蝗]이 생겨났다. 이에 앞서 흉노가 변경을 침략했고 중위(中尉) 불해(不害)[30]가 병거와 기마의 재관(材官)과 병사들을 이끌고 대군(代郡)의 고류(高柳)에 주둔했다.

무제(武帝) 원광(元光) 5년 가을에 배추벌레[螟]가 생겨났고 6년 가을에 황충[蝗]이 생겨났다. 이에 앞서 다섯 장군의 무리 30만 명이 마읍(馬邑)에 잠복해 선우(單于)를 기습하려 했다. 이 해에 네 장군이 흉노를 정벌했다〔○ 사고(師古)가 말했다. "거기장군 위청(衛青)은 상곡(上谷)에서 출병했고, 기장군 공손오(公孫敖)는 대(代)에서 출병했으며, 경거장군 공손하(公孫賀)는 운중(雲中)에서 출병했고, 요기장군 이광(李廣)은 안문(鴈門)에서 출병했다."〕.

원정(元鼎) 5년 가을에 황충이 생겨났다. 이 해에 네 장군이 남월(南越)과 서남이(西南夷)를 정벌해 10여 군(郡)을 열었다〔○ 사고(師古)가 말했다. "월 땅을 평정해 9개 군을 열었고 서남이를 정벌해 무도(武都), 장가(牂柯),

---

29 주나라 정전제(井田制)에 따르면 백성들은 사전(私田) 100무를 경작하고, 공전(公田)은 8가구에서 100무씩 경작해 세금은 10분의 1이 원칙이었다. 그런데 선공 15년에 처음으로 백성들의 전무(田畝)에 대해서도 세금을 매겼다.

30 누구인지 불분명하다.

월수(越嶲), 침려(沈黎), 문산(汶山) 5개 군을 열어 모두 14개 군이다."].

원봉(元封) 6년 가을에 황충이 생겨났다. 이에 앞서 두 장군이 조선(朝鮮)을 정벌해[○ 사고(師古)가 말했다. "2년에 누선(樓船)장군 양복(楊僕)과 좌장군 순체(荀彘)가 모집에 응한 죄수를 이끌고 조선을 쳤다."] 3개 군을 열었다[○ 사고(師古)가 말했다. "「무제기(武帝紀)」에 이르기를 그 땅은 낙랑(樂浪), 임둔(臨屯), 현토(玄菟), 진번(眞番) 4개 군인데 여기서 3개라 한 것은 대개 지(志)를 전사(傳寫)한 자가 잘못한 것이다."].

태초(太初) 원년 여름에 황충이 동쪽에서 날아와 돈황(敦煌)에 이르렀고 3년 가을에 다시 돈황에 발생했다. 원년에 이사(貳師)장군이 대완(大宛)을 정벌해 천하가 그 전투에 동원돼 해를 거듭했다[連年].

정화(征和) 3년 가을에 황충이 생겨났고 4년 여름에 황충이 생겨났다. 이보다 1년 전에 세 장군의 무리 10여만이 흉노를 정벌했다[○ 사고(師古)가 말했다. "3년에 이사장군 광리(廣利)가 7만 명을 이끌고 오원(五原)에서 출병했고, 어사대부 상구성(商丘成)의 2만 명이 서하(西河)에서 출동했으며, 중합후(重合侯) 마통(馬通)의 4만 기가 주천(酒泉)에서 출동했다."]. 정화 3년에 이사장군의 병력 7만 명이 몰살해 돌아오지 못했다.

평제(平帝) 원시(元始) 2년 가을에 황충이 생겨나 천하를 휩쓸었다. 이때 왕망이 정권을 쥐고 있었다[秉政].

『춘추좌씨전(春秋左氏傳)』에 이르기를 엄공(嚴公) 8년에 제(齊)나라 양공(襄公)이 (제나라 땅인) 패구(貝丘)에서 사냥을 할 때 돼지[豕]를 발견했다. 따르던 사람이 말하기를 "공자 팽생(彭生)이다!"라고 하자 공은 화를 내며 "쏴라!"라고 말했다. 돼지가 사람처럼 서서 소리치자 공은 두려워해 수레에서 떨어져 발을 다치고 신발을 잃어버렸다. 유향은 이를 시화(豕禍)에 가까운 것으로 보았다. 이에 앞서 제나라 양공은 누이동생인 노(魯)나라 환공(桓公)의 부인(夫人)과 음란한 짓을 하며, 공자 팽생을 시켜 환공을 죽이게 했고 다시 팽생을 죽여 노나라에 사죄했다. (제나라의) 공손무지(公孫無知)는 (형님인) 선군(先君)[31]에게 총애를 받고 있었는데, 양공이 그를 멀리하니 무지가 원한을 품은 무리를 이끌고 가서 사냥터에서 양공을 공격하자 양공은 그 문틈에 숨었는데 문 아래로 다리가 보여 결국 양공을 죽였다. 발을 다치고 신발을 잃어버린 것은 결국 발 때문에 죽은 것이니 이는 학급(虐急)의 효험이다.

소제(昭帝) 원봉(元鳳) 원년 연왕(燕王)의 궁궐의 영항(永巷)에 있던 돼지가 돼지우리[圂]를 뛰쳐나와 큰 부엌[都竈]을 무너뜨리고 가마솥[鬴=釜] 6~7개를 물어다가 전(殿) 앞에 가져다놓았다. 유향이 볼 때 이는 시화(豕禍)에 가까운 것이다. 이 무렵 연왕 단(旦)은 장공주(長公主), 좌장군과 함께 대역(大逆)을 행할 것을 모의하고 간언하는 자를 죽여 사납고 성급하기가 무도했다. 부엌이란 살리고 길러주는[生養] 근본인데 돼지가 부엌을 망가뜨리고 가마솥을 틀에 진열해 가마솥과 부엌을 장차 쓸 수 없게 만들었으니, 궁실도 장차 폐기되고 모욕을 당하게 되는 것이다. (그런데도) 연왕은 고치지를 않아 끝내 그 죄에 엎어졌다. 경방의 『역전(易傳)』에 이르

---

31 희공(僖公)을 가리킨다.

기를 "대중들의 마음이 임금의 정치에 안심하지 못하니 그 요사스러움은 돼지가 거실에 들어오는 것이다"라고 했다.

사기(史記)에 따르면 노(魯)나라 양공(襄公) 23년 곡수(穀水)와 낙수(洛水)가 물길을 다퉈 장차 왕궁을 망가뜨리려고 했다. 유향이 볼 때 이는 화(火)가 수(水)를 해친 것에 가깝다. 주(周)나라 영왕(靈王)이 이 물길을 막자 유사(有司)가 간언했다.

"안 됩니다. 백성의 우두머리가 된 자는 늪을 메우지[崇藪] 않고 산을 허물지 않으며 냇물을 막지 않고 못에 물길을 내지[竇澤] 않습니다. (그런데) 지금 우리가 정사를 맡아 선왕이 이루신 바를 어기면서 두 물줄기의 신령을 어지럽혀 이를 다투도록 해 그것이 마침내 왕궁까지 밀려오게 한 것은 아닌지요? 그런데도 왕께서 그런 잘못을 꾸며서 은폐하려 하신다면 안 되는 것이 아니겠습니까? 그것이 자손에게 미쳐 왕실이 더욱 비천해질까 두렵습니다."

왕은 끝내 물길을 막았다. 이 사기(史記)가 전하는 바를 미루어 헤아려 볼 때 사독(四瀆-네 개의 강)으로 제후에 비유하고 곡수와 낙수는 그다음의 경대부의 상(象)이다〔○ 사고(師古)가 말했다. "곡수와 낙수는 큰 강이기는 하지만 사독보다는 아래다."〕. 경대부가 돼 장차 나뉘고 싸워[分爭] 왕실을 위험과 어지러움에 빠뜨린다는 것이다. 이 당시 세경(世卿-세습 귀족)이 권력을 제 마음대로 하면서 담괄(儋括)〔○ 사고(師古)가 말했다. "담계(儋季)의 아들로 간왕(簡王)의 손자다."〕이 장차 (왕실을) 찬탈하고 죽이려는 음모를 갖고 있었지만, 만일 영왕이 이를 깨닫고서 자신의 실정(失

政)을 바로잡고 두려워하며 경계(의 말)를 받아들였다면 재화(災禍)는 없어졌을 것이다. 음모에 대한 간언[諫謀]〔○ 사고(師古)가 말했다. "간모(諫謀)란 선공자(單公子)가 담괄의 계략을 알아차리고서 먼저 그를 죽여야 한다고 청했으나 왕이 듣지 않은 것이다."〕을 듣지 않고, (곡수와 낙수의) 큰 재이를 대충 가벼이 여겨 자기 기분 가는 대로 맡겨 물길을 틀어막으니 물의 기세를 거슬러 귀신을 해쳤다. 수년 후에 해처럼 커다랗고 시커먼 것이 다섯 개나 나타났다. 이 해에 서리가 일찍 내렸고 영왕은 붕했다. 경왕(景王)이 즉위해 2년째에 담괄은 왕을 죽이고 왕의 동생인 영부(佞夫)를 세우려 했다. 영부는 그것을 알지도 못했지만 경왕은 영부까지 함께 주살했다〔○ 사고(師古)가 말했다. "이 일은 양왕(襄王) 30년의 일이다."〕. 경왕이 죽자 다섯 대부〔○ 사고(師古)가 말했다. "다섯 대부란 유자(劉子), 선자(單子), 윤씨(尹氏), 소백(召伯), 모백(毛伯)이다."〕가 권력을 다퉈[爭權] 혹자는 자맹(子猛)을 세우고 혹자는 자조(子朝)를 세우니 왕실이 크게 어지러워졌다. 경방의 『역전(易傳)』에 이르기를 "천자가 약하고 제후가 힘으로 정벌을 하면[政=征]〔○ 사고(師古)가 말했다. "일설에 제후의 정치란 마땅히 다툼과 예[德禮]로 해야 하는데 지금 왕실이 미약해 문교(文敎)가 행해지지 않아 드디어 마침내 힘으로 정치를 하니 서로 공격하고 정벌하려는 것과 같다고 했다."〕 그 재이는 물길이 서로 만나 다투는 것이다[水鬪]"라고 했다.

사기(史記)에 따르면 진(秦)나라 무왕(武王) 3년 위수(渭水)가 사흘 동안 붉게 물들었고 소왕(昭王) 34년 위수가 또 사흘 동안 붉게 물들었다. 유향이 볼 때 이는 화(火)가 수(水)를 해친 것에 가깝다. 진나라에서 서로 연좌시키는 법에 따르면 재를 길에 버리는 자는 경형(黥刑)에 처했고 법망이 조밀해 형벌이 잔혹했으며 마음대로 무력을 통해 주변 나라에 진출해 가혹한 짓을 일삼으니, 오행(五行)이 바뀌어 어지럽혀지기에 이르러 기색(氣色)이 엉망이 돼버린 결과다. 하늘은 경계해 말하기를 결코 각박하게 굴지 말아야 하며 그렇지 않을 경우 패망하게 될 것임을 말한 것이다. 그럼에도 진나라는 결국 바뀌지 않아[不改] 시황에 이르러 6국을 멸망시켰으나 2세만에 망해버렸다. 옛날에 삼대(三代)는 삼하(三河)에 머물러〔○ 사고(師古)가 말했다. "하나라는 안읍(安邑)에 도읍했으니 곧 하동(河東)이고, 은나라는 조가(朝歌)에 도읍했으니 하내(河內)이며, 주나라는 낙양(洛陽)에 도읍했으니 하남(河南)이다."〕 황하와 낙수에서는 하도(河圖)와 낙서(洛書)가 나왔는데, 진나라는 위수에 있으면서 위수가 여러 차례 붉게 물들었으니 이는 이변이 그 왕의 다움[德]³²에 응험을 보여준 것이다. 경방의 『역전(易傳)』에 이르기를 "임금이 술에 빠지고[湎] 여색에 젖어 있으면 뛰어난 이들은 숨고 나라는 위험해지며 그 이변은 유수(流水)가 붉게 물드는 것이다"라고 했다.

---

32 실은 부덕(不德)이다.

권 ◆ 27

오행지
五行志

【 하지상 】

전(傳)에서 말했다.

"생각과 마음[思心]이 너그럽지 못한 것[不睿=不容]¹을 일러 빼어나지 못하다[不聖]고 하는데, 그 허물은 안개[霧]²이고 그 벌은 계속 바람이 부는 것[恒風]이며 그 끝은 흉(凶)·단(短)·절(折)³이다. 때로는 지야(脂夜)의 요사스러움이 있고, 때로는 화(華　)의 얼(孼)이 있으며, 때로는 우화(牛禍)가 있고, 때로는 뱃속[心腹]의 고질병이 있고, 때로는 황생(黃眚)과 황상(黃

---

1 일본어판은 예(睿)를 용(容)의 잘못으로 풀이한다. 그러나 이는 예(睿)의 뜻을 슬기롭다, 사리에 밝다는 것에 한정시켜 본 것이다. 예(睿) 자체에도 너그럽다[容=寬]는 뜻이 있기 때문에 굳이 잘못으로 볼 필요는 없다.

2 어둡고 어리석고 앞이 꽉 막혔다는 뜻이 차용된 것이다.

3 흉은 어려서 죽는 것이고, 단은 미성년일 때 죽는 것이고, 절은 집안을 이루기 전에 죽는 것이다. 『서경(書經)』에 나오는 말로, 육극(六極)의 첫 번째이기도 하다.

祥)이 있고, 때로는 금(金)·목(木)·수(水)·화(火)가 토(土)를 해친다."

"생각과 마음[思心]이 너그럽지 못한 것[不睿]을 일러 빼어나지 못하다[不聖]고 한다"라고 할 때의 생각과 마음이란 마음에 사려 깊음이 있는 것이다. (여기서) 예(睿)는 너그러움[寬]이다. 공자는 말하기를 "윗자리에 있는 사람이 너그럽지 못하면[不寬] 내가 무엇으로써 그 사람을 살필 수 있으리오!"[4]라고 했다. 이는 윗자리에 있는 사람이 너그럽고 넓게[寬大] 신하를 품어 감싸주지[包容] 못하면 빼어난 자리[聖位=君位]에 있을 수 없다는 말이다. 용모와 말하는 것과 보는 것과 듣는 것[貌言視聽]은 마음을 위주로 하니, 이 네 가지를 모두 잃게 되면 구석구석 안개가 긴 듯 우매하고 무식하게 되니[區霧] 그래서 그 허물은 안개다. 비와 가뭄과 추위와 더위도 또한 바람을 위주로 하니, 이 네 가지 기운[四氣]이 어지러워지면 따라서 그 벌은 상풍(常風)이 된다. 상풍은 사물을 상하게 하니, 그래서 그 끝은 흉(凶)·단(短)·절(折)이다. 사람을 상하게 하는 것을 일러 흉(凶)이라 하고, 짐승을 상하게 하는 것을 일러 단(短)이라 하며, 초목을 상하게 하는 것을 일러 절(折)이라 한다. 일설에는 흉은 요(夭-요절)이고, 형이 동생을 잃는 것이 단(短)이고, 아버지가 자식을 잃는 것을 절(折)이라고 한다. 사람의 배안[腹中]에서 살이 쪄서 속이 가득 찬 것이 지(脂-기름기)이고, 마음이 구석구석 안개가 긴 듯 우매하고 무식하면 어둡고 캄캄하니[冥晦] 그래서 지야(脂夜)의 요사스러움〔○ 사고(師古)가 말했다. "기름기의 요사스

---

4 『논어(論語)』「팔일(八佾)」편에 나오는 구절이다. 부모는 자애로움을 보이고 자식은 효도를 하고 신하는 충성을 해야 한다면 임금은 반드시 너그러움을 가져야 한다는 말이다. 즉, 임금의 임금다움[德]이 바로 너그러움[寬]이라는 뜻이다. 그래서 빼어남[聖]과 연결되는 것이다.

러움[脂妖]과 밤의 요사스러움[夜妖]을 말한다.")이 있는 것이다. 일설에는 기름기 있는 물건이 있어 밤의 요사스러움을 만들고, 만약에 기름기 있는 물이 밤에 사람의 옷을 더럽히면 이는 음란[淫]의 상(象)이다. (또) 일설에는 야요(夜妖-밤의 요사스러움)란 구름과 바람이 함께 일어나고 불어 어둡고 캄캄하니[杳冥], 그래서 상풍(常風)과 같은 상(象)이라고 한다. 따듯한 데 바람이 불면 배추벌레와 나방 애벌레[螣]가 생겨나니, 나충(裸蟲-털이나 날개가 없는 벌레)의 얼(孼)이 있는 것이다. 유향이 볼 때 『주역(周易)』에서 손(巽)괘(☴)는 바람도 되고 나무도 되니, 그 괘는 3월과 4월 사이에 있고 양(陽)을 이어받아 다스리며 꽃과 열매[華實]를 주관한다. 바람의 기운이 왕성하면 가을과 겨울이 돼서도 나무에 또한 꽃이 다시 피니 그래서 화얼(華孼)이 있다. 일설에는 땅의 기운이 왕성하면 가을과 겨울에 다시 꽃이 핀다. 또 일설에는 꽃이란 안색이고 흙은 집안일[內事]이니 여얼(女孼)이다. 『주역(周易)』에서 곤(坤)괘(☷)는 흙도 되고 소도 되니 소는 마음이 커서 사려할 수가 없는데 생각과 마음[思心]의 기운이 훼손당했기 때문에 그래서 우화(牛禍)가 있다. 또 일설에는 소가 많이 죽어 괴이한 일이 생겨나게 되는 것도 또한 이것이다. 사람의 경우에는 뱃속에 병이 많은 자가 있는데 그래서 뱃속의 고질병이 있다. 흙의 색은 황색이니 그래서 황생(黃眚)과 황상(黃祥)이 있다. 무릇 생각과 마음이 상한 자는 토(土)의 기운에 병이 난 것이고, 토의 기운에 병이 나면 금(金)·목(木)·수(水)·화(火)가 그것을 해친 것이니, 그래서 "때로는 금(金)·목(木)·수(水)·화(火)가 토(土)를 해친다"고 한 것이다. (앞에서와 달리) '오직[惟]'이라고 말하지 않고 단지 '때로는[時則]'이라고 한 것은 상충하는 기운들이 그것을 해쳐서가 아니라 그 이변이 크다는 것을 (강조해) 밝힌 것이다. 그 끝이 흉(凶)·단(短)·절(折)이라 했으니 이는 그것에 고분고분하게 되면 그에 따른 복이 고종명(考終命)[5]임을 말한 것이다. 유흠은 「사심전(思心傳)」에서 말하기를 때로는 영충(嬴蟲)의 얼(孼)이 있다고 했으니 이는 배추벌레와 나방 애벌레[螣등]등속을 말한 것이다. 서징(庶徵)으로 말한 상풍(常風)의 경우 유향이 볼 때 『춘추(春秋)』에는 그에 따른 응험이 나오지 않는다.

희공(釐公) 16년 "정월에 여섯 마리의 바닷새[鶂역=鷁익]가 뒤로 날면서[退飛퇴비] 송나라 도성을 지나갔다."『춘추좌씨전(春秋左氏傳)』에서는 "바람 때문이었다"라고 말했다. 유흠이 볼 때 이는 바람이 다른 곳에서 생겨나 송나라에 이르러 높이 불어대니 바닷새가 높이 날다가 그 바람을 만나는 바람에 뒤로 밀리게 된 것이다. 경(經-『춘추(春秋)』)은 그것을 본 사람의 말을 그대로 적었기 때문에 "뒤로 날았다"고 했고, 전(傳-『춘추좌씨전(春秋左氏傳)』)은 실제의 응험을 갖고서 바람을 언급했으니 이는 상풍(常風)의 벌이다. 송(宋)나라 양공(襄公)은 우매함과 무식함[區霧구무]을 몸소 발휘해 신하들을 품어주지 못하고 사마자어(司馬子魚)의 간언을 거슬렀으며, 강대한 초(楚)나라와 동맹을 다퉈[爭盟쟁맹]〔○ 사고(師古)가 말했다. "자어는 공자 목이(目夷)인데 환공(桓公)의 아들이며 사마가 됐다. 동맹을 다퉜다는 것은

---

5   하늘이 부여한 천명(天命)을 다 살고 죽음을 맞이한다는 뜻이다. 오복(五福) 중의 하나로 『서경(書經)』 '홍범'에 의하면 오복은 첫째 장수하는 것, 둘째 부유하게 사는 것, 셋째 안락하게 사는 것, 넷째 훌륭한 덕을 닦는 것, 다섯째 천명을 다 살고 죽는 것이라고 했다.

녹상(鹿上)에서의 회맹을 가리키는 것으로 초나라에게 자신이 제후들의 맹주가 될 것을 요구했던 일을 가리킨다. 자어가 간언하기를 '작은 나라가 쟁맹(爭盟)하는 것은 재앙이 될 것입니다'라고 했으나 공은 듣지 않았다."〕 그로부터 6년 후에 초나라에 붙잡히게 되는 상(象)인데〔○ 사고(師古)가 말했다. "희공 21년에 초나라가 송공(宋公-양공)을 붙잡고서 송나라를 토벌했으니 여섯 마리의 바닷새가 뒤로 난 일로부터 모두 6년이 지나서다."〕, 이는 여섯 마리의 바닷새의 수(數)에 응한다는 것이다. 경방의 『역전(易傳)』에 이르기를 "물에 잠겨 있는 용이니 써서는 안 된다[潛龍勿用]〔○ 사고(師古)가 말했다. "『주역(周易)』에서 건(乾)괘(䷀)의 맨 아래 붙은 효[初九]다."〕"라고 한 것은 수많은 역적들이 뜻을 같이하니, 지극한 다움을 가진 사람[至德]이 이내 물에 잠기는 것으로 그에 해당하는 이변은 바람[風]이다. 그 바람이란 어떤 사물이 그것을 만나도 해산시키지 않는 것[不解物]이고 그것이 생겨난 곳으로부터 멀지 않은 것[不長]이어서 비는 적게 내리고 사물을 해친다. 정치가 도리를 어겨 다움을 갖춘 자가 숨어버리는 것을 일러 어지럽다[亂]라고 하는데, 그 바람은 먼저 불고 비는 내리지 않으며 큰 바람이 거세게 일어나 가옥을 뽑아버리고 나무를 꺾어버린다. 의로움을 지키며 (벼슬에) 나아가지 않는 것을 눈이 침침하다[耄=眊]라고 하는데, 그 바람은 구름과 함께 일어나고 오곡의 줄기를 꺾는다. 신하가 위에서 해야 할 정사를 바꾸는 것을 일러 고분고분하지 못하다[不順]라고 하는데, 그 바람은 불타오르듯 거세어[焱=疾風] 가옥을 뽑아버린다"라고 했다. 부세(賦稅)를 제대로 다스리지 못하는 것을 일러 큰 허물[禍]이라 하는데, 그 바람은 일의 근간[經緯]을 끊어버리니[6] 그치면 곧 따뜻하게 되고 따뜻하게 되면 벌레가 생겨난다. 제후가 봉지를 제 마음대로 하게 되는 것을 일러 통서를 잃었다[不統]라고 하는데, 그 바람은 질풍이니 나무가 제대로 자라지 못하고 곡식이 익지 않는다. 임금[辟]이 백성들을 잘 이끌어 이롭게 해주는 일[道利=導利]을 생각지 않는 것을 일러 은택을 베풀지 않는다[無澤]라고 하는데, 그 바람은 나무를 제대로 자라지 못하게 하고 가뭄에 구름이 없으며 곡식을 상하게 한다. 공(公)〔○ 사고(師古)가 말했다. "높은 벼슬[上爵]을 가리킨다."〕이 늘 이익을 구하는 일에만 마음을 두는 것[常於利]을 일러 어지럽다[亂]라고 하는데, 그 바람은 미미하고 따듯해 벌레와 황충을 생겨나게 하고 오곡을 해친다. 바른 도리를 버리고 음란한 짓을 일삼는 것[棄正作淫]을 일러 미혹됐다[惑]라고 하는데, 그 바람은 따뜻해 배추벌레와 각종 벌레들이 생겨나 사람에게 도움을 주는 식물들을 해친다. 제후가 조회하러 오지 않는 것을 일러 배반하다[叛]라고 하는데, 그 바람은 일정함이 없어[無恒] 땅이 붉은색으로 변해 사람들을 죽인다"라고 했다.

문제(文帝) 2년 6월에 회남왕(淮南王)이 수춘(壽春)에 도읍을 정하자 큰 바람이 민가들을 허물어뜨렸고 사람들을 죽게 했다. 유향이 볼 때 이 해에 남월(南越)이 반란을 일으켜 (회남의) 변경을 공격하니 회남왕 장(長)이 그들을 깨뜨렸고, 이듬해 입조했을 때 한나라의 옛 승상 벽양후(辟陽侯-심

---

6 마치 실타래를 마구 끊어서 실마리를 찾지 못하게 된다는 말이다.

이기(審食其))를 죽이자 상(上)은 그를 용서해주었다. 봉국으로 돌아가서는 간사한 자들을 모아 역란(逆亂)을 꾸미고 스스로를 동제(東帝)라 부르며 하늘이 재이를 보였는데도 깨닫지 못하니, 뒤에 촉(蜀)으로 옮겨졌는데 도중에 옹(雍)에서 죽었다.

문제 5년 오(吳)나라에 폭풍우가 불어 성과 관청과 민가를 무너뜨렸다. 이때 오왕(吳王) 비(濞)가 역란을 꾸미니 하늘이 여러 차례 경계의 징후를 보였는데도 끝내 고쳐 깨닫지 못해 뒤에 결국 주멸됐다.

5년 10월에 초왕(楚王)이 팽성(彭城)에 도읍을 정하자 큰 바람이 동남쪽에서 불어와 시문(市門)을 허물어뜨렸고 사람을 죽게 했다. 이 달에 왕 무(戊)가 처음으로 왕위를 이어받아 세워졌고, 그후에 음란한 죄에 걸려들어 봉국이 깎이자[削國] 오왕과 함께 반란을 일으켰고, 간언하는 자들〔○ 사고(師古)가 말했다. "초나라 재상 장상(張尚)과 태부 조이오(趙夷吾)를 가리킨다."〕을 형벌에 처해 죽였다[刑僇]. 오는 초의 동남쪽에 있었으니 하늘이 경계해 말하기를 오나라와 더불어 악을 행하지 말라, 만약에 그리한다면 시장과 조정[市朝]을 잃게 될 것이라고 한 것이다. 왕 무는 깨닫지 못하고 결국 오를 따라 망했다.

소제(昭帝) 원봉(元鳳) 원년에 연왕(燕王)이 계(薊)에 도읍을 정하자 큰 비바람이 불어 궁궐 안의 일곱 아름드리 나무 16그루가 뽑혀 넘어졌고 성루가 파괴됐다. 연왕 단(旦)은 깨닫지 못하고 반란을 모의하다가 발각돼 결국 그 죄에 엎어졌다.

희공(釐公) 15년 "9월 기묘일 그믐날에 이백(夷伯)〔○ 사고(師古)가 말했다. "사공(司空) 무해(無駭)의 후손으로 원래는 노나라 공족(公族)이며 성은 전씨(展氏)다."]의 사당에 천둥이 쳤다." 유향이 볼 때 그믐날[晦]이란 캄캄한 것[冥]이고, 천둥[震]이란 우레[雷]다. 이백은 대대로 대부인 집안이고 한낮[正晝=眞晝]에 우레가 있었는데 그 사당만 유독 어두웠다[冥=暗]. 이는 하늘이 경계해 말하기를 대부를 세습관직[世官]으로 삼지 말라, 만약에 그리한다면 국정을 독점하게 돼 암울해질[冥晦] 것이라고 한 것이다. 이듬해 공자 계우(季友)가 졸하자 과연 (그의 손자 행보(行父) 이래로) 대대로 경(卿)의 관직을 세습하니 정권은 계씨(季氏)에게 있었다. 성공(成公) 16년 "6월 갑오일 그믐날" 한낮에 온통 컴컴했던 것은 양이 음이 되고 신하가 임금을 제어한 때문이다. 성공은 깨닫지 못했고 그 해 겨울 계씨는 공자 언(偃)을 죽였다〔○ 사고(師古)가 말했다. "계문자(季文子)에게 살해됐다."]. 계씨는 희공 때 싹을 보였고 성공에 이르러 커졌으니 이는 그에 대한 응험이다. 동중서가 볼 때 이백은 계씨가 신임하는 신하[孚=信]인데 배신(陪臣-가신)은 마땅히 사당에 있어서는 안 된다. 천둥은 우레이며 하늘과 땅이 어두울 때 그 사당에 천둥을 쳐서 마땅히 분수를 어기는 부류를 끊어버려야 함을 밝혀준 것이다. 유향은 또 이것들은 모두 이른바 야요(夜妖)라고 보았다. 유흠이 볼 때 『춘추(春秋)』는 초하루에 이르면 초하루를 말하고 그믐이 되면 그믐을 말하는데 사람의 도리에 이르지 못하자 하늘이 천둥을 쳤다는 것이다. 즉, 전씨(展氏)에게는 숨겨야 할 안 좋은 일이 있었기 때문에 그래서 하늘은 그의 조상인 이백의 사당에 주벌을 내려 이를 꾸짖어 경고했다는 것이다.

　성공 16년 "6월 갑오일 그믐날에 진나라 임금[晉侯]이 초나라 임금

[楚子], 정나라 임금[鄭伯]과 언릉(鄢陵)에서 전투를 했다." 모두 그믐날이 었다고 말하고 있다.

    은공(隱公) 5년 "가을에 배추벌레[螟]가 생겨났다." 동중서와 유향이 볼 때 이는 당시 은공이 당(棠)에서 물고기 잡이를 구경했으니 이익을 탐한 것에 따른 응험이다. 유흠이 볼 때는 또 장희백(臧僖伯)의 간언을 거슬러 이익을 탐하는 데 눈이 어두웠으니 그 때문에 영충(嬴蟲)의 얼(孽)이 생겨 났다는 것이다.

    8년 "9월에 배추벌레가 생겨났다." 이 무렵 정나라 임금[鄭伯]은 장차 병(邴) 땅을 (노나라의) 허전(許田)과 맞바꾸려 했으니 이익을 탐하는 마음이 있었던 것이다. 경방의 『역전(易傳)』에 이르기를 "신하가 녹봉에 안주하는 것을 일러 탐욕스럽다[貪]라고 하는데 그 재이는 벌레가 생겨나는 것이며 벌레는 뿌리를 먹는다. 다움이 일정하지 못한 것을 일러 변덕스럽다[煩]라고 하는데 벌레가 잎사귀를 먹는다. 다움이 없는 자[無德]를 내쫓지 못하면 벌레가 뿌리를 먹는다. 봄에 경작할 때[東作]에 다투는 것을 일러 때에 맞지 않다[不時]〔○ 사고(師古)가 말했다. "농사철을 빼앗는 것이다."〕라고 하는데 벌레가 마디를 먹는다. 나쁜 자가 임금의 밝음을 가려 안 좋은 조짐을 만들어내면[蔽惡生孽] 벌레가 심지[心]를 먹는다"라고 했다.

    엄공(嚴公) 6년 "가을에 배추벌레가 생겨났다." 동중서와 유향이 볼 때 이에 앞서 위나라 임금[衛侯] 삭(朔)이 제(齊)나라로 달아났고 제나라 임금[齊侯]은 제후들과 회동을 해 (위나라를 정벌하고) 삭을 나라 안으로 들였다.〔○ 사고(師古)가 말했다. "삭은 혜공(惠公)을 가리킨다. 환공 16년에 좌공자 설(泄)과 우공자 직(職)이 공자 검모(黔牟)를 세웠기 때문에 혜공은 제나라로 달아났다. 장공 5년에 이르러 제나라, 송나라, 채나라가 회동해 위나라를 정벌하고 혜공을 받아들였다."]. 제후들이 뇌물을 주는 것을 허락했다. 제나라 사람은 위나라 보물을 주었고 노나라는 그것을 받았으니〔○ 사고(師古)가 말했다. "위나라를 정벌할 때 획득한 보물을 갖고 와서 노나라에 준 것이다."〕이익을 탐한 데 따른 응보라는 것이다.

문제(文帝) 후(後) 6년 가을에 배추벌레가 생겨났다. 이 해에 흉노가 대거 상군(上郡)과 운중(雲中)에 쳐들어와 봉화가 장안까지 이르렀고 세 장군을 보내 변경에 주둔케 했으며 세 장군은 경사(京師)에 주둔케 했다〔○ 사고(師古)가 말했다. "이에 대한 풀이는 이미 앞에서 보았다."〕.

선공(宣公) 3년 "교(郊)제사에 쓸 소의 입에 상처가 나서 다시 점을 쳐 다른 소를 정했는데 그 소가 죽었다." 유향이 볼 때 이는 우화(牛禍)에 가까운 것이다. 이때 선공은 공자 수(遂)와 함께 모의해 자적(子赤)을 죽이고서 왕위에 올랐고, 또 (아버지 문공의) 상중에 제나라 여인을 아내로 맞아들여 우매하고 혼란스러웠다. 어지러움이 입에서 생겨났고 요행히 계문자(季文子)가 화를 면하는 일이 있으니 하늘이 오히려 선공을 미워해 살아 있을 때에는 그 제사를 받지 않았고 죽어서는 그 사당을 불태워 없앴다〔○ 사고(師古)가 말했다. "성공 3년에 신궁(新宮)이 불탔다. 신궁이란 선공의 사당인데 새로 지었다 해서 신궁(新宮)이라 불렀다."〕. 동중서의 뜻도 대략 이와 똑같다.

진(秦)나라 효문왕(孝文王) 5년 왕이 구연(胊衍)〔○ 사고(師古)가 말했다.

"지명으로 북지(北地)에 있다."]에 놀러 갔을 때 다리가 다섯 개 달린 소를 바치는 자가 있었다. 유향이 볼 때 이는 우화(牛禍)에 가까운 것이다. 이에 앞서 혜문왕(惠文王)이 처음에 함양(咸陽)에 도읍을 정했을 때 궁실을 크게 넓혀 남쪽은 위수(渭水)와, 북쪽은 경수(涇水)와 붙어 있었는데 생각과 마음[思心]이 도리를 잃어 땅의 기운에 거슬렀다. 다리는 머물러 그치는 것[止]이니 진나라가 지나치게 궁실을 크게 지어 사치하면 장차 위망(危亡)에 이르게 됨을 경계한 것이다. 진나라는 끝내 고치지 않아 이궁(離宮)을 새로 지은 것이 300개이고 다시 아방궁을 짓기에 이르렀지만 다 완성하기도 전에 나라가 망했다. 일설에는 소는 힘으로 사람의 쓰임에 도움이 되고 다리는 걸어가게 해주는 것이다. 그후에 진나라는 민력을 대대적으로 써서 수송과 운반을 해서 북쪽 변경에 이르렀으나 천하는 진나라에 반란을 일으켰다. 경방의 『역전(易傳)』에 이르기를 "요역을 크게 일으켜 백성들의 (농사지을) 때를 빼앗게 되면 그 요상스러움은 소에 다리가 다섯 개 달리는 것이다"라고 했다.

경제(景帝) 중(中) 6년 양(梁)의 효왕(孝王)이 북산(北山)에서 사냥을 할 때 소를 바치는 자가 있었는데 다리가 등 위에 나 있었다. 유향이 볼 때 이는 우화(牛禍)에 가까운 것이다. 이에 앞서 효왕은 교만하고 사치해 동산[菀=苑]을 지은 것이 300리이고 궁관과 각도(閣道)[7]는 30여 리나 서로 이어져 있었다. 간사한 신하 양승(羊勝)의 계책을 받아들여 한나라(황실)의 후사가 되기를 구해 정치에 의견을 내는 신하[議臣] 원앙(爰盎)을 찔러

---

7 2층으로 돼 회랑이 있는 길이다.

죽였다가 일이 발각돼 도끼를 등에 지고 사형을 받기에 이르렀다. 이미 물러나 봉국으로 돌아간 뒤에도 오히려 억울한 마음[恨心]을 품어 안으로는 사려 분별을 잃고 우매해 어지러웠으며 밖으로는 토목공사를 일으켜 한도를 잃었으니 그 때문에 우화(牛禍)가 생겨난 것이다. 다리가 등에서 나왔다는 것은 아래가 위를 범하는[奸=犯] 상(象)이다. 그런데도 여전히 스스로 깨닫지 못하고서 결국 병에 걸려 죽은 것은 이 또한 흉(凶)과 단(短)의 끝인 것이다.

『춘추좌씨전(春秋左氏傳)』에 따르면 소공(昭公) 21년 봄 주(周)나라 경왕(景王)이 장차 무역(無射)의 종[○ 사고(師古)가 말했다. "무역의 율에 소리를 맞춘 종을 가리킨다."]을 주조하려 하자 영(泠)[8] 주구(州鳩)가 말했다.

"왕께서는 아마도 심질(心疾)로 인해 돌아하시게 될 것입니다. 무릇 천자는 풍속을 살펴 잘 다스리기 위해 음악을 짓는 것이라 음악이 작아도 경박스럽지 않고[不窕] 커도 마구 키우지는 않습니다[不㰉]. 마구 키우게 되면 담아내는 바가 없어 마음이 이로 인해 영향을 받게 되고 그렇게 되면 바로 질병을 일으킵니다. 지금 종은 소리가 마구 커서 왕의 마음이 감당할 수가 없으니 어찌 오래갈 수 있겠습니까?"

유향이 볼 때 이 당시 경왕은 음란한 음악을 듣기를 좋아했고 적자와 서자의 분별이 명확하지 않아[○ 사고(師古)가 말했다. "태자 수(壽)가 졸하자 왕은 자맹(子猛)을 세워 후사로 삼았고 뒤에 또 자조(子朝)를 세우려 했

---

8 관직 이름으로 악관(樂官)을 가리킨다.

다.") 생각과 마음이 어둡고 어지러웠으니, 그 이듬해 심질로 인해 붕한 것은 뱃속[心腹]의 고질병과 비슷하고 흉(凶)과 단(短)의 끝이다.

소공(昭公) 25년 봄 노(魯)나라 숙손소자(叔孫昭子)가 송(宋)나라를 방문해 원공(元公)과 더불어 연회를 하며[○ 사고(師古)가 말했다. "소자는 숙손야(叔孫婼)다. 원공은 송나라 평공(平公)의 아들이다."] 술을 마시고 즐겼는데 말을 나누면서 서로 눈물을 흘렸다. (송나라 사성(司城)인) 악기(樂祁)가 술자리 시중을 들며[佐=佐酒] 사람들에게 말했다.

"올해 우리 주군과 숙손은 아마도[其] 다 죽을 듯하도다! 내가 듣건대 즐거움을 슬퍼하고 슬픔을 즐거워하는 것[哀樂而樂哀][○ 사고(師古)가 말했다. "즐거워해야 하는데 도리어 슬퍼하고 또 슬퍼해야 하는데 도리어 즐거워하는 것을 말한다."]은 다 마음을 잃어버리는 것[喪心]이다. 마음의 정령[精爽=精靈]을 일러 혼백(魂魄)이라 하는데 혼백이 떠나가버렸으니 어찌 능히 오래갈 수 있겠는가?"

겨울 10월에 숙손소자가 죽었고 11월에 송나라 원공이 졸했다.

소제(昭帝) 원봉(元鳳) 원년 9월 연(燕)나라에서 누런 쥐가 자기 꼬리를 입으로 문 채 왕궁의 단문(端門-정전 앞의 문) 안에서 춤을 추니 왕이 가서 보았는데 쥐는 예전처럼 계속 춤을 추었다. 왕은 부인(夫人)을 시켜 술과 육포를 갖고 가서 제사를 지냈는데 쥐는 춤을 그치지 않았다가 밤에 죽었다. 황상(黃祥)이다. 이때 연나라 날왕(剌王) 단(旦)이 반란을 모의해 장차 패망했으니 사망의 상(象)이다. 그 달에 일이 발각돼 복주됐다. 경방의 『역전(易傳)』에 이르기를 "주벌을 함에 있어 그 실상을 파헤치지 않으면[不原] 그 요사스러움은 쥐가 문에서 춤을 추는 것이다"라고 했다.

성제(成帝) 건시(建始) 원년 4월 신축일 밤에 서북쪽에 불빛과 같은 것이 있었다. 임인일 새벽에 큰 바람이 서북쪽에서 일어났고 구름의 기운이 적황색이 되더니 천하 사방이 꽉 막혀 하루 종일 밤낮으로 땅에 내려와 퍼진 것은 황토 먼지였다. 이 해에 제(帝)의 외삼촌인 대사마 대장군 왕봉(王鳳)이 비로소 정사를 장악했고[用事], 또 봉(鳳)의 어머니의 동생 숭(崇)을 봉해 안성후(安成侯)로 삼아 식읍으로 1만 호를 내려주었고, 봉의 이복동생 담(譚) 등 5명〔○ 사고(師古)가 말했다. "담(譚), 상(商), 음(音), 근(根), 봉시(逢時) 5명이다."〕에게 관내후(關內侯)의 작위와 식읍 3,000호를 내려주었다. 다시 봉에게 5,000호를 더해 봉해주었고 담 등을 모두 열후(列侯)로 봉하니 이것이 5후(五侯)다. 애제(哀帝)가 즉위하자 외척인 정씨(丁氏), 부씨(傅氏), 주씨(周氏), 정씨(鄭氏) 등 모두 6명을 봉해 열후로 삼았다〔○ 사고(師古)가 말했다. "「외척전(外戚傳)」에 따르면 부(傅)태후의 동생의 아들 희(喜)가 고무후(高武侯)에 봉해졌고, 안(晏)이 공향후(孔鄕侯)에 봉해졌고, 상(商)이 여창후(汝昌侯)에 봉해졌으며, 동모제의 아들 정업(鄭業)이 양신후(陽信侯)에 봉해졌고, 정(丁)태후의 오빠 명(明)이 양안후(陽安侯)에 봉해졌고, 그 아들 만(滿)이 평주후(平周侯)에 봉해졌다. 부씨와 정씨(鄭氏)로 후가 된 자가 4명이고 정씨(丁氏)로 후가 된 자가 2명이다. 지금 여기서 6명이 열후가 됐다고 했으니 그 수는 옳다. 그러나 부씨, 정씨(鄭氏), 정씨(丁氏)는 있는데 주씨(周氏)는 없다. 지(志)와 전(傳)이 일치하지 않는데 그 이유는 불분명하다."〕. (간대부) 양선(楊宣)이 대답해 말했다.

　"5후를 봉하던 날 날씨는 적황색이었고 정(丁)과 부(傅)도 같은 모양이었다. 이는 작위와 영토를 위태롭게 해 제도를 뛰어넘었고 땅의 기운을 상하게 하고 어지럽히는 조짐[祥]이다."

경방의 『역전(易傳)』에 이르기를 "경(經)에서 '그 내는 것을 살핀다[觀其生]'〔○ 사고(師古)가 말했다. "『주역(周易)』 관(觀)괘(䷓)의 가장 위에 붙은 효[上九]에 대한 풀이다."〕'라고 했으니, 이는 대신의 의로움이란 마땅히 뛰어난 이를 살펴서 그 성품과 행실을 알아내어 그것을 미루어 헤아려 앞으로 나아오게 하고 그렇지 않을 경우에는 좋은 점을 듣고서도 참여시키지 않으니 이를 사람을 볼 줄 모른다[不知]〔○ 사고(師古)가 말했다. "부질없이 그 사람이 뛰어나다는 것만 알 뿐 그를 나아오도록 돕지 못하는 것을 말한다."〕라고 하고, 그 이변은 황색이고 그 허물은 귀먹음[聾]이며 그 재앙은 후사가 없는 것이다. 황색이란 해의 표면의 노란빛이 발산하지 않아 불의 연기와 같은 것이고 황색의 탁한 기운이 있어 천하 사방을 꽉 틀어막는 것이다. 뛰어난 이를 가리고 도리가 끊어졌기 때문에 그래서 재이가 세대를 끊어버리게 되는 것이다. 경(經)에 이르기를 '좋은 말이 달려간다[良馬逐]'〔○ 사고(師古)가 말했다. "『주역(周易)』 대축(大畜)괘(䷙)의 아래에서 세 번째 붙은 효[九三]의 풀이다."〕'라고 했으니 달려간다는 것은 나아가는 것[進]이고, 이는 대신이 뛰어난 이의 계책을 얻어 그 사람을 드러나게 해 나아가게 하는 것이고 그렇지 않을 경우에는 밑에 좋은 사람이 있어도 내버려두는 것이니, 이를 눈 밝음을 도적질한다[盜明]라고 하고 그 허물 역시 후사가 없는 것이고 몸은 주살돼[僇=戮] 집안이 끊어지는 데 이르게 된다"라고 했다.

사기(史記)에 따르면 주(周)나라 유왕(幽王) 2년 주나라의 세 강 모두에 흔들림[震]이 있었다〔○ 응소(應劭)가 말했다. "진(震)이란 세 강에 지진이 있어 물이 말라버렸다는 것이다." 사고(師古)가 말했다. "세 강이란 경수(涇水), 위수(渭水), 낙수(洛水)를 말한다. 강이 저절로 흔들린 것일 뿐이고 그래서 막힌 것이지 지진은 아니다."]. 유향이 볼 때 이는 금(金)·목(木)·수(水)·화(火)가 토(土)를 해친 것이다. (주나라 태사(太史)인) 백양보(伯陽甫)가 말했다.

"주나라가 장차 망하리라! 하늘과 땅의 기운은 그 차례를 넘어서는 안 된다. 만약에 그 차례를 넘게 되면 백성들은 어지럽게 여긴다. 양(陽)이 숨어서 밖으로 나올 수가 없고 음(陰)이 눌러서 솟아오를 수가 없으면 이에 땅이 흔들리는 것이다. 지금 세 강에 실제로 흔들림이 있었으니 이는 양이 그 자리를 잃고 음에 눌려진 것이다. 양이 자리를 잃고 그 자리에 음이 있으면 강의 근원은 반드시 막히게 되고 근원이 막히면 나라는 반드시 망하게 된다. 무릇 물과 흙이 고르게 펴지지[演] 못하면 백성들의 재용이 궁핍하게 되는 것이니 망하지 않고 무엇을 기다리겠는가? 옛날에 이수(伊水)와 낙수(雒水)가 메마르게 되자 하나라가 망했고 황하가 메마르게 되자 상나라가 망했다. 지금 주나라의 다움이 두 나라의 말기[季]와 같고 물줄기 또한 막혔으니 막히면 반드시 고갈된다. 그리고 강이 마르면 산이 반드시 무너진다. 무릇 나라는 반드시 산과 강에 의지하는데 산이 무너지고 강이 마르는 것은 망하는 징조다. 이렇게 되면 나라가 망하는 것은 10년을 넘지 못하니 이는 수(數)의 기본[紀]이다."

이 해에 세 강이 메말랐고 기산(岐山)은 무너졌다. 유향이 볼 때 양이 자리를 잃어 음의 자리에 있는 것은 화기(火氣)가 와서 물을 졸여[煎] 마르게 하는 것이니 그 때문에 강이 메마르는 것이다. 산과 강이 서로 몸체가 이어져 있어 아래가 마르면 위가 무너지는 것은 일의 형세상으로 그러한 것이다. 이때 유왕은 포학해 마구잡이로 주벌을 행하고 간언을 듣지 않았으며 포사(褎姒)에게 푹 빠져 그 정후(正后)를 폐하니, 폐위된 후의 아버지 신후(申侯)가 견융(犬戎)과 함께 공격해 유왕을 죽였다. 일설에는 천문(天文)에 있어서 수(水)는 진성(辰星)이고 진성은 만이(蠻夷)라고 했다. 달이 진성을 먹게 되면 나라는 여자로 인해 망한다. 유왕이 패망하게 된 것은 여자가 안을 어지럽히고 오랑캐가 밖에서 공격했기 때문이다. 경방의 『역전(易傳)』에 이르기를 "임금과 신하가 서로 등을 돌리면 그 재이는 명수(名水)〔○ 사고(師古)가 말했다. "유명한 강을 말한다."〕가 끊어지는 것이다"라고 했다.

문공(文公) 9년 "9월 계유일에 지진이 있었다." 유향이 볼 때 이때보다 앞서 제(齊)나라 환공(桓公), 진(晉)나라 문공(文公), 노(魯)나라 희공(釐公)이라는 두 패자[二伯=二覇]와 한 명의 뛰어난 임금[賢君]이 세상을 떠나고, 주나라 양왕(襄王)이 도리를 잃었으며〔○ 사고(師古)가 말했다. "숙대(叔帶)의 난을 피해 나라 밖으로 도망쳤으니 임금의 도리를 잃은 것이다."〕, 초(楚)나라 목왕(穆王)은 아버지-성왕(成王)-를 죽였고, 제후들은 모두 똑똑하지 못해[不肖] 권력이 밑으로 기울었으니, 하늘이 경계해 말하기를 신하가 강성해지면 장차 움직임이 생겨나 해를 끼치게 될 것이라는 뜻이었다. 뒤에 송(宋), 노(魯), 진(晉), 거(莒), 정(鄭) 진(陳), 제(齊)나라에서는 모두 임금을 죽이는 일이 일어났다. 여러 차례의 지진은 대략 모두 동중서의 설을 따른 것이다. 경방의 『역전(易傳)』에 이르기를 "신하의 일은 비록 바르다[正]고 해도 권력을 독점하게 되면 반드시 지진이 있게 되고, 그 지진은 물에서는 파도이고 나무에서는 흔들림이며 집에서는 기와가 떨어지는 것이다. 오행의 큰 원칙에 따르면 상도(常道)를 무너뜨리고 신하를 바꾸는 것을 일러 음동(陰動)이라 하니 그 흔들림은 정치하는 궁궐을 흔든다. 오행의 큰 원칙이 정치를 흔들면 이를 일러 불음(不陰)이라 하는데 그 흔들림은 산을 흔드는 것이고 산은 용수(涌水)를 뿜어낸다. 후사(後嗣)가 다음이 없어 신하가 전권을 장악하게 되면 이를 일러 불순(不順)이라 하는데 그 흔들림은 구릉을 흔들고 용수가 뿜어져 나오게 된다"라고 했다.

양공(襄公) 16년 "5월 갑자일에 지진이 있었다." 유향이 볼 때 이에 앞서 계택(雞澤)의 회합에서 제후들이 맹서를 하고 대부들도 맹서했다[○ 사고(師古)가 말했다. "계택은 위(衛)나라 땅이다. 양공 3년에 공이 단나라 임금[單子], 진나라 임금[晉侯], 송나라 임금[宋公], 위나라 임금[衛侯], 정나라 임금[鄭伯], 거나라 임금[莒子], 주나라 임금[邾子], 제(齊)나라 세자 광(光)과 회합을 갖고 기미일에 계택에서 동맹을 맺었다. 진나라 임금[陳侯]은 원교(袁僑)를 회합에 가게 했고 무인일에 숙손교(叔孫豹)와 제후 대부 및 진나라 원교가 동맹을 맺었다."]. 이 해 3월 제후들이 추량(溴梁)의 회합을 가졌고 제후의 대부들끼리 서로 맹서를 했는데 5월에 지진이 있었다. 그후에 최씨(崔氏)가 제나라 정치를 마음대로 했고, 난영(欒盈)이 진(晉)나라를 어지럽혔으며, 양소(良霄)가 정나라를 기울게 했고, 문지기[閽=門番]가 오나라 임금[吳子]을 죽였으며, 연(燕)나라는 그 임금을 내쫓고, 초(楚)나라는 진(陳)과 채(蔡)나라를 멸망시켰다.

소공(昭公) 19년 "5월 기묘일에 지진이 있었다." 유향이 볼 때 이는 당시 계씨(季氏)가 장차 임금을 내쫓으려는 변고가 있었기 때문이다. 그후에 송나라의 세 신하와 조회(曹會)가 모두 자기 땅을 기반으로 반란을 일으켰고, 채나라와 거나라는 자신의 임금을 내쫓았으며, 오나라는 중국(中國)[9]을 꺾고 두 임금을 죽였다〔○ 사고(師古)가 말했다. "소공 23년 가을 7월 무진일에 오나라는 초(楚), 돈(頓), 호(胡), 침(沈), 채(蔡), 진(陳), 허(許)나라의 군대를 계보(雞父)에서 꺾었는데 이때 호나라 임금[胡子] 곤(髡)과 침나라 임금[沈子] 영멸(逞滅)이 죽었다."〕.

23년 "8월 을미일에 지진이 있었다." 유향이 볼 때 이때 주나라 경왕(景王)이 붕하자 유(劉)와 선(單)이 왕자 맹(猛)을 세웠고 윤씨(尹氏)는 자조(子朝)를 세웠다. 그후에 계씨(季氏)는 소공(昭公)을 내쫓았고, 흑굉(黑肱)은 주(邾)나라에서 반란을 일으켰으며〔○ 사고(師古)가 말했다. "흑굉은 주나라 대부다. 31년 『춘추(春秋)』에 '주나라 흑굉이 남(濫)을 갖고서 도망쳐왔다'라고 했는데 남은 주나라 읍이다."〕, 오나라는 그 임금 요(僚)를 살해했고〔○ 사고(師古)가 말했다. "27년에 오나라 공자 광(光)이 전설제(專設諸)를 시켜 칼을 뽑아 왕을 찔렀으니 이것을 말한다."〕, 송나라의 다섯 대부와 진(晉)나라의 두 대부는 자신들의 영지를 기반으로 반란을 일으켰다〔○ 사고(師古)가 말했다. "송공의 동생 진(辰)이 중타(仲佗), 석구(石彄)와 함께[曁=及] 진(陳)나라로 달아났다. 11년 봄에 진과 중타, 석구, 공자 지(地)는 진(陳)나라에서 들어와 소(蕭) 땅에서 반란을 일으켰다. 가을에 송나라 악대심(樂大心)이 조(曹)나라에 있다가 소 땅에 들어왔다. 순인(荀寅)과 사길사(士吉射)가 조가(朝歌)에 들어와 그곳을 기반으로 반란을 일으켰다."〕.

---

9 이는 중원의 나라를 뜻하는 것으로 오나라나 초나라는 여기에 속하지 않았다.

애공(哀公) 3년 "4월 갑오일에 지진이 있었다." 유향이 볼 때 이때 제후들이 모두 간사한 신하들을 신뢰해 누구도 중니(仲尼-공자)를 쓰지 못했고 도적이 채나라 임금[蔡侯]을 죽였으며 제나라 진걸(陳乞)은 임금을 시해했다〔○ 사고(師古)가 말했다. "애공 4년 『춘추(春秋)』는 '도적이 채후(蔡侯) 신(申)을 죽였다'라고 썼고, 『춘추좌씨전(春秋左氏傳)』에서는 '채나라 소후(昭侯)가 장차 오나라에 가려 하자 여러 대부들이 그가 또 나라를 옮길까 두려워해 공손 편(翩)을 도와 뒤쫓아가서 소후에게 활을 쏘니 소후는 민가에 들어갔다가 졸했다'라고 쓰고 있다. 진걸은 제나라 대부 진희자(陳僖子)다. 6년에 자신의 임금 도(荼)를 죽였다. 도는 경공의 아들 안유자(安孺子)다."〕.

혜제(惠帝) 2년 정월 농서(隴西)에 지진이 일어나 400여 집이 무너졌다. 무제(武帝) 정화(征和) 2년 8월 계해일에 지진이 일어나 사람들이 다치거나 죽었다. 선제(宣帝) 본시(本始) 4년 4월 임인일에 하남(河南) 동쪽 49개 군에서 지진이 일어나 북해(北海) 낭야(琅邪) 2개 군에서는 조종(祖宗)의 사당과 성곽이 허물어졌고 6,000여 명이 죽었다. 원제(元帝) 영광(永光) 3년 겨울에 지진이 있었다. 수화(綏和) 2년 9월 병인일에 지진이 일어나 경사에서 북쪽 변방의 군국에 이르기까지 30여 곳에서 성곽이 허물어졌고 모두 415명이 죽었다.

희공(釐公) 14년 "가을 8월 신묘일에 사록(沙麓)이 무너졌다." 『춘추곡량전(春秋穀梁傳)』에 이르기를 "숲이 산에 이어진 것[屬=聯]을 녹(麓)이라 하고 사(沙)는 산의 이름이다"라고 했다. 유향이 볼 때 이는 신하가 배반해 뿔뿔이 흩어진 것이니 윗사람을 섬기지 않는[不事] 상(象)이다. 이에 앞서 제(齊)나라 환공(桓公)이 패도(伯道, 覇道)를 행해 제후들을 회동시켜 주나라 왕실[周室]을 섬겼다. 관중(管仲)이 죽고 나자 환공의 다움[德]이 날로 쇠퇴하게 되니, 하늘이 경고해 말하기를 패도가 장차 폐기되고 제후들이 뿔뿔이 흩어져 정사가 대부에게 미치고[逮=及][10] 배신(陪臣-가신)이 명령을 장악해 시행해 신하가 위를 제대로 섬기지 않았다는 것이다. 환공이 (그래도) 깨닫지 못해 천자(天子)는 가려지고 어두워졌다. 제나라 환공이 죽게 되자 천하는 뿔뿔이 흩어져 초나라에 가서 붙었다. 왕찰자(王札子)[11]는 두 대부〔○ 사고(師古)가 말했다. "소백(召伯)과 모백(毛伯)이다."〕를 죽였고 진(晉)나라는 (무융(貿戎)에서) 천자의 군대를 꺾었는데도 이를 정벌할 수가 없게 되자 이때부터 주나라 왕실은 점점 쇠락했다[陵遲]. 『춘추공양전(春秋公羊傳)』에서는 사록을 황하 변에 있는 읍으로 보았다. 동중서의 설도 대략 이와 같았다. 일설에는 황하는 큰 강[大川]의 상(象)이고 제(齊)는 큰 나라이며 환공의 다움이 쇠락해 패도가 장차 진나라 문공[晉文]에게 옮겨가자 그 때문에 황하가 옮겨갔다[徙=移]는 것이다. 『춘추좌씨전(春秋左氏傳)』에서는 사록을 진(晉)나라 땅으로 보았고 사(沙)는 산의 이름이며 지진이 일어나 록(麓)이 무너진 것인데 지진이 일어났다고 쓰지 않은 것은

---

10 정권이 임금의 손을 떠나 대부의 손아귀에 떨어졌다는 말이다.

11 왕자 첩(捷)이다.

보다 중요한 것을 들어서 말하기 위함이었다고 했다. 백양보(伯陽甫)가 말한 "나라는 반드시 산천에 의지하니 산이 무너지고 천이 메마르는 것은 멸망의 징조이다. 10년도 지나지 않아 나라가 망하게 될 것이니 이는 수(數)의 기(紀-기본)다"라고 한 그대로다. 24년에 이르러 진(晉)나라 회공(懷公)은 고량(高粱)에서 살해됐다〔○ 사고(師古)가 말했다. "회공은 자어(子圉)인데 혜공(惠公)의 아들이다. 문공(文公)이 나라에 들어와 그를 죽이게 했다. 고량은 진나라 땅이다."〕. 경방의 『역전(易傳)』에 이르기를 "소인이 집을 허물리라[小人剝廬]〔○ 사고(師古)가 말했다. "박(剝)괘(䷖)의 가장 위에 붙은 효[上九]에 대한 풀이다."〕고 했으니, 그 허물은 산이 무너지는 것이고 이를 일러 음이 양을 올라탔다고 하고 약한 것이 강한 것을 이긴다고도 한다"라고 했다.

성공(成公) 5년 "여름 양산(梁山)이 무너졌다." 『춘추곡량전(春秋穀梁傳)』에 이르기를 "황하가 막혀[雍=壅] 사흘 동안 흐르지 못하자 진나라 임금[晉君]이 여러 신하들을 이끌고[帥=率] 곡을 하니 마침내 흘렀다. 유향이 볼 때 산은 양(陽)이고 임금이며 강은 음(陰)이고 백성이니, 하늘이 경계해 말하기를 임금의 도리가 무너지면 아래가 어지러워져 백성들이 장차 그 삶의 터전을 잃게 된다고 한 것이다. 곡을 한 연후에야 강이 흘렀다는 것은 상망(喪亡-없어짐)의 상(象)이다. 양산은 진나라 땅이니 진나라에서 시작해 천하에 미친 것이다. 뒤에 진나라는 세 경(卿)을 사납게 죽였고 여공(厲公)은 그 때문에 시해됐다〔○ 사고(師古)가 말했다. "세 경은 극주(郤犨), 극기(郤錡), 극지(郤至)다. 여공이 그들을 죽이자 난서(欒書), 중항언(中行偃)이 다시 여공을 시해했다. 이 일은 성공 17년에 있었다."〕. 추량(湨梁)의 회동을 계기로 천하의 대부들이 죄다 국정을 장악했고, 그후에 손(孫)과 영(甯)이 위(衛)나라 헌공(獻公)을 내쫓았고[○ 사고(師古)가 말했다. "손은 손림보(孫林父)이고 영은 영식(甯殖)인데 둘 다 위나라 대부다. 헌공은 정공(定公)의 아들로 이름은 간(衎)이다."], 삼가(三家)는 노(魯)나라 소공(昭公)을 축출했으며, 선(單)과 윤(尹)은 (주나라) 왕실을 어지럽혔다. 동중서의 설도 대략 비슷하다. 유흠이 볼 때 양산은 진(晉)나라의 망(望)[12]이고 무너졌다는 것은 점점 무너졌다[弛崩]는 말이다. 옛날에 삼대(三代) 때에는 제후는 명을 받아 제사를 지냈는데 제후의 제사[祭]는 망제(望祭)를 넘지 않았기에 길흉화복이 지나침이 없었다. 나라는 산천을 주관하니 산이 붕괴되고 강이 메말랐다는 것은 멸망의 징조이지만 좋은 일도 나쁜 일도 순환해 반드시 반복되는 것이다. 이 해에 세성(歲星-목성)은 순화(鶉火)에 있었으니 17년 만에 다시 순화에 있는 것이고, 난서와 중항언(中行偃)이 여공(厲公)을 살해하고 도공(悼公)을 세운 것도 다 그에 따른 징험이라는 것이 유흠의 풀이였다.

고후(高后) 2년 정월 무도산(武都山)이 무너져 760명이 죽고 지진이 8월까지 계속되다가 마침내 그쳤다. 문제(文帝) 원년 4월 제와 초나라 땅에 지진이 일어나고 산들이 무너져 29곳에서 같은 날에 동시에 크게 물이 뿜어져 나와 사방에 흘러넘쳤다. 유향이 볼 때 이는 수(水)가 토(土)를 해치는 것에 가까운 것이다. 하늘이 경고해 말하기를 제나라와 초나라의 군(君)

---

12 망제를 올리는 명산대천을 가리킨다.

을 성대하게 하지 말라, 그렇지 않으면 제도(의 규범)를 잃어 장차 난을 빚게 될 것이라고 한 것이다. 16년 후에 제(帝)의 이복형인 제나라 도혜왕(悼惠王)의 손자인 문왕(文王) 칙(則)이 훙하자 자식이 없었기에 제는 제나라 땅을 나눠 도혜왕의 서자 6명〔○ 사고(師古)가 말했다. "제효왕(齊孝王) 장려(將閭), 제북왕(濟北王) 지(志), 치천왕(菑川王) 현(賢), 교동왕(膠東王) 웅거(雄渠), 교서왕(膠西王) 앙(卬), 제남왕(濟南王) 벽광(辟光)이다."〕을 세워 모두 왕으로 삼았다. 가의(賈誼)와 조조(鼂錯)가 간언했는데 이는 옛 제도를 어기는 것으로 보았고 난을 빚게 될까 두려워했다. 경제(景帝) 3년에 이르러 제와 초 등 7국이 100여만 병사를 일으키니 한(漢)나라는 이들을 모두 깨뜨렸다. 춘추시대 때 네 나라〔○ 사고(師古)가 말했다. "송(宋), 위(衛), 진(陳), 정(鄭)나라다."〕에서 같은 날에 재이가 있었고 한나라 때에는 7국에서 같은 날에 산이 허물어져 모두 그 피해를 입었던 것은 하늘의 위엄을 두려워하지 않는 것에 대한 명확한 효험이다.

성제(成帝) 하평(河平) 3년 2월 병술일에 건위군(犍爲郡) 백강(柏江)에서 산이 무너졌고, 연강(捐江)에서 산이 무너졌으며, 양자강의 물이 막혀 강물이 역류하는 바람에 성이 무너져 13명이 죽었고, 지진이 21일 동안 124회가 울렸다. 원연(元延) 3년 정월 병인일에 촉군(蜀郡) 민산(岷山)이 무너져 강이 막혀 강물이 역류했는데 3일 만에야 다시 흘렀다. 유향이 볼 때 주나라 때 기산(岐山)이 무너져 세 강이 메마르니 유왕(幽王)이 패망했다. 기산이란 주나라가 일어난 곳이다. 한나라 왕황[漢家]은 본래 촉한(蜀漢)에서 일어났는데 지금 그 일어난 땅의 산이 무너지고 강이 메말랐으며 또 혜성이 꼬리를 길게 드리워 섭제(攝提)와 대각(大角)에 미치고 삼성(參星)에서 시작해 진성(辰星)에 이르렀으니 이는 거의 망하려는 것이다. 그로부터 3세(世)가 지나 왕망(王莽)이 제위를 찬탈했다.

전(傳)에서 말했다.

"황(皇)이 극에 이르지 못한 것[不極]을 일러 불건(不建)이라고 하는데, 그 허물은 눈이 어두운 것[眊]이고 그 벌은 항음(恒陰)이며 그 끝은 약한 것[弱]이다. 때로는 활을 쏘는 요사스러움[射妖]이 있고, 때로는 용과 뱀의 얼(孼)이 있으며, 때로는 마화(馬禍)가 있고, 때로는 아랫사람이 위를 정벌하는 고질병[痾]이 있으며, 때로는 해와 달이 그 운행을 어지럽히고 별들[星辰]이 역행한다."

"황(皇)이 극에 이르지 못한 것[不極]을 일러 불건(不建)"이라고 할 때 황(皇)은 임금[君]이고, 극(極)은 적중함[中]이며, 건(建)은 세우는 것[立]이다. 임금이 용모와 말과 보는 것과 듣는 것과 생각하는 것[貌言視聽思心]의 다섯 가지 일[五事]을 다 잃어 그 적중함[其中]을 얻지 못하면 (세상의) 만 가지 일을 세울 수가 없어 그 잘못은 눈 어둡고 미혹됨[眊悖]〔○ 사고(師古)가 말했다. "모(眊)는 눈 밝지 못함[不明]이고, 패(悖)는 미혹되는 것[惑]이다."〕에 있게 되니 그 때문에 그 허물은 눈이 어두운 것이다. 임금다운 임금[王者]은 아래로부터 하늘을 이어받아 만물을 다스린다[理物=治物]. 구름은 산에서 일어나 하늘에 가득하게 되고[彌=滿] 하늘의 기운이 어지러워지니 그래서 그(에 해당하는) 벌은 계속 음기가 지배하는 것[常陰=恒陰]이다. 일설에는 위(-임금)에서 적중함을 잃으면[失中] 아래가 강성해져서 임금의 눈 밝음[君明]을 가리게 된다고도 한다. 『주역(周易)』에

이르기를 "끝까지 올라간 용[亢龍]이니 후회함이 있다'라는 것은 귀하면
서도 지위는 없고 높으면서도 (다스릴) 백성이 없으며 뛰어난 사람이 아랫
자리에 있다 보니[13] 도와줄 이가 없다〔○ 사고(師古)가 말했다. "건(乾)괘(䷀
) 가장 위에 있는 붙은 효에 대한 문언(文言)의 풀이다."〕"라고 했으니, 이렇
게 되면 임금이 남면(南面)하는 존귀함이 있는데도 단 한 사람의 도움을
받을 수 없기 때문에 그래서 그 끝은 약한 것[弱]이라고 한 것이다. 왕성한
양의 기운이 움직여 나아가면 가볍게 내달린다[輕疾]. 예법에 따르면 봄에
대사(大射)[14]를 하는 이유는 양의 기운을 고분고분하게 하기 위함이다. 위
가 미미하고 약하면 아래가 떨쳐 일어나 움직이니 그래서 사요(射妖)가 있
다고 한 것이다. 『주역(周易)』에 이르기를 "구름은 용을 따른다〔○ 사고(師
古)가 말했다. "건(乾)괘(䷀) 위에서 두 번째 붙은 효에 대한 문언(文言)의
풀이다."〕"라고 했고, 또 말하기를 "용과 뱀이 칩거함[蟄]으로 몸을 보존하
다〔○ 사고(師古)가 말했다. "「계사전(繫辭傳)」 하(下)에 나오는 말이다."〕"라
고 한 것은 음의 기운이 움직이는 것이니 그래서 용과 뱀의 얼(孼)이 있다
고 한 것이다. 『주역(周易)』에서 건(乾)괘는 임금[君]도 되고 말[馬]도 되니
말이 사람의 쓰임을 받아 강력해지면 임금의 기운은 훼손되니 그래서 마
화(馬禍)가 있다고 한 것이다. 일설에는 말이 많이 죽어 괴이한 것도 또한

13　바로 아랫자리에 있어야 하는데 맨 아랫자리에 있다는 뜻이다.

14　대사례(大射禮)를 말한다. 사례에는 대사례와 향사례(鄕射禮)의 두 가지가 있다. 주관하는 곳
　　에 따라 임금이 주관하면 대사례, 대부나 지방관이 주관하면 향사례라 했다. 향사와 대사는
　　중국에서는 주나라 때 성행한 의식으로 사례를 행하기 전에 연례(燕禮)를 행해 군신의 의리를
　　밝힌 뒤에 시행했다.

이것이다. 임금이 어지럽고 약하면 사람은 반란을 일으키고 싶고 하늘은 제거하고 싶으니, 눈 밝은 임금[明王]에 의한 주벌이 없으면 곧 찬탈과 시해[篡弑]의 화가 있게 되기 때문에 아랫사람이 위를 정벌하는 고질병[痾]이 있게 되는 것이다. 무릇 임금의 도리가 상하게 되면 하늘의 기운이 병들게 되는데 여기서 오행(五行)이 하늘을 상하게 했다[沴]고 말하지 않고 "해와 달이 그 운행을 어지럽히고 별들[星辰]이 역행한다"라고 말한 것은 아래가 감히 하늘을 해친 것처럼 하지 않아 마치 『춘추(春秋)』에서 "왕사(王師-천자의 군대)가 무융(貿戎)에게 패배했다[敗績]"[15]라고 적어 무융이 (왕사를) 이겼다[敗之]고 말하지 않고 스스로 진 것을 글로 나타내[文] 높여야 할 쪽을 높인 뜻[尊尊]과 같은 것이다. 유흠은 「황극전(皇極傳)」에서 이르기를 하체가 위에서 생겨나는 고질병이 있다고 했다. 일설에는 이를 아랫사람이 위를 정벌해 하늘의 주벌이 이미 이루어졌기 때문에 다시 고질병이 될 수 없음을 말하는 것이라고 한다. 황극의 "계속 음기가 지배하는 것[常陰]"에 대해 유향은 『춘추(春秋)』에는 그에 상응하는 응험이 없다고 본다. 일설에는 오랫동안 음이 계속돼[久陰] 비가 내리지 않는 것이 그것이라고 한다. 유흠은 처음부터 계속 음기가 지배하는 일이 연속되는 것이라고 보았다.

---

15 『춘추공양전(春秋公羊傳)』 성공(成公) 원년 가을에 나오는 말이다. 『춘추좌씨전(春秋左氏傳)』에는 모융(茅戎)으로 기록돼 있다. 일반적으로 그냥 패(敗)라고 하면 오히려 상대를 꺾어 이겼다는 뜻이다. 그런데 패적(敗績)은 자기 나라가 패배했음을 나타내는 말이다. 어느 쪽을 주어로 삼느냐의 문제를 말하고 있다.

소제(昭帝)는 원평(元平) 원년 4월에 붕(崩)했고 후사가 없어 창읍왕(昌邑王) 하(賀)를 세웠다. 하가 자리에 나아가자 하늘은 음침해져[陰] 낮밤으로 해와 달을 볼 수가 없었다. 하가 대궐 밖으로 외출하려 하자 광록대부 하후승(夏侯勝)이 수레 앞에서 간언을 올려 말했다.

"하늘이 오랫동안 음침하고 비가 내리지 않으니 이는 신하 중에 위를 도모하는 자가 있기 때문인데 폐하께서는 어찌 나가려 하십니까?"

하는 화를 내며 승(勝)을 묶어 관리에게 넘기니[屬=委] 관리가 대장군 곽광(霍光)에게 이 사실을 알렸다[白]. (이에) 광(光)은 당시 거기장군 장안세(張安世)와 함께 모의해 하를 폐위시키려 했다. 광은 안세(安世)가 말을 흘렸다[泄語]고 여기고 그를 꾸짖었는데 안세는 실은 아무에게도 말하지 않았고 승을 불러 물었다. 승은 『홍범오행전(洪範五行傳)』[16]을 올리며 이렇게 말했다.

"'황(皇)이 극에 이르지 못하면[不極] 그 벌은 계속 음기가 지배하는 것[常陰]이고 때로는 아랫사람이 위를 정벌하는 고질병[痾]이 있다'라고 했으니, 감히 꼼꼼하게 잘 살펴[察察] 말하지 않을 수 있겠습니까? 그래서 신하 중에 위를 도모하는 자가 있다고 한 것입니다."

광과 안세는 이를 읽어보고서 크게 놀라 이 때문에 더욱더 경술(經術)의 선비를 중하게 여겼다. 며칠 후에 결국 함께 하를 폐위시켰으니 이는 상음(常陰)의 명백한 효험이다. 경방의 『역전(易傳)』에 이르기를 "무지개[蜺]

---

16 일설에는 유향의 저술이라고도 하지만 기원전 77년에 태어났는데 원평 원년은 기원전 74년이므로 시간상으로 맞지 않는다. 따라서 누구의 책이나 글인지는 알 수 없다.

=虹蜺], 몽(蒙), 안개[霧]가 있다. 안개는 위아래가 합쳐진 것이다. 몽은 먼지구름[塵雲]과 같은 것이다. 무지개는 해의 곁 기운[旁氣]이다. 그 점에 이르기를 '후비(后妃)가 총애를 독점하고 있으면 무지개가 쌍으로 나타나고 죽으면서 둥그렇고[專=員] 11월이 되면 가뭄이 든다'라고 했다. 아내가 유순하지 않으면 젊은 무지개가 네 차례 해를 등지고 또 흰 무지개가 쌍으로 해의 가운데에서 나온다. 아내가 신분이 귀하고 높으면 이를 일러 '양을 제 마음대로 한다[擅陽]'라고 하는데 무지개가 사방에 있으면서 햇빛은 밝지 못하고[不陽] 후덥한 기운[蒙氣]이 대기에 풀려 따뜻하게 된다. 내취(內取)〔○ 복건(服虔)이 말했다. "임금이 골육과 내밀하게 음란한 짓을 하는 것[內淫]을 말한다." 신찬(臣瓚)이 말했다. "임금이 나라 안에서 부인을 맞아들이는 것이다." 사고(師古)가 말했다. "(여기서) 취(取)란 『예기(禮記)』 '곡례(曲禮)'에서 말한 '취우(聚麀-수컷들이 한 마리의 암사슴을 공유(共有)한다는 말로, 인간의 난륜(亂倫)을 비유한 말)'의 취(聚)와 같은 뜻이다. 찬의 설이 틀렸다."〕를 일러 금(禽-짐승)이라고 하는데 무지개가 마치 짐승처럼 해의 곁에 있는 것이다. 높은 지위에서 비(妃)로 내려가는 것을 일러 '후사를 엷게 한다[薄嗣]'고 하는데 무지개가 곧고 막히며 육진(六辰)〔○ 위소(韋昭)가 말했다. "묘시(卯時-오전 5~7시)에서 신시(申時-오후 3~5시까지를 말한다."〕에서 마침내 사라져 밤에 별이 보이는데 붉다. 여자가 그 처음을 바꾸지 않는 것을 일러 '지아비를 올라탄다[乘夫]〔○ 맹강(孟康)이 말했다. "처음에는 지아비를 통해 귀하고 높아져 끝까지 이를 행해 바꾸지 않는다는 말이다."〕'라고 하는데 무지개가 희고 해의 곁에 있으며 검은 무지개가 이를 범한다[果=干]. 아내가 고분고분하지 않고 바르지 못한

것을 일러 '양을 제 마음대로 한다[擅陽]'라고 하는데 무지개의 가운데가
곁을 살피듯 뚫려 있고 밖은 둥글다[専]. 부부가 서로 엄격하지 못한 것을
일러 '무람없다[媟=褻慢=親狎]'라고 하는데 무지개가 해와 만난다. 부인
이 나라를 제 마음대로 하는 것[擅國]을 일러 '기울었다[頃=傾]'라고 하
는데 무지개가 희고 해의 가운데를 꿰뚫으며 붉은 무지개가 네 차례 해
를 등진다. 본부인[適=嫡]이 보답하지 않는 것[不答=不報]을 일러 '차례
가 없다[不次]'라고 하는데 무지개가 곧은 것은 왼쪽에 있고 무지개가 교
차한 것은 오른쪽에 있다. 한결같지 못함[不専]에서 (아내를) 취하는 것을
일러 '후사를 위태롭게 한다[危嗣]'라고 하니 무지개가 해를 감싸는데 양
쪽으로 다 미치지 못한다. 임금이 밖에서 음란한 것을 일러 '망(亡)'이라고
하는데 무지개의 기운이 해를 왼쪽으로 해 밖에서 교차한다. 아내를 맞
아들였는데 통달하지 못한 사람이면[取不達] 이를 일러 '(사리를) 알지 못
한다[不知]'고 하니 무지개가 희고 밝음을 빼앗겨 크게 덥고 더우면서 비
가 내린다. 높고 낮음[尊卑]이 분별되지 못하는 것을 일러 '무람없다, 깔보
다[媟]'라고 하는데 무지개가 세 번 나타났다가 세 번 그치고 삼진(三辰)에
사라지니[○ 위소(韋昭)가 말했다. "인시(寅時)부터 진시(辰時)까지다. 무지
개는 아침에 서쪽에서 나타나고 저녁 무렵 비가 내린다."] 사라지고 나면
해가 뜨고 또 비가 내린다. 신하가 사사로이 친족들에게 녹(祿)을 내리는
것을 일러 '임금을 옭아맨다[罔辟]'라고 하는데 그 재이는 먼지구름[蒙]이
며 그 먼지구름은 우선 매우 뜨겁고 이미 먼지구름이 일어나면 해는 보이
지 않는다. 좋은 일을 하고서도 위에 청하지 않는 것을 일러 '복을 빚는다
[作福]'라고 하는데 먼지구름이 하루에 다섯 번 일어나고 다섯 번 사라진

다. 임금이 아랫사람에게 계책을 묻지 않고 신하와 임금이 도리를 달리한 것을 일러 '불견(不見)'이라고 하는데 위에는 먼지구름이 있고 아래에는 안개가 끼어 바람이 세 차례 바뀌고 나서야 모두 사라진다. 사자(嗣子)를 세우고 의심을 품는 것을 일러 '욕심이 동한다[動欲]'라고 하는데 먼지구름이 붉고 해가 밝지 않다. 다움에 차례가 없는 것[德不序]을 일러 '귀 밝지 못하다[不聰]'라고 하는데 먼지구름이 끼어 해가 밝지 못하고 날씨가 더워 백성들이 병을 앓는다. 다움을 갖춘 사람을 쓰지 않고[不試=不用] 헛된 말이나 하는 사람이 녹을 받는 것을 일러 '임금은 게으르고 신하는 요상하다[主㾕臣夭]'라고 하는데 먼지구름이 일어나고 그 색은 희다. 임금이 놀기 좋아하는 사람[逸人]¹⁷을 가까이하는 것을 '마음을 놓아버렸다[放]'라고 하는데 먼지구름이 끼고 해는 푸르며 검은 구름이 해를 끼고서 좌우 전후로 해를 지나간다. 임금이 맡은 바에 책임지지 않는 것을 일러 '녹에 기댄다[怙祿]'라고 하는데 먼지구름이 3일 동안 이어지고 또 큰 바람이 5일 동안 불며 먼지구름이 없어지지 않는다. 간사함을 이롭게 여겨 그것을 탐하는 것을 일러 '위를 막는다[閉上]'라고 하는데 먼지구름이 크게 일어나고 흰 구름이 산을 지나가 해를 가린다. 임금이 아랫사람에게 도리를 말하는 것을 두려워하는 것을 일러 '아래를 막는다[閉下]'라고 하는데 먼지구름이 크게 일어나고 해가 보이지 않으며 비가 내렸다가 안 내렸

---

17 일인(逸人)은 숨어 지내는 뛰어난 선비를 뜻하는 일민(逸民)이나 유일(遺逸)을 뜻할 수도 있으나 여기서는 문맥상 그냥 놀기 좋아하는 사람을 뜻하는 것으로 보인다. 안일(安逸)이라고 할 때의 그 일(逸)의 뜻을 취한 것이다.

다가 하며 12일이 지나서야 먼지구름이 사라지고 다시 큰 구름이 해를 가린다. 녹(祿)이 아래에서 생겨나는 것을 일러 '임금을 업신여긴다[誣君]'라고 하는데 먼지구름이 조금 있고 비가 조금 내리다가 마침내 큰 비가 내린다. 아래에서 서로 좋은 일이나 사람을 물리치는 것[攘善]을 일러 '눈 밝음을 훔친다[盜明]'라고 하는데 먼지구름이 누렇고 흐리다. 아랫사람이 자신의 공적을 진술해 위에 포상을 요구하는 것을 일러 '(사리를) 알지 못한다[不知]'라고 하는데 먼지구름이 미미하고 붉으며 바람이 나뭇가지를 울리면 풀렸다가 다시 먼지구름이 낀다. 아랫사람이 형벌을 제 마음대로 결단하는 것을 일러 '위세가 나뉜다[分威]'라고 하는데 먼지구름이 끼어 해가 밝지 못하다. 대신이 소신을 억누르는 것[厭=壓]을 일러 가린다[蔽]고 하는데 먼지구름이 조금 있고 해는 밝지 못하며 먼지구름이 사라졌다가 안 사라졌다가 하고 큰 바람이 일어나고 붉은 구름이 생겨나 해를 가린다. 대중들이 나쁜 일이나 나쁜 사람을 미워하지 않는 것을 일러 '막혔다[閉]'라고 하는데 먼지구름이 생겨나고 존귀한 괘(卦)〔○ 맹강(孟康)이 말했다. "존괘(尊卦)란 건(乾)괘와 곤(坤)괘를 말한다."〕가 권력을 행사하며[用事] (먼지구름이) 3일 동안 생겨나고 해는 보이지 않는다. 말을 누설해 기쁠 일이 없는 것을 일러 '아래에 두고서 쓴다[下用]'라고 하는데 먼지구름이 조금 있고 해에 빛이 없으며 비구름이 있는데 비는 내리지 않는다. 충신을 내팽개치고 간신에게 미혹된 것[廢忠惑佞]을 일러 '망(亡)'이라고 하는데 먼지구름이 끼고 하늘은 처음에는 맑았다가 뒤에는 사나워지며 먼지구름이 조금 있어 해는 밝지 못하다. 일민(逸民)이 있는 것을 일러 '밝지 못하다[不明]'라고 하는데 먼지구름이 흐려 햇빛을 빼앗는다. 임금이 맡은 바에 책임지지 않는 것을 일러 '겸손하지 못하다[不紃불출]'라고 하는데 먼지구름이 희며 삼진(三辰)에 그치게 되면 해는 푸르고 푸르면서 추우니 추우면 반드시 비가 내린다. 충신이 좋은 계책을 올리는데도 임금이 그것을 쓰지 않는 것[不試불시]을 일러 '막다, 억누르다[遏알]'라고 하는데 먼지구름이 있고 우선 적게 비가 내리고 그러고 나면 먼지구름이 일어나며 먼지구름이 적은데도 해는 밝지 못하다. 대중을 현혹시키는 자가 높은 자리에 있는 것을 일러 '나라를 뒤집는다[覆國복국]'라고 하는데 먼지구름이 적은데도 해는 밝지 못하며 한 번은 더웠다가 한 번은 추웠다가 하며 바람이 먼지를 걷어간다. 간사스럽다는 것을 알면서도 그런 사람을 두텁게 대하는 것을 일러 '낮추어 보다[庳=卑下비비하]'라고 하는데 먼지구름이 심하고 덥다. 임금과 신하가 일부러[故=故意고고의] 어긋나는 것을 일러 '어그러지다[悖=戾패려]'라고 하는데 그 재이는 바람과 비와 안개이니 바람이 나무를 뽑아 넘어뜨리고 (비가) 오곡을 엉망으로 만들며 그러고 나면 크게 안개가 낀다. 여러 관리의 수장이 나쁜 일이나 사람을 숨기는 것을 일러 '얼재(孼災)가 생겨난다'라고 하는데 그 이변은 안개다'라고 했다. 이것들은 모두 음운(陰雲)의 종류들이다.

엄공(嚴公) 18년 "가을에 역(蜮-물여우)¹⁸이 있었다. 유향이 볼 때 물여우는 남월(南越)에서 산다. 월 땅에서는 부인들이 많고 남녀가 함께 냇물

---

18 모래를 입에 넣어두었다가 사람에게 뿜어내는데 이것을 맞은 사람은 근육에 경련을 일으키고 두통과 발열과 같은 증상을 나타내며 심한 경우에는 죽기도 한다.

에서 목욕을 하며 음란한 여인이 주인공 행세를 해 어지러운 기운이 생겨나니 그래서 빼어난 이가 그것을 이름해 역(蜮)이라 했다. 역(蜮)은 혹(惑)과 같은 것이어서 물가에 있다가 모래에서 사람을 쏘고 사람을 쏠 때에는 급소를 맞추기 때문에 심한 경우에는 죽음에 이르기도 한다. 남방에서는 이를 단호(短狐)라고 부르니 사요(射妖)와 비슷하고 사망의 상(象)이다. 이때 엄공은 장차 제(齊)나라의 음란한 여인을 부인으로 맞아들이려 했기 때문에 역이 생겨난 것이다. 하늘은 경계해 말하기를 제나라의 여인을 결코 취하지 말 것이며 만일 그렇게 한다면 음란·미혹·찬탈·시해의 화가 생겨날 수 있다고 경고한 것이다. 엄공은 이를 깨닫지 못하고 끝내 그녀를 맞아들였다. 그녀가 나라에 들어와 두 숙부와 음란한 짓을 하니, 그로 인해 두 숙부는 죽었고 뒤를 이을 아들 둘도 시해됐으며[見弑] 부인 또한 주살됐다. 유흠이 볼 때 역(蜮)은 한창 더울 때 생겨나는 것이니 월나라에서 온 것이 아니라고 했다. 경방의 『역전(易傳)』에 이르기를 "충신이 좋은 계책을 올리는데도 임금이 그것을 쓰지 않으면[不試] 그 허물은 나라에 역(蜮)이 생겨나는 것이다"라고 했다.

사기(史記)에 따르면 노(魯)나라 애공(哀公) 때 매[隼=鷙] 한 마리가 진(陳)나라 궁정에 날아들었다가 죽었다. 죽은 매에 싸리나무 화살[楛矢]이 꿰뚫려 있었는데 그 화살의 돌 화살촉[石砮]의 길이가 1척 8촌이었다. 진나라 민공(閔公)이 사자를 보내 중니(仲尼-공자)에게 묻게 하자 중니가 말했다.

"이 매는 먼 곳에서 왔소이다! 옛날에 (주나라) 무왕(武王)이 상(商)나라를 꺾고서 온갖 오랑캐[百蠻]로 향하는 길을 통하게 하자 오랑캐들은 각자 지방 토산물을 갖고서 내공(來貢)했는데, 이때 숙신(肅愼)〔○ 신찬(臣瓚)이 말했다. "동북쪽 오랑캐다."〕은 싸리나무 화살을 바쳤고 그 화살촉의 길이가 1척 8촌이었습니다. 선왕께서는 먼 지방의 직(職)을 성이 다른 제후들에게 나눠주어 각자의 일[服=事]을 잊지 않게끔 했습니다. 그래서 진나라에게는 숙신의 화살을 나눠주었던 것입니다."

그래서 옛 창고에 가서 그것을 찾아보게 하니 과연 그것이 있었다. 유향이 볼 때 매는 흑상(黑祥)과 비슷하고 탐학스럽고 사나운[貪暴] 부류다. 화살이 꿰뚫고 있었다는 것은 사요(射妖)와 비슷하고 조정의 뜰에서 죽었다는 것은 나라가 망할 것이라는 표시다. 진나라가 어둡고 어지러워[眊亂] 주나라를 제대로 섬기지[服事] 못하면서 탐학과 사나움을 저질러 장차 먼 곳의 오랑캐의 화를 입게 돼 그로 인해 망하게 될 것이라는 상(象)이다. 이때 중국에서는 제(齊)와 진(晉)나라가, 남쪽 오랑캐[南夷]들 중에서는 오(吳)와 초(楚)나라가 강성했는데 진(陳)나라는 진(晉)나라와 수시로 사이가 좋지 못해 초나라에 붙어도 견고하지가 못해 여러 차례 두 나라로부터 화를 당했다. 그후에 초나라에 백공(白公)의 난이 있었고〔○ 사고(師古)가 말했다. "백공은 초나라 평왕(平王)의 태자 건(建)의 아들 승(勝)이다. 건이 참소를 당해[遇讒] 정나라로 달아났다가 거기서 죽었다. 승은 오(吳)나라에 있었는데 자서(子西)가 그를 불러 오나라 국경 근처에 머물게 하고서 백공(白公)으로 삼았다. 오나라 사람들이 신(愼)을 정벌할 때 백공이 그들을 꺾고서 전쟁 준비를 청하는 것을 계기로 난을 일으켜 자서와 자기(子期)는 모두 죽었다. 이 일은 애공(哀公) 16년에 있었다."〕 진(陳)은 그것을 틈타 초나라를 침략했다가 결국 초나라에 멸망당했다〔○ 사고(師古)가 말했다. "진나라 민공(閔公) 20년의 일이며 기린을 잡은[獲麟_{획린}] 해다. 그 24년에 초나라에게 멸망당했다.").

사기(史記)에 따르면 하후씨(夏后氏)[19]가 쇠퇴했을 때 두 마리 용이 하(夏)나라 조정에 머물면서 "너희들은 포(褒)나라[20]의 두 임금이다"라고 말했다. 하제(夏帝)가 점을 쳐서 그것을 죽일 것인지 내쫓을 것인지 그냥 머물게 할 것인지를 알아보니 그 어느 것도 길하지 않았다. 결국 그 입가의 거품[漦_시=沫_말]을 가져다가 보관하라는 점괘가 나오고서야 마침내 길하다고 했다. 이에 폐백을 올리고 책에 쓴 제문을 읽어 고했다. 그러자 용은 자취를 감췄고 거품만 남아 있었기 때문에 마침내 그것을 함[櫝_독=匱_궤] 안에 넣어 보관했다[去_거=藏_장]. 그후에 하나라가 망하자 함은 은나라와 주나라에 전해졌고 삼대(三代)를 거치는 동안 발견되지 않다가 (주나라) 여왕(厲王)[21]

---

19 하나라를 가리킨다.

20 옛날 나라 이름이다.

21 여왕(厲王)은 아버지인 이왕(夷王)의 뒤를 이어 주(周)의 천자(天子)가 됐는데 신하들의 간언(諫言)에도 불구하고 이익을 탐하고 간신(奸臣)인 영이공(榮夷公)을 경사(卿士)로 임용해 국사(國事)를 주관하게 했다. 여왕은 포악하고 사치스럽고 교만해 백성들이 그를 비방했다. 그러자 왕은 위(衛)나라의 무당을 불러서 비방하는 자들을 감시하고 무당이 보고하면 그들을 죽였다. 감시와 탄압이 심해지자 백성들은 감히 말을 하지 못하고 길에서 만나면 눈짓으로 뜻을 교환했으며 제후(諸侯)들도 왕을 조회(朝會)하러 오지 않았다. 소목공(召穆公)이 여왕에게 폭정(暴政)을 멈출 것을 간언(諫言)했지만 그는 듣지 않았다. 그래서 나라에는 감히 정치에 대해 말하는 자가 없었고 마침내 3년 뒤에 제후들과 백성들은 반란을 일으켰다. 여왕은 도읍인 호경(鎬京-지금의 섬서성(陝西省) 장안)을 벗어나 체(彘-지금의 산서성(山西省) 곽주)로 피신했다. 이 사건을 국인폭동(國人暴動)이라고 한다.

말기에 그것을 찾아내 살펴볼 때 거품이 조정으로 흘러내려 지울 수가 없었다. 여왕은 부인들을 벌거벗겨 동물 울음소리를 내게 했는데 거품은 검은 자라[玄黿(현원)]로 바뀌어 후궁으로 들어갔다. 궁중의 처녀가 이것과 마주쳐 잉태를 해 자식을 낳으니 두려워해 이를 버렸다. 선왕(宣王)이 즉위했을 때 어린 여자아이가 동요를 불렀던 적이 있었다.

"산뽕나무로 만든 활[檿弧(염호)],²² 콩대로 만든 화살통[萁服(기복)], 실은 주나라를 망하게 하리라."

그후에 부부 중에 이 화살통을 파는[鬻=賣(매매)] 사람이 있으니 선왕은 그들을 잡아 죽이게 했다. 그들은 이미 떠나서 궁중의 처녀가 낳아 버린 아이를 발견해 그 바람에 우는 소리를 듣고서는 불쌍히 여겨 그 아기를 거두어 드디어 포(襃)나라로 달아났다. 뒤에 포나라 사람이 죄가 있어 어린 아이를 바치고 죄를 면제받았는데, 이 아이가 훗날의 포사(襃姒)이며 유왕(幽王)이 그를 보고서 사랑하게 돼 아들 백복(伯服)을 낳았다. 왕은 신후(申后)와 태자 의구(宜咎)를 폐위시키고 포사를 왕비로 세우고 백복으로 하여금 의구를 대신하게 했다. 폐위된 후의 아버지 신후(申侯)는 비단[繒(증)]을 서쪽의 견융(畎戎)〔○ 사고(師古)가 말했다. "견융(犬戎)이라고도 하고 또 곤이(昆夷)라고도 한다."〕에게 주고서 함께 유왕을 공격해 죽였다. 『시경(詩經)』에 이르기를 "빛나는[赫赫(혁혁)] 주나라 종실을 포사가 멸망시켰도다〔○ 사고(師古)가 말했다. "「소아(小雅)」 '정월(正月)' 편에 나오는 구절이다."〕"라고 했다. 유향이 볼 때 이는 하후의 말세[季世=末世(계세·말세)] 때나 주나

---

22 나무로 만든 활[木弓(목궁)]을 호(弧)라고 한다.

라의 유왕 및 여왕 때 모두 어그러지고 어지러워[詩亂] 하늘을 거스르니 [逆天] 그 때문에 용과 자라의 괴이한 일이 있었던 것이고 용과 뱀의 얼(孼)과 비슷하다. 시(豺)는 피[血]인데 일설에는 거품[沫]이라고도 한다. 염호(檿弧)는 뽕나무 활[桑弓]이다. 기복(其服)은 대개 콩대로 만든 화살통이니 사요(射妖)와 비슷하다. 어린 여자아이의 동요는 화(禍)가 장차 여자에게서 생겨나고 나라가 병사의 침입[兵寇]으로 인해 망하게 된다는 것을 노래한 것이다.

『춘추좌씨전(春秋左氏傳)』 소공(昭公) 19년에 용들이 정나라 도성문 밖 유수(洧水)의 원천에서 싸웠다. 유향이 볼 때 이는 용얼(龍孼)과 비슷한 것이다. 정나라는 작은 나라로 진(晉)나라와 초(楚)나라 사이에 끼어 있었고 강대한 오(吳)나라와도 접해 있어 그 요충지에 있었기 때문에 만일 다움을 닦지 못하면 장차 세 나라와 싸워 스스로 위태로워져 망할 지경이었다. 이런 때에 자산(子産)이 정사를 맡아 안으로는 백성들에게 은혜를 베풀고 밖으로는 외교를 잘해[善辭令] 세 나라와 잘 지내자 정나라는 마침내 우환에서 벗어났으니 능히 다움[德]으로써 변이를 없애는 효험이다. 경방의 『역전(易傳)』에 이르기를 "대중들의 마음이 불안하면 그 요사스러움은 용들이 싸우는 것이다"라고 했다.

혜제(惠帝) 2년 정월 계유일 아침[旦]에 두 마리 용이 난릉현(蘭陵縣) 정동리(廷東里)에 있는 온릉(溫陵)이라는 사람의 집 우물 안에 나타나 을해일 밤에야 사라졌다. 유향이 볼 때 용은 존귀한 상(象)이기 때문에 서민의 우물 안에서 곤욕을 겪고 있다는 것은 제후들에게 장차 유폐[幽執]의 화(禍)가 있게 되리라는 상이다. 그후에 여태후가 세 명의 조왕을 유폐시켜 죽이고 여러 여씨들 역시 결국 주멸됐다. 경방의 『역전(易傳)』에 이르기를 "다움이 있는 자가 해악을 만나게 되면 그 요사스러움은 용이 우물 안에 나타나는 것이다"라고 했고, 또 이르기를 "형벌을 행하는 것이 포악스러우면 검은 용이 우물에서[從=自] 나온다"라고 했다.

『춘추좌씨전(春秋左氏傳)』에 따르면 노(魯)나라 엄공(嚴公) 때 성 안의 뱀과 성 밖의 뱀이 정나라 도성의 남문 안에서 싸워 성 안의 뱀들이 죽었다. 유향이 볼 때 이는 사얼(蛇孼)과 비슷한 것이다. 이에 앞서 정나라 여공(厲公)이 재상 채중(祭仲)을 겁박해 형 소공(昭公)을 내쫓고 대신해 왕위에 섰다. 그후에 여공이 나라 밖으로 도망치자 소공이 다시 나라에 들어왔다. 소공이 죽자 동생 자의(子儀)가 대신해 왕위에 섰다. 여공은 나라 밖에서 대부 부하(傅瑕)를 겁박해 자의를 죽이게 했다. 이는 성 밖의 뱀들이 성 안의 뱀들을 죽이는 상(象)이다. 뱀들이 죽은 지 6년이 지나 여공이 세워졌다. 엄공은 이를 듣고서 (대부인) 신수(申繻)에게 물었다.

"여전히 요사스러움이 있는 것인가?"

대답해 말했다.

"사람들이 꺼리는 바는 그 기운이 불타올라 그것을 빼앗는 것이기 때문에 요사스러움은 사람으로 말미암아 일어나는 것입니다. 사람에게 흠결이 없으면 요사스러움은 저절로 생겨나는 일이 없습니다. 사람이 일정한 마음[常=常心]을 버리면 요사스러움이 있게 됩니다."

경방의 『역전(易傳)』에 이르기를 "사자(嗣子)를 세웠는데 의혹이 일어나면 그 요사스러움은 뱀들이 도성의 문[國門=都門]에 머물면서 서로 싸우는 것이다"라고 했다.

『춘추좌씨전(春秋左氏傳)』 '문공(文公) 16년' 여름에 뱀이 천궁(泉宮) 〔○ 사고(師古)가 말했다. "천궁은 천대(泉臺)다."〕에서 나와 국도로 들어갔는데 그 수가 선군(先君)의 수[23]와 같았다. 유향이 볼 때 이는 사얼(蛇孼-뱀의 얼)과 비슷한 것이다. 천궁은 동산[囿] 안에 있는데 공의 어머니 강씨(康氏)가 일찍이 그곳에 머물렀지만 뱀이 거기서 나왔다는 것은 궁에 장차 아무도 거처하지 않게 되리라는 것을 상징한다.『시경(詩經)』에 이르기를 "살무사여! 큰 뱀이여! 여자를 낳을 조짐이로다〔○ 사고(師古)가 말했다. "「소아(小雅)」 '사간(斯干)' 편에 나오는 구절이다."〕"라고 했고, 뱀이 나라에 들어왔다는 것은 나라에 장차 여자로 인한 우환이 있다는 것이다. 그 수가 선군(先君)의 수와 같았다는 것은 공의 어머니가 장차 훙(薨)하리라는 상이다. 가을에 공의 어머니가 훙하자 공은 이를 미워해 마침내 천대(泉臺)를 허물어버렸다. 무릇 요얼(妖孼)이라는 것은 행실에 응해 저절로 드러나는 것이지 나타났기 때문에 해악을 끼치는 것은 아니다. 문공이 행실을 고쳐 바른 도리를 따르지 않고 노골적으로 그 벌을 가로막고서 비례(非禮)를 해댔으니 그 허물을 겹으로 더한 것이다. 2년 후에 공이 훙하자 공의 아들 수(遂)는 문공의 두 아들 악(惡)과 시(視)를 죽이고 선공(宣公)을 세웠다. 문공의 부인은 절연하고서 (자신의 고국인) 제(齊)나라로 돌아갔다.

무제(武帝) 태시(太始) 4년 7월에 조(趙)나라에 뱀이 성곽 밖에서 읍 안으로 들어와 읍내의 뱀과 효문제의 사당 아래에서 싸우더니 읍 안의 뱀들이 죽었다. 2년 후 가을에 위(衛)태자의 일이 있었는데 그 일은 조나라 사

---

[23] 노나라 선대 임금의 숫자로 초대인 백금(伯禽)부터 희공(僖公)까지 17세다.

람 강충(江充)으로부터 일어났다.

『춘추좌씨전(春秋左氏傳)』 '정공(定公) 10년' 송(宋)나라 공자 지(地)〔○ 사고(師古)가 말했다. "송나라 원공(元公)의 아들이다."〕가 백마 4필[駟]{사}을 가지고 있었는데 공의 총애를 받던 상퇴(向魋)가 그것을 갖고 싶어 하자〔○ 사고(師古)가 말했다. "공은 경공(景公)으로, 곧 지의 형이다. 퇴(魋)는 송나라 사마환퇴(司馬桓魋)를 가리킨다."〕공은 그 말을 가져다가 꼬리털에 빨간 칠을 한 다음에 주었다. 지는 화가 나서 그 무리들로 하여금 상퇴를 두들겨 패고서[抶=擊]{질 격} 그 말을 빼앗아오게 했다. 퇴는 두려움에 장차 달아나려 하니 공은 문을 닫고서 우느라 눈이 퉁퉁 부었다. 공의 동생 진(辰)〔○ 사고(師古)가 말했다. "진도 원공의 아들이다."〕이 지에게 말했다.

"네가 임금이 화난 것을 보고서 나라 밖으로 도망치는 것은 신하로서의 예이지만 국경을 나가기 전에 임금은 반드시 말릴 것이다."

지는 진(陳)나라로 달아났는데 공은 말리지 않았다. 진(辰)은 지를 위해 공에게 청을 올렸으나 공은 들어주지 않았다. 진이 말했다.

"이는 내가 우리 형을 속이는 것이다. 내가 나라 사람들을 데리고 떠나면 임금에게는 누가 남아 있겠는가?"

드디어 그 무리들을 지에게 주고서 자신은 진나라로 달아났다. 이듬해 함께 소(蕭)〔○ 사고(師古)가 말했다. "송나라 읍이다."〕에 들어와 반란을 일으켜 송나라에 큰 우환이 됐는데 이는 마화(馬禍)와 비슷한 것이다.

사기(史記)에 따르면 진(秦)나라 효공(孝公) 21년에 말이 사람을 낳았고 소왕(昭王) 20년에 수놈 말이 새끼를 낳다가 죽었다. 유향이 볼 때 이는 마화(馬禍)와 비슷한 것이다. 효공은 비로소 상군(商君)의 공수(攻守)의 법을 써서 동쪽으로 제후들을 침략했고 소왕 때에 이르러 병사를 쓰는 것이 더욱 강렬해졌다. 그 상(象)은 장차 군사를 써서 지극한 공을 이루지만 도리어 스스로에게 해가 되는 것이다. 수놈 말은 새끼를 낳을 수 없는 부류인데 망령되게 새끼를 낳다가 죽었으니, 이는 마치 진나라가 힘의 세기에만 의존해 천하를 얻었으나 도로 자멸하게 되는 상인 것이다. 일설에는 가축이 자신과 동류가 아닌 것을 낳게 되면 그 자손에게는 반드시 그 성(姓)이 아닌 것이 있게 되는 것이니, 시황(始皇)에 이르러 과연 그는 여불위(呂不韋)의 아들이었던 것이다. 경방의 『역전(易傳)』에 이르기를 "방백(方伯-제후)의 권위가 흩어져 있으면 그 요사스러움은 수놈 말이 새끼를 낳는 것이다. 위로 천자가 없이 제후들끼리 서로 정벌하게 되면 그 요사스러움은 말이 사람을 낳는 것이다"라고 했다.

문제(文帝) 12년 오(吳)나라에서 말에 뿔이 생겨났는데 뿔은 귀 앞에 있었고 위를 향했다. 오른쪽 뿔은 길이가 3촌이었고 왼쪽 뿔은 길이가 2촌이었는데 둘 다 크기는 2촌이었다. 유향이 볼 때 말은 마땅히 뿔이 나서는 안 되는 것인데 마치 오나라가 부당하게 군대를 일으켜 위를 향한 것과 같은 모양새다. 이때 오왕 비(濞-유비)의 봉토는 3개의 군과 50여 개의 성을 갖고 있었는데 안으로 교만하고 방자한 마음을 품으니 이변이 밖으로 드러나 하늘은 경계해 조급함을 말한 것이다. 왕은 이를 깨닫지 못하고서 뒤에 결국 군대를 일으켰다가 주멸됐다. 경방의 『역전(易傳)』에 이르기를 "신하가 위를 가벼이 여기고 정치가 순조롭지 못하면 그 요사스러움은 말에 뿔이 생겨나는 것이고 이를 일러 뛰어난 선비[賢士]가 부족하다고 한다"라고 했고, 또 이르기를 "천자가 친히 정벌을 할 때 말에 뿔이 생겨난다"라고 했다.

성제(成帝) 수화(綏和) 2년 2월 대구(大廐)[24]의 말에 뿔이 생겨나 왼쪽 귀 앞에 났는데 둘레와 길이가 각각 2촌이었다. 이때 왕망(王莽)이 대사마가 돼 위를 해치려는 싹이 이로부터 시작됐다. 애제(哀帝) 건평(建平) 2년 정양(定襄)에서는 수놈 말이 망아지를 낳았는데 다리가 세 개였고 무리를 따라다니며 마시고 먹는다고 태수가 위에 보고했다. 말이란 나라의 군사용인데 다리가 세 개이니 맡기고 쓸 수 없는 상(象)이다. 뒤에 시중 동현(董賢)이 22세의 나이로 대사마가 돼 상공(上公)의 지위에 있었지만 천자는 그를 종주로 여기지 않았다[不宗]. 애제가 급작스레 붕하자[暴崩] 성제의 어머니 왕(王)태후가 동생의 아들인 신도후(新都侯) 왕망을 불러 궁중에 들어오게 하고서 현(賢-동현)의 도장과 인끈[印綬]을 거둬들이니, 현은 두려워 자살했고 망(莽)이 이에 그를 대신했으며 아울러 외가인 정씨(丁氏)와 부씨(傅氏)를 주살했다. 또 애제의 부(傅)황후를 폐위해 자살하게 하고서 제(帝)의 할머니인 부(傅)태후, 어머니 정(丁)태후의 능을 파헤쳐 고쳐서 서인(庶人)으로 삼은 다음에 (다시) 장례를 지냈다. 그 죄가 지존에게까지 미쳤고 대신이 미약해지는 화(禍)다.

문공(文公) 11년 "함(鹹)[○ 사고(師古)가 말했다. "함은 노(魯)나라 땅이다."]에서 적(狄-오랑캐)을 꺾었다." 『춘추곡량전(春秋穀梁傳)』과 『춘추공양

---

24 태복(太僕)에 속한 관아다. 천자의 수레와 말을 담당한다.

전(春秋公羊傳)』에 이르기를 장적(長狄)〔○ 사고(師古)가 말했다. "칠(漆) 성(姓)을 가진 북적의 일종이며 국호는 수만(鄋瞞)이라 했다."〕의 형제 세 명 중에 한 명은 노(魯)나라로 갔고〔○ 사고(師古)가 말했다. "교여(僑如)다. 노나라를 정벌하러 왔다가 숙손득신(叔孫得臣)에게 붙잡혔다."〕, 또 한 명은 제(齊)나라로 갔고〔○ 사고(師古)가 말했다. "영여(榮如)다. 제나라 양공(襄公) 2년에 제나라를 정벌하려다가 왕자 성보(成父)에게 붙잡혔다."〕, 나머지 한 명은 진(晉)나라로 갔다〔○ 사고(師古)가 말했다. "분여(焚如)다. 선공(宣公) 15년 진나라가 노국(潞國)을 멸망시키면서 그를 붙잡았다."〕. 그 나라들은 모두 그들을 죽여 아홉 이랑에 마구 버렸고 그 머리는 잘라서 수레에 실어 눈썹이 수레 가로 막대[軾] 위로 보이게 했다. 어째서 이를 (『춘추』에) 기록했을까? 이변이기 때문에 기록한 것이다. 유향이 볼 때 이때 주나라 왕실은 쇠미했고 3국은 강대해 이를 꾸짖은 것이다. 하늘이 경계해 말하기를 예와 의로움을 행하지 않으니 오랑캐[夷狄]의 침략이 크게 있게 된 것이고 장차 위망한 지경에 이르게 될 것이라고 한 것이다. 그후에 3국에서는 모두 찬탈과 시해의 화가 있었으니 아랫사람이 위를 정벌하는 고질병과 비슷한 것이다. 유흠이 볼 때는 사람으로 인한 변고[人變]이니 황상(黃祥)과 비슷한 것이다. 일설에는 영충(嬴蟲)의 얼(孽)에 속한다고 한다. 또 일설에는 사람은 하늘과 땅의 본성을 받아서 귀하기 때문에 무릇 사람이 변고를 일으키는 것은 모두 황극(皇極)에 있어서 아랫사람이 위를 정벌하는 고질병이라는 것이다. 경방의 『역전(易傳)』에 이르기를 "임금이 사납고 어지러워 도리를 갖춘 사람을 해치게 되면 그 요사스러움은 장적이 나라에 들어오는 것이다"라고 했고, 또 이르기를 "집을 크게 지으면[豐其屋]

〔○ 사고(師古)가 말했다. "『주역(周易)』 풍(豐)괘(䷶)의 가장 위에 떨어진 효에 대한 풀이다."〕 밑에서 홀로 고생한다. 장적이 생겨나면 임금이 포로가 된다"라고 했다.

사기(史記)에 따르면 진(秦)의 시황제(始皇帝) 26년 키가 5장(丈-길이)이고 발이 6척이며 모두 이적(夷狄)의 옷을 입은 거인 12명이 임조(臨洮)〔○ 사고(師古)가 말했다. "농서군(隴西郡)의 현(縣)이다."〕에 나타났다. 하늘이 경계해 말하기를 오랑캐의 침략을 가벼이 여겨 장차 그 화를 입게 될 것이라고 한 것이다. 이 해에 시황은 처음으로 6국을 병탄하고서 도리어 기뻐해 이를 상서로운 일[瑞]로 여기고 천하의 병기들을 녹여서 쇠로 된 동상 12개를 만들어 이를 상징하게 했다. 드디어 스스로를 뛰어나고 빼어나다[賢聖]고 여겨 시서(詩書)²⁵를 불태우고[燔] 유학하는 선비[儒士]들을 구덩이에 파묻었다. 사치와 음란 그리고 사나움과 학정을 일삼으며 땅을 넓히는 데 힘써 남쪽으로는 오령(五嶺)을 점령하고 북쪽으로는 장성을 쌓아 오랑캐에 대비했고 산을 깎고 계곡을 채워 넣어 서쪽으로 임조에서 일어났고 동쪽으로 요동에 이르러 그 길이는 수천 리였다. 그래서 거인이 임조에 나타나 화란이 일어날 것임을 분명히 했던 것이다. 그로부터 14년 후에 진나라는 망했고 그 멸망은 수자리 병졸[戍卒] 진승(陳勝)으로부터 시작됐다.

사기(史記)에 따르면 위(魏)나라 양왕(襄王) 13년 위나라에 여자가 바뀌어 장부가 됐다. 경방의 『역전(易傳)』에 이르기를 "여자가 바뀌어 장부가

---

25 단순히 『시경(詩經)』과 『서경(書經)』만을 가리키는 것이 아니라 유학의 서적 전체를 가리킨다.

되는 것을 일러 음창(陰昌-음기가 번성함)이라고 하고 천한 신분이 왕이 된다. 장부가 바뀌어 여자가 되는 것을 일러 음승(陰勝)이라 하는데 그 허물은 멸망이다"라고 했다. 일설에는 남자가 바뀌어 여자가 되는 것은 궁형(宮刑)이 남용되는 것이고, 여자가 바뀌어 남자가 되는 것은 부인이 정사를 행하는 것이다.

애제(哀帝) 건평(建平) 연간에 예장군(豫章郡)에서 남자가 바뀌어 여자가 돼 시집을 가서 한 사람의 부인이 돼 아들 하나를 낳았다. 장안(長安)의 진봉(陳鳳)이라는 사람이 이는 양이 바뀌어 음이 된 것이니 장차 후사가 없을 것이고 스스로 상생하는 상(象)이라고 말했다. 일설에는 시집가서 한 사람의 부인이 돼 아들 하나를 낳은 것은 장차 다시 1세 만에 대가 끊어지는 것이라고 했다.

애제(哀帝) 건평(建平) 4년 4월 산양군(山陽郡) 방예현(方與縣)의 여자 전무색(田無嗇)이 아들을 낳았다. 아이가 태어나기 두 달 전에 아기가 배안에서 울며 호소했고, 태어나서는 산성(産聲)이 없어[不舉] 밭두렁 위에 장사를 지냈는데 사흘 만에 사람들이 지나가다가 아이가 우는 소리를 듣고서 어머니가 가서 파내서 거두어 길렀다.

평제(平帝) 원시(元始) 원년 2월 삭방군(朔方郡) 광목현(廣牧縣)의 여자 조춘(趙春)이 병으로 죽었는데 관에 거두어 6일이 지나서 관 밖으로 나와 말하기를 남편의 돌아가신 아버지를 보았다고 하면서 "나이 27세에 죽는 것은 부당하다"라고 했다. 태수 담(譚)이 이를 위에 보고했다. 경방의 『역전(易傳)』에 이르기를 "아버지의 일[蠱=事]을 주관함이니 (훌륭한) 아들이 있어 아버지에게는 허물이 없도다〔○ 사고(師古)가 말했다. "『주역(周易)』

고(蠱)괘(䷑)의 아래에서 첫 번째 떨어진 효에 대한 풀이다."]'라고 했고, 자식이 아버지의 도리를 3년 동안 고치지 않고 사모하느라 겨를이 없으면 이는 또한 거듭해서 선인의 잘못을 드러내는 것이니[○ 사고(師古)가 말했다. "아버지에게 좋지 못한 일이 있을 경우 마땅히 곧바로 그것을 고쳐야 하고, 만일 오직 사모하기만 할 뿐 고치거나 바꾸는 바가 없게 되면 이는 거듭해서 선인의 잘못을 드러내는 것이 된다는 말이다. 일설에는 3년 안에는 다만 사모하기만 할 뿐이고 아버지의 잘못을 볼 겨를이 없기 때문에 고치지 않는다는 말이다."], 그렇게 하지 않으면 사사로움이 돼 그 요사스러움은 사람이 죽었다가 다시 살아나는 것이다"라고 했다. 일설에는 지극한 음[至陰]은 양이 되고 아랫사람이 위가 된다는 것이다.

  6월에 장안의 여자가 아이를 낳았는데, 그 아이는 머리가 두 개로 목이 각각이어서 얼굴과 얼굴이 서로 향했고, 4개의 팔뚝이 함께 가슴 앞을 향하고 있었고, 엉덩이[尻] 위에 눈이 있는데 그 길이는 2촌 정도[所]였다. 경방의 『역전(易傳)』에 이르기를 "어그러지고 고립된 것[孤]은 돼지가 진흙을 지고 있는 것이다[○ 사고(師古)가 말했다. "『주역(周易)』 규(睽)괘(䷥)의 맨 위에 붙은 효에 대한 상(象) 풀이다."]'라고 했으니 그 요사스러움은 사람이 머리 두 개를 갖고 태어나는 것이다. 아래에서 좋은 것을 서로 배척하지 않으면 그 요사스러움은 역시 똑같다. 사람이 여섯 가축처럼 머리와 눈이 아래를 향하게 되는 것을 일러 망상(亡上-위가 없다)이라고 하는데 곧바로 바뀌는 것이다. 무릇 요사스러움이 생겨나는 것은 바른 것을 그릇되게 한 것을 견책하는 것이니 각각 그 유형에 맞게 상징하게 된다. 머리가 둘이라는 것은 위[26]가 하나가 아니라는 것이고, 다리가 많다는 것은 맡은 바가 간사하다[邪=不正]는 것이며, 다리가 적다는 것은 아래가 맡은 바를 이겨내지 못하거나 혹은 아래에서 맡지 않으려 한다는 것이다. 무릇 하체가 위에 생겨나는 것은 불경(不敬)이요, 상체가 아래에 생겨나는 것은 윗사람을 함부로 대하고 모욕하는 것[媟瀆=褻瀆]이다. 또 동류가 아닌 것을 낳은 것은 음란함이요, 사람이 생겨나 크게 되는 것은 위쪽이 빨리 이루어지는 것이고, 나면서 말을 할 수 있는 것은 헛됨을 좋아하는 것이다. 여러 요사스러움들은 이를 통해 미루어 헤아릴 수 있고, 만일 그래서 고치지 않으면 결국 흉함이 이뤄지게 된다"라고 했다.

경제(景帝) 2년 9월 교동국(膠東國) 하밀현(下密縣) 사람이 70세가 넘어 뿔이 났고 뿔에는 털이 있었다. 이때 교동, 교서(膠西), 제남(濟南), 제(齊) 네 나라의 왕은 병사를 일으켜 모반을 했으며 그 음모는 오왕 비에서 시작돼 초(楚)와 조(趙)가 연결돼 모두 7국이었다. 하밀은 현(縣)으로서 4제(齊)〔○ 사고(師古)가 말했다. "4제란 곧 위에서 말한 교동, 교서, 제남, 제나라를 가리킨다. 본래 다 제나라 땅이었기 때문에 그래서 4제라고 한 것이다."〕의 가운데에 있었고 뿔은 병사의 상이며 위로 향하고 있는 것이다. 노인은 오왕을 상징하고 나이 70세는 7국을 상징한다. 하늘이 경계해 말하기를 사람에게는 마땅히 뿔이 날 수 없는데 오히려 제후들이 부당하게 병사를 일으켜 경사(京師)를 향한 것이고 재앙은 노인에게서 생겨났으니 7국은 모두 패하게 되리라는 것이다. 제후들은 이를 깨닫지 못하고 이듬해 오왕

---

26 원문은 하(下)로 돼 있는데 문맥상 상(上)이어야 한다.

이 먼저 봉기했고 제후들이 이를 뒤따랐다가 7국은 모두 멸망했다. 경방의 『역전(易傳)』에 이르기를 "총재(冢宰)[27]가 정사를 제 마음대로 하면[專政]
그 요사스러움은 사람에게서 뿔이 나는 것이다"라고 했다.

성제(成帝) 건시(建始) 3년 10월 정미일에 경사(京師)에서는 서로 경악하며 큰물이 닥칠 것이라고들 말했다. 위수(渭水)의 사상(汜上)이라는 곳에 9세 된 진지궁(陳持弓)이라는 소녀가 있었는데, 어느 날 내달려 횡성문(橫城門)으로 들어와 미앙궁(未央宮)의 상방(尙方)의 액문(掖門)에 들어왔다는데도 전문(殿門)에서 문을 지키는 누구에게도 들키지 않고서 금중(禁中-궁중 안)의 구순(句盾)〔○ 사고(師古)가 말했다. "소부(少府)의 관서다."〕에 이르렀다가 발각돼 붙잡혔다[覺得]. 백성들이 홍수 때문에 놀라워한 것은 음기가 성한 때문이었다. 소녀가 궁궐 안까지 들어온 것은 아랫사람이 장차 여총(女寵-여자를 총애함)을 통해 궁실에 있게 될 상이다. 이름을 지궁(持弓)이라 한 것은 주나라 왕실의 산뽕나무 활[檿弧]의 조짐과 비슷함이 있다. 『주역(周易)』에 이르기를 "활과 화살의 이로움으로 천하에 위엄을 떨친다〔○ 사고(師古)가 말했다. 「계사전(繫辭傳)」 하(下)에 나오는 말이다."〕"라고 했다. 이때 제(帝)의 어머니 왕(王)태후의 동생 봉(鳳)이 비로소 상장(上將)이 돼 국정을 장악하니, 하늘은 그 후손이 장차 천하에 위력을 떨쳐 궁실에 들어가게 될 것을 알고서 그 때문에 미리 상을 보여준 것이다. 그후에 왕씨의 형제와 부자의 5후(侯)가 권력을 쥐어[秉權] 왕망에 이르러 마침내 천하를 찬탈했으니 그래서 대개 (그 소녀는) 진씨(陳氏)의 후예라

---

27 주나라 때 육관(六官)의 장으로 천자를 보좌하며 백관을 통솔했다.

권27 오행지(五行志) (하지상) 249

고 말한 것이다. 경방의 『역전(易傳)』에 이르기를 "요언(妖言)이 대중을 요동치게 하는 것을 일러 불신(不信)이라 하고, 길에 장차 사람이 없어지게 되는 것은 사마(司馬)가 죽였기 때문이다"라고 했다.

성제(成帝) 수화(綏和) 2년 8월 경신일에 정현(鄭縣)의 통리(通里)에 사는 남자 왕포(王襃)가 진홍색 옷을 입고 작은 관을 쓰고서 칼을 찬 채 북사마문(北司馬門)에서 전(殿)의 동쪽 문으로 들어와 전전(前殿)에 올라 비상실(非常室)〔○ 사고(師古)가 말했다. "전상(殿上)에 있는 방의 이름이다."〕에 들어가 장막에 있는 장식들을 뜯어내 그것을 몸에 두른 다음에 전전의 서장(署長) 업(業) 등을 불러 말했다.

"천제(天帝)께서 나로 하여금 이곳에 머물라고 했다."

업 등이 그를 붙잡아 심문해보니 포(襃)는 전에 공거(公車)의 대수(大誰)의 군졸로 정신이 돌아서 궁중에 들어오게 된 경위를 자신도 모르는 지경이었고 옥에 내려져 사형당했다. 이때 왕망이 대사마가 됐고 애제가 즉위하니 망은 (스스로) 물러나 사저로 나아갈 것을 청했는데, 하늘은 아마도 그가 분명 물러나지 않으리라는 것을 알고서 그 때문에 이를 통해 그 같은 조짐을 드러낸 것이다. 성명과 장복(章服)이 너무나도 분명했고 직접 전전과 노침(路寢-정전)으로 나아와 방에 들어가 장식을 떼어내 몸에 두르고 천제의 명이 있었다고까지 칭했지만 그럼에도 당시에 어느 누구도 그 뜻을 알아차리지 못했다. 뒤에 망이 봉국으로 나아가자 천하의 사람들이 그것을 원통하게 여겼기 때문에 애제는 망을 불러 경사로 돌아오게 했다. 이듬해 제가 붕하자 망은 다시 대사마가 됐고 이로 인해 나라를 빼앗았다 [簒國].

애제(哀帝) 건평(建平) 4년 정월 백성들이 놀라 달아났고 볏짚[槀=禾稈]이나 삼대[椷=麻幹]를 한 그루씩 들고서 그것을 서로에게 건네주면서 천자의 주(籌-계책)를 행하는 것이라고 말했다. 길에서 서로 지나치다가 만나니 많을 때는 1,000명을 헤아렸고, 혹은 머리카락을 풀어헤치거나[被髮] 맨발인 채였고, 혹은 밤에 관문을 깨뜨리거나 담장을 뛰어넘어 들어갔고, 혹은 수레를 타고서 내달려 역마를 통해 전달하고 달려서 군국 26곳을 거쳐 경사에 이르렀다. 그 여름에 경사와 군국의 백성들이 마을이나 밭이랑에 모여 도박 도구를 늘어놓고서 노래와 춤을 추며 서왕모(西王母)에게 제사를 지냈고 또 글을 전달했는데, 거기에는 '어머니가 백성에게 고하노라. 이 글을 몸에 찬 사람은 죽지 않을 것이다. 내 말을 믿지 않는 사람은 문지도리 아래를 보라. 거기에 흰 머리카락이 있을 것이니라'라고 적혀 있었다. 이런 소동은 가을이 돼서야 그쳤다. 이때 제(帝)의 할머니 부(傅)태후가 교만한 데다가 정사에 관여하고 있었기 때문에 두업(杜鄴)이 답해 말했다.

"『춘추(春秋)』의 재이는 상(象)을 가리키는 것으로 언어를 대신합니다. 주(籌)란 수를 헤아리는 것입니다. 백성은 음기(陰氣)이고 물의 부류입니다. 물이 동쪽으로 흘러가면 순류(順流)가 되고 서쪽으로 흘러가면 반대로 위를 거스르는 것이 됩니다. 수도(數度)가 흘러넘치는 것을 보니 이는 망령되이 서로에게 마구 주는 것으로 백성들의 마음에 위배되고 있다는 응험입니다. 서왕모는 부인네를 칭하는 것이고 도박은 남자의 일입니다. 마을이나 밭이랑에 있다는 것은 문지방[閫] 안에서 떨어져나가 있다는 것을 분명하게 보여주는 것이니 경계의 바깥과 한패가 되고 있다는 것입니다. 일에 임해 놀이에 빠져든다[盤樂]는 것은 항양(炕陽-아주 더움)의 뜻입니다.

흰 머리카락은 노쇠함의 표시이며 지체는 높고 성정은 약해 다스리기는 어렵고 어지럽히기는 쉽습니다[難理易亂]. 문이란 사람이 들고 나는 것이요, 지도리[樞]는 그중에서도 핵심입니다. 사람들이 들고 나는 데 머물러 있으며 그 핵심을 장악하고 있는 것입니다. 그것이 명확하다는 것은 너무나도 잘 드러나 있습니다. 지금 외척인 정씨와 부씨가 나란히 유장(帷帳-천자)을 모시고 있으면서 주요 관직에 늘어서 있으니, 죄악이 있는 자도 처벌을 받지 않고 아무런 공로와 능력이 없는 사람은 죄다 관작을 받고 있습니다. 황보(皇甫)와 삼환(三桓)은 시인이 풍자했고[28] 『춘추(春秋)』가 기롱했지만 이보다 심하지는 않았습니다. 뒤에 애제가 붕하고 성제의 어머니 왕(王)태후가 조정에 임하게 되자 왕망은 대사마가 돼 정씨와 부씨를 주멸했다. 일설에는 정씨나 부씨가 (조정을) 어지럽힌 바는 적었으니 이번의 이변은 곧 왕태후와 왕망에 의한 응험이라고 한다.

---

28 황보는 주나라 초기의 권문세가였고 삼환이란 노나라 환공의 아들 맹손(孟孫), 숙손(叔孫), 계손(季孫)에서 시작된 세 실력자 집안을 가리킨다. 『시경(詩經)』에서 풍자했다는 말이다. 황보의 경우 「소아(小雅)」 '시월(十月)' 편에 관련한 내용이 나온다.

오행지
五行志

【 하지하 】

은공(隱公) 3년 "2월 기사일에 일식이 있었다." 『춘추곡량전(春秋穀梁傳)』에 이르기를 날을 말해 초하루[朔]라 하지 않은 것은 그믐날[晦] 일식이 있었기 때문이라고 했다. 『춘추공양전(春秋公羊傳)』에 이르기를 2일에 일식이 있었다고 했다. 동중서와 유향이 볼 때 그후에 융(戎)이 천자의 사자〔○ 사고(師古)가 말했다. "범백(凡伯)으로 주(周)나라 대부다. 은공(隱公) 7년에 천왕이 범백을 시켜 (노나라를) 방문하게 했는데 융이 초구(楚丘)에서 범백을 토벌하고 돌아갔다."〕를 붙잡았고, 정(鄭)나라가 노(魯)나라 은공(隱公)을 사로잡았으며〔○ 사고(師古)가 말했다. "『춘추공양전(春秋公羊傳)』에 따르면 은공 6년 봄에 정나라 사람들이 와서 투평(渝平)하자고 했다. 투평(渝平)이란 화해해 옛 원한 등을 없애버리는 것[墮成]이다. 그래서 말하기를 '우리 노나라와 정나라 사이에는 아직 평화가 없다'라고 한 것이다. 호양(狐壤)의 싸움에서 은공이 붙잡혔다. 그런데 왜 (『춘추(春秋)』에서는) 싸움을 언급하지 않았는가? 붙잡힌 일을 숨긴 것이다."], 대(戴)나라를 멸망시켰고〔○ 사고(師古)가 말했다. "10년 가을에 송나라, 채나라, 위나라 사람들이 대를 정벌했고 정나라 임금[鄭伯]이 또 정벌해 그 나라를 차지했다. 대나라는 지금의 외황현(外黃縣) 동남쪽 대성(戴城)이 있는 곳이다."], 위(衛)·노(魯)·송(宋)나라 모두 자신들의 임금을 죽였다[殺]〔○ 사고(師古)가 말했다. "(은공) 4년에 위나라 주우(州吁)가 임금 완(完)을 죽였다. 11년에 (노나라) 우보사적(羽父使賊)이 위씨(蔿氏)의 집에서 은공을 죽였다. 환공(桓公) 2년 봄 송나라 독(督)이 그 임금 여이(與夷)를 시해했다."]. 『춘추좌씨전(春秋左氏傳)』이나 유흠이 볼 때 정월 2일은 연(燕)과 월(越)나라의 분야(分野)다.[1] 무릇 해가 운행하면서 이변이 있게 되면 그 분야에 해당하는 나라에서는 정치하는 도리를 잃은 자[失政者]가 그 응험을 받게 된다. 임금이 능히 정사를 닦고 공손하게 그 벌을 막아내게 되면 재이는 사라지고 복이 이르게 되고 정사를 닦지 못하면 재이가 점점 더 심해져[息=蕃滋] 재앙이 일어난다. 그래서 경(經)[2]에서 재이를 쓰면서도 그 까닭을 기록하지 않은 것은 대개 길흉(吉凶)은 일정함이 없고 (해당하는 인물의) 행실에 따라서 화복(禍福)이 이루어지기 때문이다. 주나라가 쇠퇴해 천자가 정삭을 반포하지 않자[班=布] 노나라 역법은 바르지 않게 돼 윤달을 두어

---

1 『춘추(春秋)』에 보이는 일식은 각각의 분야를 점친다. 주나라 정월에는 해가 성기(星紀)에 있어 오(吳)와 월(越)나라의 분야이고, 그 전달(11월)에는 해가 석목(析木)에 있어 연(燕)나라의 분야다. 그래서 만일 일식이 그믐날에 있으면 그 달과 다음 달에 해가 있는 분야의 두 나라를 갖고서 점을 친다.

2 『춘추(春秋)』를 가리킨다.

도 그 달을 정확하게 얻지 못했고 달의 크고 작음에도 그 바른 도수를 얻지 못했다. (그리하여) 역사의 기록에 일식[食]이라고 했지만 어떤 때는 초하루를 말했는데도 실제로는 (일식이 일어난 날이) 초하루가 아니었고, 또 어떤 때는 초하루를 말하지 않았는데도 초하루였으며, 심지어 어떤 때는 초하루와 그 날짜를 빼먹고 쓰지 않기도 했으니, 이것들은 다 사관이 빠뜨린 것이다. 경방의 『역전(易傳)』에 이르기를 "군대를 잃어버린 것[亡師]을 일러 '불어(不御)'라고 하는데 그 재이는 일식이며 그 일식은 개기(皆旣)[3]이고 모두 먹혀 어느 한 곳에 한정되지 않는다. 무리의 사람들을 주살해 도리를 잃은 것을 일러 '생반(生叛-반란을 불러일으키다)'이라고 하는데 그 일식은 개기[旣]이고 빛은 분산된다. 제 마음대로 배반하는 것[縱畔]을 일러 '불명(不明)'이라 하는데 그 일식은 먼저 사흘 동안 큰 비가 내리고 비가 그치면 추워지는데 추워지면 곧 일식이 일어난다. 녹을 제 마음대로 해 봉해주지 않는 것[專祿不封]을 일러 '불안(不安)'이라고 하는데 그 일식은 개기[旣]이고 해가 뜨기에 앞서 시커멓게 됐다가 빛이 도리어 가운데는 없고 사방으로 빛나게 된다. 임금과 신하가 서로 통하지 않는 것을 일러 '망(亡)'이라고 하는데 그 일식은 세 번의 개기다. 임금과 성(姓)이 같은 아랫 사람이 위를 침범하는 것을 일러 '무군(誣君-임금을 업신여김)'이라고 하는데 그 일식은 사방에는 구름이 있는데 중앙에는 없으며 그날은 크게 춥다. 공(公)이 군주의 자리를 약하게 하려고 하는 것을 일러 '부지(不知)'라고 하는데 그 일식은 가운데가 백청색이고 사방은 붉은색이며 일식

---

3   태양이 전부 보이지 않는 것을 개기일식이라 한다.

이 끝나면[已=終] 지진이 일어난다. 제후들끼리 서로 침략하는 것을 일러 '불승(不承)'이라고 하는데 그 일식은 세 번 일그러졌다가 세 번 회복된다. 임금이 좋은 일이나 좋은 인재를 싫어하고 아래에서 위를 도모하는 것을 일러 '난(亂-어지럽다)'이라고 하는데 그 일식은 개기이고 먼저 우박이 떨어지며 뛰어다니는 짐승을 죽인다. 임금을 시해해 자리를 빼앗는 것을 일러 '역(逆)'이라고 하는데 그 일식은 개기이고 먼저 비와 바람이 거세 나무가 꺾여나가고 해는 붉다. 내신(內臣)이 그 마음을 밖으로 향하는 것을 일러 '배(背-등돌리다)'라고 하는데 그 일식은 일식 동안에 비가 내리고 땅속에서 소리가 울린다. 총재(冢宰-재상)가 정치를 독점하는 것을 일러 '인(因-의지하다, 이어받다)'이라고 하는데 그 일식은 먼저 큰 바람이 불고 일식이 일어나는 중에는 해가 구름 속에 있고 사방에는 구름이 없다. 패자(霸者)나 수장(首長)[伯正]이 직분을 뛰어넘는 것을 일러 '위력을 나눈다[分威]'라고 하는데 그 일식은 해가 정확히 둘로 나뉘는 것이다. 제후들이 위를 향해 자신이 더 낫다고 서로 다투는 것을 일러 '태(泰)'라고 하는데 그 일식은 해가 달을 상하게 해서 달의 반을 먹고 하늘은 어찌할 바를 몰라[營] 소리 내어 운다. 한 해의 세금을 제대로 걷지 못하는 것을 일러 '갈(竭-마르다)'이라고 하는데 그 일식은 별이 따라서 떨어진다. (임금의) 명을 받은 신하가 정벌을 독단적으로 하는 것을 일러 '시(試-쓰다, 시험하다)'라고 하는데 그 일식은 비록 침해당했음에도 불구하고 빛은 오히려 밝은데 그것은 마치 문왕(文王)의 신하가 혼자서 주(紂-은나라의 마지막 임금)를 주벌한 것과 같다(○ 위소(韋昭)가 말했다. "이때 주의 신하들은 아직 주를 주벌하려 하지 않았는데 오직 문왕의 신하만이 그를 주벌하려고 했다.").

고분고분 임금의 명을 받는 소인이 그 임금을 정벌하는 것을 일러 '시(殺, 弑)'라고 하는데 그 일식은 다섯 가지 색이며 크게 추워지게 되고 서리가 내리게 되는데 그것은 마치 주(紂)의 신하가 무왕에게 고분고분하면서 주를 주살하는 것과 같다〔○ 위소(韋昭)가 말했다. "주의 못됨이 더욱 심해지자 그 신하들은 무왕을 고분고분 따르려 하면서 주를 주살했다."〕. 제후들이 나라의 제도를 바꾸는 것을 일러 '반(叛)'이라고 하는데 그 일식은 세 번 나타났다가 세 번 먹히는데 일식이 이미 일어나고 나면 바람이 불고 땅이 흔들린다. 적자가 서자에게 양보하는 것을 일러 '욕심이 생겨난다[生欲]_{생욕}'라고 하는데 그 일식은 해가 자기 자리를 잃고 빛은 어두침침해[晻晻]_{암암} 달의 모양처럼 보인다. 술을 마시는데 절제가 없는 것을 일러 '황(荒-마구잡이)'이라고 하는데 그 일식은 홀연[㫃]_사 파랬다가 홀연 검었다가 홀연 빨개졌다가 하며 다음 날 큰 비가 내리고 안개가 일어나 춥다"라고 했다.

모두 일식의 20개 점이 있는데 그 모양은 24개이고 그것을 고치면 문득 사라진다. 고치지 않으면 3년이고, 3년을 고치지 않으면 6년이 되고, 6년을 고치지 않으면 9년이 된다. 은공(隱公) 3년의 일식을 추산해보면 중앙을 관통했고 위아래에 끝이 있어 검은빛이었는데 이는 신하가 임금을 죽이는 시해가 중앙에서 시작해 이루어졌음을 나타내는 것이다. 그후에 위(衛)나라 주우(州吁)가 임금을 시해하고 왕의 자리에 섰다.

환공(桓公) 3년 "7월 임진일 초하루에 일식이 있었는데 개기일식[旣]_기이었다." 동중서와 유향이 볼 때 전에 있었던 일이 이미 큰데 뒤에 오게 되는 일도 또한 크다면 개기(皆旣)가 되는 것이다. 이에 앞서 노(魯)나라와 송(宋)나라에서 임금이 시해됐고 노나라는 송나라의 난(亂)을 이루어주었으며 허(許)나라 땅의 밭을 (마음대로) 바꾸어주었으니 천자를 섬기는 마음이 없는 것이다. 또 초(楚)나라는 참람되게도 왕(王)이라는 칭호를 썼다.[4] 뒤에 정나라는 천자의 군대[王師=王旅]를 막고서[岠] 환왕(桓王)을 쏘았고 또한 두 임금이 자리를 연이어 찬탈했다〔○ 사고(師古)가 말했다. "여공(厲公)은 채(蔡)나라로 달아났고 소공(昭公)이 들어왔으며 고거미(高渠彌)는 소공을 죽이고 공자 미(亹)를 공으로 세웠다."〕. 유흠이 볼 때 6월은 조(趙)나라와 진(晉)나라의 분야다〔○ 진작(晉灼)이 말했다. "주나라의 6월은 지금의 4월이다. 비로소 필성(畢星)을 떠나 삼성(參星)으로 들어간다. 삼(參)은 진나라의 분야다. 필(畢)은 조나라의 분야다. 해가 운행해 조나라를 떠나서 진나라의 분야로 들어가는 일이 많으니 그래서 '와[與]'라고 한 것이다. 28수(宿)를 헤아려 그 차(次)를 나누고 그 달을 헤아려 각각 소속시키면 아래와 같이 된다."〕. 이에 앞서 진나라의 곡옥백(曲沃伯)이 두 번에 걸쳐 진나라 임금[晉侯]을 시해했는데 이 해에 진나라에 대란이 일어나 곡옥백은 그 종주국을 멸망시켰다는 것이다〔○ 사고(師古)가 말했다. "환공(桓公) 8년에 곡옥과 무공(武公)이 익(翼)나라를 멸망시켜 마침내 그 나라를 합병했다."〕. 경방의 『역전(易傳)』에 이르기를 환공 3년에 일식이 있어 중앙을 관통했고 위아래에 끝이 있어 황색이었는데 이는 신하가 임금을 시해하고 끝을 제대로 마치지 못하는[不卒] 형상이라고 했다. 뒤에 초나라 엄공(嚴公)이 왕이라 칭하고 그 영토 사방 1,000리를 겸병했다[兼=兼倂].

---

[4] 주나라 때는 천자 혹은 천왕만이 스스로를 왕(王)이라 할 수 있었는데 초나라는 제후에 불과하면서 왕(王)을 참칭했다.

(환공) 17년 "10월 초하루에 일식이 있었다." 『춘추곡량전(春秋穀梁傳)』에 이르기를 초하루만 언급하고 그날이 무슨 날인지를 말하지 않은 것은 이틀 동안 일식이 있었기 때문이라고 했다. 유향이 볼 때 이때에 위나라 임금[衛侯] 삭(朔)이 죄가 있어 제(齊)나라로 달아났기 때문에〔○ 사고(師古)가 말했다. "삭(朔)은 위나라 혜공(惠公)이다. 환공 16년 경(經-『춘추(春秋)』)에 이르기를 '위후 삭이 제나라로 달아났다'라고 했고, 『춘추공양전(春秋公羊傳)』에 이르기를 '천자에게 죄를 지었다'라고 했으며, 『춘추곡량전(春秋穀梁傳)』에 이르기를 '천자가 불렀으나 가지 않았다'라고 했다."〕 천자는 위나라 임금[衛君]을 다시 세워주었다〔○ 사고(師古)가 말했다. "공자 검(黔)을 세워준 것이다."〕. 삭은 다섯 나라의 도움을 빌려 병사를 일으켜 이를 치고 스스로를 왕으로 세우니 왕명은 드디어 무너졌다. 노나라 부인(夫人)이 제나라에서 음란한 짓을 해[淫失=淫佚] 결국 위공(威公)을 죽였다. 동중서가 볼 때 초하루를 언급하고 그날이 무슨 날인지를 말하지 않은 것은 노나라 환공에게 부인의 화가 있고 장차 제대로 죽음을 마치지 못하게 될 것[5]을 미워했기 때문이라고 했다. 유흠은 이를 초(楚)와 정(鄭)나라의 분야라고 보았다.

엄공(嚴公) 18년 "3월 일식이 있었다." 『춘추곡량전(春秋穀梁傳)』에 이르기를 그날이 무슨 날인지를 말하지 않고 초하루도 언급하지 않은 것은 밤에 일식이 있었기[夜食] 때문이라고 했다〔○ 장안(張晏)이 말했다. "밤에 일식이 있었다면 그림자가 없었을 것이다. 6척 나무를 세워 그 그림자

---

5 제명에 죽지 못하게 된다는 말이다.

가 보이지 않았기 때문에 이렇게 말한 것이다."]. 사관이 미루어 헤아리기를 해와 달이 서로 만나는 것은 밤에 있고 다음 날 아침에 해가 먹혔다가 나오고 나오면서 일식이 풀어지니 이것을 야식(夜食)이라고 했다. 유향이 볼 때 밤에 일식이 일어난다[夜食]는 것은 해의 밝음이 쇠하면서 음의 기운이 그 빛을 빼앗는 것이고 주(周)나라의 천자가 눈 밝지 못해 제(齊)나라 환공(桓公)이 장차 그 위엄을 빼앗을 때 제 마음대로 제후들을 모아서 패도를 행하는 형상이다. 그후에 드디어 제후들을 모두 모으고 천자가 태자로 하여금 그들을 모이게 했으니 이는 그 효험이다. 『춘추공양전(春秋公羊傳)』에 이르기를 그믐날에 일식이 있었다고 했다. 동중서가 볼 때 별자리가 동벽수(東壁宿)에 있으니 노나라의 형상이다. 뒤에 공자 경보(慶父)와 숙아(叔牙)는 과연 부인과 사통해 공을 겁박했다. 유흠이 볼 때 그믐날이었고 노나라와 위나라의 분야라고 했다.

25년 "6월 신미일 초하루에 일식이 있었다." 동중서가 볼 때 별자리는 필성(畢星)에 있어 이는 변방의 병사들을 주관하니 오랑캐[夷狄]의 형상이다. 뒤에 적(狄)이 형(邢)과 위(衛)나라를 멸망시켰다고 했다. 유흠이 볼 때 5월 2일이고 노나라와 조나라의 분야이다.

26년 "12월 계해일 초하루에 일식이 있었다." 동중서가 볼 때 별자리가 심수(心宿)에 있고 심수는 명당(明堂)이니 문왕과 무왕의 도리가 폐기되고 중국은 겨우 끊어지지 않는 실의 형상이다. 유향이 볼 때 이때 융(戎)이 조(曹)나라를 쳤고, 노나라 부인이 경보(慶父) 및 숙아(叔牙)와 음란한 짓을 했으며, 장차 임금을 시해하려고 해 그 때문에 해마다 두 번이나 일식이 일어나 경계를 보였던 것이다. 유흠이 볼 때 10월 2일이고 초나라와 정나라의 분야이다.

30년 "9월 경오일 초하루에 일식이 있었다." 동중서와 유향이 볼 때 뒤에 노나라의 두 임금이 시해됐고〔○ 사고(師古)가 말했다. "자반(子般)이 어인(圉人)에게 살해됐고 민공(閔公)이 복기(卜齮)에게 살해됐다."〕, 부인(夫人)이 주살됐으며〔○ 사고(師古)가 말했다. "애강(哀姜)이 제나라 사람에게 살해됐다."〕, 두 동생이 죽었고〔○ 사고(師古)가 말했다. "숙아(叔牙)와 경보(慶父)를 가리킨다."〕, 적(狄)이 형(邢)을 멸망시켰으며, 서(徐)나라 사람들이 서(舒)나라를 차지했고〔○ 사고(師古)가 말했다. "희공 3년에 서나라 사람들이 서나라를 차지했다. 서나라는 여강(廬江) 서현(舒縣)이다."〕, 진(晉)은 세자를 죽였으며〔○ 사고(師古)가 말했다. "진나라 임금[晉侯]이 자신의 태자 신생(申生)을 죽였다."〕, 초나라는 현(弦)나라를 멸망시켰다〔○ 사고(師古)가 말했다. "희공 5년에 초나라 사람들이 현나라를 멸망시켰다. 현나라는 익양(弋陽)에 있었다."〕. 유흠이 볼 때 8월이고 진(秦)나라와 주(周)나라의 분야이다.

희공(僖公) 5년 "9월 무신일 초하루에 일식이 있었다." 동중서와 유향이 볼 때 이에 앞서 제(齊)나라 환공(桓公)이 패도를 행하여[行覇] 강(江)과 황(黃)이 스스로 찾아왔고〔○ 사고(師古)가 말했다. "강과 황은 둘 다 나라 이름이다. 희공 2년에 제나라 임금[齊侯]과 송나라 임금[宋公], 강과 황나라 사람이 관(貫)에서 동맹을 맺었다. 전(傳)에 이르기를 '강과 황을 항복시켰다'라고 했다. 강나라는 여남(汝南) 안양현(安陽縣)에 있었고 황나라는 익양현에 있었다."〕, 남쪽으로는 강력한 초나라를 굴복시켰다〔○ 사고(師古)가 말했다. "희공 4년에 제나라 임금이 제후들의 군사를 동원해 채(蔡)나라를 침략하고 드디어 초나라를 정벌해 소릉(邵陵)에서 동맹을 맺었다."]. 그후에 안으로는 스스로를 바르게 하지[自正] 않고 밖으로는 진(陳)나라의 대부를 붙잡으니, 진나라와 초나라는 더 이상 와서 붙지 않았고 정나라 임금[鄭伯]은 동맹에서 탈피해 제후들이 장차 환공의 정치를 따르려 하지 않게 되자 하늘이 경계의 표시를 내린 것이다. 그후에 진나라는 괵(虢)나라를 멸망시켰고, 초나라는 허(許)나라를 포위했으며, 제후들은 정나라를 정벌하고, 진(晉)나라는 두 임금을 시해했으며〔○ 사고(師古)가 말했다. "이극(里克)이 해제(奚齊)와 탁자(卓子)를 시해했다."], 적(狄)은 온읍(溫邑)을 멸망시켰고〔○ 사고(師古)가 말했다. "온읍은 주(周)나라의 읍인데 희공 10년에 적이 정벌했다."], 초나라는 황나라를 멸망시켰는데〔○ 사고(師古)가 말했다. "황이 초나라에 조공을 바치지 않자 황을 정벌했다."], 환공은 그들을 구제할 수가 없었다. 유흠이 볼 때 7월이고 진(秦)과 진(晉)의 분야이다.

(희공) 12년 "3월 경오일 초하루에 일식이 있었다." 동중서와 유향이 볼 때 이때에 초나라가 황나라를 멸망시켰고〔○ 사고(師古)가 말했다. "이 일은 12년 여름에 있었다."], 적(狄)은 위(衛)와 정(鄭)나라를 침략했고〔○ 사고(師古)가 말했다. "희공 13년에 적이 위나라를 침략했고 14년에 적이 정나라를 침략했다."], 거(莒)나라는 기(杞)나라를 멸망시켰다〔○ 사고(師古)가 말했다. "희공 14년에 제후들이 연릉(緣陵)에 성을 쌓았다. 『춘추공양전(春秋公羊傳)』에 이르기를 '어찌 성을 쌓았는가? 기나라를 멸하기 위해서다. 누가 멸했는가? 아마도 서(徐)와 거(莒)나라일 것이다'라고 했다."]. 유흠이 볼 때 3월이고 제(齊)와 위(衛)의 분야이다.

15년 "5월에 일식이 있었다." 유향이 볼 때 이는 진(晉)나라 문공(文公)이 장차 패도를 행하려는 상(象)이니, 그후에 드디어 위(衛)나라를 정벌했고 조나라 임금[曹伯]을 붙잡았으며 (28년에) 초나라를 성복(城濮)에서 패배시켰고 다시 제후들과 회동해 천왕을 불러 조회했으니〔○ 사고(師古)가 말했다. "진나라 문공은 천왕에게 조회하러 나아가려고 하지 않았기 때문에 왕을 불러서 오게 한 것이다. 경(經)에는 '천왕이 하양(河陽)에서 사냥을 했다'라고 적고 있다."〕, 이것이 그 효험이다. 일식이란 신하의 악(惡)이고 밤에 일식이 일어나는 것[夜食]은 그 죄를 가리는 것이며 이런 의미에서 위에 밝은 왕[明王=천왕]이 없어 환공과 문공은 얼마든지 패도를 행할 수 있었고 오랑캐를 물리쳐[攘=却] 중국을 안정시켰으니, 비록 바르지는 않지만[不正] 그런대로 괜찮다[可]고 할 수 있는 것은 대개 『춘추(春秋)』가 실질적으로는 허여(許與)하면서도 문리(文理)의 측면에서는 허여하지 않는 깊은 뜻 때문이다. 동중서가 볼 때 뒤에 진(秦)나라가 진나라 임금[晉侯]〔○ 사고(師古)가 말했다. "이오(夷吾)다."〕을 붙잡았고, 제(齊)나라가 항(項)나라를 멸망시켰으며〔○ 사고(師古)가 말했다. "이 일은 『춘추공양전(春秋公羊傳)』 희공 17년에 나온다. 항나라는 지금의 항성현(項城縣)이다."〕, 초나라는 누림(婁林)에서 서(徐)나라를 패배시켰다〔○ 사고(師古)가 말했다. "이 일은 희공 15년 겨울에 있었다. 누림은 서나라 땅이다."〕. 유흠이 볼 때 2월이고 제(齊)와 월(越)의 분야이다.

문공(文公) 원년 "2월 계해일에 일식이 있었다." 동중서와 유향이 볼 때 이에 앞서 (노나라에서는) 대부〔○ 사고(師古)가 말했다. "동문양중(東門襄仲)을 가리킨다."〕가 처음으로 국정을 장악했고, 공자 수(遂)가 경사(京師-

주나라 수도)에 갔으며, 뒤에 초나라 세자 상신(商臣)이 아버지를 죽이고 제(齊)나라 공자 상인(商人)은 임금을 죽여 둘 다 스스로 (임금으로) 섰다. 또 송자(宋子) 애(哀)는 나라 밖으로 도망쳤고〔○ 사고(師古)가 말했다. "송자 애는 송나라 경(卿) 고애(高哀)다. 송나라 임금[宋公]에게 불의를 저질러 노나라로 도망쳤다. 이 일은 문공 14년에 있었다."〕, 진(晉)나라는 강(江)나라를 멸망시켰으며〔○ 사고(師古)가 말했다. 『춘추(春秋)』 문공 4년에 '초나라 사람들이 강나라를 멸망시켰다'라고 했는데 지금 여기서는 진나라라고 했으니 어느 쪽이 옳은지 알 수가 없다."〕, 초나라는 육(六)나라〔○ 사고(師古)가 말했다. "지금의 여강(廬江) 육현(六縣)이었다. 문공 5년에 초나라 사람들이 그 나라를 멸망시켰다."〕를 멸망시켰고, 대부 공손오(公孫敖)와 숙팽생(叔彭生)이 회맹을 제 마음대로 주도했다. 유흠이 볼 때 정월 초하루이고 연(燕)과 월(越)의 분야이다.

15년 "6월 신축일 초하루에 일식이 있었다." 동중서와 유향이 볼 때 그 후에 송(宋)·제(齊)·거(莒)·진(晉)·정(鄭)나라에서 8년 사이에 다섯 명의 임금이 살해되거나 죽었고〔○ 사고(師古)가 말했다. "문공 16년 송나라에서는 그 임금 저구(杵臼)가 시해됐고, 18년 여름 제나라 사람들은 그 임금 상인(商人)을 시해했으며, 겨울에 거나라에서는 그 임금 서기(庶其)가 시해됐고, 선공 2년 진나라 조순(趙盾)은 그 임금 이고(夷皋)를 시해했으며, 4년 정나라 공자 귀생(歸生)은 그 임금 이(夷)를 시해했다."〕 초나라는 서료(舒蓼)를 멸망시켰다. 유흠이 볼 때 4월 2일이고 노(魯)와 위(衛)의 분야이다.

선공(宣公) 8년 "7월 갑자일에 일식이 있었는데 개기였다." 동중서와 유향이 볼 때 이에 앞서 초(楚)나라 상신(商臣)이 아버지를 시해하고 자리에

섰으며 엄왕(嚴王)에 이르러 강제로 쫓아냈다. 중국[諸夏]의 큰 나라 중에
는 오직 제(齊)와 진(晉)만이 있었는데 이 두 나라에는 새롭게 찬탈과 시
해[簒弒]의 화가 있었고 나라 안은 둘 다 불안정했기 때문에 그래서 초나
라는 이들의 약한 틈을 타고 마구 행동해 8년 사이에 여섯 번의 침략과
정벌이 있었고 한 번은 나라-서료-를 망하게 했다. 또한 육혼(陸渾)의 융
(戎)을 정벌하고 주나라 왕실(이 있는 낙읍)에서 관병(觀兵)⁶했다. 뒤에 또
정나라에 들어가니 정나라 임금[鄭伯]은 윗옷을 벗어 상체를 드러낸 채
[肉袒] 사죄했다. 북쪽으로는 필(邲) 땅에서 진(晉)나라 군대를 패배시켜
흐르는 피가 강물의 색을 바꿔놓았다. 송(宋)나라를 포위한 9개월 동안 해
골을 깨서 불을 피워 밥을 지었다[炊=爨].⁷ 유흠이 볼 때 10월 2일이고 초
(楚)와 정(鄭)의 분야이다.

10년 "4월 병진일에 일식이 있었다." 동중서와 유향이 볼 때 뒤에 진(陳)
나라의 하징서(夏徵舒)가 그 임금을 죽였고〔○ 사고(師古)가 말했다. "영공
(靈公)을 시해한 것이다. 이 일은 10년에 있었다."〕, 초나라는 소(蕭)를 멸망
시켰으며〔○ 사고(師古)가 말했다. "소는 송(宋)나라의 부용국(附庸國)이다.
이 일은 12년에 있었다."〕, 진(晉)나라는 두 나라를 멸망시켰고〔○ 사고(師
古)가 말했다. "15년에 적적로씨(赤狄潞氏)를 멸망시켰고 16년에 적적갑씨
(赤狄甲氏)를 멸망시켰다."〕, 왕찰자(王札子)는 소백(召伯)과 모백(毛伯)을 죽
였다〔○ 사고(師古)가 말했다. "이 일은 15년에 있었다."〕. 유흠이 볼 때 2월

---

6 군대의 위용을 과시하는 열병식을 가리킨다.
7 땔감이 없어 그만큼 힘들었다는 뜻이다.

이고 노(魯)와 위(衛)의 분야이다.

17년 "6월 계묘일에 일식이 있었다." 동중서와 유향이 볼 때 뒤에 주(邾)나라 사람이 증나라 임금[鄫子]을 갈기갈기 찢어 죽였고[支解], 진(晉)나라는 천자의 군대[王師]를 무융(茂戎)에서 패배시켰으며〔○ 사고(師古)가 말했다. "이 일은 성공 원년에 일어났다."〕, 제(齊)나라 군대를 안(鞌, 鞍)에서 패배시켰다〔○ 사고(師古)가 말했다. "이 일은 성공 2년에 일어났다."〕. 유흠이 볼 때 3월 그믐날이고 노(魯)와 위(衛)의 분야이다.

성공(成公) 16년 "6월 병인일 초하루에 일식이 있었다." 동중서와 유향이 볼 때 뒤에 진(晉)나라는 초(楚)와 정(鄭)나라를 언릉(鄢陵)에서 패배시켰고〔○ 사고(師古)가 말했다. "이 일은 16년에 있었다. 언릉은 정나라 땅이다."〕, 노나라 임금[魯侯]을 붙잡았다. 유흠이 볼 때 4월 2일이고 노(魯)와 위(衛)의 분야이다.

17년 "12월 정사일 초하루에 일식이 있었다." 동중서와 유향이 볼 때 뒤에 초(楚)나라가 서용(舒庸)을 멸망시켰고〔○ 사고(師古)가 말했다. "이 일은 17년 일식 이후에 있었다. 서용은 아마도 많은 서(舒)나라들 중의 하나인 듯하다."〕, 진(晉)나라에서는 그 임금〔○ 사고(師古)가 말했다. "여공(厲公)을 가리킨다. 18년의 일이다."〕을 시해했으며, 송(宋)나라의 어석(魚石)은 초나라의 도움을 받아 자기 임금의 읍을 빼앗았고〔○ 사고(師古)가 말했다. "어석은 송나라 대부로 15년에 초나라로 도망쳐 18년에 이르러 초나라가 송나라를 정벌하자 팽성(彭城)을 차지해 그것을 초나라에 바쳤다."〕, 거(莒)나라는 증(鄫)나라를 멸망시켰으며, 제(齊)나라는 내(萊)나라를 멸망시켰고〔○ 사고(師古)가 말했다. "이 일은 둘 다 양공 6년에 있었다. 증과 내나라 모두 소국이다."), 정나라 임금[鄭伯]은 시해당해 죽었다(○ 사고(師古)가 말했다. "정나라 희공(僖公)인데 양공 7년 위(鄒) 땅에서 회맹할 때 그 대부 자사(子駟)가 도적을 시켜 한밤에 자기 임금을 죽였다."). 유흠이 볼 때 9월이고 주(周)와 초(楚)의 분야이다.

양공(襄公) 14년 "2월 을미일 초하루에 일식이 있었다." 동중서와 유향이 볼 때 뒤에 위(衛)나라 대부 손(孫)과 영(甯)(○ 사고(師古)가 말했다. "손림보(孫林父)와 영식(甯殖)이다.")이 함께 헌공(獻公)을 내쫓고 (목공의) 손자 표(剽)를 세웠다. 유흠이 볼 때 전년도 12월 2일이고 송(宋)과 연(燕)의 분야이다.

15년 "8월 정사일 초하루에 일식이 있었다." 동중서와 유향이 볼 때 이에 앞서 진(晉)나라가 계택(雞澤)의 회합을 가져 제후들이 회맹을 하고 또 그 대부들도 맹세를 했는데, 뒤에 추량(湨梁)의 회합을 가질 때는 제후들이 있는데도 대부들끼리만 서로 맹세를 했으니, 임금은 마치 바람에 나부끼는 깃발과 같아 손도 들지 못했다.[8] 유흠이 볼 때 5월 2일이고 노(魯)와 조(趙)의 분야이다.

20년 "10월 병진일 초하루에 일식이 있었다." 동중서가 볼 때 진(陳)나라의 경호(慶虎)와 경인(慶寅)이 임금의 눈 밝음[明]을 가렸고(○ 사고(師古)가 말했다. "이 경은 다 진나라 대부다. 양공 20년 진나라 임금[陳侯]의 동생 황(黃)이 초나라로 달아났는데 장차 떠나려고 하면서 나라 사람들에게 큰 소리로 말하기를 '경씨가 무도해 진나라를 제멋대로 하기 위해서 그 임

---

8 임금이 약해 아무런 힘도 없었다는 말이다.

금을 능멸하고 임금의 혈친들을 제거하려 하니 5년 안에 멸망하지 않는다면 이는 하늘(과도 같은 도리)이 없는 것이다'라고 했다."), 주(邾)나라 (대부) 서기(庶其)가 반란의 마음을 품고서 뒤에 서기가 칠(漆)과 여구(閭丘)를 갖고서 (노나라에) 투항했고〔○ 사고(師古)가 말했다. "21년의 일이다. 칠과 여두는 둘 다 주나라의 읍이다."〕, 진나라는 두 경씨(慶氏)를 죽였다〔○ 사고(師古)가 말했다. "23년에 진나라 임금[陳侯]이 초나라에 가니 공자 황(黃)이 두 경씨(慶氏)를 초나라에 제소했다. 초나라 사람이 두 경씨를 부르니 두 경씨는 진나라 사람들을 거느리고 초나라를 배반했다. (초나라) 굴건(屈建)이 진나라 임금을 따라가서 진나라를 포위하고서 드디어 두 경씨를 죽였다."〕. 유흠이 볼 때 8월이며 진(秦)과 주(周)의 분야이다.

21년 "9월 경술일 초하루에 일식이 있었다." 동중서가 볼 때 진(晉)나라의 난영(欒盈)이 장차 임금을 범하려 했고 뒤에 곡옥(曲沃)으로 들어갔다. 유흠이 볼 때 7월이며 진(秦)과 진(晉)의 분야이다. "10월 경진일 초하루에 일식이 있었다." 동중서가 볼 때 별자리가 진수(軫宿)와 각수(角宿)에 있고 초나라는 대국(大國)의 상이다. 뒤에 초나라의 굴씨(屈氏)가 참소를 해 공자 추서(追舒)를 죽게 만들었고〔○ 사고(師古)가 말했다. "공자 추서는 초나라 영윤 자남(子南)이다. 22년에 초나라는 그를 죽였다."〕 제(齊)나라 경봉(慶封)은 임금을 협박해 나라를 어지럽게 만들었다〔○ 사고(師古)가 말했다. "경봉은 제나라 대부다. 27년에 노포별(盧蒲嫳)에게 군대를 이끌고 가서 최씨를 공격하게 해 성(成)과 강(彊)을 죽이고 그 집안사람들을 모두 포로로 잡았다. 최저(崔杼)는 목매어[縊] 죽었고 이때부터 경봉이 나라를 맡아[當國] 정사를 제 마음대로 했다."〕. 유흠이 볼 때 8월이며 진(秦)과 주

(周)의 분야이다.

23년 "2월 계유일 초하루에 일식이 있었다." 동중서가 볼 때 뒤에 위나라 임금[衛侯]이 진의(陳儀)에 들어갔고〔○ 사고(師古)가 말했다. "위나라 임금 간(衎)인데 그에 앞서 손(孫)과 영(甯)에게 축출당했고 25년에 진의에 들어갔다. 진의는 위나라 읍이며 『춘추좌씨전(春秋左氏傳)』에는 이의(夷儀)라고 돼 있다."〕 영희(甯喜)는 자신의 임금 표(剽)를 시해했다〔○ 사고(師古)가 말했다. "26년에 영희가 표를 죽이니 간(衎)이 위나라에 들어갔다. 영희는 식(殖)의 아들이다."〕. 유흠이 볼 때 전년 12월 2일이며 송(宋)과 연(燕)의 분야이다.

24년 "7월 갑자일 초하루에 일식이 있었는데 개기였다." 유흠이 볼 때 5월이며 노(魯)와 조(趙)의 분야이다. "8월 계사일 초하루에 일식이 있었다." 동중서가 볼 때 자주[比=頻] 일식이 일어나고 게다가 개기일식인 것은 양(陽)〔○ 맹강(孟康)이 말했다. "양은 임금[君]이다."〕이 장차 끊어지는 것을 상징하고 오랑캐[夷狄]가 상국(上國-중국)을 좌지우지하게 될 상(象)이다. 뒤에 6명의 임금이 시해됐고〔○ 사고(師古)가 말했다. "25년에 제나라 최저(崔杼)가 임금 광(光)을 살해했고, 26년에 위(衛)나라 영희(甯喜)가 임금 표(剽)를 시해했으며, 19년에 환관이 오나라 임금[吳子] 여제(餘祭)를 죽였고, 30년에 채(蔡)나라 태자 반(般)이 임금 고(固)를 시해했고, 31년에 거(莒)나라 사람이 임금 밀주(密州)를 시해했고, 소공(昭公) 원년 초나라 영윤 위(圍)가 왕의 병환을 문병하러 들어가 목졸라 죽였다."〕, 초나라 임금[楚子]은 과연 제후들을 따라 정(鄭)나라를 정벌하고〔○ 사고(師古)가 말했다. "24년에 초나라 임금, 채나라 임금[蔡侯], 진나라 임금[陳侯], 허나라 임금

[許男]이 정나라를 정벌했다."), 서구(舒鳩)를 멸망시켰으며[○ 사고(師古)가 말했다. "25년에 초나라 굴건(屈建)이 군대를 이끌고 서구를 멸망시켰다. 서구도 여러 서(舒)의 일종이다."], 노나라가 초나라에 가서 조현(朝見)했고 [○ 사고(師古)가 말했다. "26년에 공(公-양공)이 초나라에 갔다."], 이리하여 초나라는 마침내 중국을 좌지우지했으며[○ 사고(師古)가 말했다. "초나라 영왕(靈王)이 소공 4년에 신(申)에서 제후들과 회동한 것을 가리킨다."], 오(吳)나라를 정벌하고 경봉(慶封)을 토벌했다[○ 사고(師古)가 말했다. "경봉이 28년에 경사(慶舍)의 난(難)으로 인해 제나라를 탈출해 노나라로 달아났다가 드디어 오(吳)나라로 도망쳤다. 신(申)의 회동에 이르러 초나라 영왕은 오나라를 정벌하고 경봉을 붙잡아 그를 죽였다."]. 유흠이 볼 때 6월이며 진(晉)과 조(趙)의 분야이다.

27년 "12월 을해일 초하루에 일식이 있었다." 동중서가 볼 때 예(禮)와 의로움이 장차 크게 끊어질 상이다. 이때 오나라 임금[吳子-여제]이 무용(武勇)을 좋아해 형인(刑人)[○ 사고(師古)가 말했다. "혼자(閹者-내시)다."]으로 하여금 문을 지키게 했고, 채나라 임금[蔡侯]은 세자의 처와 사통했으며[○ 사고(師古)가 말했다. "채나라 임금 고(固)인데 태자에게 살해됐다."], 거(莒)나라는 일찍 후사를 세우지[立嗣] 않았다[○ 사고(師古)가 말했다. "곧 밀주(密州)인데 거질(去疾)과 전여(展輿)를 낳아 이미 전여를 세자로 세웠다가 다시 그를 폐위했다."]. 뒤에 환관[閹]이 오나라 임금을 죽였고[戕][○ 사고(師古)가 말했다. "다른 나라의 신하가 와서 임금을 시해하는 것을 장(戕)이라 한다."], 채나라 세자 반(般)이 그 아버지를 시해했으며, 거나라 사람들도 임금을 죽이니 서자들이 서로 (왕위를 두고) 다투었다

〔○ 사고(師古)가 말했다. "전여가 나라 사람들과 함께 그 아버지를 공격해 죽였다. 전여가 즉위하자 거질은 제나라로 달아났다. 이듬해 거질이 나라에 들어오니 전여는 오나라로 달아났다. 둘 다 적자가 아니기 때문에 서자들이 다투었다고 한 것이다."〕. 유향이 볼 때 20년부터 이 해에 이르기까지 8년 동안 일식이 일곱 번 일어났는데 (각 나라에서) 화란이 거듭해서 일어나니 그 때문에 하늘이 거듭 경계를 보인 것이다. 뒤에 제나라 최저가 임금을 시해했고, 송나라에서는 세자를 죽였고〔○ 사고(師古)가 말했다. "송나라 평공(平公)의 태자 좌(痤)다. 이 일은 26년에 있었다."〕, 북연(北燕)의 백(伯)이 나라 밖으로 도망쳤고〔○ 맹강(孟康)이 말했다. "남연(南燕)이 있었기 때문에 북연이라고 한 것이다. 남연은 길성(姞姓)이고 북연은 희성(姬姓)이다." 사고(師古)가 말했다. "북연의 백(伯)·관(款)이 제나라로 도망쳤다."〕, 정나라 대부는 나라 밖에서 들어와 임금 자리를 찬탈했다. 그 뜻은 대략 동중서와 같다. 유흠이 볼 때 9월이며 주(周)와 초(楚)의 분야이다.

소공(昭公) 7년 "4월 갑진일 초하루에 일식이 있었다." 동중서와 유향이 볼 때 이에 앞서 초(楚)나라 영왕(靈王)이 임금을 시해하고 스스로 서서 제후들과 회동하고서 서나라 임금[徐子]을 붙잡고 뇌(賴)나라를 멸망시켰으며 뒤에 진(陳)나라 공자 초(招)는 세자를 죽이고 초나라는 그것을 빌미로 진나라를 멸망시켰다. 또 채(蔡)나라를 멸망시켰고 뒤에 영왕도 시해당해 죽었다〔○ 사고(師古)가 말했다. "13년에 초나라 공자 비(比)가 자신의 임금 건(虔)을 건계(乾谿)에서 시해한 것이 이것이다."〕. 유흠이 볼 때 2월이며 노(魯)와 위(衛)의 분야이다.

전(傳)[9]에 이르기를 진나라 임금[晉侯]이 사문백(士文伯)〔○ 사고(師古)가 말했다. "진나라 대부 백하(伯瑕)다."〕에게 "누가 장차 일식의 경계에 해당하겠는가?"[10]라고 묻자 "노(魯)와 위(衛)나라가 그 죄를 받게 될 것인데 위나라는 (받게 될 재앙이) 크고 노나라는 작습니다"라고 대답했다. 공이 "어째서인가?"라고 묻자 사문백은 "(일식 때 태양이) 위나라 땅(의 분야)을 떠나서 노나라 땅(의 분야)으로 갔으니 이로 인해 재앙이 있게 된다면 아마도 위나라 임금이 받게 될 것이고 노나라에서는 상경(上卿)이 받게 될 것입니다"라고 답했다. 이 해 8월에 위나라 양공(襄公)이 졸했고 11월에 노나라 계손숙(季孫宿)이 졸했다. 진나라 임금이 사문백에게 "내가 전에 물었던 일식(의 재앙)이 그대 말대로 됐으니 (일식에 따른 재앙은) 늘 일정한 것인가?"라고 묻자 사문백은 이렇게 대답했다.

"그렇지 않습니다. 육물(六物)이 같지 않고,[11] 민심이 한결같지 않으며, 일의 순서가 일정하지 않고, 관직이 같지 않으며,[12] 시작은 같아도 끝은 다르니, 어찌 늘 일정할 수 있겠습니까? 『시경(詩經)』에 이르기를 '누구는 편안하게[宴宴] 쉬고 있건만 누구는 나랏일에 혼신의 힘을 다하도다〔○ 사고(師古)가 말했다. 「소아(小雅)」 '북산(北山)' 편에 나오는 구절이다."〕'라고 했으니 그 끝이 다른 것이 이와 같습니다."

---

9 『춘추좌씨전(春秋左氏傳)』을 가리킨다. 소공 7년의 일이다.
10 누가 일식의 재앙을 받게 될 것인지를 물은 것이다.
11 매번 그 때가 다르다는 뜻이다. 자세한 풀이는 바로 뒤에 이어진다.
12 관직에 있으면서 직무를 처리하는 방법이 같을 수가 없다는 말이다.

공이 "육물은 무엇을 말하는가?"라고 묻자 "1년[歲], 4시(時), 날[日], 달
[月], 28수[星], 해와 달이 만나는 12회(會)[辰]¹³가 그것입니다"라고 답했다.
"신(辰)은 무엇을 말하는가?"라고 묻자 "해와 달이 만나는 회가 그것입니
다"라고 답했다. 공이 『시경(詩經)』에 이르기를 '저 해가 먹혔으니 무슨 좋
지 못한 일[不臧=不善]이 있어서인가'〔○ 사고(師古)가 말했다. "「소아(小
雅)」 '시월지교(十月之交)' 편에 나오는 구절이다."〕라고 한 것은 어째서인
가?"라고 묻자 이렇게 대답했다.

"좋은 정치를 하지 못하는 것을 가리키는 것입니다. 나라에 좋은 정사
가 없고 좋은 인물을 쓰지 않으면 해와 달의 재앙을 스스로 불러들이는
것입니다. 그래서 정치는 삼가지 않으면 안 되는 것이니 세 가지 일에만 힘
써야 합니다. 첫째는 사람을 잘 고르는 일[擇人]이고, 둘째는 백성들의 뜻
을 따르는 일[因民]이고, 셋째는 때를 따르는 것[從時]입니다."

이것이 바로 일식을 미루어 헤아려 점을 치는 것이고 변이를 없애는 요
체이다. 『주역(周易)』에 이르기를 "걸려 있는 상[懸象]들 중에서 해와 달보
다 큰 것은 없다〔○ 사고(師古)가 말했다. "「계사전(繫辭傳)」 상(上)에 나오
는 말이다."〕"라고 했으니 이 때문에 빼어난 이(=공자)는 그것을 중요하게
여겨 삼경(三經)〔○ 사고(師古)가 말했다. "『주역(周易)』, 『시경(詩經)』, 『춘추
(春秋)』를 가리킨다."〕에 실었다. 『주역(周易)』에서 풍(豐)괘(䷶)의 아래에서
세 번째 붙은 효[九三]에 대한 풀이에 이르기를 "휘장을 많이 해 대낮에

---

13 그 때문에 지지(地支)를 천간(天干)과 배합해서 날짜를 기록한다.

도 어둡고 오른팔이 부러졌으니 허물을 탓할 곳이 없다"[14]라고 했다. 『시경(詩經)』의 '시월지교(十月之交)'에서는 경사(卿士)와 사도(司徒)로부터 취마(趣馬)와 사씨(師氏)에 이르기까지 모두 적재적소의 인물이 없다는 것을 드러내 보이고 있다〔○ 사고(師古)가 말했다. "'시월지교'에 이르기를 '황보(皇父)가 경사(卿士)요, 번씨(番氏)가 사도(司徒)요, (중략) 궐씨(蹶氏)가 취마(趣馬)가 되고, 우씨(楀氏)가 사씨(師氏)가 됐거늘, 염처(豔妻)가 화를 일으키며 그 자리에 그대로 있도다'라고 했다. 사도는 나라의 교육을 담당했고, 취마는 중사(中士)로 왕의 마정(馬政)을 담당했고, 사씨는 중대부(中大夫)로 왕소의 득실을 담당한 자이다. 번씨, 궐씨, 우씨는 다 성씨다. 아름다운 용모를 염(豔)이라고 하는데 염처는 포사(襃姒)다. 시인은 왕이 여색에 빠져 그 때문에 황보의 무리들이 모두 황후가 받는 총애를 이용해 고위직에 있고 다움을 갖춘 이를 뽑아 쓰지 않는 것을 풍자한 것이다."〕. 오른팔이 부러졌다는 것과 같은 것이고, 세 가지 힘써야 할 일 중에서 사람을 고르는 일이 제대로 되고 있지 않다는 것과도 일치하며, 소인이 군자를 올라타고 음이 양을 침범하는 근원을 명확하게 보여주고 있다.

15년 "6월 정사일 초하루에 일식이 있었다." 유흠이 볼 때 3월이며 노(魯)와 위(衛)의 분야이다.

17년 "6월 갑술일 초하루에 일식이 있었다." 동중서가 볼 때 이 당시 별

---

14 휘장을 많이 했다는 것은 임금이 어둠에 둘러싸였다는 뜻이다. 오른팔이 부러졌다는 것은 오른팔은 사람이 많이 사용하는 것인데 일을 할 수 없게 됐다는 뜻이다. 결국 누구를 탓할 수 없는 상황을 가리킨다.

자리가 필수(畢宿)에 있었고 진(晉)나라의 상(象)이다. 진나라 여공(厲公)이 네 명의 대부를 주살하고 대중의 마음을 잃어 시해당해 죽었다[○ 사고(師古)가 말했다. "네 명의 대부란 삼극(三郤)과 서동(胥童)을 말한다. 그런데 서동은 여공에게 주살당한 것이 아니라 난을 이끌다가 죽었는데 그냥 합쳐서 네 명의 대부라고 한 것이다. 여공은 결국 난서(欒書)와 중항언(中行偃)에게 살해당했다."]. 뒤에 마음대로 대부들을 꾸짖어대자 육경(六卿)[○ 사고(師古)가 말했다. "범씨(范氏), 중항씨(中行氏), 지씨(智氏), 한(韓), 위(魏), 조(趙)다."]이 드디어 서로 당여를 맺어[比周] 진나라를 제 마음대로 하자 군주가 도리어 그들을 섬겼다. 일식이 두 번이나 있었는데 그 일은 춘추시대 이후에 속하기 때문에 경(經)에 실리지 않았다. 유흠이 볼 때 노(魯)와 조(趙)의 분야이다. 『춘추좌씨전(春秋左氏傳)』(소공 17년)에서 평자(平子)[○ 사고(師古)가 말했다. "계평자(季平子)다."]가 말했다.

"오직 정월 초하루에만 간사한 기운[慝=陰氣]이 아직 일어나지 않은 때이니 이런 날에 일식이 일어나면 이에 천자는 성찬을 들지 않고[不擧] 사당에서 북을 치며[伐鼓] 제후들은 사당에 폐물을 바치고 조정에서 북을 치는 것이 예입니다. 그밖의 일식에는 그리하지 않습니다."

태사(太史)가 말했다.

"이 달이 바로 정월이니 해가 춘분을 지나고 아직 하지에 이르지 않았을 때에 해와 달과 별[三辰]에 재이가 생기면 백관은 소복을 입고[降物], 임금은 성찬을 들지 않으며, 때를 피해 옮기고[避移時], 악공은 북을 울리며, 축(祝-축사(祝史))은 폐물을 바치고 사(史-사관(史官))는 제문을 읽어 재이의 소멸을 기도하며, 색부(嗇夫-하급 관리)는 수레를 달리고 서인(庶

人)은 두 다리로 달리니, 이것은 이 달 초하루를 가리키는 것입니다. 이 달은 하나라 역법으로 4월에 해당하니 이를 일러 맹하(孟夏)라고 합니다."

풀이하자면 정월은 주나라 역법 6월이자 하나라 역법 4월이며 정양(正陽) 순건(純乾)[15]의 달이다. 특(慝)은 음효(陰爻)이고 동지는 양효(陽爻)가 처음으로 일어나는 것이니 그래서 복(復)이라 한다. 건사(建巳)의 달[16]에 이르러 순건(純乾)이 돼 음효가 없어지기 때문에 음이 양을 침범해 재이가 거듭해서 일어난다. 그래서 북을 치고 폐물을 올리는 것은 음을 꾸짖은 예이다. 강물(降物)이란 상복을 입는 것이며 불거(不舉)란 음악을 없애는 것이다. 때를 피해 옮긴다는 것은 정전을 피해 다른 곳에 거처해 모름지기 재이가 끝나기를 기다려 원래대로 회복하는 것을 말한다. 색부란 폐물을 담당하는 관리이고 서인은 그 일에 동원된 잡역부들을 말한다. 유흠이 볼 때 6월 2일이며 노(魯)와 조(趙)의 분야이다.

21년 "7월 임오일 초하루에 일식이 있었다." 동중서가 볼 때 주(周)나라 경왕(景王)이 늙어서 유자(劉子)와 선자(單子)가 권력을 독점했고, 채나라 임금[蔡侯] 주(朱)〔○ 사고(師古)가 말했다. "채나라 평공(平公)의 아들이다."〕가 교만해 임금과 신하가 서로 불화하는[不說=不和] 상(象)이다. 뒤에 채나라 임금 주는 과연 나라 밖으로 도망쳤고〔○ 사고(師古)가 말했다. "소공 21년에 초나라로 도망쳤다."〕 유자와 선자가 맹(猛)을 세웠다. 유흠이 볼 때 5월 2일이며 노(魯)와 조(趙)의 분야이다.

---

15 양의 기운이 가득 차 음의 기운이 없어 순전한 건(乾-양)의 달로, 음력 4월이다.
16 북두칠성의 자루가 사(巳)의 방향을 가리키는 달로, 하나라 역법 4월이다.

22년 "12월 계유일 초하루에 일식이 있었다." 동중서가 볼 때 별자리가 심수(心宿)에 있었고 천자의 상(象)이다. 뒤에 윤씨(尹氏)가 왕자 조(朝)를 세워 천왕은 적천(狄泉)에 머물렀다〔○ 사고(師古)가 말했다. "천왕은 경왕(敬王)인데 자조(子朝)의 난을 피해 적천에 머문 것이다."〕. 유흠이 볼 때 10월이며 초(楚)와 정(鄭)의 분야이다.

24년 "5월 을미일 초하루에 일식이 있었다." 동중서가 볼 때 별자리가 위수(胃宿)에 있었고 노(魯)나라의 상(象)이다. 뒤에 소공(昭公)이 계씨(季氏)에게 쫓겨났다. 유향이 볼 때 15년부터 이 해에 이르기까지 10년간 하늘의 경계가 일곱 번 나타났는데도 임금이 오히려 깨닫지 못했다[不寤]. 뒤에 초나라가 융만의 임금[戎蠻子]을 죽였고〔○ 사고(師古)가 말했다. "소공 16년에 초나라 임금이 융만의 임금을 유인해 죽였다. 융만이라는 나라는 하남 신성현(新城縣)에 있었다."〕, 진(晉)나라는 육혼(陸渾)의 융(戎)을 멸망시켰으며〔○ 사고(師古)가 말했다. "17년에 진나라 순오(荀吳)가 군사를 이끌고 가서 육혼의 융을 멸망시켰다. 그 땅은 지금의 육혼현(陸渾縣)이다."〕, 위나라 임금[衛侯]의 형을 사리사욕을 위해[盜] 죽였고〔○ 사고(師古)가 말했다. "위나라 영공의 형은 이름이 집(縶)이고 20년에 제표(齊豹)에게 살해됐는데 표가 의롭지 못했기 때문에 폄하해 도(盜)라고 한 것이고 이른바 명예를 구하려 했으나 뜻을 이루지 못한 것이다."〕, 채(蔡)와 거(莒)나라의 임금은 나라 밖으로 달아났으며〔○ 사고(師古)가 말했다. "채나라 임금은 즉주(卽朱)이고 거나라 임금은 거자(莒子) 경여(庚輿)인데 23년에 노나라로 달아났다."〕, 오(吳)나라는 소(巢)나라를 멸망시켰고〔○ 사고(師古)가 말했다. "24년에 오나라가 소나라를 멸망시켰는데 소는 오와 초나라 사이에 있는 작은 나라이고 이는 거소성(居巢城)이 그곳이다."), (오나라) 공자 광(光)이 임금 요(僚)를 죽였으며[○ 사고(師古)가 말했다. "이 일은 27년에 있었다."], 송(宋)나라의 세 신하가 읍을 근거지로 삼아 자신들의 임금에 맞서 반란을 일으켰다[○ 사고(師古)가 말했다. "21년에 송나라의 화해(華亥), 향녕(向寧), 화정(華定)이 송나라 남리(南里)에 들어가 반란을 일으켰다."]. 그밖의 것은 중서(仲舒-동중서)와 같다. 유흠이 볼 때 2일이며 노(魯)와 조(趙)의 분야이다. 이달에 북두칠성의 자루가 진(辰)(의 방향)을 가리켰다. 『춘추좌씨전(春秋左氏傳)』(소공 24년)에서 재신(梓愼)[○ 사고(師古)가 말했다. "노나라 대부다."]이 말했다.

"장차 홍수가 날 것이다."

소자(昭子)[○ 사고(師古)가 말했다. "숙손소자(叔孫昭子)다."]가 말했다.

"가뭄이 들 것이다. 태양이 춘분을 지났는데도 오히려 (양기가 음기를) 이기지 못했는데[17] (음기를) 이기게 되면 반드시 해의 기운이 맹렬할 것이니 가물지 않을 수가 없다."

이 해 가을에 크게 기우제를 지낸 것은 가물었기 때문이다. 하지, 동지, 춘분, 추분[二至二分]에 일식이 있었는데도 재이가 일어나지 않았다. 해와 달의 운행은 춘분과 추분에 낮과 밤이 같은 길을 가지만 동지와 하지에는 낮과 밤의 길고 짧음이 극에 이르게 되기 때문에 서로 다른 것이다. 서로 다른데 같은 길을 가니 일식이 가볍고 큰 재이는 일어나지 않아 가물었을 뿐이다.

---

17 일식이 일어났다는 뜻이다.

31년 "12월 신해일 초하루에 일식이 있었다." 동중서가 볼 때 별자리가 심수(心宿)에 있었고 천자의 상(象)이다. 이때 경사(京師-황제가 있는 곳) (의 권력)는 미약했기에 뒤에 제후들이 과연 서로를 이끌어 주(周)나라에 성을 쌓았고 송나라 (대부) 중기(中幾)는 천자를 높이려는 마음이 없어 순차에 따라 공부(功賦)를 받지 않았다.[18] 유향이 볼 때 이때 오(吳)나라가 서(徐)나라를 멸망시켰고, 채(蔡)나라는 심(沈)나라를 멸망시켰으며, 초(楚)나라는 채(蔡)나라를 포위했고, 오나라는 초나라를 꺾고 (수도인) 영(郢)에 들어가니 소왕(昭王)은 나라 밖으로 도망쳤다. 유흠이 볼 때 2일이며 송(宋)과 연(燕)의 분야이다.

정공(定公) 5년 "3월 신해일 초하루에 일식이 있었다." 동중서와 유향이 볼 때 뒤에 정(鄭)나라가 허(許)나라를 멸망시켰고〔○ 사고(師古)가 말했다. "6년에 정나라 유속(游速)이 군사를 이끌고 가서 허나라를 멸망시켰다."〕, 노(魯)나라 양호(陽虎)가 난을 일으켜 보옥(寶玉)과 대궁(大弓)을 도적질했고, 계환자(季桓子)는 중니(仲尼-공자)를 내쫓았으며, 송(宋)나라의 세 신하는 읍을 근거지로 삼아 자신들의 임금에 맞서 반란을 일으켰다. 유흠이 볼 때 정월 2일이며 연(燕)과 조(趙)의 분야이다.

12년 "11월 병인일 초하루에 일식이 있었다." 동중서와 유향이 볼 때 뒤에 진(晉)나라의 세 대부가 읍을 근거지로 삼아 자신들의 임금에 맞서 반란을 일으켰고, 설(薛)나라에서는 그 임금을 시해했으며, 초(楚)나라는 돈(頓)과 호(胡)나라를 멸망시켰고, 월(越)나라는 오(吳)나라를 패배시켰으며,

---

18 이 부분은 쇠성(衰城)이라는 말을 안사고(顏師古)의 주에 따라 풀어서 옮긴 것이다.

위(衛)나라는 세자를 나라 밖으로 내쫓았다〔○ 사고(師古)가 말했다. "14년에 위나라 태자 괴귀(蒯聵)가 송나라로 달아났다."〕. 유흠이 볼 때 12월 2일이며 초(楚)와 정(鄭)의 분야이다.

　15년 "8월 경진일 초하루에 일식이 있었다." 동중서가 볼 때 별자리가 유수(柳宿)에 있었는데 이는 주나라 왕실[周室]이 크게 무너지고 이적(夷狄)이 중국의 여러 나라들[諸夏]을 좌지우지하는 상(象)이다. 이듬해 중국(中國)[19]의 제후들이 과연 잇달아[累累=不絶] 초나라를 따라서 채(蔡)나라를 포위했고 채나라는 두려움을 느껴 도읍을 주래(州來)로 옮겼다〔○ 사고(師古)가 말했다. "애공(哀公) 2년 11월 채나라가 주래로 도읍을 옮겼다. 주래는 초나라의 읍인데 지금의 하채현(下蔡縣)이다."〕. 진(晉)나라가 융만(戎蠻)의 임금을 붙잡아 초(楚)에 보내 초를 도읍으로 삼게 했다. 유향이 볼 때 의롭지 못하게[盜=不義] 채나라 임금을 죽였고〔○ 사고(師古)가 말했다. "애공 4년에 채나라 공손 편(翩)이 채나라 임금 신(申)을 죽였다. 편은 대부가 아니기 때문에 그것을 천하게 여겨 도(盜)라고 한 것이다."〕, 제(齊)나라의 진걸(陳乞)이 그 임금을 죽이고 양생(陽生)을 세웠으며〔○ 사고(師古)가 말했다. "애공 6년 제나라의 진걸이 그 임금 도(荼)를 시해했다. 도는 곧 경공(景公)의 아들이고 양생은 도의 형이며 곧 도공(悼公)이다."〕, 공자는 끝내 쓰이지 못했다. 유흠이 볼 때 6월이며 진(晉)과 조(趙)의 분야이다.

19　원문에서도 중국(中國)이라고 쓰고 있다.

애공(哀公) 14년 "5월 경신일 초하루에 일식이 있었다." 기린이 붙잡힌[20] 이후의 일이다. 유흠이 볼 때 3월 2일이며 제(齊)와 위(衛)의 분야이다.

무릇 (공자가 편찬한) 『춘추(春秋)』에는 12명의 공(公)이 나오고 242년이 며 그 사이에 일식이 36차례 있었다. 『춘추곡량전(春秋穀梁傳)』에서는 일식이 초하루에 있었던 것이 26차례, 그믐날에 있었던 것이 일곱 차례이고 밤에 있었던 것이 두 차례, 2일에 있었던 것이 한 차례다. 『춘추공양전(春秋公羊傳)』에서는 일식이 초하루에 있었던 것이 27차례, 2일에 있었던 것이 일곱 차례, 그믐날에 있었던 것이 두 차례다. 『춘추좌씨전(春秋左氏傳)』에서는 일식이 초하루에 있었던 것이 16차례, 2일에 있었던 것이 18차례, 그믐날에 있었던 것이 한 차례이고 날짜를 기록하지 않은 것이 두 차례다.

고제(高帝) 3년 10월 갑술일 그믐날에 일식이 있었고 두수(斗宿)의 20도(度)에 있었는데 연의 분야[燕地]였다. 2년 후에 연왕 장도(臧荼)가 반란을 일으켜 주살했고 노관(盧綰)을 세워 연왕으로 삼았는데 또 반란을 일으켜 패망시켰다.

11월 계묘일 그믐날에 일식이 있었고 허수(虛宿)의 3도에 있었는데 제의 분야[齊地]였다. 2년 후에 제왕 한신(韓信)을 옮겨 초왕(楚王)으로 삼았다가 이듬해 폐해 열후로 삼았는데 뒤에 또 반란을 일으켜 주살했다.

9년 6월 을미일 그믐날에 일식이 있었는데 개기일식이었고 장수(張宿)의 13도에 있었다.

---

20 『춘추(春秋)』의 편찬이 끝난 시점을 상징한다.

혜제(惠帝) 7년 정월 신축일 초하루에 일식이 있었고 위수(危宿)의 13도에 있었다. 곡영(谷永)이 볼 때 세수(歲首) 정월 초하루인데 이는 삼조(三朝)[21]로서 존귀한 이는 그것을 싫어한다고 했다.

5월 정묘일 그믐날에 하루 앞서 일식이 있었는데 거의 개기일식에 가까웠고[幾盡] 칠성수(七星宿)의 초도(初度)에 있었다. 유향이 볼 때 5월은 미미한 음의 기운[微陰]이 처음으로 생겨나와 지극한 양기[至陽]을 범하기 때문에 그 점은 엄중하다. 그 해 8월에 이르러 천자가 붕어해[宮車晏駕] 여씨(呂氏)들이 거짓으로 뒤를 잇게 된 후사를 두려는 해악이 있었다. 경방의 『역전(易傳)』에 이르기를 "무릇 일식이 그믐날이나 초하루에 일어나지 않는 것을 일러 박(薄-엷다)이라고 한다. 임금이 주벌을 가하는 것이 장차 이치에 맞지 않거나 혹은 적신(賊臣-불충한 신하)이 장차 사납게 일어나려 할 때 해와 달은 설사 수(宿)가 같지 않더라도 음의 기운이 왕성해져서 햇빛을 엷게 만든다[薄]"라고 했다.

고후(高后) 2년 6월 병술일 그믐날에 일식이 있었다.

7년 정월 기축일 그믐날에 일식이 있었는데 개기일식이었고 영실수(營室宿)의 9도에 있었으며 궁실(宮室)의 가운데였다. 이때 고후가 그것을 싫어해 말하기를 "이것은 나를 향한 것이도다!"라고 했다. 이듬해 응험이 있었다〔○ 사고(師古)가 말했다. "응험이란 고후가 붕한 것을 말한다."〕.

문제(文帝) 2년 11월 계묘일 그믐날에 일식이 있었고 무녀수(婺女宿)의 1도에 있었다.

---

21 한 해의 조(朝)이자 한 달의 조이자 하루의 조인 것을 말한다.

3년 10월 정유일 그믐날에 일식이 있었고 두수(斗宿)의 22도에 있었다.

11월 정묘일 그믐날에 일식이 있었고 허수(虛宿)의 8도에 있었다.

후(後) 4년 4월 병진일 그믐날에 일식이 있었고 동정수(東井宿)의 13도에 있었다.

7년 정월 신미일 초하루에 일식이 있었다.

경제(景帝) 3년 2월 임오일 그믐날에 일식이 있었고 위수(胃宿)의 2도에 있었다.

7년 11월 경인일 그믐날에 일식이 있었고 허수(虛宿)의 9도에 있었다.

중(中) 원년 12월 갑인일 그믐날에 일식이 있었다.

중(中) 2년 9월 갑술일 그믐날에 일식이 있었다.

3년 9월 무술일 그믐날에 일식이 있었는데 거의 개기일식에 가까웠고[幾盡] 미수(尾宿)의 9도에 있었다.

6년 7월 신해일 그믐날에 일식이 있었고 진수(軫宿)의 7도에 있었다.

후(後) 원년 7월 을사일에, 그믐날에 하루 앞서 일식이 있었고 익수(翼宿)의 17도에 있었다.

무제(武帝) 건원(建元) 2년 2월 병술일 초하루에 일식이 있었고 규수(奎宿)의 14도에 있었다. 유향이 볼 때 규수는 비천한 부인이니 뒤에 위(衛)황후가 미천한 데서 일어나 마침내 (자살해) 그 지위를 제대로 마치지 못하는[不終] 해악이 있었다.

3년 9월 병자일 그믐날에 일식이 있었고 미수(尾宿)의 2도에 있었다.

5년 정월 기사일 초하루에 일식이 있었다.

원광(元光) 원년 2월 병진일 그믐날에 일식이 있었다.

7월 계미일에, 그믐날에 하루 앞서 일식이 있었고 익수(翼宿)의 8도에 있었다. 유향이 볼 때 전년도에 고원(高園)[22]의 편전에 화재가 있었던 것은 춘추시대에 어름(御廩)에 화재가 있었던 것처럼 익수(翼宿)와 진수(軫宿)에 일식이 있었던 것과 같은 양상이다. 그 점은 안으로는 여자로 인한 변고[女變]가 있고 밖으로는 제후로 인한 문제가 생겨나는 것이다. 그후에 진(陳)황후가 폐위됐고 강도(江都), 회남(淮南), 형산(衡山)의 왕들이 반란을 모의해 주살됐다. 정오에 일식이 있었고 동북쪽을 따라 진행돼 절반을 넘었다가 저녁 무렵에 원래대로 돌아왔다.

원삭(元朔) 2년 2월 을사일 그믐날에 일식이 있었고 위수(胃宿)의 3도에 있었다.

6년 11월 계축일 그믐날에 일식이 있었다.

원수(元狩) 원년 5월 을사일 그믐날에 일식이 있었고 유수(柳宿)의 6도에 있었다. 경방의 『역전(易傳)』에 이르기를 "이때 해가 오른쪽에서부터 먹어 들어가는 것을 미루어 헤아려볼 때 법(法)으로는 임금이 신하를 잃는다고 말하고 있다. 이듬해 승상 공손홍(公孫弘)이 훙했다. 일식이 왼쪽에서부터 먹어 들어간 것도 또한 임금이 신하를 잃는 것이다. 위로부터 먹어 들어가는 것은 신하가 임금을 잃고 아래로부터 먹어 들어가는 것은 임금이 백성을 잃은 것이다"라고 했다.

원정(元鼎) 5년 4월 정축일 그믐날에 일식이 있었고 동정수(東井宿)의 23도에 있었다.

---

22 고제의 원릉이다.

원봉(元封) 4년 6월 기유일 초하루에 일식이 있었다.

태시(太始) 원년 정월 을사일 그믐날에 일식이 있었다.

4년 10월 갑인일 그믐날에 일식이 있었고 두수(斗宿)의 19도에 있었다.

정화(征和) 4년 8월 신유일 그믐날에 일식이 있었는데 일식이 다 이뤄지지 않아 갈고리 모양이었으며 항수(亢宿)의 2도에 있었다. 저녁 무렵에 서북쪽에서 해가 먹혔으며 해가 떨어지자 저녁 무렵에 원래의 모습으로 돌아왔다.

소제(昭帝) 시원(始元) 3년 11월 임진일 초하루에 일식이 있었고 두수(斗宿)의 9도에 있었으며 연(燕)의 분야였다. 4년 후에 연나라 날왕(剌王)이 반란을 모의해 주살됐다.

원봉(元鳳) 원년 7월 기해일 그믐날에 일식이 있었는데 거의 개기일식에 가까웠고 장수(張宿)의 12도에 있었다. 유향이 볼 때 기해일에 개기일식이었으니 그 점은 엄중했다. 6년 후에 천자가 붕어했고[宮車晏駕] 결국 후사가 없었다.

선제(宣帝) 지절(地節) 원년 12월 계해일 그믐날에 일식이 있었고 영실수(營室宿)의 15도에 있었다.

오봉(五鳳) 원년 12월 을유일 초하루에 일식이 있었고 무녀수(婺女宿)의 10도에 있었다.

4년 4월 신축일 초하루에 일식이 있었고 필수(畢宿)의 19도에 있었다. 이는 정월 초하루이며 간사한 기운이 아직 일어나지 않았는데 『춘추좌씨전(春秋左氏傳)』은 이를 중대한 이변으로 간주했다.

원제(元帝) 영광(永光) 2년 3월 임술일 초하루에 일식이 있었고 누수(婁

宿)의 8도에 있었다.

4년 6월 무인일 그믐날에 일식이 있었고 장수(張宿)의 7도에 있었다.

건소(建昭) 5년 6월 임신일 그믐날에 일식이 있었고 일식이 다 이뤄지지 않아 갈고리 모양이었으며 그랬다가 사라졌다.

성제(成帝) 건시(建始) 3년 12월 무신일 초하루에 일식이 있었고 그날 밤 미앙궁의 전중(殿中)에 지진이 있었다. 곡영(谷永)이 주상의 물음에 답해 말했다.

"해가 무녀수(婺女宿)의 9도에서 먹혔으니 그 점은 황후에게 있습니다. 지진이 궐 담장[蕭牆] 안에서 일어났으니 그 허물은 귀첩(貴妾)에게 있습니다. 이 두 가지가 함께 일어났다는 것은 일은 같은데 사람은 다르니[同事異人] 함께 양(陽)을 가리고 눌러[掩制] 장차 뒤를 이을 후사[繼嗣]를 해치게 될 것입니다. 다만[亶=但] 일식만 일어났다면 첩을 만나보지 않으면 되고, 다만 지진만 일어났다면 후를 만나보지 않으면 됩니다. 서로 다른 날에 일어났다면 별개의 일처럼 보일 것이고 아무런 이유도 없이 변이가 일어났다면 하늘의 경계가 무엇인지를 알지 못해 두려워해야 합니다. 이달에 후와 첩이 절의를 잃은 허물[郵=尤]을 범했으니 그래서 하늘은 그로 인해 두 가지 이변을 보인 것입니다. 하늘은 마치 부인의 도리를 어기고 잃으며 여러 첩들을 떼어내 멀리해 뒤를 이을 후사의 출생을 방해하고 끊은 자는 이 두 사람[23]이라고 말하고 있는 것입니다."

두흠(杜欽)도 역시 대답해 말했다.

---

23 허(許)황후와 반첩여(班婕妤)를 가리킨다.

"해가 무신(戊申-무신일)에 먹혔고 때가 미(未-미시)에 이르렀습니다. 무(戊)는 토(土)이고 중궁(中宮)의 분야입니다. 그날 밤 전중에 지진이 있었으니 이는 분명 적처와 첩이 장차 총애를 다투다가 서로에게 해를 입혀 환란을 빚게 된다는 것을 보여주는 것입니다. 사람의 일이 아래(-땅)에서 도리를 잃게 되면 변란의 상[變象]이 위(-하늘)에 나타납니다. 다움으로써 그에 제대로 대응하게 되면 허물과 재이는 사라지지만 이를 소홀히 여겨 경계하는 마음을 갖지 않는다면 화와 패망이 찾아오게 됩니다. 그에 대응할 때에도 열렬하게 하지 않으면 일이 제대로 설 수가 없고 신의를 다하지 않으면 행해질 수가 없습니다[非誠不立 非信不行]."

하평(河平) 원년 4월 기해일 그믐날에 일식이 있었는데 일식이 다 이뤄지지 않아 갈고리 모양이었으며 동정수(東井宿)의 6도에 있었다. 유향이 대답해 말했다.

"4월은 5월과 주고받기 때문에 달은 효혜(孝惠)의 때와 같고 날은 효소(孝昭)의 때와 같다. 동정수는 경사(京師)의 분야이고 또 개기일식이었으니 그 점은 뒤를 이을 후사의 출생을 해칠 것을 두려워하는 것입니다."

해는 조식(蚤食)[24] 때 서남쪽에서 일어났다.

3년 8월 을묘일 그믐날에 일식이 있었고 방수(房宿)에 있었다.

4년 3월 계축일 초하루에 일식이 있었고 묘수(昴宿)에 있었다.

양삭(陽朔) 원년 2월 정미일 그믐날에 일식이 있었고 위수(胃宿)에 있었다.

---

24 태양이 증천(曾泉)에 이른 때를 말한다.

영시(永始) 원년 9월 정사일 그믐날에 일식이 있었다. 곡영(谷永)이 경방(京房)의 『역점(易占)』을 갖고서 대답해 말했다.

"원년 9월에 일식이 있었던 것은 임금이 술에 빠져 절도를 잃었기 때문에 일어난 것입니다. 하늘이 그것을 오로지 경사만이 알게 하려고 사방의 나라에는 보여주지 않았는데, 이는 술에 심하게 빠져 임금과 신하의 구별이 없어 재앙이 안에 있다는 것을 말한 것입니다."

영시 2년 2월 을유일 그믐날에 일식이 있었다. 곡영(谷永)이 경방의 『역점(易占)』을 갖고서 대답해 말했다.

"금년 2월에 일식이 있었던 것은 부렴이 적정한 도리를 잃어 백성들이 근심하고 원망했기 때문에 일어난 것입니다. 하늘이 사방의 나라에 다 보여주면서도 경사에는 숨기고 가렸던 까닭은 임금이 궁실을 축조하기를 좋아하고 분묘를 크게 조영해 부세가 점점 무거워져 백성들의 힘이 다 고갈돼 재앙이 밖에 있다는 것을 말한 것입니다."

3년 정월 기묘일 그믐날에 일식이 있었다.

4년 7월 신미일 그믐날에 일식이 있었다.

원연(元延) 원년 정월 기해일 그믐날에 일식이 있었다.

애제(哀帝) 원수(元壽) 원년 정월 신축일 초하루에 일식이 있었는데 일식이 다 이뤄지지 않아 갈고리 모양이었으며 영실수(營室宿)의 10도에 있었다. 혜제 7년의 경우와 달과 날이 똑같다.

2년 3월 임진일 그믐날에 일식이 있었다.

평제(平帝) 원시(元始) 원년 5월 정사일 그믐날에 일식이 있었고 동정수(東井宿)에 있었다.

2년 9월 무신일 그믐날에 일식이 있었는데 개기일식이었다.

한(漢)나라를 모두 총괄해서 보면 12세(世)이고 212년이며, 그사이에 일식이 53차례 있었는데 초하루는 14차례, 그믐날이 36차례, 그믐날 하루 전이 세 차례이다.

성제(成帝) 건시(建始) 원년 8월 무오일에 시간을 알려주는 물시계가 아직 3각(刻)²⁵을 다하지 않을 때 2개의 달이 겹쳐서 보이는 일이 있었다. 경방의 『역전(易傳)』에 이르기를 "부인이 굳세면 위태로우리라. 달이 거의 보름달이니 군자가 움직이면 흉하리라〔○ 사고(師古)가 말했다. "『주역(周易)』 소축(小畜)괘(䷈)의 맨 위에 있는 붉은 효에 대한 풀이다."〕'라고 했는데 이는 임금이 약하고 부인이 강해 몰래[陰] 올라타니 달이 나란히 나온 것이다. 그믐날인데 달이 서쪽에 보이는 것을 조(朓-그믐달)라고 하고 초하루인데 달이 동쪽에서 보이는 것을 측특(仄慝)이라 하는데, 측특이면 후와 왕이 엄숙해서[肅] 그런 것이고 조면 후와 왕이 (느슨하게) 펴져 있어서[舒] 그런 것이라고 했다"라고 했다. 유향이 볼 때 조(朓)란 급한 것이고 임금이 펴져 있어 느슨하면[舒緩] 신하들이 교만하니 그 때문에 해의 운행은 느리고 달의 운행은 빨라지는 것이라고 했다. 또 측특(仄慝)이란 나아가지 못한다는 뜻이고 임금이 엄숙하고 급하면 신하들이 두려움에 떨게 되니 그 때문에 해의 운행은 빠르고 달의 운행은 느려져 감히 임금을 가까이에서 압박할 수 없다는 것이다. 또 펴져 있지도 않고 급하지도 않아 바름[正]

---

25 하루를 100각으로 나눴으니 1각은 14, 15분쯤 된다. 춘분과 추분은 낮과 밤이 각각 50각이고, 동지는 낮이 40각, 밤이 60각이고, 하지는 그 반대다.

으로 운행을 잃게 되는 것은 초하루에 일식이 일어나는 것이라고 했다. 유흠이 볼 때 펴져 있다[舒]라는 것은 후와 왕이 뜻을 펼쳐 일을 제 마음 대로 하는 것이니 신하가 내몰리게 돼 그 때문에 달의 운행이 빨라지는 것이라고 했다. 엄숙하다[肅]라는 것은 왕과 후가 움츠러들어[縮朒] 일을 제대로 감당하지 못해 신하들이 풀어져 제 마음대로 하게 되니 그 때문에 달의 운행이 느려지는 것이다. 춘추시대 때에는 후와 왕이 대부분 위축돼 일을 제대로 맡아 하지 못해 그 때문에 2일에 일식이 일어나 측특(仄慝)한 것이 18차례이고, 그믐날에 일식이 일어나 조(朓)한 것이 한 차례이니 이것이 그 효험이다. 한나라 시대[漢家]를 고찰해보면 그믐날에 일식이 일어나 조(朓)한 것이 36차례이고, 2일에 일식이 일어나 측특(仄慝)한 것은 없으니 흠의 설이 믿을 만하다. 이상은 모두 다 해와 달의 운행이 어지러웠던 것[亂行]에 관한 것이다.

원제(元帝) 영광(永光) 원년 4월에 해의 빛이 청백색이 돼 그림자가 안생겼고, 정오에는 그림자가 있었지만 빛이 없었다. 이 여름은 추웠고 9월이 되자 마침내 해는 빛을 갖게 됐다. 경방의 『역전(易傳)』에 이르기를 "아름다운 일이 (윗)사람에게 올라오지 못하는 것을 일러 상약(上弱)이라고 하는데 그 재이는 해의 빛이 하얗게 되는 것이고 7일 동안 따뜻하지 않다. 임금이 신하에게 고분고분해 제어하는 바가 없는 것을 일러 약(弱)이라고 하는데 해의 빛이 60일 동안 하얗고 식물들은 서리가 내리지 않는데도 말라 죽는다. 천자가 몸소 정벌하는 것을 일러 부지(不知)라고 하는데 해의 빛이 하얗게 되고 몸을 움직여도 춥다. 약하면서도 일을 맡고 있는 것을 일러 불망(不亡)이라고 하는데 해가 하얗고 따뜻하지 않으며 밝지가 못하다. 임금[辟]이 허물이 있어 공(公)이 일을 대행하는 것을 일러 불신(不伸-펴지지 못하다)이라 하는데 그 재이는 해가 시커멓게 되는 것이고 큰 바람이 일어나며 하늘에 구름은 없고 햇빛은 어둡다. 위(-임금)의 정사를 어렵게 여기지 않는 것[不難]을 일러 허물을 본다[見過]라고 하는데 해가 시커멓게 되고 (햇빛이) 기울어지며 그 크기가 탄환만큼도 되지 않는다"라고 했다.

성제(成帝) 하평(河平) 원년 정월 임인일 초하루에 해와 달이 모두 영실수(營室宿)에 있었고 이때 해가 나오는데 적색이었다. 2월 계미일에 해가 아침에는 적색이었는데 장차 들어가려 할 때 또 적색이었고 밤에는 달이 적색이었다. 갑신일에 해가 나오는데 붉기가 피와 같았고, 빛은 없었으며, 물시계로는 4각 반이 되자 마침내 자못 빛이 있어 땅을 적황색으로 밝혔으며, 일식이 있고 나서 마침내 원래대로 돌아갔다. 경방의 『역전(易傳)』에 이르기를 "임금이 바른 도리를 듣지 않는 것[不聞=不聽]을 일러 망(亡-망하다)이라고 하는데 그 재이는 해가 붉은색이 되는 것이다"라고 했다. 3월 을미일에 해가 나오는데 황색이었고 검은 기운이 있었는데 그 크기는 동전만 했으며 해의 한가운데[中央]에 있었다. 경방의 『역전(易傳)』에 이르기를 "하늘에 제사를 지내 고분고분 따르지 않는 것[不順]을 일러 역(逆)이라고 하는데 그 재이는 해가 붉고 그 가운데는 검게 되는 것이다. 좋은 말을 듣고서도 그것을 받아들이지 않는 것을 일러 실지(失知-알아줄 기회를 놓치다)라고 하는데 그 재이는 해가 노란색이 되는 것이다"라고 했다. 무릇 대인(大人)이란 그 다움[德]이 하늘 및 땅과 합치되고 그 눈 밝음[明]이

해 및 달과 합치되는 것이기 때문에 그래서 빼어난 임금[聖王]이 위에 있어 여러 뛰어난 이들[群賢]에게 호령을 내려 통괄을 함으로써 하늘이 내려준 직무[天功]를 세상에 밝히게 되면 해의 빛은 오색[26]을 고루 갖추게 되고 빛을 밝힘에 있어 별도의 주체가 없게 되는 것이다. (임금이 아닌) 다른 주체가 있게 되면 재이가 나타나고 임금의 행동에 대응해 변이가 일어나게 된다. 색에 비거나 바뀌는 것이 없는지, 그리고 모양에 비거나 허물어진 것이 없는지를 통해 해의 색과 모양의 다섯 가지 변화하는 바를 살펴보면 얼마든지 그것을 알아낼 수가 있다. 그래서 (『주역(周易)』에 이르기를) "걸려 있는 상[懸象]들 중에서 해와 달보다 큰 것은 없다"라고 한 것은 바로 이를 가리키는 것이다.

엄공(嚴公) 7년 "4월 신묘일 밤에 항성이 보이지 않았고 한밤중에 별이 비 오듯이 떨어졌다[隕]." 동중서와 유향이 볼 때 상성(常星)인 28수(宿)란 임금의 상(象)이고 뭇별들은 만백성의 무리[類]이다. 열수(列宿)[27]가 보이지 않는다는 것은 제후가 미약하다는 것을 상징하고 뭇별들이 떨어진다는 것은 백성들이 그 있어야 할 자리를 잃는다는 뜻이다. 한밤중[夜中]이란 중국(中國)을 뜻한다. 땅에 미치지 못하고 돌아간다는 것은 제(齊)나라 환공(桓公)이 일어나 그것을 구원해서 보존해주는 상이다. 만약에 환공이 없어 별이 마침내 땅에 이르게 되면 중국〔○ 사고(師古)가 말했다. "중국(中

---

26 청색, 황색, 적색, 백색, 흑색의 다섯 가지 정색(正色)을 가리킨다.
27 하늘에 제성(帝星)을 둘러싸고 늘어서 있는 별자리들을 가리킨다.

國)이란 중하(中夏)의 나라들이다.")은 분명[良=信] 절멸된다는 것이다. 유향이 볼 때 한밤중이란 본성과 명을 제대로 마치지 못하고 중도에 패망하는 것을 말한다. 혹자는 말하기를 반란을 상징하기 때문에 중도에 그 주군에게 반란을 일으키는 것이라고도 한다. 하늘은 상을 드리워[垂象] 아래(-땅)에 보여줌으로써 장차 임금이 악을 막고 잘못을 멀리하며 비천한 것에 대해서도 조심하고 미미한 것도 잘 살펴서[愼卑省微] 스스로를 잘 보전하기를 바란다. 만약에 임금이 뛰어나고 눈 밝은[賢明] 자질을 갖고 있고 하늘을 두려워하며 천명을 어렵게 여겨, 예를 들어 고종(高宗)이 조기(祖己)에게 경계의 글을 짓도록 하고 성왕(成王)이 금등(金縢)의 글에 눈물을 흘린 것처럼, 허물을 고치고 바른 도리를 닦으며 믿음을 세우고 다움을 널리 퍼뜨리며 망한 나라를 보존시켜주고 끊어진 왕실을 이어주며[存亡繼絶] 폐기된 제도나 인물들을 손보고 버려진 인재들을 들어 쓰며 아래로 백성들에게 배우며 위로 하늘의 도리에 이르며[下學而上達] 10분의 1세(稅)를 시행하고 (1년에) 3일만 요역에 동원하는 옛 제도를 복원하며 재용을 아껴 쓰고 의복을 검소하게 입어 백성들에게 은혜를 베풀면, 제후들은 다움을 마음속에 품게 되고 선비와 백성들은 어진 마음으로 돌아가[歸仁] 재이는 사라지고 복록은 일어날 것이다. 그런데도 끝내 기꺼이 고치거나 깨닫지 못하고 옛사람을 본받지 않은 채 각자 사사로운 뜻을 행하게 되면 결국 임금과 신하 사이에 괴리가 생겨나 위와 아래는 서로 원망을 품게 된다. 이 뒤로부터 제(齊)와 송(宋)나라의 임금이 시해됐고〔○ 사고(師古)가 말했다. "장공(莊公) 8년에 제나라 무지(無知)가 자기 임금 제아(諸兒)를 시해했고, 12년에 송나라 만(萬)이 자기 임금 첩(捷)을 시해했다."〕, 담(譚)·수

(遂)·형(邢)·위(衛)나라가 멸망했으며, 숙(宿)나라는 송(宋)나라에 땅을 빼앗겼고, 채(蔡)나라 임금은 초(楚)나라에 붙잡혔으며, 진(晉)나라 재상은 임금을 시해해 죽여 5세(世) 만에 안정됐으니〔○ 사고(師古)가 말했다. "해제(奚齊), 탁자(卓子), 그리고 회공(懷公)을 죽였다. 헌공(獻公)에서부터 (해제, 탁자, 혜공(惠公), 회공을 거쳐) 문공(文公)에 이르기까지 나라에 반란이 있어 모두 다섯 명의 임금을 바꾸고서야 마침내 안정됐다."〕, 이것이 그 효험이다. 『춘추좌씨전(春秋左氏傳)』에 이르기를 "항성이 보이지 않았다는 것은 밤이 밝다는 것이고 별들이 비처럼 떨어졌다는 것은 비와 함께 떨어졌다는 것이다"라고 했다. 유흠이 볼 때 낮은 중국(中國)을 상징하고 밤은 이적(夷狄)을 상징한다. '별들이 비처럼[如] 떨어졌다'에서 처럼[如]은 함께[而]라는 뜻이니 별들이 떨어지고 또 비도 내렸다는 것이다. 그래서 '비와 함께 떨어졌다'라고 한 것이고 밝은데 비가 내린 것과 별이 떨어진 것은 두 가지 변이가 서로 이루어진 것이다. (『서경(書經)』의) '홍범(洪範)'에 "일반 백성들은 별이다[庶民惟星]"라고 했고 『주역(周易)』에 이르기를 "우레와 비가 일어나는 것이 해(解)다〔○ 사고(師古)가 말했다. "해(解)괘(䷧)에 대한 상(象) 풀이다."〕"라고 했으니, 이 해에 세성(歲星-목성)이 현효(玄枵)에 있었는데 제(齊)나라의 분야다. 한밤중인데 별들이 떨어졌다는 것은 일반 백성들 속에 있는 것이 위와 분리되기 때문이다. 비는 해(解)를 갖고서 지나치게 베푸는 것이고 다시 위에서 아래로 가게 되는 것은 제나라 환공이 패도를 행해 주나라 왕실을 부응시켜주는 상이다. 주나라 역법 4월은 하

나라 역법 2월이고 해가 강루(降婁)[28]에 있는 것은 노(魯)나라의 분야이다. 이에 앞서 위나라 임금[衛侯] 삭(朔)이 제나라로 도망치고 위나라 공자 검모(黔牟)가 임금으로 세워지자 제(齊)나라는 제후들을 이끌고 위나라를 정벌하니 천자는 사자를 보내 위나라를 구원했다. 노(魯)나라 공자 익(溺)이 정치를 제 마음대로 하면서[顓政=專政] 제나라와 회동해 왕명을 어겼으나 엄공은 그것을 저지하지 못하니 결국 따라가서 위나라를 정벌하고 천왕이 세워준 검모를 내쫓았다. 의롭지 못함이 지극했는데도 스스로 공을 세웠다고 여겼다. 백성들이 그 위를 없애고 정치가 아래로부터 말미암아 생겨나는 것이 더욱 심해져 그로 인해 별들이 노나라에 떨어진 것이니 하늘이 평소에 늘 행하는 상(象)이다.

성제(成帝) 영시(永始) 2년 2월 계미일에 한밤중이 지나서 별들이 비처럼 떨어졌는데, 길이가 1, 2장이었고 광채는 땅에 도달하기 전에 사라져 계명(雞鳴)에 이르러서야 그쳤다. 곡영(谷永)이 대답해 말했다.

"해와 달과 별들[星辰]은 아래에 있는 땅을 밝히며 임하고 있어 일식이나 별똥별의 이변이 있을 때에는 멀거나 가깝거나 애매하게 숨어 있더라도 모두 다 가려내어 보지 못함이 없습니다. 별들이 하늘에 붙어 있는 것[附離=附着]은 마치 일반 백성들이 임금에게 붙어 있는 것과 같습니다. (그래서) 임금 된 자가 도리를 잃어 기강이 없어지면 아래에서 장차 반란이 일어나고 그 때문에 별이 하늘에 반란을 일으켜 떨어짐으로써 그 같은 상을 드러내 보이는 것입니다. 『춘추(春秋)』가 이변을 기록하면서 별이

---

28 12성차(星次)의 하나다.

떨어지는 것을 최대의 이변으로 여겼고 그것은 노나라 엄공(嚴公) 이래로 지금까지 계속되고 있습니다. 신이 듣건대 삼대(三代)가 멸망한 까닭은 모두 다 부인과 여러 소인배들로 말미암아 술에 빠졌기 때문이라고 했습니다. 『서경(書經)』에 이르기를 '마침내 부인의 말을 쓰고 사방에서 죄가 많아 도망쳐온 자들을 믿고 부렸도다'[29]라고 했고, 『시경(詩經)』에 이르기를 '찬란했던 종주(宗周-주나라) 포사(襃姒)가 망하게 했도다'[30]라고 했고, '그 다움이 기울어지고 엎어져 술에 흠뻑 젖어들었도다'[31]라고 했습니다. 진(秦)나라의 경우 2세 만에 망하게 된 것은 양생술에 큰 힘을 쏟고 장례를 받드는 데 너무나도 두터웠기 때문입니다.[32] 바야흐로 지금 국가는 이것들을 모두 겸해서 갖고 있으니 사직과 종묘의 큰 근심[大憂]입니다."

경방의 『역전(易傳)』에 이르기를 "임금이 뛰어난 이에게 일을 맡기지 않으면[不任] 그 요상스러움은 하늘에서 별을 비처럼 내리게 하는 것이다"라고 했다.

문공(文公) 14년 "7월에 혜성[孛]이 북두에 들어왔다." 동중서가 볼 때 패(孛-살별, 혜성)란 나쁜 기운을 만들어내는 것이다. 그것을 패라고 부른

---

29 「주서(周書)」 '태서(泰誓)' 편에 나오는 말이다.
30 「소아(小雅)」 '정월(正月)' 편에 나오는 구절이다.
31 「대아(大雅)」 '억(抑)' 편에 나오는 구절이다.
32 불로장생에 너무나도 큰 허비를 했고 왕릉 조성에도 백성들의 희생이 너무 컸다는 점을 지적하는 말이다.

것은 음침하게[孛孛] 막고 가리는 바가 있다는 뜻으로 어둡고 어지러워 밝
　　　　　　　패패
지 못한 모습을 나타낸다. 북두는 대국(大國)의 상(象)이다. 뒤에 제(齊)·송
(宋)·거(莒)·진(晉)나라 모두 자기 임금을 시해했다. 유향이 볼 때 임금과
신하가 조정에서 어지러워 정령이 밖에서 일그러지면 위에서는 삼광(三光)
의 정밀함이 흐려지고 오성(五星)이 위축돼 색이 바뀌고 운행을 거꾸로 하
다가 심할 경우에 혜성[孛]이 된다. 북두는 임금의 상이고 혜성은 어지럽
　　　　　　　　　　패
히는 신하의 무리이자 찬탈하고 시해하는 자의 표상이다. 「성전(星傳)」(=별
에 관한 책)에 이르기를 "괴(魁)³³란 귀인(貴人)의 감옥이다"라고 했고, 또
"혜성이 북두의 가운데에 있게 되면 대신과 제후들 중에서 주살을 당하
는 자가 있다"라고 했다. 일설에 따르면 괴(魁)란 제(齊)와 진(晉)나라다. 무
릇 혜성은 뚜렷하게[較然] 북두의 가운데에 있어 하늘이 사람들에게 훤히
　　　　　　　　교연
드러내 보여주는 것이니 사관이 점을 쳐보면 분명한 것인데도 당시 임금
들은 고쳐서 깨닫지 못했다. 이후에 송(宋)·노(魯)·거(莒)·진(晉)·정(鄭)·진
(陳) 여섯 나라 모두에서 그 임금을 시해했고 제(齊)나라에서는 두 차례나
시해가 일어났다. 중국이 이미 어지러워지자 이적(夷狄)들이 나란히 침범
을 해 전쟁이 종횡으로 일어나 초(楚)나라는 위세를 등에 업고 승리를 거
두면서 중국의 여러 나라들[諸夏]에 깊이 침입해 여섯 차례나 침략해 정벌
　　　　　　　　　　　　제하
했고 한 번은 나라를 멸망시키고서 주나라 왕실에서 관병(觀兵)을 실시했
다. 진(晉)나라는 밖으로 두 나라를 멸망시켰고, 안으로 천자의 군대를 패

---

33 북두칠성의 제1성 혹은 사각형을 이루고 있는 제1성부터 제4성까지를 가리킨다. 여기서는 문
　맥상 후자라고 봐야 한다.

배시켰으며, 또 세 나라의 병력과 연합해 안(鞌) 땅에서 제(齊)나라를 크게 패배시켜 패잔병들을 쫓아 동쪽으로는 해안에 이르러 위세가 경사(京師-주나라 도읍)를 넘보았고 그 무력은 대국인 제나라를 꺾고도 남음이 있었다. 이것들은 모두 혜성의 불꽃이 이르고서 그것이 흘러 28년 사이에 일어난 것들이다. 「성전(星傳)」에 또 이르기를 "혜성이 북두에 들어가면 큰 전쟁이 있게 된다. 그것이 흘러 북두의 가운데에 들어가면 명신[名人=名臣]을 얻게 되고 들어가지 못하면 명신을 잃게 된다"라고 했다. 송(宋)나라 화원(華元)은 뛰어나고 이름난 대부였는데 (송나라 땅인) 대극(大棘)의 싸움에서 화극은 정(鄭)나라에 붙잡혔으니 「성전(星傳)」은 이 효험을 들어서 말한 것이다. 『춘추좌씨전(春秋左氏傳)』에 따르면 혜성이 북두에 있을 때 주(周)나라 사복(史服)〔○ 사고(師古)가 말했다. "주나라 내사(內史) 숙복(叔服)을 가리킨다."〕이 말하기를 "7년도 안 돼 송(宋)·제(齊)·진(晉)나라의 임금은 모두 장차 난이 일어나 죽을 것이다"라고 했다. 유흠이 볼 때 북두에는 천체가 돌아가는 구역이 있고 네 별이 그 안에 들어온 것이다. 두(斗-자루)는 하늘의 삼신(三辰-해·달·별)이자 큰 벼리와 작은 벼리[綱紀]가 되는 별이다. 송(宋)·제(齊)·진(晉)나라의 임금은 천자의 방백(方伯-제후)이자 중국의 강기(綱紀)이다. 혜성이란 이치상 낡은 것을 없애고 새로운 것을 펼치는 것[除舊布新]이다. 북두의 일곱 별은 그래서 '7년도 안 돼'를 뜻하는 것이다. 문공 16년에 이르러 송나라 사람들은 소공(昭公-저구(杵臼))을 시해했다. 18년에 제나라 사람들은 의공(懿公-상인(商人))을 시해했다. 선공

(宣公) 2년에 진나라 조천(趙穿)은 영공(靈公)을 시해했다.

소공(昭公) 17년 "겨울에 혜성이 대진(大辰)[34]에 있었다." 동중서가 볼 때 대진은 심수(心宿)이고 심수는 명당(明堂)이니 천자의 상(象)이다. 뒤에 왕실이 크게 어지러워져 삼왕(三王)이 나뉘어 다투었으니 이것이 그 효험이다. 유향이 볼 때 「성전(星傳)」에 이르기를 "심수는 큰 별[大星]이니 천왕이다. 그 앞의 별이 태자이고 그 뒤의 별이 서자(庶子-적장자 이외의 자식들)다. 미수(尾宿)는 임금과 신하가 틀어져서 멀어지는 것[乖離]이다"라고 했다. 혜성이 심수에 들어가는 것[加=入]은 천자의 적서(嫡庶)가 장차 나뉘어 다투는 것을 상징한다. 이를 제후들에게 적용하면 각(角)·항(亢)·저(氐)의 세 분야는 진(陳)과 정(鄭)나라이고 방(房)과 심(心)은 송(宋)나라다. 그로부터 5년 후에 주나라 경왕(景王)이 붕하자 왕실은 어지러워져 대부 유자(劉子)와 선자(單子)는 왕으로 맹(猛)으로 세웠고 윤씨(尹氏)와 소백(召伯)과 모백(毛伯)은 자조(子朝)를 세웠다. 자조는 초나라 출(出)[35]이다. 이때 초나라는 강대했기 때문에 송(宋)·위(衛)·진(陳)·정(鄭)나라는 모두 남쪽으로 초나라에 붙었다[附]. 왕 맹이 이미 졸하자 경왕(敬王-맹의 동생)이 자리에 나아갔지만 자조가 왕성에 들어오자 천왕은 적천(狄泉)에 가서 머물면서 그를 감히 받아들이지 않았다. 5년이 지나 초나라 평왕 거(居)가

---

34 12성차(星次)의 하나다.
35 자매의 아들을 출이라고 한다. 자조는 주나라 왕의 자매가 초나라에 시집가서 낳은 아들이라는 말이다.

졸하자 자조가 초나라로 달아나니 왕실은 마침내 안정됐다. 그후에 초나라가 6국의 군대를 이끌고 오(吳)나라를 정벌했는데 오나라는 그들을 계보(雞父)에서 패배시켰고 그들 나라의 임금과 신하들을 죽이고 붙잡았다. 채(蔡)나라는 초나라에 원한을 품고 심(沈)나라를 멸망시켰고 초나라는 분노해 채나라를 포위했다. 오나라 사람들이 그들을 구원해 드디어 백거(柏擧)의 전투를 벌여 초나라 군대를 패배시키고, 그 도읍 영(郢)을 도륙했으며, 소왕(昭王)의 어머니를 아내로 삼고, 평왕(平王)의 무덤을 마구 파헤쳤다. 이는 모두 혜성의 불꽃이 미친 효험이다. 『춘추좌씨전(春秋左氏傳)』에서 이렇게 말했다.

"대진(大辰)에 혜성이 있어 (강렬한 빛이) 서쪽으로 천한(天漢-은하수)까지 미쳤다. (노나라 대부) 신수(申繻)가 말하기를 '혜성은 낡은 것을 없애고 새로운 것을 펼치는 것[除舊布新]이니 하늘에서 일어나는 일은 항상 뭔가를 상징한다. (그런데) 지금 화성(火星)을 쓸어 없앴으니 (내년에) 화성이 나타나면 반드시 불이 퍼져 재앙이 생길 것이다. 제후들의 나라에도 아마 화재가 있지 않겠는가?'라고 하니 재신(梓愼)이 이렇게 말했다.

'작년에 내가 혜성을 보았으니 이는 그 징조다. 화성이 출현할 때 혜성이 보였고 올해는 화성이 출현할 때 그 빛이 더욱 밝으니 반드시 화성이 들어가는 때가 돼야 혜성이 숨을 것이다. 혜성이 화성에 머문 지가 오래이니 어찌 그렇지 않겠는가? 화성이 출현하는 때가 하나라 역법으로 3월이고 상나라 역법으로 4월이고 주나라 역법으로 5월이다. 하나라 역수(曆數)가 하늘의 때[天=天時]와 부합하니 만약에 화재가 일어난다면 아마도 네 나라-송(宋)·위(衛)·진(陳)·정(鄭)-가 화재를 당할 것이다. 송나라는 대진의 분야[虛=墟=分野]이고 진나라는 태호(太昊)의 분야이고 정나라는 축융(祝融)의 분야이니 모두 화성이 머무는 곳이다. 혜성의 빛이 천한에까지 미쳤으니 천한은 물의 상서로움이다. 위(衛)나라는 전욱(顓頊)이 머물렀던 곳이고 그곳을 맡은 별은 대수(大水)[36]이다. 수(水)는 화(火)의 짝이니 아마도 병자일이나 임오일에 화재가 일어날 것이다. 왜냐하면 수와 화가 서로 만나는 날이기 때문이다. 만약에 화성이 들어가야 혜성이 숨는다면 그 시기는 반드시 임오일일 것이니 왜냐하면 혜성은 그것이 출현한 달을 넘기지 않기 때문이다.'"

이듬해(소공 18년) "여름 5월에 화성이 비로소 황혼에 출현하고 병자일에 바람이 불었다. 재신(梓愼)이 말하기를 '이 바람을 융풍(融風)이라 하는데 이는 화재의 시작이니 7일 뒤에 화재가 일어날 것이다'라고 했다. 무인일에 바람이 심했고 임오일에 더욱 심했다. 송·위·진·정나라 모두 화재가 일어났다." 유흠이 볼 때 대진(大辰)은 방수(房宿), 심수(心宿), 미수(尾宿)이고 8월에는 심성(心星)이 서쪽에 있으며 혜성은 그 서쪽에서부터 심성을 통과해 동쪽으로 천한에 이른다. 송나라가 대진의 분야라는 것은 송나라의 선조가 대진의 별을 담당해 제사를 지냈다는 것을 이른다. 진(陳)나라가 태허의 분야라는 것은 복희(虙羲, 伏羲)는 목(木)의 다음을 갖고 있어 불이 빚어냈다는 것을 이른다. 정나라가 축융의 분야라는 것은 고신씨(高辛氏)의 화정(火正)이었다는 것을 말한다. 그래서 모두 불이 머물러 있던[舍=居] 곳이다. 위나라가 전욱의 분야라는 것은 그것을

---

36 영실(營室)이다.

맡은 별이 대수와 영실이기 때문이다. 하늘의 별이 이미 이러하고 또 네 나라가 정치의 도리를 잃은 것이 서로 비슷해 왕실이 어지러워진 것도 모두 똑같다.

애공(哀公) 13년 "겨울 11월에 혜성이 동쪽에 있었다." 동중서와 유향이 볼 때 별자리 이름을 말하지 않은 것은 28수 중에 없었기 때문이다. 별이 면서도 해를 올라타고서 나온 것은 어지러운 기운[亂氣]이 임금의 눈 밝음[明]을 가린 것이다. 이듬해 『춘추(春秋)』의 일은 끝이 난다.[37] 일설에는 주나라의 11월은 하나라의 9월이고 해가 저수(氐宿)에 있다. 동쪽에 나왔다는 것은 진수(軫宿), 각수(角宿), 항수(亢宿)인데 진수는 초나라이고 각수와 항수는 진(陳)과 정(鄭)나라이다. 혹자는 말하기를 각수와 항수는 대국(大國)이니 제(齊)와 진(晉)나라로 보기도 한다. 그후에 초나라가 진(陳)나라를 멸망시켰고 전씨(田氏)가 제나라를 찬탈했으며 여섯 경(卿)이 진(晉)나라를 나눴으니 이것이 그 효험이다. 유흠이 볼 때 혜성이 동쪽에 있다는 것은 대진(大辰)의 일인데도 대진이라고 말하지 않은 것은 아침에 나타나 해와 빛을 다퉜고 별이 소멸하자 혜성이 오히려 두드러져 보였기 때문이다. 이 해에 두 번이나 윤달을 놓쳤기 때문에 11월이라고 했지만 사실은 8월이다. 해가 순화(鶉火)에 있었는데 주(周)나라의 분야이다. (애공) 14년 겨울에 "혜성이 있었"는데 기린이 붙잡힌 이후에 속한다. 유흠이 볼 때 그 소재를 말하지 않은 것은 사관이 그것을 빠뜨린 것이다.

---

37 『춘추(春秋)』의 기록이 여기서 끝난다는 뜻이다.

고제(高帝) 3년 7월 혜성이 대각(大角-천자의 조정)에 있었는데 10여 일 후에 마침내 들어갔다. 유향이 볼 때 이때에 항우(項羽)가 초왕(楚王)이 돼 제후들을 제패했지만 한(漢)나라는 이미 삼진(三秦)을 평정하고 우(羽)와 형양(滎陽)에서 서로 맞붙었는데 천하의 인심이 한나라에 돌아갔고 초나라는 장차 멸망하게 됐으니 그래서 혜성이 왕위(王位)를 제거한 것이라고 했다. 일설에는 항우가 진(秦)나라의 사족들을 파묻고 궁실을 불태우고 의제(義帝)를 시해하고 왕위를 어지럽혔기 때문에 혜성이 들어간 것이라고 한다.

문제(文帝) 후(後) 7년 9월 혜성이 서쪽에 있었는데 그 본체는 미수(尾宿)와 기수(箕宿)에 있었고 꼬리는 허수(虛宿)와 위수(危宿)를 가리켰으며, 길이는 1장여쯤으로 천한에 미쳤고 16일 만에 보이지 않게 됐다. 유향이 볼 때 미수는 송나라 분야이고 지금의 초나라 팽성이다. 기수는 연(燕)이고 또 오(吳), 조(趙), 월(越)이다. 별자리가 한중(漢中)에 있고 사방의 오랑캐와 인접한 먼 나라들로 물과 늪지가 많은 땅이다. 이때 경제(景帝)가 새롭게 즉위해 조조(鼂錯)를 믿고 쓰면서 장차 제후왕들을 주벌해 바로잡으려 했으니 그 상(象)이 미리 나타난 것이다. 3년 후에 사제(四齊)〔○ 사고(師古)가 말했다. "사제란 교동(膠東), 교서(膠西), 치천(菑川), 제남(濟南)을 가리킨다."〕와 조(趙)의 칠국(七國)이 군대를 일으켜 반란을 해 모두 주멸당한 것을 이른다.

무제(武帝) 건원(建元) 6년 6월 혜성이 북쪽에 있었다. 유향이 볼 때 이듬해 회남왕(淮南王) 안(安-유안)이 입조해 태위(太尉) 무안후(武安侯) 전분(田蚡)과 간사한 음모를 꾸몄고, 또 진(陳)황후가 교만하고 방자해 그후에 진황후는 폐위되고 회남왕도 반란을 일으켰다가 주살됐다.

8월에 장성(長星-혜성의 이름)이 동쪽에 나타났는데 길게 하늘을 가로질렀고 30일 만에 사라졌다. 점에 이르기를 "이를 치우(蚩尤)의 깃발이라 하는데 이를 보게 되면 왕자(王者-임금다운 임금)는 사방을 정벌하게 되리라"라고 했다. 그후에 군대가 사방의 오랑캐를 정벌했는데 계속 10년가량 이어졌다.

원수(元狩) 4년 4월 장성이 또 서북쪽에 출현했는데 이때 오랑캐를 정벌하는 사업이 더욱 심했다.

원봉(元封) 원년 5월 혜성이 동정수(東井宿)에 있었고 또 삼대(三台)에 혜성이 나타났다. 그후에 강충(江充)이 난을 빚어 경사(京師)가 혼란에 빠졌다. 이는 분명 동정과 삼대의 분야가 진(秦)나라임을 보여주는 효험이다.

선제(宣帝) 지절(地節) 원년 정월 혜성이 서쪽에 있었고 태백(太白)과의 거리가 2장(丈) 정도였다. 유향이 볼 때 태백은 대장(大將)이고 혜성이 거기에 들어간 것은 소멸을 나타내는 상(象)이다. 이듬해 대장군 곽광(霍光)이 훙했고 2년 후에는 집안까지 족멸됐다[夷滅].
이멸

성제(成帝) 건시(建始) 원년 정월 혜성이 영실수(營室宿)에 있었는데 청백색이고 길이는 6, 7장(丈)이었으며 넓이는 1척쯤 됐다. 유향과 곡영이 볼 때 영실은 후궁이 회임(懷妊)한 상(象)이고 혜성이 거기에 들어가면 장차 회임을 해쳐 뒤를 이을 후사를 끊어놓는 자가 있게 된다. 일설에는 후궁이 장차 해를 당하는 것이라고 했다. 그후에 허(許)황후가 후궁이 회임한 것을 저주한 죄에 걸려 폐위됐다. 조(趙)황후는 여동생을 소의(昭儀)로 세워 자매가 두 황자를 해쳐 상(上)에게 결국 후사가 없었다. 조후(趙后) 자매는 마침내 죄에 엎어졌다[伏罪].
　　　　　　　　　복죄

　원연(元延) 원년 7월 신미일에 혜성이 동정수(東井宿)에 있었고 오제후(五諸侯)³⁸를 거쳐 하계(河戒)의 북쪽으로 나와서 홀연히 헌원(軒轅)과 태미(太微)로 가서 그후에 6도(度)³⁹쯤 있다가 다음 날 아침 동쪽으로 나갔다. 13일을 지나 저녁에 서쪽에 보였고 차비(次妃), 장추(長秋), 북두, 전성(塡星)을 범하고 그 빛줄기는 다시 자미궁(紫微宮)을 관통했다. 대화(大火)의 뒤쪽에서 천하(天河)에 이르고 비후(妃后)의 영역을 없앴다. 남쪽으로 건너가서 대각(大角)과 섭제(攝提)를 범하고 천시원(天市垣)에 이르러 천천히 서행을 했다. 빛줄기는 천시에 들어왔고 중순 이후에 서쪽으로 갔으며 56일이 지나서 창룡(倉龍-금성)과 함께 숨었다. 곡영(谷永)이 대답해 말했다.

　"상고시대 이래로 대란의 극(極)은 아주 드물게 있습니다. 그 내달리고 달아나는 것을 살펴보면 빛줄기는 혹 길기도 하고 짧기도 해 그것이 지나치면 범하는 것은 안으로는 후궁과 여러 첩들의 해악이고 밖으로는 제후들이 일으키는 반란입니다."

　유향(劉向)도 말했다.

　"삼대(三代)가 망한 것은 섭제(攝提)가 그 방향을 바꾼 때문이고 진(秦)나라와 항우가 멸망한 것은 대각(大角)에 혜성이 들어온 것 때문입니다."

　이 해에 조(趙)소의가 두 황자를 해쳤다. 5년 후에 성제(成帝)가 붕(崩)

38　동정수 북쪽에 있는 별의 이름이다.

39　도(度)란 하늘을 365등분한 거리로 태양은 하루에 1도를 진행한다.

하고 소의는 자살했다. 애제(哀帝)가 자리에 나아가자[卽位] 조씨(趙氏)는 모두 관작을 빼앗기고 요서(遼西)로 유배를 갔다[徙=流]. 애제에게는 후사가 없었다. 평제(平帝)가 자리에 나아가자 왕망(王莽)이 국사를 제 마음대로 했고[用事] 성제의 조(趙)황후와 애제의 부(傅)황후를 추폐(追廢-추후에 폐위시키는 것)하니 모두 자살했다. 외가 정(丁)과 부(傅) 두 일족은 모두 관작을 빼앗기고 합포(合浦)로 유배를 가거나 고향으로 돌아갔다. 평제가 후사가 없어 망(莽)은 드디어 나라를 빼앗았다[簒國].

희공(釐公) 16년 "정월 무신일 초하루에 송(宋)나라에 돌이 다섯 개 떨어졌고 이달에 여섯 마리 바닷새가 (바람에 밀려) 뒤로 날며 송의 도읍을 지나갔다." 동중서와 유향이 볼 때 송나라 양공(襄公)이 패도(霸道)를 행하려 했으나 장차 패하게 되는 것을 경계하는 상(象)이다. 돌은 음(陰)의 부류이고 다섯은 양(陽)의 수이며 위에서 떨어졌다는 것은 그것이 음이었다가 양으로 옮겨가는 것으로, 높이 올라가려는데 도리어 아래로 내려오는 것이다. 돌과 금(金)은 같은 부류로 색은 흰색을 위주로 하니 백상(白祥)과 비슷하며 바닷새는 물새이고 여섯은 음의 수이며 뒤로 날았다는 것은 앞으로 나아가려 했지만 도리어 뒤로 밀렸다는 뜻이다. 그 색은 청색이니 청상(靑祥)과 비슷하며 모습으로는 공손하지 못함[不恭]에 속한다. (이런 이변이 보인 것은) 하늘이 경계해 말하기를 다움이 엷고 나라가 작으면 항양(炕陽)을 견지하지 않고 제후들을 이기려 하면서 강대국과 다툴 경우 반드시 피해를 입게 된다는 것이다. 양공이 이를 깨닫지 못해 이듬해 제(齊)나라 환공(桓公)이 죽었을 때 상중임에도 제나라를 정벌했고 등나라 임금

[滕子]을 붙잡았으며 조(曹)나라를 둘러싸고 제후들과 우(盂)에서 회동을
등자
했고 초나라와 회동을 다투었으나 끝내 붙잡히는 신세가 됐다. 뒤에 자기
나라로 돌아올 수 있게 됐으나 여전히 허물을 뉘우치거나 스스로 잘못을
꾸짖지 않은 채 다시 제후들과 회동해 정(鄭)나라를 정벌했고, 홍(泓) 땅
에서 초나라와 싸워 군대는 패배하고 몸은 다쳐 제후들에게 웃음거리가
됐다. 『춘추좌씨전(春秋左氏傳)』에 이르기를 떨어진 돌은 별이며 바닷새가
뒤로 날았던 것은 바람 때문이다. 송나라 양공이 그것을 가지고 주나라
내사 숙흥(夙興)에 물었다.

"이것은 무슨 상(祥-조짐)인가? 길흉(吉凶)이 어느 나라에 있겠는가?"

숙흥이 대답했다.

"금년에 노나라에는 대상(大喪)이 많을 것이고 내년에는 제나라에 난리
가 날 것이고, 임금께서는 장차 제후들을 얻게 될 것이지만[40] 그 끝을 마
치지는 못할 것입니다[不終]."[41]
　　　　　　　　　　　부종

그리고 물러나서 다른 사람에게 고해 말했다.

"이는 음양(陰陽)의 일이지 길흉이 빚어내는 것은 아니다. 길흉은 사람
으로부터 비롯되는 것이다. 내가 감히 임금을 거역할 수 없어서 그렇게 말
한 것이다."

이 해에 노나라 공자 계우(季友), 증(鄫)나라의 계희(季姬), 공손 자(玆)

---

40 패주(霸主)가 된다는 말이다.

41 결과는 좋지 못할 것이라는 말이다.

등이 모두 졸했다.[42] 이듬해 제나라 환공이 죽자 적자와 서자 사이에 난이 일어났다. 송나라 양공은 제나라를 정벌하고 패도를 행했지만 결국 초나라에게 패망했다. 유흠이 볼 때 이 해에 세성(歲星)이 수성(壽星)에 있었고 그 앞쪽에 있는 것은 강루(降婁)였다. 강루는 노나라의 분야이기 때문에 그래서 노나라에 대상이 많았던 것이다. 정월에 해가 성기(星紀)[43]에 있었고 현효(玄枵)에 압박이 가해졌다. 현효는 제나라의 분야이다. 돌은 산에 있는 물건이고 제나라는 대악(大嶽)의 후예다〔○ 사고(師古)가 말했다. "제나라는 강성(姜姓)으로 그 선조가 요임금의 사악(四嶽)의 한 사람이었는데 사악은 사방의 제후를 나눠서 관장했다."〕. 5개의 돌은 제나라 환공이 졸하고 나서 다섯 공자〔○ 사고(師古)가 말했다. "다섯 공자는 무휴(無虧), 원(元), 소(昭), 반(潘), 상인(商人)을 가리킨다."〕가 난을 빚어낸 것을 상징한다. 그래서 이듬해 제나라에 난리가 있었다. 일반 백성들은 뭇별들이니 그것들이 송나라에 떨어졌다는 것은 송나라 양공이 장차 제후의 무리들을 얻어 다섯 공자의 난을 다스리게 됨을 상징한다. 별이 떨어지고 바닷새가 뒤로 날았다는 것은 그래서 제후들은 얻지만 제대로 끝을 마치지 못하게 된다는 뜻이다. 여섯 마리 바닷새는 6년 후에 패업(霸業)이 비로소 퇴조하고 우(盂)에서 붙잡히게 된다는 뜻이다. 백성들이 은덕을 배반하고 난을 일으키니 난이 일어나게 되면 요상스러운 재이가 생겨나는데 이는 길흉이 사람으로부터 비롯된 연후에 음양이 서로 충돌해 압박을 일으켜 그 허

---

42 계희는 노나라 여자로 증나라에 시집갔다. 공손 자는 숙손대백(叔孫戴伯)이다.

43 12성차(星次)의 하나다.

물을 받게 된다는 말이다. 제나라와 노나라의 재이는 임금이 불러온 것이 아니니, 그래서 "내가 감히 임금을 거역할 수 없어서 그렇게 말한 것이다"라고 했던 것이다. 경방의 『역전(易傳)』에 이르기를 "간언을 물리치고 스스로 강하다고 여기는 것을 일러 극행(郄行)이라고 하는데 그 이변은 바닷새가 뒤로 날아가는 것이다. 적자가 내쫓겨나게 되면 바닷새가 뒤로 난다"라고 했다.

혜제(惠帝) 3년 (천수군의) 면서(緜諸)에 돌이 떨어졌는데 1개다.

무제(武帝) 정화(征和) 4년 2월 정유일에 (부풍의) 옹(雍)에 돌이 떨어졌는데 2개다. 그때 하늘은 맑고[晏=淸] 구름은 없었는데 소리가 400리 밖에까지 들렸다.

원제(元帝) 건소(建昭) 원년 정월 무진일에 양국(梁國)에 돌이 떨어졌는데 6개다.

성제(成帝) 건시(建始) 4년 정월 계묘일에 돌이 떨어졌는데 (진정의) 고(槀)에 4개, 비루(肥累)에 1개다.

양삭(陽朔) 3년 2월 임술일에 (동군의) 백마(白馬)에 돌이 떨어졌는데 8개다.

홍가(鴻嘉) 2년 5월 계미일에 (남양의) 두연(杜衍)에 돌이 떨어졌는데 3개다.

원연(元延) 4년 3월 (산양의) 도관(都關)에 돌이 떨어졌는데 2개다.

애제(哀帝) 건평(建平) 원년 정월 정미일에 북지군(北地郡)에 돌이 떨어졌는데 10개다. 그 해 9월 갑진일에 (양국의) 우(虞)에 돌이 떨어졌는데 2개다.

평제(平帝) 원시(元始) 2년 6월 거록(鉅鹿)에 돌이 떨어졌는데 2개다.

혜제로부터 평제에 이르기까지[盡=至] 운석(隕石)은 모두 11차례이고 다 빛이 있고 우레 소리가 있었는데 성제와 애제 때 더욱 잦았다[屢=頻].

권 28

지리지
地理志

〖상〗

옛날에 황제(黃帝)가 배와 수레를 만들어 서로 통하지 않던 곳들을 건너다닐 수 있게 해 천하를 사방으로 오갈 수 있게 하니[旁行=周行, 바야흐로 (사방) 만리의 땅을 (구역별로) 제어할 수 있게 돼 들판을 구획해 주(州)를 나누어 사방 100리의 나라[國] 1만 구(區)를 얻었다. 이 때문에 『주역(周易)』에서 "선왕(先王)께서 만국을 세우시고 제후들을 제 몸과 같이 여기도다[親]〔○ 사고(師古)가 말했다. "비(比)괘(䷇)의 상(象)에 대한 풀이다."〕"라고 했고, 『서경(書經)』에서 "만국을 화합시켰도다〔○ 사고(師古)가 말했다. 「우서(虞書)」 '요전(堯典)' 편에 나오는 말이다."〕"라고 했으니, 바로 이것을 가리켜 말한 것이다. 요(堯)는 홍수를 만나 산을 덮치고 언덕을 넘치니 천하를 나누고 잘라 12주(州)로 만들었다〔○ 사고(師古)가 말했다. "아홉 주[九州] 외에 병주(幷州), 유주(幽州), 영주(營州)를 더해 12주다. 물 가운데에 사람이 살 수 있는 곳을 주(州)라고 한다. 홍수가 크게 나면 사람들은 각자 높은 지대로 올라가 살기 때문에 모두 12곳이 된 것이다."). (순(舜)임금이) 우(禹)로 하여금 물을 다스릴 것[治水]을 명했다. 이미 물과 땅은 평온한 상태로 돌아갔기 때문에 다시 제도를 바꿔 아홉 주로 하고 오복(五服)을 제정했으며[1] 토지에서 나는 생산물에 따라 공부(貢賦)를 정했다.

(『서경(書經)』 「하서(夏書)」 '우공(禹貢)' 편에) 이르기를 우(禹)가 (순임금의 명을 받아) 토지를 구획하고[敷土=分土] 산의 형세를 따라 나무를 베어내 높은 산과 큰 하천을 안정시켰다[奠=定].[2]

(가장 먼저 도읍지였던) 기주(冀州)에서 시작했다[載=始]〔○ 사고(師古)가 말했다. "황하와 장강의 사이가 기주(冀州)다. 기주는 요임금이 도읍한 곳이기 때문에 우의 치수는 기주에서 시작한 것이다."〕. (우는) 이미 호구산(壺口山)을 경략해 다스렸고 (이어) 양산(梁山)과 기산(岐山)을 다스렸다〔○ 사고(師古)가 말했다. "호구산은 하동(河東)에 있고 양산은 하양(夏陽)에 있으며 기산은 미양(美陽)에 있다."〕. 또 이미 태원(太原)을 닦은 다음 악양(嶽陽)에 이르렀다〔○ 사고(師古)가 말했다. "태원은 지금의 진양(晉陽)이고 악양은 태원의 서남쪽이다."〕. 담회(覃懷)〔○ 사고(師古)가 말했다. "황하에서 가까운 곳의 지명이다."〕에서 성공적인 치수 사업[績=功業]을 이룩

---

1 상세한 내용은 아래에 나온다.
2 이것은 간단히 말하면 실제 토목이나 치수 사업을 했다는 말이 아니라 행정구역을 정립했다는 뜻이다.

해[底=致] 형장(衡漳)〔○ 사고(師古)가 말했다. "장수(漳水)의 물이 흘러서 황하로 흘러들어가는 곳이다."〕으로 이르게 했다. 그 땅은 (거의 대부분) 흰색의 고운 흙[壤=柔土]이었다. 그 부세는 1등급[上上]이나 2등급[上中]이었고 전세는 5등급[中中]이었다.[3] 항수(恒水)와 위수(衛水)〔○ 사고(師古)가 말했다. "둘 다 강의 이름인데 항수는 항산(恒山)에서 나오고 위수는 영수(靈壽)에서 나온다."〕는 이미 만들어진 수로를 따라 흘러가게 되면서 대륙(大陸)〔○ 사고(師古)가 말했다. "늪지의 이름이며 거록(鉅鹿)의 북쪽에 있었다."〕에서는 이미 농사를 짓기 시작했다. 동북의 오랑캐[鳥夷]가 가죽옷을 입고 와서 공물을 바쳤다. (우는 치수 사업을 하며) 오른쪽으로 갈석(碣石)을 끼고 돌아 황하로 들어갔다〔○ 사고(師古)가 말했다. "갈석은 해변에 있는 산의 이름이다. 치수를 하던 우(禹)가 이 산의 오른쪽을 끼고서 황하로 들어가 거슬러 올라갔다는 말이다."〕.

제수(濟水)와 황하(黃河) 사이가 연주(兗州)다〔○ 사고(師古)가 말했다. "연주의 권역은 동남쪽은 제수에 의지하고 서북쪽은 황하에 맞서 있다는 말이다."〕. (연주에 있는) 9개 하천[九河]〔○ 사고(師古)가 말했다. "『이아(爾雅)』에 따르면 '도해(徒駭), 태사(太史), 마협(馬頰), 복부(覆鬴), 호소(胡蘇),

---

[3] 우(禹)가 다스리던 하(夏)나라의 세금은 9등급이었다. 그것은 상상(上上), 상중(上中), 상하(上下), 중상(中上), 중중(中中), 중하(中下), 하상(下上), 하중(下中), 하하(下下)의 아홉 단계로 이뤄진다. 이 말은 기주에서 내는 부세의 경우 1등급[上上]이거나 2등급[上中]이었고 전세의 경우 5등급[中中]이었다는 것이다. 뒤에 이어지는 주들과 달리 기주에만 공물[貢]과 폐백[篚]을 말하지 않은 것은 기주의 경우 천자가 있는 땅이라서 공물이나 폐백을 할 필요가 없었기 때문이다.

간(簡), 혈(絜), 구반(鉤般), 격진(鬲津)을 일러 구하(九河)라고 한다'고 했다."]은 이미 (새롭게 완성된) 물길을 따라 흘렀고, 뇌하(雷夏)에 이미 물이 모여들 수 있게 됐으며〔○ 사고(師古)가 말했다. "뇌하는 늪의 이름으로 제음(濟陰), 성양(城陽)의 서북쪽에 있다. 이 늪이 옛 모습을 되찾았다는 말이다."〕, 옹수(雍水)와 저수(沮水)는 하나로 합쳐져 (황하로) 흐르게 됐다. 뽕나무 밭에는 이제 누에를 칠 수 있게 됐고 이에 구릉 지역에 살던 사람들이 내려와[降=下] 평지에서 거주할 수 있게 됐다.[4] 그곳의 땅은 검은색의 부풀어 오르는 흙[黑墳]이고 그곳의 풀은 무성하며 그곳의 나무는 잘 자랐다. 그 전세는 6등급[中下]이었고 부세는 9등급[下下]이었으니 13년을 (물을) 다스리고서야 마침내 (다른 주들과) 똑같아졌다.[5] 그 공물은 옻과 명주실이었고 광주리에 담아 바치는 폐백은 무늬가 있는 직물이었다. 제수와 탑수(漯水)〔○ 사고(師古)가 말했다. "동군(東郡) 동무양(東武陽)에서 나온다."〕에 배를 띄워 황하에 도달했다.[6]

바다와 태산(泰山) 사이가 청주(靑州)다〔○ 사고(師古)가 말했다. "청주의 권역은 동북쪽은 바다에 의지하고 서남쪽은 대(岱)에 맞서 있다는 말이다. 대(岱)는 곧 태산이다."〕. 우이(嵎夷)는 이미 쉽게 경략됐고[略] 유수(濰水)와 치수(淄水)는 옛 물길을 따라 흘렀다〔○ 사고(師古)가 말했다. "우

---

4 치수에 대한 언급이 끝나고 이제 농업이나 잠업에 대한 언급이 시작된다.

5 그만큼 공력이 많이 들었다는 뜻이다.

6 천자가 있는 기주는 삼면이 황하와 접해 있으니 황하에 도달하면 기주에 이를 수 있었다.

이는 지명으로 곧 지금의 양곡(陽谷)이다. 략(略)은 공력을 조금만 썼다는 뜻이다. 유수와 치수는 둘 다 강인데 옛 물길을 회복했다는 말이다. 유수는 낭야(琅邪) 기옥산(箕屋山)에서 나오고 치수는 태산군(泰山郡) 내무현(萊蕪縣)에서 발원한다."〕. 그곳의 땅은 흰색의 부풀어 오르는 흙[白墳]이고 바닷가는 넓은 갯벌[潟]이었다.[7] 그 전세는 3등급[上下]이요 부세는 4등급[中上]이었다.[8] 그 공물은 소금과 고운 갈포[絺], 그리고 다양한 종류의 해산물이었다. 또 태산 골짜기[畎=小谷]에서 나오는 명주실과 모시, 납과 소나무, 기암괴석 등도 공물로 바쳤다. 내주(萊州)의 오랑캐는 방목을 해서 특산물을 공물로 바쳤다. 광주리에 담아 바치는 폐백은 산뽕나무에서 나오는 질긴 명주실[9]이었다. 문수(汶水)에 배를 띄워 제수(濟水)에 도달했다〔○ 사고(師古)가 말했다. "태산군(泰山郡) 내무현(萊蕪縣) 원산(原山)에서 발원한다. 문수를 건너서 서쪽으로 제수에 이른다는 말이다."〕.

바다와 태산과 회수(淮水) 사이가 서주(徐州)다〔○ 사고(師古)가 말했다. "동쪽으로 바다에 이르고 북쪽으로 태산에 이르며 남쪽으로 회수에 이른다."〕. 회수와 기수(沂水)가 이미 다스려져〔○ 사고(師古)가 말했다. "회수는 대복산(大復山)에서 발원하고 기수는 태산에서 발원한다."〕 (마침내) 몽산(蒙山)과 우산(羽山)에 곡식을 심을 수 있었다. 대야(大野)라는 큰 연못에

---

7 갯벌은 소금이 날 수 있는 곳이다. 자연히 이곳의 특산물은 소금이 된다.
8 이는 곧 지역 사정이 그만큼 괜찮았다는 의미다.
9 이 실은 질겨서 거문고와 비파줄을 만드는 데 적합하다.

이미 물이 다 모였고[瀦=停水] 동원(東原)의 저지대가 다스려졌다[○ 사고(師古)가 말했다. "동원은 지명이다. 공력을 쏟은 결과 평평해져서 농사를 지을 수 있게 됐다는 것이다."]. 그곳의 땅은 붉고 차지고[埴=粘土]¹⁰ 부풀어 오르는 흙이고 초목이 점점 우거졌다. 그 전세는 2등급[上中]이요 부세는 5등급[中中]이었다. 그 공물은 다섯 가지 색깔의 흙,¹¹ 우산 골짜기에서 잡히는 여름 꿩, 역산(嶧山) 남쪽[陽=南]에서 자라는 쭉 뻗은 오동나무,¹² 사수(泗水)[○ 사고(師古)가 말했다. "사수는 제음군(濟陰郡) 승씨현(乘氏縣)에서 발원한다."] 물가의 경석[磬]과 회수 주변 오랑캐들이 바치는 진주와 어물이었다. 광주리에 담아 바치는 폐백은 검은색의 가늘고 고운 비단, 흰색 비단이었다. 회수와 사수에 배를 띄워 황하에 도달했다[○ 사고(師古)가 말했다. "두 강을 건너 황하에 들어갔다."].

회수와 바다 사이가 양주(揚州)다[○ 사고(師古)가 말했다. "양주의 권역은 북쪽은 회수에 의지하고 남쪽은 바다에 맞서 있다는 말이다."]. 팽려(彭蠡)[○ 사고(師古)가 말했다. "팽택현(彭澤縣) 서북쪽이다."]라는 큰 연못에 이미 물이 다 모였고 (팽려에 물이 다 모이자) 기러기들[陽鳥=鴻雁]이 날아와 거처하는 곳이 됐다. 세 강[○ 사고(師古)가 말했다. "북강, 중강, 남

---

10 이는 곧 그릇을 만들 수 있는 흙이라는 의미다.
11 제후가 주나라(천자)로부터 명을 받으면 큰 사당을 도성 안에 세우게 된다. 이때 그 담을 동쪽은 청토, 남쪽은 적토, 서쪽은 백토, 북쪽은 흑토, 중앙은 황토를 다져서 쌓는다. 그래서 이런 용도로 오색 흙을 공물의 하나로 받았다.
12 비파를 만드는 데 쓴다.

강을 말한다.")이 이미 바다로 흘러들었고 (그에 따라 물이 뒤집힌다 해서) 진택(震澤)으로 불리던 큰 호수가 진정되기에 이르렀다[厎=致]. (홍수가 다스려지니) 크고 작은 대나무들[篠簜]이 이미 무성하게 자라났고 그곳의 풀들도 왕성하게[夭=盛] 자랐으며 나무도 높이[喬] 솟았다. 그곳의 땅은 진흙[塗泥]¹³이었다. 그 전세는 9등급[下下]이요 부세는 7등급[下上]인데 윗단계인 6등급으로 내는 경우도 있었다. 그 공물은 금·은·동 세 가지 금속, (제기를 만드는 데 필요한) 다양한 옥돌, 살대와 왕대, 상아와 가죽과 깃털과 짐승 털, 목재, 동남쪽 오랑캐[鳥夷]들이 만든 옷감 등이었다. 광주리에 담아 바치는 폐백은 자개 무늬를 짠 비단이었고 보자기로 잘 감싼 폐백은 귤과 유자였는데 귤과 유자는 명이 있을 때만 바쳤다[錫貢]. 강과 바다의 물결을 타고 가서 회수와 사수에 도달했다.¹⁴

형산(荊山)과 형산(衡山)의 남쪽[陽]에 형주(荊州)가 있었다. 강수(江水)와 한수(漢水)는 봄과 여름에 제후들이 천자에게 조회를 하듯[朝宗]¹⁵ 바다에 합류했다. 9개의 강이 아주 바르게 흘러 타수(沱水)와 잠수(潛水)는 새로 낸 물길을 이미 따라 흘렀다. 운(雲)이라는 연못 주변은 아직 다스려지지 않아 흙만 보였고 몽(夢)이라는 연못 주변은 다스려졌다. 그곳의 땅

---

13 샘이 있어 습한 것이니 낮은 지역은 물이 많아 그 땅은 진흙이다.

14 이 말은 강을 타고 내려가 일단 바다로 나갔다가 연안 항해를 한 다음 다시 회수와 사수로 거슬러 올라갔다는 것이다.

15 그래서 조종(朝宗)을 그냥 강물이 바다로 들어간다는 표현으로 쓰기도 한다.

은 진흙이고 그 전세는 8등급[下中], 부세는 3등급[上下]이었다. 그 공물은
                                      하중   상하
깃털과 짐승털과 상아와 가죽, 금·은·동 세 가지 금속, 참죽나무 줄기와
전나무와 잣나무, 거친 숫돌과 가는 숫돌과 돌화살촉과 단사(丹砂=丹沙-
붉은색의 황화 물질), 세 지방에서 이름난 크고 작은 화살대와 싸리나무
로 만든 화살이었고, 잘 포장한 궤짝에는 등골이 셋인 띠풀을 담아 바쳤
으며, 광주리에 담아 바치는 폐백은 그윽한 분홍빛의 비단과 둥글지 않은
작은 옥, 그리고 끈이었다. 동정호에서 가끔 큰 거북이가 잡히면 그것도 공
물로 바쳤다. 강수(江水)와 타수(沱水)와 잠수(潛水)와 한수(漢水)에 배를
띄워 낙수를 넘어서 남하(南河)에 도달했다.[16]

형산(荊山)과 황하(黃河) 사이가 예주(豫州)다〔○ 사고(師古)가 말했다.
"예주의 권역은 서남쪽으로 형산에 이르고 북쪽으로 하수에 맞서 있다."〕.
이수(伊水), 낙수(雒水, 洛水), 전수(瀍水), 간수(澗水)는 이미 황하로 흘러들
어갔다.[17] 각각 흐르던 형수(滎水)와 파수(波水)가 (치수 사업을 통해) 하나
로 합류했다. 큰 호수 하택(荷澤)의 물을 끌어들여 (물이 적은) 호수 맹저
(盟豬)에 흘러가도록 했다[被]〔○ 사고(師古)가 말했다. "하택은 호릉(胡陵)
                   피
에 있다. 맹저 또한 연못의 이름인데 하택의 동북쪽에 있었다. 하택의 물
이 넘치므로 그 남은 물줄기를 인도해 맹저에 들어가게 한 것이지만 항상

---

16 한수는 낙수(洛水)와 통하지 않으므로 배를 놔두고 육지로 가서 낙수에 이르고 낙수로부터
    남하에 이르는 것이다.
17 치수 사업의 결과 모두 황하로 흘러들게 됐다는 말이다. 그런데 『서경(書經)』의 해설자 채침(蔡
    沈)은 이렇게 말한다. "이수, 전수, 간수는 낙수로 흘러들고 낙수는 황하로 흘러든다."

들어가지는 않기 때문에 피(被)라고 한 것이다."]. 그곳의 땅은 부드러운 흙[壤土]이고 낮은 지역의 흙은 부풀어 오르고 성글다[墳].[18] 그 전세는 4등급[中上], 부세는 2등급[上中]인데 부세는 경우에 따라 1등급으로 내는 경우도 있었다. 그 공물은 옻과 삼베와 고운 갈포와 모시였고 광주리에 담아 바치는 폐백은 가는 솜이었다. 경쇠 숫돌[磬錯]은 위에서 명이 있을 때만 바쳤다. 낙수에서 배를 띄워 황하에 도달했다.

    화산(華山)의 남쪽과 흑수(黑水) 사이가 양주(梁州)다[○ 사고(師古)가 말했다. "예주의 권역은 동쪽으로는 화산의 남쪽에 의지하고 있고 서쪽으로 흑수(黑水)에 맞서 있다."]. 민산(岷山)과 파총산(嶓冢山) 주변이 다스려져서 마침내 나무나 채소를 심을 수 있었고 타수(沱水)와 첨수(濳水)는 새로 낸 물길을 따라 흘렀다. 채산(蔡山)과 몽산(蒙山)에 치수 사업이 완료됐음을 고하는 여(旅)제사[19]를 올렸다. 화이(和夷)에서 (치수의) 공적이 이루어졌다.[20] 그곳의 땅은 검푸른색[靑黎]이었다. 그 전세는 7등급(下上), 부세는 섞어서 8등급(下中)인데 7등급과 9등급을 섞어서 냈다.[21] 그 공물은 옥경(玉磬)과 연철, 은과 강철, 곰과 큰 곰, 그리고 이리와 살쾡이의 털과 가

---

18 여기서는 땅의 색에 대한 언급은 없다. 그 이유를 채침은 "여러 색이 섞여 있기 때문"이라고 말한다.

19 산에 제사를 올리는 것을 말한다.

20 농사를 지을 수 있게 됐다는 말이다.

21 정상적인 부세는 8등급이지만 격년으로 7등급과 9등급을 낸다는 것이다.

죽이었다. 서경산(西頃山)을 넘어 환수(桓水)를 타고서 쭉 온 다음에 첨수(灊水)에서 배를 띄우고 면수(沔水)를 넘어서 위수(渭水)로 들어가 황하를 가로질러 건넜다[亂].
난

흑수(黑水)와 서하(西河) 사이가 옹주(雍州)다〔○ 사고(師古)가 말했다. "옹주의 권역은 서쪽으로는 흑수에 의지하고 있고 동쪽으로 흑수(黑水)에 맞서 있다. 서하는 곧 용문(龍門)의 하(河)로 기주(冀州)의 서쪽에 있어 서하라고 한다."〕. 약수(弱水)는 (치수 사업의 결과로) 이미 서쪽으로 흘렀고 경수(涇水)는 위수(渭水)와 예수(汭水)에 이어졌다[屬=逮]. 칠수(漆水)와 저
속   체
수(沮水)는 이미 다스려진 위수(渭水)를 따라 흘렀고 풍수(灃水)는 (위수와) 나란히 함께 흘렀다. 형산(荊山)과 기산(岐山)에 (치산 사업이 완료됐음을 고하는) 여(旅)제사를 올리고 이어 종남산(終南山)과 돈물산(惇物山), 그리고 조서산(鳥鼠山)에 대한 치산 사업에 나섰다. 넓고 평평한 들판과 뻘지대에 대한 치수 사업을 마치고 마침내 물이 괸 들판에 대한 치수 사업에 나섰다.²² 삼위(三危)에 사람들이 집을 짓고 살게 되니 (그곳으로 유배 간) 삼묘(三苗)의 사람들이 공업(功業)을 넓게 펼친 결과였다.²³ 그곳의 땅은 누런색의 부드러운 흙[壤土]이었다.²⁴ 그곳의 전세는 1등급(上上), 부세
양토

---

22 채침의 풀이다. "홍수를 다스려 성공함이 높은 곳에서부터 아래로 내려왔으므로 (앞 장에서) 먼저 산을 말하고 다음에 들판과 뻘을 말하고 끝으로 물이 괸 들판[陂澤]을 말한 것이다."
피택
23 삼위는 순(舜)임금이 삼묘의 사람들을 귀양 보낸 곳이다. 이때 삼묘가 크게 펼쳐졌다는 말은 삼위로 귀양을 간 삼묘의 사람들이 개과천선해 공업을 크게 펼쳤다는 말이다.
24 그만큼 좋다는 뜻이다.

는 6등급(中下)이었다.[25] 그 공물은 아름다운 옥과 진주 같은 돌이었다. 적석(積石)에서 배를 띄워 용문산의 서하에 이르고 위수(渭水)와 예수(汭水)로 거슬러 오른다[會=逆流]. (서쪽 오랑캐 지역의) 곤륜(昆崙)과 석지(析支), 그리고 거수(渠叟) 세 나라는 폐백으로 짐승의 털과 가죽을 바쳤다. 이로써 서융(西戎)에도 공업이 이루어졌다.

견산(汧山)의 물을 끌어대어 기산(岐山)을 거쳐 형산(荊山)에 다다르게 했고, 황하를 지나 호구산(壺口山)과 뇌수산(雷首山)을 거쳐 태악(太嶽)에 이르게 했고, 지주산(底柱山)과 석성산(析城山)을 거쳐 왕옥산(王屋山)에 이르게 했으며, 태항산(太行山)과 항산(恒山)을 거쳐 갈석(碣石)에 이르게 해 바다로 들어가도록 했다. 서경산(西傾山), 주어산(朱圉山), 조서산(鳥鼠山)으로부터 끌어댄 물은 태화산(太華山)에 이르렀고 웅이산(熊耳山), 외방산(外方山), 동백산(桐栢山)으로부터 끌어댄 물은 배미(倍尾)에 이르렀다.[26]

파총산(嶓冢山)의 물을 끌어대어[道=導] 형산(荊山)에 이르게 했고 내방산(內方山)의 물을 대별산(大別山)에 이르게 했다. 민산(岷山)의 남쪽에서 물을 끌어대어 형산(衡山)에 이르고 구강(九江)을 지나 부천원(敷淺原)〔○ 사고(師古)가 말했다. "일명 부양산(傅易山)으로 예장군(豫章郡) 역릉(歷陵) 남쪽에 있다."〕에 이르렀다.

---

25 토질이 최상이기 때문에 당연히 전세도 최상인 1등급이다. 다만, 부세가 6등급인 이유에 대해 채침은 "땅이 좁고 인력이 부족하기 때문"이라고 풀이한다.
26 서경산, 주어산, 조서산은 모두 옹주(雍州)에 있는 산이다. 웅이산, 외방산, 동백산은 모두 예주(豫州)에 있는 산이다. 배미는 안릉(安陵)의 동북쪽이다.

약수(弱水)를 끌어대어 합려(合黎)에 이르게 하고 남은 물줄기는 유사(流沙)에 들어가도록 했다.[27] 흑수(黑水)를 끌어대어 삼위산(三危山)에 이르게 하고 남해로 들어가게 했다. 하수를 끌어대어 적석산으로부터 용문산에 이르게 했는데, 남쪽으로는 화산(華山)의 북쪽[陰]에 이르고, 동쪽으로는 지주산에 이르며, 다시 동쪽으로는 맹진(孟津)에 이르고, 동쪽으로는 낙예(洛汭)를 지나 대비산(大伾山)에 이르며, 북쪽으로는 강수(降水)를 지나 대륙(大陸)의 못에 이르며, 다시 북쪽으로는 아홉 길로 갈라졌다가 함께 합류해 역하(逆河)[28]를 이룬 다음 바다[29]로 들어가게 했다.[30]

파총산어 양수(瀁水)를 끌어대니 동쪽으로 흘러 한수(漢水)가 되고 또 동쪽으로 창랑(滄浪)의 물이 되며 삼서(三澨)를 지나 대별산에 이르게 했다. 그리고 남쪽으로는 장강으로 들어가게 하며 동쪽으로는 휘돌아서 큰 못이 돼 팽려(彭蠡)가 되며, (다시) 동쪽으로 북강(北江)이 돼 바다로 들어가게 했다.

민산에 장강을 끌어대니 동쪽으로 나누어져 타수(沱水)가 되고, 또 동

---

27 약수는 옹주에 있는 강이고 합려는 산 이름이다. 유사는 모래가 바람을 따라 흘러다니는 강을 말한다.

28 바닷물이 역류해 생긴 이름으로 본다.

29 발해만이 있는 바다다.

30 이 장 전체에 대한 채침의 풀이를 보자. "하수가 위에서 나누어져 아홉이 됐다가 아래에서 합해 다시 하나가 됐으니, 그 나누어지고 합쳐지는 것은 모두 물의 기세의 자연스러움이니 우왕이 단지 순히 해 인도했을 뿐이다." 즉, 산세나 수세에 거스르지 않고 물을 다스렸다는 뜻이다.

쪽으로 예수(醴水)[31]에 이르며, 구강을 지나 동릉(東陵)에 이르자 동쪽으로 비스듬히 흐르고 북쪽에서 만나 회택(匯澤)이 되며, (다시) 동쪽으로 중강(中江)이 돼 바다로 들어가게 했다.

연수(沇水)를 끌어대어 동쪽으로 흐르게 하니 제수(濟水)가 돼 황하로 흘러들어가게 했으며, 넘쳐서 형수(滎水)가 된다. 동쪽으로 도구(陶丘)의 북쪽으로 흘러나오게 했으며, 또 동쪽으로 하택(荷澤)에 이르게 했고, 또 동북쪽으로 문수(汶水)와 모여서 다시 북동쪽으로 바다로 들어가게 했다.

회수(淮水)를 끌어대되 동백산(桐柏山)으로부터 동쪽으로 사수(泗水)와 기수(沂水)에서 모여 동쪽으로 바다에 들어가게 했다.

위수(渭水)를 끌어대되 조서산(鳥鼠山)과 동혈산(同穴山)으로부터[32] 동쪽으로 풍수(酆水)에서 모이고, 또 동쪽으로 경수(涇水)에서 모이며, 또 동쪽으로 칠수(漆水)와 저수(沮水)를 지나 황하로 들어가게 했다.

낙수(洛水)를 끌어대되 웅이산(熊耳山)으로부터 동북쪽으로 간수(澗水)와 전수(瀍水)에 모이고, 또 동쪽으로 이수(伊水)에서 모이며 또 동북쪽으로 황하로 들어가게 했다.

구주는 다스려져 하나가 되고〔○ 사고(師古)가 말했다. "각각 자기 위치에 있으면서도 같은 법에 의해 다스려졌다는 뜻이다."〕사해의 물가에는 이미 집을 짓고 살 수 있게 됐다. 구주의 대표적인 산은 깎아서 여(旅)제

---

31 풍수(灃水)로 돼 있는 곳도 있다.

32 조서산은 동혈산의 지산(支山)이다.

사를 지내고 구주의 강에는 근원을 깊이 파서 구주의 못에는 이미 둑방이 이루어졌으니 사해가 모여 하나가 됐다(○ 사고(師古)가 말했다. "경사(京師)를 중심으로 모이게 됐다는 말이다."]. 육부(六府)가 크게 다스려져 정비되고(○ 사고(師古)가 말했다. "수·화·금·목·토, 그리고 곡식[穀]이 다 잘 다스려졌다는 말이다."], 여러 땅들이 서로 바르게 됐고, 재부(財賦)[33]는 신중히 해 모두 상·중·하 세 가지 토양을 법률에 따라 나눠 중국에 부세가 이루어졌다.[34] 토지와 성씨를 내려주었다.[35] (내 제후와 신하들이) 나의 임금다움을 솔선해 공경하니 짐의 하고자 하는 바를 어기지 않았다.[36]

(왕성을 중심으로) 사방 500리는 경기의 땅에 관한 조세 거두는 일[甸服]에 속한다.[37] 그래서 100리까지는 조세로 (이어서 언급되는) 모든 종류를 바치고, 200리까지는 낫으로 벤 벼를 바치고, 300리까지는 겉을 털어낸 짚단을 바치고, 400리까지는 오곡, 500리까지는 쌀을 바친다. (경기 바로 다음의) 500리는 후(侯)가 다스리는 땅[侯服]이며, 100리까지는 경대부

---

33 재부라고 하는 이유는 땅에서 곡식만 나오는 것이 아니라 광물을 비롯해 각종 재물이 나오기 때문이다

34 토지에 대한 부세는 중국뿐만 아니라 오랑캐 땅에까지 미치지만 전답에 대한 부세는 중국에만 한정된다. 그래서 '중국에 부세가 이루어졌다'고 한 것이다. 즉, 오랑캐 땅의 경우 곡식 생산에 따른 부세는 내지 않아도 됐던 것이다.

35 그렇게 함으로써 백성들의 삶의 뿌리를 튼튼하게 해준 것이다.

36 이미 다스림이 상당히 이뤄지고 있다는 것을 선포하고 있는 것이다. 이후 구체적인 다스림의 내용이 이어진다.

37 왕성을 중심으로 사방 500리까지가 경기 혹은 기내[畿]가 된다.

의 읍지이고, 이어 200리까지는 남작이 다스리는 작은 봉국이며, 나머지 300리는 제후들이 다스리는 땅이다. (제후들의 땅 바로 다음의) 500리는 잘 도닥거리는 것이 일[綏服]이니 300리까지는 문교에 힘써야 하고 나머지 200리는 무위를 떨쳐야 한다.[38] (그 외곽) 500리는 적정하게 제어하는 일[要服]이니 300리는 오랑캐[夷]의 땅이고 200리는 부세를 면해주는 땅이다. (그 외곽) 500리는 더 느슨하게 제어하는 일[荒服]이니 300리는 오랑캐[蠻] 의 땅이고 200리는 유배지다. 동쪽으로는 바다에까지 점점 스며들고, 서쪽으로는 흐르는 모래(사막)에 덮이며, 북쪽과 남쪽으로는 명성과 가르침이 널리 전파돼 온 사방에까지 다 미치게 되자, 우왕은 하늘빛 규[玄圭]를 높이 들어 그 공효가 이루어졌음[成功]을 고했다〔○ 사고(師古)가 말했다. "요(堯-사고는 요임금이라고 했는데 이는 순임금 때의 일이다.)임금이 우(禹)가 치수를 성공시킨 것을 치하해 현규(玄圭)를 내려주고 표창한 것이다. 여기까지는 다 (『서경(書經)』 「하서(夏書)」) '우공(禹貢)' 편에 실려 있는 것이다."〕.

그후에 순(舜)임금[虞]에게 제위를 선양(禪讓)받아[受禪=禪位] 하후씨(夏后氏)가 됐다.[39]

---

38 이곳은 왕성 주변 경기[王畿]에서 점점 멀어지고 있기 때문에 잘 도닥거려 어루만져주어야 한다는 뜻이다. 애씀[文]으로 안을 다스리고 무위[武]로 밖을 막아서 나라를 튼튼히 한다는 것이다.

39 요(堯)임금의 나라는 당(唐), 순(舜)임금의 나라는 우(虞)였다. 그래서 요순시대를 당우(唐虞)라고 부르기도 한다. 그리고 우왕(禹王)부터 삼대(三代)의 첫 번째 나라인 하(夏)나라가 시작된다.

은(殷)나라는 하나라(의 제도와 문화)를 이어받았으나 바꾸거나 고친 것[所變改]이 없었다. 주(周)나라는 은나라를 이미 이기고 하(夏)나 하·은 이대(二代)를 거울로 삼아 덜어낼 것은 덜어내고 더할 것은 더해 관(官)을 정하고 직(職)을 나눠, 우왕의 서주(徐州)와 양주(梁州) 2개 주를 고쳐 서주를 청주(靑州)에 합치고 양주를 옹주(雍州)에 병합했으며 기주(冀州)의 땅을 나눠 유주(幽州)와 병주(幷州)로 삼았다. 그래서『주관(周官)』에는 직방씨(職方氏)[40]가 있고 천하의 토지를 담당하며 구주의 나라들의 실상을 명확하게 가린다.

(구주의) 동남쪽을 양주(揚州)라고 한다. 그 산을 회계산(會稽山)[○ 사고(師古)가 말했다. "산음현(山陰縣)에 있다."]이라고 하고, 큰 늪지[藪=大澤]를 구구(具區)라고 하며[○ 사고(師古)가 말했다. "오(吳)나라에 있다."] 큰 내를 삼강(三江-남강, 북강, 중강)이라 하고 큰 연못을 오호(五湖)라고 한다. 그곳의 자원[利=資源]은 금, 주석, 대나무 화살[竹箭]이며 백성들(의 인구 비율)은 남자가 2명에 여자가 5명이다. 새와 짐승을 기르고[○ 사고(師古)가 말했다. "새는 공작새나 물총새 등이고 짐승은 물소[犀]와 코끼리 등이다."] 곡물은 벼를 심는다.

정남쪽을 형주(荊州)라고 한다. 그 산을 형산(衡山)이라고 하고 큰 늪지를 운몽택(雲夢澤)이라고 하며 큰 내를 강수(江水), 한수(漢水)라 하고 큰 연못을 영수(潁水), 담수(湛水)라고 한다. 그곳의 자원은 단사(丹砂), 은, 상아[齒=牙], 피혁이며 백성들은 남자가 1명에 여자가 2명이다. 가축과 곡물

---

40 천하의 지도와 공물(貢物)에 관한 일을 맡아보았다.

은 양주와 같다.

　황하의 남쪽[河南]을 예주(豫州)라고 한다. 그 산을 화산(華山)이라고 하고 큰 늪지를 포전택(圃田澤)이라고 하며 큰 내를 형수(滎水), 낙수(雒水)라 하고 큰 연못을 파수(波水), 자수(溠水)〔○ 사고(師古)가 말했다. "초(楚)나라에 있다."〕라고 한다. 그 자원은 숲에서 나는 나무, 옻칠, 생사, 모시[枲]이며 백성들은 남자가 2명에 여자가 3명이다. 가축은 여섯 가지 길들인 짐승[六擾]-말, 소, 양, 돼지, 개, 닭-을 기르고 그 곡식은 5종-기장[黍], 기장[稷], 콩[菽], 보리[麥], 벼[稻]-이다.

　정동쪽을 청주(靑州)라고 한다. 그 산을 기산(沂山)이라고 하고 큰 늪지를 맹저택(孟諸澤)〔○ 사고(師古)가 말했다. "맹저는 곧 맹저(盟豬)다."〕이라고 하며 큰 내를 회수(淮水), 사수(泗水)라 하고 큰 연못을 기수(沂水), 술수(沭水)라고 한다. 그 자원은 왕골[蒲], 물고기이며 백성들은 남자가 2명에 여자가 3명이다. 가축은 닭과 개이며 곡식은 벼와 보리다.

　황하의 동쪽[河東]을 연주(兗州)라고 한다. 그 산을 대산(岱山-태산)이라고 하고 큰 늪지를 태야택(泰野澤)이라고 하며 큰 내를 황하, 제수(濟水)라 하고 큰 연못을 노수(盧水), 유수(濰水)라고 한다. 그 자원은 왕골, 물고기이며 백성들은 남자가 2명에 여자가 3명이다. 가축은 여섯 가지 길들인 짐승[六擾]-말, 소, 양, 돼지, 개, 닭-을 기르고 그 곡식은 4종-기장[黍], 기장[稷], 보리[麥], 벼[稻]-이다.

　정서쪽을 옹주(雍州)라고 한다. 그 산을 악산(嶽山)이라고 하고 큰 늪지를 현포(弦蒲)라고 하며 큰 내를 경수(涇水), 예수(汭水)라 하고 큰 연못을 위수(渭水), 낙수(洛水)라고 한다. 그 자원은 옥과 돌이며 백성들은 남자가

3명에 여자가 2명이다. 가축은 소와 말을 기르고 곡식은 기장이다.

　동북쪽을 유주(幽州)라고 한다. 그 산을 의무려산(醫無閭山)〔○ 사고(師古)가 말했다. "요동에 있다."〕이라고 하고 큰 늪지를 혜양택(豯養澤)이라고 하며 큰 내를 황하, 제수(濟水)라 하고 큰 연못을 치수(淄水), 시수(時水)라고 한다. 그 자원은 물고기와 소금이며 백성들은 남자가 1명에 여자가 3명이다. 가축은 네 가지 길들인 짐승[四擾]-말, 소, 양, 돼지-을 기르고 그 곡식은 3종-기장[黍], 기장[稷], 벼[稻]-이다.

　하내(河內-황하 이북)를 기주(冀州)라고 한다. 그 산을 곽산(霍山)이라고 하고 큰 늪지를 양우(揚紆)라고 하며 큰 내를 장수(漳水)라 하고 큰 연못을 분수(汾水), 노수(潞水)라고 한다. 그 자원은 소나무와 잣나무이며 백성들은 남자가 5명에 여자가 3명이다. 가축은 소와 양을 기르고 곡식은 기장이다.

　정북쪽을 병주(幷州)라고 한다. 그 산을 항산(恒山)이라고 하고 큰 늪지를 소여기(昭餘祁)라고 하며 큰 내를 호지(虖池), 구이(嘔夷)라 하고 큰 연못을 내수(淶水), 역수(易水)라고 한다. 그 자원은 베와 비단이며 백성들은 남자가 2명에 여자가 3명이다. 가축은 다섯 가지 길들인 짐승[五擾]-말, 소, 양, 돼지, 개-을 기르고 그 곡식은 5종-기장[黍], 기장[稷], 콩[菽], 보리[麥], 벼[稻]-이다.

　그런데 보장씨(保章氏)〔○ 사고(師古)가 말했다. "(『주례(周禮)』) 춘관(春官)의 관직이다. 보(保)는 지키는 것[守]이다. 천문의 직분을 지키는 것이다.")는 천문(天文)을 담당해 성토(星土)[41]에 따라 구주의 땅을 나누고 봉해준 봉역(封域)에는 모두 그것을 분야로 하는 별이 있어 그것으로 길흉을 살펴본다.

  주(周)나라의 작위는 5단계이지만 토지는 3단계로 공(公)과 후(侯)는 사방 100리, 백(伯)은 사방 70리, 자(子)와 남(男)은 사방 50리다. 사방 50리 미만은 부용국(附庸國-제후국의 속국)으로 나라[國]는 모두 1,800개였다. 그리고 태호(太昊)와 황제(黃帝)의 후예랑 당(唐)과 우(虞)의 후백(侯伯)은 여전히 존속하고 있고 제왕의 도적(圖籍-토지의 도면과 인민의 자료)은 계속 이어졌기 때문에 (그 계통을) 알 수가 있다. 주나라 왕실이 이미 쇠퇴하게 되자 예악(禮樂)과 정벌(征伐)[42]은 제후들로부터 나왔고 엎치락뒤치락 서로 먹고 먹히며 수백 년을 이어오다 보니 열국(列國)은 죄다 국력을 소진해버렸다. 춘추시대에 이르러 오히려 수십 개 나라가 남아 있었고 오패[五覇]〔○ 사고(師古)가 말했다. "제나라 환공[齊桓], 송나라 양공[宋襄], 진나라 문공[晉文], 진나라 목공[秦穆], 초나라 장왕[楚莊]을 가리킨다."〕가 번갈아[迭=互] 일어나 여러 나라들이 동맹을 맺어 맹주가 됐다. 그것도 쇠퇴하자[陵夷] 전국시대에 이르자 천하는 나눠져 일곱〔○ 사고(師古)가 말했다. "진(秦)·한(韓)·위(魏)·조(趙)·연(燕)·제(齊)·초(楚)나라 일곱이다."〕이 돼 합종연형(合從連衡)하면서 수십 년이 지나갔다. 진나라가 드디어 사해(四海-천하)를 통일했다[並兼=兼並]. (진나라는) 주나라의 제도가 미약했

---

41 중국의 전 국토를 그 위치에 대응하는 별자리에 따라 안배한 것이다.
42 각각 문치와 무치의 권한을 의미한다.

기 때문에 끝내 제후들에게 침탈당했다고 보고서 진나라는 1척의 땅도 봉해주지 않고 천하를 군과 현[郡縣]으로 나누고서 옛날의 빼어난 임금들의 후예를 깨끗이 쓸어 없애 마지막 남은 흔적까지도 근절시켜버렸다.

한(漢)나라가 일어나서 진(秦)나라의 제도를 이어받으면서도 은혜와 다움[恩德]을 높이고 대범하고 소탈한 도리[簡易]를 시행해 나라 안[海內]을 쓰다듬어주었다. 무제(武帝)에 이르러 북쪽의 흉노와 남쪽의 남월(南越)을 정벌하고, 땅을 열고 국경을 개척해 남쪽에는 교지(交阯)의 주를, 북쪽에는 삭방(朔方)의 주를 두었고, 또한 서주(徐州)·양주(梁州)·유주(幽州)·병주(幷州) 4개 주를 하나라와 주나라의 제도에서 겸해 취하고, 옹주(雍州)를 양주(涼州), 양주(梁州)를 익주(益州)로 바꿔 모두 13개 부(部)로 해 여기에 자사(刺史)를 두었다.[43] 선왕들의 자취는 이미 멀고 지명 또한 여러 차례 고치거나 바뀌었기 때문에 위로는 옛날부터 전해온 이야기들을 채집하고 『시경(詩經)』과 『서경(書經)』에 있는 흔적들을 고찰하고 산천을 추정해 「우공(禹貢)」, 『주관(周官)』, 『춘추(春秋)』의 글들을 짜 맞춰보고 아래로는 전국시대, 진나라, 한나라에 이르렀다.

경조윤(京兆尹),[44] 옛 진(秦)나라의 내사(內史)로 고제(高帝) 원년에는 새

---

43 예주(豫州), 기주(冀州), 연주(兗州), 서주(徐州), 청주(靑州), 형주(荊州), 양주(揚州), 익주(益州), 양주(涼州), 유주(幽州), 교주(交州), 병주(幷州)와 관내(關內-도성) 13개 부였고 관내에는 자사가 아니라 사예(司隸)를 두었다.

44 군(郡) 이름으로 삼보(三輔)의 하나다. 섬서성(陝西省) 서안시(西安市)에서 화현(華縣)에 이르는 땅이다.

국(塞國)에 속했으며 (한나라) 2년에 고쳐져 위남군(渭南郡)이 됐고 9년에 없어졌다가 다시 내사가 됐다. 무제(武帝) 건원(建元) 6년에 나눠서 우내사(右內史)가 됐고 태초(太初) 원년에 고쳐져 경조윤이 됐다. 원시(元始) 2년-서기 2년- 현재 호구 수가 19만 5,702개이고 인구는 68만 2,468명이다〔○ 사고(師古)가 말했다. "한나라 호구는 원시 연간이 최고로 많았다."〕. 현(縣)은 12개다.

장안(長安), 고제(高帝) 5년에 설치됐다. 혜제(惠帝) 원년에 처음으로 성을 짓기 시작해 6년에 완성됐다. 호구 수는 8만 800개였고 인구는 24만 6,200명이다. 왕망(王莽) 때에는 상안(常安)이라고 불렸다〔○ 사고(師古)가 말했다. "왕망은 지위를 찬탈하고 나서 한나라의 군현의 이름을 고쳤다."〕.

신풍(新豐)과 여산(驪山), 남쪽에 있었고 옛날의 여융국(驪戎國)이다. 진(秦)나라 때에는 여읍(驪邑)이라 불렸다. 고조(高祖) 7년에 설치됐다〔○ 응소(應劭)가 말했다. "태상황이 동쪽으로 돌아가고 싶어 했기 때문에 이에 고조가 성과 절과 시가지를 풍(豐)읍을 본떠 짓고서 풍읍 백성들을 옮겨와 살게 해 그곳을 채웠기 때문에 이름을 신풍(新豐)이라 한 것이다."〕.

선사공(船司空), 망(莽-왕망) 때에는 선리(船利)〔○ 복건(服虔)이 말했다. "현(縣)의 이름이다." 사고(師古)가 말했다. "본래는 배를 주관하는 관직이 었는데 마침내 그것이 현의 이름이 됐다."〕라고 불렸다.

남전(藍田), 남전산(藍田山)에서 아름다운 옥이 나왔고 호후산사(虎候山祠)가 있으며 진(秦)나라 효공(孝公)이 설치했다.

화음(華陰), 옛날의 음진(陰晉)으로 진(秦)나라 혜문왕(惠文王) 5년에 이름을 영진(寧秦)으로 고쳤으며 고제(高帝) 8년에 이름을 화음으로 바꿨다.

태화산(太華山)은 남쪽에 있고 사당이 있으며 예주(豫州)의 산이다. 집령궁(集靈宮)은 무제(武帝)가 세웠다. 망 때에는 화단(華壇)이라고 불렀다.

정(鄭), 주(周)나라 선왕(宣王)의 동생인 정환공(鄭桓公)의 읍이다. 철관(鐵官)이 있었다.

호(湖), 주나라 천자의 사당 두 곳이 있다. 예전에는 호(胡)라고 했는데 무제(武帝) 건원(建元) 연간에 다시 이름을 호(湖)로 고쳤다.

하규(下邽).[45]

남릉(南陵), 문제(文帝) 7년에 설치했다. 기수(沂水)는 남전(藍田)의 계곡에서 발원해 북쪽으로 흘러 패릉(覇陵)에 이르렀다가 패수(覇水)로 흘러들어간다. 패수는 남전의 계곡에서 발원해 북쪽으로 위수(渭水)로 흘러들어간다. 옛날에는 자수(玆水)로 불렀는데 진(秦)나라 목공(穆公)이 이름을 바꿔 그것으로 패자가 된 공업을 드러내 자손들에게 보여주었다.

봉명(奉明), 선제(宣帝)가 설치했다.

패릉(覇陵), 옛날의 지양(芷陽)으로 문제(文帝)가 이름을 고쳤다. 망 때에는 수장(水章)이라고 불렀다.

두릉(杜陵), 옛날의 두백국(杜伯國)이며 선제(宣帝)가 이름을 고쳤다. 주(周)나라 우장군 두주(杜主)의 사당 네 곳이 있다. 망 때에는 요안(饒安)이라고 불렀다.[46]

---

45 진(秦)나라 무공(武公)이 규융(邽戎)을 정벌하고서 규융 사람을 데리고 와 이곳에 살게 하고서 현으로 삼았다.

46 이상은 모두 경조윤에 속하는 현(縣)들이다.

좌풍익(左馮翊), 옛 진(秦)나라의 내사(內史)로 고제(高帝) 원년에는 새국(塞國)에 속했으며 (한나라) 2년에 고쳐져 하상군(河上郡)이 됐고 9년에 없어졌다가 다시 내사가 됐다. 무제(武帝) 건원(建元) 6년에 나눠서 좌내사(左內史)가 됐고 태초(太初) 원년에 고쳐져 좌풍익이 됐다. 호구 수가 23만 5,101개였고 인구는 91만 7,822명이다. 현(縣)은 24개다.

고릉(高陵), 좌보도위(左輔都尉)가 다스린다. 망 때에는 천춘(千春)이라고 불렸다.

역양(櫟陽), 진(秦)나라 헌공(獻公)이 옹(雍)에서 옮겨온 것이다. 망 때에는 사정(師亭)이라고 불렸다.

적도(翟道), 망 때에는 환(渙)이라고 불렸다.

지양(池陽), 혜제(惠帝) 4년에 설치했다. 찰알산(嶻嶭山)이 북쪽에 있다.

하양(夏陽), 옛날의 소량(少梁)으로 진(秦)나라 혜문왕(惠文王) 11년에 이름을 고쳤다. 「우공(禹貢)」에 나오는 양산(梁山)이 서북쪽에 있고 용문산(龍門山)이 북쪽에 있으며 철관(鐵官)이 있다. 망 때에는 기정(冀亭)이라고 불렸다.

아(衙), 망 때에는 달창(達昌)이라고 불렸다〔○ 사고(師古)가 말했다. "즉 『춘추(春秋)』에서 말한 '진(秦)나라와 진(晉)나라가 팽아(彭衙)에서 싸웠다'라고 하는 곳이다."〕.

속읍(粟邑), 망 때에는 속성(粟城)이라고 불렸다.

곡구(谷口), 구종산(九嵕山)이 서쪽에 있다. 천제공(天齊公), 오상산(五牀山), 선인(仙人), 오제사(五帝祠) 네 곳이 있다. 망 때에는 곡훼(谷喙)라고 불렸다.

연작(蓮勺).

부(鄜), 망 때에는 수령(脩令)이라고 불렸다.

빈양(頻陽), 진(秦)나라 여공(厲公)이 설치했다.

임진(臨晉), 옛날의 대려(大荔)로 진(秦)나라가 차지하고서 이름을 바꿨다. 하수사(河水祠)가 있다. 예향(芮鄕)은 옛날의 예국(芮國)이다. 망 때에는 감진(監晉)이라고 불렸다.

중천(重泉), 망 때에는 조천(調泉)이라고 불렸다.

합양(郃陽).

대우(殺翊), 경제(景帝) 2년에 설치했다.

무성(武城), 망 때에는 환성(桓城)이라고 불렸다〔○ 사고(師古)가 말했다. "즉, 『춘추좌씨전(春秋左氏傳)』에서 말한 '진(秦)나라와 진(晉)나라를 정벌하고 무성(武城)을 차지했다'고 한 곳이다."〕.

심양(沈陽), 망 때에는 제창(制昌)이라고 불렸다.

회덕(褱德)〔○ 사고(師古)가 말했다. "회(褱)는 회(懷)의 옛 글자다."〕, 「우공(禹貢)」이 나오는 북조(北條)(산맥)의 형산(荊山)이 남쪽에 있고 산기슭에 강량(彊梁) 평원이 있다. 낙수(洛水)는 동남쪽으로 흘러 위수(渭水)로 들어가 옹주(雍州)를 적셔준다. 망 때에는 덕환(德驩)이라고 불렸다.

징(徵), 망 때에는 범애(氾愛)라고 불렸다〔○ 사고(師古)가 말했다. "지금의 징성현(澄城縣)이다."〕.

운릉(雲陵), 소제(昭帝)가 설치했다.

만년(萬年), 고제(高帝)가 설치했다. 망 때에는 이적(異赤)이라고 불렸다〔○ 사고(師古)가 말했다. "『삼보황도(三輔黃圖)』에 이르기를 태상황을 역양의 북쪽 평원에서 장례를 치르고 만년릉(萬年陵)을 세웠다고 했는데, 그곳이 이곳이다."].

장릉(長陵), 고제(高帝)가 설치했다. 호구 수는 5만 57개이고 인구는 17만 9,469명이다. 망 때에는 장평(長平)이라고 불렸다.

양릉(陽陵), 옛날의 익양(弋陽)으로 경제(景帝)가 이름을 고쳤다. 망 때에는 위양(渭陽)이라고 불렸다.

운양(雲陽), 휴제(休屠)와 금인(金人) 및 경로신사(徑路神祠) 세 곳이 있고 월(越)나라의 무고양사(巫蠱䴮祠) 세 곳이 있다[○ 사고(師古)가 말했다. "무고양사는 월나라의 사당이다. 제(屠)는 제(除)로 읽는다."].[47]

우부풍(右扶風), 옛 진(秦)나라의 내사(內史)로 고제(高帝) 원년에는 옹국(雍國)에 속했으며 (한나라) 2년에 고쳐져 중지군(中地郡)이 됐고 9년에 없어졌다가 다시 내사가 됐다. 무제(武帝) 건원(建元) 6년에 나눠서 우내사(右內史)가 됐고 태초(太初) 원년에 주작도위(主爵都尉)를 고쳐[○ 사고(師古)가 말했다. "주작도위는 본래 진나라의 주작중위(主爵中尉)로 열후들을 관장했다."] 우부풍이 됐다. 호구 수가 21만 6,377개였고 인구는 83만 6,070명이다. 현(縣)은 21개다.

위성(渭城), 옛날의 함양(咸陽)으로 고제(高帝) 원년에 이름을 신성(新城)으로 고쳤다가 7년에 없애고 장안(長安)에 속하게 했다. 무제(武帝) 원정(元鼎) 3년에 이름을 위성으로 고쳤다. 난지궁(蘭池宮)이 있다. 망 때에는

---

47 이상은 모두 좌풍익에 속하는 현(縣)들이다.

경성(京城)이라고 불렸다.

괴리(槐里), 주(周)나라 때에는 견구(犬丘)라고 불렸고 의왕(懿王)이 이곳을 도읍으로 삼았다. 진(秦)나라 때 폐구(廢丘)라고 이름을 바꿨다. 고조(高祖) 3년에 이름을 괴리라고 고쳤다. 황산궁(黃山宮)이 있는데 효혜(孝惠) 2년에 세웠다. 망 때에는 괴치(槐治)라고 불렸다.

호(鄠), 옛날의 나라다. 호곡정(鄠谷亭)이 있는데 호(鄠)는 하(夏)나라 때 계(啓)가 정벌한 곳이다. 풍수(酆水)가 동남쪽에서 발원하고 또 휼수(潏水-혹은 결수)가 있는데 둘 다 북쪽으로 상림원(上林苑)을 지나 위수(渭水)로 흘러들어간다. 부양궁(萯陽宮-혹은 배양궁)이 있는데 진(秦)나라 문왕(文王)이 세웠다.

주질(盩厔), 장양궁(長楊宮)[48]이 있고 사웅관(射熊館)이 있는데 진(秦)나라 소왕(昭王)이 세웠다. 영지거(靈軹渠)[49]는 무제(武帝) 때 팠다.

태(斄), 주(周)나라 후직(后稷)의 봉지다.

욱이(郁夷), 『시경(詩經)』에 "큰 길이 욱이에 뻗어 있도다"[50]라고 했다. 견수사(汧水祠)가 있다. 망 때에는 욱평(郁平)이라고 불렸다.

미양(美陽), 「우공(禹貢)」에 나오는 기산(岐山)으로 서북쪽에 있다. 중수향(中水鄉)은 주(周)나라 대왕(大王)이 읍으로 삼은 곳이다. 고천궁(高泉宮)

---

48 한나라 때에는 이궁(離宮)으로 썼다.
49 한나라 구제 때 만든 수로 이름으로 섬서성 주지현(周至縣) 동쪽 위수(渭水)의 북안(北岸)에서 위수의 물을 끌어 성국거(成國渠)에 연결시켰다.
50 「소아(小雅)」 '사빈(四牝)' 편에 나오는 구절이다.

이 있는데 진(秦)나라 선태후(宣太后)가 세웠다.

미(郿), 성국거(成國渠)[51]는 처음에 위수(渭水)에서 물을 받아 동북쪽으로 상림(上林-상림원)에 이르렀다가 몽농거(蒙籠渠)로 흘러들어간다. 우보도위(右輔都尉)가 다스린다.

옹(雍)〔○ 응소(應劭)가 말했다. "사방이 쌓여 높은 곳을 옹(雍)이라 한다."〕, 진(秦)나라 혜공(惠公)이 도읍으로 삼았다. 오치(五畤)가 있고 태호(太昊) 황제(黃帝) 이하 사당 303곳이 있다. 탁천궁(橐泉宮)은 (진나라) 효공(孝公)이 세웠다. 기년궁(祈年宮)은 혜공(惠公)이 세웠다. 역양궁(棫陽宮)은 소왕(昭王)이 세웠다. 철관(鐵官)이 있다.

칠(漆), 칠수(漆水)는 현(縣)의 서쪽에 있다. 철관이 있다. 망 때에는 칠치(漆治)라고 불렸다.

순읍(栒邑), 빈향(豳鄕)이 있는데 『시경(詩經)』에 나오는 빈국(豳國)으로 공유(公劉)[52]가 도읍한 곳이다.

유미(隃糜), 황제(黃帝)의 아들의 사당이 있다. 망 때에는 부정(扶亭)이라고 불렸다.

진창(陳倉), 상공(上公), 명성(明星), 황제(黃帝)의 손자이자 순임금의 아내 맹(盲)의 무덤과 사당[冢祠]이 있다. 우양궁(羽陽宮)이 있는데 진(秦)나라 무왕(武王)이 세운 것이다.

---

51 미현(眉縣) 동북쪽 위수 북안에서 물을 끌어다 북쪽의 부풍(扶風), 동쪽으로 무공(武功), 흥평(興平), 함양(咸陽)을 지나 파수(灞水)가 합쳐지는 강구에서 위수와 만나 연결된다.

52 후직의 후손으로 북방 유목민족 속에 살면서도 농사를 다시 시작했다. 많은 사람이 따르게 돼 주나라의 세력이 여기서 시작했다.

두양(杜陽), 두수(杜水)가 남쪽으로 흘러 위수(渭水)로 흘러들어간다.『시경(詩經)』에서 "두(杜)에서부터"[53]라고 한 곳이 이곳이고 망 때에는 통두(通杜)라고 불렸다.

견(汧), 오산(吳山)이 서쪽에 있는데 고문(古文)에서는 견산(汧山)으로 본다. 옹주(雍州)의 (대표적인) 산이다. 북쪽에는 포곡향(蒲谷鄕), 현중곡(弦中谷)이 있고 옹주의 현포수(弦蒲藪)가 된다. 견수(汧水)는 서북쪽에서 나와 위수(渭水)로 흘러들어간다. 예수(芮水)는 서북쪽에서 나와 동쪽으로 흘러 경수(涇水)로 흘러들어간다.『시경(詩經)』에 나오는 예국(芮鞫)은 옹주의 강이다.[54]

호치(好畤), 궤산(垝山)이 동쪽에 있다. 양산궁(梁山宮)이 있는데 진(秦)나라 시황(始皇)이 세웠다. 망 때에는 호읍(好邑)이라고 불렸다.

괵(虢), 황제(黃帝)의 아들, 주(周)나라 문왕과 무왕의 사당이 있다. 괵궁(虢宮)은 진(秦)나라 선태후(宣太后)가 세운 것이다.

안릉(安陵), 혜제(惠帝)가 두었다. 망 때에는 가평(嘉平)이라고 불렸다.

무릉(茂陵), 무제(武帝)가 두었다. 호구 수는 6만 1,087개이고 인구는 27만 7,277명이다. 망 때에는 선성(宣城)이라고 불렸다〔○ 사고(師古)가 말했다. "황도(黃圖)에 이르기를 본래 괴리(槐里)의 무향(茂鄕)이라고 했다."〕.

평릉(平陵), 소제(昭帝)가 두었다. 망 때에는 광리(廣利)라고 불렸다.

---

53 「대아(大雅)」 '면(緜)' 편에 나오는 구절이다. 공유가 적(狄)을 피해 두와 칠에 와서 살게 된 것을 노래한 것이다.

54 「대아(大雅)」 '공유(公劉)' 편에 관련한 구절이 나온다.

무공(武功), 태일산(太壹山)을 고문에서는 종남산(終南山)으로 본다. 수산(垂山)을 고문에서는 돈물산(敦物山)으로 본다. 모두 다 현의 동쪽에 있다. 사수(斜水)는 아령산(衙領山)의 북쪽에서 발원해 미(郿)에 이르러 위수(渭水)로 흘러들어간다. 포수(襃水)도 아령산에서 발원해 남정(南鄭)에 이르러 면수(沔水)로 흘러들어간다. 수산(垂山), 사수(斜水), 포수(襃水)의 사당 세 곳이 있다. 망 때에는 신광(新光)이라고 불렸다.[55]

홍농군(弘農郡), 무제(武帝) 원정(元鼎) 4년에 두었다. 망 때에는 우대(右隊)라고 불렸다. 호구 수가 11만 8,091개이고 인구는 47만 5,954명이다. 철관이 있고 민지(黽池)에 있다. 현(縣)은 11개다.

홍농(弘農), 옛날의 진(秦)나라 함곡관(函谷關)이다. 아산령(衙山領) 아래 계곡은 촉수(爥水)가 발원하는 곳이며 북쪽으로 황하로 흘러들어간다.

노씨(盧氏), 웅이산(熊耳山)이 동쪽에 있다. 이수(伊水)가 여기서 발원하고 동북쪽으로 흘러 낙수(雒水)로 흘러들어가는데, 군(郡) 한 개를 지나가며 450리를 흘러간다. 또 육수(育水)가 있어 남쪽으로 흘러 순양(順陽)에 이르고 면수(沔水)로 흘러들어간다. 또한 이수(洱水)가 있어 동남쪽으로 흘러 노양(魯陽)에 이르고 이것도 면수(沔水)로 흘러들어간다. 둘 다 군 2개를 지나가며 600리를 흘러간다. 망 때에는 창부(昌富)라고 불렸다.

섬(陝), 옛날의 괵국(虢國)이다. 초성(焦城)이 있는데 옛날의 초국(焦國)이다. 북괵(北虢)은 대양(大陽)에 있고 동괵(東虢)은 형양(滎陽)에 있으며 서

---

[55] 이상은 모두 우부풍에 속하는 현(縣)들이다.

괵(西虢)은 옹주(雍州)에 있다. 망 때에는 황미(黃眉)라고 불렸다.

선양(宜陽), 민지(黽池)에 철관(鐵官)이 있다.

민지(黽池), 고제(高帝) 8년에 민지의 중향(中鄕)의 백성들에게 부세를 면제해주었다[復]. 경제(景帝) 중(中) 2년에 처음으로 성을 쌓고 1만 가구를 옮겨 현(縣)으로 삼았다. 곡수(穀水)는 곡양(穀陽) 계곡에서 발원해 동북쪽으로 흘러 곡성(穀城)에 이르고 낙수(雒水)로 흘러들어간다. 망 때에는 섬정(陝亭)이라고 불렸다.

단수(丹水), 단수는 상락(上雒)의 총령산(冢領山)에서 발원해 동쪽으로 석(析)에 이르러 균수(鈞水)로 흘러들어간다. 밀양향(密陽鄕)은 옛날의 상밀(商密)이다.

신안(新安), 「우공(禹貢)」에 나오는 간수(澗水)가 동쪽에 있고 남쪽으로 낙수(雒水)로 흘러들어간다.

상(商), 진(秦)나라 재상 위앙(衛鞅)[56]의 읍이다.

석(析), 황수(黃水)는 황곡(黃谷)에서 발원하고 국수(鞠水)는 석곡(析谷)에서 발원해 함께 동쪽으로 흘러 역(酈)에 이르고 단수(湍水)로 흘러들어간다. 망 때에는 군정(君亭)이라고 불렸다.

육혼(陸渾), 춘추시대 때 육혼의 융족을 이리로 이주시켰다. 관문이 있다.

상락(上雒), 「우공(禹貢)」에 나오는 낙수(雒水)는 총령산에서 발원해 동

---

56 상앙(商鞅) 또는 공손앙(公孫鞅)이라고도 한다. 위(衛)나라 공족(公族) 출신으로 일찍부터 형명학(刑名學)을 좋아해 조예가 깊었다. 위(魏)나라에 벼슬하려 했지만 받아주지 않자 진(秦)나라로 가서 효공(孝公)에게 채용됐다. 부국강병의 계책을 세워 여러 방면에 걸친 대개혁을 단행함으로써 후일 진제국(秦帝國) 성립의 기반을 세웠다.

북쪽으로 공(鞏)에 이르러 황하로 흘러들어가는데, 군 두 개를 지나가며 1,070리를 흘러간다. 예주(豫州)의 (대표적인) 강이다. 또 갑수(甲水)가 있는데 진령산(秦領山)에서 발원해 동남쪽으로 흘러 양(錫)에 이르러 면수(沔水)로 흘러들어가는데, 군 세 개를 지나가며 570리를 흘러간다. 웅이산, 획여산(獲輿山)이 동북쪽에 있다.[57]

하동군(河東郡), 진(秦)나라 때 두었다. 망 때에는 조양(兆陽)이라고 불렸다. 근창(根倉)과 습창(溼倉)이 있다. 호구 수가 23만 6,896개이고 인구는 96만 2,912명이다. 현(縣)은 24개다.

안읍(安邑), 무함산(巫咸山)은 남쪽에 있고 염지(鹽池)는 서남쪽에 있다. 위강(魏絳)[58]이 위(魏)에서 이곳으로 옮겨왔고 혜왕(惠王)에 이르러 대량(大梁)으로 옮겼다. 철관(鐵官), 염관(鹽官)이 있다. 망 때에는 하동(河東)이라고 불렸다.

대양(大陽), 오산(吳山)은 서쪽에 있고 산 위에 오성(吳城)이 있으며 주(周)나라 무왕(武王)이 태백(太伯 혹은 泰伯)의 후예를 이곳에 봉해주었는데 그가 우공(虞公)이고 진(晉)나라에게 멸망당했다. 천자의 사당[廟]이 있
묘

---

57 이상은 모두 홍농군에 속하는 현(縣)들이다.

58 춘추시대 진(晉)나라 대부(大夫)다. 위장자(魏莊子)로도 불린다. 위주(魏犨)의 아들이다. 진도공(晉悼公)이 제후들을 불러모았을 때 도공의 동생 양간(楊幹)이 군진(軍陣)에서 반란을 일으켰는데 그 무리들을 소탕했다. 나중에 하군주장(下軍主將)이 돼 정치를 맡았을 때 산융(山戎)과의 화친을 주장하면서 화친을 맺었을 때 얻을 다섯 가지 이익에 대해 설파했다. 마침내 동맹을 맺고 왕명으로 제융(諸戎)을 감독함으로써 진나라의 국세를 떨치게 해 패업(霸業)을 이루도록 했다.

다. 망 때에는 근전(勤田)이라고 불렸다.

의씨(猗氏).

해(解).

포반(蒲反), 요산(堯山), 수산(首山)의 사당[祠]이 있다. 뇌수산(雷首山)이 남쪽에 있다. 예전에는 포(蒲)라고 했는데 진(秦)나라 때 이름을 바꿨다. 망 때에는 포성(蒲城)이라고 불렸다.

하북(河北), 『시경(詩經)』에 나오는 「위국(魏國)」에 따르면 진(晉)나라 헌공(獻公)이 이를 멸망하고서 여기에 대부 필만(畢萬)을 봉해주었고 그의 증손 강(絳)은 안읍(安邑)으로 이주했다.

좌읍(左邑), 망 때에는 조정(兆亭)이라고 불렸다.

분음(汾陰), 개산(介山)이 남쪽에 있다.

문희(聞喜), 옛날의 곡옥(曲沃)이다. 진(晉)나라 무공(武公)이 진양(晉陽)에서 이곳으로 옮겨왔다. 무제(武帝) 원정(元鼎) 6년에 행차하며 이곳을 지나다가 이름을 문희로 바꿨다〔○ 응소(應劭)가 말했다. "지금의 곡옥(曲沃)이다. 진(秦)나라 때 고쳐서 좌읍이라고 했다. 무제가 이곳에서 남월을 깨뜨렸다는 소식을 듣고서 이름을 문희로 바꿨다."〕.

호택(濩澤), 「우공(禹貢)」에 나오는 석성산(析城山)이 서남쪽에 있다〔○ 응소(應劭)가 말했다. "호택(濩澤)이 서북쪽에 있다."〕.

단씨(端氏).

임분(臨汾).

원(垣), 「우공(禹貢)」에 나오는 왕옥산(王屋山)이 동북쪽에 있고 연수(沇水)가 발원하는 곳이며 연수는 동남쪽으로 흘러 무덕(武德)에 이르러 황하로 들어간다. 급한 물길이 형양(滎陽)의 북쪽 땅속에서 터져나와 또 동쪽으로 흘러 낭괴(琅槐)에 이르러 바다로 들어가는데 9개 군을 지나며 1,840리를 흘러간다.

피씨(皮氏), 경향(耿鄕)은 옛날의 경국(耿國)으로 진(晉)나라 헌공(獻公)이 그것을 멸망시키고서 대부 조숙(趙夙)에게 하사했다. 10세 후에 헌후(獻侯)가 중모(中牟)로 옮겨갔다. 철관(鐵官)이 있다. 망 때에는 연평(延平)이라고 불렸다.

장수(長脩).

평양(平陽), 한(韓)나라 무자(武子)의 현손 정자(貞子)가 이곳에서 살았다. 철관(鐵官)이 있다. 망 때에는 향평(香平)이라고 불렸다.

양릉(襄陵), 반씨(班氏)의 향정(鄕亭)이 있다. 망 때에는 간창(幹昌)이라고 불렸다〔○ 응소(應劭)가 말했다. "양릉이 서북쪽에 있다." 사고(師古)가 말했다. "진(晉)나라 양공(襄公)의 능이다. 그래서 현의 이름으로 삼았다."〕.

체(觺), 곽대산(霍大山)이 동쪽에 있고 기주(冀州)의 (대표적인) 산이며 주(周)나라 여왕(厲王)이 도망쳐온 곳이다. 망 때에는 황성(黃城)이라고 불렸다〔○ 응소(應劭)가 말했다. "순제(順帝)가 고쳐 영안(永安)이라고 불렸다."〕.

양(楊), 망 때에는 유년정(有年亭)이라고 불렸다.

북굴(北屈), 「우공(禹貢)」에 나오는 호구산(壺口山)이 동남쪽에 있다. 망 때에는 짐북(朕北)이라고 불렸다〔○ 사고(師古)가 말했다. "진(晉)나라 공자 이오(夷吾)가 머물렀던 곳이다."〕.

포자(蒲子)〔○ 사고(師古)가 말했다. "중이(重耳)가 머물렀던 곳이다."〕.

강(絳), 진(晉)나라 무공(武公)이 곡옥(曲沃)에서 이곳으로 옮겨왔다. 철관(鐵官)이 있다.

호섭(狐讘).

기(騏), 후국(侯國)이다.[59]

태원군(太原郡), 진(秦)나라가 두었다. 염관(鹽官)이 있고 진양(晉陽)에 있다. 병주(幷州)에 속한다. 호구 수가 16만 9,863개이고 인구는 68만 488명이다. 가마관(家馬官)이 있다〔○ 신찬(臣瓚)이 말했다. "한나라 때에는 가마의 마구간이 있어 1개 마구간당 1만 필씩 관리했고 이때에는 변경에 일이 있어 각각 분산했기 때문에 이곳에 가마관이 있었던 것이다. 가마는 뒤에 동마(挏馬)로 명칭을 바꿨다."〕. 현(縣)은 21개다.

진양(晉陽), 옛날 시에 나오는 당국(唐國)이며 주(周)나라 성왕(成王)이 당국을 멸하고 나서 동생 숙우(叔虞)를 이곳에 봉해주었다. 용산(龍山)이 서북쪽에 있다. 염관(鹽官)이 있다. 진수(晉水)가 발원하는 곳이며 동쪽으로 흘러 분수(汾水)로 흘러들어간다〔○ 신찬(臣瓚)이 말했다. "이른바 당(唐)은 지금의 하동(河東) 영안(永安)이며 진(晉)과의 거리가 400리다."〕.

준인(梭人).

계휴(界休), 망 때에는 계미(界美)라고 불렸다.

유차(楡次), 도수향(涂水鄕)은 진(晉)나라 대부 지서오(知徐吾)[60]의 읍이

---

59 이상은 도두 하동군에 속하는 현(縣)들이다.

60 춘추시대 진(晉)나라 사람으로 지앵(知罃)의 증손이다. 진경공(晉頃公) 13년 진나라가 기씨(祁氏)를 멸망시켰을 때 위헌자(魏獻子)가 집정(執政)했는데, 기씨의 땅을 나눠 일곱 현(縣)으로 만들었다. 그때 그가 능히 업적을 잘 지키고 현명하다고 추천해 도수대부(涂水大夫)에 임명

다. 경양향(梗陽鄕)은 위무(魏戊)[61]의 읍이다. 망 때에는 대원정(大原亭)이라고 불렸다.

중도(中都).

우리(于離), 망 때에는 우합(于合)이라고 불렸다.

자씨(茲氏), 망 때에는 자동(茲同)이라고 불렸다.

낭맹(狼孟), 망 때에는 낭조(狼調)라고 불렸다.

오(鄔), 구택(九澤)이 북쪽에 있는데 이를 소여기(昭餘祁)와 병주(幷州)의 (대표적인) 큰 늪[藪]이라고 한다. 진(晉)나라 대부 사마(司馬) 미모(彌牟)의 읍이다.

우(盂), 진(晉)나라 대부 맹병(孟丙)의 읍이다.

평도(平陶), 망 때에는 다양(多穰)이라고 불렸다.

분양(汾陽), 북산(北山)은 분수(汾水)가 발원하는 곳이고 서남쪽으로 흘러 분음(汾陰)에 이르러 황하로 들어가는데 2개의 군을 지나 1,340리를 흘러가며 기주(冀州)를 적신다.

경릉(京陵), 망 때에는 치성(致城)이라고 불렸다〔○ 사고(師古)가 말했다. "곧 구경(九京)이다."〕.

양곡(陽曲).

대릉(大陵), 철관(鐵官)이 있다. 망 때에는 대녕(大寧)이라고 불렸다.

원평(原平).

했다.

61 진나라 대부다.

기(祁), 진(晉)나라 대부 가신(賈辛)의 읍이다. 망 때에는 시(示)라고 불렸다.

상애(上艾), 면만수(綿曼水)가 동쪽으로 흘러 포오(蒲吾)에 이르러 호지수(虖池水)로 흘러들어간다.

노사(盧虒).

양읍(陽邑), 망 때에는 번양(繁穰)이라고 불렸다.

광무(廣武), 구주산(句注山), 가옥산(賈屋山)〔○ 사고(師古)가 말했다. "가옥산이란 곧 『사기(史記)』에서 말한 '조양자(趙襄子)가 북쪽으로 하옥(夏屋)에 올랐다'라고 했을 때의 그 하옥을 가리킨다."〕이 북쪽에 있다. 도위(都尉)가 다스린다. 망 때에는 신환(信桓)이라고 불렸다.[62]

상당군(上黨郡), 진(秦)나라가 두었고 병주(幷州)에 속한다. 상당관(上黨關), 호구관(壺口關), 석형관(石硏關)〔○ 사고(師古)가 말했다. "硏의 발음은 형(形)이다."〕, 천정관(天井關)이 있다. 호구 수가 7만 3,798개이고 인구는 33만 7,766명이다. 현(縣)은 14개다.

장자(長子), 주(周)나라의 사(史) 신갑(辛甲-우왕의 후손)의 봉지다. 녹곡산(鹿谷山)은 탁장수(濁漳水)의 발원지이며 동쪽으로 흘러 업(鄴)에 이르러 청장수(淸漳水)로 흘러들어간다.

둔류(屯留), 상흠(桑欽)이 말하기를 "강수(絳水)는 서남쪽에서 발원해 동쪽으로 흘러 바다로 들어간다"고 했다.

---

62 이상은 모두 태원군에 속하는 현(縣)들이다.

여오(余吾).

동제(銅鞮), 상사정(上虒亭), 하사취(下虒聚)가 있다.

첨(沾), 대민곡(大黽谷)은 청장수(清漳水)의 발원지이며 동북쪽으로 흘러 읍성(邑城)에 이르러 황하로 흘러들어가는데, 5개 군을 지나며 1,680리를 흘러가며 기주(冀州)의 (대표적인) 강이다.

열씨(涅氏), 열수(涅水)가 발원하는 곳이다〔○ 사고(師古)가 말했다. "그래서 그것으로 현의 이름을 삼았다."〕.

양원(襄垣), 망 때에는 상당정(上黨亭)이라고 불렸다.

호관(壺關), 양장판(羊腸阪)이 있다. 첨수(沾水)가 동쪽으로 흘러 조가(朝歌)에 이르러 기수(淇水)로 흘러들어간다〔○ 응소(應劭)가 말했다. "여후국(黎侯國)으로 지금의 여정(黎亭)이다."〕.

현씨(泫氏), 양곡(楊谷)은 절수(絶水)의 발원지이며 남쪽으로 흘러 야왕(野王)에 이르러 심수(沁水)로 흘러들어간다〔○ 응소(應劭)가 말했다. "『산해경(山海經)』에서는 현수(泫水)가 발원하는 곳이다."〕.

거도(高都), 환곡(莞谷)〔○ 사고(師古)가 말했다. "莞의 발음은 환(丸)이다."〕은 단수(丹水)의 발원지이며 동남쪽으로 흘러 현수(泫水)로 흘러들어간다. 천정관(天井關)이 있다.

노(潞), 옛날의 노자국(潞子國)이다.

기씨(陭氏).

양아(陽阿).

곡원(穀遠), 양두산(羊頭山), 세미곡(世靡谷)은 심수(沁水)의 발원지로 동남쪽으로 흘러 형양(滎陽)에 이르러 황하로 흘러들어가는데, 3개 군을 지나며 970리를 흘러간다〔○ 사고(師古)가 말했다. "지금의 심수는 회주군(懷州郡) 무척현(武陟縣) 경계에 이르러 황하로 흘러들어간다. 이는 그런데 여기서는 '형양에 이르러'라고 했으니 아마도 옮겨 쓰는 과정에서 착오를 일으킨 것 같다."〕. 망 때에는 곡근(穀近)이라고 불렸다.[63]

하내군(河內郡), 고제(高帝) 원년에 은국(殷國)이라고 했다가 2년에 이름을 고쳤다. 망 때에는 후대(後隊)라고 불렸고 사예(司隸)에 속한다. 호구 수가 24만 1,246개이고 인구는 160만 7,097명이다. 현(縣)은 18개다.

회(懷), 공관(工官)이 있다. 망 때에는 하내(河內)라고 불렸다.

급(汲).

무덕(武德).

파(波).

산양(山陽), 동태항산(東太行山)이 서북쪽에 있다.

하양(河陽), 망 때에는 하정(河亭)이라고 불렸다.

주(州).

공(共), 옛날의 나라다. 북산(北山)은 기수(淇水)의 발원지이며 동쪽으로 흘러 여양(黎陽)에 이르러 황하로 흘러들어간다.

평고(平皐).

조가(朝歌), (은나라 마지막 임금) 주(紂)가 도읍으로 삼았던 곳이다. 주(周)나라 무왕(武王)의 동생 강숙(康叔)의 봉지이며 이름을 위(衛)로 바꿨

---

63 이상은 모두 상당군에 속하는 현(縣)들이다.

었다. 망 때에는 아가(雅歌)라고 불렸다.

수무(脩武).

온(溫), 옛날의 나라로 기성(己姓)이다. 소분생(蘇忿生)[64]의 봉지다.

야왕(野王), 태항산(太行山)은 서북쪽에 있다. 위원군(衛元君)이 진(秦)나라에게 빼앗겨 복양(濮陽)에서 이곳으로 옮겨왔다. 망 때에는 평야(平野)라고 불렸다〔○ 맹강(孟康)이 말했다. "옛날의 우국(邘國)으로 지금의 우정(邘亭)이 이곳이다."〕.

획가(獲嘉), 옛날의 급(汲)의 신중향(新中鄕)으로 무제(武帝)가 행차해 지나가면서 이름을 고쳤다.

지(軹)〔○ 맹강(孟康)이 말했다. "진(晉)나라 문공(文公)이 포위했던 적이 있는 곳이다."〕.

심수(沁水).

융려(隆慮), 국수(國水)가 동북쪽으로 흘러 신성(信成)에 이르러 장갑하(張甲河)로 흘러들어가는데, 3개의 군을 지나며 1,840리를 흘러간다. 철관(鐵官)이 있다.

탕음(蕩陰), 탕수(蕩水)가 동쪽으로 흘러 내황택(內黃澤)에 이른다. 서산(西山)은 유수(羑水)의 발원지로 역시 내황(內黃)에 이르러 탕수(蕩水)로 흘러들어간다. 유리성(羑里城)이 있고 서백(西伯)[65]이 구금돼 있던 곳이다.[66]

---

64 주왕조가 은나라를 치고 제후들에게 각기 봉지를 분여할 때 이곳에 봉해졌다.
65 주나라를 세운 무왕(武王)의 아버지 문왕(文王)을 가리킨다.
66 이상은 모두 하내군에 속하는 현(縣)들이다.

하남군(河南郡), 옛 진(秦)나라의 삼천군(三川郡)으로 고제(高帝)가 이름을 고쳤다. 낙양(雒陽)은 호구 수가 5만 2,839개이고 인구는 174만 279명이다. 망 때에는 보충신향(保忠信鄕)이라고 불렸고 사예(司隸)에 속한다. 호구 수가 27만 6,444개이고 인구는 174만 279명이다. 철관(鐵官)과 공관(工官)이 있다. 오창(敖倉)은 형양(滎陽)에 있고 현(縣)은 22개다.

낙양(雒陽)〔○ 사고(師古)가 말했다. "(위(魏)나라 역사가) 어환(魚豢)이 말하기를 '한(漢)나라는 화(火)를 중시해 수(水)를 꺼렸기 때문에 낙(洛)과 수(水)를 없애고 추(隹)를 추가했다'고 했다. 어씨의 설대로라면 광무(光武 -후한 광무제) 이후에 이름을 고쳐 낙(雒)자를 쓴 것이다."〕, 주공(周公)이 (멸망한) 은(殷)나라 백성들을 이리로 옮기고서 성주(成周)로 삼았다. 『춘추(春秋)』 소공(昭公) 32년[67] 진(晉)나라는 적천(狄泉)에서 제후들과 회합하고서 그 땅에 성주의 성을 크게 확장하고 (주나라 천자인) 경왕(敬王)을 머물게 했다. 망 때에는 의양(宜陽)이라고 불렸다.

형양(滎陽)〔○ 응소(應劭)가 말했다. "옛날의 괵국(虢國)으로 지금의 괵정(虢亭)이 이곳이다."〕, 변수(卞水) 풍지(馮池)는 모두 서남쪽에 있다. 낭탕거(狼湯渠)가 있는데 맨 먼저 제수(濟水)를 받아서 동남쪽으로 흘러 진(陳)에 이르러 영수(潁水)로 흘러들어가는데, 4개의 군을 지나며 780리를 흘러간다.

언사(偃師), 시향(尸鄕)은 은(殷)나라 탕왕(湯王)이 도읍으로 삼았던 곳

---

67 원문에는 22년으로 돼 있는데 성주의 성을 확장한 일은 32년에 기록돼 있다. 일본어판도 32년이라고 옮겼다.

이다. 망 때에는 사성(師成)이라고 불렸다.

경(京)〔○ 사고(師古)가 말했다. "정(鄭)나라 공숙단(共叔段)이 머물렀던 곳이다."〕.

평음(平陰)〔○ 응소(應劭)가 말했다. "평성(平城)의 남쪽에 있기 때문에 평음이라고 했다."〕.

중모(中牟), 포전택(圃田澤)이 서쪽에 있는데 예주(豫州)의 (대표적인) 큰 늪이다. 관숙(莞叔)〔○ 사고(師古)가 말했다. "관(莞)은 관(管)과 같다."〕의 읍이 있고 조(趙)나라 헌후(獻侯)가 경(耿)에서 이리로 옮겨왔다.

평(平), 망 때에는 치평(治平)이라고 불렸다.

양무(陽武), 박랑사(博狼沙)가 있다. 망 때에는 양환(陽桓)이라고 불렸다.

하남(河南), 옛날의 겹욕(郟鄏)의 땅이다. 주(周)나라 무왕(武王)이 구정(九鼎)을 옮겨왔고 주공(周公)이 태평성대를 이루었으며 잘 경영해 도읍으로 삼아 이를 왕성으로 삼았다. 평왕(平王)에 이르러 이곳에 거주했다.

구씨(緱氏), 유취(劉聚)는 주(周)나라 대부 유자(劉子)의 읍이고 연수성(延壽城) 선인(仙人)의 사당이 있다. 망 때에는 중정(中亭)이라고 불렸다.

권(卷).

원무(原武), 망 때에는 원환(原桓)이라고 불렸다.

공(鞏), 동주(東周)가 있던 곳이다.

곡성(穀成)〔○ 사고(師古)가 말했다. "곧 지금의 신안(新安)이다."〕, 「우공(禹貢)」에 나오는 전수(瀍水)는 잠정(朁亭)의 북쪽에서 발원해 동남쪽으로 흘러 낙수(雒水)로 흘러들어간다.

고시(故市).

밀(密)〔○ 사고(師古)가 말했다. "춘추(春秋) 희공(僖公) 6년 '(희공이) 신성(新城 혹은 신밀(新密))을 포위했다'고 할 때의 신성이 이곳이다."〕, 옛날의 나라다. 대귀산(大騩山)이 있어 이수(渶水)가 그곳에서 발원하며 남쪽으로 흘러 임영(臨潁)에 이르러 영수(潁水)로 흘러들어간다.

신성(新成), 혜제(惠帝) 4년에 두었다. 만중(蠻中)은 옛 융만자(戎蠻子)의 나라다.

개봉(開封), 봉지(逢池)가 동북쪽에 있는데 어떤 사람은 송(宋)의 봉택(逢澤)이라고도 부른다.

성고(成皐), 옛날의 호뢰(虎牢)다. 혹은 제(制)라고도 한다.

원릉(苑陵), 망 때에는 좌정(左亭)이라고 불렸다.

양(梁), 단호취(單狐聚)는 진(秦)나라가 서주(西周)를 멸망시키고서 그 임금을 이리로 옮긴 곳이다. 양인취(陽人聚)는 동주(東周)를 멸망시키고서 그 임금을 이리로 옮긴 곳이다〔○ 신찬(臣瓚)이 말했다. "진(秦)나라가 양(梁)을 차지하고서 뒤에 이름을 하양(夏陽)으로 고쳤는데 지금의 풍익(馮翊)의 하양(夏陽)이 그것이다. (그와 달리) 이 양(梁)은 주(周)나라의 작은 읍이며 『춘추(春秋)』에 보인다."〕.

신정(新鄭), 『시경(詩經)』에 나오는 정(鄭)나라이며 정나라 환공(桓公)의 아들 무공(武公)이 나라를 세운 곳인데 뒤에 한(韓)나라에게 멸망당했고 한나라는 평양(平陽)에서 이곳으로 도읍을 옮겼다.[68]

---

68 이상은 도두 하남군에 속하는 현(縣)들이다.

동군(東郡), 진(秦)나라가 두었다. 망 때에는 치정(治亭)이라고 불렸다. 연주(兗州)에 속한다. 호구 수가 40만 1,297개이고 인구는 165만 9,028명이다. 현(縣)은 22개다.

복양(濮陽), 위(衛)나라 성공(成公)이 초구(楚丘)에서 이곳으로 옮겨왔다. 옛날의 제구(帝丘)는 전욱(顓頊)의 터[虛=墟]다. 망 때에는 치정(治亭)이라고 불렸다〔○ 응소(應劭)가 말했다. "복수(濮水)가 남쪽으로 흘러 거야(鉅野)로 흘러들어간다."〕.

반관(畔觀), 망 때에는 관치(觀治)라고 불렸다.

요성(聊城).

돈구(頓丘), 망 때에는 순구(順丘)라고 불렸다.

발간(發干), 망 때에는 집순(戢楯)이라고 불렸다.

범(范), 망 때에는 건목(建睦)이라고 불렸다.

두평(茌平), 망 때에는 공숭(功崇)이라고 불렸다.

동무양(東武陽), 우왕(禹王)이 탑수(漯水)를 다스리니 동북쪽으로 흘러 천승(千乘)에 이르러 바다로 흘러들어가는데, 3개의 군을 지나며 1,020리를 흘러간다. 망 때에는 무창(武昌)이라고 불렸다.

박평(博平), 망 때에는 가목(加睦)이라고 불렸다.

여(黎), 망 때에는 여치(黎治)라고 불렸다〔○ 맹강(孟康)이 말했다. "『시경(詩經)』에 나오는 여후국(黎侯國)이며 지금의 여양(黎陽)이다." 신찬(臣瓚)이 말했다. "여양(黎陽)은 위군(魏郡)이지 여현(黎縣)이 아니다." 사고(師古)가 말했다. "찬의 설이 옳다."〕.

청(淸), 망 때에는 청치(淸治)라고 불렸다〔○ 응소(應劭)가 말했다. "(후한)

장제(章帝) 때 이름을 낙평(樂平)으로 바꿨다."].

동아(東阿), 도위(都尉)가 다스린다.

이호(離狐), 망 때에는 서호(瑞狐)라고 불렸다.

임읍(臨邑), 제묘(濟廟)가 있다. 망 때에는 곡성정(穀城亭)이라고 불렸다.

이묘(利苗).

수창(須昌), 옛날의 수구국(須句國)으로 대호(大昊-태호)의 후손이며 풍성(風姓)이다.

수량(壽良), 치우(蚩尤)의 사당이 서북의 제수(濟水) 근처에 있다. 구성(朐城)이 있다.

낙창(樂昌).

양평(陽平).

백마(白馬).

남연(南燕), 남연국(南燕國)으로 길성(姞姓)이며 황제(黃帝)의 후손이다.

늠구(廩丘).[69]

진류군(陳留郡), 무제(武帝) 원수(元狩) 원년에 두었다. 연주(兗州)에 속한다. 호구 수가 29만 6,284개이고 인구는 150만 9,050명이다. 현(縣)은 17개다.

진류(陳留), 노거수(魯渠水)는 처음에 낭탕거(狼湯渠)에서 물을 받아 동쪽으로 흘러 양가(陽夏)에 이르러 과거(渦渠)〔○ 사고(師古)가 말했다. "渦의 발음은 (와가 아니라) 과(戈)다."〕로 흘러들어간다.

---

69 이상은 모두 동군에 속하는 현(縣)들이다.

소황(小黃).

성안(成安).

영릉(寧陵), 망 때에는 강선(康善)이라고 불렸다.

옹구(雍丘), 옛날의 기국(杞國)으로 주(周)나라 무왕(武王)이 우왕(禹王)의 후예 동루(東樓)를 이곳에 공(公)으로 봉해주었다. 춘추시대 이전에 노(魯)나라의 동북으로 옮겨갔고 21세(世) 간공(簡公) 때 초(楚)나라에게 멸망당했다.

산조(酸棗).

동혼(東昏), 망 때에는 동명(東明)이라고 불렸다.

양읍(襄邑), 복관(服官)이 있다. 망 때에는 양평(襄平)이라고 불렸다.

외황(外黃), 도위(都尉)가 다스린다.

봉구(封丘), 복거수(濮渠水)는 처음에 제수(濟水)에서 물을 받아 동북쪽으로 흘러 도관(都關)에 이르러 양리수(羊里水)로 흘러들어가는데, 3개의 군을 지나 630리를 흘러간다.

장라(長羅), 후국(侯國)이다. 망 때에는 혜택(惠澤)이라고 불렸다.

위씨(尉氏)〔○ 응소(應劭)가 말했다. "옛날의 옥관(獄官)을 위씨라고 했는데 정나라의 별옥(別獄)이다."〕.

언(傿), 망 때에는 순통(順通)이라고 불렸다.

장원(長垣), 망 때에는 장고(長固)라고 불렸다.

평구(平丘).

제양(濟陽), 망 때에는 제전(濟前)이라고 불렸다.

준의(浚儀), 옛날의 대량(大梁)이다. 위(魏)나라 혜왕(惠王)이 안읍(安邑)

에서 이리로 옮겨왔다. 수수(睢水)는 처음에 낭탕수(狼湯水)에서 물을 받아 동쪽으로 흘러 취려(取慮 혹은 추려)〔○ 사고(師古)가 말했다. "현(縣)의 이름이다."〕에 이르러 사수(泗水)로 흘러들어가는데, 4개의 군을 지나며 1,360리를 흘러간다.[70]

영천군(潁川郡), 진(秦)나라가 두었다. 고제(高帝) 5년에 한국(韓國)이 됐다가 6년에 원래대로 돌아갔다. 망 때에는 좌대(左隊)라고 불렸다. 양적(陽翟)에 공관(工官)이 있다. 예주(豫州)에 속한다. 호구 수가 43만 2,491개이고 인구는 221만 973명이다. 현(縣)은 20개다.

양적(陽翟), 하우(夏禹-하나라 우왕)의 나라다〔○ 응소(應劭)가 말했다. "하우의 도읍이다." 사고(師古)가 말했다. "양적은 본래 우왕이 봉작을 받은 곳일 뿐이다. 응소의 설은 틀렸다."〕. 주(周)나라 말엽에 한(韓)나라 경후(景侯)가 신정(新鄭)에서 이리로 옮겨왔다. 호구 수가 4만 1,650개이고 인구는 10만 9,000명이다. 망 때에는 영천(潁川)이라고 불렸다.

곤양(昆陽).

영양(潁陽).

정릉(定陵), 동불랑(東不羹)〔○ 사고(師古)가 말했다. "羹의 발음은 (갱이 아니라) 랑(郎)이다. 이후에도 또한 마찬가지다."〕이 있다. 망 때에는 정성(定城)이라고 불렸다.

장사(長社).

---

70 이상은 모두 진류군에 속하는 현(縣)들이다.

신급(新汲).

양성(襄城), 서불랑(西不羹)이 있다. 망 때에는 상성(相城)이라고 불렸다.

언(郾).

내(郲)〔○ 사고(師古)가 말했다. "郲의 발음은 (겹이 아니라) 내(來)다."〕.

무양(舞陽)〔○ 응소(應劭)가 말했다. "무수(舞水)가 남쪽에서 발원한다."〕.

영음(潁陰).

숭고(崈高)〔○ 사고(師古)가 말했다. "숭(崈)은 숭(崇)의 옛 글자다."〕, 무제(武帝)가 두었는데 여기서 태실산(太室山)을 받들었고 이를 중악(中岳)이라 한다. 태실(太室)·소실(少室)의 산묘(山廟)가 있다. 고문(古文)에서는 숭고산(崇高山)을 외방산(外方山)이라고 보았다.

허(許), 옛날의 나라로 강성(姜姓)이며 사악(四岳)의 후예로 태숙(太叔)의 봉지인데 24세(世) 때 초(楚)나라에게 멸망당했다.

언릉(傿陵), 호구 수가 4만 9,101개이고 인구는 26만 1,418명이다. 망 때에는 좌정(左亭)이라고 불렸다.

임영(臨潁), 망 때에는 감영(監潁)이라고 불렸다.

보성(父城), 응향(應鄉)은 옛 나라로 주(周)나라 무왕(武王)이 동생을 봉해준 곳이다.

성안(成安), 후국(侯國)이다.

주승휴(周承休), 후국(侯國)이다. 원제(元帝)가 두었고 원시(元始) 2년에 정공(鄭公)으로 이름을 고쳤다. 망 때에는 가미(嘉美)라고 불렸다.

양성(陽城), 양성산(陽城山)은 유수(洧水)의 발원지이며 동남쪽으로 흘러 장평(長平)에 이르러 영수(潁水)로 흘러들어가는데, 3개의 군을 지나며

500리를 흘러간다. 양간산(陽乾山)〔○ 사고(師古)가 말했다. "乾의 발음은 (건이 아니라) 간(干)이다."〕은 영수(潁水)의 발원지이며 동쪽으로 흘러 하채(下蔡)에 이르러 회수(淮水)로 흘러들어가는데, 3개의 군을 지나며 1,500리를 흘러가 형주(荊州)를 적신다. 철관(鐵官)이 있다.

윤씨(綸氏).[71]

여남군(汝南郡), 고제(高帝)가 두었다. 망 때에는 여분(汝汾)이라고 불렸다. 나눠서 상도위(賞都尉)라고 했다.[72] 호구 수가 46만 1,587개이고 인구는 259만 6,148명이다. 현(縣)은 37개다.

평여(平輿).

양안(陽安).

양성(陽城), 후국(侯國)이다. 망 때에는 신안(新安)이라고 불렸다.

은강(濦彊).

부파(富波).

여양(女陽).

주양(䣾陽)〔○ 맹강(孟康)이 말했다. "䣾의 발음은 (동이 아니라) 주(紂)다."〕.

오방(吳房).

안성(安成), 후국(侯國)이다. 망 때에는 지성(至成)이라고 불렸다.

남돈(南頓), 옛날의 돈자국(頓子國)으로 희성(姬姓)이다.

---

71 이상은 모두 영천군에 속하는 현(縣)들이다.

72 왕망 때 나눠서 상도(賞都)라고 했다. 군(郡)의 이름이다. 위(尉)는 불필요하게 덧붙인 말이다.

낭릉(郎陵).

세양(細陽), 망 때에는 낙경(樂慶)이라고 불렸다.

의춘(宜春), 후국(侯國)이다. 망 때에는 선잔(宣屛)이라고 불렸다.

여음(女陰), 옛날의 호국(胡國)이다. 도위(都尉)가 다스린다. 망 때에는 여분(汝墳)이라고 불렸다.

신채(新蔡), 채(蔡)나라 평후(平侯)가 채(蔡)에서 이리로 옮겨왔고 2세(世) 후에 하채(下蔡)로 옮겨갔다. 망 때에는 신천(新遷)이라고 불렸다.

신식(新息), 망 때에는 신덕(新德)이라고 불렸다〔○ 맹강(孟康)이 말했다. "옛날의 식국(息國)인데 그후에 동쪽으로 옮겼기 때문에 신(新) 자를 더해서 불렀다."〕.

구양(灈陽)〔○ 응소(應劭)가 말했다. "구수(灈水)가 오방(吳房)에서 발원해 동쪽으로 흘러 친수(瀙水)로 흘러들어간다."〕.

기사(期思)〔○ 사고(師古)가 말했다. "옛날의 장국(蔣國)이다."〕.

진양(慎陽)〔○ 사고(師古)가 말했다. "慎의 발음은 (신이 아니라) 진(眞)이다."〕.

진(慎), 망 때에는 진치(慎治)라고 불렸다.

소릉(召陵).

익양(弋陽), 후국(侯國)이다.

서평(西平), 철관(鐵官)이 있다. 망 때에는 신정(新亭)이라고 불렸다〔○ 응소(應劭)가 말했다. "옛날의 백자국(柏子國)으로 지금의 백정(柏亭)이다."〕.

상채(上蔡), 옛날의 채국(蔡國)으로 주(周)나라 무왕(武王)의 동생 숙도(叔度)의 봉지다. 도(度)가 쫓겨나자 성왕(成王)은 그 아들 호(胡)를 봉해주었고 18세(世)에 신채(新蔡)로 옮겼다.

침(浸), 망 때에는 윤치(閏治)라고 불렸다.

서화(西華), 망 때에는 화망(華望)이라고 불렸다.

장평(長平), 망 때에는 장정(長正)이라고 불렸다.

선록(宣祿), 망 때에는 상도정(賞都亭)이라고 불렸다.

항(項), 옛 나라다.

신처(新郪), 망 때에는 신연(新延)이라고 불렸다〔○ 응소(應劭)가 말했다. "진(秦)나라가 위(魏)나라를 정벌하고 처구(郪丘)를 차지했다. 한(漢)나라가 일어나서 신처라고 했다. (후한의) 장제(章帝)가 은(殷)나라의 후손을 봉해주고서 이름을 송(宋)이라고 고쳤다."〕.

귀덕(歸德), 후국(侯國)이다. 선제(宣帝)가 두었다. 망 때에는 귀혜(歸惠)라고 불렸다.

신양(新陽), 망 때에는 신명(新明)이라고 불렸다.

안창(安昌), 후국(侯國)이다. 망 때에는 시성(始成)이라고 불렸다.

안양(安陽), 후국(侯國)이다. 망 때에는 균하(均夏)라고 불렸다〔○ 응소(應劭)가 말했다. "옛날의 강국(江國)으로 지금의 강정(江亭)이다."〕.

박양(博陽), 후국(侯國)이다. 망 때에는 악가(樂家)라고 불렸다.

성양(成陽), 후국(侯國)이다. 망 때에는 신리(新利)라고 불렸다.

정릉(定陵), 고릉산(高陵山)은 여수(汝水)의 발원지이며 동남쪽으로 흘러 신채(新蔡)에 이르러 회수(淮水)로 들어가는데 4개의 군을 지나며 1,340

리를 흘러간다.[73]

남양군(南陽郡), 진(秦)나라가 두었고 망 때에는 전대(前隊)라고 불렸다. 형주(荊州)에 속한다. 호구 수가 35만 9,316개이고 인구는 190만 2,051명이다. 현(縣)은 36개다.

완(宛), 옛날의 신백국(申伯國)이다. 굴신성(屈申城)이 있다. 현의 남쪽에 북서산(北筮山)이 있다. 호구 수가 4만 7,547개다. 공관(工官)과 철관(鐵官)이 있다. 망 때에는 남양(南陽)이라고 불렸다.

주(犨).

두연(杜衍), 망 때에는 윤연(閏衍)이라고 불렸다.

찬(酇), 후국(侯國)이다. 망 때에는 남경(南庚)이라고 불렸다〔○ 사고(師古)가 말했다. "곧 소하(蕭何)의 봉지다."〕.

육양(育陽), 남서취(南筮聚)가 있는데 동북쪽에 있다.

박산(博山), 후국(侯國)이다. 애제(哀帝)가 두었다. 옛날의 순양(順陽)이다.

열양(涅陽), 망 때에는 전정(前亭)이라고 불렸다.

음(陰).

도양(堵陽), 망 때에는 양성(陽城)이라고 불렸다.

치(雉), 형산(衡山)은 풍수(澧水)의 발원지이며 동쪽으로 흘러 옥(酈)에 이르러 여수(汝水)로 흘러들어간다.

산도(山都).

---

73 이상은 모두 여남군에 속하는 현(縣)들이다.

채양(蔡陽), 왕망의 어머니 공현군(功顯君)의 읍이다〔○ 응소(應劭)가 말했다. "채수(蔡水)가 발원하는 곳이며 동쪽으로 흘러 회수(淮水)로 흘러들어간다."〕.

신야(新野).

축양(筑陽), 옛날의 곡백국(穀伯國)이다. 망 때에는 의화(宜禾)라고 불렸다.

극양(棘陽).

무당(武當).

무음(舞陰), 중음산(中陰山)은 친수(瀙水)의 발원지이며 동쪽으로 흘러 채(蔡)에 이르러 여수(汝水)로 흘러들어간다.

서악(西鄂).

양(穰), 망 때에는 농양(農穰)이라고 불렸다〔○ 사고(師古)가 말했다. "지금의 등주(鄧州) 양현(穰縣)이다."〕.

역(酈), 육수(育水)가 서북쪽에서 발원해 남쪽으로 흘러 한수(漢水)로 흘러들어간다.

안중(安衆), 후국(侯國)이다. 옛날의 완(宛)의 서향(西鄉)이다.

관군(冠軍), 무제(武帝)가 두었다. 옛날의 양(穰)의 노양향(盧陽鄉), 완(宛)의 임조취(臨駣聚)이다〔○ 응소(應劭)가 말했다. "무제가 이곳을 곽거병(霍去病)에게 봉해주었다. 거병은 거듭해서 흉노를 치러 나가 그 공로가 여러 군대 중에서도 으뜸[冠=首]이었기 때문에 현의 이름을 관군(冠軍)이라고 한 것이다."〕.

비양(比陽)〔○ 응소(應劭)가 말했다. "비수(比水)의 발원지이며 동쪽으로 흘러 채수(蔡水)로 흘러들어간다."].

평씨(平氏), 「우공(禹貢)」에 나오는 동백산(桐柏山), 대복산(大復山)은 동남쪽에 있고 회수(淮水)의 발원지이며 동남쪽으로 흘러 회릉(淮陵)에 이르러 바다로 흘러들어가는데, 4개의 군을 지나며 3,240리를 흘러간다. 청주(青州)의 (대표적인) 큰 강이다. 망 때에는 평선(平善)이라고 불렸다.

수(隨), 옛 나라다. 뇌향(厲鄉)은 옛날의 뇌국(厲國)이다[○ 사고(師古)가 말했다. "厲의 발음은 (여가 아니라) 뇌(賴)다."].

섭(葉), 초(楚)나라 섭공(葉公)의 읍이다. 장성(長城)이 있고 이름해 방성(方城)이라고 한다.

등(鄧), 옛 나라다[○ 응소(應劭)가 말했다. "등후국(鄧侯國)이다."]. 도위(都尉)가 다스린다.

조양(朝陽), 망 때에는 노신(厲信)이라고 불렸다.

노양(魯陽), 노산(魯山)이 있다. 옛날의 노현(魯縣)이고 어룡씨(御龍氏)가 옮겨온 곳이다. 노산은 치수(滍水)의 발원지이며 동북쪽으로 흘러 정릉(定陵)에 이르러 여수(汝水)로 흘러들어간다. 또 곤수(昆水)가 있어 동남쪽으로 흘러 정릉(定陵)에 이르러 여수(汝水)로 흘러들어간다.

용릉(舂陵), 후국(侯國)이다. 옛날의 채양(蔡陽)의 백수향(白水鄉)이다. 상당향(上唐鄉)은 옛날의 당국(唐國)이다.

신도(新都), 후국(侯國)이다. 망 때에는 신림(新林)이라고 불렸다.

호양(湖陽), 옛날의 요국(蓼國)이다.

홍양(紅陽), 후국(侯國)이다. 망 때에는 홍유(紅俞)라고 불렸다.

낙성(樂成), 후국(侯國)이다.

박망(博望), 후국(侯國)이다. 망 때에는 의락(宜樂)이라고 불렸다.

복양(復陽), 후국(侯國)이다. 옛날의 호양(湖陽)의 낙향(樂鄕)이다.[74]

남군(南郡), 진(秦)나라가 두었고 고제(高帝) 원년에 고쳐서 임강군(臨江郡)이 됐다가 5년에 원래대로 돌아갔다. 경제(景帝) 2년에 다시 임강(臨江)이라고 했다가 중(中) 2년에 다시 원래대로 돌아갔다. 망 때에는 남순(南順)이라고 불렸다. 형주(荊州)에 속한다. 호구 수가 12만 5,570개이고 인구는 71만 8,540명이다. 발로관(發弩官)〔○ 사고(師古)가 말했다. "쇠뇌 쏘는 법을 가르치는 일을 주관한다."〕이 있다. 현(縣)은 18개다.

강릉(江陵), 옛 초(楚)나라의 영도(郢都)로 초나라 문왕(文王)이 단양(丹陽)에서 이리로 옮겨왔다. 9세(世) 뒤인 평왕(平王)이 이곳에 성을 쌓았다. 10세 뒤에 진(秦)나라가 이 영(郢)을 뽑아버리자 진(陳)나라로 옮겨갔다. 망 때에는 강륙(江陸)이라고 불렸다.

임저(臨沮), 「우공(禹貢)」에 나오는 남조(南條)의 형산(荊山)이 동북쪽에 있고 장수(漳水)의 발원지이며 동쪽으로 흘러 강릉(江陵)에 이르러 양수(陽水)로 흘러들어가고, 양수는 면수(沔水)로 흘러들어가 600리를 흘러간다.

이릉(夷陵), 도위(都尉)가 다스린다. 망 때에는 거리(居利)라고 불렸다.

화용(華容), 운몽택(雲夢澤)이 남쪽에 있는데 형주(荊州)의 (대표적인) 큰 늪[藪]이다. 하수(夏水)는 처음에 장강(長江-양자강)에서 물을 받아 동

---

74 이상은 모두 남양군에 속하는 현(縣)들이다.

쪽으로 흘러 면수(沔水)로 흘러들어가며 500리를 흘러간다.

의성(宜城), 옛날의 언(鄢)으로 혜제(惠帝) 3년에 이름을 바꿨다.

영(鄀), 초(楚)나라의 별읍(別邑)으로 옛날의 영(鄀)이다. 망 때에는 영정(鄀亭)이라고 불렸다.

기(邔).

당양(當陽).

중로(中廬).[75]

지강(枝江), 옛날의 나국(羅國)이다. 강타수(江沱水)가 서쪽에서 발원해 남쪽으로 흘러 장강(長江)으로 흘러들어간다.

양양(襄陽),[76] 망 때에는 상양(相陽)이라고 불렸다.

편(編), 운몽관(雲夢官)이 있다. 망 때에는 남순(南順)이라고 불렸다.

자귀(秭歸), 귀향(歸鄉)은 옛날의 귀국(歸國)이다.

이도(夷道), 망 때에는 강남(江南)이라고 불렸다〔○ 응소(應劭)가 말했다. "이수(夷水)가 무(巫)에서 발원해 동쪽으로 흘러 장강으로 흘러들어간다."〕.

주릉(州陵), 망 때에는 강하(江夏)라고 불렸다.

약(若), 초(楚)나라 소왕(昭王)이 오(吳)나라를 두려워해 영(郢)에서 이리로 옮겨왔다가 뒤에 다시 영으로 돌아갔다〔○ 사고(師古)가 말했다. "『춘추

---

75 중려(中廬)라고도 하는데 춘추시대 여융(廬戎)의 나라다.

76 양수(襄水)의 북쪽[陽]에 있다. 산의 남쪽을 양(陽), 북쪽을 음(陰)이라고 하는데 강의 경우에는 정반대다. 그래서 지명들 중에 양(陽) 자가 많은 것도 대부분 강의 북쪽에 있기 때문이다. 우리나라의 한양(漢陽)도 바로 한강의 북쪽이라는 의미다.

좌씨전(春秋左氏傳)』에는 약(鄀)이라고 돼 있다."].

무(巫), 이수(夷水)가 동쪽으로 흘러 이도(夷道)에 이르러 장강(長江)으로 흘러들어가는데, 2개의 군을 지나며 540리를 흘러간다. 염관(鹽官)이 있다[○ 응소(應劭)가 말했다. "무산(巫山)이 서남쪽에 있다."].

고성(高成), 위수(沍水)의 발원지이며 동쪽으로 흘러 유수(繇水)[○ 사고(師古)가 말했다. "繇의 발음은 (요가 아니라) 유(由)다."]로 흘러들어간다. 유수는 남쪽으로 흘러 화용(華容)에 이르러 장강(長江)으로 흘러들어가는데, 2개의 군을 지나며 500리를 흘러간다. 망 때에는 언정(言程)이라고 불렸다.[77]

강하군(江夏郡), 고제(高帝)가 두었다. 형주(荊州)에 속한다[○ 응소(應劭)가 말했다. "면수(沔水)가 장강에서 따로 흘러 남군(南郡) 화용(華容)에 이르러 하수(夏水)가 돼 군을 지나서 장강에 흘러들어가기 때문에 강하(江夏)라고 하는 것이다."]. 호구 수가 5만 6,844개이며 인구는 21만 9,218명이다. 현(縣)은 14개다.

서릉(西陵), 운몽관(雲夢官)이 있다. 망 때에는 강양(江陽)이라고 불렸다.

장릉(章陵), 장산(章山)이 동북쪽에 있고 고문에 따르면 이것이 내방산(內方山)이다. 운향(鄖鄉)은 초(楚)나라 운공(鄖公)의 읍이다. 망 때에는 수평(守平)이라고 불렸다.

서양(西陽).

---

77 이상은 모두 남군에 속하는 현(縣)들이다.

양(襄), 망 때에는 양비(襄非)라고 불렸다.

주(邾), 형산왕(衡山王) 오예(吳芮)의 도읍이다.

대(軑), 옛날의 현자국(弦子國)이다.

악(鄂).

안륙(安陸), 횡미산(橫尾山)은 동북쪽에 있고 고문에 따르면 이것이 배미산(陪尾山)이다.

사이(沙羨)〔○ 진작(晉灼)이 말했다. "羨의 발음은 (선이 아니고) 이(夷)다."〕.

기춘(蘄春).

맹(鄳).

운두(雲杜).

하치(下雉), 망 때에는 윤광(閏光)이라고 불렸다.

종무(鍾武), 후국(侯國)이다. 망 때에는 당리(當利)라고 불렸다.[78]

여강군(廬江郡), 옛날의 회남(淮南)이며 문제(文帝) 16년에 별도로 나라로 삼았다. 금란(金蘭)의 서북에 동릉향(東陵鄉)이 있고 회수(淮水)가 나오는 곳이다. 양주(揚州)에 속한다. 여강(廬江)은 능양(陵陽)의 동남쪽에서 나오고 북쪽으로 흘러 장강(長江)으로 흘러들어간다. 호구 수가 12만 4,383명이고 인구는 45만 7,333명이다. 누선관(樓船官)이 있다. 현(縣)은 12개다.

서(舒), 옛날의 나라다. 망 때에는 곤향(昆鄉)이라고 불렸다.

---

78 이상은 모두 강하군에 속하는 현(縣)들이다.

거소(居巢).

용서(龍舒).

임호(臨湖).

우루(雩婁), 결수(決水)가 북쪽으로 흘러 요(蓼)에 이르러 회수(淮水)에 흘러들어가고 또 관수(灌水)가 있어 역시 요(蓼)에 이르러 결수(決水)로 흘러들어가는데, 2개의 군을 지나며 510리를 흘러간다.

양안(襄安), 망 때에는 여강정(廬江亭)이라고 불렸다.

종양(樅陽).

심양(尋陽), 「우공(禹貢)」에 나오는 구강(九江)이 남쪽에 있고 모두 동쪽으로 흘러 합쳐져 대강(大江)이 된다.

첨(灊), 천주산(天柱山)은 남쪽에 있고 사당이 있다. 비산(沘山)은 비수(沘水)의 발원지이며 북쪽으로 흘러 수춘(壽春)에 이르러 작피수(芍陂水)로 흘러들어간다.

환(睆), 철관(鐵官)이 있다.

호릉읍(湖陵邑), 복호(北湖)가 남쪽에 있다.

송자(宋玆), 후국(侯國)이다. 망 때에는 송선(誦善)이라고 불렸다.[79]

구강군(九江郡), 진(秦)나라가 두었고 고제(高帝) 4년에 이름을 고쳐 회남국(淮南國)이라고 했다가 무제(武帝) 원수(元狩) 원년에 원래대로 돌아갔다. 망 때에는 연평(延平)이라고 불렸다. 양주(揚州)에 속한다. 호구수는 15

---

79 이상은 모두 여강군에 속하는 현(縣)들이다.

만 52개이고 인구는 70만 525명이다. 피관(陂官)과 호관(湖官)이 있다. 현(縣)은 15개다.

수춘읍(壽春邑), 초(楚)나라 고열왕(考烈王)이 진(陳)에서 여기로 옮겨왔다.

준주(浚遒-혹은 준추).

성덕(成德), 망 때에는 평아(平阿)라고 불렸다.

탁고(橐皐).

음릉(陰陵), 망 때에는 음륙(陰陸)이라고 불렸다.

역양(歷陽), 도위(都尉)가 다스린다. 망 때에는 명의(明義)라고 불렸다.

당도(當塗), 후국(侯國)이다. 망 때에는 산취(山聚)라고 불렸다.

종리(鍾離), 망 때에는 잠부(蠶富)라고 불렸다.

합비(合肥)〔○ 응소(應劭)가 말했다. "하수(夏水)가 보성(父城) 동남쪽에서 발원해 여기에 이르러 회수(淮水)와 합쳐지기 때문에 합비라고 이름 지었다."〕.

동성(東城), 망 때에는 무성(武城)이라고 불렸다.

박향(博鄕), 후국(侯國)이다. 망 때에는 양륙(揚陸)이라고 불렸다.

곡양(曲陽), 후국(侯國)이다. 망 때에는 연평정(延平亭)이라고 불렸다.

건양(建陽).

전초(全椒).

부릉(阜陵), 망 때에는 부륙(阜陸)이라고 불렸다.[80]

---

80 이상은 모두 구강군에 속하는 현(縣)들이다.

산양군(山陽郡), 옛날의 양(梁)나라다. 경제(景帝) 중(中) 6년에 별도로 산양국(山陽國)으로 삼았다. 무제(武帝) 건원(建元) 5년에 별도로 군(郡)으로 삼았다. 망 때에는 거야(鉅野)라고 불렸다. 연주(兗州)에 속한다. 호구 수가 17만 2,847개이고 인구는 80만 1,288명이다. 철관(鐵官)이 있다. 현(縣)은 23개다.

창읍(昌邑), 무제(武帝) 천한(天漢) 4년에 산양(山陽)을 고쳐 창읍국(昌邑國)으로 삼았다. 양구향(梁丘鄕)이 있다. 『춘추좌씨전(春秋左氏傳)』에 이르기를 "송(宋)나라와 제(齊)나라가 양구에서 회합을 했다"고 했다.

남평양(南平陽), 망 때에는 민평(㠋平)이라고 불렸다.

성무(成武), 초구정(楚丘亭)이 있다. 제(齊)나라 환공(桓公)이 성을 쌓았던 곳이고 위(衛)나라 문공(文公)을 이리로 옮겼다. 아들인 성공(成公)이 복양(濮陽)으로 옮겼다. 망 때에는 성안(成安)이라고 불렸다.

호릉(湖陵), 「우공(禹貢)」에 이르기를 "사수(泗水)와 회수(淮水)에서 배를 띄워 황하로 통한다"고 했고 강은 남쪽에 있다. 망 때에는 호륙(湖陸)이라고 불렸다.

동민(東緡).

방예(方與).

탁(橐), 망 때에는 고평(高平)이라고 불렸다.

거야(鉅野), 대야택(大野澤)이 북쪽에 있는데 연주(兗州)의 (대표적인) 큰 늪이다.

선보(單父), 도위(都尉)가 다스린다. 망 때에는 이보(利父)라고 불렸다.

박(薄)〔○ 신찬(臣瓚)이 말했다. "탕왕(湯王)이 도읍했던 곳이다."〕.

도관(都關).

성도(城都), 후국(侯國)이다. 망 때에는 성곡(城穀)이라고 불렸다.

황(黃), 후국(侯國)이다.

원척(爰戚), 후국(侯國)이다. 망 때에는 척정(戚亭)이라고 불렸다.

고성(郜成), 후국(侯國)이다. 망 때에는 고성(告成)이라고 불렸다.

중향(中鄕), 후국(侯國)이다.

평락(平樂), 후국(侯國)이다. 포수(包水)가 동북쪽으로 흘러 제(濟)에 이르러 사수(泗水)로 들어간다.

정(鄭), 후국(侯國)이다.

하구(瑕丘).

치향(甾鄕), 후국(侯國)이다.

율향(栗鄕), 후국(侯國)이다. 망 때에는 족정(足亭)이라고 불렸다.

곡향(曲鄕), 후국(侯國)이다.

서양(西陽), 후국(侯國)이다.[81]

제음군(濟陰郡), 옛날의 양(梁)나라. 경제(景帝) 중(中) 6년에 별도로 제음국(濟陰國)으로 삼았다. 선제(宣帝) 감로(甘露) 2년에 이름을 정도(定陶)라고 바꿨다. 「우공(禹貢)」에 나오는 하택(荷澤)은 정도의 동쪽에 있다. 연주(兗州)에 속한다. 호구 수가 29만 25개이고 인구는 138만 6,278명이다. 현

---

81 이상은 모두 산양군에 속하는 현(縣)들이다. 일본어판은 서양을 서방(西方)의 오기로 본다. 서양(西陽)은 앞에서 강하군에 속하는 현으로 나온 바 있다.

(縣)은 9개다.

정도(定陶), 옛날의 조국(曹國)으로 주(周)나라 무왕(武王)의 동생 숙진택(叔振鐸)의 봉지다.「우공(禹貢)」에 나오는 도구(陶丘)는 서남쪽에 있다. 도구정(陶丘亭)이 있다.

원구(冤句), 왕망이 정도를 고쳐 제평(濟平)이라 했고 원구현을 제평정(濟平亭)이라 했다.

여도(呂都), 망 때에는 기도(祈都)라고 불렸다.

가밀(葭密).

성양(成陽), 요(堯)임금의 무덤과 영대(靈臺)가 있다.「우공(禹貢)」에 나오는 뇌택(雷澤)이 서북쪽에 있다.

견성(鄄城), 망 때에는 견량(鄄良)이라고 불렸다.

구양(句陽).

투(秺), 망 때에는 만세(萬歲)라고 불렸다.

승씨(乘氏)〔○ 응소(應劭)가 말했다. "『춘추(春秋)』에서 '(노나라 군대가) 송(宋)나라 군대를 승구(乘丘)에서 꺾었다'라고 한 것이 이곳이다."〕, 사수(泗水)가 동남쪽으로 흘러 수릉(睢陵)〔○ 사고(師古)가 말했다. "睢의 발음은 (휴가 아니라) 수(雖)다."〕에 이르러 회수(淮水)로 흘러들어가는데, 6개의 군을 지나며 1,110리를 흘러간다.[82]

패군(沛郡), 옛날의 진(秦)나라 사수군(泗水郡)이다. 고제(高帝)가 이름을

---

82 이상은 모두 제음군에 속하는 현(縣)들이다.

바꿨다. 망 때에는 오부(吾符)라고 불렸다. 예주(豫州)에 속한다. 호구 수가 40만 9,079개이고 인구는 203만 480명이다. 현(縣)은 37개다.

상(相), 망 때에는 오부정(吾符亭)이라고 불렸다.

용강(龍亢)〔○ 진작(晉灼)이 말했다. "亢의 발음은 (항이 아니라) 강(岡)이다."〕.

죽(竹), 망 때에는 독정(篤亭)이라고 불렸다〔○ 이기(李奇)가 말했다. "지금의 죽읍(竹邑)이다."〕.

곡양(穀陽)〔○ 응소(應劭)가 말했다. "곡수(穀水)의 북쪽[陽]이다."〕.

소(蕭), 옛날의 소숙국(蕭叔國)으로 송(宋)나라가 별도로 봉한 부용국(附庸國-속국)이다.

향(向), 옛 나라다.『춘추(春秋)』에 이르기를 "거(莒)나라 사람들이 향(向)에 들어갔다"고 했고 강성(姜姓)이며 염제(炎帝)의 후예다.

질(銍).

광척(廣戚), 후국(侯國)이다. 망 때에는 역취(力聚)라고 불렸다.

하채(下蔡), 옛날의 주래국(州來國)으로 초(楚)나라에 멸망당했으며 뒤에 오(吳)나라가 그곳을 차지했는데 부차(夫差)에 이르러 소후(昭侯)를 이리로 옮겼다. 4세(世) 후에 후제(侯齊)가 마침내 초나라에 멸망당했다.

풍(豐), 망 때에는 오풍(吾豐)이라고 불렸다.

다(鄲)〔○ 맹강(孟康)이 말했다. "발음은 (단이 아니라) 다(多)이다."〕, 망 때에는 선성(單城)이라고 불렸다.

초(譙), 망 때에는 연성정(延成亭)이라고 불렸다.

기(蘄), 추향(垂鄕)이다. 고조(高祖)가 (이곳에서) 경포(黥布)를 깨뜨렸다.

도위(都尉)가 다스린다. 망 때에는 기성(蘄城)이라고 불렸다.

공(巩), 망 때에는 공(貢)이라고 불렸다〔○ 사고(師古)가 말했다. "巩의 발음도 (홍이 아니라) 역시 공(貢)이다."〕.

첩여(輒輿), 망 때에는 화락(華樂)이라고 불렸다.

산상(山桑).

공구(公丘), 후국(侯國)이다. 옛날의 등국(滕國)으로 주(周)나라 의왕(懿王)의 아들 착숙수(錯叔繡)의 봉지이며 31세(世)에 제(齊)나라에 멸망당했다.

부리(符離), 망 때에는 부합(符合)이라고 불렸다.

경구(敬丘)〔○ 응소(應劭)가 말했다. "『춘추(春秋)』에 이르기를 '견구(犬丘)에서 만났다'고 했고, (후한의) 명제(明帝)는 이름을 대구(大丘)로 바꿨다."〕, 후국(侯國)이다.

하구(夏丘), 망 때에는 귀사(歸思)라고 불렸다.

효(洨), 후국(侯國)이다. 해하(垓下)에서 고조(高祖)가 항우(項羽)를 깨뜨렸다. 망 때에는 육성(育成)이라고 불렸다.

패(沛), 철관(鐵官)이 있다.

망(芒), 망 때에는 박치(博治)라고 불렸다.

건성(建成), 후국(侯國)이다.

성보(城父), 하비수(夏肥水)가 동남쪽으로 흘러 하채(下蔡)에 이르러 회수(淮水)로 흘러들어가는데, 2개의 군을 지나며 620리를 흘러간다. 망 때에는 사선(思善)이라고 불렸다.

건평(建平), 후국(侯國)이다. 망 때에는 전평(田平)이라고 불렸다.

차(酇)〔○ 응소(應劭)가 말했다. "발음이 (찬이 아니라) 차(嵯)다."〕, 망 때에는 찬치(贊治)라고 불렸다.

율(栗), 후국(侯國)이다. 망 때에는 성부(成富)라고 불렸다.

부양(扶陽), 후국(侯國)이다. 망 때에는 합치(合治)라고 불렸다.

고(高), 후국(侯國)이다.

고시(高柴), 후국(侯國)이다.

표양(漂陽).

평아(平阿), 후국(侯國)이다. 망 때에는 평녕(平寧)이라고 불렸다.

동향(東鄕).

임도(臨都).

의성(義成).

기향(祈鄕), 후국(侯國)이다. 망 때에는 회곡(會穀)이라고 불렸다.[83]

위군(魏郡), 고제(高帝)가 두었다. 망 때에는 위성(魏城)이라고 불렸다. 기주(冀州)에 속한다. 호구 수가 21만 2,849개이고 인구는 90만 9,655명이다. 현(縣)은 18개다.

업(鄴), 옛날의 대하(大河-황하)의 동북쪽에 있어 바다로 흘러들어간다.

관도(館陶), 하수(河水)가 별도로 나와서 둔씨하(屯氏河)가 되고 동북쪽으로 흘러 장무(章武)에 이르러 바다로 흘러들어가는데, 4개의 군을 지나며 1,500리를 흘러간다.

---

83 이상은 모두 패군에 속하는 현(縣)들이다.

척구(斥丘), 망 때에는 이구(利丘)라고 불렸다.

사(沙).

내황(內黃), 청하수(淸河水)가 남쪽에서 발원한다.

청연(淸淵).

위(魏), 도위(都尉)가 다스린다. 망 때에는 위성정(魏城亭)이라고 불렸다.

번양(繁陽)〔○ 응소(應劭)가 말했다. "번수(繁水)의 북쪽이다."〕.

원성(元城).

양기(梁期).

여양(黎陽), 망 때에는 여증(黎蒸)이라고 불렸다〔○ 진작(晉灼)이 말했다. "여산(黎山)이 그 남쪽에 있고 하수(河水)가 그 동쪽을 지나간다."〕.

즉비(卽裴)〔○ 응소(應劭)가 말했다. "裴의 발음은 (배가 아니라) 비(非)다."〕, 후국(侯國)이다. 망 때에는 즉시(卽是)라고 불렸다.

무시(武始), 장수(漳水)가 동쪽으로 흘러 한단(邯鄲)에 이르러 장수(漳水)로 들어가고 또 구간수(拘澗水)가 있어 동북쪽으로 흘러 한단(邯鄲)에 이르러 백거(白渠)로 흘러들어간다.

감회(邯會), 후국(侯國)이다.

음안(陰安).

평은(平恩), 후국(侯國)이다. 망 때에는 연평(延平)이라고 불렸다.

감구(邯溝), 후국(侯國)이다〔○ 사고(師古)가 말했다. "감수(邯水)의 샛강[溝]이다."〕.

무안(武安), 흠구산(欽口山)은 백거수(白渠水)의 발원지이며 동쪽으로 흘러 열인(列人)에 이르러 장수(漳水)로 흘러들어간다. 또 침수(浸水)가 있어 동북쪽으로 흘러 동창(東昌)에 이르러 호지하(虖池河)로 흘러들어가는데, 5개의 군을 지나며 601리를 흘러간다. 철관(鐵官)이 있다. 망 때에는 환안(桓安)이라고 불렸다.[84]

거록군(鉅鹿郡), 진(秦)나라가 두었다. 기주(冀州)에 속한다. 호구 수가 15만 5,951개이고 인구는 82만 7,177명이다. 현(縣)은 20개다.

거록(鉅鹿)〔○ 응소(應劭)가 말했다. "큰 숲을 녹(鹿)이라고 한다."〕,「우공(禹貢)」에 나오는 대륙택(大陸澤)이 북쪽에 있다. (은나라 마지막 임금) 주(紂)가 지은 사구대(沙丘臺)가 동북쪽 70리에 있다.

남련(南䜌), 망 때에는 부평(富平)이라고 불렸다.

광아(廣阿).

상씨(象氏), 후국(侯國)이다. 망 때에는 영창(寧昌)이라고 불렸다.

영도(廮陶).

송자(宋子), 망 때에는 의자(宜子)라고 불렸다.

양씨(楊氏), 망 때에는 공륙(功陸)이라고 불렸다.

임평(臨平).

하곡양(下曲陽)〔○ 사고(師古)가 말했다. "상산(常山)에 상곡양(上曲陽)이 있기 때문에 여기서는 하(下)라고 한 것이다."〕, 도위(都尉)가 다스린다.

세(貰).

교(鄡), 망 때에는 진취(秦聚)라고 불렸다.

---

84 이상은 모두 위군에 속하는 현(縣)들이다.

신시(新市), 후국(侯國)이다. 망 때에는 시락(市樂)이라고 불렸다.

당양(堂陽)〔○ 응소(應劭)가 말했다. "당수(堂水)의 북쪽에 있다."〕, 염관(鹽官)이 있다. 일찍이 나뉘어 경현(經縣)이 됐다.

안정(安定), 후국(侯國)이다.

경무(敬武).

역향(歷鄕), 후국(侯國)이다. 망 때에는 역취(歷聚)라고 불렸다.

낙신(樂信), 후국(侯國)이다.

무도(武陶), 후국(侯國)이다.

백향(柏鄕), 후국(侯國)이다.

안향(安鄕), 후국(侯國)이다.[85]

상산군(常山郡)〔○ 장안(張晏)이 말했다. "항상(恒山)이 서쪽에 있는데 문제(文帝)의 이름을 피해 상산(常山)이라고 고쳤다."〕, 고제(高帝)가 두었다. 망 때에는 정관(井關)이라고 불렸다. 기주(冀州)에 속한다. 호구 수가 14만 1,741개이고 인구는 67만 7,956명이다. 현(縣)은 18개다.

원씨(元氏)〔○ 사고(師古)가 말했다. "(북위(北魏) 돈황(敦煌) 사람) 감인(闞駰)이 말하기를 조(趙)나라 공자 원(元)의 봉읍이었기 때문에 원씨라고 한다고 했다."〕, 저수(沮水)는 처음에 중구(中丘)의 서산궁천곡(西山窮泉谷)에서 물을 받아 동쪽으로 흘러 당양(堂陽)에 이르러 황하로 흘러들어간다. 망 때에는 정관정(井關亭)이라고 불렸다.

---

85 이상은 모두 거록군에 속하는 현(縣)들이다.

석읍(石邑), 정형산(井陘山)이 서북쪽에 있어 효수(洨水)가 거기서 발원해 동남쪽으로 흘러 영도(廮陶)에 이르러 지수(泜水)로 흘러들어간다.

상중(桑中), 후국(侯國)이다.

영수(靈壽), 중산(中山)의 환공(桓公)이 여기에 살았다. 「우공(禹貢)」에 나오는 위수(衛水)가 동북쪽에서 발원해 동쪽으로 흘러 호지(虖池)로 흘러들어간다.

포오(蒲吾), 철산(鐵山)이 있다. 대백거(大白渠)가 처음에 면만수(綿曼水)에서 물을 받아 동남쪽으로 흘러 하곡양(下曲陽)에 이르러 사효수(斯洨水)로 흘러들어간다.

상곡양(上曲陽), 항산(恒山)의 북곡(北谷)은 서북쪽에 있다. 사당이 있다. 병주(幷州)의 (대표적인) 산이다. 「우공(禹貢)」에 나오는 항수(恒水)가 발원하는 곳이며 동쪽으로 흘러 구수(滱水)로 흘러들어간다. 망 때에는 상산정(常山亭)이라고 불렸다.

구문(九門), 망 때에는 구문(久門)이라고 불렸다.

정형(井陘).

방자(房子), 찬황산(贊皇山)은 제주(濟水)의 발원지이며 동쪽으로 흘러 영도(廮陶)에 이르러 지수(泜水)로 흘러들어간다. 망 때에는 다자(多子)라고 불렸다.

중구(中丘), 봉산(逢山)의 장곡(長谷)은 저수(渚水)의 발원지이며 동쪽으로 흘러 장읍(張邑)에 이르러 탁수(濁水)로 흘러들어간다. 망 때에는 직취(直聚)라고 불렸다.

봉사(封斯), 후국(侯國)이다.

관(關).

평극(平棘).

호(鄗), (세조(世祖)가 즉위해 이름을 고읍(高邑)으로 바꿨다.) 망 때에는 화성정(禾成亭)이라고 불렸다.

낙양(樂陽), 후국(侯國)이다. 망 때에는 창묘(暢苗)라고 불렸다.

평대(平臺), 후국(侯國)이다. 망 때에는 순대(順臺)라고 불렸다.

도향(都鄕), 후국(侯國)이다. 철관(鐵官)이 있다. 망 때에는 분향(分鄕)이라고 불렸다.

남행당(南行唐), 우음산(牛飮山)의 백륙곡(白陸谷)은 자수(滋水)의 발원지이며 동쪽으로 흘러 신시(新市)에 이르러 호지(虖池)로 흘러들어간다. 도위(都尉)가 다스린다. 망 때에는 연억(延億)이라고 불렸다.[86]

청하군(清河郡), 고제(高帝)가 두었다. 망 때에는 평하(平河)라고 불렸다. 기주(冀州)에 속한다. 호구 수가 20만 1,774개이고 인구는 87만 5,422명이다. 현(縣)은 14개다.

청양(清陽), 왕도(王都)다.

동무성(東武城).

역막(繹幕).

영(靈), 하수(河水)가 별도로 나와 명독하(鳴犢河)가 됐고 동북쪽으로 흘러 수(鄃)에 이르러 둔씨하(屯氏河)로 흘러들어간다. 망 때에는 파(播)라고

---

86 이상은 모두 상산군에 속하는 현(縣)들이다.

불렸다.

조(厝), 망 때에는 조치(厝治)라고 불렸다.

유(鄃), 망 때에는 선륙(善陸)이라고 불렸다.

패구(貝丘), 도위(都尉)가 다스린다.

신성(信成), 장갑하(張甲河)가 처음에 둔씨하(屯氏河)의 지류의 물을 받아 동북쪽으로 흘러 수(脩)에 이르러 장수(漳水)로 흘러들어간다.

사제(楚題)〔○ 사고(師古)가 말했다. "사(楚)는 사(莎)의 옛 글자다."〕.

동양(東陽), 후국(侯國)이다. 망 때에는 서릉(胥陵)이라고 불렸다.

신향(信鄕), 후국(侯國)이다〔○ 맹강(孟康)이 말했다. "(후한의) 순제(順帝)가 이름을 고쳐 안평(安平)이라고 했다."〕.

요(繚).

조강(棗彊).

복양(復陽), 망 때에는 낙세(樂歲)라고 불렸다.[87]

탁군(涿郡), 고제(高帝)가 두었다. 망 때에는 원한(垣翰)이라고 불렸다. 유주(幽州)에 속한다. 호구 수가 19만 5,607개이고 인구는 78만 2,764명이다. 철관(鐵官)이 있다. 현(縣)은 29개다.

탁(涿), 도수(桃水)는 처음에 내수(淶水)의 물을 받아 나뉘어 동쪽으로 흘러 안차(安次)에 이르러 황하로 흘러들어간다.

주(遒), 망 때에는 주병(遒屛)이라고 불렸다.

---

87 이상은 모두 청하군에 속하는 현(縣)들이다.

곡구(穀丘).

호안(胡安), 염향(閻鄕)은 역수(易水)의 발원지이며 동쪽으로 흘러 범양(范陽)에 이르러 유수(濡水)로 흘러들어가는데, 병주(幷州)를 적셔준다. 역수는 또 범양(范陽)에 이르러 내수(淶水)로 흘러들어간다.

남심택(南深澤).

범양(范陽)〔○ 응소(應劭)가 말했다. "범수(范水)의 북쪽에 있다."〕, 망 때에는 순음(順陰)이라고 불렸다.

예오(蠡吾)〔○ 사고(師古)가 말했다. "蠡의 발음은 (여가 아니라) 예(禮)다."〕.

용성(容城), 망 때에는 심택(深澤)이라고 불렸다.

역(易).

광망(廣望). 후국(侯國)이다.

막(鄚), 망 때에는 언부(言符)라고 불렸다.

고양(高陽)〔○ 응소(應劭)가 말했다. "고하(高河)의 북쪽에 있다."〕, 망 때에는 고정(高亭)이라고 불렸다.

주향(州鄕), 후국(侯國)이다.

안평(安平), 도위(都尉)가 다스린다. 망 때에는 광망정(廣望亭)이라고 불렸다.

번여(樊輿), 후국(侯國)이다. 망 때에는 악부(握符)라고 불렸다.

성(成), 후국(侯國)이다. 망 때에는 의가(宜家)라고 불렸다.

양향(良鄕), 후국(侯國)이다. 원수(垣水)가 남동쪽으로 흘러 양향(陽鄕)에 이르러 도수(桃水)로 흘러들어간다. 망 때에는 광양(廣陽)이라고 불렸다.

이향(利鄕), 후국(侯國)이다. 망 때에는 장부(章符)라고 불렸다.

임향(臨鄕), 후국(侯國)이다.

익창(益昌), 후국(侯國)이다. 망 때에는 유질(有秩)이라고 불렸다.

양향(陽鄕), 후국(侯國)이다. 망 때에는 장무(章武)라고 불렸다.

서향(西鄕), 후국(侯國)이다. 망 때에는 이풍(移風)이라고 불렸다.

요양(饒陽)〔○ 응소(應劭)가 말했다. "요하(饒河)의 북쪽에 있다."〕.

중수(中水)〔○ 응소(應劭)가 말했다. "역수(易水)와 구수(滱水) 두 강 사이에 있어 중수라고 했다."〕.

무원(武垣), 망 때에는 원한정(垣翰亭)이라고 불렸다.

아릉(阿陵), 망 때에는 아륙(阿陸)이라고 불렸다.

아무(阿武), 후국(侯國)이다.

고곽(高郭), 후국(侯國)이다. 망 때에는 광제(廣隄)라고 불렸다.

신창(新昌),[88] 후국(侯國)이다.[89]

발해군(勃海郡), 고제(高帝)가 두었다. 망 때에는 영하(迎河)라고 불렸다. 유주(幽州)에 속한다. 호구 수가 25만 6,377개이고 인구는 90만 5,119명이다. 현(縣)은 26개다.

부양(浮陽), 망 때에는 부성(浮城)이라고 불렸다.

양신(陽信).

동광(東光), 호소정(胡蘇亭)이 있다.

---

88 일본어판은 원문의 친(親)을 잘못이라고 보고 신창(新昌)이라고 옮겼다. 다른 기록들도 주로 신창으로 돼 있어 여기서는 일본어판을 따랐다.

89 이상은 모두 탁군에 속하는 현(縣)들이다.

부성(阜城), 망 때에는 오성(吾城)이라고 불렸다.

천동(千童)〔○ 응소(應劭)가 말했다. "(후한의) 영제(靈帝)가 이름을 요안(饒安)으로 바꿨다."〕.

중합(重合).

남피(南皮), 망 때에는 영하정(迎河亭)이라고 불렸다.

정(定), 후국(侯國)이다.

장무(章武), 염관(鹽官)이 있다. 망 때에는 환장(桓章)이라고 불렸다.

중읍(中邑), 망 때에는 검음(檢陰)이라고 불렸다.

고성(高成), 도위(都尉)가 다스린다.

고락(高樂), 망 때에는 위향(爲鄕)이라고 불렸다.

참호(參戶), 후국(侯國)이다.

성평(成平), 호지하(虖池河)를 백성들은 도해하(徒駭河)라고 불렀다. 망 때에는 택정(澤亭)이라고 불렸다.

유(柳), 후국(侯國)이다.

임락(臨樂), 후국(侯國)이다. 망 때에는 낙정(樂亭)이라고 불렸다.

동평서(東平舒)〔○ 사고(師古)가 말했다. "대군(代郡)에 평서(平舒)가 있기 때문에 여기서는 동(東)을 덧붙였다."〕.

중평(重平).

안차(安次).

수시(脩市), 후국(侯國)이다. 망 때에는 거령(居寧)이라고 불렸다.

문안(文安).

경성(景成), 후국(侯國)이다.

속주(束州).

건성(建成).

장향(章鄕), 후국(侯國)이다.

포령(浦領), 후국(侯國)이다.[90]

평원군(平原郡), 고제(高帝)가 두었다. 망 때에는 하평(河平)이라고 불렸다. 청주(靑州)에 속한다. 호구 수가 15만 4,387개이고 인구는 66만 4,543명이다. 현(縣)은 19개다.

평원(平原), 독마하(篤馬河)가 있어 동북쪽으로 흘러 바다로 흘러들어가는데, 560리를 흘러간다.

격(鬲), 평당(平當)을 격진(鬲津)으로 삼는다. 망 때에는 하평정(河平亭)이라고 불렸다.

고당(高唐), (하남 사람인) 상흠(桑欽)이 말하기를 탑수(漯水)의 발원지라고 했다.

중구(重丘).

평창(平昌), 후국(侯國)이다.

우(羽), 후국(侯國)이다. 망 때에는 우정(羽亭)이라고 불렸다.

반(般), 망 때에는 분명(分明)이라고 불렸다.

낙릉(樂陵), 도위(都尉)가 다스린다. 망 때에는 미양(美陽)이라고 불렸다.

축아(祝阿), 망 때에는 안성(安成)이라고 불렸다.

---

90 이상은 모두 발해군에 속하는 현(縣)들이다.

원(瑗), 망 때에는 동순정(東順亭)이라고 불렸다.

아양(阿陽).

탑음(漯陰), 망 때에는 익성(翼成)이라고 불렸다.

역(朸), 망 때에는 장향(張鄕)이라고 불렸다.

부평(富平), 후국(侯國)이다. 망 때에는 낙안정(樂安亭)이라고 불렸다〔○ 응소(應劭)가 말했다. "(후한의) 명제(明帝)가 이름을 염차(厭次)로 바꿨다."〕.

안덕(安德).

합양(合陽), 후국(侯國)이다. 망 때에는 의향(宜鄕)이라고 불렸다.

누허(樓虛), 후국(侯國)이다.

용액(龍額), 후국(侯國)이다. 망 때에는 청향(淸鄕)이라고 불렸다.

안(安), 후국(侯國)이다.[91]

천승군(千乘郡), 고제(高帝)가 두었다. 망 때에는 건신(建信)이라고 불렸다. 청주(靑州)에 속한다. 호구 수가 11만 6,727개이고 인구는 49만 7,720명이다. 철관(鐵官), 염관(鹽官), 균수관(均輸官)이 있다. 현(縣)은 15개다.

천승(千乘), 철관(鐵官)이 있다.

동추(東鄒).

습옥(濕沃), 망 때에는 연정(延亭)이라고 불렸다.

평안(平安), 후국(侯國)이다. 망 때에는 홍목(鴻睦)이라고 불렸다.

---

91 이상은 모두 평원군에 속하는 현(縣)들이다.

박창(博昌), 시수(時水)가 동북쪽으로 흘러 거정(鉅定)에 이르러 마거독(馬車瀆)으로 흘러들어가 유주(幽州)를 적신다.

요성(蓼城), 도위(都尉)가 다스린다. 망 때에는 시무(施武)라고 불렸다.

건신(建信).

적(狄), 망 때에는 이거(利居)라고 불렸다〔○ 응소(應劭)가 말했다. "(후한의) 안제(安帝)가 이름을 임제(臨濟)로 바꿨다."〕.

낭회(琅槐)〔○ 사고(師古)가 말했다. "槐의 발음은 (괴가 아니라) 회(回)다."〕.

낙안(樂安).

피양(被陽), 후국(侯國)이다.

고창(高昌).

번안(繁安), 후국(侯國)이다. 망 때에는 와정(瓦亭)이라고 불렸다.

고완(高宛), 망 때에는 상향(常鄕)이라고 불렸다.

연향(延鄕).[92]

제남군(濟南郡), 옛날의 제(齊)나라다. 문제(文帝) 16년에 별도로 제남국(濟南國)으로 삼았다. 경제(景帝) 2년에 군(郡)으로 삼았다. 망 때에는 낙안(樂安)이라고 불렸다. 청주(靑州)에 속한다. 호구 수가 14만 761개이고 인구는 64만 2,884명이다. 현(縣)은 14개다.

동평릉(東平陵), 공관(工官), 철관(鐵官)이 있다.

추(鄒).

평대(平臺), 망 때에는 대치(臺治)라고 불렸다.

---

92 이상은 모두 천승군에 속하는 현(縣)들이다.

양추(梁鄒).

토고(土鼓).

오릉(於陵), 도위(都尉)가 다스린다. 망 때에는 오륙(於陸)이라고 불렸다.

양구(陽丘).

반양(般陽), 망 때에는 제남정(濟南亭)이라고 불렸다.

간(菅)〔○ 응소(應劭)가 말했다. "菅의 발음은 (관이 아니라) 간(姦)이다."〕.

조양(朝陽), 후국(侯國)이다. 망 때에는 수치(脩治)라고 불렸다.

역성(歷城), 철관(鐵官)이 있다.

효(猇), 후국(侯國)이다. 망 때에는 이성(利成)이라고 불렸다.

저(著).

의성(宜成), 후국(侯國)이다.[93]

태산군(泰山郡), 고제(高帝)가 두었다. 연주(兗州)에 속한다. 호구 수가 17만 2,086개이고 인구는 72만 6,604명이다. 공관(工官)이 있다. 문수(汶水)가 내무(萊毋)에서 나와 서쪽으로 흘러 제수(濟水)로 흘러들어간다. 현(縣)은 24개다.

봉고(奉高), 명당(明堂)이 있는데 서남쪽으로 4리 떨어져 있으며 무제(武帝) 원봉(元封) 2년에 조성됐다.

박(博), 태산(泰山)의 사당이 있다. 대산(岱山)이 서북쪽에 있고 연주(兗

---

93 이상은 모두 제남군에 속하는 현(縣)들이다.

州)의 (대표적인) 산이다.

치(茬).

노(盧), 도위(都尉)가 다스린다. 제북왕(濟北王)의 도읍이다.

비성(肥成)〔○ 응소(應劭)가 말했다. "(옛날의) 비자국(肥子國)이다."〕.

사구(蛇丘), 수향(隧鄕)은 옛날의 수국(隧國)이다. 『춘추(春秋)』에 이르기를 "제(齊)나라 사람들이 대(隊)에서 섬멸당했다"고 했다.

강(剛), 옛날의 천(闡)이다. 망 때에는 유(柔)라고 불렸다.

시(柴).

개(蓋), 임락(臨樂)(현-발해군)의 자산(子山)은 수수(洙水)의 발원지이며 서북쪽으로 흘러 개(蓋)에 이르러 지수(池水)로 흘러들어간다. 또 기수(沂水)는 남쪽으로 흘러 하비(下邳)에 이르러 사수(泗水)로 흘러들어가는데, 5개의 군을 지나 600리를 흘러가며 청주(靑州)를 적신다.

양보(梁父).

동평양(東平陽).

남무양(南武陽), 관석산(冠石山)은 치수(治水)의 발원지이며 남쪽으로 흘러 하비(下邳)에 이르러 사수(泗水)로 흘러들어가는데, 2개의 군을 지나 940리를 흘러간다. 망 때에는 환선(桓宣)이라고 불렸다.

내무(萊蕪), 원산(原山)은 치수(甾水)의 발원지이며 동쪽으로 흘러 박창(博昌)에 이르러 제수(濟水)로 흘러들어가며 유주(幽州)를 적신다. 또한 「우공(禹貢)」에 나오는 문수(汶水)는 서남쪽에서 나와 제수(濟水)로 흘러들어간다. 문수는 상흠(桑欽)이 말한 곳이다.

거평(鉅平), 정정산사(亭亭山祠)가 있다.

영(嬴), 철관(鐵官)이 있다.

모(牟), 옛날의 나라다.

몽음(蒙陰), 「우공(禹貢)」에 나오는 몽산(蒙山)은 서남쪽에 있고 사당이 있다. 전유국(顓臾國)은 몽산 아래에 있다. 망 때에는 몽은(蒙恩)이라고 불렸다.

화(華), 망 때에는 익음(翼陰)이라고 불렸다.

영양(寧陽), 후국(侯國)이다. 망 때에는 영순(寧順)이라고 불렸다.

승구(乘丘).

부양(富陽).

도산(桃山), 후국(侯國)이다. 망 때에는 부로(裒魯)라고 불렸다.

도향(桃鄕), 후국(侯國)이다. 망 때에는 장정(鄣亭)이라고 불렸다.

식(式).[94]

제군(齊郡), 진(秦)나라가 두었다. 망 때에는 제남(濟南)이라고 불렸다. 청주(青州)에 속한다. 호구 수가 15만 4,826개이고 인구는 55만 4,444명이다. 현(縣)은 12개다.

임치(臨淄), 사상보(師尙父-태공망)의 봉지다. 여수(如水)가 서북쪽으로 흘러 양추(梁鄒)에 이르러 제수(濟水)로 흘러들어간다. 복관(服官)과 철관(鐵官)이 있다. 망 때에는 제릉(齊陵)이라고 불렸다.

창국(昌國), 덕회수(德會水)가 서북쪽으로 흘러 서안(西安)에 이르러 여

---

94 이상은 모두 태산군에 속하는 현(縣)들이다.

수(如水)로 흘러들어간다.

이(利), 망 때에는 이치(利治)라고 불렸다.

서안(西安), 망 때에는 동녕(東寧)이라고 불렸다.

거정(鉅定), 마거독수(馬車瀆水)는 처음에 거정(鉅定)의 물을 받아 동북쪽으로 흘러 낭회(琅槐)에 이르러 바다로 흘러들어간다.

광(廣), 위산(爲山)은 탁수(濁水)의 발원지이며 동북쪽으로 흘러 광요(廣饒)에 이르러 거정(鉅定)(의 호수)으로 흘러들어간다.

광요(廣饒).

소남(昭南).

임구(臨朐), 봉산(逢山)의 사당이 있다. 석고산(石膏山)은 양수(洋水)의 발원지이며 동북쪽으로 흘러 광요(廣饒)에 이르러 거정(鉅定)으로 흘러들어간다. 망 때에는 감구(監朐)라고 불렸다.

북향(北鄕), 후국(侯國)이다. 망 때에는 우취(禺聚)라고 불렸다.

평광(平廣), 후국(侯國)이다.

대향(臺鄕).[95]

북해군(北海郡), 경제(景帝) 중(中) 2년에 두었다. 청주(靑州)에 속한다. 호구 수가 12만 7,000명이고 인구는 59만 3,157명이다. 현(縣)은 12개다.

영릉(營陵), 어떤 사람은 영구(營丘)라고 한다. 망 때에는 북해정(北海亭)이라고 불렸다.

---

95 이상은 모두 제군에 속하는 현(縣)들이다.

극괴(劇魁), 후국(侯國)이다. 망 때에는 상부(上符)라고 불렸다.

안구(安丘), 망 때에는 주질(誅郅)이라고 불렸다.

집(瓡), 후국(侯國)이다. 망 때에는 도덕(道德)이라고 불렸다.

순우(淳于).

익(益), 망 때에는 탐양(探陽)이라고 불렸다.

평수(平壽).

극(劇), 후국(侯國)이다.

도창(都昌), 염관(鹽官)이 있다.

평망(平望), 후국(侯國)이다. 망 때에는 소취(所聚)라고 불렸다.

평적(平的), 후국(侯國)이다.

유천(柳泉), 후국(侯國)이다. 망 때에는 홍목(弘睦)이라고 불렸다.

수광(壽光), 염관(鹽官)이 있다. 망 때에는 익평정(翼平亭)이라고 불렸다.

낙망(樂望), 후국(侯國)이다.

요(饒), 후국(侯國)이다.

짐(斟), 옛 나라다. 우왕(禹王)의 후예다.

상독(桑犢), 복증산(覆甑山)은 개수(溉水)의 발원지이며 동북쪽으로 흘러 도창(都昌)에 이르러 바다로 흘러들어간다.

평성(平城), 후국(侯國)이다.

밀향(密鄕), 후국(侯國)이다.

양석(羊石), 후국(侯國)이다.

낙도(樂都), 후국(侯國)이다. 망 때에는 발롱(拔壟)이라고 불렸다.

석향(石鄕), 후국(侯國)이다. 다른 한편으로 정향(正鄕)이라고도 한다.

상향(上鄕), 후국(侯國)이다.

신성(新成), 후국(侯國)이다.

성향(成鄕), 후국(侯國)이다. 망 때에는 석락(石樂)이라고 불렸다.

교양(膠陽), 후국(侯國)이다.[96]

동래군(東萊郡), 고제(高帝)가 두었다. 청주(靑州)에 속한다. 호구 수가 10만 3,292개이고 인구는 50만 2,693명이다. 현(縣)은 17개다.

액(掖), 망 때에는 액통(掖通)이라고 불렸다.

수(睡), 지부산사(之罘山祠)가 있다. 거상산(居上山)은 성양단수(聲洋丹水)의 발원지이며 동북쪽으로 흘러 바다로 흘러들어간다.

평도(平度), 망 때에는 이로(利盧)라고 불렸다.

황(黃), 내산(萊山)의 송림내군사(松林萊君祠)가 있다. 망 때에는 의모(意母)라고 불렸다.

임구(臨朐),[97] 해수사(海水祠)가 있다. 망 때에는 감구(監朐)라고 불렸다.

곡성(曲成), 삼산(參山)의 만리사사(萬里沙祠)가 있다. 양구산(陽丘山)은 치수(治水)의 발원지이며 남쪽으로 흘러 기(沂)에 이르러 바다로 흘러들어간다. 염관(鹽官)이 있다.

모평(牟平), 망 때에는 망리(望利)라고 불렸다.

동모(東牟), 철관(鐵官)과 염관(鹽官)이 있다. 망 때에는 홍덕(弘德)이라고

---

96 이상은 모두 북해군에 속하는 현(縣)들이다.

97 앞서 제군에도 같은 현의 이름이 있었다.

불렸다.

견(䜌)〔○ 사고(師古)가 말했다. "䜌의 발음은 (현이 아니라) 견(堅)이다."〕, 백지내왕사(百支萊王祠)가 있다. 염관(鹽官)이 있다.

육리(育犁).

창양(昌陽), 염관(鹽官)이 있다. 망 때에는 숙경정(夙敬亭)이라고 불렸다.

불야(不夜), 성산일사(成山日祠)가 있다. 망 때에는 숙야(夙夜)라고 불렸다.

당리(當利), 염관(鹽官)이 있다. 망 때에는 동래정(東萊亭)이라고 불렸다.

노향(盧鄉).

양락(陽樂), 후국(侯國)이다. 망 때에는 연락(延樂)이라고 불렸다.

양석(陽石), 망 때에는 식명(識命)이라고 불렸다.

서향(徐鄉).[98]

낭야군(琅邪郡), 진(秦)나라가 두었다. 망 때에는 전이(塡夷)라고 불렸다. 서주(徐州)에 속한다. 호구 수가 22만 8,960개이고 인구는 107만 9,100명이다. 철관(鐵官)이 있다. 현(縣)은 51개다.

동무(東武), 망 때에는 상선(祥善)이라고 불렸다.

불기(不其), 태일(太一)과 선인(仙人)의 사당 9개와 명당(明堂)이 있는데 무제(武帝)가 세운 것이다.

해곡(海曲), 철관(鐵官)이 있다.

감유(贛榆)〔○ 사고(師古)가 말했다. "贛의 발음은 (공이 아니라) 감(紺)

---

98 이상은 모두 동래군에 속하는 현(縣)들이다.

이다."].

주허(朱虛), 범산(凡山)은 단수(丹水)의 발원지이며 동북쪽으로 흘러 수광(壽光)에 이르러 바다로 흘러들어간다. 동태산(東泰山)은 문수(汶水)의 발원지이며 동쪽으로 흘러 안구(安丘)에 이르러 유수(維水)로 흘러들어간다. 삼산(三山)과 오제(五帝)의 사당이 있다.

제(諸), 망 때에는 제병(諸幷)이라고 불렸다.

오성(梧成).

영문(靈門), 고자산(高柔山=高柘山)이 있다. 호산(壺山)은 오수(浯水)의 발원지이며 동북쪽으로 흘러 회수(淮水)로 흘러들어간다.

고막(姑幕), 도위(都尉)가 다스린다. 혹은 박고(薄姑)라고도 한다. 망 때에는 계목(季睦)이라고 불렸다.

허수(虛水), 후국(侯國)이다.

임원(臨原), 후국(侯國)이다. 망 때에는 전이정(塡夷亭)이라고 불렸다.

낭야(琅邪), 월왕(越王) 구천(句踐)이 일찍이 이곳을 다스려 관대(館臺)를 지었다[○ 사고(師古)가 말했다. "『산해경(山海經)』에 따르면 낭야의 대(臺)는 낭야의 동쪽에 있었다."]. 사시사(四時祠)가 있다.

폐(祓)[○ 사고(師古)가 말했다. "祓의 발음은 (불이 아니라) 폐(廢)다."], 후국(侯國)이다.

거(柜), 근애수(根艾水)가 동쪽으로 흘러 바다로 흘러들어간다. 망 때에는 폐동(祓同)이라고 불렸다.

병(缾), 교수(膠水)가 동쪽으로 흘러 평도(平度)에 이르러 바다로 흘러들어간다. 망 때에는 순덕(純德)이라고 불렸다.

우가(雩叚), 후국(侯國)이다.

검추(黔陬), 옛날의 개국(介國)이다.

운(雲), 후국(侯國)이다.

계근(計斤), 거나라 임금[莒子]이 처음으로 이곳을 일으켰고 뒤에 거(莒)로 옮겨갔다〔○ 사고(師古)가 말했다. "즉 『춘추좌씨전(春秋左氏傳)』에서 말한 개근(介根)이다."〕. 염관(鹽官)이 있다.

도(稻), 후국(侯國)이다.

고우(皐虞), 후국(侯國)이다. 망 때에는 영려(盈廬)라고 불렸다.

평창(平昌).

장광(長廣), 내산내왕사(萊山萊王祠)가 있다. 해양택(奚養澤)이 서쪽에 있고 진(秦)나라의 지도에서는 극청지(劇淸池)[99]라고 했는데 유주(幽州)의 (대표적인) 큰 늪이다. 염관(鹽官)이 있다.

횡(橫), 고산(故山)은 구이수(久台水)〔○ 사고(師古)가 말했다. "台의 발음은 (태나 대가 아니라) 이(怡)다."〕의 발원지이며 동남쪽으로 흘러 동무(東武)에 이르러 회수(淮水)로 흘러들어간다. 망 때에는 영구(令丘)라고 불렸다.

동관(東莞), 술수(術水)가 남쪽으로 흘러 하비(下邳)에 이르러 사수(泗水)로 흘러들어가는데〔○ 사고(師古)가 말했다. "莞의 발음은 (완이 아니라) 관(官)이다. 술수(術水)는 곧 술수(沭水)다."〕, 3개의 군을 지나며 710리를 흘러가면서 청주(靑州)를 적신다.

---

99 원문은 지(地)로 돼 있는데 일본어판을 따라 지(池)로 옮겼다.

위기(魏其), 후국(侯國)이다. 망 때에는 청천(靑泉)이라고 불렸다.

창(昌), 환산사(環山祠)가 있다.

자향(茲鄕), 후국(侯國)이다.

기(箕), 후국(侯國)이다. 「우공(禹貢)」에 나오는 유수(濰水)가 북쪽으로 흘러 창도(昌都)에 이르러 바다로 흘러들어가는데, 3개의 군을 지나며 520리를 흘러가면서 연주(兗州)를 적신다.

비(椑), 야두수(夜頭水)가 남쪽으로 흘러 바다로 흘러들어간다. 망 때에는 식명(識命)이라고 불렸다.

고광(高廣), 후국(侯國)이다.

고향(高鄕), 후국(侯國)이다.

유(柔), 후국(侯國)이다.

즉래(卽來), 후국(侯國)이다. 망 때에는 성목(盛睦)이라고 불렸다.

여(麗), 후국(侯國)이다.

무향(武鄕), 후국(侯國)이다. 망 때에는 순리(順理)라고 불렸다.

이향(伊鄕), 후국(侯國)이다.

신산(新山), 후국(侯國)이다.

고양(高陽), 후국(侯國)이다.

곤산(昆山), 후국(侯國)이다.

삼봉(參封), 후국(侯國)이다.

절천(折泉), 후국(侯國)이다. 절천수(折泉水)는 북쪽으로 흘러 막(莫)에 이르러 회수(淮水)로 흘러들어간다.

박석(博石), 후국(侯國)이다.

방산(房山), 후국(侯國)이다.

신향(愼鄕), 후국(侯國)이다.

사망(駟望), 후국(侯國)이다. 망 때에는 영향(泠鄕)이라고 불렸다.

안구(安丘), 후국(侯國)이다. 망 때에는 영향(寧鄕)이라고 불렸다.

고릉(高陵), 후국(侯國)이다. 망 때에는 포릉(蒲陵)이라고 불렸다.

임안(臨安), 후국(侯國)이다. 망 때에는 성신(誠信)이라고 불렸다.

석산(石山), 후국(侯國)이다.[100]

동해군(東海郡), 고제(高帝)가 두었다. 망 때에는 기평(沂平)이라고 불렸다. 서주(徐州)에 속한다. 호구 수가 35만 8,414개이고 인구는 155만 9,357명이다. 현(縣)은 38개다.

담(郯), 옛날의 나라로 소호(少昊)의 후예의 나라이며 영성(盈姓)이다.

난릉(蘭陵), 망 때에는 난동(蘭東)이라고 불렸다.

양비(襄賁)〔○ 응소(應劭)가 말했다. "賁의 발음은 (분이 아니라) 비(肥)다."〕, 망 때에는 장신(章信)이라고 불렸다.

하비(下邳), 갈역산(葛嶧山)이 서쪽에 있는데 고문에서는 역양(嶧陽)이라고 했다. 철관(鐵官)이 있다. 망 때에는 윤검(閏儉)이라고 불렸다.

양성(良成), 후국(侯國)이다. 망 때에는 승한(承翰)이라고 불렸다〔○ 사고(師古)가 말했다. "『춘추좌씨전(春秋左氏傳)』에 이르기를 '진나라 임금[晉侯]이 오나라 임금[吳子]을 양(良)에서 회동했다'고 했는데 이곳이다."〕.

---

100 이상은 모두 낭야군에 속하는 현(縣)들이다.

평곡(平曲), 망 때에는 평단(平端)이라고 불렸다.

척(戚).

구(朐), 진시황이 해변에 돌을 세우고서 동문궐(東門闕)로 삼았다. 철관(鐵官)이 있다.

개양(開陽), 옛날의 우국(鄅國)이다. 망 때에는 염로(厭虜)라고 불렸다.

비(費), 옛날의 노(魯)나라 계씨(季氏)의 읍이다. 도위(都尉)가 다스린다. 망 때에는 순종(順從)이라고 불렸다.

이성(利成), 망 때에는 유천(流泉)이라고 불렸다.

해곡(海曲), 망 때에는 동해정(東海亭)이라고 불렸다.

난기(蘭祺), 후국(侯國)이다. 망 때에는 부목(溥睦)이라고 불렸다.

증(繒), 옛날의 나라로 우왕(禹王)의 후예의 나라다. 망 때에는 증치(繒治)라고 불렸다.

남성(南成), 후국(侯國)이다.

산향(山鄕), 후국(侯國)이다.

건향(建鄕), 후국(侯國)이다.

즉구(卽丘), 망 때에는 취신(就信)이라고 불렸다.

축기(祝其), 「우공(禹貢)」에 나오는 우산(羽山)이 남쪽에 있고 (우왕의 아버지) 곤(鯀)이 유배됐다가 처형당한[殛] 곳이다. 망 때에는 유정(猶亭)이라고 불렸다.

임기(臨沂).

후구(厚丘), 망 때에는 축기정(祝其亭)이라고 불렸다.

용구(容丘), 후국(侯國)이다. 사수(泗水)가 동남쪽으로 흘러 하비(下邳)에 이르러 사수(泗水)로 흘러들어간다.

동안(東安), 후국(侯國)이다. 망 때에는 업정(業亭)이라고 불렸다.

합향(合鄕), 망 때에는 합취(合聚)라고 불렸다.

증(承)[○ 응소(應劭)가 말했다. "承의 발음은 (승이 아니라) 증(證)이다."], 망 때에는 증치(承治)라고 불렸다.

건양(建陽), 후국(侯國)이다. 망 때에는 건력(建力)이라고 불렸다.

곡양(曲陽), 망 때에는 종양(從羊)이라고 불렸다.

사오(司吾), 망 때에는 식오(息吾)라고 불렸다.

우향(于鄕), 후국(侯國)이다.

평곡(平曲), 후국(侯國)이다. 망 때에는 단평(端平)이라고 불렸다.

도양(都陽), 후국(侯國)이다.

음평(陰平), 후국(侯國)이다.

오향(郚鄕), 후국(侯國)이다. 망 때에는 서정(徐亭)이라고 불렸다.

무양(武陽), 후국(侯國)이다. 망 때에는 홍정(弘亭)이라고 불렸다.

신양(新陽), 후국(侯國)이다. 망 때에는 박취(博聚)라고 불렸다.

건릉(建陵), 후국(侯國)이다. 망 때에는 부정(付亭)이라고 불렸다.

창려(昌慮), 후국(侯國)이다. 망 때에는 여취(慮聚)라고 불렸다.

도평(都平), 후국(侯國)이다.[101]

임회군(臨淮郡), 무제(武帝) 원수(元狩) 6년에 두었다. 망 때에는 회평(淮

---

101 이상은 모두 동해군에 속하는 현(縣)들이다.

平)이라고 불렸다. 호구 수가 26만 8,283개이고 인구는 123만 7,764명이다. 현(縣)은 29개다.

서(徐), 옛날의 나라이며 영성(盈姓)이다. 춘추시대 서나라 임금[徐子]_{서자} 장우(章禹)에 이르러 초(楚)나라에 멸망당했다. 망 때에는 서조(徐調)라고 불렸다.

추려(取慮)〔○ 사고(師古)가 말했다. "取의 발음은 (취가 아니라) 추(鄒)나 추(秋)다."〕.

회포(淮浦), 유수(游水)가 북쪽으로 흘러 바다로 흘러들어간다. 망 때에는 회경(淮敬)이라고 불렸다.

우이(盱眙), 도위(都尉)가 다스린다. 망 때에는 무광(武匡)이라고 불렸다.

구유(夻猶), 망 때에는 병의(秉義)라고 불렸다.

동(僮), 망 때에는 성신(成信)이라고 불렸다.

사양(射陽)〔○ 응소(應劭)가 말했다. "사수(射水)의 북쪽이다."〕, 망 때에는 감회정(監淮亭)이라고 불렸다.

개양(開陽).

췌기(贅其).

고산(高山).

수릉(睢陵), 망 때에는 수륙(睢陸)이라고 불렸다.

염독(鹽瀆), 철관(鐵官)이 있다.

회음(淮陰), 망 때에는 가신(嘉信)이라고 불렸다.

회릉(淮陵), 망 때에는 회륙(淮陸)이라고 불렸다.

하상(下相), 망 때에는 종덕(從德)이라고 불렸다.

부릉(富陵), 망 때에는 삭로(㮴虜)라고 불렸다.

동양(東陽).

파정(播旌), 망 때에는 저신(著信)이라고 불렸다.

서평(西平), 망 때에는 영취(永聚)라고 불렸다.

고평(高平), 후국(侯國)이다. 망 때에는 성구(成丘)라고 불렸다.

개릉(開陵), 후국(侯國)이다. 망 때에는 성향(成鄕)이라고 불렸다.

창양(昌陽), 후국(侯國)이다.

광평(廣平), 후국(侯國)이다. 망 때에는 평녕(平寧)이라고 불렸다.

난양(蘭陽), 후국(侯國)이다. 망 때에는 건절(建節)이라고 불렸다.

양평(襄平), 후국(侯國)이다. 망 때에는 상평(相平)이라고 불렸다.

해릉(海陵), 강해회사(江海會祠)가 있다. 망 때에는 정간(亭間)이라고 불렸다.

여(輿), 망 때에는 미덕(美德)이라고 불렸다.

당읍(堂邑), 철관(鐵官)이 있다.

낙릉(樂陵), 후국(侯國)이다.[102]

회계군(會稽郡), 진(秦)나라가 두었다. 고제(高帝) 6년에 형국(荊國)으로 삼았다가 12년에 이름을 오(吳)로 고쳤다. 경제(景帝) 4년에 강도(江都)에 속하게 했다. 양주(揚州)에 속한다. 호구 수가 22만 3,038개이고 인구는 103만 2,604명이다. 현(縣)은 26개다.

---

102 이상은 모두 임회군에 속하는 현(縣)들이다.

오(吳), 주(周)나라 태백(太伯)의 봉읍이다. 구구택(具區澤)이 서쪽에 있어 양주(揚州)의 (대표적인) 큰 늪이다. 고문에는 진택(震澤)이라고 돼 있다. 남강(南江)이 남쪽에 있어 동쪽으로 흘러 바다로 흘러들어가는데, 양주의 (대표적인) 큰 강이다. 망 때에는 태덕(泰德)[103]이라고 불렸다.

곡아(曲阿), 옛날의 운양(雲陽)이다. 망 때에는 풍미(風美)라고 불렸다.

오상(烏傷), 망 때에는 오효(烏孝)라고 불렸다.

비릉(毗陵), 계찰(季札)[104]이 살았던 곳이다. 장강(長江)이 북쪽에 있어 동쪽으로 흘러 바다로 흘러들어간다. 양주(揚州)의 (대표적인) 큰 강이다. 망 때에는 비단(毗壇)이라고 불렸다.

여기(餘暨), 소산(蕭山)은 반수(潘水)의 발원지이며 동쪽으로 흘러 바다로 흘러들어간다. 망 때에는 여연(餘衍)이라고 불렸다.

양선(陽羨).

제기(諸暨), 망 때에는 소로(疏虜)라고 불렸다.

무석(無錫), 역산(歷山)이 있고 춘신군(春申君)이 해마다 소를 희생으로 해 제사를 지냈다. 망 때에는 유석(有錫)이라고 불렸다.

---

103 태백을 태백(泰伯)이라고도 한다. 그의 덕이 지극했다고 해서 지덕(至德)은 곧 태백을 가리킨다.

104 춘추시대 오(吳)나라 사람으로 공자찰(公子札) 또는 연릉(延陵)에 봉해져 연릉계자(延陵季子)라고도 한다. 나중에 또 주래(州來)에 봉해져 연주래계자(延州來季子)라고도 한다. 오왕(吳王) 수몽(壽夢)의 넷째 아들이다. 아버지 수몽이 왕으로 세우려고 했지만 고사했다. 형 제번(諸樊)이 양보하려고 하자 또 사양했다. 제번이 죽자 그 형 여제(餘祭)가 왕위에 올랐다. 여제가 죽은 뒤 이매(夷昧)가 올랐다. 이매가 죽자 나라를 주려고 하니 피하고서 받지 않아 이매의 아들 요(僚)가 즉위했다.

산음(山陰), 회계산(會稽山)이 남쪽에 있고 산 위에는 우왕(禹王)의 무덤과 우물이 있다. 양주(揚州)의 (대표적인) 산이다. 월왕(越王) 구천(句踐)의 본국(本國)이다. 영문원(靈文園)이 있다〔○ 사고(師古)가 말했다. "영문후(靈文侯)는 박태후(薄太后-문제의 어머니)의 아버지다."〕.

단도(丹徒).

여요(餘姚).

누(婁), 남무성(南武城)이 있는데 합려(闔閭)가 세운 것으로 월(越)나라를 정찰하던 곳이다. 망 때에는 누치(婁治)라고 불렸다.

상우(上虞), 구정(仇亭)이 있다. 가수(柯水)가 동쪽으로 흘러 바다로 흘러들어간다. 망 때에는 회계(會稽)라고 불렸다.

해염(海鹽), 옛날의 무원향(武原鄉)이다. 염관(鹽官)이 있다. 망 때에는 전무(展武)라고 불렸다.

섬(剡), 망 때에는 진충(盡忠)이라고 불렸다.

유권(由拳), 시벽(柴辟)은 옛날의 취리향(就李鄉)으로 오(吳)나라와 월(越)나라의 전쟁터다.

대말(大末), 곡수(穀水)가 동북쪽으로 흘러 전당(錢唐)에 이르러 장강으로 흘러들어간다. 망 때에는 말치(末治)라고 불렸다.

오정(烏程), 구양정(歐陽亭)이 있다.

구장(句章), 거수(渠水)가 동쪽으로 흘러 바다로 흘러들어간다.

여항(餘杭), 망 때에는 진목(進睦)이라고 불렸다.

은(鄞), 진정(鎭亭)이 있고 결기정(鮚埼亭)〔○ 사고(師古)가 말했다. "鮚의 발음은 (길이 아니라) 결(結)이다."〕이 있다. 동남쪽에 천문수(天門水)가 있어 바다로 흘러들어간다. 월(越)나라의 천문산(天門山)이 있다. 망 때에는 근(謹)이라고 불렸다.

전당(錢唐), 서부도위(西部都尉)가 다스린다. 무림산(武林山)은 무림수(武林水)의 발원지이며 동쪽으로 흘러 바다로 흘러들어가는데, 830리를 흘러간다. 망 때에는 천정(泉亭)이라고 불렸다.

무(鄮), 망 때에는 해치(海治)라고 불렸다.

부춘(富春), 망 때에는 주세(誅歲)라고 불렸다.

야(冶)〔○ 사고(師古)가 말했다. "본래는 민월(閩越)의 땅이었다."〕.[105, 106]

단양군(丹揚郡), 옛날의 장군(鄣郡)으로 강도(江都)에 속했다. 무제(武帝) 원봉(元封) 2년에 이름을 단양(丹揚)으로 바꿨다. 양주(揚州)에 속한다. 호구 수가 10만 7,541개이고 인구는 40만 5,171명이다. 동관(銅官)이 있다. 현(縣)은 17개다.

완릉(宛陵), 팽택취(彭澤聚)가 서남쪽에 있다. 청수(淸水)가 서북쪽으로 흘러 무호(蕪湖)에 이르러 장강으로 흘러들어간다. 망 때에는 무완(無宛)이라고 불렸다.

오잠(於潛)〔○ 사고(師古)가 말했다. "潛의 발음은 (참이 아니라) 잠(潛)이다."〕.

강승(江乘), 망 때에는 상무(相武)라고 불렸다.

---

105 원문에는 치(治)로 돼 있는데 야(冶)의 잘못이다.

106 이상은 모두 회계군에 속하는 현(縣)들이다.

춘곡(春穀).

말릉(秣陵). 망 때에는 선정(宣亭)이라고 불렀다.

고장(故鄣), 망 때에는 후망(候望)이라고 불렀다.

구용(句容).

경(涇)〔○ 위소(韋昭)가 말했다. "경수(涇水)는 무호(蕪湖)에서 발원한다."〕.

단양(丹陽), 초(楚)나라 왕실의 선조 웅역(熊繹)[107]의 봉지로 18세(世) 때인 문왕(文王)이 영(郢)으로 옮겼다.

석성(石城), 분강수(分江水)는 처음에 장강에서 물을 받아 동쪽으로 흘러 여요(餘姚)에 이르러 바다로 흘러들어가는데, 두 개의 군을 지나며 1,200리를 흘러간다.

호숙(胡孰).

능양(陵陽), 상흠(桑欽)이 말하기를 회수(淮水)는 동남쪽에서 나와 북쪽으로 흘러 대강(大江-장강)으로 흘러들어간다고 했다.

무호(蕪湖), 중강(中江)이 서남쪽에서 나와 동쪽으로 흘러 양선(陽羨)에 이르러 바다로 흘러들어간다. 양주(揚州)의 (대표적인) 큰 강이다.

이(黟)〔○ 사고(師古)가 말했다. "黟의 발음은 (유가 아니라) 이(伊)다."〕, 점강수(漸江水)가 남만이중(南蠻夷中)에서 나와 동쪽으로 흘러 바다로 흘러들어간다. 성제(成帝) 홍가(鴻嘉) 2년에 광덕왕국(廣德王國)으로 삼았다. 망 때에는 소로(愬虜)라고 불렀다.

---

107 서주(西周) 때 사람으로 죽웅(鬻熊)의 증손이고 웅광(熊狂)의 아들이다. 주(周)나라 성왕(成王)에 의해 처음으로 초나라 제후에 봉해져 단양(丹陽)에 살았다.

율양(溧陽).

섭(歙)〔○ 사고(師古)가 말했다. "歙의 발음은 (흡이 아니라) 섭(攝)이다."〕, 도위(都尉)가 다스린다.

선성(宣城).[108]

예장군(豫章郡), 고제(高帝)가 두었다. 망 때에는 구강(九江)이라고 불렸다. 양주(揚州)에 속한다. 호구 수가 6만 7,462개이고 인구는 35만 1,965명이다. 현(縣)은 18개다.

남창(南昌), 망 때에는 의선(宜善)이라고 불렸다.

여릉(廬陵), 망 때에는 환정(桓亭)이라고 불렸다.

팽택(彭澤), 「우공(禹貢)」에 나오는 팽려택(彭蠡澤)이 서쪽에 있다.

파양(鄱陽), 무양향(武陽鄕)의 오른쪽(서쪽) 10여 리에 황금채(黃金采) 〔○ 사고(師古)가 말했다. "채(采)란 금을 캐는 곳을 가리킨다."〕가 있다. 파수(鄱水)가 서쪽으로 흘러 호한(湖漢)으로 흘러들어간다. 망 때에는 향정(鄕亭)이라고 불렸다.

역릉(歷陵), 부양산(傅昜山)과 부양천(傅昜川)이 남쪽에 있는데 고문에서는 부천원(傅淺原)이라고 했다. 망 때에는 포정(蒲亭)이라고 불렸다.

여간(餘汗)〔○ 응소(應劭)가 말했다. "汗의 발음은 (한이 아니라) 간(干)이다."〕, 여수(餘水)가 북쪽에 있고 교양(鄡陽)에 이르러 호한(湖漢)으로 흘러들어간다. 망 때에는 치간(治干)이라고 불렸다.

---

108 이상은 모두 단양군에 속하는 현(縣)들이다.

시상(柴桑), 망 때에는 구강정(九江亭)이라고 불렸다.

애(艾), 수수(脩水)가 동북쪽으로 흘러 팽택(彭澤)에 이르러 호한(湖漢)으로 흘러들어가는데, 660리를 흘러간다. 망 때에는 치한(治翰)이라고 불렸다.

감(贛)〔○ 여순(如淳)이 말했다. "贛의 발음은 (공이 아니라) 감(感)이다."〕, 예장수(豫章水)가 서남쪽에서 나와 북쪽으로 흘러 대강(大江)으로 흘러들어간다.

신감(新淦), 도위(都尉)가 다스린다. 망 때에는 우정(偶亭)이라고 불렸다.

남성(南城), 우수(盱水)는 서북쪽으로 흘러 남창(南昌)에 이르러 호한(湖漢)으로 흘러들어간다.

건성(建成), 촉수(蜀水)는 동쪽으로 흘러 남창(南昌)에 이르러 호한(湖漢)으로 흘러들어간다. 망 때에는 다취(多聚)라고 불렸다.

의춘(宜春), 남수(南水)는 동쪽으로 흘러 신감(新淦)에 이르러 호한(湖漢)으로 흘러들어간다. 망 때에는 수효(脩曉)라고 불렸다.

해혼(海昏), 망 때에는 의생(宜生)이라고 불렸다〔○ 사고(師古)가 말했다. "곧 창읍왕(昌邑王) 하(賀-유하)의 봉지다."〕.

우도(雩都), 호한수(湖漢水)는 동쪽으로 흘러 팽택(彭澤)에 이르러 장강으로 흘러들어가는데, 1,980리를 흘러간다.

교양(鄡陽), 망 때에는 예장(豫章)이라고 불렸다.

남야(南野), 팽수(彭水)는 동쪽으로 흘러 호한(湖漢)으로 흘러들어간다.

안평(安平), 후국(侯國)이다. 망 때에는 안녕(安寧)이라고 불렸다.[109]

계양군(桂陽郡), 고제(高帝)가 두었다. 망 때에는 남평(南平)이라고 불렸다. 형주(荊州)에 속한다. 호구 수가 2만 8,119개이고 인구는 15만 6,488명이다. 현(縣)은 11개다.

침(郴), 뇌산(耒山)은 뇌수(耒水)[110]의 발원지이며 서남쪽으로 흘러 상남(湘南)에 이르러 호(湖)로 흘러들어간다. 항우(項羽)가 의제(義帝)를 (황제로) 세워 이곳에 도읍했다. 망 때에는 선풍(宣風)이라고 불렸다.

임무(臨武), 진수(秦水)는 동남쪽으로 흘러 정양(湞陽)에 이르러 회수(匯水)로 흘러들어가는데, 700리를 흘러간다. 망 때에는 대무(大武-혹은 태무)라고 불렸다.

편(便), 망 때에는 편병(便屛)이라고 불렸다.

남평(南平).

뇌양(耒陽)[○ 사고(師古)가 말했다. "뇌수(耒水)의 북쪽[陽]이다."], 용산(舂山)은 용수(舂水)의 발원지이며 북쪽으로 흘러 영(酃)에 이르러 호(湖)로 흘러들어가는데, 2개의 군을 지나며 780리를 흘러간다. 망 때에는 남평정(南平亭)이라고 불렸다.

계양(桂陽), 회수(匯水)는 남쪽으로 흘러 사회(四會)에 이르러 울수(鬱水)로 흘러들어가는데, 2개의 군을 지나며 900리를 흘러간다.

---

109 이상은 모두 예장군에 속하는 현(縣)들이다.

110 원문에는 수(水)가 아니라 산(山)으로 돼 있다.

양산(陽山), 후국(侯國)이다.

곡강(曲江), 망 때에는 제로(除虜)라고 불렸다.

함광(含洭).

정양(湞陽), 망 때에는 기무(基武)라고 불렸다.

음산(陰山), 후국(侯國)이다.[111]

무릉군(武陵郡), 고제(高帝)가 두었다. 망 때에는 건평(建平)이라고 불렸다. 형주(荊州)에 속한다. 호구 수가 3만 4,177개이고 인구는 18만 5,758명이다. 현(縣)은 13개다.

삭(索), 점수(漸水)는 동쪽으로 흘러 원수(沅水)로 흘러들어간다〔○ 응소(應劭)가 말했다. "(후한의) 순제(順帝)가 이름을 한수(漢壽)로 바꿨다."〕.

천릉(孱陵)〔○ 사고(師古)가 말했다. "孱의 발음은 (잔이 아니라) 천(踐)이다."〕, 망 때에는 천륙(孱陸)이라고 불렸다.

임원(臨沅), 망 때에는 감원(監沅)이라고 불렸다.

원릉(沅陵), 망 때에는 원륙(沅陸)이라고 불렸다.

담성(鐔成)〔○ 맹강(孟康)이 말했다. "鐔의 발음은 (심이 아니라) 담(潭)이다."〕, 강곡수(康谷水)는 남쪽으로 흘러 바다로 흘러들어간다. 옥산(玉山)은 담수(潭水)의 발원지이며 동쪽으로 흘러 아림(阿林)에 이르러 울수(鬱水)로 흘러들어가는데, 2개의 군을 지나며 720리를 흘러간다.

---

111 이상은 모두 계양군에 속하는 현(縣)들이다.

무양(無陽), 무수(無水)가 처음에 고차란(故且蘭)¹¹²의 물을 받아 남쪽으로 흘러 원수(沅水)로 흘러들어가며 890리를 흘러간다.

천릉(遷陵), 망 때에는 천륙(遷陸)이라고 불렀다.

진양(辰陽), 삼산곡(三山谷)은 진수(辰水)의 발원지이며 남쪽으로 흘러 원수(沅水)로 흘러들어가며 750리를 흘러간다. 망 때에는 회정(會亭)이라고 불렀다.

유양(酉陽).

의릉(義陵), 부량산(鄜梁山)은 서수(序水)의 발원지이며 서쪽으로 흘러 원수(沅水)로 흘러들어간다. 망 때에는 건평(建平)이라고 불렀다.

항산(佷山)〔○ 맹강(孟康)이 말했다. "佷의 발음은 (한이 아니라) 항(恒)이다."〕.

영양(零陽).

충(充), 유원산(酉原山)은 유수(酉水)의 발원지이며 남쪽으로 흘러 원륙(沅陸)에 이르러 원수(沅水)로 흘러들어가며 1,200리를 흘러간다. 역산(歷山)은 풍수(灃水)의 발원지이며 동쪽으로 흘러 하준(下雋)에 이르러 원수(沅水)로 흘러들어가는데, 2개의 군을 지나며 1,200리를 흘러간다.¹¹³

영릉군(零陵郡), 무제(武帝) 원정(元鼎) 6년에 두었다. 망 때에는 구의(九疑)라고 불렀다. 형주(荊州)에 속한다. 호구 수가 2만 1,092개이고 인구는 13

---

112 장가군(牂柯郡)의 현 이름이다.

113 이상은 모두 무릉군에 속하는 현(縣)들이다.

만 9,378명이다. 현(縣)은 10개다.

영릉(零陵), 양해산(陽海山)은 상수(湘水)의 발원지이며 북쪽으로 흘러 영(鄒)에 이르러 장강으로 흘러들어가는데, 2개의 군을 지나며 2,530리를 흘러간다. 또 이수(離水)가 있어 동남쪽으로 흘러 광신(廣信)에 이르러 울림(鬱林)으로 흘러들어간다.

영도(營道), 구의산(九疑山)이 남쪽에 있다. 망 때에는 구의정(九疑亭)이라고 불렸다.

시안(始安).

부이(夫夷).

영포(營浦).

도량(都梁), 후국(侯國)이다. 노산(路山)은 자수(資水)의 발원지이며 동북쪽으로 흘러 익양(益陽)에 이르러 원수(沅水)로 흘러들어가는데, 2개의 군을 지나며 1,800리를 흘러간다.

영도(泠道), 망 때에는 영릉(泠陵)이라고 불렸다.

천릉(泉陵), 후국(侯國)이다. 망 때에는 부윤(溥閏)이라고 불렸다.

도양(洮陽)〔○ 여순(如淳)이 말했다. "洮의 발음은 (조가 아니라) 도(韜)다."〕, 망 때에는 도치(洮治)라고 불렸다.

종무(鍾武), 망 때에는 종환(鍾桓)이라고 불렸다.[114]

한중군(漢中郡), 진(秦)나라가 두었다. 망 때에는 신성(新成)이라고 불렸

---

114 이상은 모두 영릉군에 속하는 현(縣)들이다.

다. 익주(益州)에 속한다. 호구 수가 10만 1,570개이고 인구는 30만 614명이다. 현(縣)은 12개다.

서성(西城).

순양(旬陽), 북산(北山)은 순수(旬水)의 발원지이며 남쪽으로 흘러 면수(沔水)로 흘러들어간다.

남정(南鄭), 한산(旱山)은 지수(池水)의 발원지이며 동북쪽으로 흘러 한수(漢水)로 흘러들어간다.

포중(褒中), 도위(都尉)가 다스린다. 한양향(漢陽鄕).

방릉(房陵), 회산(淮山)은 회수(淮水)의 발원지이며 동쪽으로 흘러 중려(中廬)에 이르러 면수(沔水)로 흘러들어간다. 또 축수(筑水)가 있어 동쪽으로 흘러 축양(筑陽)에 이르러 역시 면수(沔水)로 흘러들어간다. 동산(東山)은 저수(沮水)의 발원지이며 동쪽으로 흘러 영(郢)에 이르러 장강으로 흘러들어가는데, 700리를 흘러간다.

안양(安陽), 잠곡수(鬵谷水)〔○ 사고(師古)가 말했다. "鬵의 발음은 (심이 아니라) 잠(潛)이다."〕는 서남쪽에서 나와 북쪽으로 흘러 한수(漢水)로 흘러들어간다. 재곡수(在谷水)는 북쪽에서 나와 남쪽으로 흘러 한수(漢水)로 흘러들어간다.

성고(成固).

면양(沔陽), 철관(鐵官)이 있다.

양(錫), 망 때에는 양치(錫治)라고 불렸다.

무릉(武陵).

상용(上庸).

장리(長利), 운관(鄖關)이 있다.[115]

광한군(廣漢郡), 고제(高帝)가 두었다. 망 때에는 취도(就都)라고 불렸다. 익주(益州)에 속한다. 호구 수가 16만 7,499개이고 인구는 66만 2,249명이다. 공관(工官)이 있다. 현(縣)은 13개다.

재동(梓潼), 오부산(五婦山)은 치수(馳水)의 발원지이며 남쪽으로 흘러 부수(涪水)로 흘러들어가는데, 550리를 흘러간다. 망 때에는 자동(子同)이라고 불렸다.

십방(汁方)〔○ 응소(應劭)가 말했다. "汁의 발음은 (즙이 아니라) 십(十)이다."〕, 망 때에는 미신(美信)이라고 불렸다.

부(涪), 천정(屛亭)이 있다. 망 때에는 통목(統睦)이라고 불렸다.

낙(雒), 장산(章山)은 낙수(雒水)의 발원지이며 남쪽으로 흘러 신도곡(新都谷)에 이르러 전수(湔水)로 흘러들어간다. 공관(工官)이 있다. 망 때에는 오락(吾雒)이라고 불렸다.

면죽(緜竹), 자암산(紫巖山)은 면수(緜水)의 발원지이며 동쪽으로 흘러 신도(新都)의 북쪽에 이르러 낙수(雒水)로 흘러들어간다. 도위(都尉)가 다스린다.

광한(廣漢), 망 때에는 광신(廣信)이라고 불렸다.

가맹(葭明)〔○ 응소(應劭)가 말했다. "발음은 가맹(家盲)이다."〕.

처(郪).

---

115 이상은 모두 한중군에 속하는 현(縣)들이다.

신도(新都).

전저도(甸氐道), 백수(白水)는 요외(徼外-변방 밖)에서 나와 동쪽으로 흘러 가명(葭明)에 이르러 한수(漢水)로 흘러들어가는데, 1개의 군을 지나며 950리를 흘러간다. 망 때에는 치치(致治)라고 불렸다.

백수(白水).

강저도(剛氐道), 부수(涪水)는 요외(徼外)에서 나와 남쪽으로 흘러 점강(墊江)에 이르러 한수(漢水)로 흘러들어가는데, 2개의 군을 지나며 1,069리를 흘러간다.

음평도(陰平道), 북부도위(北部都尉)가 다스린다. 망 때에는 최로(摧虜)라고 불렸다.[116]

촉군(蜀郡), 진(秦)나라가 두었다. 소강(小江)과 팔(八)이 나란히 1,980리를 흘러간다. 「우공(禹貢)」에 나오는 환수(桓水)가 촉산(蜀山) 서남쪽에서 나와[117] 강(羌)의 가운데를 흘러 남해(南海)로 흘러들어간다. 망 때에는 도강(導江)이라고 불렸다. 익주(益州)에 속한다. 호구 수가 26만 8,279개이고 인구는 124만 5,929명이다. 현(縣)은 15개다.

성도(成都), 호구 수가 7만 6,256개다. 공관(工官)이 있다.

피(郫)〔○ 사고(師古)가 말했다. "郫의 발음은 (비가 아니라) 피(疲)다."〕, 「우공(禹貢)」에 나오는 강타(江沱)가 서쪽에 있고 동쪽으로 흘러 대강(大

---

116 이상은 모두 광한군에 속하는 현(縣)들이다.

117 일본어판은 이 부분을 촉산에서 나와 서남쪽으로 흘렀다고 옮겼다.

江)으로 흘러들어간다.

번(繁).

광도(廣都), 망 때에는 취도정(就都亭)이라고 불렸다.

임공(臨邛), 복천수(僕千水)가 동쪽으로 흘러 무양(武陽)에 이르러 장강에 흘러들어가는데, 2개의 군을 지나며 510리를 흘러간다. 철관(鐵官)과 염관(鹽官)이 있다. 망 때에는 감공(監邛)이라고 불렸다.

청의(青衣), 「우공(禹貢)」에 나오는 몽산(蒙山)은 서쪽에 있고 몽계(蒙谿)가 있다. 대도수(大渡水)는 동남쪽으로 흘러 남안(南安)에 이르러 재수(洱水)로 흘러들어간다〔○ 응소(應劭)가 말했다. "(후한의) 순제(順帝)가 이름을 한가(漢嘉)로 바꿨다."〕.

강원(江原), 수수(鄯水)가 처음으로 장강에서 물을 받아 남쪽으로 흘러 무양(武陽)에 이르러 장강으로 흘러들어간다. 망 때에는 공원(邛原)이라고 불렸다.

엄도(嚴道), 공래산(邛來山)은 공수(邛水)의 발원지이며 동쪽으로 흘러 청의수(青衣水)로 흘러들어간다. 목관(木官)이 있다. 망 때에는 엄치(嚴治)라고 불렸다.

면사(緜虒), 옥루산(玉壘山)은 전수(湔水)의 발원지이며 동남쪽으로 흘러 강양(江陽)에 이르러 장강으로 흘러들어가는데, 3개의 군을 지나며 1,890리를 흘러간다.

모우(旄牛), 선수(鮮水)는 요외(徼外)에서 나와 남쪽으로 흘러 약수(若水)로 흘러들어간다. 약수도 요외에서 나와 남쪽으로 흘러 대작(大莋)에 이르러 승수(繩水)로 흘러들어가는데, 2개의 군을 지나며 1,600리를 흘러간다.

사(徙).

전저도(湔氐道), 「우공(禹貢)」에 나오는 민산(岷山)은 서요외(西徼外)에 있는데 강수(江水)의 발원지이며 동남쪽으로 흘러 강도(江都)에 이르러 바다로 흘러들어가는데, 7개의 군을 지나 2,660리를 흘러간다.

문강(汶江), 재수(湔水)는 요외(徼外)에서 나와 남쪽으로 흘러 남안(南安)에 이르렀다가 동쪽으로 흘러 장강으로 흘러들어가는데, 3개의 군을 지나며 3,040리를 흘러간다. 강타수(江沱水)는 서남쪽에 있고 동쪽으로 흘러 장강으로 흘러들어간다.

광유(廣柔).

잠릉(蠶陵), 망 때에는 보창(步昌)이라고 불렸다.[118]

건위군(犍爲郡)〔○ 응소(應劭)가 말했다. "옛날의 야랑국(夜郞國)이다."〕, 무제(武帝) 건원(建元) 6년에 열었다[開]. 망 때에는 서순(西順)이라고 불렸다. 익주(益州)에 속한다. 호구 수가 10만 9,419개이고 인구는 48만 9,486명이다. 현(縣)은 12개다.

북도(僰道)〔○ 응소(應劭)가 말했다. "옛날의 북후국(僰侯國)이다."〕, 망 때에는 북치(僰治)라고 불렸다.

강양(江陽).

무양(武陽), 철관(鐵官)이 있다. 망 때에는 집성(戢成)이라고 불렸다.

---

118 이상은 모두 촉군에 속하는 현(縣)들이다.

남안(南安), 염관(鹽官)과 철관(鐵官)이 있다.

자중(資中).

부(符), 온수(溫水)가 남쪽으로 흘러 폐(鱉)에 이르러 겸수(黚水)로 흘러 들어가는데, 겸수는 또한 남쪽으로 흘러 폐에 이르렀다가 장강으로 흘러 들어간다. 망 때에는 부신(符信)이라고 불렸다.

우비(牛鞞).

남광(南廣), 분관산(汾關山)은 부흑수(符黑水)의 발원지이며 북쪽으로 흘러 북도(僰道)에 이르러 장강으로 흘러들어간다. 또 대섭수(大涉水)가 있어 북쪽으로 흘러 부(符)에 이르러 장강으로 흘러들어가는데, 3개의 군을 지나며 840리를 흘러간다.

한양(漢陽), 도위(都尉)가 다스린다. 산흡곡(山闟谷)은 한수(漢水)의 발원지이며 동쪽으로 흘러 폐(鱉)에 이르러 연강(延江)으로 흘러들어간다. 망 때에는 신통(新通)이라고 불렸다.

존마(郁鄢), 망 때에는 천마(孱鄢)라고 불렸다.

주제(朱提), 산에서 은(銀)이 나온다.

당랑(堂琅).[119]

월수군(越嶲郡)[○ 응소(應劭)가 말했다. "옛날의 공도국(邛都國)이다. 수수(嶲水)가 있다."], 무제(武帝) 건원(建元) 6년에 열었다. 망 때에는 집수(集嶲)라고 불렸다. 익주(益州)에 속한다. 호구 수가 6만 1,208개이고 인구는 40

---

119 이상은 모두 건위군에 속하는 현(縣)들이다.

만 8,405명이다. 현(縣)은 15개다.

공도(邛都), 남산(南山)에서 동(銅)이 나온다. 공지택(邛池澤)이 있다.

수구(遂久), 승수(繩水)는 요외(徼外)에서 나와 동쪽으로 흘러 북도(僰道)에 이르러 장강으로 흘러들어가는데, 2개의 군을 지나며 1,400리를 흘러간다.

영관도(靈關道).

대등(臺登), 손수(孫水)가 남쪽으로 흘러 회무(會無)에 이르러 약수(若水)로 흘러들어가는데, 750리를 흘러간다.

정작(定筰), 소금이 나온다. 보북택(步北澤)이 남쪽에 있다. 도위(都尉)가 다스린다.

회무(會無), 동산(東山)에서 벽옥이 나온다.

작진(筰秦).

대작(大筰).

고복(姑復), 임지택(臨池澤)이 남쪽에 있다.

삼강(三絳).

소지(蘇示)[○ 사고(師古)가 말했다. "示의 발음은 (시가 아니라) 지(祇)다."], 이강(尼江)이 서북쪽에 있다.

난(闌).

반수(卑水)[○ 맹강(孟康)이 말했다. "卑의 발음은 (비가 아니라) 반(班)이다."].

잠가(潛街).

청령(靑蛉), 임지잠(臨池瀁)이 북쪽에 있다. 복수(僕水)가 요외(徼外)에서 나와 동남쪽으로 흘러 내유(來惟)에 이르러 노수(勞水)로 흘러들어가는데, 2개의 군을 지나며 1,880리를 흘러간다. 그리고 우동산(禺同山)에는 금마(金馬)와 벽계(碧雞)가 있다.[120, 121]

익주군(益州郡)〔○ 응소(應劭)가 말했다. "옛날의 전왕국(滇王國)이다. 수수(禱水)가 있다."〕, 무제(武帝) 원봉(元封) 2년에 열었다. 망 때에는 취신(就新-새로운 곳으로 나아감)이라고 불렸다. 익주(益州)에 속한다. 호구 수가 8만 1,946개이고 인구는 58만 463명이다. 현(縣)은 24개다.

전지(滇池), 대택(大澤)이 서쪽에 있고 전지택(滇池澤)은 서북쪽에 있다. 흑수사(黑水祠)가 있다.

쌍백(雙柏).

동로(同勞).

동뢰(銅瀨), 담로산(談虜山)은 미수(迷水)의 발원지이며 동쪽으로 흘러 담고(談槀)에 이르러 온수(溫水)로 흘러들어간다.

연연(連然), 염관(鹽官)이 있다.

유원(俞元), 지(池)가 남쪽에 있고 교수(橋水)의 발원지이며 동쪽으로 흘러 무선(毋單)에 이르러 온수(溫水)로 흘러들어가는데, 1,900리를 흘러간다. 회산(懷山)에서는 동(銅)이 나온다.

수마(收靡)〔○ 이기(李奇)가 말했다. "靡의 발음은 (미가 아니라) 마(麻)

---

120 금마와 벽계는 지금까지도 중국 곤명(昆明)의 상징물이다.
121 이상은 모두 월수군에 속하는 현(縣)들이다.

이며, 즉 승마(升麻)로 사람을 죽이는 독약이 나는 곳이다."], 남산(南山)의 납곡(臘谷)은 도수(涂水)의 발원지이며 서북쪽으로 흘러 월수(越嶲)에 이르러 승수(繩水)로 흘러들어가는데, 2개의 군을 지나며 1,020리를 흘러간다.

곡창(穀昌).

봉장(奉臧), 우란산(牛蘭山)은 즉수(卽水)의 발원지이며 남쪽으로 흘러 쌍백(雙柏)에 이르러 복수(僕水)로 흘러들어가는데, 820리를 흘러간다.

사룡(邪龍).

매(味)[○ 맹강(孟康)이 말했다. "味의 발음은 (미가 아니라) 매(昧)다."].

곤택(昆澤).

섭유(葉楡), 섭유택(葉楡澤)이 동쪽에 있다. 탐수(貪水)가 처음에 청령수(青蛉水)에서 물을 받아 남쪽으로 흘러 사룡(邪龍)에 이르러 복수(僕水)로 흘러들어가는데, 500리를 흘러간다.

율고(律高), 서쪽의 석공산(石空山)에서는 주석이 나오고 동남쪽의 혁정산(監町山)에서는 은(銀)과 납이 나온다.

불위(不韋).

운남(雲南).

수당(巂唐), 주수(周水)가 처음에 요외(徼外)에서 물을 받는다. 또 유수(類水)가 있어 서남쪽으로 흘러 불위(不韋)에 이르고 650리를 흘러간다.

농동(弄棟), 동농산(東農山)은 무혈수(毋血水)의 발원지이며 북쪽으로 흘러 삼강(三絳)에 이르렀다가 남쪽으로 흘러 승수(繩水)로 흘러들어가는데, 510리를 흘러간다.

비소(比蘇).

분고(賁古), 북쪽의 채산(采山)에서 주석이 나오고 서쪽의 양산(羊山)에서 은이 나오고 남쪽의 오산(烏山)에서 주석이 나온다.

무절(毋棳), 교수(橋水)는 처음에 교산(橋山)(수)에서 물을 받아 동쪽으로 흘러 중류(中留)에 이르러 담수(潭水)로 흘러들어가는데, 4개의 군을 지나며 3,120리를 흘러간다. 망 때에는 유절(有棳)이라고 불렸다.

승휴(勝休), 하수(河水)가 동쪽으로 흘러 무절(毋棳)에 이르러 교수(橋水)로 흘러들어간다. 망 때에는 승북(勝僰)이라고 불렸다.

건령(健伶).

내유(來唯), 종홍산(從陠山)에서 동(銅)이 나온다. 노수(勞水)가 요외(徼外)에서 나와 동쪽으로 흘러 미령(麋泠)에 이르러 남해(南海)로 흘러들어가는데, 3개의 군을 지나며 3,560리를 흘러간다.[122]

장가군(牂柯郡), 무제(武帝) 원정(元鼎) 6년에 열었다. 망 때에는 동정(同亭)이라고 불렸다. 주포관(柱蒲關)이 있다. 익주(益州)에 속한다. 호구 수가 2만 4,219개이고 인구는 15만 3,360명이다. 현(縣)은 17개다.

고차란(故且蘭), 원수(沅水)는 동남쪽으로 흘러 익양(益陽)에 이르러 장강으로 흘러들어가는데, 2개의 군을 지나며 2,530리를 흘러간다.

심봉(鐔封), 온수(溫水)가 동쪽으로 흘러 광울(廣鬱)에 이르러 울수(鬱水)로 흘러들어가는데, 2개의 군을 지나며 560리를 흘러간다.

폐(鄨), 불랑산(不狼山)은 폐수(鄨水)의 발원지이며 동쪽으로 흘러 원수

---

122 이상은 모두 익주군에 속하는 현(縣)들이다.

(沅水)로 흘러들어가는데, 2개의 군을 지나며 730리를 흘러간다.

누와(漏臥).

평이(平夷).

동병(同竝).

담지(談指).

완온(宛溫).

무렴(毋斂), 강수(剛水)는 동쪽으로 흘러 담중(潭中)에 이르러 담수(潭水)로 흘러들어간다. 망 때에는 유렴(有斂)이라고 불렸다.

야랑(夜郞), 돈수(豚水)는 동쪽으로 흘러 광울(廣鬱)에 이른다. 도위(都尉)가 다스린다. 망 때에는 동정(同亭)이라고 불렸다.

무선(毋單).

누강(漏江).

서수(西隨), 미수(麋水)는 서쪽으로 요외(徼外)의 물을 받아서 동쪽으로 흘러 미령(麋泠)에 이르러 상룡계(尙龍谿)로 흘러들어가는데, 2개의 군을 지나며 1,106리를 흘러간다.

도몽(都夢), 호수(壺水)는 동남쪽으로 흘러 미령(麋泠)에 이르러 상룡계(尙龍谿)로 흘러들어가는데, 2개의 군을 지나며 1,160리를 흘러간다.

담고(談槀).

진상(進桑), 남부도위(南部都尉)가 다스린다. 관(關)이 있다.

구정(句町)〔○ 응소(應劭)가 말했다. "옛날의 구정국(句町國)이다."〕, 문상수(文象水)는 동쪽으로 흘러 증식(增食)에 이르러 울강(鬱江)으로 흘러들어간다. 또 노유수(盧唯水), 내세수(來細水), 벌수(伐水)가 있다. 망 때에는

종화(從化)라고 불렸다.[123]

파군(巴郡), 진(秦)나라가 두었다. 익주(益州)에 속한다. 호구 수가 15만 8,643개이고 인구는 70만 8,148명이다. 현(縣)은 11개다.

강주(江州).

임강(臨江), 망 때에는 감강(監江)이라고 불렸다.

사(枳)[○ 여순(如淳)이 말했다. "枳의 발음은 (지가 아니라) 사(徙) 아니면 저(抵)다"].

낭중(閬中), 팽도장지(彭道將池)가 남쪽에 있고 팽도어지(彭道魚池)가 서남쪽에 있다.

점강(墊江).

구인(朐忍), 용무수(容毋水)의 발원지이며 남쪽으로 흘러 장강으로 흘러들어간다. 귤관(橘官)과 염관(鹽官)이 있다.

안한(安漢), 시어지(是魚池)가 남쪽에 있다. 망 때에는 안신(安新)이라고 불렸다.[124]

탕거(宕渠), 부특산(符特山)이 서남쪽에 있다. 잠수(潛水)는 서남쪽으로 흘러 장강으로 흘러들어간다. 부조수(不曹水)는 동북쪽에서 나와 남쪽으로 흘러 잠수(濳水)로 흘러들어간다.

---

123 이상은 모두 장가군에 속하는 현(縣)들이다.
124 안한(安漢)은 한나라를 편안케 해준다는 뜻이므로 왕망이 세운 나라는 신나라이니 그대로 이어서 안신(安新)이라고 한 것이다.

어복(魚復), 강관(江關)은 도위(都尉)가 다스리는 곳이다. 귤관(橘官)이 있다.

충국(充國).

부릉(涪陵), 망 때에는 파릉(巴陵)이라고 불렸다.[125]

---

125 이상은 모두 파군에 속하는 현(縣)들이다.

권 28

지리지
地理志

【하】

무도군(武都郡)〔○ 응소(應劭)가 말했다. "옛날의 백마저강(白馬氐羌)이다."〕, 무제(武帝) 원정(元鼎) 6년에 두었다. 망 때에는 낙평(樂平)이라고 불렸다. 호구 수가 5만 1,376개이고 인구는 23만 5,560명이다. 현(縣)은 9개다.

　무도(武都), 동한수(東漢水)는 저도수(氐道水)를 받아 일명 면수(沔水)라고도 하는데 강하(江夏)를 지나기 때문에 이를 일러 하수(夏水)라고 부르며 장강으로 흘러들어간다. 천지대택(天地大澤)이 현의 서쪽에 있다〔○ 사고(師古)가 말했다. "천지대택이 있기 때문에 현의 이름에 도(都-으뜸)를 붙인 것이다."〕. 망 때에는 순로(循虜)라고 불렸다.

　상록(上祿).

　고도(故道), 망 때에는 선치(善治)라고 불렸다.

　하지(河池)〔○ 사고(師古)가 말했다. 『화양국지(華陽國志)』에 따르면 일명 구지(仇池)이며 땅은 사방 100경(頃)이다."〕, 천가수(泉街水)가 남쪽으로 흘러 저수(沮水)에 이르러 한수(漢水)로 흘러들어가는데, 520리를 흘러간다. 망 때에는 낙평정(樂平亭)이라고 불렀다.

평락도(平樂道).

저(沮), 저수(沮水)는 동랑곡(東狼谷)에서 나와 남쪽으로 흘러 사이(沙羨)〔○ 사고(師古)가 말했다. "羨의 발음은 (선이 아니라) 이(夷)다."〕에 이르러 남쪽으로 흘러 장강으로 흘러들어가는데, 5개의 군을 지나며 4,000리를 흘러가고 형주(荊州)의 (대표적인) 큰 강이다.

가릉도(嘉陵道).

순성도(循成道).

하변도(下辨道), 망 때에는 양덕(楊德)이라고 불렀다.[1]

농서군(隴西郡)〔○ 응소(應劭)가 말했다. "농지(隴坻)가 그 서쪽에 있었다." 사고(師古)가 말했다. "농지를 일러 농판(隴阪)이라고 하는데 곧 지금의 농산(隴山)이다. 이 군은 농(隴)의 서쪽에 있기 때문에 농서라고 불렀다."〕, 진(秦)나라가 두었다. 망 때에는 염계(厭戎)라고 불렀다. 호구 수가 5만 3,964개이고 인구는 23만 6,824명이다. 철관(鐵官)과 염관(鹽官)이 있다. 현(縣)은 11개다.

적도(狄道)〔○ 사고(師古)가 말했다. "이곳에는 적(狄-북쪽 오랑캐)의 종족이 있기 때문에 적도라고 했다."〕, 백석산(白石山)이 동쪽에 있다. 망 때

---

1 이상은 고두 무도군에 속하는 현(縣)들이다.

에는 조로(操虜)라고 불렸다.[2]

상규(上邽).

안고(安故).

저도(氐道)〔○ 사고(師古)가 말했다. "저(氐)는 이(夷-동쪽 오랑캐)의 종족 이름이다. 그래서 저도라고 했다."〕, 「우공(禹貢)」에 나오는 양수(養水)의 발원지이며 무도(武都)에 이르러 한수(漢水)가 된다. 망 때에는 정도(亭道)라고 불렸다.

수양(首陽), 「우공(禹貢)」에 나오는 조서(鳥鼠)의 동혈산(同穴山)이 서남쪽에 있고 위수(渭水)의 발원지이며 동쪽으로 흘러 선사공(船司空)에 이르러 황하로 흘러들어가는데, 4개의 군을 지나며 1,870리를 흘러가고 옹주(雍州)를 적신다.

여도(予道), 망 때에는 덕도(德道)라고 불렸다.

대하(大夏), 망 때에는 순하(順夏)라고 불렸다.

강도(羌道), 강수(羌水)는 새외(塞外-요새 밖)에서 발원해 남쪽으로 흘러 음평(陰平)에 이르러 백수(白水)로 흘러들어가는데, 3개의 군을 지나며 600리를 흘러간다.

양무(襄武), 망 때에는 상환(相桓)이라고 불렸다.

임조(臨洮), 조수(洮水)는 서강(西羌)의 가운데에서 나와 북쪽으로 흘러 부한(枹罕)〔○ 사고(師古)가 말했다. "枹의 발음은 (포가 아니라) 부(膚)다."〕에 이르러 동쪽으로 흘러 황하로 흘러들어간다. 「우공(禹貢)」에 나오는 서

---

2 현(縣)과 달리 도(道)는 사방 오랑캐 개척 지역에 대한 행정구역이다.

경산(西頃山)은 현의 서쪽에 있으며 남부도위(南部都尉)가 다스린다.

서(西), 「우공(禹貢)」에 나오는 파총산(嶓冢山)은 서한수(西漢水)의 발원지이며 남쪽으로 흘러 광한(廣漢)과 백수(白水)로 흘러들어가고 동남쪽으로 흘러 강주(江州)에 이르러 장강으로 흘러들어가는데, 4개의 군을 지나 2,760리를 흘러간다. 망 때에는 서치(西治)라고 불렸다.[3]

금성군(金城郡)〔○ 응소(應劭)가 말했다. "처음에 성을 쌓으면서 금을 얻어 이름을 금성이라고 했다." 신찬(臣瓚)이 말했다. "금(金)이라고 한 것은 그 성이 견고했기 때문이다." 사고(師古)가 말했다. "찬의 설이 옳다. 일설에는 이 군이 경사(京師)의 서쪽에 있기 때문에 (오행설에 따라) 금성이라고 했다고 한다. 금(金)은 서방(西方)이기 때문이다."〕, 소제(昭帝) 원시(元始) 6년에 두었다. 망 때에는 서해(西海)라고 불렸다. 호구 수가 3만 8,470개이고 인구는 14단 9,648명이다. 현(縣)은 13개다.

연아(允吾)〔○ 응소(應劭)가 말했다. "允吾의 발음은 (윤오가 아니라) 연아(鉛牙)다."〕, 오정(烏亭)의 역수(逆水)는 삼가곡(參街谷)에서 나와 동쪽으로 흘러 지양(枝陽)에 이르러 황수(湟水)로 흘러들어간다. 망 때에는 수원(修遠)이라고 불렸다.

합문(浩亹)〔○ 맹강(孟康)이 말했다. "浩亹의 발음은 (호미가 아니라) 합문(合門)이다."〕, 합문수(浩亹水)는 서쪽의 새외(塞外)에서 나와 동쪽으로 흘러 연아(允吾)에 이르러 황수(湟水)로 흘러들어간다. 망 때에는 흥무(興

---

3 이상은 모두 농서군에 속하는 현(縣)들이다.

武)라고 불렸다.

영황(令皇), 간수(澗水)는 서북쪽의 새외(塞外)에서 나와 현(縣)의 서남쪽에 이르러 정백진(鄭伯津)으로 흘러들어간다. 망 때에는 한로(罕虜)라고 불렸다.

지양(枝陽).

금성(金城), 망 때에는 금병(金屛)이라고 불렸다.

유중(楡中).

부한(枹罕).

백석(白石), 이수(離水)는 서쪽의 새외(塞外)에서 나와 동쪽으로 흘러 부한(枹罕)에 이르러 황하로 흘러들어간다. 망 때에는 순력(順礫)이라고 불렸다.

하관(河關), 적석산(積石山)은 서남쪽의 강(羌)의 가운데에 있다. 황하의 물은 새외(塞外)를 지나 동북쪽으로 흘러 새내(塞內)로 흘러들어가고 장무(章武)에 이르러 바다로 흘러들어가는데, 16개의 군을 지나며 9,400리를 흘러간다.

파강(破羌), 선제(宣帝) 신작(神爵) 2년에 두었다.

안이(安夷).

연가(允街), 선제(宣帝) 신작(神爵) 2년에 두었다. 망 때에는 수원(修遠)이라고 불렸다.

임강(臨羌), 서북쪽으로 가면 새외에 이르고 서왕모(西王母)의 석실(石室), 선해(仙海), 염지(鹽池)가 있다. 북쪽의 경우 황수(湟水)가 발원하는 곳이고 동쪽으로 흘러가면 연아(允吾)에 이르러 황하로 흘러들어간다. 서쪽에는 수저지(須抵池)가 있고 약수(弱水)와 곤륜산사(昆侖山祠)가 있다. 망 때에는 염강(鹽羌)이라고 불렸다.[4]

천수군(天水郡), 무제(武帝) 원정(元鼎) 3년에 두었다. 망 때에는 전융(塡戎)이라고 불렸다. (후한의) 명제(明帝)가 이름을 한양(漢陽)으로 바꿨다. 호구 수가 6만 370개이고 인구는 26만 1,348명이다. 현(縣)은 16개다.

평양(平襄)〔○ 사고(師古)가 말했다. "감인(闞駰)이 말하기를 옛날의 양융읍(襄戎邑)이라고 했다."〕, 망 때에는 평상(平相)이라고 불렸다.

가천(街泉).

융읍도(戎邑道), 망 때에는 전융정(塡戎亭)이라고 불렸다.

망원(望垣), 망 때에는 망정(望亭)이라고 불렸다.

한견(䍐开).

면제도(縣諸道).

아양(阿陽).

약양도(略陽道).

기(冀),「우공(禹貢)」에 나오는 주어산(周圉山)은 현의 남쪽의 오중취(梧中聚)에 있다. 망 때에는 기치(冀治)라고 불렸다.

용사(勇士), 속국도위(屬國都尉)가 만복(滿福)에서 다스린다. 망 때에는 기덕(紀德)이라고 불렸다.

성기(成紀).

---

4   이상은 모두 금성군에 속하는 현(縣)들이다.

청수(淸水), 망 때에는 식목(識睦)이라고 불렸다.

봉첩(奉捷).

농(隴).

완도(豲道)〔○ 응소(應劭)가 말했다. "완(豲)은 융읍(戎邑)이고 발음은 (원이 아니라) 완(完)이다."〕, 기도위(騎都尉)가 밀애정(密艾亭)에서 다스린다.

난간(蘭干), 망 때에는 난순(蘭盾)이라고 불렸다.[5]

무위군(武威郡), 옛날 흉노의 휴도왕(休屠王)[6]의 땅이었는데 무제(武帝) 태초(太初) 4년에 열었다. 망 때에는 장액(張掖)이라고 불렸다. 호구 수가 1만 7,581개이고 인구는 7만 6,419명이다. 현(縣)은 10개다.

고장(姑臧), 남산(南山)은 곡수(谷水)의 발원지이며 북쪽으로 흘러 무위(武威)에 이르러 바다로 들어가며 790리를 흘러간다.

장액(張掖).

무위(武威), 휴도택(休屠澤)이 동북쪽에 있으며 고문에서는 완야택(豲野澤)이라고 했다.

휴도(休屠), 망 때에는 안연(晏然)이라고 불렸다. 도위(都尉)가 웅수장(熊水障)에서 다스린다. 북부도위(北部都尉)가 휴도성(休屠城)에서 다스린다.

서차(揟次), 망 때에는 파덕(播德)이라고 불렸다.

---

5 이상은 모두 천수군에 속하는 현(縣)들이다.

6 흉노의 번왕인 휴도왕은 금인(金人)을 가지고 천주(天主)에 제사를 지냈는데 이 일로 인해 그의 장남인 김일제(金日磾 혹은 금일제)가 한나라 무제로부터 김(金)씨의 성을 하사받았다.

난오(鸞烏).

포환(撲擐), 망 때에는 부로(敷虜)라고 불렸다.

온위(媼圍).

창송(蒼松), 남산(南山)은 송합수(松陝水)〔○ 사고(師古)가 말했다. "합(陝)은 두 산의 사이를 가리킨다."〕의 발원지이며 북쪽으로 흘러 서차(揩次)에 이르러 바다로 흘러들어간다. 망 때에는 사초(射楚)라고 불렸다.

선위(宣威).[7]

장액군(張掖郡)〔○ 응소(應劭)가 말했다. "나라를 늘여[張國] 팔로 끼듯이 한다[臂掖]고 해서 장액(張掖)이라고 이름 지었다."〕, 옛날 흉노의 곤야왕(昆邪王)의 땅이었는데 무제(武帝) 태초(太初) 원년에 열었다. 망 때에는 설병(設屛)이라고 불렸다. 호구 수가 2만 4,352개이고 인구는 8만 8,731명이다. 현(縣)은 10개다.

녹득(觻得)〔○ 맹강(孟康)이 말했다. "觻의 발음은 (역이 아니라) 녹(鹿)이다."〕, 천금거(千金渠)는 서쪽으로 흘러 악관(樂涫)에 이르러 택중(澤中)으로 흘러들어간다. 강곡수(羌谷水)는 강(羌)의 가운데에서 나와 동북쪽으로 흘러 거연(居延)에 이르러 바다로 흘러들어가는데, 2개의 군을 지나며 2,100리를 흘러간다. 망 때에는 관식(官式)이라고 불렸다.

소무(昭武), 망 때에는 거무(渠武)라고 불렸다.

산단(刪丹), 상흠(桑欽)의 견해에 따르면 이곳은 약수(弱水)를 끌어들여

---

7 이상은 모두 무위군에 속하는 현(縣)들이다.

이곳으로부터 서쪽으로 흐르게 해 주천(酒泉)과 합려(合黎)에 이른다. 망 때에는 관로(貫虜)라고 불렸다.

저지(氐池), 망 때에는 부무(否武)라고 불렸다.

옥란(屋蘭), 망 때에는 전무(傳武)라고 불렸다.

일륵(日勒), 도위(都尉)가 탁색곡(澤索谷)에서 다스린다. 망 때에는 늑치(勒治)라고 불렸다.

여간(驪靬), 망 때에는 게로(揭虜)라고 불렸다.

반화(番和)〔○ 여순(如淳)이 말했다. "番의 발음은 (번이 아니라) 반(盤)이다."〕, 농도위(農都尉)가 다스린다. 망 때에는 나로(羅虜)라고 불렸다.

거연(居延), 거연택(居延澤)이 동북쪽에 있고 고문에서는 유사(流沙)라고 했다. 도위(都尉)가 다스린다. 망 때에는 거성(居成)이라고 불렸다〔○ 사고(師古)가 말했다. "감인(闞駰)이 말하기를 무제(武帝)가 복파(伏波)장군 노박덕(路博德)을 시켜 거연성에 차단 벽을 쌓도록 했다고 했다."〕.

현미(顯美).[8]

주천군(酒泉郡)〔○ 응소(應劭)가 말했다. "그 물이 마치 술과 같아서 이름을 주천이라고 했다." 사고(師古)가 말했다. "전하는 바에 따르면 성 아래에 금천(金泉)이 있는데 샘물 맛이 술과 같다고 했다."〕, 무제(武帝) 태초(太初) 원년에 열었다. 망 때에는 보평(輔平)이라고 불렸다. 호구 수가 1만 8,137개이고 인구는 7만 6,726명이다. 현(縣)은 9개다.

---

8 이상은 모두 장액군에 속하는 현(縣)들이다.

녹복(祿福), 호잠수(呼蠶水)는 남강(南羌)의 가운데에서 나와 동북쪽으로 흘러 회수(會水)에 이르러 강곡(羌谷)으로 흘러들어간다. 망 때에는 현덕(顯德)이라고 불렸다.

표시(表是), 망 때에는 재무(載武)라고 불렸다.

악관(樂涫), 망 때에는 악정(樂亭)이라고 불렸다.

천의(天陀).

옥문(玉門), 망 때에는 보평정(輔平亭)이라고 불렸다.

회수(會水), 북부도위(北部都尉)가 언천장(偃泉障)에서 다스린다. 동부도위(東部都尉)가 동부장(東部障)에서 다스린다. 망 때에는 소무(蕭武)라고 불렸다.

지두(池頭).

수미(綏彌).

간제(乾齊)〔○ 맹강(孟康)이 말했다. "乾의 발음은 (건이 아니라) 간(干)이다."〕, 서부도위(西部都尉)가 서부장(西部障)에서 다스린다. 망 때에는 측로(測虜)라고 불렸다.[9]

돈황군(敦煌郡), 무제(武帝) 후(後) 원년에 주천(酒泉)를 나눠서 두었다. 정서(正西)의 관외(關外)에 백룡퇴사(白龍堆沙)가 있고 포창해(蒲昌海)가 있다. 망 때에는 돈덕(敦德)이라고 불렸다. 호구 수가 1만 1,200개이고 인구는 3만 8,335명이다. 현(縣)은 6개다.

---

9 이상은 모두 주천군에 속하는 현(縣)들이다.

돈황(敦煌), 중부도위(中部都尉)는 보광(步廣-지명)의 후관(候官)에서 다스린다. 두림(杜林)[10]은 옛날 과주(瓜州)의 땅으로 보아 미과(美瓜)가 난다고 보았다. 망 때에는 돈덕(敦德)이라고 불렸다.

명안(冥安), 남쪽의 적단수(籍端水)는 남강(南羌)의 가운데에서 나오고 서북쪽으로 흘러 그 택(澤)으로 흘러들어가 백성들의 밭에 물을 대준다.

효곡(效穀).

연천(淵泉).

광지(廣至), 의화도위(宜禾都尉)는 곤륜장(昆侖障)에서 다스린다. 망 때에는 광환(廣桓)이라고 불렸다.

용륵(龍勒), 양관(陽關), 옥문관(玉門關)이 있고 모두 도위(都尉)가 다스린다. 저치수(氐置水)는 남강(南羌)의 가운데에서 나와 동북쪽으로 흘러 택(澤)으로 흘러들어가 백성들의 밭에 물을 대준다.[11]

안정군(安定郡), 무제(武帝) 원정(元鼎) 3년에 두었다. 호구 수가 4만 2,725개이고 인구는 14만 3,294명이다. 현(縣)은 21개다.

고평(高平), 망 때에는 포목(鋪睦)이라고 불렸다.

---

10 광무제(光武帝) 건무(建武) 6년(30년) 부름을 받아 시어사(侍御史)가 되고, 광록훈(光祿勳)과 소부(少府)를 거쳐 대사공(大司空)에 이르렀다. 『고문상서(古文尙書)』를 위주로 공부해 위굉(衛宏), 서순(徐巡) 등에게 전했다. 일찍이 칠서(漆書) 『고문상서』를 얻어 학계의 논쟁을 불러일으켰다. 문자학(文字學)에도 조예가 깊어 『창힐훈찬(蒼頡訓纂)』과 『창힐고(蒼頡故)』를 편찬했지만 지금은 전하지 않는다.

11 이상은 모두 돈황군에 속하는 현(縣)들이다.

복루(復累).

안비(安俾).

무이(撫夷), 망 때에는 무녕(撫寧)이라고 불렸다.

조나(朝那)〔○ 응소(應劭)가 말했다. "『사기(史記)』에 나오는 옛날의 융나읍(戎那邑)이다."〕, 단순사(端旬祠)가 15곳에 있는데 오랑캐의 무축(巫祝)이다. 또 추연사(湫淵祠)가 있다.

경양(涇陽), 견두산(幵頭山)이 서쪽에 있는데 「우공(禹貢)」에 나오는 경수(涇水)의 발원지로 동남쪽으로 흘러 양릉(陽陵)에 이르러 위수(渭水)로 흘러들어가는데, 3개의 군을 지나며 1,060리를 흘러가고 옹주(雍州)의 (대표적인) 큰 강이다.

임경(臨涇), 망 때에는 감경(監涇)이라고 불렸다.

노(鹵), 구수(濁水)가 서쪽에서 나온다. 오지(烏氏)는 오수(烏水)의 발원지로 서쪽에 있으며 북쪽으로 흘러 황하로 흘러들어간다. 도로산(都盧山)이 서쪽에 있다. 망 때에는 오정(烏亭)이라고 불렸다.

음밀(陰密), 『시경(詩經)』(「대아(大雅)」)에 나오는 밀인(密人)의 나라다. 효안정(䣕安亭)이 있다.

안정(安定).

삼련(參䜌), 주기도위(主騎都尉)가 다스린다.

삼수(三水), 속국도위(屬國都尉)가 다스린다. 염관(鹽官)이 있다. 망 때에는 광연정(廣延亭)이라고 불렸다.

음반(陰槃).

안무(安武), 망 때에는 안환(安桓)이라고 불렸다.

저뢰(祖厲)〔○ 응소(應劭)가 말했다. "祖의 발음은 (조가 아니라) 저(詛)다." 사고(師古)가 말했다. "厲의 발음은 (려가 아니라) 뢰(賴)다."〕, 망 때에는 향례(鄕禮)라고 불렸다.

원득(爰得).

순균(眴卷)〔○ 응소(應劭)가 말했다. "眴의 발음은 (현이 아니라) 순일(旬日)이라고 할 때의 순이다. 卷의 발음은 (권이 아니라) 균로(菌路)라고 할 때의 균이다."〕, 황하의 물이 별도로 나와 하구(河溝)가 돼 동쪽으로 흘러 부평(富平)에 이르러 북쪽으로 흘러 황하로 흘러들어간다.

팽양(彭陽).

순음(鶉陰).

월지도(月氏道), 망 때에는 월순(月順)이라고 불렸다.[12]

북지군(北地郡), 진(秦)나라가 두었다. 망 때에는 위성(威成)이라고 불렸다. 호구 수가 6만 4,461개이고 인구는 21만 688명이다. 현(縣)은 19개다.

마령(馬領)〔○ 사고(師古)가 말했다. "강물의 모양이 말의 목[領=頸]과 비슷해서 이렇게 이름을 지었다."〕.

직로(直路), 저수(沮水)가 서쪽에서 나와 동쪽으로 흘러 낙수(洛水)로 흘러들어간다.

영무(靈武), 망 때에는 위성정(威成亭)이라고 불렸다.

부평(富平), 북부도위(北部都尉)가 신천장(神泉障)에서 다스린다. 혼회도

---

12 이상은 모두 안정군에 속하는 현(縣)들이다.

위(渾懷都尉)가 혼회장(渾懷障)에서 다스린다. 망 때에는 특무(特武)라고 불렸다.

영주(靈州), 혜제(惠帝) 4년에 두었다. 하기원(河奇苑), 호비원(號非苑)이 있다〔○ 사고(師古)가 말했다. "원(苑)은 말 목장을 가리킨다. 강 가운데 사람이 살 수 있는 곳을 일러 주(州)라고 한다. 이곳은 황하의 주(州)에 있다. 두 원은 모두 북쪽에 있다."〕. 망 때에는 영주(令周)라고 불렸다.

후연(朐衍)〔○ 응소(應劭)가 말했다. "朐의 발음은 (구가 아니라) 후(煦)다."〕.

방거(方渠).

제도(除道), 망 때에는 통도(通道)라고 불렸다.

오가(五街), 망 때에는 오가(吾街)라고 불렸다.

순고(鶉孤).

귀(歸), 낙수(落水)는 북쪽의 만이(蠻夷-오랑캐)의 가운데에서 나와 황하로 흘러들어간다. 도원(堵苑), 백마원(白馬苑)이 있다.

회획(回獲).

약반도(略畔道), 망 때에는 연년도(延年道)라고 불렸다.

이양(泥陽), 망 때에는 이음(泥陰)이라고 불렸다.

욱질(郁郅), 이수(泥水)는 북쪽의 만이(蠻夷)의 가운데에서 나온다. 목사원관(牧使菀官)이 있다. 망 때에는 공저(功著)라고 불렸다.

의거도(義渠道), 망 때에는 의구(義溝)라고 불렸다.

익거(弋居), 염관(鹽官)이 있다.

대요(大䘽)〔○ 사고(師古)가 말했다. "䘽는 곧 요(要)의 옛 글자다."〕.

염(廉), 비이산(卑移山)이 서북쪽에 있다. 망 때에는 서하정(西河亭)이라고 불렸다.[13]

상군(上郡), 진(秦)나라가 두었다. 고제(高帝) 원년에 고쳐서 적국(翟國)으로 삼았다가 7월에 원래대로 복귀시켰다. 병주(幷州)에 속한다. 흉귀도위(匈歸都尉)가 새외(塞外)의 흉귀장(匈歸障)에서 다스린다〔○ 사고(師古)가 말했다. "흉귀(匈歸)란 흉노들 중에서 한나라에 귀부한 자들을 가리킨다."〕. 호구 수가 10만 3,683개이고 인구는 60만 6,658명이다. 현(縣)은 23개다.

부시(膚施), 오룡산(五龍山), 제(帝), 원수(原水), 황제사(黃帝祠) 네 곳이 있다.

독락(獨樂), 염관(鹽官)이 있다.

양주(陽周), 교산(橋山)이 남쪽에 있고 황제(黃帝)의 무덤이 있다. 망 때에는 상릉치(上陵畤)라고 불렸다.

목화(木禾).

평도(平都).

천수(淺水), 망 때에는 광신(廣信)이라고 불렸다.

경실(京室), 망 때에는 적속(積粟)이라고 불렸다.

낙도(洛都), 망 때에는 비순(卑順)이라고 불렸다.

백토(白土), 은수(圁水)〔○ 사고(師古)가 말했다. "圁의 발음은 (환이 아니라) 은(銀)이다. 풀이는 뒤에 나온다."〕는 서쪽에서 나와 동쪽으로 흘러 황

---

13 이상은 모두 북지군에 속하는 현(縣)들이다.

하로 흘러들어간다. 망 때에는 황토(黃土)라고 불렸다.

양락(襄洛), 망 때에는 상당정(上黨亭)이라고 불렸다.

원도(原都).

칠원(漆垣), 망 때에는 칠장(漆牆)이라고 불렸다.

사연(奢延), 망 때에는 사절(奢節)이라고 불렸다.

조음(雕陰).

추사(推邪), 망 때에는 배사(排邪)라고 불렸다.

정림(楨林), 망 때에는 정간(楨幹)이라고 불렸다.

고망(高望), 북부도위(北部都尉)가 다스린다. 망 때에는 견녕(堅甯)이라고 불렸다.

조음도(雕陰道).

구자(龜茲)〔○ 사고(師古)가 말했다. "구자국(龜茲國) 사람들이 귀부해 와서 이곳에 살게 해주었기 때문에 이름을 그렇게 붙였다."〕, 속국도위(屬國都尉)가 다스린다. 염관(鹽官)이 있다.

정양(定陽)〔○ 응소(應劭)가 말했다. "정수(定水)의 북쪽이다."〕.

고노(高奴), 유수(洧水)가 있고 물의 기름을 태울 수 있다. 망 때에는 이평(利平)이라고 불렸다.

망송(望松), 북부도위(北部都尉)가 다스린다.

의도(宜都), 망 때에는 견녕소읍(堅甯小邑)이라고 불렸다.[14]

서하군(西河郡), 무제(武帝) 원삭(元朔) 4년에 두었다. 남부도위(南部都尉)

---

14 이상은 모두 상군에 속하는 현(縣)들이다.

가 새외(塞外)의 옹룡(翁龍)과 비시(埤是)에서 다스린다〔○ 사고(師古)가 말했다. "옹룡과 비시는 둘 다 장(障)의 이름이다."〕. 망 때에는 귀신(歸新)이라고 불렸다. 병주(并州)에 속한다. 호구 수가 13만 6,390개이고 인구는 69만 8,836명이다. 현(縣)은 36개다.

부창(富昌), 염관(鹽官)이 있다. 망 때에는 부성(富成)이라고 불렸다.

추우(騶虞).

고택(鵠澤)〔○ 맹강(孟康)이 말했다. "鵠의 발음은 (곡이 아니라) 고(告)다."〕.

평정(平定), 망 때에는 음평정(陰平亭)이라고 불렸다.

미직(美稷), 속국도위(屬國都尉)가 다스린다.

중양(中陽).

낙가(樂街-혹은 악가), 망 때에는 절로(截虜)라고 불렸다.

도경(徒經), 망 때에는 염치(廉恥)라고 불렸다.

고랑(皋狼).

대성(大成), 망 때에는 호성(好成)이라고 불렸다.

광전(廣田), 망 때에는 광한(廣翰)이라고 불렸다.

은음(圜陰)〔○ 사고(師古)가 말했다. "환(圜) 자는 본래 은(圁)이다. 이 현은 은수(圁水)의 남쪽[陰]에 있다. 그래서 이름을 그렇게 지은 것이다. 왕망이 고쳐서 방음이라고 했는데 그때 이미 잘못해서 환(圜) 자를 쓰고 있었다."〕, 혜제(惠帝) 5년에 두었다. 망 때에는 방음(方陰)이라고 불렸다.

익란(益闌), 망 때에는 향란(香闌)이라고 불렸다.

평주(平周).

홍문(鴻門), 천봉원(天封苑), 화정사(火井祠)가 있고 불이 땅에서 뿜어져 나왔다.

린(藺).

선무(宣武), 망 때에는 토맥(討貉)이라고 불렸다.

천장(千章).

증산(增山), 길이 있어 서쪽으로는 현뇌새(眩雷塞)에서 나가고 북부도위(北部都尉)가 다스린다.

은양(圜陽)〔○ 사고(師古)가 말했다. "이 현은 은수(圜水)의 북쪽[陰]에 있다."〕.

광연(廣衍).

무거(武車), 망 때에는 환거(桓車)라고 불렸다.

호맹(虎猛), 서부도위(西部都尉)가 다스린다.

이석(離石).

곡라(穀羅), 무택(武澤)이 북쪽에 있다.

요(饒), 망 때에는 요연(饒衍)이라고 불렸다.

방리(方利), 망 때에는 광덕(廣德)이라고 불렸다.

습성(隰成), 망 때에는 자평정(慈平亭)이라고 불렸다.

임수(臨水), 망 때에는 감수(監水)라고 불렸다.

토군(土軍).

서도(西都), 망 때에는 오원정(五原亭)이라고 불렸다.

평릉(平陵).

음산(陰山), 망 때에는 산령(山寧)이라고 불렸다.

예시(觬是), 망 때에는 복예(伏觬)라고 불렸다.

박릉(博陵), 망 때에는 조환(助桓)이라고 불렸다. 염관(鹽官)이 있다.[15]

삭방군(朔方郡), 무제(武帝) 원삭(元朔) 2년에 두었다. 서부도위(西部都尉)가 유혼(窳渾)에서 다스린다. 망 때에는 구수(溝搜)라고 불렸다. 병주(幷州)에 속한다. 호구 수가 3만 4,338개이고 인구는 13만 6,628명이다. 현(縣)은 10개다.

삼봉(三封), 무제(武帝) 원수(元狩) 3년에 성을 쌓았다.

삭방(朔方), 금련염택(金連鹽澤), 청염택(靑鹽澤)이 모두 남쪽에 있다. 망 때에는 무부(武符)라고 불렸다.

수도(脩都).

임하(臨河), 망 때에는 감하(監河)라고 불렸다.

호주(呼遒).

유혼(窳渾), 길이 있어 서북쪽으로는 계록새(雞鹿塞)에서 나간다. 도신택(屠申澤)이 동쪽에 있다. 망 때에는 극무(極武)라고 불렸다.

거수(渠搜), 중부도위(中部都尉)가 다스린다. 망 때에는 구수(溝搜)라고 불렸다.

옥야(沃野), 무제(武帝) 원수(元狩) 3년에 성을 쌓았다. 염관(鹽官)이 있다. 망 때에는 수무(綏武)라고 불렸다.

광목(廣牧), 동부도위(東部都尉)가 다스린다. 망 때에는 염관(鹽官)이라

---

15 이상은 모두 서하군에 속하는 현(縣)들이다.

고 불렸다.

임융(臨戎), 무제(武帝) 원삭(元朔) 5년에 성을 쌓았다. 망 때에는 추무(推武)라고 불렸다.[16]

오원군(五原郡), 진(秦)나라의 구원군(九原郡)인데 무제(武帝) 원삭(元朔) 2년에 이름을 (지금처럼) 고쳤다. 동부도위(東部都尉)가 고양(稒陽)에서 다스린다. 망 때에는 획항(獲降)이라고 불렸다. 병주(幷州)에 속한다. 호구 수가 3만 9,322개이고 인구는 23만 1,328명이다. 현(縣)은 16개다.

구원(九原), 망 때에는 성평(成平)이라고 불렸다.

고릉(固陵), 망 때에는 고조(固調)라고 불렸다.

오원(五原), 망 때에는 전하정(塡河亭)이라고 불렸다.

임옥(臨沃), 망 때에는 진무(振武)라고 불렸다.

문국(文國), 망 때에는 번취(繁聚)라고 불렸다.

하음(河陰).

포택(蒱澤), 속국도위(屬國都尉)가 다스린다.

남흥(南興), 망 때에는 남리(南利)라고 불렸다.

무도(武都), 망 때에는 환도(桓都)라고 불렸다.

의량(宜梁).

만백(曼柏), 망 때에는 연백(延柏)이라고 불렸다.

성의(成宜), 중부도위(中部都尉)가 원고(原高)에서 다스리고 서부도위(西

---

16 이상은 모두 삭방군에 속하는 현(縣)들이다.

部都尉)가 전벽(田辟)에서 다스린다. 염관(鹽官)이 있다. 망 때에는 예로(艾虏-애로)라고 불렸다.

고양(稒陽), 북쪽으로 석문장(石門障)을 나서면 광록성(光祿城)을 얻게 되고 또 서북쪽으로는 지취성(支就城)을 얻으며 또 서북쪽으로는 두만성(頭曼城)을 얻고 다시 서쪽으로는 숙로성(宿虏城)을 얻는다. 망 때에는 고음(固陰)이라고 불렸다.

막달(莫黜).

서안양(西安陽), 망 때에는 장안(鄣安)이라고 불렸다.

하목(河目).[17]

운중군(雲中郡), 진(秦)나라가 두었다. 망 때에는 수항(受降)이라고 불렸다. 병주(幷州)에 속한다. 호구 수가 3만 8,303개이고 인구는 17만 3,270명이다. 현(縣)은 11개다.

운중(雲中), 망 때에는 원복(遠服)이라고 불렸다.

함양(咸陽), 망 때에는 분무(賁武)라고 불렸다.

도림(陶林), 동부도위(東部都尉)가 다스린다.

정릉(楨陵), 연호산(緣胡山)이 서북쪽에 있다. 서부도위(西部都尉)가 다스린다. 망 때에는 정목(楨睦)이라고 불렸다.

독화(犢和).

사릉(沙陵), 망 때에는 희은(希恩)이라고 불렸다.

---

17 이상은 모두 오원군에 속하는 현(縣)들이다.

원양(原陽).

사남(沙南).

북여(北輿), 중부도위(中部都尉)가 다스린다.

무천(武泉), 망 때에는 순천(順泉)이라고 불렸다.

양수(陽壽), 망 때에는 상득(常得)이라고 불렸다.[18]

정양군(定襄郡), 고제(高帝)가 두었다. 망 때에는 득항(得降)이라고 불렸다. 병주(幷州)에 속한다. 호구 수가 3만 8,559개이고 인구는 18만 3,144명이다. 현(縣)은 12개다.

성락(成樂).

동과(桐過), 망 때에는 의동(椅桐)이라고 불렸다.

도무(都武), 망 때에는 통덕(通德)이라고 불렸다.

무진(武進), 백거수(白渠水)가 새외(塞外)에서 발원해 서쪽으로 흘러 사릉(沙陵)에 이르러 황하로 흘러들어간다. 서부도위(西部都尉)가 다스린다. 망 때에는 벌만(伐蠻)이라고 불렸다.

양음(襄陰).

무고(武皋), 황간수(荒干水)가 새외(塞外)에서 발원해 서쪽으로 흘러 사릉(沙陵)에 이르러 황하로 흘러들어간다. 중부도위(中部都尉)가 다스린다. 망 때에는 영무(永武)라고 불렸다.

낙(駱), 망 때에는 차요(遮要)라고 불렸다.

---

18 이상은 모두 운중군에 속하는 현(縣)들이다.

안도(安陶), 망 때에는 영부(迎符)라고 불렸다.

무성(武城), 망 때에는 환취(桓就)라고 불렸다.

무요(武要), 동부도위(東部都尉)가 다스린다. 망 때에는 염호(厭胡)라고 불렸다.

정양(定襄), 망 때에는 저무(著武)라고 불렸다.

복륙(復陸), 망 때에는 문무(聞武)라고 불렸다.[19]

안문군(鴈門郡), 진(秦)나라가 두었다. 구주산(句注山)은 음관(陰館)에 있다. 망 때에는 전적(塡狄)이라고 불렸다. 병주(幷州)에 속한다. 호구 수가 7만 3,138개이고 인구는 29만 3,454명이다. 현(縣)은 14개다.

선무(善無), 망 때에는 음관(陰館)이라고 불렸다.

옥양(沃陽), 염택(鹽澤)이 동북쪽에 있고 장승(長丞)이 있으며 서부도위(西部都尉)가 다스린다. 망 때에는 경양(敬陽)이라고 불렸다.

번지(繁畤)〔○ 사고(師古)가 말했다. "畤의 발음은 (치가 아니라) 지(止)다."〕, 망 때에는 당요(當要)라고 불렸다.

중릉(中陵), 망 때에는 차해(遮害)라고 불렸다.

음관(陰館), 누번향(樓煩鄉)이다. 경제(景帝) 후(後) 3년에 두었다. 누두산(累頭山)은 치수(治水)의 발원지이며 동쪽으로 흘러 천주(泉州)에 이르러 바다로 흘러들어가는데, 6개의 군을 지나며 1,100리를 흘러간다. 망 때에는 부대(富代)라고 불렸다.

---

19 이상은 모두 정양군에 속하는 현(縣)들이다.

누번(樓煩), 염관(鹽官)이 있다.

무주(武州), 망 때에는 환주(桓州)라고 불렸다.

왕도(涅陶).

극양(劇陽), 망 때에는 선양(善陽)이라고 불렸다.

곽(崞), 망 때에는 곽장(崞張)이라고 불렸다.

평성(平城), 동부도위(東部都尉)가 다스린다. 망 때에는 평순(平順)이라고 불렸다.

호(坪), 망 때에는 전적정(塡狄亭)이라고 불렸다.

마읍(馬邑), 망 때에는 장소(章昭)라고 불렸다.

강음(彊陰), 제문택(諸聞澤)이 동북쪽에 있다. 망 때에는 복음(伏陰)이라고 불렸다.[20]

대군(代郡)〔○ 응소(應劭)가 말했다. "옛날의 대국(代國)이다."〕, 진(秦)나라가 두었다. 망 때에는 염적(厭狄)이라고 불렸다. 오원관(五原關), 상산관(常山關)이 있다. 유주(幽州)에 속한다. 호구 수가 5만 6,771개이고 인구는 27만 8,754명이다. 현(縣)은 18개다.

상간(桑乾)〔○ 맹강(孟康)이 말했다. "乾의 발음은 (건이 아니라) 간(干)이다."〕, 망 때에는 안덕(安德)이라고 불렸다.

도인(道人)〔○ 사고(師古)가 말했다. "본래 신선이 이 땅에서 노닐었다고 해서 그것으로 이름을 지었다."〕, 망 때에는 도인(道仁)이라고 불렸다.

---

20 이상은 모두 안문군에 속하는 현(縣)들이다.

당성(當城).

고류(高柳), 서부도위(西部都尉)가 다스린다.

마성(馬城), 동부도위(東部都尉)가 다스린다.

반씨(班氏), 진(秦)나라 지도에 반씨라고 적혀 있다. 망 때에는 반부(班副)라고 불렸다.

연릉(延陵).

권씨(狋氏)〔○ 맹강(孟康)이 말했다. "狋의 발음은 (시가 아니라) 권(權)이다."〕, 망 때에는 반부(班副)라고 불렸다.

차여(且如), 우연수(于延水)는 새외(塞外)에서 발원해 동쪽으로 흘러 녕(寧-광녕)에 이르러 고수(沽水)로 흘러들어간다. 중부도위(中部都尉)가 다스린다.

평읍(平邑), 망 때에는 평호(平胡)라고 불렸다.

양원(陽原).

동안양(東安陽), 망 때에는 경안(竟安)이라고 불렸다〔○ 사고(師古)가 말했다. "감인(闞駰)이 말하기를 오원(五原)에 안양(安陽)이 있기 때문에 동(東) 자를 추가했다고 한다."〕.

삼합(參合).

평서(平舒), 기이수(祁夷水)는 북쪽으로 흘러 상간(桑乾)에 이르러 고수(沽水)로 흘러들어간다. 망 때에는 평보(平葆)라고 불렸다.

대(代)〔○ 응소(應劭)가 말했다. "옛날의 대국(代國)이다."〕, 망 때에는 염적정(厭狄亭)이라고 불렸다.

영구(靈丘), 구하(滱河)는 동쪽으로 흘러 문안(文安)에 이르러 대하(大河

-황하)로 흘러들어가는데, 5개의 군을 지나며 940리를 흘러간다. 병주(幷州)의 (대표적인) 큰 강이다.

광창(廣昌), 내수(淶水)가 동남쪽으로 흘러 용성(容城)에 이르러 황하로 흘러들어가는데, 3개의 군을 지나며 500리를 흘러가 병주를 적신다. 망 때에는 광병(廣屛)이라고 불렸다.

노성(鹵城), 호지하(虖池河)는 동쪽으로 흘러 삼합(參合)에 이르러 호지의 샛강으로 흘러들어가는데, 9개의 군을 지나며 1,340리를 흘러가고 병주(幷州)의 (대표적인) 큰 강이다. 하동(河東)을 따라 문안(文安)에 이르러 바다로 흘러들어가는데, 6개의 군을 지나며 1,370리를 흘러간다. 망 때에는 노순(魯盾)이라고 불렸다.[21]

상곡군(上谷郡), 진(秦)나라가 두었다. 망 때에는 삭조(朔調)라고 불렸다. 유주(幽州)에 속한다. 호구 수가 3만 6,008개이고 인구는 11만 7,762명이다. 현(縣)은 15개다.

조양(沮陽), 망 때에는 조음(沮陰)이라고 불렸다〔○ 맹강(孟康)이 말했다. "沮의 발음은 (저가 아니라) 조(俎)다."〕.

천상(泉上), 망 때에는 한천(寒泉)이라고 불렸다.

반(潘), 망 때에는 수무(樹武)라고 불렸다.

군도(軍都), 온여수(溫餘水)가 동쪽으로 흘러 노(路)에 이르러 남쪽으로 흘러 고수(沽水)로 흘러들어간다.

---

21 이상은 모두 대군에 속하는 현(縣)들이다.

거용(居庸), 관(關)이 있다.

구무(雊瞀).

이여(夷輿), 망 때에는 삭조정(朔調亭)이라고 불렸다.

영(寧). 서부도위(西部都尉)가 다스린다. 망 때에는 박강(博康)이라고 불렸다.

창평(昌平), 망 때에는 장평(長平)이라고 불렸다.

광녕(廣寧), 망 때에는 광강(廣康)이라고 불렸다.

탁록(涿鹿), 망 때에는 포륙(抪陸)이라고 불렸다.

차거(且居), 양락수(陽樂水)는 동쪽에서 나와 동쪽으로 흘러 바다로 흘러들어간다.[22] 망 때에는 구거(久居)라고 불렸다.

여(茹), 망 때에는 곡무(穀武)라고 불렸다.

여기(女祁), 동부도위(東部都尉)가 다스린다. 망 때에는 기(祁)라고 불렸다.

하락(下落), 망 때에는 하충(下忠)이라고 불렸다.[23]

어양군(漁陽郡), 진(秦)나라가 두었다. 망 때에는 통로(通路)라고 불렸다. 유주(幽州)에 속한다. 호구 수가 6만 8,802개이고 인구는 26만 4,116명이다. 현(縣)은 12개다.

어양(漁陽), 고수(沽水)가 새외(塞外)에서 나와 동남쪽으로 흘러 천주(泉

---

22 일본어판은 "남쪽으로 흘러 고수(沽水)로 흘러들어간다"고 옮겼다.
23 이상은 모두 상곡군에 속하는 현(縣)들이다.

州)에 이르러 바다로 흘러들어가는데, 750리를 흘러간다. 철관(鐵官)이 있다. 망 때에는 득어(得漁)라고 불렸다.

호노(狐奴), 망 때에는 거부(擧符)라고 불렸다.

노(路), 망 때에는 통로정(通路亭)이라고 불렸다.

옹노(雍奴).

천주(泉州), 염관(鹽官)이 있다. 망 때에는 천조(泉調)라고 불렸다.

평곡(平谷).

안락(安樂).

제해(厗奚), 망 때에는 돈덕(敦德)이라고 불렸다.

광평(獷平), 망 때에는 평광(平獷)이라고 불렸다.

요양(要陽), 도위(都尉)가 다스린다. 망 때에는 요술(要術)이라고 불렸다.

백단(白檀), 혁수(洫水)는 북쪽의 만이(蠻夷)에서 발원한다.

활염(滑鹽), 망 때에는 광덕(匡德)이라고 불렸다〔○ 응소(應劭)가 말했다. "(후한의) 명제(明帝)가 염(鹽)으로 이름을 고쳤다."〕.[24]

우북평군(右北平郡), 진(秦)나라가 두었다. 망 때에는 북순(北順)이라고 불렸다. 유주(幽州)에 속한다. 호구 수가 6만 6,689개이고 인구는 32만 780명이다. 현(縣)은 16개다.

평강(平剛).

무종(無終), 옛날의 무종자국(無終子國)이다. 경수(浭水)가 서쪽으로 흘

---

24 이상은 모두 어양군에 속하는 현(縣)들이다.

러 옹노(雍奴)에 이르러 바다로 흘러들어가는데, 2개의 군을 지나며 650리를 흘러간다.

석성(石成).

정릉(廷陵), 망 때에는 포무(鋪武)라고 불렸다.

준미(俊靡), 유수(灅水)는 남쪽으로 흘러 무종(無終)에 이르러 동쪽으로 흘러 강수(康水)[25]로 흘러들어간다. 망 때에는 준마(俊麻)라고 불렸다.

자(薋), 도위(都尉)가 다스린다. 망 때에는 부목(裒睦)이라고 불렸다.

서무(徐無), 망 때에는 북순정(北順亭)이라고 불렸다.

자(字), 유수(楡水)는 동쪽에서 발원한다.

토은(土垠).

백랑(白狼), 망 때에는 복적(伏狄)이라고 불렸다.

석양(夕陽), 철관(鐵官)이 있다. 망 때에는 석음(夕陰)이라고 불렸다.

창성(昌城), 망 때에는 숙무(淑武)라고 불렸다.

여성(驪成), 대걸석산(大揭石山)〔○ 사고(師古)가 말했다. "揭의 발음은 (게가 아니라) 걸(桀)이다."〕은 현의 서남쪽에 있다. 망 때에는 걸석(揭石)이라고 불렸다.

광성(廣成), 망 때에는 평로(平虜)라고 불렸다.

취양(聚陽), 망 때에는 독목(篤睦)이라고 불렸다.

평명(平明), 망 때에는 평양(平陽)이라고 불렸다.[26]

---

25 경수(浭水)를 가리킨다.

26 이상은 모두 우북평군에 속하는 현(縣)들이다.

요서군(遼西郡), 진(秦)나라가 두었다. 작은 강 48개가 있다. 이것들은 모두 3,046리를 흘러간다. 유주(幽州)에 속한다. 호구 수가 7만 2,654개이고 인구는 35만 2,325명이다. 현(縣)은 14개다.

차려(且慮), 고묘(高廟)가 있다. 망 때에는 서려(鉏慮)라고 불렸다.

해양(海陽), 용선수(龍鮮水)는 동쪽으로 흘러 봉대수(封大水)에 이르며 봉대수와 수허수(綏虛水)는 둘 다 남쪽으로 흘러 바다로 흘러들어간다. 염관(鹽官)이 있다.

신안평(新安平), 이수(夷水)는 동쪽으로 흘러 새외(塞外)로 흘러들어간다.

유성(柳城), 마수산(馬首山)은 서남쪽에 있다. 삼류수(參柳水)는 북쪽으로 흘러 바다로 흘러들어간다. 서부도위(西部都尉)가 다스린다.

영지(令支), 고죽성(孤竹城)이 있다〔○ 응소(應劭)가 말했다. "옛날의 백이국(伯夷國)이다."〕. 망 때에는 영씨정(令氏亭)이라고 불렸다.

비여(肥如), 현수(玄水)는 동쪽으로 흘러 유수(濡水)로 흘러들어간다. 유수는 남쪽으로 흘러 해양(海陽)으로 흘러들어간다. 또 노수(盧水)가 있어 남쪽으로 흘러 현수(玄水)로 흘러들어간다. 망 때에는 비이(肥而)라고 불렸다.

빈종(賓從), 망 때에는 면무(勉武)라고 불렸다.

교려(交黎), 유수(渝水)는 처음에 새외(塞外)에서 물을 받아 남쪽으로 흘러 바다로 흘러들어간다. 동부도위(東部都尉)가 다스린다. 망 때에는 금로(禽虜)라고 불렸다.

양락(陽樂).

호소(狐蘇), 당취수(唐就水)는 도하(徒河)에 이르러 바다로 흘러들어간다.

도하(徒河), 망 때에는 하복(河福)이라고 불렸다.

문성(文成), 망 때에는 언로(言虜)라고 불렸다.

임유(臨渝), 유수(渝水)는 처음에 백랑(白狼)에서 물을 받아 동쪽으로 흘러 새외(塞外)로 흘러들어간다. 또 후수(侯水)가 있어 북쪽으로 흘러 유수로 흘러들어간다. 망 때에는 빙덕(馮福)이라고 불렸다.

유(絫), 하관수(下官水)는 남쪽으로 흘러 바다로 흘러들어간다. 또 걸석수(揭石水)와 빈수(賓水)가 있어 둘 다 남쪽으로 흘러 관수(官水)로 흘러들어간다. 망 때에는 선무(選武)라고 불렸다.[27]

요동군(遼東郡), 진(秦)나라가 두었다. 유주(幽州)에 속한다. 호구 수가 5만 5,972개이고 인구는 27만 2,539명이다. 현(縣)은 18개다.

양평(襄平), 목사(牧師)라는 관(官)이 있다. 망 때에는 창평(昌平)이라고 불렸다.

신창(新昌).

무려(無慮), 서부도위(西部都尉)가 다스린다.

망평(望平), 대요수(大遼水)는 새외(塞外)에서 발원해 남쪽으로 흘러 안시(安市)에 이르러 바다로 흘러들어가는데, 1,250리를 흘러간다. 망 때에는 장열(長說)이라고 불렸다.

방(房).

후성(候城), 중부도위(中部都尉)가 다스린다.

---

27 이상은 모두 요서군에 속하는 현(縣)들이다.

요수(遼隊)〔○ 사고(師古)가 말했다. "隊의 발음은 (대가 아니라) 수(遂)다."〕, 망 때에는 순목(順睦)이라고 불렸다.

요양(遼陽), 대량수(大梁水)는 서남쪽으로 흘러 요양에 이르러 요하(遼下)로 흘러들어간다. 망 때에는 요음(遼陰)이라고 불렸다.

험독(險瀆)〔○ 사고(師古)가 말했다. "조선(朝鮮) 왕 만(滿)의 도읍이다. 물의 험난함에 의지하고 있어 험독이라고 부른 것이다." 신찬(臣瓚)이 말했다. "왕험성(王險城-왕검성)은 낙랑군(樂浪郡) 패수(浿水)의 동쪽에 있기 때문에 이로 인해 험독이라고 한 것이다." 사고(師古)가 말했다. "찬의 설이 옳다."〕.

거취(居就), 실위산(室僞山)은 실위수의 발원지며 북쪽으로 흘러 양평(襄平)에 이르러 양수(梁水-대량수, 태자하(太子河))로 흘러들어간다.

고현(高顯).

안시(安市).

무차(武次), 동부도위(東部都尉)가 다스린다. 망 때에는 환차(桓次)라고 불렸다.

평곽(平郭), 철관(鐵官)과 염관(鹽官)이 있다.

서안평(西安平), 망 때에는 북안평(北安平)이라고 불렸다.

문(文), 망 때에는 문정(文亭)이라고 불렸다.

반한(番汗), 패수(沛水)는 새외(塞外)에서 나와 서남쪽으로 흘러 바다로 흘러들어간다〔○ 응소(應劭)가 말했다. "한수(汗水)는 새외에서 나와 서남쪽으로 흘러 바다로 흘러들어간다. 番의 발음은 (번이 아니라) 반(盤)이다."〕.

답씨(沓氏)〔○ 사고(師古)가 말했다. "무릇 씨(氏)라고 말한 것은 모두 그 것을 갖고서 이름을 삼았기 때문이다."〕.[28]

현토군(玄菟郡-현도군이라고도 함)〔○ 응소(應劭)가 말했다. "옛날의 진 번(眞番)이며 조선(朝鮮)의 호국(胡國)이다."〕, 무제(武帝) 원봉(元封) 4년에 열었다. 고구려(高句驪)는 망 때에는 하구려(下句驪)라고 불렸다. 유주(幽 州)에 속한다. 호구 수가 4만 5,006개이고 인구는 22만 1,845명이다. 현(縣)은 3개다.

고구려(高句驪), 요산(遼山)은 요수(遼水)의 발원지이며 서남쪽으로 흘러 요수(遼隊)에 이르러 대요수(大遼水)로 흘러들어간다. 또 남소수(南蘇水)가 있어 서북쪽으로 새외(塞外)를 지나간다.

상은태(上殷台), 망 때에는 하은(下殷)이라고 불렸다.

서개마(西蓋馬), 마자수(馬訾水)는 서북쪽으로 흘러 염난수(鹽難水-압록 강)로 흘러들어가고 서남쪽으로 흘러 서안평(西安平)에 이르러 바다로 흘 러들어가는데, 2개의 군을 지나며 2,100리를 흘러간다. 망 때에는 현토정(玄 菟亭)이라고 불렸다.[29]

낙랑군(樂浪郡)〔○ 응소(應劭)가 말했다. "옛날의 조선국(朝鮮國)이다."〕, 무제(武帝) 원봉(元封) 3년에 열었다. 망 때에는 낙선(樂鮮)이라고 불렸다.

---

28 이상은 모두 요동군에 속하는 현(縣)들이다.
29 이상은 모두 현토군에 속하는 현(縣)들이다.

유주(幽州)에 속한다. 호구 수가 6만 2,812개이고 인구는 40만 6,748명이다. 운장(雲鄣-작은 성채)이 있다. 현(縣)은 25개다.

조선(朝鮮)〔○ 응소(應劭)가 말했다. "(주나라) 무왕(武王)이 기자(箕子)를 조선(朝鮮)에 봉해주었다."〕.

남감(誹邯).

패수(浿水), 물은 서쪽으로 흘러 증지(增地)에 이르러 바다로 흘러들어간다. 망 때에는 낙선정(樂鮮亭)이라고 불렸다.

함자(含資), 대수(帶水)는 서쪽으로 흘러 대방(帶方)에 이르러 바다로 흘러들어간다.

점제(黏蟬)〔○ 복건(服虔)이 말했다. "蟬의 발음은 (선이 아니라) 제(提)다."〕.

수성(遂成).

증지(增地), 망 때에는 증토(增土)라고 불렸다.

대방(帶方).

사망(駟望).

해명(海冥), 망 때에는 해환(海桓)이라고 불렸다.

열구(列口).

장잠(長岑).

둔유(屯有).

소명(昭明), 남부도위(南部都尉)가 다스린다.

누방(鏤方).

제해(提奚).

혼미(渾彌).

탄렬(呑列), 분려산(分黎山)은 열수(列水)의 발원지이며 서쪽으로 흘러 점제(黏蟬)에 이르러 바다로 흘러들어가는데, 820리를 흘러간다.

동이(東暆).

불이(不而), 동부도위(東部都尉)가 다스린다.

잠태(蠶台).

화려(華麗).

사두매(邪頭昧).

전막(前莫).

부조(夫租).[30]

남해군(南海郡), 진(秦)나라가 두었다. 진나라가 패망하자 위타(尉佗)가 이 땅의 왕이 됐다. 무제(武帝) 원정(元鼎) 6년에 열었다. 교주(交州)에 속한다. 호구 수가 1만 9,613개이고 인구는 9만 4,253명이다. 포수관(圃羞官-포수는 지명)이 있다. 현(縣)은 6개다.

반우(番禺)〔○ 여순(如淳)이 말했다. "번의 발음은 (번이 아니라) 반(潘)이다."〕, 위타(尉佗)의 도읍이다. 염관(鹽官)이 있다.

박라(博羅).

중숙(中宿), 광포관(洭浦官)이 있다.

용천(龍川).

---

30 이상은 모두 낙랑군에 속하는 현(縣)들이다.

사회(四會).

갈양(揭陽)〔○ 사고(師古)가 말했다. "揭의 발음은 (게가 아니라) 갈(竭)이다."〕, 망 때에는 남해정(南海亭)이라고 불렸다.[31]

울림군(鬱林郡), 옛날의 진(秦)나라 계림군(桂林郡)으로 위타(尉佗)에게 속했다. 무제(武帝) 원정(元鼎) 6년에 열고서 이름을 지금처럼 고쳤다. 작은 계곡물들이 7개 있는데 함께 3,110리를 흘러간다. 망 때에는 울평(鬱平)이라고 불렸다. 교주(交州)에 속한다. 호구 수가 1만 2,415개이고 인구는 7만 1,162명이다. 현(縣)은 12개다.

포산(布山).

안광(安廣).

아림(阿林).

광울(廣鬱), 울수(鬱水)는 처음에 야랑(夜郞)의 돈수(豚水)에서 물을 받아 동쪽으로 흘러 사회(四會)에 이르러 바다로 흘러들어가는데, 4개의 군을 지나며 4,030리를 흘러간다.

중류(中留).

계림(桂林).

담중(潭中), 망 때에는 중담(中潭)이라고 불렸다.

임진(臨塵), 주애수(朱涯水)는 영방(領方)으로 흘러들어간다. 또 근남수(斤南水)가 있다. 또 침리수(侵離水)가 있어 700리를 흘러간다. 망 때에는 감

---

31 이상은 모두 남해군에 속하는 현(縣)들이다.

진(監塵)이라고 불렸다.

정주(定周), 주수(周水)는 처음에 무렴수(無斂水)에서 물을 받아 동쪽으로 흘러 담수(潭水)로 흘러들어가는데, 790리를 흘러간다.

증식(增食), 여수(驪水)는 처음에 장가(牂柯)의 동계(東界)에서 물을 받아 주애수(朱涯水)로 흘러들어가는데, 570리를 흘러간다.

영방(領方), 근남수(斤南水)[32]가 울수(鬱水)로 흘러들어간다. 또 교수(橋水)〔○ 사고(師古)가 말했다. "橋의 발음은 (각이 아니라) 교(橋)다."〕가 있다. 도위(都尉)가 다스린다.

옹계(雍雞), 관(關)이 있다.[33]

창오군(蒼梧郡), 무제(武帝) 원정(元鼎) 6년에 열었다. 망 때에는 신광(新廣)이라고 불렸다. 교주(交州)에 속한다. 이수관(離水關)이 있다. 호구 수가 2만 4,379개이고 인구는 14만 6,160명이다. 현(縣)은 10개다.

광신(廣信), 망 때에는 광신정(廣信亭)이라고 불렸다.

사목(謝沐), 관(關)이 있다.

고요(高要), 염관(鹽官)이 있다.

봉양(封陽)〔○ 응소(應劭)가 말했다. "봉수(封水)의 북쪽[陽]에 있다."〕.

임하(臨賀), 망 때에는 대하(大賀)라고 불렸다.

단계(端谿).

---

32 원문에는 남(南)이 원(員)으로 돼 있는데 착오로 보인다.
33 이상은 모두 울림군에 속하는 현(縣)들이다.

풍승(馮乘).

부천(富川).

예포(荔浦)〔○ 사고(師古)가 말했다. "荔의 발음은 (여나 려가 아니라) 예(隸)다."〕, 예평관(荔平關)이 있다.

맹릉(猛陵), 용산(龍山)은 합수(合水)의 발원지이며 남쪽으로 흘러 포산(布山)에 이르러 바다로 흘러들어간다. 망 때에는 맹륙(猛陸)이라고 불렸다.[34]

교지군(交趾郡),[35] 무제(武帝) 원정(元鼎) 6년에 열었다. 교주(交州)에 속한다. 호구 수가 9만 2,440개이고 인구는 74만 6,237명이다. 현(縣)은 10개다.

연루(羸陵)〔○ 맹강(孟康)이 말했다. "羸의 발음은 (이가 아니라) 연(連)이다."〕, 수관(羞官)이 있다.

안정(安定).

구루(苟漏).

미령(麊泠), 도위(都尉)가 다스린다.

곡양(曲昜).

북대(北帶).

계서(稽徐).

서우(西于).

---

34 이상은 모두 창오군에 속하는 현(縣)들이다.

35 원문에는 교지(交止)로 돼 있다.

용편(龍編).

주연(朱䳒).[36]

합포군(合浦郡), 무제(武帝) 원정(元鼎) 6년에 열었다. 망 때에는 환합(桓合)이라고 불렸다. 교주(交州)에 속한다. 호구 수가 1만 5,398개이고 인구는 7만 8,980명이다. 현(縣)은 5개다.

서문(徐聞).

고량(高涼).

합포(合浦), 관(關)이 있다. 망 때에는 환정(桓亭)이라고 불렸다.

임윤(臨允), 뇌수(牢水)는 북쪽으로 흘러 고요(高要)로 들어갔다가 울수(鬱水)로 흘러들어가는데, 3개의 군을 지나며 530리를 흘러간다. 망 때에는 대윤(大允)이라고 불렸다.

주로(朱盧), 도위(都尉)가 다스린다.[37]

구진군(九眞郡), 무제(武帝) 원정(元鼎) 6년에 열었다. 작은 강이 52개 있는데 모두 8,560리를 흘러간다. 호구 수가 3만 5,743개이고 인구는 16만 6,013명이다. 계관(界關)이 있다. 현(縣)은 7개다.

서포(胥浦), 망 때에는 환성(驩成)이라고 불렸다.

거풍(居風).

---

36 이상은 모두 교지군에 속하는 현(縣)들이다.

37 이상은 모두 합포군에 속하는 현(縣)들이다.

도롱(都寵)〔○ 응소(應劭)가 말했다. "寵의 발음은 (총이 아니라) 롱(龍)이다." 사고(師古)가 말했다. "寵의 발음은 (총이 아니라) 롱(聾)이다."〕.[38]

여발(餘發).

함환(咸驩).

무절(無刃), 도위(都尉)가 다스린다.

무편(無編), 망 때에는 구진정(九眞亭)이라고 불렸다.[39]

일남군(日南郡), 옛날의 진(秦)나라 상군(象郡)이다. 무제(武帝) 원정(元鼎) 6년에 열고서 이름을 지금처럼 고쳤다. 작은 강이 16개 있는데 모두 3,180리를 흘러간다. 교주(交州)에 속한다. 호구 수가 1만 5,460개이고 인구는 6만 9,485명이다. 현(縣)은 5개다.

주오(朱吾).

비경(比景).

노용(盧容).

서권(西卷), 강이 바다로 흘러들어간다. 대나무가 있어 장(杖-지팡이)을 만들 수 있다. 망 때에는 일남정(日南亭)이라고 불렸다.

상림(象林).[40]

---

38 사고(師古)를 따랐다.

39 이상은 도두 구진군에 속하는 현(縣)들이다.

40 이상은 도두 일남군에 속하는 현(縣)들이다. 여기까지는 군(郡)에 속한 현들이었고 아래에서는 국(國)에 속한 현들이다.

조국(趙國), 옛날의 진(秦)나라 한단군(邯鄲郡)으로 고제(高帝) 4년에 조국(趙國)으로 삼았고 경제(景帝) 3년에 다시 한단군으로 했다가 5년에 원래대로 되돌렸다. 망 때에는 환정(桓亭)이라고 불렸다. 기주(冀州)에 속한다. 호구 수가 8만 4,202개이고 인구는 34만 9,952명이다. 현(縣)은 4개다.

한단(邯鄲), 도산(堵山)은 우수수(牛首水)의 발원지이며 동쪽으로 흘러 백거(白渠)로 흘러들어간다. 조(趙)나라 경후(敬侯)가 중모(中牟)에서 이리로 옮겨왔다.

역양(易陽)〔○ 사고(師古)가 말했다. "역수(易水)의 북쪽에 있다."〕.

백인(柏人), 망 때에는 수인(壽仁)이라고 불렸다.

양국(襄國), 옛날의 형(邢)나라다. 서산(西山)은 거수(渠水)의 발원지이며 동북쪽으로 흘러 임(任)에 이르러 침수(浸水)로 흘러들어간다. 또 요수(蓼水)와 풍수(馮水)가 있어 둘 다 동쪽으로 흘러 조평(朝平)에 이르러 우수(渦水)로 흘러들어간다.[41]

광평국(廣平國), 무제(武帝) 정화(征和) 2년에 두어 평간국(平干國)으로 삼았고 선제(宣帝) 오봉(五鳳) 2년에 원래대로 되돌렸다. 망 때에는 부창(富昌)이라고 불렸다. 기주(冀州)에 속한다. 호구 수가 2만 7,984개이고 인구는 19만 8,558명이다. 현(縣)은 16개다.

광평(廣平).

장(張).

---

41 이상은 모두 조국에 속하는 현(縣)들이다.

조평(朝平).

남화(南和), 열가수(列葭水)는 동쪽으로 흘러 사수(澨水)로 흘러들어간다.

열인(列人), 망 때에는 열치(列治)라고 불렸다.

척장(斥章).

임(任).

곡주(曲周), 무제(武帝) 건원(建元) 4년에 두었다. 망 때에는 직주(直周)라고 불렸다.

남곡(南曲).

곡량(曲梁), 후국(侯國)이다. 망 때에는 직량(直梁)이라고 불렸다.

광향(廣鄕).

평리(平利).

평향(平鄕).

양대(陽臺), 후국(侯國)이다.

광년(廣年), 망 때에는 부창(富昌)이라고 불렸다.

성향(城鄕).[42]

진정국(眞定國), 무제(武帝) 원정(元鼎) 4년에 두었다. 기주(冀州)에 속한다. 호구 수가 3만 7,126개이고 인구는 17만 8,616명이다. 현(縣)은 4개다.

진정(眞定), 옛날의 동원(東垣)이며 고제(高帝) 11년에 이름을 고쳤다. 망

---

42 이상은 모두 광평국에 속하는 현(縣)들이다.

때에는 사치(思治)라고 불렸다.

고성(槀城), 망 때에는 고실(槀實)이라고 불렸다.

비류(肥纍), 옛날의 비자국(肥子國)이다.

면만(緜曼), 사효수(斯洨水)는 처음에 태백거(太白渠)의 물을 받아 동쪽으로 흘러 교(鄡)에 이르러 황하로 흘러들어간다. 망 때에는 면연(緜延)이라고 불렸다.[43]

중산국(中山國), 고제(高帝) 때는 군(郡)이었으며 경제(景帝) 3년에 국(國)이 됐다. 망 때에는 상산(常山)이라고 불렸다. 기주(冀州)에 속한다. 호구 수가 16만 873개이고 인구는 66만 8,080명이다. 현(縣)은 14개다.

노노(盧奴)〔○ 응소(應劭)가 말했다. "노수(盧水)는 우북평(右北平)에서 나와 동쪽으로 흘러 황하로 흘러들어간다."〕.

북평(北平), 서수(徐水)는 동쪽으로 흘러 고양(高陽)에 이르러 박수(博水)로 흘러들어간다. 또 노수(盧水)가 있어 역시 고양에 이르러 황하로 흘러들어간다. 철관(鐵官)이 있다. 망 때에는 선화(善和)라고 불렸다.

북신성(北新成), 상흠(桑欽)이 말하기를 역수(易水)는 서북쪽에서 나와 동쪽으로 흘러 구수(滱水)로 흘러들어간다고 했다. 망 때에는 삭평(朔平)이라고 불렸다.

당(唐)〔○ 응소(應劭)가 말했다. "옛날 요(堯)임금의 나라다. 당수(唐水)가 서쪽에 있다."〕, 요산(堯山)이 남쪽에 있다. 망 때에는 화친(和親)이라고

---

43 이상은 모두 진정국에 속하는 현(縣)들이다

불렸다.

　심택(深澤), 망 때에는 익화(翼和)라고 불렸다.

　고형(苦陘), 망 때에는 북형(北陘)이라고 불렸다.

　안국(安國), 망 때에는 흥목(興睦)이라고 불렸다.

　곡역(曲逆), 포양산(蒲陽山)은 포수(蒲水)의 발원지이며 동쪽으로 흘러 유수(濡水)로 흘러들어간다. 또 소수(蘇水)가 있어 역시 동쪽으로 흘러 유수(濡水)로 흘러들어간다. 망 때에는 순평(順平)이라고 불렸다.

　망도(望都), 박수(博水)는 동쪽으로 흘러 고양(高陽)에 이르러 황하로 흘러들어간다. 망 때에는 순조(順調)라고 불렸다.

　신시(新市).

　신처(新處).

　무극(毋極).

　육성(陸成).

　안험(安險), 망 때에는 영험(寧險)이라고 불렸다.[44]

　신도국(信都國), 경제(景帝) 2년에 광천국(廣川國)으로 삼았고 선제(宣帝) 감로(甘露) 3년에 원래대로 되돌렸다〔○ 응소(應劭)가 말했다. "(후한의) 명제(明帝)가 다시 이름을 낙안(樂安)이라고 고쳤고 안제(安帝)는 안평(安平)이라고 고쳤다."〕. 망 때에는 신박(新博)이라고 불렸다. 기주(冀州)에 속한다. 호구 수가 6만 5,556개이고 인구는 30만 4,384명이다. 현(縣)은 17개다.

44　이상은 모두 중산국에 속하는 현(縣)들이다.

신도(信都), 왕도(王都)다. 옛날의 장하(章河)와 옛날의 호지(虖池)가 둘 다 북쪽에 있어 동쪽으로 흘러 바다로 흘러들어간다. 「우공(禹貢)」에 나오는 강수(絳水) 역시 바다로 흘러들어간다. 망 때에는 신박정(新博亭)이라고 불렸다.

역(歷), 망 때에는 역령(歷寧)이라고 불렸다.

부류(扶柳).

벽양(辟陽), 망 때에는 낙신(樂信)이라고 불렸다.

남궁(南宮), 망 때에는 서하(序下)라고 불렸다.

하박(下博), 망 때에는 윤박(閏博)이라고 불렸다.

무읍(武邑), 망 때에는 순환(順桓)이라고 불렸다.

관진(觀津), 망 때에는 삭정정(朔定亭)이라고 불렸다.

고제(高隄).

광천(廣川).

낙향(樂鄕), 후국(侯國)이다. 망 때에는 낙구(樂丘)라고 불렸다.

평제(平隄), 후국(侯國)이다.

도(桃), 망 때에는 환분(桓分)이라고 불렸다.

서량(西梁), 후국(侯國)이다.

창성(昌成), 후국(侯國)이다.

동창(東昌), 후국(侯國)이다. 망 때에는 전창(田昌)이라고 불렸다.

조(脩)〔○ 사고(師古)가 말했다. "脩의 발음은 (수가 아니라) 조(條)다."〕,

망 때에는 조치(脩治)라고 불렸다.[45]

하간국(河間國)〔○ 응소(應劭)가 말했다. "황하의 사이에 있다."〕, 옛날의 조(趙)나라이며 문제(文帝) 2년에 별도로 국(國)이 됐다. 망 때에는 삭정(朔定)이라고 불렸다. 호구 수가 4만 5,043개이고 인구는 18만 7,662명이다. 현(縣)은 4개다.

낙성(樂成), 호지별수(虖池別水)는 처음에 호지하(虖池河)의 물을 받아 동쪽으로 흘러 동광(東光)에 이르러 호지하로 흘러들어간다. 망 때에는 육신(陸信)이라고 불렸다.

후정(候井).

무수(武隧), 망 때에는 환수(桓隧)라고 불렸다.

궁고(弓高), 호지별하(虖池別河)는 처음에 호지하(虖池河)의 물을 받아 동쪽으로 흘러 평서(平舒)에 이르러 바다로 흘러들어간다. 망 때에는 낙성(樂成)이라고 불렸다.[46]

광양국(廣陽國), 고제(高帝) 때 연국(燕國)이며 소제(昭帝) 원봉(元鳳) 원년에 광양군(廣陽郡)이 됐고 선제(宣帝) 본시(本始) 원년에 다시 국(國)이 됐다. 망 때에는 광유(廣有)라고 불렸다. 호구 수가 2만 740개이고 인구는 7만 658명이다. 현(縣)은 4개다.

---

45 이상은 모두 신도국에 속하는 현(縣)들이다.
46 이상은 모두 하간국에 속하는 현(縣)들이다.

계(薊), (주나라) 소공(召公)의 봉지다. 망 때에는 벌융(伐戎)이라고 불렸다.

방성(方城).

광양(廣陽).

음향(陰鄕), 망 때에는 음순(陰順)이라고 불렸다.[47]

치천국(甾川國), 옛날의 제(齊)나라이며 문제(文帝) 18년에 별도로 국(國)이 됐다. 뒤에 북해(北海)에 통합됐다. 호구 수가 5만 289개이고 인구는 22만 7,031명이다. 현(縣)은 3개다.

극(劇)〔○ 응소(應劭)가 말했다. "옛날의 비국(肥國)이다."〕, 의산(義山)은 유수(蕤水)의 발원지이며 북쪽으로 흘러 수광(壽光)에 이르러 바다로 흘러 들어간다. 망 때에는 유(俞)라고 불렸다.

동안평(東安平)〔○ 사고(師古)가 말했다. "감인(闞駰)에 따르면 박릉(博陵)에 안평(安平)이 있기 때문에 여기서는 동(東)자를 더했다."〕, 토두산(菟頭山)은 여수(女水)의 발원지이며 동북쪽으로 흘러 임치(臨甾)에 이르러 거정호(鉅定湖)로 흘러들어간다.

교향(橋鄕).[48,49]

교동국(膠東國), 옛날의 제(齊)나라이며 고제(高帝) 원년에 별도로 국

---

47 이상은 모두 광양국에 속하는 현(縣)들이다.
48 일본어판은 이를 별다른 풀이 없이 누향(樓鄕)이라고 옮겼다. 일본어판의 착오로 보인다.
49 이상은 모두 치천국에 속하는 현(縣)들이다.

(國)이 됐다가 5개월 후에 다시 제국(齊國)에 속하게 했으며 문제(文帝) 16년에 다시 국(國)으로 삼았다. 망 때에는 욱질(郁秩)이라고 불렸다. 호구 수가 7만 2,002개이고 인구는 32만 3,331명이다. 현(縣)은 8개다.

즉묵(卽墨), 천실산사(天室山祠)가 있다. 망 때에는 즉선(卽善)이라고 불렸다.

창무(昌武).

하밀(下密), 삼석산사(三石山祠)가 있다.

장무(壯武), 망 때에는 효무(曉武)라고 불렸다.

욱질(郁秩), 철관(鐵官)이 있다.

정(挺).

관양(觀陽).

추로(鄒盧), 망 때에는 시사(始斯)라고 불렸다.[50]

고밀국(高密國), 옛날의 제(齊)나라이며 문제(文帝) 16년에 별도로 교서국(膠西國)이 됐다가 선제(宣帝) 본시(本始) 원년에 다시 고밀국으로 삼았다. 호구 수가 4만 531개이고 인구는 19만 2,536명이다. 현(縣)은 5개다.

고밀(高密), 망 때에는 장모(章牟)라고 불렸다.

창안(昌安).

석천(石泉), 망 때에는 양신(養信)이라고 불렸다.

이안(夷安), 망 때에는 원정(原亭)이라고 불렸다.

---

50 이상은 모두 교동국에 속하는 현(縣)들이다.

성향(成鄕), 망 때에는 순성(順成)이라고 불렸다.[51]

성양국(城陽國), 옛날의 제(齊)나라이며 문제(文帝) 2년에 별도로 국(國)이 됐다. 망 때에는 거릉(莒陵)이라고 불렸다. 연주(兗州)에 속한다. 호구 수가 5만 6,642개이고 인구는 20만 5,784명이다. 현(縣)은 4개다.

거(莒), 옛날의 나라이며 영성(盈姓)인데 30세(世)에 초(楚)나라에 멸망당했다. 소호(少昊)의 후손이다. 철관(鐵官)이 있다. 망 때에는 거릉(莒陵)이라고 불렸다.

양도(陽都).

동안(東安).

여(慮), 망 때에는 저선(著善)이라고 불렸다.[52]

회양국(淮陽國)〔○ 맹강(孟康)이 말했다. "(후한의) 효명제(孝明帝)가 이름을 고쳐 진국(陳國)이라고 했다."〕, 고제(高帝) 11년에 두었다. 망 때에는 신평(新平)이라고 불렸다. 연주(兗州)에 속한다. 호구 수가 13만 5,544개이고 인구는 98만 1,423명이다. 현(縣)은 9개다.

진(陳), 옛날의 나라로 순(舜)임금의 후손 호공(胡公)의 봉지이며 초(楚)나라에 멸망당했다. 초나라 경양왕(頃襄王)이 영(郢)에서 이리로 옮겨왔다. 망 때에는 진릉(陳陵)이라고 불렸다.

---

51 이상은 모두 고밀국에 속하는 현(縣)들이다.

52 이상은 모두 성양국에 속하는 현(縣)들이다.

고(苦)〔○ 사고(師古)가 말했다. "노자(老子)가 태어난 곳이다."〕, 망 때에는 뇌릉(賴陵)이라고 불렸다.

양가(陽夏)〔○ 응소(應劭)가 말했다. "夏의 발음은 (하가 아니라) 가(賈)다."〕.

영평(寧平).

부구(扶溝), 와수(渦水)는 처음에 낭탕거(狼湯渠)의 물을 받아 동쪽으로 흘러 향(向)에 이르러 회수(淮水)로 흘러들어간다. 3개의 군을 지나며 1,000리를 흘러간다.

고시(固始)〔○ 사고(師古)가 말했다. "본래 이름은 침구(寢丘)이며 초(楚)나라 영윤 손숙오(孫叔敖)의 봉지였다."〕.

어(圉).

신평(新平).

자(柘).[53]

양국(梁國), 옛날의 진(秦)나라의 탕군(碭郡)〔○ 사고(師古)가 말했다. "탕산(碭山)이 있었기 때문에 이름을 탕군이라고 지었다."〕이며 고제(高帝) 5년에 양국이 됐다. 망 때에는 진정(陳定)이라고 불렸다. 예주(豫州)에 속한다. 호구 수가 3만 8,709개이고 인구는 10만 6,752명이다. 현(縣)은 8개다.

탕(碭), 산에서 문석(文石-마노(瑪瑙))이 나온다. 망 때에는 절탕(節碭)이라고 불렸다.

---

53 이상은 모두 회양국에 속하는 현(縣)들이다.

치(甾)〔○ 응소(應劭)가 말했다. "(후한의) 장제(章帝)가 고쳐서 고성(考城) 이라고 했다."〕, 옛날의 대(戴)나라다. 망 때에는 가곡(嘉穀)이라고 불렸다.

저추(杼秋), 망 때에는 여추(予秋)라고 불렸다.

몽(蒙), 획수(獲水)는 처음에 치획거(甾獲渠)의 물을 받아 동북쪽으로 흘러 팽성(彭城)에 이르러 사수(泗水)로 흘러들어가는데, 5개의 군을 지나며 550리를 흘러간다. 망 때에는 몽은(蒙恩)이라고 불렸다.

이씨(已氏), 망 때에는 이선(已善)이라고 불렸다.

우(虞), 망 때에는 진정정(陳定亭)이라고 불렸다.

하읍(下邑), 망 때에는 하흡(下洽)이라고 불렸다.

수양(睢陽)〔○ 사고(師古)가 말했다. "睢의 발음은 (휴가 아니라) 수(雖) 다."〕, 옛날의 송(宋)나라이며 미자(微子)[54]의 봉지다. 「우공(禹貢)」에 나오는 맹제택(盟諸澤)이 동북쪽에 있다.[55]

동평국(東平國), 옛날의 양(梁)나라이며 경제(景帝) 중(中) 6년에 별도로 제동국(濟東國)으로 삼았다가 무제(武帝) 원정(元鼎) 원년에 대하군(大河郡)이 됐으며 선제(宣帝) 감로(甘露) 2년에 동평국이 됐다. 망 때에는 유염

---

54 은(殷)나라 주(紂)임금과는 동모서형(同母庶兄)이다. 미는 기내(畿內)의 나라 이름인데 봉작을 받았다. 본명은 계(啓)이고 경사(卿士)가 됐다. 주임금이 음락(淫樂)에 빠져 폭정을 일삼자 여러 차례 간절하게 간했지만 듣지 않자 결국 떠났다. 주나라 무왕(武王)이 상(商)을 멸망시키자 입에 벽(璧-옥)을 물고 와 항복을 청했다. 주공(周公) 단(旦)이 무경(武庚)을 죽인 뒤 상구(商丘)에 봉했고 나라 이름을 송(宋)이라 했다.

55 이상은 모두 양국에 속하는 현(縣)들이다.

(有鹽)이라고 불렸다. 연주(兗州)에 속한다. 호구 수가 13만 1,753개이고 인구는 60만 7,976명이다. 철관(鐵官)이 있다. 현(縣)은 7개다.

무염(無鹽), 후향(郈鄉)이 있다. 망 때에는 유염정(有鹽亭)이라고 불렸다.

임성(任城), 옛날의 임(任)나라로 태호(太昊)의 후손이며 풍성(風姓)이다. 망 때에는 연취정(延就亭)이라고 불렸다.

동평륙(東平陸).

부성(富城), 망 때에는 성부(成富)라고 불렸다.

장(章).

항보(亢父), 시정(詩亭)은 옛날의 시(詩)나라다. 망 때에는 순보(順父)라고 불렸다.

번(樊).[56]

노국(魯國), 옛날의 진(秦)나라의 설군(薛郡)이며 고후(高后) 원년에 노국이 됐다. 예주(豫州)에 속한다. 호구 수가 11만 8,045개이고 인구는 60만 7,381명이다. 현(縣)은 6개다.

노(魯), 백금(伯禽)[57]의 봉지다. 호구 수가 5만 2,000개다. 철관(鐵官)이

---

56 이상은 모두 동평국에 속하는 현(縣)들이다.

57 성은 희(姬)고 자가 백금인데 금보(禽父)라고도 부른다. 주공(周公) 희단(姬旦)의 맏아들이다. 성왕(成王)이 상엄(商奄)의 땅과 은민(殷民) 6족(族)으로 백금에 봉했는데 나라 이름은 노라 하고, 도읍은 곡부(曲阜)로 정했다. 봉해진 지 3년 뒤부터 치적에 대해 보고했다. 주공이 왜 이리 늦었냐고 묻자 "세속을 바꾸고 예의를 고치는데 3년이 지나고서야 없앨 수 있었다"라고 대답했다. 나중에 왕정을 보필하면서 군사를 이끌고 가 회이서융(淮夷西戎)을 정벌하고 비(費)에서 맹세해 서융을 평정한 뒤 노나라가 안정을 찾았다. 46년 동안 재위했다.

있다.

변(卞), 사수(泗水)는 서남쪽으로 흘러 방예(方與)에 이르러 패수(沛水)로 흘러들어가는데, 3개의 군을 지나며 500리를 흘러가고 청주(靑州)의 (대표적인) 큰 강이다.

문양(汶陽), 망 때에는 문정(汶亭)이라고 불렸다.

번(蕃), 남양수(南梁水)는 서쪽으로 흘러 호릉(胡陵)에 이르러 패거(沛渠)로 흘러들어간다.

추(騶), 옛날의 주(邾)나라로 조성(曹姓)이며 29세(世) 때 초(楚)나라에 멸망당했다. 역산(嶧山)이 북쪽에 있다. 망 때에는 추정(騶亭)이라고 불렸다.

설(薛), 하(夏)나라의 거정(車正) 해중(奚仲)이 나라로 삼았던 곳으로 뒤에 비(邳)로 옮겼고 (은나라를 세운) 탕왕(湯王)의 재상 중훼(仲虺)[58]가 여기서 살았다.[59]

초국(楚國), 고제(高帝)가 두었고 선제(宣帝) 지절(地節) 원년에 고쳐서 팽성군(彭城郡)으로 삼았다가 황룡(黃龍) 원년에 원래대로 되돌렸다. 망 때에는 화락(和樂)이라고 불렸다. 서주(徐州)에 속한다. 호구 수가 11만 4,738개이고 인구는 49만 7,804명이다. 현(縣)은 7개다.

---

58 은(殷)나라 탕왕(湯王) 때의 재상으로 탕왕을 잘 보좌하고 간(諫)함으로써 재상으로서의 모범을 보인 사람이다.

59 이상은 모두 노국에 속하는 현(縣)들이다.

팽성(彭城), 옛날 팽조(彭祖)[60]의 나라다. 호구 수가 4만 196개다. 철관(鐵官)이 있다.

유(留).

오(梧), 망 때에는 오치(梧治)라고 불렸다.

부양(傅陽), 옛날의 복양국(偪陽國)〔○ 사고(師古)가 말했다. "偪의 발음은 (핍이 아니라) 복(福)이다."〕이다. 망 때에는 보양(輔陽)이라고 불렸다.

여(呂).

무원(武原), 망 때에는 화락정(和樂亭)이라고 불렸다.

치구(甾丘), 망 때에는 선구(善丘)라고 불렸다.[61]

사수국(泗水國), 옛날의 동해군(東海郡)이며 무제(武帝) 원정(元鼎) 4년에 별도로 사수국으로 삼았다. 망 때에는 수순(水順)이라고 불렸다. 호구 수가 2만 5,025개이고 인구는 11만 9,114명이다. 현(縣)은 3개다.

능(淩)〔○ 응소(應劭)가 말했다. "능수(淩水)의 발원지이며 남쪽으로 흘러 회수(淮水)로 흘러들어간다."〕, 망 때에는 생릉(生夌)이라고 불렸다.

사양(泗陽), 망 때에는 회평정(淮平亭)이라고 불렸다.

우(于), 당 때에는 우병(于屛)이라고 불렸다.[62]

---

60 육종씨(陸終氏)의 아들이자 전욱(顓頊)의 현손이다. 전하는 말에 요(堯)임금 때 등용돼 하(夏)나라부터 은(殷)나라 말까지 800여 년을 넘게 살았다고 한다. 팽성(彭城)에 봉해져 후세에 팽조로 불리게 됐다.

61 이상은 모두 초국에 속하는 현(縣)들이다.

62 이상은 모두 사수국에 속하는 현(縣)들이다.

광릉국(廣陵國), 고제(高帝) 6년에 형주(荊州)에 속했고 11년에 고쳐서 오(吳)에 속하게 했다가 경제(景帝) 4년에 이름을 강도(江都)로 고쳤고 무제(武帝) 원수(元狩) 3년에 이름을 다시 광릉으로 고쳤다. 망 때에는 강평(江平)이라고 불렸다. 서주(徐州)에 속한다. 호구 수가 3만 6,773개이고 인구는 14만 722명이다. 철관(鐵官)이 있다. 현(縣)은 4개다.

광릉(廣陵), 강도(江都)의 역왕(易王) 비(非)와 광릉의 여왕(厲王) 서(胥)가 둘 다 이곳을 도읍으로 삼았고 장군(鄣郡)을 합병해서 얻었지만 오(吳)는 얻지 못했다. 망 때에는 안정(安定)이라고 불렸다.

강도(江都), 강수사(江水祠)가 있다. 거수(渠水)는 처음에 강수(江水)의 물을 받아 북쪽으로 흘러 사양(射陽)에 이르러 호(湖-사양호)로 흘러들어 간다.

고우(高郵).

평안(平安), 망 때에는 두향(杜鄕)이라고 불렸다.[63]

육안국(六安國), 옛날의 초(楚)나라로 고제(高帝) 원년에 별도로 형산국(衡山國)으로 삼았다가 5년에 회남(淮南)에 속하게 했고 문제(文帝) 16년에 다시 형산으로 삼았으며 무제(武帝) 원수(元狩) 2년에 별도로 육안국(六安國)으로 삼았다. 망 때에는 안풍(安風)이라고 불렸다. 호구 수가 3만 8,345개이고 인구는 17만 8,616명이다. 철관(鐵官)이 있다. 현(縣)은 5개다.

육(六), 옛날의 나라로 고요(皋陶)의 후예이며 언성(偃姓)이고 초(楚)나

---

63 이상은 모두 광릉국에 속하는 현(縣)들이다.

라에 멸망당했다. 여계수(如谿水)는 처음에 비수(沘水)의 물을 받아 동북쪽으로 흘러 수춘(壽春)에 이르러 작피(芍陂)로 흘러들어간다.

요(蓼), 옛날의 나라로 고요(皐陶)의 후예이며 초(楚)나라에 멸망당했다.

안풍(安豐), 「우공(禹貢)」에 나오는 대별산(大別山)이 서남쪽에 있다. 망 때에는 미풍(美豐)이라고 불렸다.

안풍(安風), 망 때에는 안풍정(安風亭)이라고 불렸다.

양천(陽泉).[64]

장사국(長沙國), 진(秦)나라의 군(郡)으로 고제(高帝) 5년에 국(國)이 됐다. 망 때에는 전만(塡蠻)이라고 불렸다. 형주(荊州)에 속한다. 호구 수가 4만 3,470개이고 인구는 23만 5,825명이다. 현(縣)은 13개다.

임상(臨湘)〔○ 응소(應劭)가 말했다. "상수(湘水)가 영산(零山)에서 발원한다."〕, 망 때에는 무목(撫睦)이라고 불렸다.

나(羅).

연도(連道).

익양(益陽)〔○ 응소(應劭)가 말했다. "익수(益水)의 북쪽에 있다."〕, 상산(湘山)이 북쪽에 있다.

하준(下雋), 망 때에는 윤준(閏雋)이라고 불렸다.

유(攸).

영(酃).

---

64 이상은 모두 육안국에 속하는 현(縣)들이다.

승양(承陽)〔○ 응소(應劭)가 말했다. "승수(承水)의 북쪽에 있다."〕.

상남(湘南), 「우공(禹貢)」에 나오는 형산(衡山)이 동남쪽에 있고 형주(荊州)의 (대표적인) 큰 산이다.

소릉(昭陵).

도릉(茶陵), 이수(泥水)가 서쪽으로 흘러 상수(湘水)로 흘러들어가는데 700리를 흘러간다. 망 때에는 성향(聲鄉)이라고 불렸다.

용릉(容陵).

안성(安成), 여수(廬水)는 동쪽으로 흘러 여릉(廬陵)에 이르러 호한(湖漢)으로 흘러들어간다. 망 때에는 사성(思成)이라고 불렸다.[65]

본래 진(秦)나라는 경사(京師=수도)를 내사(內史)라 하고〔○ 사고(師古)가 말했다. "경사란 천자가 기내(畿內)를 다스리는 곳이다. 진나라가 천하를 통일해 고쳐서 군현(郡縣)을 세우고 경기(京畿)를 다스리는 곳을 특별히 이름 지어 내사(內史)라고 했는데 여기서 내(內)라고 한 것은 다른 군수(郡守)들과 구별하기 위함이었다."〕 천하를 나눠 36개의 군(郡)으로 했다. 한(漢)나라가 일어나서 그 군(郡)이 너무 큰[太大=廣大] 경우에는 점차적으로 그것을 나눠 새로운 군을 두고 또 (별도로) 제후왕들의 국(國)을 세워주었다.[66] 무제(武帝)는 (남, 서, 북) 세 방향으로 변경을 열고 넓혔다[開廣]. 그래서 고조(高祖)가 26개의 군국(郡國)으로 더한 이래 문제(文

---

65 이상은 모두 장사국에 속하는 현(縣)들이다.

66 그래서 진나라의 제도를 군현제(郡縣制)라 하고 한나라의 제도를 군국제(郡國制)라고 한다.

帝)와 경제(景帝)가 각각 6개, 무제(武帝)가 28개, 소제(昭帝)가 1개를 더해 효평(孝平-평제) 때에 이르러서는 군국이 모두 103개, 현읍(縣邑)이 1,314개, 도(道)[67]가 32개, 후국(侯國)이 241개였다. 영토는 동서로 9,302리, 남북으로 1만 3,368리였다. 모두 해서 영토 안의 토지[封疆=封土]는 1억 4,513만 6,405경(頃)이었고, 그중에서 1억 252만 8,889경은 사람이 사는 읍, 도로, 산천, 임야와 습지 등으로 그 대부분[群]이 경작할 수 없는 땅이고, 그중에서 3,229만 947경은 개간할 수 있는[68] 땅으로 이미 개간이 이뤄진 땅[定墾]은 827만 536경이었다. 백성들의 호구 수가 1,223만 3,062개이고 인구는 5,959만 4,978명이었다. 한나라는 지극히 번성했다.

무릇 백성들은 오상(五常)[69]의 성품을 품고 있지만[函=含=苞] 그 굳셈과 부드러움[剛柔], 느리고 빠름[緩急], 음성이 똑같지 않은 이유는 물과 땅의 기질과 풍토와 연결돼 있기 때문인데 이를 일러 기풍[風]이라 하고, 좋아하고 싫어함[好惡], 취하고 버림[取舍=取捨], 동정(動靜)에 일정함이 없는 이유는 윗자리에 있는 임금이 (하늘과도 같은 이치보다는) 감정이나 욕망을 따르다 보니 그렇게 된 때문인데 이를 일러 습속[俗]이라 한다. 공자(孔子)가 말하기를 "기풍을 옮기고 습속을 바꾸는 데[移風易俗] 악(樂-음악)보다 좋은 것은 없다〔○ 사고(師古)가 말했다. "『효경(孝經)』에 실려 있

---

67 오랑캐가 거주하는 한나라의 행정구역을 부르는 명칭이다.

68 원문은 가간불가간(可墾不可墾)으로 돼 있는데 문맥으로 볼 때 불가간(不可墾)은 불필요하게 덧붙여진 글로 보여 번역에서는 생략했다.

69 사람으로서 지켜야 할 다섯 가지 도리로 오륜을 가리키거나 인의예지신(仁義禮智信)을 가리킨다.

는 공자의 말이다."]"라고 했으니, 이는 빼어난 임금[聖王]이 윗자리에 있어 인륜을 통괄해서 잘 다스리게 되면 반드시 그 근본을 옮기고 그 말류를 바꾼다는 뜻으로, 이것이 곧 천하를 하나로 교화시켜 적중된 도리[中和=中道]에 통합시킨다는 것이니, 이런 다음이라야 왕의 가르침[王敎]이 이루어지게 된다. 한(漢)나라는 수많은 왕들[百王]의 말세를 이어받아 국토가 바뀌고 백성들이 옮겨 살아 성제(成帝) 때 유향(劉向)은 그 지역의 분화 양상을 간략하게 말했고 승장 장우(張禹, ?~기원전 2년)[70]는 영천군(潁川郡) 사람 주공(朱贛)을 위촉해 각지의 풍속을 조목별로 정리하게 했으나 오히려 마땅히 다 궁구하지는 못했다. 그래서 그것들을 모으고 논해 마침내 그 본말(本末)을 이 편(篇)에 드러내었다.

　진(秦)나라 땅은 천관(天官)으로는 동정수(東井宿)와 여귀수(輿鬼宿)의 분야에 해당한다. 그 영토의 경계는 홍농군(弘農郡)에 있는 진나라의 옛 관(關-함곡관)에서 서쪽으로 경조(京兆), 부풍(扶風), 풍익(馮翊), 북지(北地), 상군(上郡), 서하(西河), 안정(安定), 천수(天水), 농서(隴西)(의 여러 군들이) 있고 남쪽으로는 파(巴), 촉(蜀), 광한(廣漢), 건위(犍爲), 무도(武都)가 있으며 서쪽으로는 금성(金城), 무위(武威), 장액(張掖), 주천(酒泉), 돈황

70　경학을 익혀 박사(博士)가 됐다. 원제(元帝) 초원(初元) 중에 불려 태자에게『논어(論語)』를 가르쳐 광록대부(光祿大夫)가 되고 관내후(關內侯)와 영상서사(領尙書事) 등을 지냈다. 외직으로 나가 동평내사(東平內史)가 됐다. (성제 때인) 하평(河平) 4년(기원전 25년) 승상(丞相)에 올라 안창후(安昌侯)에 봉해졌다. 성격은 사치스럽고 탐욕스러워 주운(朱雲)이 영신(佞臣)이라 지목했다.

(敦煌)이 있고 또 서남쪽으로는 장가(牂柯), 월수(越巂), 익주(益州)가 있으며 모두 다 마땅히 그 분야에 속한다.

진나라의 조상은 백익(栢益)이라고 하는데 제(帝) 전욱(顓頊)에서 갈려져 나와 요(堯)임금 때 우(禹)의 치수(治水)를 도왔고 순(舜)임금의 우관(虞官-산택을 담당)이 돼 초목과 조수(鳥獸)를 잘 기르고 보살펴 영씨(嬴氏)의 성을 하사받았고 하(夏)나라와 은(殷)나라 시대를 거치며 제후(諸侯)가 됐다. 주(周)나라에 이르러 조보(造父)가 있었는데 수레를 잘 타고 말 다루는 일을 익혀 화류(華騮)와 녹이(綠耳)[71]를 잘 타서 목왕(穆王)으로부터 총애를 얻어 조성(趙城)에 봉해져 그 때문에 성을 바꿔 조씨(趙氏)라고 했다. 뒤에 비자(非子)가 있어 주(周)나라 효왕(孝王)을 위해 견수(汧水)와 위수(渭水) 사이에서 말을 길렀다. 효왕이 말했다.

"옛날에 백익은 금수의 일을 잘 알았는데 그 자손들에게도 끊어지지 않았구나!"

마침내 봉해 부용(附庸-속국)이 되게 하고 진(秦)을 봉읍으로 내려주었는데 지금의 농현(隴縣)의 서쪽에 있는 진정(秦亭)의 진곡(秦谷)이 그곳이다. 그의 현손인 장공(莊公)의 시대에 이르러 서융(西戎)을 깨뜨려 그 땅을 차지했다. 아들 양공(襄公) 때에 (주나라) 유왕(幽王)이 견융(犬戎)에게 패해 평왕(平王)은 동쪽에 있는 낙읍(雒邑)으로 도읍을 옮겼다[東遷]. 양공은 군대를 이끌고 주나라를 도와 공로를 세워 기(岐)[○ 사고(師古)가 말했다. "기(岐)와 같은 글자다."]와 풍(酆)의 땅을 하사받아 제후의 대열에 올

---

71 둘 다 명마의 이름이다.

랐다. 8세(世)가 지나 목공(穆公)은 패자(霸者)라 칭하며 황하로 동쪽의 국경을 삼았다[○ 사고(師古)가 말했다. "나라의 영토가 동쪽으로 황하에까지 이르렀다는 뜻이다."]. 10여 세(世) 후에 효공(孝公)은 상군(商君)을 써서 원전(轅田)의 제도를 시행해 천맥(阡陌)을 열어 동쪽으로 제후들의 승자가 됐다. 아들 혜공(惠公)은 처음으로 스스로를 왕(王)이라 칭하면서[72] 상군(上郡)과 서하(西河)를 차지했다. 손자 소왕(昭王)은 파(巴)와 촉(蜀)을 열었고 주나라를 멸망시키고 구정(九鼎)을 차지했다. 소왕의 증손 정(政)은 6국을 병탄해 스스로를 황제(皇帝)라 칭했고 힘을 등에 업고 위력을 뽐내며 책들을 불태우고 유자들을 구덩이에 파묻었고 몸소 사지(私智-사사로운 지혜)라고 자임했다. (그러나) 아들 호해(胡亥)에 이르자 천하는 그에 반기를 들었다.

옛날의 진나라 땅은 (『서경(書經)』) 「우공(禹貢)」에 기록된 시대로는 옹(雍)과 양(梁)의 두 주(州)에 해당하고, 『시경(詩經)』 「국풍(國風)」에서는 진(秦)과 빈(豳)의 두 나라를 겸하고 있다. 옛날에 (주나라 황실의 조상인) 후직(后稷)은 태(斄)에 봉해졌고, 공유(公劉)는 빈(豳)에 살았으며, 대왕(大王)[73]은 기(邠)[○ 사고(師古)가 말했다. "지금의 기산현(岐山縣)이다."]로 옮겨갔고, 문왕(文王)은 풍(酆)에서 일어났고, 무왕(武王)은 호(鎬)[○ 사고(師古)가 말했다. "지금의 곤명지(昆明池) 북쪽의 호피(鎬陂)가 그곳이다."]를 다스렸으니, 그 백성들에게는 선왕이 남겨준 기풍[遺風]이 있어 농사일
유풍

---

72 원래는 천자만이 왕칭할 수 있다.

73 태왕이라고도 하며 고공단보(古公亶父)를 가리킨다.

[稼穡]을 좋아해 본업(本業-농업)에 힘썼기에 그래서 『시경(詩經)』의 빈풍(豳風)은 농사와 뽕나무 심기[農桑]가 입고 먹는 것의 근본임을 아주 잘 갖춰서 말하고 있는 것이다〔○ 사고(師古)가 말했다. "그중에서도 '7월(七月)' 편을 가리킨다."〕. 호(鄠)[74]와 두(杜)의 죽림(竹林), 남산(南山)의 박달나무와 산뽕나무[檀]가 있어 육해(陸海)라는 호칭이 있고 구주(九州)를 위한 고유(膏腴)[75]가 돼 주었다〔○ 사고(師古)가 말했다. "이곳은 고지대라 물산이 풍부해 마치 바다처럼 나지 않은 것이 없기 때문에 육해(陸海)라고 한 것이다. 아랫배의 살을 유(腴)라고 하는데 그래서 비유를 취해 이렇게 말한 것이다."〕. 시황의 초기에 정국(鄭國)〔○ 사고(師古)가 말했다. "사람의 성과 이름이다. 이 일은 「구혁지(溝洫志)」에 갖춰져 나온다."〕이 운하[渠]를 파고 경수(涇水)를 끌어들여 밭에 물을 대 기름진 벌판이 1,000리였고 그로 인해 백성들은 넉넉하고 풍요로워졌다. 한(漢)나라가 일어나 장안(長安)을 도읍으로 삼아서 제(齊)나라의 여러 전씨(田氏)들, 초(楚)나라의 소(昭), 굴(屈), 경(景)의 세 집안과 공신들의 집안을 장릉(長陵-고조의 능)으로 이주시켰다. 그후에 대대로 2,000석 관리, 큰 재산가와 부자 및 호걸과 겸병하는 집안들을 여러 능으로 이주시켰다. 대개 이는 근간이 되는 경사를 강하게 하고 곁가지인 지방을 약하게 하려는 것이니 단순히 산릉을 받들게 하려 함이 아니었다. 이 때문에 온갖 지방의 사람들이 잡다하게 몰려들어 뒤섞이는 바람에 기풍과 습속[風俗]이 순일하게 맑지 못했다. 그중에서 명

---

74 하나라 때의 호(扈)나라가 있던 곳이다.

75 기름지고 비옥하다는 뜻이다. 고유지지(膏腴之地)라는 말이 있다.

문가[世家]는 예의와 문화[禮文]를 좋아했고 부자들은 상거래를 해 이익을 쫓았으며 호걸들은 유협(遊俠)들을 데리고 간사한 자들과 내통했다[通姦]. 그곳은 종남산(終南山)의 주변에 있어 하양(夏陽)〔○ 사고(師古)가 말했다. "하양은 곧 황하의 서쪽 강안이다."〕과 가깝고 지형이 험난한 곳들이 많아 인정이 경박스러워 쉽게 도적이 되고 늘 천하의 교통이 왕성하게 이루어졌다. 또한 군과 국이 이곳으로 몰려들었고, 무위도식하는 자들이 많았으며, 백성들은 본업(-농업)을 버리고 말업(-상공업)으로 나아갔고, 열후(列侯)와 귀족들은 그 타고 다니는 것과 입고 다니는 것들이 자기 신분을 뛰어넘어[僭上] 일반 백성들도 그것을 마구 따라했고, 서로 거기에 미치지 못하는 것을 수치로 여겼으며, 혼례에서는 더욱더 사치스러움을 숭상했고, 장례[送死]는 그 도를 뛰어넘었다.

천수(天水), 농서(隴西) 두 군에는 산에 임목이 많아 백성들은 판목으로 집을 짓는다. 안정(安定), 북지(北地), 상군(上郡), 서하(西河)는 모두 융적(戎狄)과 아주 가까이에 있어 늘 전투 준비를 위한 훈련을 하다 보니 기력을 높여 활을 쏘아 사냥하는 것을 최우선시한다. 그래서 『시경(詩經)』「진풍(秦風)」의 시에 이르기를 "그 판옥(板屋)에 있어 (내 마음을 어지럽히는구나)〔○ 사고(師古)가 말했다. "'소융(小戎)' 편의 구절이다. 양공(襄公)이 출정하자 부인들은 판옥의 집에 있으면서 남편들을 걱정하는 내용이다."〕"라고 했고, 또 이르기를 "왕명으로 군대를 일으키거든 우리의 무기 손질해 그대와 한 짝이 되리라〔○ 사고(師古)가 말했다. "'무의(無衣)' 편의 구절이다."〕"라고 했던 것이다. (「진풍(秦風)」에 실린) '거린(車轔)', '사철(駟驖)', '소융(小戎)'의 편은 모두 거마와 사냥의 일을 말하고 있다. 한(漢)나라가 일어나 6군의 좋은 집안의 자제들을 뽑아 우림(羽林), 기문(期門)으로 채워 넣어〔○ 사고(師古)가 말했다. "6군은 농서, 천수, 안정, 북지, 상군, 서하를 가리킨다. 우림과 기문에 대한 풀이는 「백관공경표(百官公卿表)」에 이미 나왔다."〕 재능과 역량에 따라 관리로 삼으니 명장이 여기에서 많이 나왔다. 공자(孔子)가 말하기를 "군자가 용감하면서도 마땅함[義]을 모르면 난을 일으키고 소인이 용감하면서도 마땅함을 모르면 도적이 된다"[76]라고 했다. 그래서 여기서 언급한 군(郡)들은 백성들의 습속이 꾸미는 바가 없이 목석과 같아[質木] 도둑질하는 것을 부끄러워하지 않았다.

무위군(武威郡)부터 서쪽으로는 본래 흉노의 곤야왕(昆邪王)과 휴도왕(休屠王)의 땅이었는데 무제(武帝) 때에 그들을 물리치고서 처음으로 사군(四郡)을 둠으로써 서역(西域)과 통교를 하게 됐고 남강(南羌)[77]과 흉노(匈奴)를 끊어버렸다. 그 백성들은 혹은 관동(關東)의 극히 가난한 사람들이거나 혹은 원수를 갚으려는 이렇다 할 방법이 없거나 혹은 도리를 어기고 무도해 가족과 함께 이쪽으로 옮겨온 사람들이다. 그래서 그들의 습속은 자못 특이했고 땅은 넓은데 주민들은 드물어 물과 풀이 목축하는 데 적합했기 때문에 양주(涼州)의 가축들은 천하를 풍요하게 만들어주었다. 변방의 요새들을 지키기 위해 2,000석 관리가 그곳을 다스리기는 했지만 그곳 사람들은 모두 병마(兵馬)의 일을 주된 업무로 여겼고 술자리가 잦아 위아래가 서로 잘 소통해 관리와 백성들이 서로 가까웠다. 이 때문에 그 습속

---

76 『논어(論語)』 「양화(陽貨)」 편에 나오는 말이다.

77 남방의 강족(羌族)의 이름이다.

은 비와 바람이 때에 맞아 곡물값이 항상 저렴했기 때문에 도적이 적었고 그에 따라 화목하고 조화로운 기운[和氣]이 있어 도성에서 가까운 내군(內郡)들보다도 더 어질고 뛰어났다. 이는 행정이 너그럽고 두터워 관리들이 백성들을 가혹하고 각박하게[苛刻] 대하지 않은 때문이었다.

파(巴), 촉(蜀), 광한(廣漢)의 세 군은 본래 남쪽 오랑캐[南夷] 땅으로 진나라가 그곳들을 병탄해 군(郡)으로 삼았는데 토지가 비옥하고 강수(江水)와 기름진 들판, 산림, 죽목, 채소와 과실의 풍요로움이 있었다. 남쪽에서는 전(滇)과 북(僰)[78]의 땅의 노비들이 매매되고 서쪽에서는 가까운 공(邛)과 작(筰)에서 말과 긴 털을 가진 소[旄牛]가 났다. 백성들은 쌀과 물고기를 주식으로 하고 흉년에 대한 근심이 없으며 민속은 근심이나 고통이 없어 쉽게 오락과 음탕에 빠지며 유약하고 변덕이 심했다. 경제(景帝)와 무제(武帝) 사이에 문옹(文翁)[79]이 촉군의 태수가 돼 백성들에게 독서와 법령을 가르쳤으나 여전히 도덕을 독실하게 믿지 않았고 도리어 문장을 좋아하는 사람을 풍자하고 놀리며 권세를 귀하게 여기고 사모했다. 사마상여(司馬相如, 기원전 179~117년)[80]가 경사의 제후들과 노닐며 벼슬길에 나서

---

78 둘 다 오랑캐의 이름이다.

79 여강(廬江) 사람으로 촉(蜀)의 군수가 돼 교화 방법을 일신해 촉 사람들을 서울로 보내 유학시킴으로써 미개한 그 주민들을 크게 교화시켰다.

80 전국시대의 인상여(藺相如)를 사모해 자기의 이름을 상여로 바꾸었다. 임공(臨邛) 땅에서 탁왕손(卓王孫)의 딸인 탁문군(卓文君)과 만나 성도(成都)로 달아나 혼인한 이야기는 유명하다. 처음에 경제(景帝)를 섬겨 무기상시(武騎常侍)가 됐는데 병으로 사직했다. 양(梁)으로 와서 매승(枚乘)과 교유했다. 무제(武帝)에게 '상림부(上林賦)'를 지어 바쳤다. 무제는 이것을 읽고 재능이 있다고 여겨 불러 낭(郎)으로 삼았다. 나중에 중랑장(中郎將)이 되고 사신으로 서남이(西南夷)

게 되자 문사(文辭)로 세상에 유명해지니 시골 사람들은 그의 행적을 사모하며 뒤따랐다. 뒤에 왕포(王褒), 엄준(嚴遵-엄군평), 양웅(楊雄 혹은 揚雄)의 무리가 나오자 그들의 문장은 천하제일이 됐다. 문옹이 그 가르침을 편친 이래 상여(相如)는 그를 모범으로 삼았고 그래서 공자는 말하기를 "가르침에는 종류가 없다"[81]라고 했던 것이다.

무도(武都)의 땅은 저(氐)와 강(羌)의 오랑캐들이 뒤섞여 있으며 또 건위(犍爲), 장가(牂柯), 월수(越嶲)는 모두 서남쪽 외이(外夷-바깥 오랑캐)의 땅으로 무제(武帝)가 처음으로 열고서 설치한 군이다. 민속은 대략 파(巴)나 촉(蜀)과 비슷하며 무도는 천수와 가깝기 때문에 습속은 자못 비슷하다.

이처럼 진나라 땅은 천하의 3분의 1을 차지하면서도 인구[人衆]는 10분의 3을 넘지 않았지만 그 부(富)를 헤아려보면 10분의 6이나 됐다. 오(吳)나라 (공자) 계찰(季札)이 (주나라) 음악을 듣고 싶어 해 그를 위해 진나라 음악[秦風]을 연주하니 이렇게 말했다.

"이를 일러 중국의 음악[夏聲]이라고 합니다. 능히 하성(夏聲)을 낸다면 그 음악은 위대합니다. 위대함이 이리도 지극하니 아마도 주나라의 옛 음악인 듯합니다."[82]

와 교섭해 공을 세웠다. 효문원령(孝文園令)에 임명됐지만 병으로 사임했다. 작품의 풍격이 다양하고 사조(詞藻)가 아름다웠으며 한부(漢賦)의 제재와 묘사 방법을 보다 풍부하게 해 부체(賦體)를 한나라의 대표적 문학 형태로 자리하게 하는 데 큰 공헌을 했다.

81 『논어(論語)』「위령공(衛靈公)」 편에 나오는 말이다. 사람의 본성과 기질은 가르치는 데 따라 달라질 뿐 원래부터 정해진 사람의 종류는 없다는 말이다.

82 이 일은 『춘추좌씨전(春秋左氏傳)』 양공(襄公) 29년에 나온다.

정수(井宿) 10도에서 유수(柳宿) 3도에 이르기까지를 일러 순수(鶉首)의 차(次)라고 하는데 이것이 바로 진(秦)나라의 분야다.

위(魏)나라 땅은 자휴수(觜巂宿)와 삼수(參宿)의 분야에 해당한다. 그 경계는 (장안의 동북쪽에 있는) 고릉현(高陵縣)에서 동쪽으로 하동(河東), 하내(河內)의 2개의 군이 전역에 걸쳐 있고 남쪽으로는 진류군(陳留郡)과 여남군(汝南郡)의 소릉(昭陵), 은강(㶏强), 신급(新汲), 서화(西華), 장평(長平)의 여러 현들, 영천군(潁川郡)의 무양(舞陽), 언(郾), 허(許), 언릉(傿陵) 등의 여러 현들, 하남군(河南郡)의 개봉(開封), 중모(中牟), 양무(陽武), 산조(酸棗), 권(卷) 등의 여러 현들이 있는데 모두 (자휴수와 삼수에 해당하는) 위나라의 분야다.

하내(河內)는 본래 은(殷)나라의 옛 도읍으로 주(周)나라가 이미 은나라를 멸망시키고 나자 그 기내(畿內)를 나눠서 3개의 나라로 삼았으니 『시경(詩經)』「국풍(國風)」에 나오는 패국(邶國), 용국(庸國), 위국(衛國)이 그것이다〔○ 사고(師古)가 말했다. "주(紂)의 성에서부터 볼 때 북쪽을 패, 남쪽을 용, 동쪽을 위라고 했다. 패(邶)는 패(鄁)로 쓰기도 하고 용(庸)도 용(鄘)으로 쓰기도 한다."〕. 패국에는 주(紂)의 아들 무경(武庚)을 봉했고 용국은 관숙(管叔)이 다스리게[尹=主] 했으며 위국은 채숙(蔡叔)이 다스리게 해 은나라 백성들을 감독하게 했으니 이를 삼감(三監)이라고 한다. 그래서 『서경(書經)』「주서(周書)」의 '대고(大誥)' 편의 서문에 이르기를 "무왕이 세상을 떠나자 삼감이 반란을 일으켰다"고 했고, 주공(周公)은 그들을 주살하고서 그 땅에 동생 강숙(康叔)을 봉해 맹후(孟侯)〔○ 사고(師古)가 말했다.

"맹(孟)은 첫째 우두머리[長]라는 뜻으로 제후들 중의 우두머리가 되라는 말이다."]라고 부르고 가까이 와서 주나라 왕실을 보좌하게 했다. 패와 용의 백성들을 낙읍(雒邑)으로 옮겼지만 이 때문에 패, 용, 위 세 나라의 시풍이 서로 같았던 것이다. 패풍(邶風)의 시에 이르기를 "준읍(浚邑)의 아래에 있도다〔○ 사고(師古)가 말했다. "'개풍(凱風)' 편의 구절이다. 준은 위나라 읍이다."〕"라고 했고 용풍(庸風)의 시에 이르기를 "준읍의 교외에 있도다〔○ 사고(師古)가 말했다. "'간모(干旄)' 편의 구절이다."〕"라고 했으며, 패풍(邶風)의 시에 또 이르기를 "역시 기수(淇水)로 흘러가도다〔○ 사고(師古)가 말했다. "'천수(泉水)' 편의 구절이다."〕"라고 했고 "하수(河水-황하)가 출렁출렁하도다〔○ 사고(師古)가 말했다. "지금의 패풍(邶風)에는 이 구절이 없다."〕"라고 했는데, 용풍(庸風)의 시에도 이르기를 "나를 기수(淇水) 가에서 전송했도다〔○ 사고(師古)가 말했다. "'상중(桑中)' 편의 구절이다."〕"라고 했고 "저 황하 한가운데 있도다〔○ 사고(師古)가 말했다. "'백주(柏舟)' 편의 구절이다."〕"라고 했으며, 위풍(衛風)에 이르기를 "저 기수(淇水)의 벼랑을 보니〔○ 사고(師古)가 말했다. "'기오(淇奧)' 편의 구절이다."〕"라고 했고 "하수(河水)가 넘실넘실 흘러〔○ 사고(師古)가 말했다. "'석인(碩人)' 편의 구절이다."〕"라고 했다. 그래서 오나라 공자 계찰은 노(魯)나라를 방문해 주나라 음악[周樂]을 듣고자 했는데 패(邶), 용(庸), 위(衛)의 노래를 듣고서 "아름답고도 심오합니다. 내가 듣건대 강숙(康叔)의 다움이 이와 같았다고 하니 이 가사는 아마도 위풍(衛風)일 것입니다"라고 말했던 것이다. 16세(世)의 의공(懿公)에 이르러 도리를 잃게 되자 적(狄)에게 멸망당했다. 제(齊)나라 환공(桓公)은 제후들을 이끌고 적(狄)을 정벌하고서 다시 위(衛)를 하남

(河南)의 조(曹)와 초구(楚丘) 두 읍에 봉했으니 이 사람이 문공(文公)이다. 그리고 하내의 은허(殷虛 혹은 殷墟)는 다시 진(晉)나라에 속하게 됐다. 강숙(康叔)의 기풍[風]이 이미 다 메말라버렸고 주(紂)의 영향[化]은 오히려 남아 있었기 때문에 그래서 습속[俗]은 강하디강해[剛彊] 호걸들의 침탈이 잦았고 은혜와 예의는 엷게 돼 생분(生分)〔○ 사고(師古)가 말했다. "부모가 살아 계신데 형제들이 재산을 제각각 나눠 갖는 것을 말한다."〕을 좋아했다.

하동(河東)은 토지가 평탄해 소금과 철이 풍부하고 본래 당요(唐堯-요임금)가 있던 곳이고 『시경(詩經)』 「국풍(國風)」의 당(唐)과 위(魏)나라의 땅이다. 주(周)나라 무왕(武王)의 아들 당숙(唐叔)이 아직 어머니의 뱃속에 있을 때 무왕은 꿈에서 상제(上帝)가 자신에게 이렇게 말하는 것을 들었다.

"너는 네 아들의 이름을 우(虞)라고 짓고 그 아이에게 당(唐)(나라)을 주어 그것을 삼수(參宿)에 속하게 하라!"

아이가 태어나자 정말로 우(虞)라고 이름 지었다. 성왕(成王)이 당나라를 멸망시키자 성왕은 숙부인 우(虞)를 그곳에 봉해주었다. 당나라에는 진수(晉水)가 있고 숙부 우의 아들 변(變)에 이르러 이를 진후(晉侯)라고 불렀고 그래서 삼수는 진(晉)나라의 별이 된 것이다. 그 백성들에게는 선왕이 전한 가르침이 남아 있어 군자는 생각이 깊었고[深思] 소인은 검소했다[儉陋]. 그래서 『시경(詩經)』 「당풍(唐風)」의 '실솔(蟋蟀-귀뚜라미),' '산추(山樞),' '갈생(葛生)'의 시들에서는 각각 "지금 우리가 즐거워하지 않으면 세월은 흘러가버릴 것이다," "완전히 죽고 나거든 다른 사람들이 이에 즐거워하리라", "백세 후에나 그 무덤으로 돌아가리라"라고 했다. 모두 사치와 검소의 중도를 얻으려 생각하고 생과 사의 근심을 걱정하고 있다. 오나라 공자 계찰은 당풍의 노래를 듣고서 "생각이 깊도다! 도당씨(陶唐氏-요임금)의 유민(遺民)의 기풍이 있어서입니까?"라고 했다.

　위(魏)나라는 또한 희성(姬姓)의 나라이며 진(晉)나라의 남쪽 황하가 굽어서 각을 이룬 곳에 있기 때문에 『시경(詩經)』에 이르기를 "저 분수(汾水) 한 굽이에[○ 사고(師古)가 말했다. "위풍(魏風) '분저여(汾沮洳)' 편에 나오는 구절이다."]"라고 했고 "황하 변에 내버려두니[寘=置][○ 사고(師古)가 말했다. "(「위풍(魏風)」) '벌단(伐檀)' 편에 나오는 구절이다."]"라고 했다. 당숙(唐叔)으로부터 16세(世)인 헌공(獻公)에 이르러 위나라를 멸망시키고 대부 필만(畢萬)을 봉해주었고, 경(耿)나라를 멸망시키고 대부 조숙(趙夙)을 봉해주었으며, 대부 한무자(韓武子)는 한원(韓原) 땅을 식읍으로 삼게 하니 이에 진(晉)나라는 처음으로 대국이 됐다. 문공(文公)에 이르러 제후들의 패자가 되고[伯=覇] 주나라 왕실[周室]을 높였으며 처음으로 하내(河內)의 땅을 차지했다. 오나라 공자 계찰은 위풍의 노래를 듣고서 "그 소리의 구성짐이여! 다움으로써 이런 임금을 보좌했다면 눈 밝은 임금이 됐을 것입니다"라고 했다. 문공(文公) 이후 16세(世)에 한(韓), 위(魏), 조(趙)에게 멸망당하자 이들 삼가(三家)는 모두 스스로 일어나 제후가 됐고 이를 삼진(三晉)이라고 한다. 조(趙)는 진(秦)나라와 같은 조상이고 한(韓)과 조(趙)는 모두 희성(姬姓)이다. 필만(畢萬)으로부터 10세(世)에 후(侯)라고 칭했고 그 손자에 이르러서는 왕(王)이라고 칭했으며 도읍을 대량(大梁)으로 옮겼기에 위(魏)나라를 일명 양(梁)나라라고도 부르는데 7세(世) 만에 진(秦)나라에게 멸망당했다.

주(周)나라 땅은 유수(柳宿), 칠성수(七星宿), 장수(張宿)의 분야에 해당한다. 지금의 하남군(河南郡)의 낙양(雒陽), 곡성(穀成), 평음(平陰), 언사(偃師), 공(鞏), 구씨(緱氏) 등의 여러 현이 주나라의 분야다.

옛날에 주공(周公)은 낙읍(雒邑)을 경영했는데 그곳은 사방의 땅의 중앙이었고 제후들이 사방을 울타리나 병풍처럼 둘러서 있다[藩屛]고 여겼기 때문에 그곳에 경사(京師-도읍)를 세웠다. 유왕(幽王)에 이르러 포사(褒姒)에게 흠뻑 빠지는 바람에 종주(宗周-호경(鎬京))를 잃고 아들 평왕(平王)은 동쪽의 낙읍(雒邑)으로 옮겼다. 그후에 오패(五伯)가 다시 제후들을 이끌고서 주나라 왕실[周室]을 높이자 주나라는 삼대(三代-하·은·주)에서 가장 길게 이어질 수 있었다. 800여 년을 존속하다가 왕 난(赧)[83]에 이

---

83 난왕은 기원전 315년에 신정왕이 죽자 뒤를 이어 왕위에 올랐다. 난왕은 주나라 왕들 가운데 가장 오랜 기간(59년) 동안 왕위에 있었으나 주나라의 왕권은 이미 상징적 의미만 지니는 것으로 전락해 있었다. 당시 주나라 왕실은 하남(河南)의 서주국(西周國)과 공(鞏) 지역의 동주국(東周國)이 서로 대립하고 있었는데 왕위에 오른 난왕은 도읍을 서주국으로 옮기고 서주국 무공(武公)에 의존해서 왕위를 유지했다. 이로써 주나라는 제26대 경왕(敬王)이 낙읍(洛邑)의 옛 왕성 동쪽에 새로 도성을 세워 천도를 한 뒤에 10대 만에 다시 과거의 왕성으로 도읍을 옮기게 됐다. 당시 진(秦), 한(韓), 위(魏), 조(趙), 제(齊), 초(楚), 연(燕) 등의 제후들은 스스로를 왕이라 부르며 천하의 패권을 놓고 다투고 있었다. 그리고 이른바 전국7웅(全國七雄)이라 불리는 이 나라들 가운데에서도 진나라의 세력이 가장 강했다. 그래서 각 나라들은 진나라를 중심으로 시기에 따라 합종(合從)과 연횡(連橫)의 관계를 모색하며 끊임없이 대립했고, 주나라 왕실은 강국들의 눈치를 보며 나라의 안위를 걱정해야 하는 처지였다. 기원전 256년 진나라의 소왕은 장군 규(摎)를 보내 한나라의 양성(陽城)과 부서(負黍)를 빼앗고 조나라의 20개 현을 점령했다. 서주국의 무공은 다른 나라들과 연합해 진나라를 견제하기 위해 이궐(伊闕)로 병력을 보내

르러 마침내 진(秦)나라에 병합됐다[兼=兼倂]. 애초에 낙읍과 종주는 함께 기내(畿內)에 있어 땅이 서로 통했고 동서로는 길고 남북으로는 짧았는데 길고 짧은 것을 감안해 전체적으로 계산하면 사방 1,000리였다. 양왕(襄王)에 이르러 하내의 땅을 진(晉)나라 문공(文公)에게 내려주었고 또 제후들에게 침탈당했기 때문에 주나라 분야에 해당하는 땅은 아주 작았다.

유수(柳宿) 3도에서 장수(張宿) 12도에 이르기까지를 순화(鶉火)의 차(次)라고 하는데 이것이 바로 주(周)나라의 분야다.

한(韓)나라의 땅은 각수(角宿), 항수(亢宿), 저수(氐宿)의 분야에 해당한다. 한나라는 진(晉)나라를 나눠 남양군(南陽郡)과 영천군(潁川郡)의 보성(父城), 정릉(定陵), 양성(襄城), 영양(潁陽), 영음(潁陰), 장사(長社), 양적(陽翟), 겹(郟)의 여러 현들을 얻어 동쪽으로는 여남군(汝南郡)과 접해 있고 서쪽으로는 홍농군(弘農郡)과 접해 신안(新安)과 의양(宜陽)의 두 현을 얻었는데 이것들은 모두 한나라의 분야다. 『시경(詩經)』「국풍(國風)」에 나오는 진국(陳國)과 정국(鄭國)은 한나라와 별의 분야가 똑같다.

정국(鄭國)은 지금의 하남군 신정현(新鄭縣)으로 본래 고신씨(高辛氏)의 화정(火正-관직명) 축융(祝融)의 옛 터[虛=墟]다. 그리고 그곳의 성고(成臯), 형양(滎陽) 두 현과 영천군(潁川郡)의 숭고(崇高), 양성(陽城) 두 현은

양성으로 가는 교통로를 막았다. 그러자 분노한 진나라 소왕은 규로 하여금 서주국을 공격하게 했고, 무공은 진나라로 가서 서주국의 36개 읍과 주민을 넘기며 항복했다. 그리고 서주국의 영토가 진나라로 병합된 이 해에 난왕도 죽으면서 주나라는 실질적으로 멸망했다.

모두 정나라의 분야다. 본래 주(周)나라 선왕(宣王)의 동생 우(友)가 주나라의 사도(司徒)가 돼 종주(宗周)의 기내(畿內)에 식읍을 받았는데 그곳이 정(鄭)이다. 정(鄭)나라 환공(桓公)[84]이 사백(史伯)에게 "왕실에 변고가 많으니 어떻게 하면 죽음에서 벗어날 수 있겠는가?"라고 묻자 사백은 이렇게 답했다.

"사방의 나라가 다 왕의 동생이나 조카, 외삼촌이 아니면 이적(夷狄)들이니 그런 나라에 들어가서는 안 됩니다. 그러니 제수(濟水), 낙수(洛水), 하수(河水), 영수(潁水)의 사이면 어떻겠습니까? 자작이나 남작의 나라 중에는 괵(虢)과 회(會 혹은 鄶)가 큰 나라이지만 괵숙(虢叔)은 세력을 믿고 [恃勢] 회중(會仲)은 험한 지형을 믿고 있으며 둘 다 교만하고 사치스러우며 탐욕스럽고 의리에 어둡습니다. 그대께서 처자[帑]와 재물을 그들에게 맡기신다면 (들어올 것을 허락할 터이니) 주나라가 어지러워지고 피폐해진다면 반드시 장차 그대를 배반할 것입니다. 그때에 그대께서는 성주(成周)의 무리로서 천자의 명을 받든다는 명분으로 그들의 죄를 토벌한다면 이기지 않을 수가 없을 것입니다."

공이 "남쪽은 안 되는가?"라고 묻자 이렇게 답했다.

"저 초(楚)나라는 중씨(重氏)와 여씨(黎氏)의 후손으로 여씨는 고신씨의 화정이었는데 아름다운 재주로 하늘과 땅을 훤히 밝혔습니다. (그리고) 강(姜-제나라), 영(嬴-진나라), 형(荊-초나라), 미(羋-초나라)는 실로 여러 희씨(姬氏)와 번갈아가면서 서로를 침범할 것입니다. 강씨는 백이(伯夷)의 후

---

84 그가 곧 우(友)다. 이하의 문답은 『국어(國語)』 「정어(鄭語)」 편에 실려 있다.

손이고 영씨는 백익(栢益)의 후손입니다. 백이는 신령에게 능히 예를 다하며 요(堯)임금을 보좌했고 백익은 능히 온갖 사물의 이치를 밝혀 순(舜)임금을 보좌했기에 그 후손들은 모두 제사가 끊어지지 않게 됐지만 아직 크게 일어났던 자는 없으니 주나라가 쇠퇴하면 장차 일어날 것이므로 가까이해서는 안 됩니다."

환공은 그의 말을 따라 마침내 동쪽으로 가서 처자와 재물을 맡기니 괵나라와 회나라는 그를 받아주었다. 3년 후에 유왕(幽王)이 패망하고 환공이 죽자 그의 아들 무공(武公)과 평왕(平王)은 동천(東遷)해 결국 괵과 회나라 땅을 평정하고서 낙수(雒水)를 오른쪽으로 하고 제수(泲水 혹은 濟水)를 왼쪽으로 하며 진수(溱水)와 유수(洧水) 사이를 식읍으로 삼았다. 땅이 좁고 험하며 산이 많고 계곡의 물을 길어다 썼으며 남녀가 자주[亟=屢] 만남을 가졌기 때문에 그 습속[俗]은 음란했다[淫]. 『시경(詩經)』의 「정풍(鄭風)」에 이르기를 "동문을 나서니 여자들이 구름과 같도다[如雲]〔○ 사고(師古)가 말했다. "'출기동문(出其東門)' 편의 구절이다. 동문은 정나라의 동문이다. '구름과 같도다'라는 것은 그 수가 아주 많고 오가는 방향에 일정함이 없다는 뜻이다."〕"라고 했고, 또 이르기를 "진수(溱水)와 유수(洧水)가 바야흐로 출렁거리니 남자와 여자가 바야흐로 난초를 잡고 있구나", "진실로 넓고 또 즐겁도다"라고 하면서 남자와 여자가 서로 즐기고 노는구나〔○ 사고(師古)가 말했다. "(둘 다) '진유(溱洧)' 편의 구절이다."〕"라고 했으니, 이것이 정나라의 기풍[風]이다. 오나라 공자 계찰은 정풍의 노래를 듣고서 "좋기는 한데 그 섬세함[細]〔○ 신찬(臣瓚)이 말했다. "세(細)란 음성이 가늘고 약하다[細弱]는 뜻으로 이는 곧 쇠약해질 징후다."〕이 심해 백성들이 감당할 수는 없을 것 같습니다. 이 나라는 아마도 다른 나라보다 먼저 망할 듯합니다"라고 했다. 무공(武公)으로부터 23세(世) 후에 한(韓)나라에게 멸망당했다.

진국(陳國)은 지금의 회양군(淮陽郡)의 땅이다. 진(陳)은 본래 태호(太昊)의 옛터이며 주(周)나라 무왕(武王)이 순(舜)임금의 후예인 규만(嬀滿)을 진(陳)에 봉해주었으니 그가 호공(胡公)이고 무왕의 장녀인 대희(大姬)를 아내로 삼게 했다. 부인이 존귀한 데다가 제사를 좋아해 사무(史巫)를 썼기 때문에 그 나라의 습속은 무당과 귀신을 좋아했다. 『시경(詩經)』의 「진풍(陳風)」에 이르기를 "둥둥둥 북을 치는데 완구(宛丘)의 아래에서 치는구나 겨울도 없이 여름도 없이 백로의 깃을 꽂았도다〔○ 사고(師古)가 말했다. "'완구(宛丘)' 편의 구절이다. 사방은 높고 가운데는 낮은 곳을 완구(宛丘-분지)라고 한다. 귀신을 섬기는 일을 겨울과 여름이 없이 늘 계속했다는 뜻이다."〕"라고 했고, 또 "동문의 흰느릅나무와 완구의 상수리나무 아래에서 자중(子仲)의 딸이 덩실덩실 춤을 추도다〔○ 사고(師古)가 말했다. "'동문지분(東門之枌)' 편의 구절이다. 자중은 진나라 대부다."〕"라고 했으니, 이것이 진나라의 기풍[風]이다. 오나라 공자 계찰은 진풍의 노래를 듣고서 "나라에 임금이 없으니〔○ 사고(師古)가 말했다. "정사가 부인에게서 비롯되니 임금이 없다고 한 것이다."〕 과연 오래갈 수 있겠습니까?"라고 했다. 호공(胡公)으로부터 23세(世) 후에 초(楚)나라에게 멸망당했다. 진(陳)나라가 초나라에 속하게 됐지만 천문(天文)의 분야에 있어서는 예전과 그대로였다.

영천군(潁川郡)과 남양군(南陽郡)은 본래 하우(夏禹-우왕)의 나라다. 하나라 사람들은 충실함이나 진실함[忠=衷]을 숭상했는데 그 폐단은 비루하고 조야함[鄙朴]이다. 한(韓)나라는 무자(武子)[85]로부터 7세(世) 후에 스스로를 후(侯)라고 칭했고 다시 6세 후에는 왕(王)이라고 칭했으며 5세가 지나서 진(秦)나라에 멸망당했다. 진나라는 한나라를 이미 멸망시키고 나서 천하의 불법 무도한[不軌] 백성들을 남양군으로 이주시켰기 때문에 그래서 그 습속은 과장과 사치가 심하고[夸奢] 기력(氣力)을 높이며 장사와 어업과 수렵을 좋아하고 숨기기를 좋아해 제어하기가 힘들다. 완(宛)은 서쪽으로 무관(武關)과 통하고 동쪽으로 강수(江水)와 회수(淮水)를 받아들여 모든 것이 이곳으로 모여든다. 선제(宣帝) 때 정홍(鄭弘)과 소신신(召信臣)이 남양태수가 됐는데 그 치적은 모두 기(紀)[86]에 보인다. 신신은 백성들에게 농업과 뽕나무 기르기를 권했고 말업을 버리고 본업으로 돌아가게 해[去末歸本] 군은 크게 부유해졌다. 영천(潁川)은 한(韓)나라의 도읍이다. 인물로는 신자(申子-신불해)와 한비(韓非-한비자)가 나왔고 그 혹독했던 피해가 여전히 악영향을 끼치고 있다[餘烈]. 벼슬을 숭상하고 법률[文法]을 좋아하며 백성들이 탐욕스러워 소송과 생분(生分)을 일삼는 것이 이들의 단점이다. 한연수(韓延壽)가 태수가 돼 삼감과 겸양[敬讓]으로 솔선수범했고 황패(黃霸)가 그 뒤를 이었기 때문에 교화가 크게 이루어져 감옥에는 어떤 때에는 8년 동안 중죄수가 없었다. 남양 사람들은 장사를 좋아했지만 소보(召父)는 본업으로 그곳을 부유하게 만들었다[○ 사고(師古)가 말

---

85 이때의 자(子)는 자작(子爵)의 자다.

86 「공손유전왕양채진정전(公孫劉田王楊蔡陳鄭傳)」과 「순리전(循吏傳)」을 가리킨다.

했다. "소보는 소신신(召信臣)이다. 농업에 힘쓰게 해서 부유하게 만들었다는 뜻이다."}. 영천 사람들은 소송을 좋아하고 걸핏하면 나눠져 서로 차이를 다퉜지만 황(黃)과 한(韓)이 교화해 기풍을 도탑게 만들었다. "군자의 군자다움은 바람[風]이요, 소인의 소인다움은 풀[草]이다{○ 사고(師古)가 말했다. "『논어(論語)』「안연(顏淵)」 편에 실려 있는 공자의 말이다. 가르침을 따라 백성들은 교화된다는 뜻이다."}"라는 말은 참으로 믿을 만하다.

동정수(東井宿) 6도에서 항수(亢宿) 6도에 이르기까지를 수성(壽星)의 차(次)라고 하는데 이것이 바로 정(鄭)나라의 분야이며 한(韓)나라와도 분야가 같다.

조(趙)나라의 땅은 묘수(昴宿), 필수(畢宿)의 분야에 해당한다. 조(趙)나라는 진(晉)나라를 분할해서 조나라를 얻었다. 북쪽으로는 신도(信都), 진정(眞定), 상산(常山), 중산(中山)의 군과 국이 있고 또 탁군(涿郡)의 고양(高陽), 막(鄚), 주향(州鄕)의 현들을 얻었으며 동쪽으로는 광평(廣平), 거록(鉅鹿), 청하(淸河), 하간(河間)의 군과 국이 있고 또한 발해군(渤海郡)의 동평서(東平舒), 중읍(中邑), 문안(文安), 속주(束州), 성평(成平), 장무(章武) 등 황하 이북의 땅을 얻었다. 남쪽으로는 부수(浮水)와 번양(繁陽), 내황(內黃), 척구(斥丘)에 이르고 서쪽에는 태원(太原), 정양(定陽), 운중(雲中), 오원(五原), 상당(上黨)이 있다. 상당은 본래 한(韓)나라의 별군(別郡-특별군)으로 한나라와는 멀고 조(趙)나라와는 가까워 뒤에 결국 조나라에 항복해 모두 다 조나라의 분야다.

조숙(趙夙)으로부터 9세(世) 후에 스스로를 후(侯)라고 칭했고 4세 후에 경후(敬侯)가 도읍을 한단(邯鄲)으로 옮겼으며 그의 증손인 무령왕(武靈王)에 이르러 왕(王)이라고 칭했고 5세가 지나서 진(秦)나라에 멸망당했다.

조(趙)나라와 중산(中山)은 땅이 물보다 낮고 인구가 많아 여전히 사구(沙丘)[87]에서 주(紂)왕의 음란했던 풍속이 백성들 사이에 남아 있었다. 사내들은 서로 모여 유희를 일삼았고 슬픈 노래가 강개하게 울려 퍼졌으며 여차하면 몰려다니며 사람들을 죽이거나 겁주고 남의 무덤을 파헤쳤으며 간사한 짓거리를 마구 해대고 각종 진기한 물건들을 갖고 놀아 배우와도 같았다. 여인네들은 거문고를 타며 (춤출 때 신는) 짚신[躧=屣]을 신고서 서로 몰려다니며 부귀한 자들에게 아양을 떨어 제후들의 후궁으로 들어가곤 했다.

한단(邯鄲)은 북쪽으로는 연(燕)나라 및 탁군(涿郡)과 통하며 남쪽에는 정(鄭)과 위(衛)나라가 있고 장수(漳水)와 황하 사이에 있는 큰 도회(都會)였다. 그 땅은 넓고 습속은 여러 가지가 뒤섞여 있었지만 대체적으로는 성급하고 기세(氣勢)를 높였으며 너무도 쉽게 간악한 짓을 저질렀다.

태원(太原)과 상당(上黨)은 또 진(晉)나라 공족(公族-왕족)의 자손들이 많았고 거짓과 사기로 남을 넘어뜨렸으며 공명을 자랑했고 원수를 갚는 것이 도에 지나쳤으며[過直=過當] 관혼상제가 사치스러웠다. 한(漢)나라가 일어나자 이곳은 다스리기 어려운 곳[難治]이라는 정평이 나 있었기 때문에 항상 엄격하고 용맹한 장군을 골라 이곳을 맡겼기에 어떤 사람은 살

---

87 하북(河北) 평향(平鄕)의 동북쪽이다. 은나라 주왕은 이곳에 사구의 대(臺)를 짓고 음란하게 놀았다.

벌하게 임무를 수행하는 것을 위엄이라고 여겼다. 부형이 (법에 따라 관에서) 주살되면 자제들은 원한을 품고서 자사(刺史), 2,000석 관리의 죄를 찾아내고 들춰서 위에 고발하고 혹은 보복을 위해 그 친족들까지 죽이는 일도 있었다.

종(鍾), 대(代), 석(石), 북(北)[88]은 오랑캐[胡]와 가까웠고 백성들의 습속은 한(恨)을 깊이 품었고 기개를 좋아하며 간사한 일을 즐겨 농업과 상업에 종사하려 하지 않고 스스로 진(晉)나라 때처럼 생각해 이미 성급하게 용맹을 즐겨 과시했기 때문에 무령왕은 더욱 그것을 장려했다. 그래서 기주(冀州)의 부(部)는 그 도적떼로 인해 늘 다른 주의 근심거리[劇]였다.

정양(定襄), 운중(雲中), 오원(五原)은 본래 융적(戎狄)의 땅이었는데 거기에는 조(趙), 제(齊), 위(衛), 초(楚)나라의 사람들이 자못 이주해 있었다. 그 백성들은 거칠었고 예의와 문화를 좋아하지 않았으며 활쏘기와 사냥을 좋아했다. 안문(鴈門)도 습속이 똑같았고 천문에 있어서는 별도로 연(燕)나라에 속했다.

연(燕)나라의 땅은 미수(尾宿)와 기수(箕宿)의 분야에 속한다. 무왕(武王)이 은(殷)나라를 평정하고서 소공(召公)을 연나라에 봉했고 그후에 36세(世)에 6국와 더불어 함께 왕(王)이라고 칭했다. 동쪽으로는 어양(漁陽),

---

88 원주(原註)에서 여순(如淳)은 종(鍾)은 어디인지 알 수 없다고 했고 석(石)은 험준한 곳이며 곡양(曲陽)에 있다고 했다. 그런데 일본어판은 종산(鍾山), 대군(代郡), 석성(石城), 북평(北平)으로 옮겼다.

우북평(右北平), 요서(遼西), 요동(遼東)이 있고 서쪽으로는 상곡(上谷), 대군(代郡), 안문(鴈門)이 있으며 남쪽으로는 탁군(涿郡)의 역(易), 용성(容城), 범양(范陽), 북신성(北新城), 고안(故安), 탁현(涿縣), 양향(良鄕), 신창(新昌), 발해군(勃海郡)의 안차(安次)를 얻어 모두 연(燕)나라의 분야다. 낙랑(樂浪), 현토(玄菟)도 마땅히 여기에 속한다.

연(燕)나라가 왕(王)이라고 칭하고 10세(世)가 지나 진(秦)나라는 6국을 멸망시키고 싶어 했는데 연왕(燕王)의 태자 단(丹)은 용사(勇士) 형가(荊軻)를 보내 서쪽으로 가서 진왕(秦王)을 칼로 찌르려고 했으나 뜻을 이루지 못하고 주살됐고 진나라는 드디어 군대를 일으켜 연나라를 멸망시켰다.

계현(薊縣)은 남쪽으로 제(齊), 조(趙)나라와 통하고 발해와 갈석(碣石)의 사이에 있는 큰 도회(都會)였다. 애초에 태자 단(丹)은 용감한 자들을 빈객으로 돌보고 길렀으며 후궁이나 미녀를 좋아하지 않으므로 백성들은 그에 따른 감화를 받아 이것이 습속이 돼 현재까지도 그러하다. 빈객이 서로 방문하게 되면 숙소에서 부인으로 하여금 시중을 들게 했고 그러다가 부부관계를 맺게 돼 남녀의 분별이 없었는데도 도리어 그것을 영예로 여겼다. 뒤에 점점 그것을 금지했으나 결국 끝까지 고치지는 못했다. 이런 습속은 어리석고 사려 깊지 못한 것이어서 경박스럽고 위엄도 없지만 또한 그것 나름대로 장점이 있어 사람들이 위급할 때 과감하게 그것을 바로잡으려고 나아가는 것은 연나라의 단이 남겨놓은 유풍이라고 할 수 있다.

상곡에서 요동까지는 땅이 넓고 백성들은 별로 없어 수시로 오랑캐의 침략을 당했고 습속은 조(趙)나 대(代)와 비슷하며 물고기와 소금, 대추와 밤이 풍부했다. 북쪽으로는 오환(烏丸), 부여(夫餘)와 접하고 있었고 동쪽으로는 진번(眞番)과 교역해 이익을 얻었다.

현토(玄菟)와 낙랑(樂浪)은 무제(武帝) 때 둔 것으로 모두 조선, 예맥(濊貊), 구려(句驪)의 오랑캐들이었다. 은(殷)나라의 도리가 쇠퇴하자 기자(箕子)는 조선으로 가서 그 백성들을 예의(禮義)와 농사 및 뽕나무 심기, 그리고 옷 짓기로 교화했다. 낙랑과 조선의 백성들은 어겨서는 안 되는 8조(條)가 있어, 서로 죽이거나 상해를 끼쳤을 경우에는 곡식으로 보상을 했고 도둑질을 했을 경우에는 남자와 여자는 그 집의 노비가 됐으며 스스로 죄에 대한 보석을 바치려 할 경우 1인당 50만 전이 필요했다. 설사 죄를 면하고 서민이 되더라도 습속에 따라 오히려 그것을 부끄럽게 여겼고 그래서 혼인을 할 경우에 배우자로서 인정을 받지 못했으며, 이 때문에 그 백성들은 서로 도적질을 하지 않고 집집마다 문을 닫아걸지 않았으며 부인들은 정절을 지키며 몸을 함부로 하지 않았다. 그 농민들은 음식을 하기 위해 변두(籩豆-고급 그릇)를 사용했고 도읍에서는 관리와 내군(內郡)의 상인들이 제기를 이용해 밥을 먹곤 했다. 군(郡)은 애초에 관리들을 요동군에서 채용했지만 백성들이 집이나 창고를 닫아걸지 않는 것을 본 관리와 왕래하는 상인이 밤이 되면 도둑질을 하는 바람에 습속은 점점 더 각박해졌다. 지금은 범해서는 안 되는 조항들이 많아지다 보니 60여 조에 이른다. 어질고 뛰어난 이들이 교화를 한다는 것이 얼마나 귀한 것이겠는가! 하지만 동이(東夷)는 천성이 유순하고 남쪽·서쪽·북쪽 세 방면의 오랑캐와는 다르기 때문에 공자는 (중국에) 도리가 행해지지 않는 것을 안타까워하며 뗏목을 띄워 바다를 건너가려 했으며 구이(九夷)에 가서 살고 싶어 했으니[89] 이는 그곳에 도리가 있기 때문이 아니겠는가?

낙랑의 바다 가운데에 왜인(倭人)이 있고 그곳은 100여 나라로 나뉘어 있는데 해마다 혹은 계절마다 와서 물건을 바치고 알현했다.

위수(危宿) 4도에서 두수(斗宿) 6도에 이르기까지를 석목(析木)의 차(次)라고 하는데 이것이 바로 연(燕)나라의 분야다.

제(齊)나라의 땅은 허수(虛宿)와 위수(危宿)의 분야다. 동쪽으로는 치천(菑川), 동래(東萊), 낭야(琅邪), 고밀(高密), 교동(膠東) 등의 여러 군국이 있고 남쪽으로는 태산(泰山-군), 성양(城陽-국)이 있으며, 북쪽으로는 천승(千乘)이 있고 청하(淸河)의 이남과 발해(勃海)의 고락(高樂), 고성(高城), 중합(重合)이 있으며, 서쪽으로는 제남(濟南)과 평원(平原)이 있는데 모두 제(齊)나라의 분야다.

소호(少昊)의 시대에 상구씨(爽鳩氏)가 있었고 우(虞-순임금)와 하(夏-우왕)나라 때에 계즉(季則)이 있었으며 탕왕(湯王) 때 봉공(逢公) 백릉(柏陵)이 있었고 은(殷)나라 말에 박고씨(薄姑氏)가 있었는데 모두 제후들이었고 나라는 이 땅에 있었다. 주(周)나라 성왕(成王) 때에 이르러 박고씨가 4개의 나라와 함께 난을 일으키자 성왕은 그를 멸망시키고 사상보(師尙父)[90]를 이곳에 봉해주었는데 그가 태공(太公)이다〔○ 사고(師古)가 말했다.

---

89 둘 다 『논어(論語)』에 나오는 말이다.

90 태공망(太公望) 여상(呂相)의 다른 이름이다. 태공망은 문왕(文王)의 태사(太史)로 상보(尙父)라 불렸다. 보(父)는 연장자에 대한 경칭이며, 상보란 존숭할 만하고 아버지로 모실 만하다는 뜻이다.

"무왕(武王)이 태공을 제(齊)에 봉해주었는데 처음에는 상구의 땅을 얻지 못했다가 성왕이 이곳을 더해주었다."). 『시경(詩經)』 「국풍(國風)」에 있는 제국(齊國)이 이곳이다. 임치(臨淄)를 영구(營丘)라고 했는데 그래서 제풍(齊風)의 시에 이르기를 "영구에 가서 농산(巁山) 사이에서 만났도다〔○ 사고(師古)가 말했다. "모시(毛詩)에서는 환(還)이라고 했고 제시(齊詩)에서는 영(營)이라고 했다."〕"라고 했고, 또 이르기를 "나를 저(著)에서 기다리나니〔○ 사고(師古)가 말했다. "제풍(齊風) '저(著)' 편의 구절이다. 저(著)는 지명으로 곧 제남군(濟南郡) 저현(著縣)이다. 일설에는 문간을 저(著)라고도 한다."〕"라고 했다. 이 또한 풀어져 있고 느슨한 문체다. 오나라 공자 계찰은 제풍의 노래를 듣고서 말했다. "거대합니다. 대국의 풍도가 있으니 이는 아마도 태공의 노래인 듯합니다. 이 나라는 그 앞날을 다 헤아릴 수가 없습니다."

옛날에는 땅은 나뉘져 있었지만 백성들을 나누는 것은 없었다〔○ 사고(師古)가 말했다. "땅이 나뉘져 있었다는 것은 봉강(封疆)을 세웠다는 것이다. 백성들을 나누는 것이 없었다는 것은 서로 왕래하는 것이 활발해 일정한 거처가 없었다는 뜻이다."〕. 태공은 제나라 땅은 바다를 등지고 염분을 머금고 있어 오곡의 농사가 잘되지 않고 인민들은 적다고 여겨 마침내 여자들이 손으로 하는 일을 권장하고 어류와 소금의 교역을 통한 이익을 창출한 결과 사람들과 물자들이 폭주하게 됐다. 14세(世) 후에 환공(桓公)은 관중(管仲)을 써서 경중(輕重)의 저울을 두어[91] 나라를 부유하게 만

---

91 관중의 물가조정책을 가리킨다.

들었고 제후들을 규합해 패업(霸業)을 이루어 관중은 몸은 배신(陪臣)이면서 삼귀(三歸)를 취했다〔○ 사고(師古)가 말했다. "삼귀란 성이 다른 세 여성을 가리킨다."〕. 그래서 그 습속은 매우 사치스러웠고 가는 베, 흰 비단, 화려한 비단 등을 짜내 천하의 관대와 옷과 신발을 (제나라가) 모두 제공한다는 평판을 들었다.

애초에 태공이 제나라를 다스리면서 도덕과 학술을 닦고 뛰어난 이와 일을 아는 사람[賢智]을 높이며 공로가 있는 자에게는 상을 주었기 때문에 지금까지도 그 땅에서는 경술(經術-유학)을 좋아하고 공명을 자랑스럽게 여기며 여유가 있고 활달해 지혜로움이 살아 있다. 그 단점은 사치를 과시하고 붕당을 지으며 말과 행동이 일치하지 않고 거짓으로 꾸며대는 일이 실상에 부합하지 않아 그들을 급하게 내몰면 뿔뿔이 흩어지고 조금이라도 풀어주면 방종한다. 처음에 환공의 형 양공(襄公)이 음란했기 때문에 고모들이 시집을 가지 않자 이에 나라 안에 영을 내려 민가의 장녀들을 시집가지 못하게 했는데 이를 무아(巫兒)라고 했고 집안의 제사를 주관하게 했으며 시집을 가면 집안에 이롭지 못한 것으로 여겼기에 백성들 사이에서는 지금까지도 이런 습속을 갖고 있다. 참으로 애통하도다! 백성들을 이끄는 도리를 신중히 하지 않을 수 있으랴!

옛날에 태공이 처음 봉해졌을 때 주공(周公)이 "어떻게 제나라를 다스릴 것인가?"라고 묻자 "뛰어난 이를 들어 쓰고 공로(가 있는 자)를 높이겠습니다"라고 했다. 이에 주공은 "후세에 반드시 나라를 찬탈하고 임금을 시해하는 신하가 있을 것이다"라고 말했다. 그로부터 29세(世)에 제나라는 힘있는 신하[彊臣=強臣] 전화(田和)에게 멸망당했고 화(和)는 스스로를 세워 제나라 후(侯)가 됐다. 애초에 화의 선조인 진(陳)나라 공자 완(完)은 죄가 있어 제나라로 도망쳐왔고 제나라 환공은 그를 대부로 삼고서 성을 전씨(田氏)라고 고치게 했다. 그로부터 9세(世)인 화에 이르러 제나라를 찬탈했고 손자인 위왕(威王)에 이르러 스스로를 왕(王)이라고 불렀으며 5세(世) 후에 진(秦)나라에 멸망당했다.

임치(臨菑)는 동해군(東海郡)과 태산군(泰山郡) 사이에 있는 큰 도회(都會)이며 그 백성들은 오방(五方)의 백성들[五民]⁹²을 다 갖추고 있었다.
오민

노(魯)나라의 땅은 규수(奎宿)와 누수(婁宿)의 분야다. 동쪽으로는 동해에 이르고 남쪽에는 사수(泗水)가 있고 회수(淮水)에 이르며 임회군(臨淮郡)의 하상(下相), 수릉(睢陵), 동(僮), 취려(取慮)의 여러 현들을 얻어 모두 노(魯)나라의 분야다.

주(周)나라가 일어나자 소호(少昊)의 옛터 곡부(曲阜)를 갖고 주공(周公)의 아들 백금(伯禽)을 봉해 노(魯)나라 후(侯)로 삼아 주공의 제사를 주관하도록 했다. 그 백성들은 빼어난 이[聖人-주공]의 교화를 받았기 때문
성인
에 그래서 공자(孔子)는 말하기를 (『논어(論語)』「옹야(雍也)」편에서) "제(齊)나라가 한 번 크게 변해 노나라에 이르렀고 노나라가 한 번 크게 변하자 도리에 가까웠다"라고 했으니 이는 노나라가 바른 도리에 가까웠다는 말이다.〔○ 사고(師古)가 말했다. "노나라는 거의 도리에 이르렀지만 제나라

---

92 떠돌며 놀러 다니던 자들이 이곳에 왔다가는 자신들의 고향으로 돌아가지 않으니 이렇게 말한 것이다. 오방이란 사방과 가운데를 가리킨다.

사람들은 노나라만큼 되지 못했다는 뜻이다."]. 수수(洙水)와 사수(泗水)의 주변에 걸쳐 있어 그 백성들이 강을 건널 때 젊은 사람은 노인을 부축해 그 짐도 대신 들어주었다. 그런데 풍속이 점점 각박해지자 노인들은 스스로 편안하지를 않아 젊은이들과 서로 싸웠고, 그래서 (공자는 『사기(史記)』에서 말하기를) "노나라의 도리가 쇠퇴하니 수수와 사수 사이에서 서로 따지고 싸워대는구나!"라고 했던 것이다. 공자는 임금다운 도리[王道]가 장차 폐기될 것을 걱정해 이에 육경(六經)을 정비하고 당우(唐虞-요순) 삼대(三代-하·은·주)의 도리를 찬술하니 가르침을 받아 도리에 통하게 된 제자가 77명이었다. 그로 인해 그 백성들은 배움을 좋아하고[好學] 예 갖춤과 의로움을 높이며 염치를 무겁게 여겼다. 주공(周公)이 처음에 봉해졌을 때 태공(太公)이 "어떻게 노나라를 다스릴 것입니까?"라고 묻자, 주공은 "뛰어난 이를 높이고[尊尊=賢賢] 혈친들을 내 몸과 같이 여기겠다[親親]"라고 하니, 태공은 "후세로 가면 점점 쇠약해질 것입니다"라고 말했다. 그래서 노나라는 문공(文公) 이후부터 나라의 운명이 공실(公室)을 떠났고 정사(의 권한)는 대부에게 있었으며 계씨(季氏)가 소공(昭公)을 축출하니 공실은 점점 더 미약해져서 34세(世)에 이르러 초(楚)나라에 멸망당했다. 그러나 본래는 큰 나라였고 그래서 그 자체로 하나의 분야를 이루었다.

지금은 빼어난 이가 사라진 지 너무 오래이고 주공(周公)이 남겨놓은 덕화(德化)도 점점 미미해졌으며 공씨(孔氏-공자)가 세운 학교[庠序]도 다 허물어졌다. 땅은 좁고 백성들은 많았으며 제법 비단과 삼베[桑麻]의 산업이 있었지만 산림과 늪지의 풍요로움은 없었다. 습속은 검약해 재물을 아끼고 장사를 추구하며 사람을 비방하기를 좋아하고 교묘하게 속이는 일이 많고 상제(喪祭)의 예는 꾸밈[文]은 갖췄으나 실질은 모자란다. 그렇지만 배움을 좋아하는 것은 다른 습속을 누르고도 남음이 있다.

한(漢)나라가 일어난 이래 노나라와 동해군에서는 공경과 재상에 이르는 사람들이 많이 나왔다. 동평(東平-국), (동군(東郡)의) 수창(須昌), 수량(壽良) 두 현은 제수(濟水)의 동쪽에 있어 노나라에 속하고 송(宋)나라의 땅은 아니지만 이 일은 마땅히 다시 검토해볼 필요가 있다.

송(宋)나라의 땅은 방수(房宿)와 심수(心宿)의 분야다. 지금의 패(沛), 양(梁), 초(楚), 산양(山陽), 제음(濟陰), 동평(東平)의 군국들 및 동군(東郡)의 수창(須昌), 수장(壽張)[93]은 모두 송(宋)나라의 분야다.

주(周)나라는 미자(微子)를 송(宋)나라에 봉해주었는데 지금의 수양(睢陽)이 그곳으로 본래 도당씨(陶唐氏)의 화정(火正) 알백(閼伯)의 옛터다. 제음군(濟陰郡)의 정도현(定陶縣)은 『시경(詩經)』「국풍(國風)」의 조국(曹國)이다. 무왕(武王)은 동생 숙진탁(叔振鐸)을 조(曹)에 봉해주었고 그후에 점점 강대해져 산양(山陽)과 진류(陳留) 두 군의 땅을 얻었으며 20여 세(世) 만에 송나라에 멸망당했다.

옛날에 요(堯)임금은 성양(成陽)에 궁실을 지어 머물렀고 순(舜)임금은 뇌택(雷澤)에서 물고기를 잡았으며 탕왕(湯王)은 박(亳) 땅에 머물렀기 때문에 그 백성들은 여전히 선왕(先王)[94]의 유풍을 갖고 있어 사람들이 중

---

93 수량(壽良)이다. 후한 때 수장으로 이름을 고쳤다.
94 옛날의 뛰어나고 빼어난 임금을 가리키는 말이다.

후해 군자가 많았고 농사를 좋아하고 좋은 옷이나 음식을 멀리해 저축하고 쌓아둔 것이 많다.

송나라는 미자로부터 20여 세(世) 후에 경공(景公)에 이르러 조(曹)나라를 멸망시켰고 조나라를 멸망시킨 지 5세(世) 후에 역시 제(齊), 초(楚), 위(魏)나라에 멸망당해 그 땅은 셋으로 분할됐다. 위나라는 양과 진류를 차지했고 제나라는 제음과 동평을 얻었으며 초나라는 패를 가져갔다. 그래서 지금의 초나라 팽성(彭城)은 본래 송나라 땅이었기 때문에 『춘추(春秋)』의 경(經)에 이르기를 "송나라 팽성을 포위했다"고 한 것이다. 송나라는 비록 멸망했지만 본래는 큰 나라였고 그래서 그 자체로 하나의 분야를 이루었다.

패군(沛郡)과 초나라 백성들의 단점은 편협하고 제 마음대로 하는[顓己 전기 =自用 자용] 경향이 있으며 토지가 척박하고 백성들은 가난했고 산양(山陽) 사람들은 간사함과 도적질을 좋아했다.

위(衛)나라의 땅은 영실수(營室宿)와 동벽수(東壁宿)의 분야다. 지금의 동군(東郡) 및 위군(魏郡)의 여양군(黎陽郡), 하내군(河內郡)의 야왕(野王)과 조가(朝歌)의 두 현은 모두 위(衛)나라의 분야다.

위의 본래 나라가 적(狄)에게 멸망당한 후에 문공(文公)은 초구(楚丘)로 옮겨 봉해졌지만 30여 년 후에 아들인 성공(成公)은 제구(帝丘)로 옮겼다. 그래서 『춘추(春秋)』의 경(經)에 이르기를 "위(衛)가 제구로 옮겼다"라고 한 것이다. 지금의 복양(濮陽)이 이곳이다. 본래 전욱(顓頊)의 옛터였기 때문에 이를 제구라고 불렀다. 하후(夏后)의 시대에 곤오씨(昆吾氏)가 그곳에 살았다. 성공(成公)으로부터 10여 세(世) 후에 한(韓)과 위(魏)나라에 침략당해 거의 주변의 읍들을 다 잃었고 오직 복양(濮陽)만 남아 있었다. 뒤에 진(秦)나라가 복양을 멸망시켜 동군(東郡)을 두고 위나라 임금을 야왕으로 옮겼다. 시황제가 천하를 겸병하고 나자 오히려 홀로 위군(衛君)을 남겨두었지만 2세 때에 마침내 폐해 서인으로 삼았다. 모두 40세(世)로 900년 만에 끊어져 그 때문에 단독으로 분야가 됐다.

위나라의 땅은 복수(濮水) 주변의 울창한 뽕나무 숲을 끼고 있어 사람들의 눈에 잘 보이지 않는 곳에 있고 남녀는 자주 어울려 자리를 갖다 보니 음악과 정사(情事)가 흔하게 생겨났다. 그래서 세상에는 정나라와 위나라의 음악이라는 말이 있다. 주(周)나라 말기에는 (공자의 제자인) 자로(子路)와 하육(夏育)[95]이 있어 사람들이 흠모했고 그래서 그 습속은 강인하고 용맹스러웠으며[剛武] 기력을 높였다. 한(漢)나라가 일어나자 (이곳을 다스린) 2,000석 관리는 살육을 통해 이곳을 위압했다. 선제(宣帝) 때 한연수(韓延壽)가 동군태수가 돼 (천자의) 빼어난 은혜를 받들고 예 갖춤과 의로움을 높였으며 간쟁(諫爭)을 존중했기 때문에 지금까지도 동군에서 관리에 대해 좋은 인상을 갖게 된 것은 연수의 교화 때문이라 하겠다. 그 단점은 자못 사치가 심하고 혼례와 장례가 도에 넘치며 야왕에서는 기개와 호기로움을 좋아해 복상(濮上)의 기풍이 남아 있다.

초(楚)나라의 땅은 익수(翼宿)와 진수(軫宿)의 분야다. 지금의 남군(南

---

95 옛날의 장사(壯士)다.

郡), 강하(江夏), 영릉(零陵), 계양(桂陽), 무릉(武陵), 장사(長沙) 및 한중(漢中)과 여남(汝南)의 여러 군국들은 모두 초(楚)나라의 분야다.

주(周)나라 성왕(成王) 때 문왕(文王)과 무왕(武王)을 도왔던 선비인 죽웅(鬻熊)의 증손 웅역(熊繹)을 형만(荊蠻)에 봉해 초나라 임금[楚子]으로 삼았고 단양(丹陽)에 살게 했다. 10여 세(世)가 지난 웅달(熊達)에 이르러 이 사람이 무왕(武王)이 됐고[96] 점점[寖=漸] 강대해졌다. 5세(世)가 지난 엄왕(嚴王)에 이르러 제후들을 거느렸고[總帥] 주나라 왕실에서 열병식을 열었으며[觀兵] 강수(江水)와 한수(漢水) 사이의 땅을 집어삼키고 안으로는 진(陳)과 노(魯)나라를 멸망시켰다. 10여 세(世) 후에 경양왕(頃襄王)은 (영(郢)에서) 동쪽의 진(陳)으로 도읍을 옮겼다.

초(楚)에는 강수와 한수가 있고 큰 강 및 늪지와 산림이 풍부하고 강남(江南)은 땅이 넓어 초목을 태우거나 물을 이용해 농사를 짓는 자[火耕水耨]들이 있었다. 백성들은 물고기와 쌀을 먹었고 어렵과 산림 채벌을 주업으로 삼았으며 과일 열매와 조개류 등 먹을 것이 늘 풍족했다. 그래서 유약하고 재주도 없이 삶을 무의미하게 살아가며 저축이나 축적을 하는 일이 없었다. 그런데도 먹을 것이 많다 보니 얼어 죽을 걱정을 하지 않았고 또한 천금을 가진 집도 없었다. 무속과 귀신을 믿었고 각종 음사(淫祀)를 중하게 여겼다. 그리고 한중군(漢中郡)은 사람들이 방탕하고 순종적이지 않았으며 파(巴), 촉(蜀)과 습속이 같았다. 여남군(汝南郡)은 계통이 달라 모두 성미가 급하고 기세가 등등했다. 강릉(江陵)은 옛날의 영도(郢都)

---

96 왕칭을 했다는 뜻이다.

로 서쪽으로는 무협(巫峽) 및 파군(巴郡)과 통했고 동쪽에는 운몽택(雲夢澤)의 풍부함이 있어 역시 큰 도회(都會)였다.

오(吳)나라의 땅은 두수(斗宿)의 분야다. 지금의 회계(會稽), 구강(九江), 단양(丹陽), 예장(豫章), 여강(廬江), 광릉(廣陵), 육안(六安), 임회(臨淮)의 여러 군국들은 모두 오(吳)나라의 분야다.

은나라의 도리가 이미 쇠퇴하자 주(周)나라 대왕(大王-태왕) 단보(亶父)가 기량(邠梁)의 땅에서 일어났는데 맏아들은 태백(大伯 혹은 泰伯), 둘째 아들은 중옹(仲雍), 막내는 공계(公季)였다. 공계에게는 빼어난 아들 창(昌)이 있어 대왕은 그에게 나라를 전하고자 했다. 태백과 중옹은 왕위 계승을 사양하고 약초를 캔다는 구실을 대고서 드디어 형만(荊蠻)으로 달아났다. 공계가 자리를 이었고 창(昌)에 이르러 서백(西伯)이 됐으며 천명을 받아 왕이 됐다. 공자는 이를 아름답게 여겨 이렇게 칭송했다.

"태백은 지덕한 인물이라고 부를 만하다. 세 번 천하를 사양했으니 백성들이 그 다움을 더 이상 칭송할 말이 없구나!"[97]

또 말했다.

"우중(虞仲)과 이일(夷逸)은 숨어 살면서 말을 함부로 했으나 몸은 깨끗함에 맞았고 벼슬하지 않음은 권도(權道)에 맞았다."[98]

태백이 애초에 형만으로 도망쳤을 때 형만의 백성들은 그에게 귀의했

---

97 『논어(論語)』「태백(泰伯)」편에 나오는 말이다.

98 『논어(論語)』「미자(微子)」편에 나오는 말이다. 우중이 바로 중옹이다.

고 그 나라를 구오(句吳)라고 불렀다. 태백이 졸하자 중옹을 세웠고 증손 주장(周章)에 이르러 주(周)나라 무왕(武王)이 은(殷)나라를 멸망시키자 그에 따라 주장을 봉해주었다. 또 주장의 동생 중(中)을 하북(河北)에 봉해주고서 그곳을 북오(北吳)라고 했다. 후세에는 그곳을 우(虞)나라라고 불렀고 12세(世)가 지나 진(晉)나라에 멸망당했다. 2세(世) 후에 형만의 오나라 임금[吳子] 수몽(壽夢)이 성대해져 스스로를 왕(王)이라고 칭했다. 그의 막내아들이 계찰(季札)인데 뛰어난 재주가 있었다. 형제들이 나라를 서로 그로 하여금 잇게 하려 했으나 찰은 양보를 하고서 받지 않았다. 태백으로부터 수몽이 왕을 칭할 때까지 6세(世)이고 합려(闔閭)는 오자서(伍子胥)와 손무(孫武)를 들어 써서 장수로 삼아 전쟁에서 늘 이기며 공로를 차지해 제후들 사이에서 패자(覇者)라는 칭호를 얻었다. 아들 부차(夫差)에 이르러 자서(子胥)를 죽이고 재상 비(嚭)를 중용했는데 월왕(粵王) 구천(句踐)에게 멸망당했다.

 오나라와 월나라의 임금은 모두 용맹을 좋아했기 때문에 그 백성들은 지금까지도 칼쓰기를 좋아해 죽음을 가볍게 여기고 징발이 쉽다.

 월나라는 이미 오나라를 병합하고 나서 6세(世) 후에 초(楚)나라에 멸망당했다. 뒤에 진(秦)나라가 다시 초나라를 치자 수춘(壽春)으로 옮겼다가 아들 때에 진나라에게 멸망당했다.

 수춘(壽春)과 합비(合肥)는 남북에 있는 호수에서 나는 피혁, 절인 어물, 목재 등을 다 받아들이는 곳이라 큰 도회(都會)다. 애초에 초(楚)나라의 뛰어난 신하 굴원(屈原)이 참소를 당해 유배를 당하게 되자 이소(離騷)를 비롯해 여러 부(賦)〔○ 사고(師古)가 말했다. "여러 부란 구가(九歌), 천문(天

間), 구장(九章) 등을 말한다.")를 지어 스스로의 비감함을 달했다. 뒤에 송옥(宋玉),[99] 당륵(唐勒)[100] 등이 그를 사모해 굴원과 관련된 부를 지어 모두 이름을 날렸다. 한(漢)나라가 일어나자 고제(高帝)는 형의 아들 비(濞)를 오(吳)나라의 왕으로 삼았고 오나라 전역에 있는 놀기 좋아하는 자제들을 다 불러 모으니 매승(枚乘), 추양(鄒陽), 엄부자(嚴夫子)의 무리가 문제(文帝)와 경제(景帝) 때에 일어났다. 그리고 회남왕(淮南王) 안(安)도 수춘을 도읍으로 삼아 빈객들을 불러 모아 책을 쓰게 했다. 그리고 오나라에는 엄조(嚴助), 주매신(朱買臣)이 있어 한나라 조정에서 귀하게 되고 이름을 떨쳤으며 그 문사(文辭)가 나란히 발전해 세상에 초사(楚辭)가 전해지게 됐다. 이곳 사람들의 단점은 교묘한 거짓을 일삼아 신뢰성이 적다는 것이다. 애초에 회남왕은 자기 나라 안의 민가에서 미모와 재주를 가진 여인을 특별히 우대해 풍류객[游士]과 짝을 지어주고 아내로 삼게 하니 그 때문에 지금까지도 이곳에는 여자가 많고 남자는 적다. 여러 차례에 걸쳐 서로 먹고 먹히다 보니 백성들의 습속은 대략 똑같다.

 오(吳)는 동쪽에 바닷소금과 장산(章山)의 동(銅)이 있고 삼강오호(三江五湖)의 이득이 있어 역시 강동(江東)의 큰 도회(都會)다. 예장군(豫章郡)에

---

99 전국시대 초(楚)나라 언(鄢) 사람이다. 자는 자연(子淵)이고 굴원(屈原)의 제자라고도 한다. 경양왕(頃襄王) 때 대부(大夫)를 지냈다. 당륵(唐勒), 경차(景差)와 함께 문장을 좋아했고, 부(賦)로 명성을 얻었다. 구변(九辯)을 지어 굴원의 뜻을 서술하면서 슬퍼했다.

100 전국시대 초(楚)나라 사람이다. 『사기(史記)』「굴원가생열전(屈原賈生列傳)」에서 말하기를 "굴원이 이미 죽은 뒤에 초나라에 송옥, 당륵, 경차(景差)의 무리가 있었는데 모두 사(辭)를 좋아하고 부(賦)에 뛰어났다"라고 했다.

서 황금이 나오기는 하지만 제반 물자가 부족해 제반 비용을 대기에는 충분치 않았다. 강남(江南)은 땅이 낮고 습하며 남자들이 어린 나이에 많이 죽었다.

회계군(會稽郡)의 바다 저쪽에는 동제(東鯷)[101] 사람들이 있는데, 20여 개 국(國)으로 나누어져 있고, 계절마다 와서 공물을 바치고 알현한다고 한다.

오(吳)나라의 땅은 견우수(牽牛宿)와 무녀수(婺女宿)의 분야다. 지금의 창오(蒼梧), 울림(鬱林), 합포(合浦), 교지(交阯), 구진(九眞), 남해(南海), 일남(日南)의 여러 군들은 모두 오(吳)나라의 분야다.

그 임금[君]은 우왕(禹王)의 후예이며 제(帝) 소강(少康)의 서자라고 하는데 회계에 봉해졌고 문신을 하고 머리를 짧게 잘라 교룡(蛟龍)의 해악을 피한다. 20세(世) 후인 구천(句踐)에 이르러 스스로 왕(王)이라 칭했고 오왕(吳王) 합려(闔閭)와 싸워 그를 취리(雋李)〔○ 사고(師古)가 말했다. "雋의 발음은 (준이 아니라) 취(醉)다. 원래 취(檇)였는데 옆의 목(木) 자가 빠진 것이다."〕에서 꺾었다. 부차(夫差)가 즉위하자 구천은 승리의 기세를 타고서 오나라를 다시 정벌했는데 오나라가 이를 크게 깨뜨려 구천은 회계산에 피해 들어갔고 신하로서 복종하며 화친을 청했다. 뒤에 범려(范蠡)와 대부 종(種)의 계책을 써서 드디어 오나라를 정벌해 멸망시키고 그 땅을 겸병했다. 회수(淮水)를 건너 제(齊)와 진(晉)의 제후와 회맹하고 주(周)나

---

101 당시 사람들이 일본을 부르던 용어다. 제(鯷)란 메기를 뜻한다. 대만으로 보기도 한다.

라에 공물을 바쳤다. 주나라 원왕(元王)은 사자를 보내 명(命)을 내려주어 백(伯)으로 삼았고 제후들이 모두 축하해주었다. 5세(世) 후에 초(楚)나라에 멸망당하자 자손들은 뿔뿔이 흩어졌고 임금은 초나라에 항복했다. 10세(世) 후에 민군(閩君) 요(搖)에 이르러 제후들을 도와 진(秦)나라를 평정했다. 한(漢)나라가 일어나 다시 요를 세워 월왕(粤王)으로 삼았다. 이때 진(秦)나라의 남해(南海)의 위조타(尉趙佗)도 스스로 왕이라 부르며 나라를 대대로 전해주었고 (한나라) 무제(武帝) 때에 이르러 완전히 멸망해 군(郡)이 됐다고 한다.

바다와 가까이 있어 물소, 코끼리, 독모(毒冒), 주기(珠璣-구슬), 은(銀), 동(銅), 과일, 각종 가는 베 등이 몰려들어 중국에 가서 교역한 자는 큰 이익을 얻었다. 반우(番禺)는 그곳의 큰 도회(都會)다.

합포군(合浦郡)의 서문현(徐聞縣)에서 남쪽 해상으로 들어가면 큰 섬이 있는데 동서남북 사방 1,000리로 무제(武帝) 원봉(元封) 원년에 그곳을 차지해 담이(儋耳)와 주애(珠厓)의 두 군으로 삼았다. 백성들은 모두 가벼운 베옷을 걸쳐 입는데 가운데 구멍을 뚫어 그곳으로 머리를 드러낸다. 남자들은 농사를 짓는데 벼와 모시와 베를 기르고 여자들은 누에를 길러 방적을 한다. 말과 호랑이는 없고 백성들은 다섯 가축을 기르며 산에는 큰 사슴과 노루와 비슷한 것들이 많다. 무기로는 창과 방패, 칼, 목궁, 쇠뇌, 대나무 화살, 혹은 뼈로 된 화살촉 등이 있었다. 애초에 군현이 됐을 때부터 관리와 병졸인 중국인들에게 침해를 당했기 때문에 그 백성들은 대체로 수년에 한 번씩 반란을 일으켰다. 원제(元帝) 때 결국 이곳을 포기했다[弃=棄].

일남군(日南郡)의 장새(障塞), 서문현(徐聞縣), 합포군(合浦郡) 등에서 (남쪽 바다로 나가면) 배로 5개월을 가면 도원국(都元國-수마트라)이 있고 또 배로 4개월을 가면 읍로몰국(邑盧沒國-버마)이 있다. 또 배로 20여 일 가면 심리국(諶離國-파캉)이 있고 걸어서 10여 일을 가면 부감도로국(夫甘都盧國-미얀마 북부)이 있다. 부감도로국에서 배로 2개월여를 가면 황지국(黃支國-인도 마드라스)이 있는데 백성들의 습속은 대략 주애군과 비슷하다. 그 주(州)는 광대해 호구가 많고 기이한 물건들이 풍부해 무제(武帝) 이래로 모두 공물을 바치고 알현했다. 역관의 장(長)이 있는데 황문(黃門)의 소속이며 응모자들과 함께 바다로 가서 명주(明珠), 벽유리(璧流離), 기이한 돌과 신기한 물건들을 사기 위해 황금과 각종 비단들을 싸가지고 갔다. 도착하는 나라들마다 먹을 것을 주고 환대해 따라다녔고 오랑캐의 상선들이 이것을 실어다 옮겨주었지만 또한 겁박하고 사람을 죽이며 해악을 끼치는 경우도 있었다. 또 풍파를 만나 빠져 죽어 여러 해가 지나도 돌아오지 못하는 자들도 있었다. 큰 진주는 둘레가 2촌 이하였다. 평제(平帝) 원시(元始) 연간에 왕망이 정치를 보좌해 위엄과 다움을 과시하고자 해 황지의 왕에게 선물을 두터이 보내고 또 사신을 보내 살아 있는 물소를 바치게 했다. 황지에서 배로 8개월을 가면 피종(皮宗)에 이르고 2개월을 가면 일남군의 상림현(象林縣)의 경계에 이른다고 한다. 황지의 남쪽에는 이정불국(已程不國-스리랑카)이 있는데 한나라의 역관은 이곳에서 되돌아왔다.

권
◆
29

구혁지
溝洫志

● 응소(應劭)가 말했다. "구(溝)는 넓이가 4척, 깊이가 4척이다. 혁(洫)은 넓이와 깊이가 구(溝)보다 두 배다."

「하서(夏書)」[1]에 따르면 우(禹)는 13년 동안 홍수를 막느라[堙=塞]〔○ 사고(師古)가 말했다. "홍수가 넘치면 그것을 소통시켜 범람을 그치게 하는 것이다."〕 자기 집을 지나가면서도 문 안에 들어가지 않았다. 육로로 다닐 때는 수레를 탔고, 수로에서는 배를 탔으며, 진흙탕 길에서는 나무판을 썰매처럼 만들어 다녔고, 산에서는 징을 박은 신발[樏]을 신었으며, 이렇게 해 천하에 경계선을 정해 구주(九州)로 삼았고, 산의 높낮이에 따라 강을 깊이 파냈으며[浚川=濬川], 토지의 생산물에 따라 공부(貢賦)의 차등을 정했다. 이를 통해 구주의 길을 통하게 하고 늪지의 물을 막았으며, 산의

---

1 원래 「하서(夏書)」는 『서경(書經)』의 편 이름인데 지금 전하는 『서경』에는 아래의 글이 포함돼 있지 않다.

높이를 재어 물을 다스렸다. 그러나 황하의 범람이 중국(中國)[2]에 해악을 끼치는 것은 참으로 심했다. 오직 황하의 치수(治水)만을 급선무로 삼았기 때문에 황하의 물을 적석산(積石山)에서 끌어들여[道=引] 용문(龍門)을 지나 남쪽으로 화음(華陰)에 이르게 했고 그것은 동쪽으로 저주산(底柱山)을 내려가 맹진(盟津)[3]과 낙내(雒內)에 닿았다가 대비산(大伾山)에 이르렀다. 이에 우는 생각하기를 황하를 따라 내려오는 원류의 땅이 높아 물의 기운이 거세고 사나워 평지에서 완만하게 흘러가는 것이 어려웠기 때문에 여러 차례 실패를 거듭할 수밖에 없다고 보았다. 이에 물을 나눠[釃=分] 2개의 수로[渠][4]를 만들어 그 흐름을 이끌어서 북쪽의 높은 지대로 흘러가게 하니 홍수(洚水)를 지나 대륙택(大陸澤)에 이르렀고, 여기에서 구하(九河)로 나누어졌다가 다시 합류해 하나의 영하(迎河)가 돼 발해로 흘러들어갔다. 이미 구천(九川)이 나누어져 흘러가게 했고[疏=疏通] 이미 구택(九澤)으로 물의 흐름을 막아서 제하(諸夏-중국)가 평안하게 되니 그 공적은 하·은·주 삼대에 미치게 됐다.[5]

　이때 이후로 형양현(滎陽縣) 아래에서 황하를 동남쪽으로 이끌어들여 홍구(鴻溝)로 삼아 송(宋), 정(鄭), 진(陳), 채(蔡), 조(曹), 위(衛)를 통하게 해서 제수(濟水), 여수(汝水), 회수(淮水), 사수(泗水)와 만나게 했다. 초(楚)에

2　원문에도 중국이라고 돼 있다.
3　맹진(孟津)과 같다.
4　수로라고 했지만 큰 물길이나 운하를 가리킨다.
5　여기까지가 「하서(夏書)」에 따른 내용이다.

서는 서쪽으로는 수로를 한수(漢水) 및 운몽택(雲夢澤) 주변과 통하게 했고 동쪽으로는 구(溝)를 강수(江水-양자강)와 회수(淮水) 사이로 통하게 했다. 오(吳)에서는 수로를 삼강(三江) 및 오호(五胡)와 통하게 했다. 제(齊)에서는 치수(淄水)와 제수(濟水) 사이로 통하게 했다. 촉(蜀)에서는 촉군 태수 이빙(李冰)이 이퇴(離堆)를 뚫어 말수(沫水)〔○ 사고(師古)가 말했다. "물이 촉의 서쪽에서 나와 빠르게 동남쪽으로 흘러 강수로 흘러들어갔다."〕의 수해를 피하게 해주었고 2개의 강[6]을 성도현(成都縣) 안에 팠다. 이 수로들은 모두 배가 다닐 수 있었고 여유가 있을 때는 논에 물을 대는 데도 쓸 수 있어 백성들은 그 혜택을 누렸다. 그밖의 다른 지역에서도 종종 물을 끌어들여 밭에 물을 대는 데 썼기 때문에 구(溝)와 수로가 아주 많아 그 수를 다 헤아릴 수는 없다.

위(魏)나라 문후(文侯) 때 서문표(西門豹)[7]가 업(鄴)의 현령이 됐는데 현령으로서의 명성이 있었다. 문후의 증손 양왕(襄王) 때에 이르러 왕이 여러 신하들과 술을 마시다가 왕이 여러 신하들에게 축복을 빌며 말했다.

"지금 내 신하들은 모두 서문표처럼 뛰어난 사람들이도다!"

사기(史起)가 앞으로 나아와 말했다.

---

6 비강(郫江)과 유강(流江)을 가리킨다.
7 전국시대 초기 위(魏)나라 사람으로 성격이 급해 가죽을 차고 다니면서 스스로 경계했다. 문후(文侯) 때 업(鄴)의 현령이 돼 선정을 베풀었다. 백성을 동원해 12개의 수로(水路)를 파서 논으로 강물을 끌어들이는 관개사업(灌漑事業)을 해 농업생산 증대에 이바지했다. 또 그 고장 사람들은 무신(巫神)을 믿어 해마다 미녀를 골라 하백(河伯)을 위해 강물에 던지는 폐단이 있자 주창자인 무당을 강물에 던짐으로써 일소했다.

"위씨(魏氏)의 부전법(賦田法)에 따르면 한 사람의 농민이 100무(畝)를 내도록 돼 있는데 업(鄴)만 200무인 것은 땅이 안 좋기 때문입니다. 장수(漳水)가 그 근처에 있었지만 서문표는 그것을 이용할 줄을 몰랐으니 그는 지혜롭지 못했고[不智] 만일에 알고서도 공사를 하지 않았다면 이는 어질지 못한 것[不仁]입니다. 어짊이나 지혜로움의 측면에서 표는 최선을 다하지 못했는데 어찌 그를 모범으로 삼을 수 있겠습니까?"

이에 사기를 업현현령으로 삼아 드디어 장수를 끌어들여 업의 땅에 물을 대니 위나라의 하내(河內) 지방이 부유해졌다. 백성들은 이를 노래했다.

'업 땅에 뛰어난 현령이 있었으니 이름은 사공(史公)이도다
장수(漳水)의 물을 터서 업 일대에 물을 대니
예로부터 척박했던 곳에 벼와 기장[稻梁=稻粱]이 자라났도다'

그후에 한(韓)나라는 진(秦)나라가 큰 일을 일으키는 것[興事]을 좋아한다는 것을 듣고서 진나라를 피로하게 만들어 (자신들을 향한) 동쪽 정벌에 나서지 못하게 하려고 했다. 이에 수공(水工) 정국(鄭國)을 시켜 진나라에 몰래 들어가 진나라를 설득해 경수(涇水)를 파서 중산(中山)의 서쪽으로부터 호구(瓠口)에 이르기까지 수로를 파고 아울러 북산(北山)에도 동쪽으로 낙수(洛水)를 흘려보내 300여 리에 이르게 해서 논밭에 물을 대게 하려고 했다. 도중에 이것이 한나라의 공작임이 드러나 진나라는 정국을 죽이려고 했다. (그러나) 정국이 말하기를 "애초에 신이 간첩이긴 했지만 그

러나 수로가 이루어지면 정말로 진나라에도 이익입니다. 신은 한나라를 위해 여러 해 동안 명맥을 이어왔지만 그러나 실은 진나라를 위해서는 만세에 이어질 공업을 세운 것입니다"라고 하자, 진나라에서는 그렇다고 여겨 결국 수로의 건설을 완성하게 했다. 수로가 완공돼 여기에 전알(塡閼)의 물을 끌어들여 척박했던 땅 4만여 경(頃)에 물을 대자 어디서건 1무(畝)당 1종(鍾)을 거둬들였다〔○ 사고(師古)가 말했다. "전알(塡閼)은 옹니(壅泥)를 가리킨다. 즉, 진흙탕의 물을 끓어들여 척박한 땅에 물을 대어 다시 그곳을 비옥하게 만들었다는 뜻이다. 1종이란 1무의 수확량이 6곡(斛-10말) 4두(斗-말)를 뜻한다."〕. 이리하여 관중(關中)은 비옥한 땅이 돼 흉년이 없어졌고 진나라는 부강해져 마침내 제후들을 겸병했으니 그로 인해 그 수로의 이름을 정국거(鄭國渠)라고 했다.

한(漢)나라가 일어난 지 39년이 지나 효문(孝文) 때에 황하가 산조(酸棗)에서 터졌고[決] 동쪽으로 금제(金隄)〔○ 사고(師古)가 말했다. "동군 백마현(白馬縣) 경계에 있다."〕에서 무너지니 이에 동군(東郡)에서는 큰 공사를 일으켜 마침내 그것을 막았다.

그로부터 36년 후에 효무(孝武) 원광(元光) 연간에 황하가 호자(瓠子)에서 터져 동남쪽으로 거야택(鉅野澤)으로 흘러들어갔고 회수(淮水) 및 사수(泗水)와 통했다. 상(上)은 급암(汲黯)과 정당시(鄭當時)로 하여금 많은 사람들을 동원해 그것을 막도록 했는데 얼마 안 가서 다시 무너졌다. 이때 무안후(武安侯) 전분(田蚡)이 승상이 돼 유(鄃)를 봉읍으로 삼고 있었다. 유는 황하의 북쪽에 있어 황하가 터져 남쪽으로 흘러가니 유에는 아무런 수재가 없어 읍의 수입이 많았다. (이 때문에) 분(蚡)은 상에게 "장강이나 황하가 터지는 것은 다 하늘의 일[天事]이라 사람의 힘으로 억지로 막는다는 것은 쉽지 않고 또 억지로 그것을 막는다는 것은 기필코 하늘의 뜻에 응답하는 것이 아닙니다"라고 했고, 대기의 기운을 살피는[望氣] 술사들 역시 그렇다고 말했기 때문에 이로써 오랫동안 그것을 다시는 막지 않았다.

이 무렵 정당시가 대사농(大司農)이 돼 (상에게) 말하기를 "예전에[異時=往時] 관동(關東)에서 곡식을 조운하려면 위수(渭水)를 이용했는데 그 공력을 계산해보면 6개월여가 걸렸습니다. 위수의 물길은 900여 리나 되고 종종 위험한 곳들이 있습니다. 만일 위수를 끌어들이고 장안(長安)에서 남산(南山-종남산) 기슭까지 이어지는 수로를 판다면 황하까지는 300여 리가 가까워져 계산해볼 때 3개월이면 조운을 마칠 수 있습니다. 그리고 수로 주변의 백성들의 논밭 1만 경에 또한 물을 댈 수 있을 것입니다. 이는 조운을 경감시키고 인력을 덜어주며 또한 관중의 땅을 더욱 비옥하게 만들어 거기서 곡식을 (새롭게) 얻을 수 있을 것입니다"라고 하니, 상은 그렇다고 여겨 제(齊)나라 출신 수공(水工) 서백(徐伯)에게 영을 내려 순행하면서 수로를 파는 곳마다 표시를 하게 하니[○ 사고(師古)가 말했다. "지금의 수표(豎標)가 그것이다."], 인부 수만 명을 징발해 조거(漕渠)[8]를 파서 2년 만에 통하게 했다. 그로 인해 조운이 크게 편리해졌다. 그후에 조운이 점점 많아지면서 수로 주변의 백성들은 자못 관개(灌漑)의 이득을 크게 누릴 수 있다.

---

8 조운이 가능하도록 깊게 판 수로를 말한다.

그후에 하동(河東)군수 번계(番係)가 (상에게) 말하기를 "산동(山東)에서 조운해 서쪽으로 (관에) 들어오는 곡물이 해마다 100여만 석이지만 지주(底柱)의 험난한 곳을 거쳐야[更=歷] 하기 때문에 배가 엎어지고 파손되는 일이 심히 많아 비용이 크게 들어갑니다. 수로를 파서 분수(汾水)를 끌어들여 피씨현(皮氏縣)과 분음현(汾陰縣)에서 하류의 땅으로 물을 대고 황하를 끌어들여 분음현 및 포판현(蒲坂縣)에서 하류의 땅으로 물을 대면 계산해볼 때 5,000경(頃)의 땅을 얻을 수 있습니다. 그래서 지금 황하 주변의 땅은 개간을 하지 않은 채 백성들은 그 안에서 건초를 거둬 목축을 하려 할 뿐이니 이제 그곳에 물을 대어 경작하게 한다면 계산해볼 때 200만 석(石) 이상의 곡물을 얻을 수 있을 것입니다. 곡물을 관(關) 밖에서 가져올 경우에도 위수(渭水)를 통해 조운해 올려온다면 관중에서 수확하는 것과 아무런 차이도 없고 또 지주의 동쪽에서 조운해야 할 필요도 없을 것입니다"라고 하니, 상은 그렇다고 여겨 인부 수만 명을 징발해 거전(渠田-수로물을 이용한 논밭)을 만들었다. 여러 해 후에 황하의 물길이 다른 곳으로 바뀌자 수로는 이용하지 않게 되고 농민들은 파종의 비용을 보상받을 수가 없게 됐다. 이런 상황이 오래 이어지자 하동군의 거전은 내버려졌고 월나라에서 이주해온 사람들에게 그것을 주어 그 조세는 점차 소부(少府)의 수입으로 삼도록 했다〔○ 사고(師古)가 말했다. "그만큼 수입이 많지 않았다는 뜻이다."〕.

그후에 어떤 사람이 글을 올려 포(褒)와 야(斜) 두 계곡 길을 통해 조운하는 방법을 제시하자 그 일을 어사대부 장탕(張湯)에게 내렸다. 탕이 이를 묻자 그 사람은 이렇게 답했다.

"촉 땅에 이르려면 옛길을 따라가야 하는데 옛길은 비탈이 많고 한참을 돌아가야 합니다. (그런데) 지금 포와 양의 길을 뚫으면 비탈이 적어 400리가 가까워집니다. 또 포수(褒水)는 면수(沔水)와 통하게 하고 야수(斜水)는 위수(渭水)와 통하게 하면 둘 다 배로 곡식을 실어 나를 수 있습니다. 조운은 남양(南陽)에서 위쪽 면수로 올라가 포수로 들어가며 포수에서 야수로 들어가는 중간에 물이 끊어져 있는 100여 리는 수레로 운반하면 될 것입니다. 그러고 나서 다시 야수를 따라 위수로 들어갑니다. 이와 같이 한다면 한중(漢中)의 곡식들은 다 관중에 가져올 수 있고 또 산동의 곡식은 면수를 따라서 무한정으로 조운할 수 있으며 지주산을 통과하는 조운보다 훨씬 편리할 것입니다. 또 포수와 야수는 목재와 대나무 화살이 풍부한 곳으로 파(巴)나 촉(蜀)과 견줄[擬=比] 만합니다."

상은 그렇다고 여겼다. 탕의 아들 앙(卬)을 한중(漢中)태수로 임명해 수만 명을 징발해 포와 야의 두 길 500여 리를 만들었다. 수로가 완공되자 편리하고 가까워졌으나 물의 흐름이 아주 급하고 (물 속에) 돌이 있어 조운을 할 수 없었다. 그후에 엄웅(嚴熊)이 말했다.

"임진(臨晉)의 백성들은 낙수(洛水)를 뚫어 중천(重泉)에 물을 댐으로써 동쪽에 있는 1만여 경(頃)의 소금기 많은 땅으로 끌어들일 수 있기를 원합니다〔○ 사고(師古)가 말했다. "임진과 중천은 모두 풍익(馮翊)의 현들이다. 낙수는 곧 칠저수(漆沮水)다."〕. 정말로 곧장 물을 얻을 수만 있다면 1무(畝)에서 10석(石)은 거둘 수 있을 것입니다."

이에 1만 명을 징발해 수로를 파고 (풍익의) 징현(徵縣)에서 낙수(洛水)를 끌어들여 상안산(商顔山) 기슭에 이르게 했다. 그런데 강기슭이 쉽게 무너질 우려가 있어 마침내 우물을 팠는데 깊은 곳은 40여 장(丈)이나 됐다. 자주 우물을 파서 우물 아래로 서로 물이 통하게 했다. 물의 지하수는 상안산을 끊었고 동쪽으로 산령(山嶺-산봉우리)까지 10여 리 사이에 이르렀다. 정거(井渠-우물 수로)가 생겨난 것은 이로부터 시작됐다. 수로를 뚫으면서 용골(龍骨-용뼈 모양의 바위)을 파냈기 때문에 이름을 용수거(龍首渠)라고 했다. 그것을 만든 지 10여 년이 흘러 수로는 제법 많이 개통됐지만 아직도 충분한 수확을 거두지는 못했다.

황하가 호자(瓠子)에서 터지고 20여 년이 지나 그로 인해 여러 해 동안 수확을 하지 못했고[不登] 양(梁)과 초(楚)의 땅이 더욱 심했다. 상은 이미[9] 봉선(封禪)을 거행하면서 전국 각지를 순행하며 산천에 제사를 지냈는데 그 이듬해 날이 가물고 비가 적을 때를 골라 상은 마침내 급인(汲仁)과 곽창(郭昌)을 시켜 수만 명을 징발해 호자의 제방 터진 곳을 막게 했다. 이때 상은 (산동의) 만리사(萬里沙)에서 상제에게 제사를 지내고 돌아오면서 직접 제방 터진 곳에 나아가 흰 말과 옥벽(玉璧)을 강에 던져 하신(河神)에게 제사를 지내고 여러 신하와 따르는 무리들에게 명해 장군 이하는 모두 직접 땔감으로 쓰는 마른 풀을 등에 짊어지고 가서 터진 곳을 메우게 했다. 이때 동군(東郡)에서는 마른 풀을 땔감으로 쓰고 있었기 때문에 마른 풀이 부족해 기원(淇園)의 대나무를 베어 어깨에 메는 바구니[揵][10]를 만들었다. 상은 이미 황하가 터진 곳에 나아가 공사가 쉽게 이루어지지 않는

---

9 원봉(元封) 원년(元年)으로 기원전 110년을 가리킨다.

10 돌로 그 안을 채웠다.

것을 안타까워하며 마침내 이런 노래를 지었다.

'호자(瓠子)에서 황하가 터졌으니 장차 어찌해야 할꼬?
출렁출렁 넘쳐흐르는 물이 죄다 강물이 됐구나
죄다 휩쓸어버리니 평안할 때 없는데
공사는 끝날 때가 아직도 멀었건만
오산(吾山)은 평평해졌도다[11]
오산이 평평해지니 거야택(鉅野澤)이 넘치는구나
물고기들 제대로 자라지도 못하건만 겨울날은 닥쳐오도다
황하의 바른 길이 무너져 원래의 흐름에서 벗어났고
교룡(蛟龍)들은 좋아라 날뛰며 멀리 놀러 떠났도다
물이 옛길로 돌아오도록 신이시여 도와주소서
봉선을 하지 않았더라면 어찌 관(關) 밖의 일을 알았으랴
내 하공(河公-하백(河伯))께 묻소이다
어찌 이다지도 어질지 못하신 것입니까
범람이 그치질 않으니 우리 백성들 수심 가득하다오
설상정(齧桑亭)마저 물 위에 뜨고 회수와 사수도 물이 넘치는데
오래도록 황하는 옛길로 되돌아오지도 않고
물길만 여전히 흘러가도다'

---

11 오산은 산동성에 있는 산이다. 범람한 물이 산마저 평평하게 만들어버렸다는 뜻이다.

또 노래했다.

'황하의 물결은 넘실넘실 급하게도 흘러가네
북쪽으로 가는 물길은 굽이굽이 돌아 준설해도 소통하기 어렵도다
긴 줄풀로 터진 제방을 막고 아름다운 옥을 하백에게 바쳤다네
하백은 물길을 잡아주기로 허락하셨는데 땔감이 부족하구나
땔감이 부족한 것은 위(衛)나라 사람들의 죄로다[12]
모두 불태워서 스산하니 어떻게 범람하는 물을 막을꼬
기원(淇園)에서 대나무를 가져와 방죽과 돌로 막았다네
선방(宣防-호자의 지명)을 막으면, 만복이 찾아오리라'

이에 드디어 호자를 막고서 그 주변에 궁을 지어 이름을 선방궁(宣防宮)이라고 했다. 그리고 황하를 이끌어 북쪽으로 2개의 수로를 통해 흘러가게 하니 우(禹)가 만들었던 옛길을 회복했고 양과 초의 땅은 다시 안녕을 되찾아 수재가 없게 됐다. 이때 이후로 정사를 책임진 자들[用事者]은 다투어 수리(水利)에 관한 일을 진언했다. 삭방(朔方), 서하(西河), 하서(河西), 주천(酒泉) 등지에서는 모두 황하나 하천, 계곡물을 끌어와서 농경지에 공급했다. 관중 지방에서는 보거(輔渠)와 영지거(靈軹渠)를 만들어 여러 하천의 물을 끌어왔고, 여남(汝南)과 구강(九江)에서는 회수의 물을 끌어왔으며, 동해(東海)에서는 거정택(鉅定澤)의 물을 끌어왔고, 태산(泰山)

---

12 호자 부근은 옛날 위나라 땅이다.

밑의 지역은 문수(汶水)의 물을 끌어왔다. 이 모두가 각자가 하천을 파서 농경지에 물을 댄 것으로 그 범위는 각기 1만여 경(頃)에 달했다. 그밖의 작은 하천이나 또는 산을 허물어 수로를 만든 것들은 이루 다 헤아릴 수 없을 정도였다.

정국거(鄭國渠)를 만든 때로부터 원정(元鼎) 6년(기원전 111년)까지 136년이 지나고 나서 예관(兒寬)이 좌내사(左內史)가 돼 육보거(六輔渠)를 파서 정국거 주변의 고지대 논밭에 물을 댈 것을 주청했다. 상이 말했다.

"농사는 천하의 근본이다. 샘물이 흘러 곳곳을 적시는 것은 오곡을 자라게 해주는 이치다. 좌우 내사의 땅은 유명한 산과 강과 샘이 아주 많은데도 저 백성들은 그 이로움을 알지 못하니 백성들을 위해 구독(溝瀆)을 통하게 해 제방이나 늪지를 조성하는 것은 가뭄에 대비하기 위함이다. 지금 내사에서 논밭의 세금을 거둬들이는 바가 군(郡)마다 다르니 그것을 줄이는 방안을 내도록 하라. 관리와 백성들에게는 농사를 권면해 땅의 이익을 최대한 얻도록 하고 수로와 제방을 쌓는 노역을 균등하게 해[平繇=平役] 모두 수리(水利)를 얻게 하며[行水] 시의적절함을 잃어서는 안 될 것이다."

16년 후인 태시(太始) 2년에 조(趙)의 중대부인 백공(白公)〔○ 사고(師古)가 말했다. "이때는 공작(公爵)이 없었다. (공이란) 대개 서로를 높여 부르는 호칭일 뿐이다."〕이 또 수로를 팔 것을 주청했다. 경수(涇水)를 끌어들여 곡구(谷口)에서 시작해 역양(櫟陽)에서 끝났으며 위수(渭水)로 흘러들어가

게 했는데 길이[裦=長]¹³는 200리였고 그것을 통해 물을 댈 수 있게 된 밭
은 4,500여 경(頃)이었는데 그로 인해 백거(白渠)라고 이름지었다. 백성들은
그 풍요함을 얻게 돼 이렇게 노래했다.

'밭이 어디에 있는가 지양(池陽)과 곡구에 있다네
정국거는 예전에 있던 것이고 백거를 뒤에 만들었다네
백성들이 삽을 들고 구름처럼 모여들었고
논에 물을 대니 비가 온 듯하구나
경수(涇水) 한 석에 진흙이 서너 되로구나
관개해 물을 대고 비료를 주어 벼와 기장 쑥쑥 자라니
장안의 억만 인구라도 먹여 살리겠구나'

이는 두 수로가 백성들을 풍요롭게 해주었음을 말하고 있다.

이때에는 바야흐로 흉노에 일이 있어 공로와 이익[功利]이 크게 일어
났기에 편의를 말하는 사람들이 참으로 많았다. 제(齊) 사람 연년(延年)
〔○ 사고(師古)가 말했다. "기록에 그의 성(姓)은 나오지 않는다."〕이 글을
올려 말했다.

'황하는 곤륜산에서 나와 중국을 거쳐 발해로 흘러들어가는데 이는
그 지세(地勢)가 서북쪽은 높고 동남쪽은 낮기 때문입니다. 지도와 책을
갖고서 지형을 잘 살펴 수공(水工)으로 하여금 높낮이를 잘 측정해 대하

---

13 무(裦)는 주로 남북, 혹은 세로의 길이를 뜻한다.

(大河-황하)를 산꼭대기까지 다다를 수 있게 해 그것을 오랑캐의 땅으로 인도해 나가게 하고 동쪽으로 바다로 흘러들어가게 해야 합니다. 이같이 한다면 관동(關東)에는 오래도록 수재가 없을 것이고, 북쪽 변방에는 흉노를 걱정할 필요가 없어 제방을 쌓아 대비하고 사졸들을 시켜 식량을 운반케 하며 오랑캐가 와서 노략질을 해 군대를 뒤엎고 장군들을 죽여 넓은 들판에 해골을 그대로 드러내야 하는 근심을 줄일 수 있을 것입니다. 천하가 항상 흉노에 대비하며 백월(百越-남방 오랑캐)을 근심하지 않게 되는 것은 이것들을 물의 흐름이 끊어주고 땅이 단절시켜줄 것이기 때문입니다. 이러한 공업이 일단 이루어지고 나면 만세에 큰 이익이 될 것입니다.'

이 글이 올라가자 상은 그것을 장하게 여겨 이렇게 말했다.

"연년의 계책과 의견은 참으로 깊다. 그러나 황하는 곧 대우(大禹)께서 인도한 것으로 빼어난 이의 사업이자 만세의 공업이니 천지신명과 통했던 것이라 감히 그것을 고치기 힘들까 두려울 뿐이다."

선방(宣房)[14]을 막은 이후로 황하는 다시 북쪽으로 관도(館陶)에서 터져 물길이 나뉘어져 둔씨하(屯氏河)가 되고 동북쪽으로는 위군(魏郡), 청하군(淸河郡), 신도국(信都國), 발해군(勃海郡)을 지나 바다로 흘러들어갔는데 넓이나 깊이가 황하와 거의 같았고 그래서 자연 그대로 두어 제방을 쌓아 막지 않았다. 이 분류(分流)가 생겨난 이래로 관도의 동북쪽에 있는 4, 5개의 군들은 비록 가끔씩 작은 규모의 수해를 당하기는 했지만 연주(兗州) 남쪽에 있는 6개의 군들은 수재에 대한 걱정을 할 필요가 없었다. 선제(宣

---

14 선방(宣防)과 같다.

帝) 지절(地節) 연간에 광록대부 곽창(郭昌)이 사자가 돼 황하를 순행했다. 북쪽으로 구부러진 세 곳의 물 흐름의 형세는 모두 비슷하게 패구현(貝丘縣)을 향했기에 물이 늘어날 경우 제방으로는 막아낼 수 없을까 걱정해 이에 다시 수로를 파서 동쪽으로 향하게 해 동군(東郡)의 경계 안을 지나게 함으로써 북쪽으로 구부러지지 못하도록 했다. 수로가 열려 이로움이 생겨나자 백성들은 안심했다. 원제(元帝) 영광(永光) 5년에 황하가 청하군 영현(靈縣)의 명독(鳴犢) 하구에서 터졌으나 둔씨하의 물이 그것을 끊어주었다.

성제(成帝) 초에 청하군 도위 풍준(馮逡)이 글을 올려 말했다.

'우리 군은 황하의 하류를 이어받아 연주(兗州)의 동군(東郡)과 물이 나뉘는 경계를 이루고 있고 성곽이 있는 곳은 지대가 아주 낮고 토양도 가볍게 무르고 약해 피해를 당하기 쉽습니다. (그런데도) 근래에 홍수가 드물어 큰 피해가 없었던 까닭은 둔씨하가 열려 그것이 강을 두 개로 나눠 흘러가게 해주었기 때문입니다. 그런데 지금은 둔씨하가 막히고 영현의 명독 하구 또한 넘쳐서 답답한 상황이다 보니 단지 하나의 강물만으로 여러 하천이 했던 일을 떠맡고 있는 형국이니 설사 제방을 높이 쌓는다 해도 결국은 소통시키는 것이 불가능할 것입니다. 만일에 장맛비라도 내려 10여 일만 계속돼도 반드시 넘치게 될 것입니다. 영현의 명독 하구는 청하의 동쪽 경계에 있어 낮은 지대이기 때문에 설사 물을 소통시키더라도 오히려 위군(魏郡)과 청하군의 수해를 줄이는 것은 불가능할 것입니다. 우(禹)는 백성들의 힘을 아끼려고 하지 않았던 것은 아니지만 지형의 형세가 어쩔 수 없었기 때문에 구하(九河)를 파게 했던 것인데 지금은 이미 다 사라져

버려 확인하기가 어렵고 둔씨하가 흐르지 않았던 것도 70여 년이나 됐습니다. 다만, 다시 끊어진 지 아직 오래지 않았기에 그곳은 준설하기에는 쉬울 것입니다. 게다가 그 하구의 지대는 높아 그곳에서 물길을 나눠 물살의 힘을 줄인다면 물을 끌어들이는 방법은 편리해져 다시 준설해 황하의 물길의 흐름을 도와 한꺼번에 쏟아지는 물을 옆으로 새어 흐르게 한다면 비상시에 잘 대비할 수 있을 것입니다. 또 지절(地節) 연간에 곽창이 직거(直渠)를 팠지만 3년이 지나 황하의 물은 다시 옛날의 제2곡(曲) 사이에서부터 북쪽으로 6리 정도 흘러가다가 다시 남쪽에서 합쳐졌습니다. 지금 그 곡류(曲流)하는 물살의 기운은 다시 기울어져 패구에 이르기 때문에 백성들은 불안해하니 마땅히 다시 수로를 파서 동쪽으로 흘러가게 해야 할 것입니다. 이미 조치를 취하지 않았다가 북쪽에서 터져 4, 5개 군이 고통을 당하고 남쪽으로 10여 개 군이 고통을 당하게 된 연후에야 근심을 한다면 그것은 이미 늦게 됩니다.'

일을 승상과 어사에게 내리자 두 사람은 박사 허상(許商)이 『상서(尚書)』(-『서경(書經)』)에 능하고 산수를 잘하니 그 일의 현실성을 잘 점검할 수 있을 것이라고 상에게 아뢰었다. 이에 상(商)으로 하여금 현장에 가서 살펴보도록 했는데 그것은 둔씨하가 넘쳐서 생겨난 것이고 바야흐로 나라의 재용과 인력 또한 충분치 않다 해 당분간은 준설을 하지 않기로 결론지었다.

3년 후에 황하는 과연 관도 및 동군의 김제(金隄)에서 터져 연주(兗州)와 예주(豫州)에서 범람해 평원(平原), 천승(千乘), 제남(濟南)의 여러 군으로 흘러들어와 모두 4개의 군, 32개 현에 물이 덮쳤고 침수 지역은 15만여경

(頃)이었으며 수심은 3장(丈), 관청과 가옥이 파괴된 곳이 4만여 곳이었다. 어사대부 윤충(尹忠)은 상의 물음에 대책을 말하기는 했지만 그 방략이 너무도 소략해 상이 그를 통절하게 꾸짖자 충(忠)은 자살했다. 대사농 비조(非調)를 파견해 돈과 곡물가를 조절해 피해를 당한 군들에 시혜를 베풀었고 알자(謁者) 두 명은 하남 동쪽의 조운선 500척을 징발해 이재민을 옮겼으며 홍수를 피해 구릉으로 옮겨 간 백성은 9만 7,000여 명이나 됐다.

하제사자(河隄使者-임시 관직) 왕연세(王延世)를 사자로 삼아 터진 곳을 막게 하니 길이 4장(丈), 크기 아홉 아름의 대나무 바구니에 작은 돌을 가득 담아서 두 척의 배 사이에 끼워 싣고서 강에 빠뜨리기를 36일 동안 하고서야 황하의 제방은 이루어졌다. 상이 말했다.

"동군에서 황하가 터져 그 물이 2개 주를 흘러갔는데 교위 연세(延世)가 30여 일 동안 제방을 쌓아 그것을 막아냈다. 따라서 올해 5년(건시(建始) 5년)을 새로이 바꿔 하평(河平) 원년으로 삼는다. (역사에 동원된) 졸(卒)들 중에서 황하를 다스리는 데 동원된 이들은 변경에서 6개월간 요역에 종사하는 것에 준해 장부에 그 공적을 기록하도록 하라. 참으로 연세의 계책은 뛰어나 공력에 쏟은 비용을 줄이고 소요된 날수도 얼마 되지 않았으니 짐은 참으로 가상하게 여긴다. 이에 연세를 광록대부 및 작질 중(中) 2,000석 관리로 삼고 관내후(關內侯)의 작위와 황금 100근을 내려주도록 하라."

2년 후에 황하가 다시 평원(平原)에서 터져 제남과 천승으로 흘러들어 피해와 파손은 건시(建始) 때의 절반가량 됐는데 다시 연세를 보내 그것을 다스리게 했다. 두흠(杜欽)이 대장군 왕봉(王鳳)을 설득해 말했는데 그

의견은 이러했다.

"예전에 황하가 터졌을 때 승상사(丞相史) 양언(楊焉)이 말하기를 연세는 언(焉) 자신의 방법을 받아 그것을 써서 막아낼 수 있었다고 했으니 이 일을 숨기는 것은 바람직하지 않다고 여깁니다. 지금 연세 혼자에게 일을 맡겼는데 연세는 지난번에 터진 곳을 막는 일이 쉽다고 했지만 정작 그 피해를 걱정하는 바가 그다지 깊지 않아 염려됐습니다. 또한 만일 언의 말을 되짚어본다면 연세의 기술은 도리어 언의 말처럼 거기에 못 미칠 수가 있습니다. 게다가 물살의 기운은 매번 다르기 때문에 그 이익과 손해의 문제점들을 널리 토의하지도 않은 채 단지 한 사람에게 맡겼다가 만일에 이번 겨울에 다 완성하지 못한 채 내년 봄에 복숭아꽃이 필 때 큰물이 일어나게 되면 반드시 범람할 것이니 진흙으로 막아서 흐르지 않게 해 땅을 다 뒤집어 엎어놓은 해악이 있을 것입니다. 이렇게 된다면 여러 군들에서는 파종을 못하게 돼 백성들이 뿔뿔이 흩어지고 장차 도적떼가 생겨날 것이니 (그때 가서) 아무리 연세에게 중한 벌을 내린다 한들 일에는 아무런 도움이 되지 않을 것입니다. 마땅히 언(焉)뿐만 아니라 장작(將作)대장 허상과 간대부 승마연년(乘馬延年)[○ 맹강(孟康)이 말했다. "승마가 성(姓)이다."]이 함께 힘을 모아 일을 하도록 해야 할 것입니다. 연세와 언은 분명 서로를 헐뜯으며 서로 자신들이 옳다고 끝까지 내세우다가 서로 최종 결론에 이르기 어려울 것입니다. 상과 연년은 둘 다 계산에 밝아 능히 공리를 잘 헤아릴 것이니 충분히 옳고 그름을 분별해 그중에 좋은 쪽을 따르게 한다면 반드시 일은 성공에 이를 것입니다."

봉(鳳)은 흠의 말을 따라서 상에게 언 등을 보내 치수를 할 것을 아뢰어 마침내 6개월 만에 완성했다. 다시 연세에게 황금 100근을 내려주었다. 황하의 치수에 종사한 졸들 중에서 시중의 임금에 해당하는 노임을 받지 못한 자들에게는 변경에서 6개월간 요역에 종사하는 것에 준해 장부에 그 공적을 기록하도록 했다.

9년 후인 홍가(鴻嘉) 4년에 양언이 "황하를 따라서 위아래로 지주(底柱)의 양측이 좁은 것이 걱정되오니 그쪽 돌들을 파내어 강을 넓혀야 합니다"라고 하니 상은 그의 말을 따라 언으로 하여금 그것을 파내게 했다. 그런데 그 돌들을 강에 던져 넣는 바람에 물살이 더욱 빠르고 거세져 그 폐해는 옛날보다 더 심해졌다.

이 해에 발해군, 청하군, 신도국에서 황하의 물이 넘쳐 현과 읍 31개가 물에 잠겼고 관청과 민가 4만여 곳이 피해를 입었다. 하제도위(河隄都尉) 허상과 승상사 손금(孫禁)이 함께 가서 현장을 둘러보고서 대책을 협의했다. 금(禁)의 의견은 이러했다.

"이번에 황하가 넘쳐서 입은 피해는 예전에 평원에서 터졌을 때의 몇 배다. 지금은 평원과 김제 사이를 터서 황하를 열어 통하게 해 옛날의 독마하(篤馬河)로 흘러들어가게 해야 한다. 바다에 이르려면 500여 리로 물길은 잘 파져 있으며 또한 3군의 수몰지가 마르고 나면 양질의 밭 20여만 경(頃)을 얻을 수 있으니, 물길을 여는 과정에서 피해를 입게 되는 백성들의 논밭과 집을 보상하고도 남으며 또한 제방을 다스려 수해를 복구하기 위해 동원해야 하는 관리와 졸을 해마다 3만 명 이상 줄일 수 있다."

상(商)의 의견은 이러했다.

"예로부터 전해오는 이야기에 따르면 구하(九河)라는 이름 중에 도해(徒

駭), 호소(胡蘇), 격진(鬲津)이라는 곳이 있었는데 지금 보이는 성평(成平), 동광(東光), 격(鬲)의 여러 현들의 경계 안에 있다. 격진으로부터 북쪽으로 도해에 이르는 사이는 서로의 거리가 200여 리이며 지금까지 황하가 여러 차례 물길을 바꾸기는 했지만 이 범위를 벗어나지 않는다. 손금이 개통하려고 하는 곳은 구하의 남쪽 독마하에 있는데 물길이 바뀌어 물의 흐름이 없는 곳으로 지세가 평탄하기 때문에 가뭄이 들면 물이 끊어지고 홍수가 나면 무너질 것이니 받아들일 수 없다."

공경들은 모두 상(商)의 의견을 따랐다. 이에 앞서 곡영(谷永)은 이렇게 말했다.

"황하는 중국의 근간이 되는 큰 강[經瀆=常瀆]¹⁵이어서 빼어난 임금이 나오면 황하에서 도서(圖書-하도와 낙서)가 나왔고 임금다운 도리가 폐기되면 강이 메말라 끊어졌습니다. 지금 둑이 허물어지고 물이 넘치고 물길이 제 마음대로 바뀌어 구릉을 덮쳐 물에 잠기게 한 것은 이변 중에서도 큰 것입니다. 정사를 제대로 닦아[修政] 이에 응답한다면 재변은 저절로 사라질 것입니다."

이때 이심(李尋)과 해광(解光)도 이렇게 말했다.

"음의 기운이 왕성해지면 물은 그 때문에 더욱 길어지고 그래서 하루 사이에도 낮에는 물이 줄었다가 밤에는 물이 많아지는 것이며 강수와 하수가 가득 차고 넘칩니다. 이른바 물이 낮은 지대를 적셔주지 못한다는 말은 비록 평상시에 낮은 지대에 물이 흐르다가도 오히려 해와 달의 변화가

---

15 바다로 이어지는 큰 강을 독(瀆)이라 한다.

초하루와 보름에 보이는 것처럼 하늘의 도리를 잘 밝히게 되면 원인에 따른 결과가 있게 되는 것입니다. 많은 사람들은 연세가 (수리 사업을 잘해) 큰 상을 받는 것을 보고서 경쟁적으로 이것이 편리하다, 이것이 기교하다 하며 각종 의견들을 내고 있지만 그것들을 써서는 안 될 것입니다. (조정 안에서) 의견을 내는 자[議者]들은 늘 구하의 옛 흔적을 찾아내서 그것을 뚫으려고 해 지금 그에 입각해서 스스로 터진 곳은 그대로 두어 막지 않은 채로 물이 흘러가는 형세를 살피자고 합니다. 황하의 물이 머물러 있으려 하면 마땅히 조금씩 스스로 하천을 만들어 사토(沙土)를 만들어낼 것이니 그런 연후에야 하늘의 마음을 고분고분 따라서 이를 도모한다면 반드시 공업을 이루게 될 것이고 나라의 재용도 조금만 쓰면 될 것입니다."

이에 드디어 상은 토의를 그치고 제방을 막지 않았다. 만창(滿昌), 사단(師丹) 등이 여러 차례에 걸쳐 백성들이 불쌍하다고 말하자 상은 사자를 여러 차례 보내 백성들이 편안하게 생업을 이어갈 수 있도록 조치를 취해 주었다.

애제(哀帝) 초 (기도위(騎都尉)) 평당(平當)이 사자가 돼 황하의 제방[河隄]을 주관하게 되자 글을 올렸다.

"구하(九河)는 지금 다 메워져 없어졌습니다. 경서의 뜻을 살펴보니 하천을 다스리는 법에 하(河)를 터주는 것[決=分泄]과 천(川)을 깊게 파주는 것[深=浚治]은 있어도 제방으로 막고 메운다는 글은 없습니다. 황하(黃河)는 위군(魏郡-하남성 임장현)의 동쪽으로 흐르는데 북쪽에서 물이 넘쳐 둑이 터지는 일이 많음에도 불구하고 물길의 자취를 분명하게 알기가 어렵습니다. 세상 많은 사람들을 속일 수는 없으니 마땅히 천을 깊게 하고

하를 터줄[疏=決] 수 있는 사람을 널리 구해야 합니다."
　이 글을 승상 공광(孔光), 대사공(大司空) 하무(何武)에게 내려주며 부자사(剖刺史), 삼보(三輔), 삼하(三河), 홍농군(弘農郡) 태수 등에게 이민(吏民)들 중에서 (물관리에) 능한 자들을 천거하는 주청을 올리라고 명했으나 그에 응하는 글[應書]을 올리는 사람이 아무도 없었다. 이에 대조(待詔) 가양(賈讓)이 말씀을 올렸다[奏言].
　"황하(혹은 하천)를 다스리는 법에는 상책, 중책, 하책이 있습니다. 옛날에 나라를 세우고 백성을 살도록 함에 있어 토지의 경계를 바로잡을 때에는 반드시 하천이나 못이 나뉘는 곳은 남겨두고[遺=留] 물의 흐름이 미치지 못하는 곳을 헤아려보았습니다[度=計].〔○ 사고(師古)가 말했다. "이는 하천이나 못의 물이 흘러 모이는 곳은 다 그대로 두어 주거용이나 경작지로 삼지 말고 반드시 물이 미치지 못하는지를 살펴본 다음에 거기에 살면서 경작을 했다는 말이다."〕. 큰 하천은 작은 하천의 물이 흘러들어오는 것을 막지 않으니 낮은 지대[卑下]에 제방을 쌓아 물을 막아서 저수지가 되게 해 가을이 되면 물의 양이 많아져 그것이 쉴 곳을 얻게 돼 좌우로 흐르는 물이 넓고 완만해 급박하지 않게 됩니다.
　무릇 땅에 천(川)이 있는 것은 마치 사람에게 입이 있는 것과 같습니다. 땅을 다스리고 그 천을 막는 것은 마치 아이가 우는 것을 그치게 하려고 그 입을 막는 것과 같으니 어찌 급하게[遽=速] 그치지 않을 수 있겠습니까? 하지만 이는 죽기를 서서 기다리는 것과 같다고 하겠습니다. 그래서 말하기를 '천을 잘 다루는 사람은 그것을 터주어[決] 물길이 나게 만들고[道=導=通引], 백성을 잘 다루는 사람은 그들을 펼쳐주어[宣] 말길이 트이게 해준다'[16]라고 했습니다.

    대개 제방을 만든 것은 가까이는 전국(戰國)시대 때 시작됐는데 많은 천들을 막아서 (여러 나라들이) 각자 스스로 이롭게 하는 것이었습니다. 제(齊)나라는 위(魏)나라 및 조(趙)나라와 함께 황하를 경계 삼고[竟=境] 조나라와 위나라는 산을 경계 삼았으며[瀕=境] 제나라는 지대가 낮아 황하에서 25리 떨어진 곳에 제방을 쌓았습니다. 그래서 황하의 물이 동쪽으로 흘러내려가다가 제나라의 제방에 막히게 되면 서쪽으로 방향을 틀어 조나라와 위나라를 범람시키니 조나라와 위나라도 또한 황하에서 25리 떨어진 곳에 제방을 쌓았습니다. 이렇게 하는 것이 비록 바른 방법은 아니지만 물은 오히려 계속 흘러내려갈 수가 있었습니다. 시기가 찾아와 물이 들어왔다가 나가게 되면 비옥하고 기름진 흙을 쌓아놓기 때문에 백성들은 여기서 밭을 갈아 농사를 지었습니다. (그리고) 간혹 오랜 기간 동안 아무런 해를 당하지 않았다면 차츰 집을 짓게 되고 드디어 취락이 이루어집니다. 때로 큰물이 들이닥쳐 휩쓸어버리면 다시 제방을 쌓아 스스로 구제를 하고 조금씩 성곽을 옮겨 물과 못[水澤]을 밀쳐내고 그곳에서 살게 되니 그러다가 물에 잠기게 되는 것[湛溺=沈溺]은 이치상으로 당연한 것이라 하겠습니다.

    (그런데) 지금 (한나라의) 제방은 가까이 붙어 있는 곳은 물에서 불과 수백 보 떨어져 있을 뿐이고 먼 곳이라 해도 몇 리에 지나지 않습니다. 그것은 여양(黎陽-하남 준현(濬縣)의 동북쪽)의 남쪽에 있어 대금제(大金隄)

---

16 『국어(國語)』에 나오는 말로 소공(召公)이 여왕(厲王)에게 간언한 말이다.

에 가깝고 황하의 서쪽보다 서북쪽으로 뻗어 있어 서산(西山)의 남쪽 끝[南頭]에 이르러 비로소 동쪽으로 꺾어 동산(東山)과 서로 이어지게[屬=連] 됩니다. 백성들은 금제(金隄)의 동쪽에 거주하면서 가옥을 지어 10여 년 후에는 다시 제방을 쌓아 동산의 남쪽 끝보다 더 남쪽에 이르게 되니 큰 제방[大隄]과 만나게 됩니다. 또 내황(內黃-하남 탕음(湯陰)의 동쪽)의 경계 안에 못이 있는데 사방 수십 리이며 그 주위를 둘러싸고[環=繞] 제방이 있습니다. 10여 년이 지난 후에 (위군(魏郡)의) 태수는 제방 안의 땅을 백성들에게 나눠주었고[賦民][17] 백성들은 지금 그 안에 집을 짓고서 살고 있으니 이는 신이 제 눈으로 직접 본 사실입니다.

 동군(東郡) 백마현(白馬縣)에 있는 큰 제방도 또한 다시 여러 겹으로 쌓여 있어 백성들은 다 그 사이에 살고 있습니다. 여양의 북쪽, 위군의 경계의 끝까지 원래부터 있던 큰 제방은 황하로부터 거리가 먼 곳은 수십 리에 이르고 그 안쪽에도 또한 여러 겹으로 쌓여 있으니 이것은 다 앞 시대에 소통시켜놓은 것[所排]입니다. 황하는 하내군(河內郡)의 북쪽에서 여양에 이르기까지 돌 제방[石隄]이 쌓여 물의 흐름이 (돌 제방에) 부딪혀 동쪽으로 동군(東郡)의 평강(平剛)에까지 흘러내려가고, 또다시 돌 제방이 쌓여 서북쪽으로 여양현과 관현(觀縣) 아래로 흘러내려가며, 또다시 돌 제방이 쌓여 서북쪽으로 위군의 소양정(昭陽亭)에까지 흘러내려가게 하고, 또다시 돌 제방이 쌓여 물의 흐름이 부딪혀 동북쪽으로 흘러내려갑니다. (이처럼) 100여 리 사이에 황하의 물길은 두 번 서쪽으로 흐르고 세 번 동

---

17 사고(師古)의 뜻풀이에 따라 땅을 백성들에게 나눠준다는 뜻으로 옮겼다.

쪽으로 흘러서 압박당하고 막히는 것[迫阨]이 이와 같으니 안식을 얻을 수
　　　　　　　　　　　　　　박액
가 없습니다.

　지금 상책을 시행해 기주(冀州)의 백성들 중에서 물이 부딪히는[衝=激]
　　　　　　　　　　　　　　　　　　　　　　　　　　　　　　　충　격
쪽에 사는 사람들을 다른 데로 옮기고 여양의 차해정(遮害亭)¹⁸에서 제방
을 터주어 황하를 북쪽으로 방류해 바다로 들어가게 해야 합니다. 황하의
서쪽은 대산(大山-태행산맥)이 가까이 있고 동쪽은 금제(金隄)가 가까이
있어 그 형세상으로 멀리까지 범람할 수가 없기에 한 달 정도면 절로 안정
됩니다. 이런 방책을 비난하는 사람[難者=非者]은 '만일 그렇게 할 경우
　　　　　　　　　　　　　　　　 난자　비자
성곽과 전려(田廬-농번기에 머무는 임시 거처)와 무덤을 파괴하는 것이 1
만을 헤아려 백성들이 원망하고 한을 품게 될 것이다'라고 합니다. (그러
나) 옛날에 대우(大禹-우왕)는 물을 다스리기 위해 산과 언덕[山陵]이 물
　　　　　　　　　　　　　　　　　　　　　　　　　　　　　산룡
길을 막으면 바로 부숴버렸기 때문에 용문(龍門-용문산)을 뚫었고[鑿] 이
　　　　　　　　　　　　　　　　　　　　　　　　　　　　　　　　착
궐(伊闕-이궐산)을 열었으며[辟=闢=開] 저주(底柱-저주산)를 나누고[析=
　　　　　　　　　　　　　　벽　벽　개　　　　　　　　　　　　　　석
分] 갈석(碣石-갈석산)을 깨뜨려서[破] 하늘과 땅의 본성에 맞도록 부수고
분　　　　　　　　　　　　　　　　파
[墮=毀] 잘랐습니다. 이것이야말로 사람의 공력으로 조성한 것이니¹⁹ 어찌
 타　훼
말로 다할 수 있겠습니까? 지금 황하에 연해 있는[瀕=沿] 군은 10곳인데
　　　　　　　　　　　　　　　　　　　　　　　　빈　연
제방을 다스리는 비용은 해마다 또 1억이지만 그것이 크게 터지게 되면
파괴되는 것은 돈으로 헤아릴 수가 없을 정도입니다. 만약에 여러 해 동안
황하를 다스릴 비용을 내어 이주시킨 백성들에게 먹고살 일[業]을 제공하
　　　　　　　　　　　　　　　　　　　　　　　　　　　　　　　업

---

18 여양에서 서남쪽에 있는데 이곳이 바로 금제(金隄)다.

19 앞서 말한 성곽과 전려와 무덤 등을 염두에 둔 것이다.

고 옛날의 빼어난 이의 법도를 따라서 산과 하천의 위치를 정하며 신령과 사람이 각각 있어야 할 곳에 머무르면서 서로 간섭하지 않는다면, 그리고 또 위대한 한나라[大漢]가 바야흐로 1만 리를 제대로 통제한다면 어찌 한 자의 땅을 놓고서 물과 다투겠습니까? 이러한 공로가 일단 세워지고 나면 황하도 백성도 모두 안정돼 천년 동안 걱정거리가 없을 것이니 그렇기 때문에 이를 일러 상책이라고 하는 것입니다.

만약에 마침내 기주 땅에 뱃길[漕渠]을 많이 뚫어서 백성들로 하여금 논밭에 물을 대게 할 수 있고 물이 격노한 것을 나눠서 줄인다면[分殺] 비록 그것이 빼어난 이의 법도는 아니라고 하더라도 그러나 이 또한 파괴된 것을 구제하는 방법입니다. 이런 방책을 비난하는 사람은 장차 '황하의 물은 평지보다 높아져 해마다 제방을 증축해야 할 것이니 오히려 터져서 넘치게 돼 수로를 열 수가 없게 된다'라고 합니다. (그러나) 신이 남몰래 해서정의 서쪽 18리를 가만히 살펴보니 기수(淇水)의 입구[20]에 이르러 마침내 금제가 있는데 높이는 1장(丈-어른 키 높이)입니다. 그보다 동쪽은 땅이 점차 낮아지고 제방은 점차 높아져 차해정에 이르면 높이는 4, 5장입니다. 5, 6년 전에 황하의 물이 크게 쏟아져 나와 1장 7척으로 높아지자 여양의 남곽문(南郭門)을 무너뜨렸고 그 물은 제방의 아래에까지 들어왔습니다〔○ 신찬(臣瓚)이 말했다. "이는 물이 성곽을 따라 흘러 남문으로 들어와서 북문으로 나가 제방에 이른 것을 말한다."〕. 물이 아직 제방을 넘지

---

20 기수가 황하로 들어가는 입구를 말하는데 하남성 준현 서쪽으로 40km 지점에 있다. 이곳은 지형적인 이유로 인해 중요한 전쟁터였다.

않아 2척(尺) 정도의 여유가 있었는데 제방 위에서 북쪽을 바라보니 황하는 백성들의 가옥보다 높게 흘러서 백성들은 모두 산 위로 도망쳤습니다. 물은 13일 동안 빠지지 않아 제방을 허물어뜨리는 바람에 관리와 백성들은 그것을 막아야 했습니다. 신은 제방 위로 걸어다니며 물의 흐름과 세기[水埶=水勢]를 살펴보았는데 남쪽으로 70여 리쯤에 있는 기수의 입구에 이를 때까지 물은 이따금씩 제방의 가운데까지 찰랑거렸고 대략 헤아려보니 지상으로부터 5척쯤 됐습니다. 지금 기수의 입구로부터 동쪽으로 돌 제방을 쌓고 수문(水門)을 많이 설치해두어야 합니다. 초원(初元) 연간에 차해정 아래에서 황하 제방의 아랫부분까지 거리가 수십 보였는데 그 후로 지금까지 40여 년이 지나자 물이 제방의 아랫부분까지 들어옵니다. 이로 말미암아 말씀드리건대 그 땅은 단단합니다. (제 생각으로는) 의견을 내는 자들[議者]이 황하는 큰 강이니 통제하기가 어려울 것이라고 의심할까 걱정이 되기는 하지만 형양(滎陽)에 있는 운하를 통해 이를 충분히 미루어 헤아릴 수 있습니다. 그 수문은 단지 나무와 흙을 이용했을 뿐이지만 지금은 단단한 땅에 기반을 두고서 돌 제방을 쌓는 것이니 이리 한다면 물의 흐름과 세기는 반드시 완전할 것입니다. 기주에 있는 운하의 첫머리[首]는 모두 다 이 수문을 향해 바라보게 됩니다. 운하를 다스리는 것은 땅을 파는 것이 아니라 단지 동쪽에 하나의 제방을 쌓아 북쪽으로 300여 리쯤 가게 해서 장수(漳水)로 들어가게 함으로써 또한 그 서쪽은 산록과 고지이기 때문에 (그곳에 있는) 여러 운하들은 모두 종종 이리저리 나눠진 채로[肽=支別] 이 물을 끌어들여 가지게 됩니다. 가뭄이 들면 동쪽으로 내려가는 수문을 열어 기주로 물을 대고[漑=灌] 홍수가 나면 서쪽에 있는 높은 문을 열어 황하의 흐름을 나눠주면 됩니다. 운하를 통하게 하면 세 가지 이로움이 있고 통하지 못하게 하면 세 가지 해로움이 있습니다. 백성들은 수해를 막느라 늘 지쳐 있으니 자신의 본업을 절반쯤 잃게 됩니다〔○ 사고(師古)가 말했다. "이것이 첫 번째 해로움이다."〕. 또 물이 (물길을 벗어나) 땅 위로 흐르게 되면 축축함이 모여 위로 올라와 백성들은 습기로 인한 병을 앓게 되고 나무들은 선 채로 말라 죽고 소금기로 인해 곡식은 자라지 않습니다〔○ 사고(師古)가 말했다. "이것이 두 번째 해로움이다."〕. 그리고 제방이 터지거나 넘치게 되면 생물들이 피해를 입어 물고기나 자라의 먹이가 됩니다. 이상이 세 가지 해로움입니다. 만약에 운하에 물이 잘 통하면 암염이 아래로 녹아들어 진흙이 땅을 비옥하게 만듭니다〔○ 사고(師古)가 말했다. "이것이 첫 번째 이로움이다."〕. 또 벼와 보리의 씨를 뿌리면 다시 메벼[秔稻]가 자라는데 (그 수확량이 평소에 비해) 높은 곳의 논밭은 5배, 낮은 곳의 논밭은 10배가 됩니다〔○ 사고(師古)가 말했다. "이것이 두 번째 이로움이다."〕. 그리고 배로 곡식을 운반하는 편리함이 있게 됩니다. 이상이 세 가지 이로움입니다.

지금 황하의 제방에 연해 있는 관리와 병졸은 군(郡)마다 수천 명이고 땔감과 돌을 캐거나 사는 데 들어가는 비용은 해마다 수천만 전이니 이것을 갖고서 운하를 통하게 하고 수문을 만드는 일은 얼마든지 가능합니다. 또 백성들은 그 관개(灌漑)를 이용하고 있으니 서로 돌아가며 운하를 살피게 한다면 비록 수고롭기는 해도 피폐해지지는 않을 것입니다. 백성들의 논밭이 제대로 다스려지고 황하의 제방 또한 성취된다면 이는 진실로 나라를 부유하게 하고 백성들을 편안하게 하는 것[富國安民]이며 이로움을 일으키고 해로움을 제거하는 것[興利除害]이어서 수백 년을 지탱해 가게 될 것이니 그렇기 때문에 이를 일러 중책이라고 하는 것입니다.

만약에 마침내 옛날부터 있던 제방을 수리 보완해 낮은 곳을 높여주고 얇은 곳을 두터이 하는 데 그친다면 노고와 비용은 끝이 없어 자주 그 해로움을 당할 것이니 이를 일러 최하책(最下策)이라고 하는 것입니다."

왕망 때 황하의 치수를 잘할 수 있는 자들을 불러들이니 100여 명이 왔지만 그중에서 큰 대책이 눈에 띈 장수교위(長水校尉)인 평릉(平陵) 사람 관병(關並)[21]은 이렇게 말했다.

"황하가 터지는 곳은 대체로 늘 평원(平原-산동성)과 동군(東郡-하남성)의 좌우인데 그 지형은 아래로 내려가고 흙은 성기고 나쁩니다. 듣건대 우(禹)가 황하를 다스릴 때에 본래 이 땅을 비워두고서 물이 범람하는 것이 왕성하면 내보내 넘치게 해 조금씩 스스로 말라버리게 했으니 설사 그때와 지금은 시기는 다르지만 오히려 (대책은) 여기서 벗어날 수가 없습니다. 상고시대에 대해서는 알기 어렵지만 근래에 진(秦)과 한(漢)나라 이후를 보면 황하는 조(曹-산동성)와 위(衛-하남성) 지역에서 터졌는데 그 남북의 거리는 180리에 지나지 않으니 이 땅을 비워두고서 거기에는 관청과 백성들의 집을 짓지 않도록 하자는 것이 제 생각일 뿐입니다."

---

21 병의 자(字)는 자양(子陽)인데 재주와 지혜가 통달한 인물이라는 기록이 『환담신론(桓譚新論)』에 실려 있다. 이하에 언급된 여러 사람들의 말도 거기에 실려 있다.

대사마사(大司馬史-대사마 보좌관)인 장안(長安) 사람 장융(張戎)[22]은 이렇게 말했다.

"물의 본성은 아래로 내려가는 것이기 때문에 흘러가는 것이 빠르게 되면 모든 것을 휩쓸어버려 텅 비게 만들고 점점 깊어집니다. 황하의 물은 무겁고 흐려서 1석(石)의 물에 6두(斗)의 진흙이 해당합니다. 지금 서방의 여러 군들에서부터 경사(京師)에 이르러 동쪽으로 흘러가고 있어 백성들은 모두 황하와 위수(渭水)의 산천에 있는 물을 끌어서 논밭에 대고 있습니다. 봄과 여름은 건조해 물이 줄어드는 시기이기 때문에 황하의 흐름이 느려져 진흙에 스며들게 되니 물의 수위가 점점 낮아지지만 비가 많이 내려 물이 갑자기 늘어나게 되면 넘쳐서 터지게 됩니다. 그래서 국가는 자주 거기에 제방을 쌓아 막다 보니 그곳은 점점 평지보다 높아졌고 오히려 담을 쌓아 물을 담아놓는 형국이 됐습니다. 이제부터 각각 그 물의 본성에 맞게 해 더 이상 관개(灌漑)를 하지 못하게 한다면 온갖 천들이 잘 흘러가게 돼 물길은 본래의 흐름을 따라가게 돼 더 이상 물이 넘쳐 둑이 터지는 피해는 없을 것입니다."

어사(御史)인 임회(臨淮) 사람 한목(韓牧)[23]은 이렇게 말했다.

"대체로 「우공(禹貢)」에 나오는 구하를 뚫은 곳이 좋겠지만 그렇다고 아홉 곳 모두를 뚫을 수는 없고 다만 4, 5곳을 뚫으면 마땅히 도움이 될 것입니다."

---

22 논밭에 물을 대는 일에 능했다는 기록이 있다.
23 물을 다루는 일을 잘했다는 기록이 있다.

대사공연(大司空掾-대사공 아래 하급 관리)인 왕횡(王橫)[24]은 이렇게 말했다.

"황하는 발해로 들어가는데 발해의 땅은 한목이 파려고 하는 곳보다 지대가 높습니다. 옛날에 하늘에서 일찍이 계속 비가 내리고 동북풍이 불며 바닷물이 넘쳐 서남쪽으로 나오고 수백 리 땅을 점점 적셔 구하의 땅은 이미 바닷물에 젖었습니다. 우(禹)가 황하의 물을 통행하게 한 것은 본래 서쪽 산에서 동북쪽으로 흘러내려가게 한 것입니다. 『주보(周譜)』[25]에 이르기를 정왕(定王) 5년에 황하의 물길이 이동했다고 했습니다. 그런데 지금 흘러가고 있는 곳은 우가 팠던 곳이 아닙니다. 또 진(秦)나라가 위(魏)나라를 공격했을 때 황하를 터서 그 도읍을 물에 잠기게 했지만 터진 곳이 결국 너무 커서 뒤에 보수를 할 수가 없었습니다. 마땅히 평평한 곳에서 옮겨 새롭게 뚫어서 서쪽의 산록에 접해 있는 고지대를 타고서 동북쪽으로 바다로 들어가게 한다면 마침내 수재가 없을 것입니다."

또 패군(沛郡) 사람 환담(桓譚, 기원전 24~기원후 56년)[26]이 사공연(司空

---

24 낭야 사람이고 「유림전(儒林傳)」에 나온다.

25 주나라 왕실의 족보다.

26 음률을 좋아했고, 거문고에 능했으며, 오경(五經)에 밝았다. 고학(古學)을 좋아해 유흠(劉歆)과 양웅(楊雄)을 따라 의심스럽고 이상한 일들을 변석(辯析)하는 방법을 배웠고, 속유(俗儒)들을 비판하는 일을 좋아했다. 문장에도 능했다. 왕망(王莽)이 천하를 찬탈했을 때 장락대부(掌樂大夫)를 지냈고 유현(劉玄) 때는 중대부(中大夫)가 됐다. 광무제 때 불려가 의랑급사중(議郎給事中)에 발탁됐다. 그러나 광무제가 참언(讖言)을 이용해 정치를 하자 저지하려다 노여움을 사 거의 죽임을 당할 뻔하다가 육안군승(六安郡丞)으로 좌천돼 부임하던 중에 죽었다. 저서에 『환담신론(桓譚新論)』 29편이 있었지만 지금은 없어졌다. 현재 남아 있는 '형신(形神)' 편은 촛불을

掾)이 돼 이런 의견들을 정리해 견풍(甄豐)에게 말했다.

"이상 여러 사람들의 의견은 반드시 한 가지 옳은 점들은 갖고 있습니다. 마땅히 잘 살피고 점검한다면 모두 예견할 수 있는 것들이니 계획을 정한 연후에 일을 행한다면 비용은 수억만 전에 지나지 않을 것이고 또한 할 일을 잃고 떠도는 백성들에게 일을 시킬 수가 있을 것입니다. 갈 곳 없는 사람들에게 일을 주려면 먹을 것과 입을 것이 필요한데 이런 의식(衣食)은 현관(縣官)에서 제공해 그 일을 시킨다면 양쪽 모두 편리해 위로는 우(禹)의 공업을 잇게 될 것이고 아래로는 백성들의 고통을 없앨 수 있을 것입니다."

왕망 때는 다만 공리공담을 숭상해 결국 실시된 것은 아무것도 없었다.

찬(贊)하여 말했다.

"옛사람의 말에 '우(禹)의 공업이 없었다면 나는 아마도 물고기였으리라〔○ 사고(師古)가 말했다. "『춘추좌씨전(春秋左氏傳)』에 실려 있는 주(周)나라 대부 유정공(劉定公)의 말이다. 우의 치수의 공로가 없었다면 천하 사람들은 모두 (물에 빠져) 물고기나 자라가 됐을 뿐이라는 말이다."〕'라고 했다. 중국의 하천은 100여 개를 헤아리지만 사독(四瀆-황하, 양자, 제수, 회수)만 한 것이 없고 그중에서도 황하는 으뜸[宗]이다. 공자(孔子)가 말하

형신에 비유해 정신은 형체에서 이탈해 독립적으로 존재할 수 없다는 사실과 형체가 멸하면 정신도 없어져 생장과 사망은 자연법칙임을 인식한 내용이다.

기를 '많이 듣고서 그것을 기억하는 것은 앎의 다음이다'[27]라고 했다. (수로와 운하의 일은) 나라의 이익과 손해됨에 관한 것이기 때문에 그 일을 여기서 갖추어 논했다.

---

27 『논어(論語)』「술이(述而)」편에 나오는 말을 압축해서 말한 것이다. 원래 공자의 말은 이렇다. "잘 알지 못하면서 그것을 행한 적이 있는가? 나는 그런 적이 없다. 많이 듣고서 그중에 좋은 것을 가려서 그것을 따라야 하며, 많이 보고서 기억하는 것은 아는 것의 다음이다." 많이 듣는 것이 그만큼 중요하다는 말이다.

권
◆
30

예문지
藝文志

옛날에 중니(仲尼-공자)가 몰(沒)하자 미묘하면서도 함축적인 말들[微言]이 끊어져 70제자[1]가 세상을 떠난 뒤에는 큰 뜻[大義]이 어그러졌다. 그래서 『춘추(春秋)』는 나뉘어져 다섯이 됐고〔○ 위소(韋昭)가 말했다. "좌씨(左氏), 공양(公羊), 곡량(穀梁), 추씨(鄒氏), 협씨(夾氏)의 다섯 유파를 가리킨다."〕,[2] 『시경(詩經)』은 나뉘어져 넷이 됐으며〔○ 위소(韋昭)가 말했다. "모씨(毛氏)를 비롯해 제(齊), 노(魯), 한(韓)을 말한다."〕,[3] 『주역(周易)』은 나뉘어져 여러 유파[家]의 전(傳)[4]이 생겨났다.

---

1 흔히 말하는 72제자를 가리킨다.

2 추씨와 협씨는 전하지 않는다.

3 제는 제나라의 한고생(韓固生)을 가리키고 노는 노나라의 신배공(申培公)을 가리키며 한은 연나라의 한영(韓嬰)을 가리킨다.

4 경(經)보다 지위가 낮은 해설서를 말한다. 예를 들면 『춘추(春秋)』가 경(經)이면 『춘추좌씨전

한(漢)나라가 일어나 진(秦)나라의 실패를 고쳐 대대적으로 서적들[篇籍]을 거둬들여 책을 바치는 길[獻書之路]을 크게 열어놓았다. 효무(孝武-무제)의 시대에 이르러 책들이 없어지고 누락돼[簡脫] 예(禮)는 허물어지고 악(樂)은 엉망이 됐다. 그래서 성상(聖上-무제)은 탄식하며 말하기를 "짐은 참으로 가슴 아프게 여기노라!"라고 했다. 이에 책을 보관하는 대책을 세우고〔○ 여순(如淳)이 말했다. "유흠(劉歆)의『칠략(七略)』에 이르기를 '밖으로는 태상(太常)·태사(太史)·박사(博士)의 장(藏)이 있었고, 안으로는 연각(延閣)·광내(廣內)·비실(秘室)의 부(府)가 있었다'라고 했다."〕책을 베끼는 사서(寫書)의 관직을 두어 아래로 여러 사상가[諸子]들의 각종 전(傳)과 설(說)에 이르기까지 온갖 책들을 궁중 도서관[秘府]에 채워 넣었다.

성제(成帝) 때에 이르러 책들이 자못 흩어지고 없어졌기 때문에 알자(謁者) 진농(陳農)을 시켜 천하에 남아 있는 책들을 구해오도록 했다. 조(詔)하여 광록대부 유향(劉向)에게 경전(經傳)과 제자(諸子)의 시부(詩賦)를 교정하게 했고, 보병교위 임굉(任宏)에게 병서(兵書)를 교정하게 했으며, 태사령 윤함(尹咸)에게 점복(占卜)의 책[數術]을 교정하게 했고, 시의(侍醫) 이주국(李柱國)에게 의약의 책[方技]을 교정하게 했다. 하나의 책이 끝날 때마다 향(向)은 곧바로 그 편목(篇目)을 정리하고 그 취지를 뽑아 기록해 상에게 아뢨다.

마침 향이 졸(卒)하자 애제는 다시 향의 아들인 시중봉거도위 흠(歆)에

(春秋左氏傳)』은 전(傳)이다.『주역(周易)』의 전으로는 시수(施讐)의 전, 맹희(孟喜)의 전, 양구하(梁丘賀)의 전, 경방(京房)의 전, 비직(費直)의 전, 고상(高相)의 전 등이 있었다.

게 아버지의 사업을 마치도록[卒=終] 했다. 흠은 이에 온갖 책들을 다 모아 그것을 『칠략(七略)』[5]으로 만들었는데, 그리하여 집략(輯略)이 있고, 육예략(六藝略-육경)이 있고, 제자략(諸子略)이 있고, 시부략(詩賦略)이 있고, 병서략(兵書略)이 있고, 술수략(術數略)이 있고, 방기략(方技略)이 있게 됐다. 이제 그 요점만 추려내어 그것으로 책들을 갖추었다.[6]

『역경(易經)』 12편〔○ 사고(師古)가 말했다. "상경(上經), 하경(下經)과 10익(翼)을 합쳐 12편이다."〕. 시(施)·맹(孟)·양구(梁丘) 3가(家).[7]

『역전주씨(易傳周氏)』 2편, 자(字)는 왕손(王孫)이다.[8]

『복씨(服氏)』 2편〔○ 사고(師古)가 말했다. "유향(劉向)의 별록(別錄)에 이르기를 복씨는 제(齊)나라 사람이며 호(號)는 복광(服光)이라고 했다."〕.

『양씨(楊氏)』 2편, 이름은 하(何)이며 자(字)는 숙원(叔元)이고 치천(菑川) 사람이다.

『채씨(蔡氏)』 2편, 위(衛)나라 사람이며 주왕손에게 역을 배웠다.

---

5 이것은 기원전 81년의 염철(鹽鐵) 논쟁, 기원전 53년부터 3년간의 석거각(石渠閣) 회의 등 대규모 학술회의 결과를 담은 성과였다. 오늘날 제자백가 저술의 초기 모습을 밝히는 데 가장 널리 인용되는 후한 반고(班固)의 『한서(漢書)』 「예문지(藝文志)」 또한 이 책에 바탕을 두고 있다.

6 이하에서는 칠략에 따라 각종 서적들을 정리하고 있다.

7 이하 「예문지(藝文志)」에 소개된 책들은 거의 대부분 전하지 않거나 일부 부분적으로만 남아 있다. 별도의 표시가 없는 것은 전하지 않는 것들이고 온전히 전하거나 일부라도 전하는 것만 별도로 표시했다. 전하는 것의 여부는 일본어판을 따랐다.

8 이하 『정씨(丁氏)』 8편까지는 모두 역전이다.

『한씨(韓氏)』 2편, 이름은 영(嬰)이다.

『왕씨(王氏)』 2편, 이름은 동(同)이다.

『정씨(丁氏)』 8편, 이름은 관(寬)이며 자(字)는 자양(子襄)이고 양(梁) 사람이다.

『고오자(古五子)』 18편, 갑자(甲子)에서 임자(壬子)에 이르기까지 역(易)의 음양을 풀이하고 있다.[9]

『회남도훈(淮南導訓)』 2편, 회남왕 안(安-유안)이 역에 밝은 사람 9명을 초빙했기에 구사설(九師說)이라고 했다.

『고잡(古雜)』 80편, 『잡재이(雜災異)』 35편, 『신수(神輸)』 5편, 그림 1개〔○ 사고(師古)가 말했다. "유향(劉向)의 별록(別錄)에 이르기를 신수란 임금다운 도리를 잃게 되면 재해가 생겨나고 임금다운 도리를 얻게 되면 (신령이) 사해에 상서로움(을 보내주어[輸] 그것)이 있게 된다는 뜻이라고 했다."〕.

『맹씨경방(孟氏京房)』 11편, 『재이맹씨경방(災異孟氏京房)』 66편, 『오록충종약설(五鹿充宗略說)』 3편, 『경씨단가(京氏段嘉)』 12편.[10]

『장구시(章句施)』, 『(장구)맹(盟-맹희)』, 『(장구)양구씨(梁丘氏)』 각 2편.[11]

---

9 오자란 갑자(甲子)·병자(丙子)·무자(戊子)·경자(庚子)·임자(壬子)를 가리킨다.

10 맹씨는 맹희(孟喜)인데 동해(東海) 사람으로 박사이며 경방(京房)이 그에게 역(易)을 전수받았다. 『유림전(儒林傳)』과 유향(劉向)의 『별록(別錄)』에 나온다. 오록충종은 석현(石顯)과 가까웠다. 단가(段嘉)는 경방에게 역을 배웠는데 『유림전』에서는 단가를 은가(殷嘉)라고 기록했는데 은(殷)은 단(段)의 착오로 보인다.

11 장구시란 시수(施讐)의 장구를 말하고 뒤의 두 개는 각각 맹희와 양구씨의 장구다. 장구란 경전의 장과 절을 바로잡고 뜻을 풀이한 것이다.

역(易)은 모두 13가(家)이며 294편이다.[12]

『주역(周易)』에 이르기를 "복희씨(宓戲氏)가 (천하의 왕 노릇을 할 때) 굽어보아 땅의 법을 살필 때 새와 짐승의 모습[文]과 땅의 마땅함을 관찰하며 가까이는 자기 몸에서 취하고 멀리는 외부의 사물에서 취해 이에 비로소 팔괘(八卦)를 만들어 신명의 다움과 통함으로써 만물의 실상을 나누고 분류했다〔○ 사고(師古)가 말했다. "계사전(繫辭傳)」하(下)에 나오는 말이다."〕"고 했다. 은나라에서 주나라로 바뀌는 때에 이르러 주(紂)가 주상의 자리에 있으면서 하늘을 거슬러 만사를 사납게 하자[暴物] 문왕(文王)은 제후이면서 하늘의 명에 고분고분해 도리를 행하니 하늘과 사람의 점을 얻어 효(效)로 만들어 (주공(周公)이) 이에 6효를 거듭해 상·하 두 편으로 나누었다. 공씨(孔氏-공자)는 역(易)을 위해 「단(彖-판단)」, 「상(象)」, 「계사(繫辭)」, 「문언(文言)」, 「서괘(序卦)」 등 10편을 지었다. 그래서 "역(易)의 도리는 심오하고, 사람의 언어로 말하자면 세 사람의 빼어난 이-복희, 문왕, 공자-의 손을 거쳐, 세상의 언어로 말하자면 세 고대[三古]-상고(上古), 중고(中古), 하고(下古)-를 거쳤다"고 말하는 것이다. 진(秦)나라가 책들을 태워버릴 때 역(易)은 점서의 일이라 해 전하는 것이 끊어지지 않았다. 한(漢)나라가 일어나자 전하(田何)가 그것을 전했고 선제(宣帝)와 원제(元帝) 시대에 이르러 시(施), 맹(孟), 양구(梁丘), 경씨(京氏)가 학관에 나란히 있

---

12 그림은 여기에 포함되지 않았다. 이하에서는 가와 편의 총합이 종종 일치하지 않는 경우들이 있다.

었고 민간에는 비(費)와 고(高) 두 가(家)의 학설이 있었다. 유향(劉向)은 천자의 비밀 서적 중에 있는 『고문역경(古文易經)』을 가지고 시(施), 맹(孟), 양구(梁丘)의 경문을 교정했고 혹은 그 빠진 부분을 보충했지만 '무구(無咎)'와 '회망(悔亡)'이 빠져나갔다. 다만, 비씨(費氏)의 경은 고문(古文)과 같았다.

『상서고문경(尙書古文經)』 46권, 57편으로 돼 있다〔○ 사고(師古)가 말했다. "공안국(孔安國)의 책 서문에 이르기를 '모두 59편, 46권이었다. 조서를 이어받아 전을 만들었는데 이때 편수를 58편으로 정했다'고 했다. 정현(鄭玄)의 서찬(敍贊)에 이르기를 '그후에 또 1편이 없어졌다'라고 했다. 그래서 57편이 된 것이다."〕.[13]

『경(經)』 29권〔○ 사고(師古)가 말했다. "복생(伏生)이 전수해준 것이다."〕.

『대하후(大夏侯)』, 『소하후(小夏侯)』 2가(家).[14]

『구양경(歐陽經)』 32권.

『전(傳)』 41편.

『구양장구(歐陽章句)』 31권.

『대하후장구(大夏侯章句)』, 『소하후장구(小夏侯章句)』 각 29권.

『대하후해고(大夏侯解故)』, 『소하후해고(小夏侯解故)』 각 29편.

『구양설의(歐陽說義)』 2편.

---

13 일부가 전한다.

14 대하후는 하후승(夏侯勝), 소하후는 하후건(夏侯建)이다.

『유향오행전기(劉向五行傳記)』 11권.[15]

『허상오행전기(許商五行傳記)』 1편.[16]

『주서(周書)』 71편, 주나라의 역사 기록이다〔○ 사고(師古)가 말했다. "유향(劉向)이 이르기를 '『주서』는 주나라 때의 고(誥)·서(誓)·호(號)·령(令)이다. 대개 공자가 논한 100여 편에 속하지 않는 것이다'라고 했다. 지금 남아 있는 것은 45편이다."〕.[17]

『의주(議奏)』 42편, 선제(宣帝) 때 석거각(石渠閣)에서 논한 것들이다.

모두 서(書) 9가(家)이며 412편이다. 유향(劉向)의 「계의(稽疑)」 1편을 집어넣었다〔○ 사고(師古)가 말했다. "여기서 집어넣었다고 하는 것은 유향의 『칠략(七略)』에는 포함돼 있지 않기 때문에 반씨(班氏-반고)가 새롭게 포함시킨 것이다."〕.

『주역(周易)』에 이르기를 "하수(河水-황하)에서 그림이 나왔고 낙수(雒水)에서 글[書]이 나왔으니 빼어난 이는 그것을 모범으로 삼는다〔○ 사고(師古)가 말했다. "「계사전(繫辭傳)」 상(上)에 나오는 말이다."〕"고 했다. 따라서 서(書)의 기원은 아주 오래됐고 공자가 그것을 편집함[纂=撰]에 있어 위로는 요(堯)임금에서 비롯해 아래로는 진(秦)나라에 이르기까지 모두 100편에 이르며 그 서문을 지어 『서경(書經)』을 지은[作][18] 뜻을 말했다.

---

15 『한서(漢書)』 「오행지(五行志)」는 이것을 바탕으로 저술된 것이다.

16 허상은 하후승의 제자인 주감(周堪)에게 『상서(尙書)』를 배웠다.

17 일부가 전한다.

18 공자의 술이부작(述而不作)의 엄밀한 정신에 따르면 지은 것이라기보다는 찬술(撰述)한 것이

진나라가 『서경(書經)』을 불태우고 그것을 배우는 것을 금지하니 제남(濟南)의 복생(伏生)[19]은 홀로 그것을 벽 속에 숨겨두었다. 한(漢)나라가 일어났을 때는 그것이 망실됐는데 널리 구해 29편을 얻었고 이것을 갖고서 제(齊)와 노(魯)나라 사이에서 가르쳤다. 효선(孝宣)의 시대에 이르러 구양씨(歐陽氏)와 대소(大小) 하후씨(夏侯氏)가 있어 학관(學官)에 세워졌다.

『고문상서(古文尙書)』라는 것은 공자의 옛집 벽 안에서 나왔다〔○ 사고(師古)가 말했다. "『공자가어(孔子家語)』에 이르기를 공등(孔騰)-자(字)는 자양(子襄)-이 진나라의 법이 준엄하고 가혹한 것을 두려워해 『상서(尙書)』, 『효경(孝經)』, 『논어(論語)』를 공자의 옛집 벽 안에 숨겼다고 했다. 그런데 『한기(漢記)』「윤민전(尹敏傳)」에 이르기를 공부(孔鮒)가 숨겨놓았다고 했다. 두 설이 같지 않은데 어느 쪽이 옳은지 알 수가 없다."〕. 무제(武帝) 말기에 노(魯-노국)의 공왕(共王)이 공자의 집을 허물고 거기에 궁궐을 넓히려고 하다가 『고문상서(古文尙書)』와 『예기(禮記)』, 『논어(論語)』, 『효경(孝

다. 오늘날의 의미로는 편집에 가깝다.

19 진(秦)나라 조정에서 박사를 지냈다. 문제 때에 『상서(尙書)』에 정통한 자를 찾고자 했으나 천하에서 아무도 나타나지 않았다. 뒤에 복생이 『상서』를 연구한다는 소문을 듣고 그를 불러서 등용하고자 했다. 그러나 이때 복생의 나이가 90여 세에 달할 정도로 늙어서 걸어 다닐 수가 없을 지경이었다. 이에 문제는 태상에게 명해 장고(掌故)인 조조(晁錯)를 복생이 있는 곳으로 파견해 『상서』를 전수받도록 했다. 진나라의 분서갱유 때에 복생은 벽 속에 『상서』를 감추었다. 그 후 전란이 크게 일어나자 복생은 정처없이 떠돌아다니다가 한나라가 천하를 평정하자 고향으로 돌아와 감추었던 『상서』를 찾았으나 이미 몇십 편이 유실되고 단지 29편만을 찾아냈다. 이에 그는 제와 노나라 일대에서 남은 『상서』로 학생들을 가르쳤다. 학자들은 이로 말미암아 『상서』를 강론할 수 있었고, 산동(山東)의 저명한 학자들은 『상서』를 섭렵하지 않고 학생들을 가르치는 사람이 없었다.

經)』 등 모두 수십 편을 얻었는데 모두 고자(古字)로 돼 있었다. 공왕이 가서 그 집에 들어갔는데 북, 거문고와 비판, 종과 경쇠 등의 음악이 들려오니 이에 두려운 마음에 마침내 공사를 중단시켜 허물지 못하게 했다. 공안국(孔安國)이란 사람은 공자의 후손으로 벽 안에서 나온 것들을 모두 얻으니 29편으로 생각했던 것이 16편을 더 구하게 됐다. 안국(安國)이 그것을 바쳤는데 마침 무고(巫蠱)의 사건을 만나는 바람에 학관의 대열에 오르지는 못했다.

유향(劉向)은 궁중에서 쓰는 고문(古文)으로 구양(歐陽), 대소(大小) 하후(夏侯) 3가(家)의 경문(經文)을 교정했는데[20] 「주고(酒誥)」 편에는 탈간(脫簡)[21]이 1매, 「소고(召誥)」 편에는 탈간이 2매였다. 죽간 하나에 25자(字)인 것은 탈자(脫字) 역시 25자이고 죽간 하나에 22자인 것은 탈자 역시 22자로 글자가 서로 다른 것이 700여 개였고 탈자는 수십 개였다.

서(書)라는 것은 옛날의 호령(號令)으로 많은 사람들에게 호령하는 것이니 그 말이 제대로 확립돼 갖춰져 있지 않으면 그것을 듣고 받아서 행동으로 옮기는 자가 분명하게 깨달을 수가 없다. 고문을 읽는 법은 (한나라의) 『이아(爾雅)』[22]와 일치하기 때문에 옛날의 글과 지금의 글을 풀이하면 그 뜻을 알 수 있다.

---

20 궁중에서 쓰는 고문이란 궁궐 서고에 있는 『고문상서(古文尙書)』를 가리킨다.

21 죽간이 빠져 경문이 없는 경우를 말한다.

22 중국에서 가장 오래된 유의어 사전이자 언어 해석 사전이다. 유교에서는 주공(周公) 제작설이 있지만 춘추전국시대 이후에 행해진 고전의 의미 해석을 한(漢)나라 초기의 학자가 정리 보충한 것이라고 생각된다. 여기서는 정언(正言), 즉 바른 말에 가깝다.

『시경(詩經)』 28권, 노(魯)·제(齊)·한(韓) 3가(家)〔○ 응소(應劭)가 말했다. "신공(申公)이 노시를 지었고 후창(后倉)이 제시를 지었으며 한영(韓嬰)이 한시를 지었다."〕.[23]

『노고(魯故)』 25권〔○ 사고(師古)가 말했다. "고(故)란 그 뜻을 통하게 한다는 말이다. 다른 경우에도 다 이와 같다."〕.[24]

『노설(魯說)』 28권.[25]

『제후씨고(齊侯氏故)』 20권.

『제손씨고(齊孫氏故)』 27권.

『제후씨전(齊侯氏傳)』 39권.

『제손씨전(齊孫氏傳)』 28권.

『제잡기(齊雜記)』 18권.

『한고(韓故)』 36권.

『한내전(韓內傳)』 4권.

『한외전(韓外傳)』 6권.[26]

『한설(韓說)』 41권.

---

23 이는 금문경(今文經)이라 하고 지금 전해지는 것은 뒤에 언급되는 모시(毛詩)로 고문경(古文經)이라고도 한다. 3가의 시경은 전하지 않는다. 노와 제는 전해진 지방의 이름이고 한은 이를 전한 사람의 성(姓)을 딴 것이다.

24 고(故)는 자훈(字訓)을 밝히고 전(傳)은 그 대의를 풀이한다.

25 노시(魯詩)를 풀이했다는 뜻이다.

26 내전과 외전 모두 한영이 지었다. 특히 외전이란 옛일과 옛말을 끌어들여 시의 가사를 입증하는 것이다. 모두 전한다.

『모시(毛詩)』 29권.[27]

『모시고훈전(毛詩故訓傳)』 30권.[28]

모두 『시경(詩經)』 6가(家)이며 416편이다.

『서경(書經)』에 이르기를 "시(詩)는 뜻[志]을 말한 것이고 노래[歌]는 말을 길게 한 것[詠]이다〔○ 사고(師古)가 말했다. "「우서(虞書)」 '순전(舜典)'에 나오는 말이다. 마음에 뭔가 하고자 하는 뜻이 있을 때 그것을 말로 드러내면[發言] 시(詩)가 된다. 영(詠)이란 길게 하다[永]는 뜻이다. 영(永)은 장(長)이니 노래란 뜻을 길게 말하는 것이다."〕"라고 했다. 그래서 슬픈 마음이나 즐거운 마음이 들면 길게 노래하는 소리를 드러낸다. 그 말을 소리 내어 읊조리는 것을 시라고 하고 그 소리를 길게 늘어뜨리는 것을 노래라고 한다. 그래서 옛날에는 시를 채집하는 관리가 있어 임금다운 임금은 그것을 통해 풍속을 살펴서 (백성들의) 얻고 잃음[得失]을 알아차려 스스로를 돌아보고 바로잡았다. 공자는 순전히 주시(周詩)를 취해 위로는 은(殷)의 시를 모으고 아래로는 노(魯)의 시를 취했는데 모두 305편이었다. 진(秦)나라(의 분서갱유(焚書坑儒))를 만나고서도 온전할 수 있었던 것은 그것을 외우고 읊조려[諷誦] 오로지 죽간이나 비단[竹帛](으로 만든 책이나 글)에만 의존하지 않았기 때문이다. 한(漢)나라가 일어나자 노(魯) 땅의 신공(申公)이 시의 훈(訓)과 고(故)를 지었고 제(齊) 땅의 원고(轅固)와 연(燕) 땅의 한생(韓生)이 둘 다 시를 위한 전(傳)을 지었다. 혹은 『춘추(春秋)』에

---

27 오늘날 전해진다.

28 모시에 대한 고(故), 훈(訓), 전(傳)이 다 포함된 것이다. 오늘날 전해진다.

서 취하고 혹은 잡설(雜說)에서 취했는데 모두 다 본래의 뜻과는 거리가 멀었다. 모두 다 본래의 뜻을 얻지는 못했지만 (그나마) 노(魯)의 것이 본래의 뜻에 가장 가까웠다. 이들 3가(家)는 모두 학관에 올랐다. 또 모공(毛公)의 학(學)이 있었는데 스스로 (공자의 제자인) 자하(子夏)에게 전수받은 것이라 했고, 하간(河間)의 헌왕(獻王)[29]이 그것을 좋아했으나 학관의 반열에 오르지는 못했다.

『예고경(禮古經)』 56권,[30] 경(經) 70편,[31] 후씨(后氏), 대씨(戴氏).[32]
『기(記)』 131편, (공자의) 70제자 등 후학이 기록한 것이다.[33]
『명당음양(明堂陰陽)』 33편, 옛날의 명당에 관한 일을 기록한 것이다.[34]

---

29 경제(景帝)의 셋째 아들로 경제 전2년(기원전 155년) 하간왕(河間王)에 봉해졌고 시호가 헌왕(獻王)이다. 후세에 하간헌왕(河間獻王)으로 불렸다. 유학(儒學)을 좋아했으며 민간에 좋은 책이 있으면 책을 헌납을 받아 필사한 뒤 원본은 보관하고 상금을 주어 돌려보냈다. 이 때문에 사방의 많은 사람들이 그에게 책을 바쳤다. 그가 구한 선진(先秦) 이전의 고서로는 『주관(周官)』과 『상서』, 『예(禮)』, 『예기』, 『맹자』, 『노자』 등이 있다. 또한 태학(太學)을 설치하고 모시(毛詩)와 『춘추좌씨전』에 박사를 두어 학생들을 가르치게 했으며 예악을 중수(重修)해 무제(武帝)에게 팔일무(八佾舞)를 바치기도 했다. 한나라 유학의 부흥에 큰 역할을 한 인물로 평가된다.

30 17권만이 오늘날까지 전하고 나머지 39권은 없어졌다. 이를 일례(逸禮)라고 한다.

31 17편의 잘못이다. 경제 때 공자의 옛집에서 얻은 것이다.

32 경 17편에 대해 후씨, 대씨라고 한 것은 후창(后倉)과 대덕(戴德) 혹은 대성(戴聖)을 말하는 것으로 17편의 금문경은 당시 후씨와 대씨의 2책이 있었다는 뜻이다. 일부가 전해진다.

33 현존하는 『예기(禮記)』 49편과 『대대례(大戴禮)』 85편(현재는 39편만이 전한다)은 「예문지(藝文志)」에 나오지 않는다. 이 두 책은 대부분 이 131편에 포함돼 있는 것으로 본다.

34 『예기(禮記)』의 「월령(月令)」 편이다. 명당은 옛날의 천자가 정사를 행하는 당이다. 일부가 전해

『왕사씨(王史氏)』 21편, (공자의) 70제자 등 후학이 기록한 것이다〔○ 사고(師古)가 말했다. "유향(劉向)의 『별록(別錄)』에 이르기를 6국(전국) 시대 사람들이라고 했다."〕.

『곡대후창(曲臺后倉)』 9편〔○ 여순(如淳)이 말했다. "곡대에서 활쏘기의 예법을 시행한 것을 후창이 기록한 것이기 때문에 곡대기(曲臺記)라고 한다." 진작(晉灼)이 말했다. "(곡대란) 천자가 활을 쏘는 궁이다. 서경(西京)에는 태학이 없어 곡대에서 활쏘기의 예법을 시행했다."〕.

『중용설(中庸說)』 2편.[35]

『명당음양설(明堂陰陽說)』 5편.

『주관경(周官經)』 6편, 왕망(王莽) 때 유흠(劉歆)이 박사를 두었다〔○ 사고(師古)가 말했다. "즉 지금의 주관례(周官禮)인데 원래 동관(冬官)이 빠져 있어 『고공기(考工記)』를 구해 그것을 보충해 넣었다."〕.[36]

『주관전(周官傳)』 4편.

『군례사마법(軍禮司馬法)』 155편.[37]

『고봉선군사(古封禪群祀)』 22편.

『봉선의대(封禪議對)』 19편, 무제(武帝) 때다.[38]

진다.

35 지금의 『예기(禮記)』 중에 「중용」 1편이 있는데 이를 풀이한 것으로 보인다.

36 오늘날 전해진다.

37 오늘날 일부만 전해진다.

38 「예관전(兒寬傳)」에 "무제 때 봉선의 일을 논의했다. 유자(儒者) 50여 명이 참여했다"는 기록이 있다.

『한봉선군사(漢封禪群祀)』 36편.

『의주(議奏)』 38편, 석거각.

모두 예(禮) 13가(家)이며 555편이다. 『사마법(司馬法)』 1가(家) 155편을 포함시켰다.

『주역(周易)』에 이르기를 "부부와 부자와 군신과 상하가 있어 예의(禮義)를 두게 된 것이다〔○ 사고(師古)가 말했다. "서괘(序卦)에 나오는 말이다."〕"라고 했고, 제왕의 바탕과 애씀[質文]에는 모자라거나 더함[損益]이 있어[39] 주(周)나라에 이르러 모든 일마다 빠짐없이 막을 것은 막고 제재를 가할 것은 제재했다. 그래서 이르기를 "예경(禮經)이 300이고 위의(威儀)가 3,000이다"라고 했다. 주나라가 쇠퇴하기에 이르러 제후들은 장차 법도를 뛰어넘으려 했고 법도가 자신들에게 해가 되는 것을 싫어해 모두 그에 관한 서적들을 없애버렸으며, 공자(孔子) 때부터 이미 그것들은 제대로 갖춰져 있지 않았다가 진(秦)나라에 이르러 크게 파괴됐다.

한(漢)나라가 일어나자 노(魯)의 고당생(高堂生)이 『사례(士禮)』 17편을 전했다. 효선(孝宣)의 세상에 이르러 후창(后倉)이 예에 가장 밝았다. 대덕(戴德), 대성(戴聖), 경보(慶普)는 모두 그의 제자로 3가(家)가 학관에 섰다. 『예고경(禮古經)』이란 책은 노(魯)의 엄중(淹中-동네 이름)과 공씨(孔氏)에게서 나왔는데 그중 17편은 지금의 17편과 문장이 비슷하고 39편이 더 많다. 그리고 『명당음양(明堂陰陽)』과 『왕사씨(王史氏)』에 보이는 것은 천자, 제후, 경, 대부의 제도가 많고 비록 다 갖출 수는 없었겠지만 오히려 후창

---

39 은나라는 질(質)을 숭상했고 주나라는 문(文)을 숭상했다.

등이 사례(士禮)를 미루어 헤아려 천자에 이르기까지 적용하는 설보다는 뛰어나다[瘉=勝].
　　　　　　　　　　　　　유　승

　『악기(樂記)』 23편.[40]
　『왕우기(王禹記)』 24편.[41]
　『아가시(雅歌詩)』 4편.
　『아금조씨(雅琴趙氏)』 7편, 이름은 정(定)이고 발해 사람이며 선제(宣帝) 때 승상 위상(魏相)이 올린 것이다.
　『아금사씨(雅琴師氏)』 8편, 이름은 중(中)이고 동해 사람이며 전하는 말에 따르면 사광(師曠)의 후손이다.
　『아금용씨(雅琴龍氏)』 99편, 이름은 덕(德)이고 양(梁) 사람이다〔○ 사고(師古)가 말했다. "유향(劉向)의 『별록(別錄)』에 이르기를 이것도 위상이 올린 것이라고 한다. 조정(趙定)과 함께 불려와 뒤에 제배돼 시랑(侍郞)이 됐다."〕.
　모두 악(樂) 6가(家)이며 165편이다. 회남(淮南)의 유향(劉向) 등의 『금송(琴頌)』 7편은 빠진다.
　『주역(周易)』에 이르기를 "선왕(先王)이 악(樂)을 짓고 다움을 높여 그것을 상제(上帝)께 성대히 바쳐 조상들께서 누리게 했다〔○ 사고(師古)가 말

40　현재 『예기(禮記)』 속에 포함돼 있는 악기는 공손니자(公孫尼子)가 편찬한 11편으로 된 것의 요점만 모아 1편으로 만든 것이다. 오늘날 일부만 전해진다.
41　성제(成帝) 때 알자(謁者)였던 왕우가 올린 책이다.

했다. "예(豫)괘(䷏)의 상(象) 풀이다.")"고 했다. 그래서 황제(黃帝)로부터 아래로 삼대(三代)에 이르기까지 악은 각각 그 이름을 갖고 있었다. 공자(孔子)가 말하기를 "위를 편안하게 하고 백성을 다스리는 데 예보다 좋은 것이 없고 기풍을 옮기고 습속을 바꾸는 데 악보다 좋은 것이 없다〔○ 사고(師古)가 말했다. "『효경(孝經)』에 실려 있는 공자의 말이다."〕"라고 했으니 예와 악 이 둘은 서로 나란히 함께 가는 것이다. 주(周)나라가 쇠퇴하자 둘 다 무너졌는데 음악은 더욱 미미해져 음률로 마디를 지었으며 게다가 정(鄭)과 위(衛)나라 음악에 의해 어지럽혀지는 바람에 아무런 남겨진 법도가 없었다.

한(漢)나라가 일어나자 제씨(制氏)[42]가 아악(雅樂)의 성률(聲律)을 잘 다뤄 대대로 악관(樂官)이 됐는데 자못 갱장(鏗鏘)[43]과 고무(鼓舞)를 잘했지만 그 뜻을 설명해줄 정도는 아니었다. 6국의 임금들 중에서는 위(魏)나라 문후(文侯)가 옛 도리를 가장 좋아했는데 효문(孝文) 때 (위나라 문후의) 악인(樂人) 두공(竇公)을 얻어 그의 장서를 바치게 했다. 그것이 『주관(周官)』 대종백대사악(大宗伯大司樂)[44]의 1장이다. 무제(武帝) 때 하간헌왕(河間獻王)이 유술(儒術)을 좋아해 모생(毛生) 등과 함께 공동으로 『주관(周官)』 및 제자(諸子)들이 말한 음악에 관한 일들을 채집해 악기(樂記)를 지었고 팔일(八佾)의 춤을 복원해 헌상했는데 제씨(制氏)의 악과 서로 크게 다르

---

42 노(魯)나라 사람이다.
43 금옥(金玉)의 쟁쟁거리는 소리를 가리킨다.
44 대사악은 춘관(春官)에 속하며 악사들의 총책임자다.

지 않았다. 그의 내사승(內史丞) 왕정(王定)은 헌왕의 아악을 전수받아 그 것을 상산(常山)의 왕우(王禹)에게 전해주었다. 우(禹)는 성제(成帝) 때의 알자(謁者)로 아악의 뜻에 관해 여러 차례 설명했고 24권의 기록을 바쳤다. 유향(劉向)은 음악과 관련된 책을 교정하면서 악기(樂記) 23편을 얻었는데 우(禹)의 그것과 같지 않았고 왕우의 (음악에 관한) 도리는 시간이 지나면서 점차 쇠미해졌다.

『춘추고경(春秋古經)』 12편,[45] 경(經) 11권.[46] 공양(公羊), 곡량(穀梁) 2가(家).[47]

『좌씨전(左氏傳)』 30권, 좌구명(左丘明)이 썼고 노(魯)나라 태사(太史)다.[48]

『공양전(公羊傳)』 11권, 공양자(公羊子)가 썼고 제(齊)나라 사람이다〔○ 사고(師古)가 말했다. "이름은 고(高)다."〕.[49]

『곡량전(穀梁傳)』 11권. 곡량자(穀梁子)가 썼고 노(魯)나라 사람이다〔○ 사고(師古)가 말했다. "이름은 희(喜)다."〕.[50]

『추씨전(鄒氏傳)』 11권.

---

45 이것이 『춘추고문경(春秋古文經)』이다. 좌씨(左氏)는 이것을 바탕으로 『좌전』을 남겼다.
46 이것은 『춘추금문경(春秋今文經)』이다. 『공양전』과 『곡량전』은 이것을 바탕으로 하고 있다. 「민공(閔公)」 편이 짧아 「장공(莊公)」 편에 포함시켰기 때문에 11권이다.
47 모두 오늘날 전해진다.
48 오늘날 전해진다.
49 오늘날 전해진다.
50 오늘날 전해진다.

『협씨전(夾氏傳)』 11권. 기록은 있는데 책은 없다.

『좌씨미(左氏微)』 2편〔○ 사고(師古)가 말했다. "미(微)란 은밀한 뜻[微指]을 풀어낸 것이다."〕.

『탁씨미(鐸氏微)』 3편, 초(楚)나라 태부(太傅) 탁초(鐸椒)가 썼다.

『장씨미(張氏微)』 10편.

『우씨미전(虞氏微傳)』 2편, 조(趙)나라 재상 우경(虞卿)이 썼다.

『공양외전(公羊外傳)』 50편.

『곡량외전(穀梁外傳)』 20편.

『공양장구(公羊章句)』 38편.

『곡량장구(穀梁章句)』 33편.

『공양잡기(公羊雜記)』 83편.

『공양안씨기(公羊顏氏記)』 11편.

『공양동중서치옥(公羊董仲舒治獄)』 16편.

『의주(議奏)』 39편, 석거각 강론.

『국어(國語)』 21편, 좌구명(左丘明)이 저술했다.[51]

『신국어(新國語)』 54편, 유향(劉向)이 『국어(國語)』를 나누었다.

『세본(世本)』 15편, 옛날의 사관이 황제(黃帝) 이래 춘추시대에 이르기까지 제후와 대부들(의 족보와 시호, 이름 등)을 기록했다.

『전국책(戰國策)』 33편, 춘추시대 이후를 기록했다.[52]

---

51 오늘날 전해진다.

52 오늘날 일부가 전해진다.

『주사(奏事)』 20편, 진(秦)나라 때 대신들이 일을 아뢴 것[奏事]과 명산에 돌을 깎아 새긴 글들이다.

『초한춘추(楚漢春秋)』 9편, 육가(陸賈)가 기록한 것이다.[53]

『태사공(太史公)』 130편, 10편은 기록만 있고 책은 없다.[54]

『풍상소속태사공(馮商所續太史公)』 7편.[55]

『태고이래년기(太古以來年紀)』 2편.

『한저기(漢著記)』 190권.[56]

『한대년기(漢大年記)』 5편.

모두 춘추(春秋-역사) 23가(家)이며 948편이다. 『태사공(太史公)』 4편을 줄인 것이다.

옛날의 임금다운 임금들에게는 대대로 사관(史官)이 있어 임금의 거동을 기록했는데 이는 언행을 신중하게 하고 법도를 훤히 밝히려 함이었다. 좌사(左史)는 (임금의) 말을 기록하고 우사(右史)는 일을 기록했으니 일은 『춘추(春秋)』가 되고 말은 『상서(尙書)』[57]가 됐기 때문에 제왕은 도리를 똑

---

53 한 고조 유방이 초나라 항우와 싸워 마침내 천하를 통일하고 한나라를 세운 일로부터 시작해 혜제와 문제까지를 기록한 것이라 하는데 전하지 않는다.

54 사마천의 『사기(史記)』다. 10편은 목록으로는 있는데 사마천이 저술을 마치지 못한 것이다.

55 풍상은 역을 배웠고 오록충종(五鹿充宗)을 섬기다가 뒤에 유향(劉向)을 섬겼는데 문장에 능했다. 사마천이 마치지 못한 부분을 이어 쓰려고 했는데 마치기 전에 죽었다. 이 책 또한 전하지 않는다.

56 여사(女史)가 임금의 언행과 동작을 기록한 것인데 전하지 않는다.

57 『서경(書經)』이 이에 해당한다.

같이 따라 하지 않을 수 없었다. 주나라 왕실이 이미 쇠퇴하자 서책과 문헌들은 흩어지거나 없어졌고 중니(仲尼-공자)는 옛 빼어난 왕들의 업적을 존속시키고자 생각해 마침내 일컬어 말했다.

"하(夏)나라의 예를 내가 말할 수 있으나 (그 자손의 나라인) 기(杞)나라에서는 족히 그것을 실증할 수 없고, 은(殷)나라의 예를 내가 말할 수 있으나 (그 자손의 나라인) 송(宋)나라에서는 족히 그것을 실증할 수 없다. 이는 문헌이 부족하기 때문이다. 문헌이 충분하다면 나는 내가 말한 것을 실증해 보일 수 있을 것이다〔○ 사고(師古)가 말했다. "『논어(論語)』(「팔일(八佾)」편)에 실려 있는 공자의 말이다."〕."

노(魯)나라는 주공(周公)의 나라이기 때문에 예제와 문물[禮文]이 잘 갖춰져 있었고 사관에게는 법도가 있었다. 그래서 좌구명(左丘明)이 그 역사 기록을 살펴보아 실제 행해진 일에 근거하고 사람의 도리[人道]에 입각해[仍=因] 흥륭에 의해 그 공로를 세워주고 패망에 의해 그 죄를 드러냈으며 일월(日月)을 빌려 역수(歷數)를 정하고 조빙(朝聘)을 빌려 예악(禮樂)을 바로잡았다. 기리거나 꺼리거나 깎아내리거나 물리칠 일이 있어도 그것을 글로 써서 드러내지는 않았고 입으로 제자에게 전했는데 제자들은 스승 앞에서 물러 나와서는 다른 말을 했다〔○ 사고(師古)가 말했다. "제자들마다 각자 자신의 소견을 고집해 각각 의견이 같지 않았던 것을 가리킨다."〕. 구명(丘明)은 제자들이 각자 자신의 뜻을 고집해 스승의 본래 뜻을 잃게 될 것을 걱정해 그 본래의 사실[本事]을 논해 전(傳)을 지음으로써 부자(夫子-공자)가 텅빈 말로 경(經)을 설명할 수 없었던 바를 밝혔다. 『춘추(春秋)』가 깎아내리거나 비판한[貶損] 대인(大人)들은 각 시대마다의 임금과 신하들로 권위와 세력이 있었지만 그 일의 실상[事實]을 모두 전(傳)에 나타냈다. 이 때문에 그 책을 숨겨 널리 펴내지 않았던 것은 시대의 어려움을 피하기 위함이었다.[58] 후세에 이르러 공자가 제자들에게 입으로 전해준 것들이 유행하게 되자 공양(公羊), 곡량(穀梁), 추(鄒), 협(夾)의 전(傳)이 있게 됐다. 이들 4가(家) 중에서 공양과 곡량은 학관에 세워졌고 추씨는 스승이 없었으며 협씨는 그 책이 일찍 망실돼버렸다.

『논어고(論語古)』 21편, 공자의 옛집의 벽 안에서 나왔는데 자장(子張)편(篇)이 2개다.[59]

『제(齊)』 22편, 문왕(問王), 지도(知道)의 두 편이 더 많다.

『노(魯)』 20편.[60]

전(傳) 19편〔○ 사고(師古)가 말했다. "『논어(論語)』의 뜻을 풀이한 것이다."〕.

『제설(齊說)』 29편.

『노하후설(魯夏侯說)』 21편.[61]

『노안창후설(魯安昌侯說)』 21편〔○ 사고(師古)가 말했다. "(안창후는) 장우

---

58 그런 어려움을 피해야 후세에 제대로 전할 수 있기 때문이다.
59 「요왈(堯曰)」 편의 자장(子張)이 묻는 "어떻게 하면 정사를 따라 행하는 것이 가능합니까[何如可以從政]" 이하를 따라 1편으로 하고 이것도 '자장' 편이라고 이름 붙였기 때문에 '자장' 편이 2개라고 한 것이다. 여순(如淳)은 이 마지막 편을 '종정(從政)' 편이라고 이름 붙이기도 했다.
60 현재 전해지는 『논어(論語)』의 바탕이 되는 책이다.
61 하후승(夏侯勝)이 황제의 명으로 지은 것인데 전하지 않는다.

(張禹)다."〕.

『노왕준설(魯王駿說)』 20편〔○ 사고(師古)가 말했다. "(왕준은) 왕길(王吉)의 아들이다."〕.

『연전설(燕傳說)』 3권.[62]

『의주(議奏)』 18편, 석거각 강론.

『공자가어(孔子家語)』 27권〔○ 사고(師古)가 말했다. "지금 전하는 가어는 아니다."〕.

『공자삼조(孔子三朝)』 7편〔○ 사고(師古)가 말했다. "지금의 대대례(大戴禮)에 그 1편이 있는데 대개 공자가 노나라 애공(哀公)을 만나 대화를 나눈 것이다. 세 번 조현했다고 해서 삼조(三朝)라고 한다."〕.[63]

『공자도인도법(孔子徒人圖法)』 2권.[64]

모두 논어(論語) 12가(家)이며 229편이다.

논어(論語)란 공자(孔子)가 제자들 및 그 당시 사람들과 응답하고 또 제자들이 서로 말하고 스승에게서 직접 들은[接聞] 말들이다. 그 당시 제자들이 각각 기록한 바가 있었다. 스승이 이미 졸(卒)하자 문인(門人)들이 서로 더불어 모아서 논해 편찬했기[論篹=論撰] 때문에 '논어(論語)'라고 불렀다.

한(漢)나라가 일어나자 제(齊)와 노(魯)의 설(說)이 있었다. 『제론(齊論)』

---

62 연나라 사람이 전한 해설서인 듯한데 자세한 정보는 없다.

63 오늘날 전해진다.

64 공자의 제자들의 초상화로 여겨지는데 전하지 않는다.

을 전한 사람은 창읍(昌邑)의 중위(中尉) 왕길(王吉), 소부(少府) 송기(宋畸), 어사대부 공우(貢禹), 상서령 오록충종(五鹿充宗), 교동(膠東)의 용생(庸生) 등인데 오직 왕양(王陽)만이 명가(名家)였다. 『노논어(魯論語)』를 전한 사람은 상산(常山)의 도위(都尉) 공분(龔奮), 장신소부(長信少府) 하후승(夏侯勝), 승상 위현(韋賢), 노(魯)의 부경(扶卿), 전장군(前將軍) 소망지(蕭望之), 안창후(安昌侯) 장우(張禹) 등인데 모두 명가(名家)였다. 장씨가 가장 늦었으나 그의 책이 세상에 널리 유행했다.

『효경고공씨(孝經古孔氏)』 1편. 22장.[65]

『효경(孝經)』 18장. 장손씨(長孫氏), 강씨(江氏), 후씨(后氏), 익씨(翼氏) 4가(家).[66]

『장손씨설(長孫氏說)』 2편.

『강씨설(江氏說)』 1편.

『익씨설(翼氏說)』 1편.

『후씨설(后氏說)』 1편.

『잡전(雜傳)』 4편.[67]

『안창후설(安昌侯說)』 1편.[68]

---

65 『금문효경(今文孝經)』보다 4장이 많다.

66 이것이 지금 전해지는 『금문효경(今文孝經)』이다.

67 유흠(劉歆)이 여러 가의 설을 모아 이런 제목을 붙였다. 전하지 않는다.

68 장우(張禹)의 풀이인데 전하지 않는다.

『오경잡의(五經雜議)』 18편, 석거각 강론.[69]

『이아(爾雅)』 3권 20편.[70]

『소이아(小爾雅)』 1편.[71]

『고금자(古今字)』 1권.[72]

『제자직(弟子職)』 1편〔○ 응소(應劭)가 말했다. "관중(管仲)이 지은 것으로 『관자(管子)』에 들어 있다."〕.[73]

『설(說)』 3편.[74]

모두 효경(孝經) 11가(家)이며 59편이다.

효경(孝經)이란 공자가 증자(曾子)를 위해 효의 도리를 진술한 것이다. 무릇 효는 하늘의 원칙[經]이요, 땅의 마땅함[義]이며, 사람들이 행해야 하는 것[行]이다. 그중 큰 것을 들어 말했기 때문에 효경(孝經)이라고 한 것이다.

한(漢)나라가 일어나자 장손씨(長孫氏), 박사 강옹(江翁), 소부 후창(后倉), 간대부 익봉(翼奉), 안창후 장우(張禹)가 이를 전했는데 그들은 각자

---

69 석거각 회의에서 오경에 관해 잡다하게 토의한 것인데 그것을 효경류에 포함시켰다.

70 오늘날 전해진다. 이(爾)는 가깝다[近=邇], 아(雅)는 바르다[正]는 뜻이다. 이아란 도읍에서 사용하는 일종의 표준어를 가리킨다.

71 오늘날 전해진다.

72 고자(古字-주나라 때 문자인 전서(篆書))와 금자(今字-한나라 때 문자인 예서(隸書))를 대조한 책인데 전하지 않는다.

73 오늘날 전해진다.

74 『제자직(弟子職)』의 해설서인데 전하지 않는다.

명가(名家)였다. 경문은 다 똑같고 오직 공자의 옛집 벽 안에서 나온 고문(古文)만 다르다. "부모생지 속막대언(父母生之 續莫大焉)", "고친생지슬하(故親生之膝下)"라는 구절에 대해서는 여러 가(家)들 사이에 정설이 없고 고문(古文) 효경(孝經)과는 글자나 읽는 법이 다 다르다[○ 사고(師古)가 말했다. "『환담신론(桓譚新論)』에 따르면 고효경(古孝經)은 1,872자인데 지금의 효경(孝經)과 다른 것은 400여 자라고 했다."].

『사주(史籒)』 15편, 주(周)나라 선왕(宣王)의 태사(太史)가 (고문자를 변형시킨) 『대전(大篆)』 15편을 지었다. 건무(建武) 때 6편이 없어졌다.[75]

『팔체육기(八體六技)』[○ 위소(韋昭)가 말했다. "팔체란 첫째는 대전(大篆), 둘째는 소전(小篆), 셋째는 각부(刻符), 넷째는 충서(蟲書), 다섯째는 모인(摹印), 여섯째는 서서(署書), 일곱째는 수서(殳書), 여덟째는 예서(隸書)다."].[76]

『창힐(蒼頡)』 1편, 상(上) 7장은 진(秦)나라 승상 이사(李斯)가 지었다. 『원력(爰歷)』 6장은 거부령(車府令-중거부령) 조고(趙高)가 지었다. 『박학(博學)』 7장은 태사령 호모경(胡母敬)이 지었다.

『범장(凡將)』 1편, 사마상여(司馬相如)가 지었다.

---

75 주(籒)를 사람의 이름으로 보기도 한다.
76 육기란 왕망(王莽)이 진(秦)나라의 서체인 8체를 고쳐서 고문(古文), 기자(奇字), 전서(篆書), 좌서(佐書-혹은 예서), 무전(繆篆), 조충서(鳥蟲書)의 여섯 가지 서체를 말한다. 예서는 당시 주로 쓰이던 고문이나 전저를 돕는 글씨라고 해서 좌서라고 불렀다.

『급취(急就)』 1편, 원제(元帝) 때 황문령(黃門令) 사유(史游)가 지었다.[77]

『원상(元尙)』 1편, 성제(成帝) 때 장작대장(將作大匠) 이장(李長)이 지었다.

『훈찬(訓纂)』 1편, 양웅(揚雄)이 지었다.

『별자(別字)』 13편.[78]

『창힐전(蒼頡傳)』 1편.

『양웅창힐훈찬(揚雄蒼頡訓纂)』 1편.[79]

『두림창힐훈찬(杜林蒼頡訓纂)』 1편.[80]

『두림창힐고(杜林蒼頡故)』 1편.

모두 『소학(小學)』[81] 10가(家)이며 45편이다. 양웅(揚雄)과 두림(杜林) 2가(家)의 3편[82]을 포함시켰다.

『주역(周易)』에 이르기를 "상고(上古)에는 새끼나 노끈을 묶어[結繩] 다스렸는데 후세에 뻬어난 이가 그것을 글과 문서[書契]로 바꿔 그것으로 백관을 다스리고 만민을 살폈으니 그것은 대개 쾌(夬)괘(䷪)에서 취한 것이다〔○ 사고(師古)가 말했다. "「계사전(繫辭傳)」 하(下)에 나오는 말이다."〕"라고 했다. "쾌(夬)란 왕의 조정에서 (일을 명확하게) 드러내는 것[揚]"이라고 한

---

77 오늘날 전해진다.

78 지금 전해지는 양웅(揚雄)의 『방언(方言)』이 이것이다.

79 양웅이 지었다. 이사의 「창힐」 편과 양웅의 「훈찬」 편을 합쳐 하나로 한 것인데 전하지 않는다.

80 두업(杜鄴)의 아들 두림이 지은 것이다.

81 오늘날의 『소학』이 아니라 서체에 관한 것을 가리킨다.

82 원문에는 2편으로 돼 있는데 3편의 착오라 바로잡았다.

것은 임금다운 임금의 조정에서 명확하게 끌어올려져 드러냄으로써 그 쓰임이 가장 큰 것을 말한다. 옛날에는 8세가 되면 소학(小學)에 들어갔기 때문에 주관(周官)인 보씨(保氏)[83]는 국자(國子)[84]를 기르는 일을 담당해 그들에게 육서(六書)를 가르쳤는데 이는 상형(象形), 상사(象事), 상의(象意), 상성(象聲), 전주(轉注), 가차(假借)를 가리키는데 문자를 만드는 근본이다〔○ 사고(師古)가 말했다. "상형은 사물의 형상을 본떠 만든 글자로 일(日)이나 월(月)이 그런 경우다. 상사는 곧 일의 관계를 가리키는 것[指事]지사으로 상(上), 하(下)가 그런 경우다. 상의는 곧 뜻이 합쳐진 것[會意]회의으로 무(武), 신(信)이 그런 경우다. 상성은 곧 소리를 이루는 것[形聲]형성으로 하나는 일의 관계를, 하나는 소리를 대표하는데 강(江), 하(河)가 그런 경우다. 전주는 문자 본래의 뜻을 끌어다가 발전시켜 비슷한 뜻으로 쓰는 것인데 고(考)와 노(老)가 그런 경우다. (고(考)는 원래 아버지를 뜻하는데 그중 한 부분을 고쳐 노(老)로 만든 것이다.) 가차는 본래부터 그 글자가 없어 다른 글자의 소리나 일의 관계를 빌려 그 사물의 뜻을 나타내는 것으로 영(令), 장(長)이 그런 경우다. 문자의 뜻은 모두 이 육서로 귀결되기 때문에 문자를 만드는 근본이라 한 것이다."〕.

한(漢)나라가 일어나자 소하(蕭何)는 율(律)을 처음으로 만들고 또한 그 법(法)을 저술했다.

소하가 말했다.

---

83 지관(地官)에 속하는 관직으로, 임금의 잘못을 간언하고 국자를 양성하는 일을 한다.
84 나라의 자식들, 즉 공·경·대부의 자식들을 가리킨다.

"태사(太史)는 학동을 시험해 9,000자 이상의 문자를 외우고 쓸 수 있는 자는 사(史)로 삼을 수 있고 또 육체(六體)를 시험해 성적이 아주 우수한 자는 상서, 어사, 사서(史書)의 영사(令史)로 삼는다. 관리나 백성들이 글을 올렸을 때 글자에 잘못이 있을 경우에는 곧바로 처벌한다."

육체란 고문(古文), 기자(奇字), 전서(篆書), 좌서(佐書-혹은 예서), 무전(繆篆), 충서(蟲書)를 가리키는데 모두 고금의 문자에 통해 그것을 알고 인장(印章)에 새기거나 깃발 혹은 부신(符信)에 쓰기 위한 것이었다. 옛날 제도에 글을 반드시 같은 문자로 쓰게 했고 모르는 게 있을 경우에는 그 자리는 비워두고 여러 노인들 중에 아는 이를 찾아서 묻도록 했다. 세상의 도리가 쇠퇴하자 바른 글자를 따르지 않았고 사람들은 자기 마음대로 문자를 만들어서 썼다. 그래서 공자(孔子)는 말하기를 "내 (예전에는) 오히려 사관들이 글을 빼놓고 기록하지 않는 것을 보곤 했는데 지금은 사라지고 없구나!〔○ 사고(師古)가 말했다. "『논어(論語)』(「위령공(衛靈公)」편)에 나오는 말이다. 문자에 의심스러운 바가 있으면 마땅히 그것은 제쳐놓고 풀이를 하지 않았다는 말이다. 공자 자신이 어려서 공부를 배울 때는 일찍이 이처럼 의심스러운 문자는 제쳐놓고 풀이하지 않는 것을 보았었는데 지금은 그런 것이 다 사라지고 자기 마음대로 문자를 고친다는 것이다."〕"라고 했던 것이다. 이는 대개 점점 바르지 못한 문자에 젖어들어가는 풍토를 마음 아파한 것이다.

『사주(史籀)』편이란 주(周)나라 때 사관(史官)이 배우는 아이들을 가르치던 책으로 공씨(孔氏-공자)의 옛집 벽 안에서 나온 고문(古文)(의 글자체)과는 다르다. 『창힐(蒼頡)』 7장은 진(秦)나라 승상 이사(李斯)가 지었다.

원력(爰歷) 6장은 거부령(車府令-중거부령) 조고(趙高)가 지었다. 박학(博學) 7장은 태사령 호모경(胡母敬)이 지었다. 문자는 대부분 『사주(史籒)』편에서 가져왔으나 전서(篆書)의 글자체는 다시 자못 다른데 그것은 이른바 진전(秦篆-진나라 전서체)이다. 이때 처음으로 예서(隷書)를 만들었는데 이는 관청이나 옥사의 일이 많아져서 얼마만큼 필획(筆劃)을 줄이고 쉽게 해 신분이 낮은 사람도 쓸 수 있게 하기 위함이었다.

한(漢)나라가 일어나자 시골의 글 선생이 창힐(蒼頡), 원력(爰歷), 박학(博學) 3편을 합치고 60자를 잘라내 1장(章)으로 해 모두 55장으로 했다. 이를 『창힐(蒼頡)』편이라 했다. 무제(武帝) 때 사마상여는 『범장(凡將)』편을 지었는데 여기에는 중복되는 글자가 하나도 없었다. 원제(元帝) 때 황문령 사유(史游)는 『급취(急就)』편을 지었고 성제(成帝) 때 장작대장 이장(李長)은 『원상(元尙)』편을 지었는데 모두 다 창힐(蒼頡)에 있는 정자(正字)를 사용했다. 『범장(凡將)』편에는 자못 새로운 글자들이 많았다. (평제의) 원시(元始) 연간에 이르러 천하에 문자학[小學]에 능통한 사람 100여 명을 불러들여 각자 궁궐에서 문자를 기록하게 했다. 양웅(揚雄)은 그중에서 쓸모가 있는 것들을 뽑아 『훈찬(訓纂)』편을 지어 창힐(蒼頡)의 후속 작업 역할을 했고 또 창힐(蒼頡) 안에 있는 중복된 글자들을 쉽게 바꾸어 (55장을) 89장으로 만들었다. 신(臣-반고)은 다시 양웅(揚雄)의 작업을 이어받아 13장(780자)를 더해 102장으로 했는데 중복된 글자는 하나도 없다. 이렇게 되면 육예(六藝)의 책과 그밖의 여러 책들에 있는 문자는 대략 다 갖춰진 것이다. 『창힐(蒼頡)』에는 고문자가 많아 세속의 선생들은 그것을 읽는 방법을 알지 못했기 때문에 선제(宣帝) 때 제(齊)나라 사람들 중에서 능히 바르게 읽을 수 있는 사람들을 불러들였고, 장창(張敞)은 그들로부터 전수를 받아 외손자의 아들인 두림(杜林)에게 전수해주니, 두림은 훈(訓)과 고(故)를 지었기 때문에 여기에 나란히 실었다.

모두 해서 육예(六藝)는 103가이고 3,123편이다. 3가(三家) 159편을 포함시켰고 중복된 11편은 뺐다. 육예의 애씀[文]이란 (첫째) 악(樂-음악, 악기(樂記))은 정신을 조화시키는 것이기 때문에 어짊의 드러남[仁之表]이요, (둘째) 시(詩-시경(詩經))는 말을 바르게 하는 것이기 때문에 의로움의 쓰임[義之用]이요, (셋째) 예(禮-예기(禮記))는 몸을 밝혀 그 밝힌 것을 겉으로 드러내는 것이기 때문에 별도의 뜻풀이가 필요 없는 것이요, (넷째) 서(書-서경(書經))는 듣는 바를 넓히는 것[廣聽]이기 때문에 사람과 사리를 아는 방법[知之術]이요, (다섯째) 춘추(春秋)는 일을 판단하는 것[斷事]이기 때문에 믿음의 상징[信之符]이다. 이 다섯 가지는 대개 오상(五常-인·의·예·지·신)의 도리로 서로 응해 갖춰지고 역(易-주역(周易))은 이 다섯 가지의 근원이 된다. 그래서 이르기를 "역(易)의 뜻을 볼 줄 모른다면 건곤(乾坤)은 혹 멈추거나 사라지는 것에 가깝다[幾=近][○ 사고(師古)가 말했다. "「계사전(繫辭傳)」 상(上)에 나오는 말이다."]"라고 했는데 이는 하늘과 땅과 더불어 시작과 끝[終始]이 이루어진다는 말이다. 오학(五學-악·시·예·서·춘추의 오경)에 이르러서는 시대마다 변화와 고침이 있는데 이는 마치 오행(五行)이 바뀜에 따라 일을 쓰는 것과 같다. 옛날에 (이런 도리를) 배우는 자는 농사를 짓고 동시에 가족을 부양하면서도 3년이 지나면 한 가지 예(藝)를 통달했고 그 대체(大體)를 파고들어 경전의 글을 완미(玩味)했을 뿐이다. 이 때문에 하루를 생계에 쓰는 일은 적었고 다움을 기르는 일[畜德]은 많아 30세가 되면 오경(五經)을 정립했다. 후세에 경(經)과 전(傳)에 이미 괴리가 생기고 널리 배우는 자 또한 "많이 듣고서 의심나는 것은 제쳐둔다[多聞闕疑]"[85]라는 뜻을 생각지 않고 시시콜콜한 뜻[碎義]에 힘쓰면서 어려움은 피해 쉽게 말하고 교묘한 설명을 즐겨 써서 형체를 파괴하고 다섯 자의 글을 설명하는 데 2, 3만 마디의 말을 하기에까지 이른다. 그러면 후진(後進)은 더욱 달려들어 흉내를 내고 그래서 어린아이일 때 한 가지 예(藝)를 익혀 머리가 희게 된 이후에야 겨우 말을 할 수 있었다. 그 익히는 바에 집착하고 안주하느라 보이지 않는 바를 허물어뜨려〔○ 사고(師古)가 말했다. "자기가 평소 익숙하게 알고 있는 것만 편안히 여겨 지키면서 아직 알지 못하거나 보지 못한 것은 이미 허망하다고 단정해 헐뜯고 비방한다는 말이다."〕 결국은 스스로 가려지게 된다. 이는 배우는 자의 큰 근심거리다. 육예의 순서를 정하는 데는 아홉 가지[九種]가 있다.[86]

『안자(晏子)』 8편, 이름은 영(嬰)이며 시호는 평중(平仲)으로 제(齊)나라 경공(景公)의 재상이었다. 공자(孔子)는 그에 대해 사람을 잘 사귄다고 칭

---

85 『논어(論語)』 「위정(爲政)」 편에서 제자 자장(子張)이 벼슬(혹은 출세)하는 법을 묻자 공자는 이렇게 답했다. "많이 듣고서(듣되) 의심나는 것은 제쳐놓고 그 나머지 것[其餘]들에 대해서만 신중하게 이야기한다면 허물이 적을 것이요, 많이 보고서 위태로운 것은 제쳐놓고 그 나머지를 신중하게 행한다면 후회가 적을 것이니, 말에 허물이 적으며 행실에 후회할 일이 적으면 벼슬자리는 절로 따라오게 될 것이다."

86 그동안 다룬 『주역』, 『시경』, 『서경』, 『예기』, 『악기』, 『춘추』, 『논어』, 『효경』, 『소학』을 말한다.

송했고[87] 열전(列傳)이 있다[○ 사고(師古)가 말했다. "열전이 있다라는 말은 태사공(太史公-사마천)의 열전을 가리킨다."].[88]

『자사(子思)』 23편,[89] 이름은 급(伋)이며 공자(孔子)의 손자이고 노(魯)나라 무공(繆公)의 스승이다.[90]

『증자(曾子)』 18편, 이름은 삼(參)이고 공자의 제자다.[91]

『칠조자(漆雕子)』 13편, 공자의 제자 칠조개(漆雕開)의 후손이 지었다.

『복자(宓子)』 16편, 이름은 부제(不齊)이고 자(字)는 자천(子賤)이며 공자의 제자다.[92]

『경자(景子)』 3편, 복자의 말을 풀이한 것인데 아마도 그의 제자인 듯하다.

『세자(世子)』 21편, 이름은 석(碩)이고 진(陳)나라 사람이며 (공자의) 70제자의 제자다.

『위문후(魏文侯)』 6편.[93]

『이극(李克)』 7편, 자하(子夏)의 제자로 위(魏)나라 문후(文侯)의 재상이

---

87 『논어(論語)』 「공야장(公冶長)」 편에서 이렇게 말했다. "안평중은 사람들과 잘 사귀었다. 사이가 오래돼도 삼가는 마음을 잃지 않았기 때문이다[久而敬之]."

88 오늘날 전해진다.

89 『예기(禮記)』 안에 실린 「중용(中庸)」, 「표기(表記)」, 「방기(坊記)」, 「치의(緇衣)」 4편은 23편 중에서 가려 뽑은 것이다.

90 오늘날 일부가 전해진다.

91 오늘날 일부가 전해진다.

92 『논어(論語)』 「공야장(公冶長)」 편에서 공자는 자천에 대해 이렇게 말했다. "군자구나, 이 사람이여! 노나라에 군자들이 없었다면 이 사람이 어디에서 이 군자다움을 취했겠는가?"

93 위나라 문후는 전국시대의 제후로 학문이 뛰어났으며 자하(子夏)를 따라 배웠다.

었다.

『공손니자(公孫尼子)』 28편, 70제자의 제자다.[94]

『맹자(孟子)』 11편,[95] 이름은 가(軻)이며 추(鄒)나라 사람으로 자사(子思)의 제자이며 열전이 있다.

『손경자(孫卿子)』 33편, 이름은 황(況)이고 조(趙)나라 사람으로 제(齊)나라 직하(稷下)의 제주(祭酒)가 됐으며 열전이 있다.〔○ 사고(師古)가 말했다. "본래는 순경(荀卿)인데 선제(宣帝)의 휘(諱-이름)를 피해 손(孫)이라고 한 것이다."〕.[96]

『미자(芈子)』 18편, 이름은 영(嬰)이고 제(齊)나라 사람이며 70제자의 후예다.

『내업(內業)』 15편, 책을 지은 이를 알지 못한다.

『주사육도(周史六弢)』 6편〔○ 사고(師古)가 말했다. "지금의 『육도(六韜)』다."〕, (노나라) 혜공(惠公)과 양공(襄公) 사이 혹은 (주나라) 현왕(顯王) 때라고도 하고 혹은 공자(孔子)가 물은 것이라고도 한다.

『주정(周政)』 6편, 주나라 때의 법도와 정교(政敎)다.

『주법(周法)』 9편, 하늘과 땅을 본받아 백관(百官)을 세운 것이다.

『하간주제(河間周制)』 18편, 아마도 하간헌왕(河間獻王)이 저술한 것으로

---

94 지금 전하는 『예기(禮記)』 중의 「악기(樂記)」 편을 공손니자가 지었다는 설이 있다.

95 원래 『맹자(孟子)』는 7편이며, 여기서 11편이라고 한 것은 외서(外書) 4편을 포함한 것이다. 외서 4편은 전하지 않는다.

96 오늘날 전해진다.

보인다.

『난언(讕言)』 10편, 책을 지은 이를 알지 못하는데 임금의 법도를 진술한 것이다.

『공의(功議)』 4편, 책을 지은 이를 알지 못하는데 공로와 다움[功德]의 일을 논한 것이다.

『영월(甯越)』 1편, 중모(中牟) 사람으로 주(周)나라 위왕(威王)의 스승이었다.

『왕손자(王孫子)』 1편, 일명 교심(巧心)이라고도 한다.

『공손고(公孫固)』 1편 18장, 제(齊)나라 민왕(閔王)이 나라를 잃고서 물으니 고(固)가 고금의 성공과 실패를 진술한 것이다.

『이씨춘추(李氏春秋)』 2편.

『양자(羊子)』 4편 100장, 옛 진(秦)나라 박사다.

『동자(董子)』 1편, 이름은 무심(無心)이고 묵자(墨子)를 논난(論難)했다.

『사자(俟子)』 1편.

『서자(徐子)』 42편, 송(宋)나라 외황(外黃) 사람이다.

『노중련자(魯仲連子)』 14편, 열전이 있다.

『평원군(平原君)』 7편, 주건(朱建)이다.

『우씨춘추(虞氏春秋)』 15편, 우경(虞卿)이다.

『고조전(高祖傳)』 13편, 고조가 대신들과 함께 옛날을 이야기한 것과 조책(詔策)이다.

『육가(陸賈)』 23편.[97]

『유경(劉敬)』 3편.

『효문전(孝文傳)』 21편, 문제의 말과 조책(詔策)이다.

『가산(賈山)』 8편.

『태상요후공장(太常蓼侯孔臧)』 10편, 아버지 취(聚)는 고조(高祖) 때 공신에 봉해졌고 장(臧)은 작위를 이어받았다.

『가의(賈誼)』 58편.[98]

『하간헌왕대상하삼옹궁(河間獻王對上下三雍宮)』 3편.[99]

『동중서(董仲舒)』 123편.

『예관(兒寬)』 9편.

『공손홍(公孫弘)』 10편.

『종군(終軍)』 8편.[100]

『오구수왕(吾丘壽王)』 6편.

『우구설(虞丘說)』 1편, 손경(孫卿)을 논난(論難)했다.

『장조(莊助)』 4편.

『신팽(臣彭)』 4편.

『구순용종이보창(鉤盾冗從李步昌)』 8편, 선제(宣帝) 때 여러 차례 시사

---

97 오늘날 일부가 전해진다.

98 오늘날 일부가 전해진다.

99 삼옹이란 명당(明堂), 벽옹(辟雍), 영대(靈臺)를 가리킨다.

100 종군은 제(齊)나라 사람이다.

에 관한 말을 올렸다.[101]

『유가언(儒家言)』 18편, 책을 지은 이를 알지 못한다.

『환관염철론(桓寬鹽鐵論)』 60편.[102]

『유향소서(劉向所序)』 67편, 신서(新序), 설원(說苑), 세설(世說), 열녀전(列女傳), 송도(頌圖)다.

『양웅소서(揚雄所序)』 38편, 태현(太玄) 19권, 법언(法言) 13권, 악(樂) 4권, 잠(箴) 2권.[103]

이상은 유(儒) 53가(家), 836편이다. 양웅(揚雄) 1가(家) 38편을 포함시켰다.

유가(儒家)의 부류란 대개 사도(司徒-교육 담당)의 관직에서 나온 것이기 때문에 임금을 돕고 음과 양의 도리에 고분고분해 교화를 밝히는 자들이다. 글은 육경(六經)을 중심으로 배우고 뜻은 어짊과 마땅함[仁義]의 사이에 두고서 요순(堯舜)의 뜻을 받들어 풀어내고[祖述] 문왕과 무왕[文武]을 법도로 삼으며 중니(仲尼-공자)를 으뜸의 스승[宗師]으로 받들어 그들의 말을 중하게 여기니 (사람의) 도리에 있어서는 가장 높다고 할 수 있다. 공자가 말하기를 "만일 높이는 경우가 있다면 분명 그를 따져보았을 것이다(○ 사고(師古)가 말했다. '『논어(論語)』(「위령공(衛靈公)」편)에 나오는 말이다. 다른 사람에게 칭송할 부분이 있다면 그것을 곧바로 일에 비추어 시험해보아 그 실효를 취하겠다는 말이다.')"라고 했다. 당우(唐虞-요순)의 융

---

101 구순은 관직 이름이고 용종은 구순에 속한 관직이다.

102 오늘날 전해진다.

103 오늘날 일부가 전해진다.

성함[隆], 은(殷)나라와 주(周)나라의 성대함[盛], 그리고 중니의 공업[業]은 이미 그 효험이 입증된 것이다. 그러나 (후세에 이르러) 어딘가에 미혹된 자는 이미 정밀함과 미묘함[精微]을 잃어버렸고 편벽된 자는 더욱이 때에 따라 눌렀다가 올렸다고 해 도리의 근본을 어기고 벗어나 구차스럽게 대중에게 시끄럽게 떠들어[譁=謹] 싸구려 인기를 얻는다. 후진은 이들을 따르게 되어 따라서 오경(五經)은 도리에서 멀어져 어그러지고 유학은 점점 쇠퇴했으니, 이것이 바로 편벽된 유학자[辟儒=僻儒]들이 빚어낸 근심거리다.

『이윤(伊尹)』51편, (은나라) 탕왕(湯王)의 재상이다.

『태공(太公)』237편, 여망(呂望)은 주(周)나라의 사상보(師尙父)가 됐는데 본래 도리가 있는 사람이었다. 혹 근세에 또 태공에 대해 서술하는 자에 의해 늘어난 바가 있다.[104]

모(謀) 81편, 언(言) 71편, 병(兵) 85편이다.[105]

『신갑(辛甲)』29편, 주왕(紂王)의 신하로 75차례나 간언을 하고서 물러났는데 주나라에 그를 봉해주었다.

『육자(鬻子)』22편, 이름은 웅(熊)이고 주사(周師)였으며 문왕(文王)이 그에게 질문을 던졌다. 주나라는 그를 봉해 초(楚)의 조상으로 삼았다.[106]

『관자(筦子-관중)』86편, 이름은 이오(夷吾)이고 제(齊)나라 환공(桓

---

104 오늘날 일부가 전해진다.

105 오늘날 일부가 전해진다.

106 오늘날 일부가 전해진다.

公)의 재상이며 제후들을 규합하면서 군사력[兵車]을 쓰지 않았고 열전이 있다.[107]

『노자인씨경전(老子鄰氏經傳)』 4편, 성은 이(李)이고 이름은 이(耳)이며 인씨가 그 학문을 전했다.[108]

『노자부씨경설(老子傅氏經說)』 37편, 노자의 학문을 서술했다.[109]

『노자서씨경설(老子徐氏經說)』 6편, 자(字)는 소계(少季)이고 임회(臨淮) 사람이며 노자를 전했다.[110]

『유향설노자(劉向說老子)』 4편.

『문자(文子)』 9편, 노자의 제자로 공자와 같은 시대 사람이다. 주(周)나라 평왕(平王)이 물었다고 하는데 아마도 그에게 의탁했던 자 같다.

『연자(蜎子)』 13편, 이름은 연(淵)이고 초(楚)나라 사람이며 노자의 제자다(○ 사고(師古)가 말했다. "연(蜎)은 성이다."].

『관윤자(關尹子)』 9편, 이름은 희(喜)이고 관문을 지키는 관리였으며 노자가 관문을 지나갈 때 관직을 버리고 노자를 따랐다.

『장자(莊子)』 52편, 이름은 주(周)이고 송(宋)나라 사람이다.[111]

『열자(列子)』 8편, 이름은 어구(圄寇)이고 장자보다 앞 시대 사람이며 장

---

107 오늘날 일부가 전해진다.
108 오늘날 일부가 전해진다.
109 오늘날 일부가 전해진다.
110 오늘날 일부가 전해진다.
111 오늘날 일부가 전해진다.

자가 그를 칭송했다.

『노성자(老成子)』 18편.

『장로자(長盧子)』 9편, 초(楚)나라 사람이다.

『왕적자(王狄子)』 1편.

『공자모(公子牟)』 4편, 위(魏)나라의 공자로 장자보다 앞 시대 사람이며 장자가 그를 칭송했다.

『전자(田子)』 25편, 이름은 병(騈)이고 제(齊)나라 사람이며 직하(稷下)에서 노닐었고 천구병(天口騈)이라고 불렸다.

『노래자(老萊子)』 16편, 초(楚)나라 사람이고 공자와 같은 시대 사람이다.

『검루자(黔婁子)』 4편, 제(齊)나라의 은둔자로 도리를 지키며 세상에 나오지 않았고 (주나라) 위왕(威王)은 그를 받들었다.

『궁손자(宮孫子)』 2편〔○ 사고(師古)가 말했다. "궁손은 성(姓)이고 이름은 알 수 없다."〕.

『갈관자(鶡冠子)』 1편, 초(楚)나라 사람으로 깊은 산에 살면서 갈새의 깃털로 만든 모자를 쓰고 다녔다.

『주훈(周訓)』 14편.

『황제사경(黃帝四經)』 4편.

『황제명(黃帝銘)』 6편.[112]

『황제군신(黃帝君臣)』 10편, 6국 시대(전국시대)에 만들어진 책으로 『노

---

112 오늘날 일부가 전해진다.

자(老子)』와 내용이 비슷하다.

『잡황제(雜黃帝)』 58편, 6국 시대에 현자(賢者)가 지었다.

『역목(力牧)』 22편, 6국 시대에 만들어졌으며 역목에게 의탁했던 인물이다. 역목은 황제의 재상이다.

『손자(孫子)』 16편, 6국 시대다.

『첩자(捷子)』 2편, 제(齊)나라 사람으로 무제(武帝) 때의 설이다.

『조우(曹羽)』 2편, 초(楚)나라 사람으로 무제 때 제왕(齊王)에게 설파한 내용이다.

『낭중영제(郞中嬰齊)』 12편, 무제 때다.

『신군자(臣君子)』 2편, 촉(蜀) 땅 사람이다.

『정장자(鄭長子)』 1편, 6국 때 사람이다. 한자(韓子-한비자)보다 앞 시대 사람이며 한자가 그를 칭송했다.

『초자(楚子)』 3편.

『도가언(道家言)』 2편, 근세의 작품이며 누가 지었는지는 모른다.

이상은 도(道) 37가(家), 993편이다.

도가(道家)의 부류란 대개 사관(史官)에서 나왔기 때문에 성공과 실패, 존속과 멸망, 화와 복에 관한 고금의 도리를 역사적으로 기록한[歷記] 연후에 그중에서 요체를 파악하고 근본을 붙잡아 맑음과 비움[淸虛]으로써 스스로를 지키고 마음을 낮추고 부드럽게 함[卑弱]으로써 스스로를 지탱하는 법을 안다. 이는 임금 된 자가 백성들을 다스리는[南面] 기술이다. 이는 요(堯)임금의 능히 겸양함[克讓]〔○ 사고(師古)가 말했다. "(『서경(書經)』) 「우서(虞書)」 '요전(堯典)'에서 요임금의 다움을 칭송해 '진실로 공손하고

능히 겸양했다'고 했다."), 『주역(周易)』의 겸손함[嗛嗛]과 합치돼 한 번 겸
손함으로써 네 가지 더함[四益]이 있는 것이니〔○ 사고(師古)가 말했다. "네
가지 유익함이란, 첫째 하늘의 도리는 가득 찬 것을 이지러지게 해주어 겸
손을 더해주고, 둘째 땅의 도리는 가득찬 것을 변하게 해 겸손한 곳으로
흐르게 해주며, 귀신은 가득 찬 것을 해쳐서 겸손한 것에 복을 주고, 넷째
사람의 도리는 가득 찬 것을 싫어해 겸손한 것을 좋아한다는 것이다. 이는
겸(謙)괘(䷎)의 단사(彖辭)다. 겸(嗛)은 謙(겸)과 같은 글자다."〕, 이것이 도가
의 장점이다. 그런데 여기에만 푹 빠진 방자(放者)[113]가 이를 행하게 되면
(유가의) 예학(禮學)을 끊어버리고 아울러 어짊과 의로움[仁義]도 내버리
려 하면서 말하기를 "오직 맑음과 비움[淸虛]에 내맡길 때에만 세상은 다
스려질 수 있다"라고 한다.

『송사성자위(宋司星子韋)』 3편, (송나라) 경공(景公)의 사(史-사관)다.[114]

『공도생종시(公檮生終始)』 14편, 추석(鄒奭)[115]의 『종시서(終始書)』[116]를 풀
이한 것이다.

『공손발(公孫發)』 22편, 6국 시대다.

---

113 이하에서는 각 가(家)마다 이런 명칭을 붙이고 있는데 그것은 장점보다는 단점을 말하기 위
한 것으로 지나치게 그 가(家)의 이론에만 편벽된 자를 가리킨다.

114 사성은 별과 음양을 주관하는 관직이고 자(子)는 성, 위(韋)는 이름이다.

115 일반적으로 추연(鄒衍)의 오기로 본다.

116 원문에는 시종(始終)으로 돼 있는데 잘못이다.

『추자(鄒子)』 49편, 이름은 연(衍)이고 제(齊)나라 사람이며 연(燕)나라 소왕(昭王)의 스승이 됐고 직하(稷下)에 살았으며 담천연(談天衍)으로 불렸다.

『추자종시(鄒子終始)』 56편.

『승구자(乘丘子)』 5편, 6국 시대다.

『두문공(杜文公)』 5편, 6국 시대다〔○ 사고(師古)가 말했다. "유향(劉向)이 『별록(別錄)』에 이르기를 한(韓)나라 사람이라고 했다."〕.

『황제태소(黃帝泰素)』 20편, 6국 시대 한(韓)나라의 여러 공자들(중의 한 사람)이 지었다.

『남공(南公)』 31편, 6국 시대다.

『용성자(容成子)』 14편.

『장창(張蒼)』 16편, 승상으로 북평후(北平侯)다.

『추석자(鄒奭子)』 12편, 제(齊)나라 사람이며 조용석(雕龍奭)으로 불린다.

『여구자(閭丘子)』 13편, 이름은 쾌(快)이고 남공(南公)보다 앞 시대 사람이며 남공이 그를 칭송했다.

『풍촉(馮促)』 13편, 정(鄭)나라 사람이다.

『장거자(將鉅子)』 5편, 6국 시대다. 남공(南公)보다 앞 시대 사람이며 남공이 그를 칭송했다.

『오조관제(五曹官制)』 5편, 한(漢)나라 제도에 관한 것으로 가의(賈誼)가 올린 조서와 비슷하다.

『주백(周伯)』 11편, 제(齊)나라 사람으로 6국 시대다.

『위후관(衛侯官)』 12편, 근세(近世)이며 지은이를 알 수 없다.

『우장천하충신(于長天下忠臣)』 9편, 평음(平陰) 사람이고 근세다.

『공손혼야(公孫渾邪)』 15편, 평곡후(平曲侯)다.

『잡음양(雜陰陽)』 38편, 지은이를 알 수 없다.

이상은 음양(陰陽) 21가(家)이며 369편이다.

음양가(陰陽家)의 부류란 대개 희화(羲和)의 관직에서 나왔기 때문에 삼가 저 하늘의 이치에 고분고분해 해와 달과 별들을 역상(歷象)해[117] 삼가 백성들의 (농사지어야 할) 시기를 제공해주니 이것이 음양가의 장점이다. 음양에 능한 구자(拘者)가 이를 행하게 되면 곧 금기(禁忌)에 이끌려 작은 술수에 더럽혀지며 사람의 일[人事]을 버리고 귀신에게 모든 것을 맡겨 버린다.

『이자(李子)』 32편, 이름은 회(悝)이고 위(魏)나라 문후(文侯)의 재상으로 부국강병에 힘썼다.

『상군(商君)』 29편, 이름은 앙(鞅)이고 희성(姬姓)이며 위(衛)나라 왕실의 후예다. 진(秦)나라 효공(孝公)의 재상이었고 열전이 있다.[118]

『신자(申子)』 6편, 이름은 불해(不害)이고 (하남) 경(京-경현) 사람이다. 한(韓)나라 소후(昭侯)의 재상이 됐고 생을 마칠 때까지 제후들은 한나라를 감히 침범하지 못했다.[119]

---

117 천체 운행의 도수(度數)를 관측한다는 뜻이다.

118 오늘날 일부가 전해진다.

119 오늘날 일부가 전해진다.

『처자(處子)』 9편〔○ 사고(師古)가 말했다. "『사기(史記)』에 따르면 조(趙)나라에 처자가 있었다고 한다."〕.

『신자(愼子)』 42편, 이름은 도(到)이고 신한(申韓)보다 앞 시대 사람이며 신한이 그를 칭송했다.[120]

『한자(韓子)』 55편, 이름은 비(非)이고 한(韓)나라의 여러 공자들 중 한 명이며 진(秦)나라에 사신으로 갔는데 이사(李斯)가 그를 해쳐 죽였다.[121]

『유체자(游棣子)』 1편.

『조조(鼂錯)』 31편.

『연십사(燕十事)』 10편, 지은이를 알 수 없다.

『법가언(法家言)』 2편, 지은이를 알 수 없다.

이상은 법(法) 10가(家)이며 217편이다.

법가(法家)의 부류란 대개 이관(理官-옥을 다스리는 관리)에서 나왔기 때문에 신상필벌(信賞必罰)을 통해 예제(禮制)를 보완한다. 『주역(周易)』에 이르기를 "옛날의 빼어난 임금들[先王(선왕)]은 벌을 밝히고 법을 정돈했다"[122]고 했으니 이것이 법가의 장점이다. 법조문에 밝은 각자(刻者)가 이를 행하게 되면 교화는 없어지고 어짊과 사랑[仁愛(인애)]은 버리며 모든 것을 오직 형법에만 맡겨 그것으로 다스리려 하다 보니 지친(至親)에게까지 잔혹한 형

---

120 오늘날 일부가 전해진다.

121 오늘날 일부가 전해진다.

122 서합(噬嗑)괘(䷔)의 상(象) 풀이다. 서합이란 깨물어 합친다는 것이다.

벌이 이르게 돼 은혜를 해치고 두터움과 엷음이 뒤바뀐다.[123]

『등석(鄧析)』 2편, 정(鄭)나라 사람으로 자산(子産)과 같은 시대를 살았다.

『윤문자(尹文子)』 1편, 제(齊)나라 선왕(宣王)에게 유세했다. 공손룡(公孫龍) 이전 사람이다.

『공손룡자(公孫龍子)』 14편, 조(趙)나라 사람이다.[124]

『성공생(成公生)』 5편, 황공(黃公) 등과 같은 시대 사람이다.

『혜자(惠子)』 1편, 이름은 시(施)이고 장자(莊子)와 같은 시대 사람이다.

『황공(黃公)』 4편, 이름은 자(疵)이고 진(秦)나라 박사이며 가시(歌詩)를 지었다. 진나라 때 가시 가운데에 들어 있다.

『모공(毛公)』 9편, 조(趙)나라 사람으로 공손룡과 더불어 평원군(平原君) 조승(趙勝)의 빈객이었다.

이상은 명(名) 7가(家)이며 36편이다.

명가(名家)의 부류란 대개 예관(禮官)에서 나왔다. 옛날에는 명칭과 지위[名位]가 서로 같지 않았고 예제 또한 그 종류와 등급이 달랐다. 공자(孔子)가 말하기를 "반드시 이름부터 바로잡겠다. 이름이 바르지 못하면 말이 순하지 못하고 말이 순하지 못하면 일이 이루어지지 못한다"[125]라고 했으

---

123 두터이 해야 할 사람에게 엷게 하고 엷게 해도 될 사람에게 두터이 한다는 뜻이다.

124 오늘날 일부가 전해진다.

125 『논어(論語)』 「자로(子路)」 편에 나오는 말이다.

니 이것이 명가의 장점이다. 교자(警者)[126]가 이를 행하게 되면 열쇠로 부수고 나누어 어지럽힐 뿐이다.[127]

『윤일(尹佚)』 2편, 주(周)나라의 신하로 성왕(成王)과 강왕(康王) 시대의 사람이다.

『전구자(田俅子)』 3편, 한자(韓子)보다 앞 시대 사람이다.

『아자(我子)』 1편.

『수소자(隨巢子)』 6편, 묵적(墨翟)의 제자다.

『호비자(胡非子)』 3편, 묵적(墨翟)의 제자다.

『묵자(墨子)』 71편, 이름은 적(翟)이고 송(宋)나라 대부가 됐으며 공자보다 후대 사람이다.[128]

이상은 묵(墨) 6가(家)이며 86편이다.

묵가(墨家)의 부류란 대개 청묘(清廟)의 수(守)[129]에서 나왔다. 띠로 지붕을 삼고 떡갈나무로 서까래를 만드니 이 때문에 검소함을 높이고, 삼로(三老)와 경륜을 갖춘 이[五更]를 봉양하니 이 때문에 모두를 똑같이 대하는 겸애(兼愛)를 중시하고, 선비를 골라 대사례(大射禮)를 하니 이 때문에

---

126 앞뒤가 꽉 막힌 사람이라는 뜻이다.

127 쓸데없이 다른 사람의 허물을 들춰내거나 남의 말꼬투리나 잡아서 반박하고 그것을 자기 멋대로 분석해 실상을 잃어버리게 된다는 뜻이다.

128 오늘날 일부가 전해진다.

129 청묘란 문왕(文王)의 사당이다. 수(守)를 관(官)의 잘못으로 보기도 하는데 사당지기라는 점에서는 굳이 잘못으로 보지 않아도 무방하다.

뛰어난 이를 높이고, 엄한 아버지를 종묘에 제사하니 이 때문에 귀신을 중시하고, 사계절에 고분고분해 일을 행하니 이 때문에 천명을 비방하고, 효도로써 천하에 보이니 이 때문에 위를 한 가지로 여기니[上同], 이것이 묵가의 장점이다. 폐자(蔽者-시야가 가려진 자)가 이를 행하게 되면 검소함의 이로움을 보아 그 때문에 예를 비판하고 겸애의 뜻을 미루어 헤아려 제 몸처럼 여겨야 할 대상과 멀리 해야 할 대상[親疎]을 알지 못한다.

『소자(蘇子)』 21편, 이름은 진(秦)이고 열전이 있다.[130]

『장자(張子)』 10편, 이름은 의(儀)이고 열전이 있다.

『방난(龐煖)』 2편, 연(燕)나라 장군이 됐다.

『궐자(闕子)』 1편.

『국서자(國筮子)』 17편.

『진영릉영신(秦零陵令信)』 1편, 진나라 재상 이사(李斯)를 논난(論難)한 것이다.

『괴자(蒯子)』 5편, 이름은 통(通)이다.

『추양(鄒陽)』 7편.

『주보언(主父偃)』 28편.

『서악(徐樂)』 1편.

『장안(莊安)』 1편.

『대조금마료창(待詔金馬聊蒼)』 3편, 조(趙)나라 사람으로 무제(武帝) 때

---

130 오늘날 일부가 전해진다.

의 일이다.

이상은 종횡(從橫) 12가(家)이며 107편이다.

종횡가(從橫家)의 부류란 대개 행인(行人-외교관)의 관직에서 나왔다. 공자(孔子)가 말하기를 "『시경(詩經)』의 시 300편을 외우더라도 정사를 맡겼을 때 잘하지 못하고 외국에 사신으로 나가 혼자 알아서 웅대해 처결하지[顓對=專對] 못한다면 비록 많이 배웠다 한들 또한 어디에다 쓰겠는가?"[131]라고 했고, 또 "사자(使者)여! 사자여!"[132]라고 했으니 이는 마땅히 일을 제대로 파악해 마땅함에 따라 일을 처리하고 명을 받으면 별도의 지시[辭=辭令]는 받지 않는다는 것이니[133] 이것이 종횡가의 장점이다. 사술에 능한 사자(邪者)가 이를 행하게 되면 속임과 거짓을 높이고 신의를 내버리게 된다.

『공갑반우(孔甲盤盂)』 26편, 황제(黃帝)의 사관 혹은 하제(夏帝) 공갑(孔甲)이라고 하는데 둘 다 아닌 듯하다.

『대우(大禹)』 37편, 우(禹)가 지었다고 전해지는데 그 문장은 후세의 것과 비슷하다.

『오자서(伍子胥)』 8편, 이름은 원(員)이고 춘추시대 때 오(吳)나라 장수

---

131 『논어(論語)』 「자로(子路)」 편에 나오는 말이다. 일에 통달하지 못하면 시를 아무리 많이 외운다 한들 소용 없다는 뜻이다.

132 『논어(論語)』 「헌문(憲問)」 편에 나오는 말이다.

133 그만큼 외교관으로 다른 나라에 가서 일처리와 말솜씨가 뛰어나다는 뜻이다.

이며 충직했으나 참소를 당해 죽었다.[134]

『자만자(子晚子)』 35편, 제(齊)나라 사람으로 병법을 이야기하는 것을 좋아했는데 책의 내용은 사마법(司馬法)과 비슷하다.

『유여(由余)』 3편, 융(戎) 출신이며 진(秦)나라 목공(穆公)의 초빙을 받아 대부가 됐다.

『위료(尉繚)』 29편, 6국 시대다〔○ 사고(師古)가 말했다. "위는 성이고 료는 이름이다. 유향(劉向)의 『별록(別錄)』에 이르기를 위료의 글들은 뒤에 상군(商君)의 학문이 됐다고 했다."〕.

『시자(尸子)』 20편, 이름은 교(佼)이고 노(魯)나라 사람이며 진(秦)나라 재상 상군(商君)이 그를 스승으로 모셨다. 앙(鞅-상앙, 상군)이 죽자 교는 도망쳐 촉(蜀)나라로 들어갔다.

『여씨춘추(呂氏春秋)』 26편, 진(秦)나라 재상 여불위(呂不韋)가 지략이 있는 선비들의 작품을 모아 편집한 것이다.[135]

『회남 내(淮南內)』 21편, (회남) 왕 안(安-유안)이 지었다.[136]

『회남 외(淮南外)』 33편〔○ 사고(師古)가 말했다. "내(內)는 도리를 논한 것이고 외(外)는 이것저것 모은 잡편이다."〕.

『동방삭(東方朔)』 20편.[137]

---

134 오자서(伍子胥)를 말한다.
135 오늘날 전해진다.
136 오늘날 전해진다.
137 오늘날 전해진다.

『백상선생(伯象先生)』 1편.

『형가론(荊軻論)』 5편, 가(軻)는 연(燕)나라를 위해 진왕(秦王)을 칼로 찌르려 했으나 뜻을 이루지 못하고 죽었는데 사마상여 등이 그를 논한 것이다.

『오자(吳子)』 1편.

『공손니(公孫尼)』 1편.

『박사신현대(博士臣賢對)』 1편, 한(漢)나라 때 한자(韓子-한비자)와 상군(商君-상앙)을 논난(論難)한 것이다.

『신열(臣說)』 3편, 무제(武帝) 때 지은 부(賦)다.

『해자부서(解子簿書)』 35편.

『추잡서(推雜書)』 87편.

『잡가언(雜家言)』 1편, 왕도와 패도[王伯=王覇]를 논한 것인데 지은이를 알 수 없다.

이상은 잡(雜) 20가(家)이며 403편이고 병법(兵法)을 포함시켰다.

잡가(雜家)의 부류란 대개 의관(議官-정사를 토의하는 관직)에서 나왔다. 유가와 묵가를 아우르고 명가와 법가를 포함하며 나라를 다스리는 대체[國體]가 이런 잡가의 정신에 있음을 알아서 임금의 다스림은 이를 관통하지 않음이 없다고 보았기에 이것이 종횡가의 장점이다. 탕자(盪者)[138]가 이를 행하게 되면 너무 방만하게 돼 일정하게 하나에 마음을 둘 곳이 없게 된다.

---

138 생각이나 일을 행함에 있어 일정함이 없는 사람을 말한다.

『신농(神農)』 20편, 6국 시대에 제자(諸子)들이 당시 사람들이 농사일에 게으른 것을 걱정해 농사짓는 법을 설명하면서 그것을 신농에게 의탁한 것이다.

『야로(野老)』 17편, 6국 시대에 제(齊)와 초(楚)나라 사이에 있었다〔○ 응소(應劭)가 말했다. "나이가 많아 전야(田野)에 머물면서 백성들과 어울려 밭을 갈고 씨를 뿌렸기 때문에 이름을 야로라고 했다."〕.

『재씨(宰氏)』 17편, 어느 때인지 알 수 없다.

『동안국(董安國)』 16편. 한(漢)나라 때인데 어느 제(帝) 때인지 알 수 없다.

『윤도위(尹都尉)』 14편, 어느 때인지 알 수 없다.

『조씨(趙氏)』 5편, 어느 때인지 알 수 없다.

『범승지(氾勝之)』 18편, 성제(成帝) 때의 의랑(議郎)이다.

『왕씨(王氏)』 6편, 어느 때인지 알 수 없다.

『채계(蔡癸)』 1편, 선제(宣帝) 때 홍농태수(弘農太守)에 이르렀다.

이상은 농(農) 9가(家)이며 114편이다.

농가(農家)의 부류란 대개 농직(農稷)의 관직에서 나왔다. 백곡을 파종하고 뽕나무 심기를 권장해 그것으로 입고 먹는 것을 채워주기 때문에 (『서경(書經)』에서) 팔정(八政)의 첫 번째로 먹는 것을 말했고 두 번째로 재물[貨]을 말한 것이다. 공자(孔子)는 말하기를 "(임금이) 중하게 여겨야 할 것은 백성들의 먹는 것이다."[139]라고 했으니 이것이 농가의 장점이다. 비자(鄙者-비루한 자)가 이를 행하게 되면 빼어난 임금을 섬길 필요가 없다고

---

139 『논어(論語)』「요왈(堯曰)」편에 나오는 말이다.

하면서[140] 임금과 신하가 함께 경작을 하자고 하면서 위와 아래의 질서를 어지럽힌다[詩=亂].
　　　　　　　　　　패　난

『이윤설(伊尹說)』 27편, 그 말이 천박스럽다. 아마도 이윤에 의탁해 쓴 것으로 보인다.

『육자설(鬻子說)』 19편, 후세가 더한 것이다.

『주고(周考)』 76편, 주나라의 일을 살펴본 것이다.

『청사자(青史子)』 57편, 옛날의 사관이 일을 기록한 것이다.

『사광(師曠)』 6편, 『춘추(春秋)』에 보인다. 그 말이 천박스러운 것을 볼 때 아마도 뭔가에 의탁해 쓴 것으로 보인다.

『무성자(務成子)』 11편, 요(堯)임금이 그에게 정사를 물었다고 하는데 이 글은 고어가 아니다.

『송자(宋子)』 18편, 손경(孫卿)이 송자에게 했던 말이라고 하는데 그 말에는 황로(黃老)의 뜻이 담겨 있다.

『천을(天乙)』 3편, 천을은 탕왕(湯王)을 가리키는데 그 말은 은(殷)나라의 것이 아닌 것을 볼 때 모두 뭔가에 의탁해 쓴 것이다.

『황제설(黃帝氏)』 40편, 내용이 허무맹랑한 것을 볼 때 뭔가에 의탁해 쓴 것이다.

『봉선방설(封禪方說)』 18편, 무제(武帝) 때다.

---

140 천하는 저절로 다스려지는 것이니 굳이 임금이 빼어난 도리 같은 것을 닦을 필요가 없다고 주장하게 된다는 말이다.

『대조신요심술(待詔臣饒心術)』 25편, 무제(武帝) 때다.[141]

『대조신안성미앙술(待詔臣安成未央術)』 1편.[142]

『신수주기(臣壽周紀)』 7편, 항국(項國)의 어인(圉人-마구간 관리인)이며 선제(宣帝) 때다.

『오초주설(虞初周說)』 943편, 하남 사람이며 무제(武帝) 때 방사시랑(方士侍郞)으로 황거사자(黃車使者)라 불렸다.

『백가(百家)』 139권.

이상은 소설(小說) 15가(家)이며 1,480편이다.

소설가(小說家)의 부류란 대개 패관(稗官)에서 나왔다. 길거리에서 오가는 이야기들은 길에서 듣고 말하는 자가 만들어낸 것이다. 공자(孔子)는 말하기를 "비록 작은 도리라 하더라도 반드시 보아줄 만한 것이 있겠지만 원대함에 이르는 데 있어서 장애물이 될까 두렵다. 바로 이 때문에 군자는 하지 않는 것이다"[143]라고 했지만 그렇다고 없애야 할 것은 아니다. 시골 마을에서 조금 아는 자가 도달한 것 또한 반드시 기록해 잊지 않아야 한다. 만일 그중에 한 마디 말이라도 취할 것이 있으면 이 또한 꼴 베고 나무하는 아이나 큰 소리 쳐대는 자의 의견이라 할 수 있다.[144]

---

141 요는 이름이다.

142 도가 계통의 책이다. 미앙이란 아직 다하지 못했다는 뜻이다.

143 『논어(論語)』 「자장(子張)」 편에 나오는 자하(子夏)의 말이다. 원문이나 사고(師古)의 주에서 모두 공자의 말이라고 했는데 잘못이다.

144 이런 사람들에게서도 기록할 말이 있으면 해두어야 한다는 뜻이다.

이렇게 해서 제자(諸子)는 모두 189가(家)이며 4,324편이다. 축국(蹴鞠) 1가(家) 25편은 뺐다.

제자(諸子) 10가(家) 중에서 그래도 봐줄 만한 것은 9가뿐이다. 모두 다 왕도(王道)가 이미 미미해졌을 때 생겨났고 제후들은 정벌을 일삼았으며 그때 세상의 군주들은 좋아하고 싫어하는 것이 각기 달랐기 때문에 9가의 술은 벌떼처럼 다투어 일어나 각기 그 하나의 단서를 끌어들여 그 좋은 점을 숭상했으며, 그런 설들을 갖고서 각국을 돌아다니며 유세했고 제후들의 합의를 끌어냈다. 그 말들이 비록 각기 다르기는 했지만 비유하자면 물과 불은 서로 없애버리면서[相滅] 동시에 서로를 살게 해준다[相生]. 어짊은 의로움에 대해, 삼감[敬]은 화기[和]에 대해 서로 반대되지만 동시에 서로를 이루어준다. 『주역(周易)』에 이르기를 "천하가 마지막으로 돌아가게 되는 곳은 같지만 길은 서로 다르며 이치는 하나이지만 생각은 100가지다"[145]라고 했다. 지금 가(家)를 달리하는 자들은 각자 자신들의 장점을 내세우며 지식을 최대한 쌓고 생각을 깊이 해 그 뜻을 밝힌다. 비록 각각에는 가리워지거나 단점이 있다 하더라도 그 요점과 귀착점을 합치게 되면 진실로 육경(六經)에서 나온 가지이거나 먼 후예라 할 수 있다. 만일 그들로 하여금 (유학에서 강조하는) 밝은 임금이나 빼어난 군주[明王聖主]를 만나게 해서 그 적중된 도리를 얻게 해준다면 그들도 모두 고굉(股肱-다리와 팔)의 재목들이다. 중니(仲尼)의 말 중에 "예(禮)를 잃고서 들판에서 구한다[○ 사고(師古)가 말했다. "도읍에서 예를 잃어버리고는 정작 야

---

145 「계사전(繫辭傳)」 하(下)에 나오는 말이다.

외에 가서 그것을 구하니 어찌 장차 되찾을 수 있겠는가라는 말이다."]"라는 말이 있다. 바야흐로 지금은 빼어난 이가 떠나가버린 것이 아주 오래 됐고 도술(道術)도 결여되거나 폐기돼 다시 찾을 바가 없는데 저 9가들은 오히려 들판에서 잘해낼 수 있지 않겠는가? 만약에 육예(六藝)의 술을 능히 잘 닦고서 이 9가의 말들을 살펴 단점을 버리고 장점을 취한다면 만방의 지략과도 통하게 될 것이다.

『굴원부(屈原賦)』 25편, 초(楚)나라 회왕(懷王)의 대부로 열전이 있다.[146]

『당륵부(唐勒賦)』 4편, 초나라 사람이다.

『송옥부(宋玉賦)』 16편, 초나라 사람으로 당륵과 같은 때이며 굴원보다 후대 사람이다.[147]

『조유왕부(趙幽王賦)』 1편.

『장부자부(莊夫子賦)』 24편, 이름은 기(忌)이고 오(吳)나라 사람이다.[148]

『가의부(賈誼賦)』 7편.[149]

『매승부(枚乘賦)』 9편.[150]

---

146 오늘날 전해진다.

147 오늘날 전해진다.

148 오늘날 일부가 전해진다.

149 오늘날 일부가 전해진다.

150 오늘날 일부가 전해진다.

『사마상여부(司馬相如賦)』 29편.[151]

『회남왕부(淮南王賦)』 82편.[152]

『회남왕군신부(淮南王群臣賦)』 44편.[153]

『태상료후공장부(太常蓼侯孔臧賦)』 20편.

『양구후유언부(陽丘侯劉隁賦)』 19편.

『오구수왕부(吾丘壽王賦)』 15편.

『채갑부(蔡甲賦)』 1편.

『상소자조부(上所自造賦)』 2편.[154]

『예관부(兒寬賦)』 2편.

『광록대부장자교부(光祿大夫張子僑賦)』 3편, 왕포(王襃)와 동시대 사람이다.

『양성후유덕부(陽成侯劉德賦)』 9편.

『유향부(劉向賦)』 33편.[155]

『왕포부(王襃賦)』 16편.[156]

이상은 부(賦) 20가이며 361편이다.

---

151 오늘날 일부가 전해진다.

152 오늘날 일부가 전해진다.

153 오늘날 일부가 전해진다.

154 상이 스스로 지은 부라는 뜻이다. 상은 무제(武帝)다. 오늘날 전해진다.

155 오늘날 일부가 전해진다.

156 오늘날 일부가 전해진다.

『육가부(陸賈賦)』 3편.

『매고부(枚皐賦)』 120편.

『주건부(朱建賦)』 2편.

『상시랑장총기부(常侍郞莊忽寄賦)』 11편, 매고와 동시대 사람이다.

『엄조부(嚴助賦)』 35편.

『주매신부(朱買臣賦)』 3편.

『종정유벽강부(宗正劉辟彊賦)』 8편.

『사마천부(司馬遷賦)』 8편.

『낭중신영제부(郞中臣嬰齊賦)』 10편.[157]

『신열부(臣說賦)』 9편.

『신오부(臣吾賦)』 18편.

『요동태수소계부(遼東太守蘇季賦)』 1편.

『소망지부(蕭望之賦)』 4편.

『하내태수서명부(河內太守徐明賦)』 3편, 자(字)는 장군(長君)이고 동해(東海) 사람이며 원제(元帝)와 성제(成帝) 사이에 다섯 군의 태수를 지냈고 유능하다는 이름을 날렸다.

『급사황문시랑이식부(給事黃門侍郞李息賦)』 9편.

『회양헌왕부(淮陽憲王賦)』 2편.

『양웅부(揚雄賦)』 12편.[158]

---

157 영제는 이름이다.

158 오늘날 전해진다.

『대조풍상부(待詔馮商賦)』 9편.

『박사제자두삼부(博士弟子杜參賦)』 2편.

『거랑장풍부(車郞張豐賦)』 3편.

『표기장군주우부(驃騎將軍朱宇賦)』 3편.

이상은 부(賦) 21가이며 274편이다. 양웅(揚雄)의 8편을 포함시켰다.

『손경부(孫卿賦)』 10편.[159]

『진시잡부(秦時雜賦)』 9편.

『이사효경황제송(李思孝景皇帝頌)』 15편.

『광천혜왕월부(廣川惠王越賦)』 5편.

『장사왕군신부(長沙王群臣賦)』 3편.

『위내사부(魏內史賦)』 2편.

『동이령연년부(東眙令延年賦)』 7편.[160]

『위사령이충부(衛士令李忠賦)』 2편.

『장언부(張偃賦)』 2편.

『가충부(賈充賦)』 4편.

『장인부(張仁賦)』 6편.

『진충부(秦充賦)』 2편.

『이보창부(李步昌賦)』 2편.

---

[159] 오늘날 전해진다.

[160] 동이는 현(縣)의 이름이다. 낙랑군에 속한다. 연년이 누구인지는 알 수 없다.

『시랑사다부(侍郎謝多賦)』 10편.

『평양공주사인주장유부(平陽公主舍人周長孺賦)』 2편.

『낙양기화부(雒陽錡華賦)』 9편.[161]

『수홍부(眭弘賦)』 1편.

『별후양부(別栩陽賦)』 5편〔○ 복건(服虔)이 말했다. "栩의 발음은 (허가 아니라) 후(詡)다."〕.

『신창시부(臣昌市賦)』 6편.

『신의부(臣義賦)』 2편.

『황문서자가사왕상부(黃門書者假史王商賦)』 13편.[162]

『시중서박부(侍中徐博賦)』 4편.

『황문서자왕광여가부(黃門書者王廣呂嘉賦)』 5편.[163]

『한중도위승화룡부(漢中都尉丞華龍賦)』 2편.

『좌풍익사노공부(左馮翊史路恭賦)』 8편.[164]

이상은 부(賦) 25가이며 136편이다.

『객주부(客主賦)』 18편.

『잡행출급송덕부(雜行出及頌德賦)』 24편.

---

161 기는 성이고 화는 이름이다.
162 서자는 황문의 속관이고 가사는 서자의 속관이다.
163 왕광과 여가는 사람 이름이다.
164 좌풍익사는 관직 이름이다.

『잡사이급병부(雜四夷及兵賦)』 20편.

『잡중현실의부(雜中賢失意賦)』 12편.

『잡사모비애사부(雜思慕悲哀死賦)』 16편.

『잡고금검희부(雜鼓琴劍戲賦)』 13편.

『잡산릉수포운기우한부(雜山陵水泡雲氣雨旱賦)』 16편.

『잡금수육축곤충부(雜禽獸六畜昆蟲賦)』 18편.

『잡기계초목부(雜器械草木賦)』 33편.

『대잡부(大雜賦)』 34편.

『성상잡사(成相雜辭)』 11편.

『은서(隱書)』 18편.

이상은 잡부(雜賦) 12가이며 233편이다.

『고조가시(高祖歌詩)』 2편.[165]

『태일잡감천수궁가시(泰一雜甘泉壽宮歌詩)』 14편.[166]

『종묘가시(宗廟歌詩)』 5편.[167]

『한흥이래병소주멸가시(漢興以來兵所誅滅歌詩)』 14편.

『출행순수급유가시(出行巡狩及游歌詩)』 10편.

『임강왕급수사절사가시(臨江王及愁思節士歌詩)』 4편.

---

165 오늘날 전해진다.

166 오늘날 전해진다.

167 오늘날 전해진다.

『이부인급행귀인가시(李夫人及幸貴人歌詩)』 3편.

『조사중산정왕자쾌급유자첩빙미앙재인가시(詔賜中山靖王子噲及孺子妾冰未央材人歌詩)』 4편〔○ 사고(師古)가 말했다. "유자(孺子)는 왕의 첩의 품계다. 빙은 그의 이름이고 재인은 천자의 여관(女官)을 뜻한다."〕.

『오초여남가시(吳楚汝南歌詩)』 15편.

『연대구안문운중농서가시(燕代謳鴈門雲中隴西歌詩)』 9편.

『한단하간가시(邯鄲河間歌詩)』 4편.

『제정가시(齊鄭歌詩)』 4편.

『회남가시(淮南歌詩)』 4편.

『좌풍익진가시(左馮翊秦歌詩)』 3편.

『경조윤진가시(京兆尹秦歌詩)』 5편.

『하동포반가시(河東蒲反歌詩)』 1편.

『황문창거충등가시(黃門倡車忠等歌詩)』 15편.[168]

『잡각유주명가시(雜各有主名歌詩)』 10편.

『잡가시(雜歌詩)』 9편.

『낙양가시(雒陽歌詩)』 4편.

『하남주가시(河南周歌詩)』 7편.

『하남주가성곡절(河南周歌聲曲折)』 7편.

『주요가시(周謠歌詩)』 75편.

『주요가시성곡절(周謠歌詩聲曲折)』 75편.

---

168 창과 거충은 사람 이름이다.

『제신가시(諸神歌詩)』 3편.

『송영영송가시(送迎靈頌歌詩)』 3편.

『주가시(周歌詩)』 2편.

『남군가시(南郡歌詩)』 5편.

이상은 가시(歌詩) 28가이며 314편이다.

시부(詩賦)는 모두 106가(家)이며 1,318편이다. 양웅(揚雄)의 8편을 포함시켰다.

옛글에 이르기를 "노래하지 않고 그냥 읊조리기만 하는 것을 부(賦)라 하는데 높은 곳에 올라 능히 부(賦)를 잘할 수 있으면 대부가 될 수 있다"라고 했으니, 이는 외부의 사물에서 감흥을 받아 그 단서를 글로 짓고 재능과 지혜가 깊고 아름다우면 얼마든지 함께 일을 도모할 수 있다[與圖事]는 말이다. 그래서 대부의 반열에 오를 수 있다고 한 것이다. 옛날에 제후나 경이나 대부들이 주변 나라와 교섭을 할 때 함축적인 말[微言]로 서로 느끼고 절을 하거나 할 때에는 반드시 시를 읊어 그 뜻을 비유적으로 전달했으니, 이는 대체로 그것을 통해 뛰어난지 어리석은지를 분별하고 그 나라가 성대하게 될 것인지 쇠퇴할 것인지를 살폈기 때문이다. 그래서 공자(孔子)는 말하기를 "시(詩)를 배우지 않으면 제대로 말을 할 수 없다"[169]라고 했던 것이다. 춘추(春秋)시대 이후에 주(周)나라의 도리가 점점 허물어지자 (외교상의) 빙문(聘問)할 때에 노래를 부르던 풍습이 여러 나

---

169 『논어(論語)』「계씨(季氏)」편에 나오는 말로 공자가 아들 백어(伯魚)에게 해준 말이다.

라들에서 행해지지 않았고, 시를 배운 선비는 벼슬길에 나서지 못하고 민간에 내버려지는 바람에 뛰어난 사람들이 뜻을 잃은 내용의 부(賦)가 많이 창작됐다. 큰 유학자 손경(孫卿) 및 초나라의 신하 굴원(屈原)은 참소를 당해 나라를 걱정하면서 둘 다 부(賦)를 지어 그것으로 풍유(諷諭)했으니 모두 측은한 고시(古詩)의 뜻을 담고 있다. 그후에 송옥(宋玉), 당륵(唐勒), 그리고 한(漢)나라가 일어난 다음에 매승(枚乘), 사마상여(司馬相如)에서 아래로 양자운(楊子雲-양웅)에 이르기까지 다투어 화려하고 유장한[侈麗閎衍] 글을 지으면서 풍자를 담았던 본뜻은 사라져버렸다. 이 때문에 양자(楊子-양웅)는 이 점을 뉘우쳐 말하기를 "시인의 부는 화려하더라도 법칙이 있다. 그런데 사인(辭人)의 부는 아름다워서 음탕하다. 만일 공씨(孔氏-공자)의 문인들이 부를 쓴다면 가의(賈誼)는 당(堂)에 올랐을 것이고 상여(相如)는 실(室)에 들어갔을 것이다. 그러나 이미 부를 쓰지 않았으니 어찌할 수 없다"[170]라고 했다. 효무(孝武)가 악부(樂府)를 세워 가요를 채집하면서부터는 이에 대(代)와 조(趙)나라의 구(謳-노래의 일종)가 있었고 진(秦)과 초(楚)나라의 풍(風)이 있었는데 모두 애락(哀樂)에서 느끼고 일에서 생겨난 것이니 진실로 풍속을 살필 수 있었고 (그 풍속의) 두터움과 엷음을 알 수 있었다고 한다. 시부의 계통을 잡아 다섯 가지로 했다.[171]

『오손자병법(吳孫子兵法)』 82편 그림 9권〔○ 사고(師古)가 말했다. "손무

---

170 가의와 상여는 어디에도 쓸 데가 없다는 말이다.

171 앞에서 부를 굴원부, 육가부, 순경부, 잡부, 가시의 다섯 종류로 나눈 것을 가리킨다.

(孫武)로 합려(闔閭)의 신하였다."].[172]

『제손자(齊孫子)』 89편 그림 4권〔○ 사고(師古)가 말했다. "손빈(孫臏)이다."〕.

『공손앙(公孫鞅)』 27편.

『오기(吳起)』 48편, 열전이 있다.

『범려(范蠡)』 2편, 월왕(越王) 구천(句踐)의 신하다.

『대부종(大夫種)』 3편, 범려와 함께 구천을 섬겼다.

『이자(李子)』 10편.

『수(婕)』 1편〔○ 사고(師古)가 말했다. "병법을 풀이한 책이며 수는 사람 이름이다."〕.

『병춘추(兵春秋)』 3편.

『방난(龐煖)』 3편.

『아량(兒良)』 1편〔○ 사고(師古)가 말했다. "6국 시대 사람이다."〕.

『광무군(廣武君)』 1편, 이좌거(李左車)다.

『한신(韓信)』 3편〔○ 사고(師古)가 말했다. "회음후(淮陰侯)다."〕.

이상은 병권모(兵權謀) 13가이며 259편이다. 이윤(伊尹), 태공(太公), 관자(管子), 손경자(孫卿子), 갈관자(鶡冠子), 소자(蘇子), 괴통(蒯通), 육가(陸賈), 회남왕(淮南王) 259종(種)은 생략했고 사마법(司馬法)은 빼서 예(禮)에 넣었다.

권모(權謀)란 바른 계책으로 나라를 지키고 기발한 계책으로 군대를

---

172 오늘날 일부가 전해진다.

부리는 것인데, 계책을 우선시하고 싸움을 뒤로 하며 형세를 아우르고(-지리(地利)) 음과 양을 감싸고(-천시(天時)) 기교를 쓰는 것(-인화(人和))이다.

『초병법(楚兵法)』7편 그림 4권.

『치우(蚩尤)』2편, (『서경(書經)』의)「여형(呂刑)」에 보인다.

『손진(孫軫)』5편 그림 2권.

『요서(繇敍)』2편.

『왕손(王孫)』16편 그림 5권.

『위료(尉繚)』31편.[173]

『위공자(魏公子)』21편 그림 10권, 이름은 무기(無忌)이며 열전이 있다.

『경자(景子)』13편.

『이량(李良)』3편.

『정자(丁子)』1편.

『항왕(項王)』1편, 이름은 적(籍)이다.

이상은 병형세(兵形勢) 11가이며 92편에 그림 18권이다.

형세(形勢)란 천둥 치고 바람 불고 뒤에 일어나지만 먼저 이르게 된다. 헤어지고 만나고 배반하고 상대해 변화에 일정함이 없어 날래고 빠른 것으로 적을 제압하는 것이다.

---

173 오늘날 일부가 전해진다.

『태일병법(太壹兵法)』 1편.

『천일병법(天一兵法)』 35편.

『신농병법(神農兵法)』 1편.

『황제(黃帝)』 16편 그림 3권.

『봉호(封胡)』 5편, 황제(黃帝)의 신하로 뭔가에 의탁해서 쓴 것이다.

『풍후(風后)』 13편 그림 2권, 황제(黃帝)의 신하로 뭔가에 의탁해 쓴 것이다.

『역목(力牧)』 15편, 황제(黃帝)의 신하로 뭔가에 의탁해 쓴 것이다.

『협야자(鵊冶子)』 1편 그림 1권〔○ 진작(晉灼)이 말했다. "鵊의 발음은 (겹이 아니라) 협(夾)이다."〕.

『귀용구(鬼容區)』 3편 그림 1권〔○ 사고(師古)가 말했다. "곧 귀유구(鬼臾區)다."〕, 황제(黃帝)의 신하로 뭔가에 의탁해 쓴 것이다.

『지전(地典)』 6편.

『맹자(孟子)』 1편.

『동보(東父)』 31편.

『사광(師曠)』 8편, 진(晉)나라 평공(平公)의 신하다.

『장홍(萇弘)』 15편, 주(周)나라 사관이다.

『별성자망군기(別成子望軍氣)』 6편 그림 3권.

『벽병위승방(辟兵威勝方)』 70편.

이상은 병음양(兵陰陽)[174] 16가이며 249편에 그림 10권이다.

---

174 원문에는 병(兵) 자가 빠져 있다.

음양(陰陽)이란 때에 고분고분해 발동하고 형벌과 다움[刑德]을 함께 잘 미루어 헤아리며 두병(斗柄)이 보여주는 방향을 따라서 치고 오행 상승[五勝]에 입각해 귀신의 힘을 빌려 도움을 얻는 것이다.

『포자병법(鮑子兵法)』 10편 그림 1권.

『오자서(伍子胥)』 10편 그림 1권.

『공승자(公勝子)』 5편.

『묘자(苗子)』 5편 그림 1권.

『봉문사법(逢門射法)』 2편〔○ 사고(師古)가 말했다. "곧 봉몽(逢蒙)이다."〕.

『음통성사법(陰通成射法)』 11편.

『이장군사법(李將軍射法)』 3편〔○ 사고(師古)가 말했다. "이광(李廣)이다."〕.

『위씨사법(魏氏射法)』 6편.

『강노장군왕위사법(彊弩將軍王圍射法)』 5권〔○ 사고(師古)가 말했다. "위는 욱질(郁郅) 사람인데 「조충국전(趙充國傳)」에 보인다."〕.

『망원연노사법구(望遠連弩射法具)』 15편.

『호군사사왕하사서(護軍射師王賀射書)』 5편.

『포저자익법(蒲苴子弋法)』 4편.

『검도(劒道)』 38편.

『수박(手搏)』 6편.

『잡가병법(雜家兵法)』 57편.

『축국(蹵鞠)』 25편〔○ 사고(師古)가 말했다. "국(鞠)은 겉은 가죽으로 싸고 속은 털로 채운 공의 일종이다. 그것을 발로 차서 놀이를 했다. 온 힘을 써서 하는 일이라 병법에 붙였다."].

이상은 병기교(兵技巧) 13가[175]이며 199편이다. 묵자는 중복돼 생략했고 축국을 넣었다.

기교(技巧)란 손과 발을 훈련시켜 기구나 기계를 편하게 쓰고 각종 도구들을 활용해 공격과 수비의 승리를 만들어내는 것이다.

병서(兵書)는 모두 53가이고 790편이며 그림은 43권이다. 10가 271편은 중복돼 생략했고 축국가(蹵鞠家) 25편을 집어넣고 사마법(司馬法) 155편은 빼서 예(禮)에 집어넣었다.

병가(兵家)란 대개 옛날의 사마(司馬-군사)의 직에서 나온 것으로 왕조의 관직 중에서 무(武)를 갖춘다. (『서경(書經)』 「주서(周書)」의) '홍범(洪範)' 편에 나오는 팔정(八政)에서 여덟 번째가 군사[師]다. 공자는 나라를 다스리는 것에 관해 말하기를 "먹을 것을 충분히 하고 이어 군사를 충분히 한다"[176]라고 했고, 또 "가르치지 않은 백성으로 하여금 전쟁터에 나아가게 하면 이를 일러 백성을 버리는 것이라고 한다"[177]라고 했으니 이는 군대의 중요성을 밝힌 것이다. 『주역(周易)』에 이르기를 "옛날에는 나무에 활시위를 매어 활을 만들고 나무를 깎아 화살을 만들어서 활과 화살의 이

175　16가를 13가라고 했다.

176　『논어(論語)』「안연(顏淵)」편에 나오는 말이다.

177　『논어(論語)』「자로(子路)」편에 나오는 말이다.

로움으로 천하를 두려움에 떨게 했다"[178]라고 했으니 그 쓰임은 그만큼 크게 중요했다. 후세에 쇠를 녹여 칼을 만들고 가죽을 갈라 갑옷을 만들어 무기가 심히 잘 갖춰졌다. 아래로 탕왕(湯王)과 무왕(武王)에게 천명을 받기에 이르자 군대로써 능히 어지러움을 평정하고[亂=治] 백성을 구제했으니, 군대를 어짊과 의로움으로 움직였고 예와 겸양으로 일을 시행했다. 사마법은 곧 이것이 남겨놓은 유산이다.

춘추시대로부터 전국시대에 이르기까지 기발한 전략을 내고 복병을 설치하며 사술을 부리는 군대가 나란히 생겨났다. 한(漢)나라가 일어나 장량(張良)과 한신(韓信)이 병법을 정리하니 모두 182가(家)였는데 그중에서 긴요하고 필요한 것들을 추려내 35가(家)로 정했다. (여후 때) 여러 여씨(呂氏)들이 권력을 장악하고서 그것을 몰래 훔쳐 차지했다. 무제(武帝) 때 군정(軍政) 양복(楊僕)이 흩어진 것들을 수습해 병록(兵錄)의 골격을 잡고 주석을 달았으나 여전히 제대로 복원하지를 못했다. 효성(孝成)에 이르러 임굉(任宏)에게 명해 병서를 논해 차례를 갖추게 하니 (이상과 같이) 네 가지로 했다.

『태일잡자성(泰壹雜子星)』 28권.

『오잔잡변성(五殘雜變星)』 21권.

『황제잡자기(黃帝雜子氣)』 33편.

『상종일월성기(常從日月星氣)』 21권〔○ 사고(師古)가 말했다. "상종은 성명

---

178 「계사전(繫辭傳)」 하(下)에 나오는 말이다.

이고 노자가 그에게 배웠다.")].

『황공잡자성(皇公雜子星)』 22권.

『회남잡자성(淮南雜子星)』 19권.

『태일잡자운우(泰壹雜子雲雨)』 34권.

『국장관예운우(國章觀預雲雨)』 34권.

『태계육부(泰階六符)』 1권.

『금도옥형한오성객류출입(金度玉衡漢五星客流出入)』 8편.

『한오성혜객행사점험(漢五星慧客行事占驗)』 8권.

『한일방기행사점험(漢日旁氣行事占驗)』 3권.

『한유성행사점험(漢流星行事占驗)』 8권.

『한일방기행점험(漢日旁氣行占驗)』 13권.

『한일식월훈잡변행사점험(漢日食月暈雜變行事占驗)』 13권.

『해중성점험(海中星占驗)』 12권.

『해중오성경잡사(海中五星經雜事)』 22권.

『해중오성순역(海中五星順逆)』 28권.

『해중28수국분(海中二十八宿國分)』 28권.

『해중28수신분(海中二十八宿臣分)』 28권.

『해중일월혜홍잡점(海中日月慧虹雜占)』 18권.

『도서비기(圖書秘記)』 17편.[179]

---

[179] 이를 하도낙서(河圖洛書)로 보는 견해도 있다.

이상은 천문(天文) 21가[180]이며 445권이다.

천문(天文)이란 28수(宿)의 차례를 정해 오성(五星)과 해와 달을 추보(推步)해 이를 통해 길흉의 상(象)을 판단하니 빼어난 임금이 정치를 성찰하는 까닭이 된다. 『주역(周易)』에 이르기를 "천문을 살펴 이를 통해 사시의 변화를 관찰한다〔○ 사고(師古)가 말했다. "분(賁)괘(䷕)의 단사(彖辭)다."〕"라고 했다. 그러나 별의 일은 냉혹해 침착하고 정밀하게 살피는 자가 아니면 그것으로 말미암을 수가 없다. 무릇 그림자를 보고서 본래의 형상을 꾸짖는 일은 눈 밝은 임금이 아니고서는 할 수가 없으며 또한 백성들로 하여금 기꺼이 따르게 할 수도 없다. 별의 일로 말미암을 수 없는 신하이면서 일을 제대로 들을 줄 모르는 임금에게 간언을 하는 것은 양쪽 모두에 우환을 부르게 되는 까닭이다.

『황제오가력(黃帝五家歷)』 33권.

『전욱력(顓頊歷)』 21권.

『전욱오성력(顓頊五星歷)』 14권.

『일월수력(日月宿歷)』 13권.

『하은주노력(夏殷周魯曆)』 14권.

『천력대력(天歷大歷)』 18권.

『한원은주첩력(漢元殷周諜歷)』 17권.[181]

---

180 22가를 21가라고 했다.
181 한원(漢元)은 한나라의 건원(建元)을 가리킨다.

『경창월행백도(耿昌月行帛圖)』 232권.

『경창월행도(耿昌月行度)』 2권.

『전주오성행도(傳周五星行度)』 39권.

『율력수법(律歷數法)』 3권.

『자고오성수기(自古五星宿紀)』 30권.

『태세모일구(太歲謀日晷)』 29권.

『제왕제후세보(帝王諸侯世譜)』 20권.

『고래제왕연보(古來帝王年譜)』 5권.

『일구서(日晷書)』 34권.

『허상산술(許商筭術)』 26권.

『두충산술(杜忠筭術)』 16권.

이상은 역보(歷譜) 18가이며 606권이다.

역보(歷譜)란 사시(四時)의 위치의 차례를 정하고 분지(分至)의 마디를 바르게 해 해와 달과 오성(五星)의 별들을 만나게 함으로써 추위와 더위, 죽이고 살리는 것의 실상을 고찰한다. 그래서 빼어난 임금은 반드시 역수(歷數)를 바르게 함으로써 삼통복색(三統服色)의 제도를 정하고 또 그것을 통해 오성과 해와 달의 만남, 흉액의 우환, 길흉의 기쁨을 찾아내 알아내는데 그 방법은 모두 여기에 나온다. 이는 빼어난 이가 천명을 알아내는 술법이니 천하의 가장 뛰어난 재주가 아니고서 그 누가 이를 맡아서 할 수 있으랴! 도리가 어지러워지면 근심은 소인에게서 나와 억지로 하늘의 도리를 알려고 한다. 그러다 보니 큰 것을 깨뜨려 작게 만들고 먼 곳을 깎아내 가깝게 해 이 때문에 도술은 깨뜨려지고 부쉬져 알기가 어렵게 되는 것이다.

『태일음양(泰一陰陽)』 23권.

『황제음양(黃帝陰陽)』 25권.

『황제제자론음양(黃帝諸子論陰陽)』 25권.

『제왕자론음양(諸王子論陰陽)』 25권.

『태원음양(太元陰陽)』 26권.

『삼전음양담론(三典陰陽談論)』 27권.

『신농대유오행(神農大幽五行)』 27권.

『사시오행경(四時五行經)』 26권.

『맹자여소(猛子閭昭)』 25권.

『음양오행시령(陰陽五行時令)』 19권.

『감여금궤(堪輿金匱)』 14권〔○ 사고(師古)가 말했다. "허신(許愼)이 말하기를 감(堪)은 하늘의 도리이고 여(輿)는 땅의 도리라고 했다."〕.

『무성자재이응(務成子災異應)』 14권.

『십이전재이응(十二典災異應)』 12권.

『종률재이(鍾律災異)』 26권.

『종률총진일원(鍾律叢辰日苑)』 23권.

『종률소식(鍾律消息)』 29권.

『황종(黃鍾)』 7권.

『천일(天一)』 6권.

『태일(泰一)』 29권.

『형덕(刑德)』 7권.

『풍고육갑(風鼓六甲)』 24권.

『풍후고허(風后孤虛)』 20권.

『육합수전(六合隨典)』 25권.

『전위십이신(轉位十二神)』 25권.

『선문식법(羨門式法)』 20권.

『선문식(羨門式)』 20권.

『문해육갑(文解六甲)』 18권.

『문해28수(文解二十八宿)』 28권.

『오음기해용병(五音寄胲用兵)』 23권.

『오음기해형덕(五音寄胲刑德)』 21권.

『오음정명(五音定名)』 15권.

이상은 오행(五行) 31가이며 652권이다.

오행(五行)이란 오상(五常)의 형체와 기운[形氣]이다.『서경(書經)』에 이르기를 "첫 번째는 오행(五行)이요 그다음은 삼가 오사(五事)를 쓰는 것이다〔○ 사고(師古)가 말했다. "주서(周書)' '홍범(洪範)'에 나오는 말이다."〕"라고 했으니 이는 다섯 가지 일을 써서 오행(五行)을 순조롭게 해야 한다는 말이다. 외모와 말, 사물을 보는 것과 듣는 것, 그리고 생각하는 마음의 다섯 가지 일이 도리를 잃게 되면 오행의 순서는 어지러워지고 오성에는 변화가 일어나니 이것들은 모두 율력(律歷)의 수(數)에서 나와 나뉘어졌다가 하나가 되는 것이다. 그 법도 또한 오덕종시(五德終始)의 설[182]에서 일어나고 그 설을 극한까지 미루어 헤아리면 이 세상에 풀어내지 못할 것이 아무것도 없다. 세속의 점술가[小數家]가 이것을 갖고서 길흉을 점쳐 세상에 널리 행해지고부터 점점 서로 어지러워졌다.

『구서(龜書)』 52권.

『하구(夏龜)』 26권.

『남구서(南龜書)』 28권.

『거구(巨龜)』 36권.

『잡구(雜龜)』 16권.

『시서(蓍書)』 28권.

『주역(周易)』 38권.

『주역명당(周易明堂)』 26권.

『주역수곡사닉(周易隨曲射匿)』 50권.

『대서연역(大筮衍易)』 28권.

『대차잡역(大次雜易)』 30권.

『서서복황(鼠序卜黃)』 25권.[183]

『어릉흠역길흉(於陵欽易吉凶)』 23권.

---

182 제(齊)나라 추연(騶衍)이 주창한 학설이다. 오행의 덕에 따라 왕조의 흥망성쇠가 진행된다는 주장이다.

183 서서는 서복(鼠卜)이다.

『임량역기(任良易旗)』 71권.[184]

『역괘(易卦)』 8구(具).[185]

이상은 시구(蓍龜) 15가이며 401권이다.

시구(蓍龜)란 빼어난 이[聖人]가 쓰는 것이다. 『서경(書經)』에 이르기를 "네가 큰 의심을 품었거든 복서(卜筮)를 도모하리라〔○ 사고(師古)가 말했다. "「주서(周書)」 '홍범(洪範)' 편에 나오는 말이다."〕"라고 했고, 『주역(周易)』에 이르기를 "천하의 길흉을 정하고 천하의 힘써서 행하고자 하는 바[亹亹]를 이룸에 있어 시구(蓍龜)보다 좋은 것은 없다", "이 때문에 군자가 장차 할 일이 있고 또 행해야 할 것이 있으면 이것에 묻고 그것이 말을 해주어 그 명을 받으면 그것은 마치 메아리와 같아서 멀고 가까움이나 그윽하고 깊은 곳이 없이 드디어 앞으로 오게 될 일을 알게 된다. 천하의 지극한 정밀함이 아니고서 그 누가 능히 이 일을 해낼 수 있겠는가?"라고 했다〔○ 사고(師古)가 말했다. "둘 다 「계사전(繫辭傳)」 상(上)에 나오는 말이다."〕.

세상의 도리가 쇠퇴하기에 이르자 재계(齋戒)를 게을리하고 자주 번거롭게 복서를 해대지만 신명은 감응하지 않는다. 그래서 산가지가 더럽혀지면 고해주지 않는다고 한 것은 『주역(周易)』이 그것을 꺼리기 때문이다. 거북이는 고해주기를 싫어한다고 했으니 이는 시가 그것을 풍자한 것이다〔○ 사고(師古)가 말했다. "『시경(詩經)』 「소아(小雅)」 '소민(小旻)' 편에서 '내

---

184 임량은 경방(京房)의 제자다.

185 팔괘의 기구로 점치는 도구인 듯하다.

거북이가 이미 싫증을 내고서 나에게 계책을 알려주지 않는구나'라고 한 것은 자주 복서를 해서 거북이를 귀찮게 하니 거북이의 신령이 그것을 싫어해 아무것도 고해주지 않는다는 뜻이다.").

『황제장류점몽(黃帝長柳占夢)』 11권.[186]

『감덕장류점몽(甘德長柳占夢)』 20권.[187]

『무금상의기(武禁相衣器)』 14권.[188]

『체이명잡점(嚔耳鳴雜占)』 16권.[189]

『정상변괴(楨祥變怪)』 21권.

『인귀정물육축변괴(人鬼精物六畜變怪)』 21권.

『변괴고구(變怪誥咎)』 13권.

『집불상핵귀물(執不祥劾鬼物)』 8권.[190]

『청관제요상(請官除訞祥)』 19권.

『양사천문(禳祀天文)』 18권.

『청도치복(請禱致福)』 19권.

『청우지우(請雨止雨)』 26권.

---

[186] 장류는 방술(方術)의 일종이다. 점몽은 꿈의 해몽을 통해 길흉을 점치는 것이다.

[187] 감덕은 전국시대의 점성가다.

[188] 무금은 사람 이름이다. 아마도 옷 짓는 날의 길흉을 설명하는 책인 듯하다.

[189] 재채기와 이명으로 점을 치는 방법을 설명하는 책인 듯하다.

[190] 뜻풀이로 보면 상서롭지 못한 일을 붙잡아 귀신에게 따진다는 것이니 일종의 액막이 방술로 보인다.

『태일잡자후세(泰壹雜子候歲)』 22권.[191]

『자공잡자후세(子贛雜子候歲)』 26권.

『오법적저보장(五法積貯寶臧)』 23권.

『신농교전상토경종(神農敎田相土耕種)』 14권.[192]

『소명자조종생어별(昭明子釣種生魚鼈)』 8권.[193]

『종수장과상잠(種樹臧果相蠶)』 13권.[194]

이상은 잡점(雜占) 18가이며 113권이다.

잡점(雜占)이란 온갖 일들의 골격을 살펴 좋고 나쁨의 징후를 살펴보는 것이다. 『주역(周易)』에 이르기를 "일을 점쳐서 앞으로 올 일을 안다〔○ 사고(師古)가 말했다. "둘 다 「계사전(繫辭傳)」 하(下)에 나오는 말이다."〕"라고 했다. 수많은 점들이 한결같지 않고 꿈은 크게 여기기 때문에 주(周)나라에는 그것을 전담하는 관리가 있었다. 그리고 『시경(詩經)』에는 웅비훼사(熊羆虺蛇)와 중어조여(衆魚旐旟)의 꿈을 실어 대인의 점을 훤히 드러냄으로써 길흉을 고찰했는데〔○ 사고(師古)가 말했다. "「소아(小雅)」 '사간(斯干)' 편에 이르기를 '길몽은 누구의 것인가? 곰과 큰 곰의 꿈은 남자를 낳을 조짐이요 뱀과 큰 뱀의 꿈은 여자를 낳을 조짐이로다'라고 했고, '무양(無羊)' 편에 이르기를 '목동이 꿈을 꾸니 사람이 물고기가 되며 조(旐)가 여(旟)가

---

191 뜻풀이로 보면 한 해의 길흉을 점치는 것이다.

192 농서와 점서를 겸한 책으로 보인다.

193 어류의 양식과 점서를 겸한 책으로 보인다.

194 원예 및 양잠과 점서를 겸한 책으로 보인다.

되는구나. 태인이 점을 쳐보니 사람이 물고기 되는 것은 실로 풍년의 조짐이요 조가 여가 되는 것은 집안이 커질 조짐이로다'라고 했다."] 이는 대개 복서에 참여한 것이다. 『춘추(春秋)』에서 요(訞)를 풀이해 말하기를 "사람이 꺼리는 바, 그 기운이 불꽃이 됨으로써 그것을 취한다. 요는 사람으로 말미암아 일어난다. 사람이 일정한 도리를 잃으면 요(訞)가 일어나고 사람이 틈이 없으면 요는 스스로 일어나지 않는다〔○ 사고(師古)가 말했다. "신수(申繻)의 말이다. 이 일은 『춘추좌씨전(春秋左氏傳)』 장공(莊公) 14년에 보인다."〕"라고 했다. 그래서 이르기를 "다움은 상서롭지 못함을 이겨내고 의로움은 은혜를 베풀지 않는 것을 싫어한다"라고 했다. 상(桑)과 곡(穀)이 함께 나서 태무(大戊)는 그것을 통해 크게 흥한다. 꿩이 솥 위에 올라가니 무정(武丁)이 종(宗)이 됐다. 그렇지만 미혹된 자는 그것을 자신의 몸에서 살펴 생각하지 않고서 요(訞)의 나타남을 꺼린다. 이 때문에 『시경(詩經)』에서는 "저 노인네들[故老=元老]을 불러 옛날의 해몽가들에게 물어보았도다〔○ 사고(師古)가 말했다. "「소아(小雅)」 '정월(正月)' 편에 나오는 구절이다."〕"라고 했다. 그 근본을 버리고 지엽말단을 근심해 흉함과 허물을 이겨내지 못하는 것을 한스러워한 것이다.

『산해경(山海經)』 13편.[195]

『국조(國朝)』 7권.

『궁택지형(宮宅地形)』 20권.

---

195 오늘날 전해진다.

『상인(相人)』 24권.

『상보검도(相寶劍刀)』 20권.

『상육축(相六畜)』 38권.

이상은 형법(形法) 6가이며 122권이다.

형법(形法)이란 크게 구주(九州)의 형세를 들어 그것으로 성곽과 집의 모양을 세우고 사람과 육축의 골법(骨法) 및 도수(度數), 기물의 모습을 살펴보아 그것을 통해 소리와 기운, 그리고 귀하고 천함, 길하고 흉함을 구하는 것이다. 마치 율(律)에 길고 짧음이 있어 각기 그 소리를 나타내는 바가 있는 것과 같아서 귀신이 있는 것이 아니라 스스로 그러한 것이다. 그러나 형체와 기운은 서로 앞뒤가 연결되고 또한 그 형체가 있는데 기운이 없거나 그 기운이 있는데 형체가 없을 수 있으니 이는 정밀하고 미묘함[精微]의 차이일 뿐이다.

수술(數術)은 모두 190가이며 2,528권이다.

수술(數術)이란 모두 명당(明堂)에서 희씨(羲氏)와 화씨(和氏)가 하던 사복(史卜)의 직무이다. 사관이 오랫동안 폐기돼 그 책들은 이미 골고루 갖출 수가 없었고 설사 그 책이 있다 해도 그 책을 아는 사람이 없었다. 『주역(周易)』에 이르기를 "진실로 그 적임자가 아니면 도리는 헛되이 행해지지 않는다"라고 했으니, 춘추시대 때 노(魯)나라에 재신(梓愼)이 있었고, 정(鄭)나라에 비조(裨竈)가 있었으며, 진(晉)나라에 복언(卜偃)이 있었고, 초(楚)나라에 감공(甘公)이 있었으며, 위(魏)나라에 석신부(石申夫)가 있었고, 한(漢)나라에 당도(唐都)가 있었는데, 거의 도리에 이를 수준이었다. 대체로 그에 바탕을 두고 이루어 그것으로써 구서(舊書)에 의해 그것을 수술(數術)로 정리하니 여섯 가지였다.

『황제내경(黃帝內經)』 18권.[196]

『외경(外經)』 37권.

『편작내경(扁鵲內經)』 9권.

『외경(外經)』 12권.

『백씨내경(白氏內經)』 38권.

『외경(外經)』 36권.

『방편(旁篇)』 25권.

이상은 의경(醫經) 7가이며 216권이다.

의경(醫經)이란 사람의 혈맥, 경락(經絡), 골수(骨髓), 음양(陰陽), 표리(表裏)를 찾아내 그것을 통해 모든 병의 뿌리와 생사(生死)의 나뉨을 정하고, 그리하여 도(度), 잠(箴-침), 석(石), 탕(湯), 화(火)의 약효를 써서 백약의 제조를 적절하게 조절한다. 약을 짓는 데 있어서는 마치 자석이 철을 잡아당기듯이 사물을 이용해 그 약효를 끄집어낸다. (그런데) 졸자(拙者)는 이치를 잃고서 고칠 수 있는 것을 치명적이라 하고 살릴 수 있는 것을 죽는다고 한다.

『오장육부비십이병방(五藏六府痺十二病方)』 30권〔○ 사고(師古)가 말했다.

---

[196] 오늘날 일부가 전해진다.

"비(痺)는 공기가 습해서 생기는 병이다."〕.

『오장육부산십이병방(五藏六府疝十二病方)』 40권〔○ 사고(師古)가 말했다. "산(疝)은 허리나 배의 근육이 당겨져 생기는 통증이다."〕.

『오장육부단십이병방(五藏六府癉十二病方)』 40권〔○ 사고(師古)가 말했다. "단(癉)은 황달이다."〕.

『풍한열십육병방(風寒熱十六病方)』 26권.

『태시황제편작유부방(泰始黃帝扁鵲俞拊方)』 23권.

『오장상중십일병방(五藏傷中十一病方)』 31권.

『객질오장광전병방(客疾五藏狂顚病方)』 17권.

『금창종계방(金創瘲瘛方)』 30권.[197]

『부인영아방(婦人嬰兒方)』 19권.

『탕액경법(湯液經法)』 32권.

『신농황제식금(神農黃帝食禁)』 7권.

이상은 경방(經方) 11가이며 274권이다.

경방(經方)이란 풀과 돌의 차가움과 따듯함에 바탕을 두고서 질병의 얕고 깊음을 헤아리며 약미(藥味)의 성질을 빌려서 기운이 감응함에 따라 오고육신(五苦六辛)[198]을 변별하고 물과 불의 적절함을 이루어내 그것으로 막힌 곳을 뚫고 맺힌 곳을 풀어 그것을 원래의 평소 상태로 되돌린다. (그

---

197 금창은 쇠 같은 금속에 다친 상처이고 종계는 어린아이의 경련병이다.

198 오장병(五臟病)에는 쓴맛이 있는 약을 쓰고 육부병(六腑病)에는 매운맛이 있는 약을 쓴다는 말이다.

런데) 그 마땅함을 잃은 자는 열로써 열을 더하고 차가움으로써 차가움을 더해 정기(精氣)가 안으로 상하면서 겉으로는 드러나지 않는데 이것이 바로 사실상 몸을 상하게 하는 것이다. 그래서 속담에 "병이 있는데 다스리지 않으면 늘 중의(中醫)를 얻는다"[199]라고 했다.

『용성음도(容成陰道)』 26권.

『무성자음도(務成子陰道)』 36권.

『요순음도(堯舜陰道)』 23권.

『탕반경음도(湯盤庚陰道)』 20권.

『천로잡자음도(天老雜子陰道)』 25권.

『천일음도(天一陰道)』 24권.

『황제삼왕양양방(黃帝三王養陽方)』 20권.

『삼가내방유자방(三家內房有子方)』 17권.

이상은 방중(房中) 8가이며 186권이다.

방중(房中)이란 정(情)과 성(性)이 극에 이른 것으로 지극한 도리에 가깝다고 할 수 있다. 이 때문에 빼어난 임금은 밖의 즐거움을 제어함으로써 안의 정욕을 억제해 그것을 절제했다. 전하는 말에 "옛 뛰어난 임금들이 잘 즐겼던 것은 매사를 절제했기 때문이다"라고 했다. 즐기되 절제가 있으면 마음의 평화와 몸의 장수를 얻게 된다. (그런데) 미자(迷者)가 이런 것

---

199 상·중·하 중에 중이라는 뜻이다. 잘못된 약을 먹는 것보다는 그냥 내버려두는 것이 중간은 간다는 말이다.

들을 돌아보지 않을 때에는 그로 인해 병이 생기고 본성과 수명을 떨어뜨리게 된다.

『복희잡자도(虙羲雜子道)』 20편.
『상성잡자도(上聖雜子道)』 26권.
『도요잡자(道要雜子)』 18권.
『황제잡자보인(黃帝雜子步引)』 12권.
『황제기백안마(黃帝岐伯按摩)』 10권.
『황제잡자지균(黃帝雜子芝菌)』 18권.
『황제잡자십구가방(黃帝雜子十九家方)』 21권.
『태일잡자십오가방(泰壹雜子十五家方)』 22권.
『신농잡자기도(神農雜子技道)』 23권.
『태일잡자황야(泰壹雜子黃冶)』 31권〔○ 사고(師古)가 말했다. "황야에 대한 풀이는 「교사지(郊祀志)」에 나온다."〕.

이상은 신선(神仙) 10가이며 205권이다.

신선(神仙)이란 (안으로) 본성과 명[性命]의 참된 것을 보존하고 유유자적하며 그것을 밖에서 구하는 자들이다. 문득 마음을 깨끗이 씻고 평화롭게 해 삶과 죽음의 영역을 한가지로 여기면서 가슴속에 아무런 두려움도 없게 하는 것이다. 그런데 어떤 이는 오로지 여기에만 힘을 써서 허망하고 거짓되고 괴이한 말을 점점 더 하게 되니 이는 빼어난 임금이 가르치려 했던 바가 아니다. 공자(孔子)는 말하기를 "알 수 없는 도리를 찾고 괴이한 일을 행한다[索隱行怪]면 후세에 (미혹된 자들은) 칭송할지 모르지만 나는 그것을 하려고 하지 않는다〔○ 사고(師古)가 말했다. "『예기(禮記)』에 실린 공자의 말이다."〕"라고 했다.

방기(方技)는 모두 36가(家)며 868권이다.

방기(方技)들은 모두 사람을 살게 해주는 수단으로 왕관(王官)의 하나를 차지한다. 태고에는 기백(岐伯)과 유부(俞拊)가 있었고 중세에는 편작(扁鵲)과 진화(秦和)가 있어 대개 병을 논해 그것이 나라에 미쳤고 진료에 바탕을 두어 정치하는 법을 알았다. 한(漢)나라가 일어나자 창공(倉公)이 있었으나 지금은 그 기술이 어두워졌다. 그래서 그 책들을 논해 방기의 차례를 매겨 네 자리로 정리했다.

이상 모두 책은 대략 36종이고 596가(家)며 1만 3,269권이다. 3가(家) 50편을 집어넣었고, 병(兵) 10가(家)는 생략했다.

KI신서 9067

완역 한서 ❹ 지志 2

1판 1쇄 인쇄 2020년 4월 3일
1판 1쇄 발행 2020년 4월 17일

지은이 반고
옮긴이 이한우
펴낸이 김영곤
펴낸곳 (주)북이십일 21세기북스

출판사업본부장 정지은 **서가명강팀장** 장보라
서가명강팀 강지은 안형욱
서가명강사업팀 엄재욱 이정인 나은경 이다솔
교정 및 진행 양은하 **디자인 표지** 김승일 **본문** 김정자
영업본부이사 안형태 **영업본부장** 한충희 **출판영업팀** 김수현 오서영 최명열
마케팅팀 배상현 김윤희 이현진
제작팀 이영민 권경민

출판등록 2000년 5월 6일 제406-2003-061호
주소 (10881) 경기도 파주시 회동길 201(문발동)
대표전화 031-955-2100 **팩스** 031-955-2151 **이메일** book21@book21.co.kr

(주)북이십일 경계를 허무는 콘텐츠 리더
21세기북스 채널에서 도서 정보와 다양한 영상자료, 이벤트를 만나세요!
페이스북 facebook.com/jiinpill21 **포스트** post.naver.com/21c_editors
인스타그램 instagram.com/jiinpill21 **홈페이지** www.book21.com
유튜브 youtube.com/book21pub
서울대 가지 않아도 들을 수 있는 명강의! 〈서가명강〉
유튜브, 네이버 오디오클립, 팟빵, 팟캐스트, AI 스피커에서 '서가명강'을 검색해보세요!

ⓒ 이한우, 2020

ISBN 978-89-509-8749-7 04900
978-89-509-8756-5 (세트)

- 책값은 뒤표지에 있습니다.
- 이 책 내용의 일부 또는 전부를 재사용하려면 반드시 (주)북이십일의 동의를 얻어야 합니다.
- 잘못 만들어진 책은 구입하신 서점에서 교환해드립니다.